고급파생상품론

Robert L. Kosowski, Salih N. Neftci 지음

손판도 옮김

고급파생상품론

1쇄 인쇄 | 2021년 12월 24일
1쇄 발행 | 2021년 12월 31일
지 은 이 | Robert L. Kosowski, Salih N. Neftci
옮 긴 이 | 손판도
펴 낸 곳 | 도서출판 경문사
등 록 | 1995년 11월 9일 제300-1995-138호
주 소 | 서울특별시 서대문구 독립문로 21-9
전 화 | 738-7035(대표)
F A X | 722-4678
e-mail | kmsp@korea.com
홈페이지 | http://www.kmsp.co.kr

값 15,000 원
ISBN 978-89-420-0905-3 93320

3판의 역자 서문

본 교재 명칭인 "고급파생상품론"은 Kosowski교수(Oxford 대학)와 Neftci 교수(Imperial College London)가 편찬한 번역서이다. 이들 편찬서의 후반부 고급부분 내용을 수록하였으며 본 번역서의 이용자는 주로 경제학 및 경영학 전공자의 학부 상급자, 응용수학 전공자의 학부 상급자 및 대학원 재무, 파생상품, 금융공학 등을 전공하는 석사 및 박사 과정, 그리고 실무에서 상품개발과 위험관리를 담당하는 실무자에게 적합한 교재이다. 본 교재의 내용은 기존 금융공학 및 파생상품 관련 서적에서 다루지 못한 새로운 내용이 포함되어 있다. 기존 관련 교재에서는 주로 선물과 옵션 등과 관련된 내용이 주된 것이었다. 본 교재에서는 이러한 기초개념을 알고 있다는 전제 하에서 보다 복잡하고 현실 금융시장에서 많이 사용되고 있는 금융공학상품 및 파생상품에 대한 내용을 제시하고 있다. 본 교재의 학습 중 많은 수학적 기법(예: 편미분방정식, 확률과정 등)이 파생상품의 해법을 찾는데 수단으로 사용되기 때문에 수학 및 통계학 관련 전공자들에게는 쉬울지 모르지만 인문사회 전공자에게는 어려울 수 있다. 따라서 해를 찾아가는 과정에 약간의 그림이 추가되어 수학 및 통계학의 지식이 부족한 분들에게도 어려운 내용을 쉽게 이해할 수 있도록 하였다. 참고로 본 교재 시리즈 버전인 "그림으로 쉽게 배우는 금융공학 원론(경문사)"을 먼저 학습하면 본 교재 내용의 이해도가 높을 것으로 기대한다.

일반적으로 금융공학 및 파생상품을 학습하는 것은 학습자에게 매우 힘든 과정으로 인식되고 있기 때문에 본 교재 내용을 학습하기가 쉽지 않을 것이다. 본 교재에서는 되도록 이해하기 쉽게 많은 그림을 부가하여 설명하려고 노력하였다. 본 교재는 다음과 같이 구성되어 있다.

1장에서는 자산가격결정의 기본 정리를 이용하여 파생상품의 몬테칼로시뮬레이션 및 켈리브레이션에 대한 내용을 수록하였고, 퀀토 파생상품에 대한 편미분방정식(PDE)을 제시하고 있다.

2장에서는 고정소득증권의 가격결정에 대한 간단한 틀에 대해 알아본다. 여기서는 스왑가격결정에 대한 응용, 기간구조모형, 기간구조의 동태성, 측도변경 기법과 응용, 이연스왑 및 볼록성 속성, 교차통화스왑과 차등스왑에 대한 내용을 제시한다.

3장에서는 변동성 상품의 가격결정모형을 제시한다. 변동성포지션과 분산스왑에 대한 가격결정모형을 제시하고 글로벌 금융위기 전·후의 변동성에 대한 볼록성 조정에 대해 알아본다.

4장에서는 자산군으로서 상관성과 스마일에 대해 살펴본다. 옵션의 스마일 현상에 대해서 설명하며 변동성 스마일 형태를 학습한다. 이색옵션과 스마일간의 응용을 통한 이색옵션의 가격결정방법을 제시한다.

5장에서는 모기지(자산담보부)시장에 대해 이해하고 스왑션 가격결정방법을 익히며 캡과 플로어의 가격결정방법을 파악한다.

6장에서는 신용파생상품의 대표적인 신용디폴트스왑(CDS) 공학에 대해 알아본다. 신용디폴트스왑을 이용한 디폴트 확률 계산방법을 익히며, 국가 신용디폴트 스왑상품에 대해 설명한다.

7장에서는 자기자본 금융상품공학과 디폴트구조 모형에 대해 파악한다. 자본구조 차익거래에 대한 원리를 파악하고 다양한 자기자본 금융상품에 대한 종류를 파악한다.

8장에서는 구조화 금융상품 공학의 본질에 대해 파악하고 구조화 고정소득상품의 수익률 전략과 고양방법을 익히며, 고정만기스왑(CMS) 공학에 대해 파악한다.

9장에서는 증권화공학에 대해 파악하고, 자산담보부증권(ABS)과 담보부부채증권(CDO)에 대해 알아보고 신용지수 및 지수 차익거래에 대해 학습한다. 트렌치 모형화 및 가결결정방법을 학습하고, 구조화 신용상품에 대해 알아본다.

10장에서는 디폴트 상관성 상품에 대한 가격결정과 거래(trading)방법에 대해 알아본다. 표준 트렌치 평가모형에 대해 파악하고 델타헤징과 상관성의 거래에 대해 학습한다. 또한 현실세계에서의 복잡성에 대한 관찰한다.

11장에서는 원금 보호방법에 대해 학습하고 고정비율포트폴리오(CPPI)와 동적비율포트폴리오(DPPI)에 대한 특성을 파악하고 현실세계의 복잡성을 언급한다.

12장에서는 거래 상대방 위험에 대해 알아보고 다중곡선의 개념, 신용평가조정(CVA), 부채평가조정(DVA), 펀딩평가조정(FVA) 등에 대해 파악한다. 할인율과 다중 수익률곡선의 선택에 대해 학습하고, 양측 거래 상대방위험과 거래 상대방위험을 헷징하는 방법을 파악한다.

본 교재는 일반적인 금융상품 및 파생상품 그리고 금융공학 기존 교재에서 소개하지 않은 내용이 많아서 용어를 표준화시키는데 상당히 힘들었다. 아마도 용어 선정에 틀린 부분이 있을 것으로 예상하며 본 교재 출판 이후 많은 지적 사항이 생기면 다시 수정할 것을 약속하는 바이다. 아무쪼록 교재 내용의 오류에 대해 많은 지적 바라며 최대한 추가본은 계속해서 수정해 가도록 노력할 것을 독자들에게 다짐한다.

본 교재의 번역 과정에 많은 도움을 받았다. 먼저 경문사 전체 임직원분들에게 감사의 말씀을 전한다. 원고가 늦어져 시간이 촉박 하였지만 꾸준히 의사소통을 통하여 원활하게 출판되도록 많은 도움을 준 것에 감사의 말씀을 드린다. 또한 박사과정생인 최용수 군에게 많은 감사를 드리며 책이 출판되기까지 많은 부분을 토론하고 수정하여 본 교재의 완성도를 높이는데 많은 기여를 하였다. 마지막으로 인생의 동반자이자 사랑하는 김경미 씨와 항상 밝고 긍정적인 생각을 가지며 주어진 일에 최선을 다하고 항상 남을 먼저 생각하고 배려할 줄 알며 착한 마음씨를 가지고 열심히 생활하는 쌍둥이 두 아이들, 수빈이와 재영이에게 이 책을 받친다.

아름다운 부산 연구실에서
손 판 도 교수
2021년 11월

3판의 저자서문

본 교재는 금융공학의 입문서이다. 일반적으로 금융공학(Financial Engineering)이라고 불리어지는 주제는 특정 논리를 통하여 이해할 수 있도록 적합 시킨 보다 넓은 범위의 주제를 다루고 있다. 본 교재는 고급 학부생 및 대학원생의 기초와 금융시장의 실무자들을 위해 마련된 것이다. 본 교재에서 사용하고 있는 접근법은 단순한 그림이나, 기초적인 수학 및 실제 세계의 예제를 조합하여 이루어지고 있다. 금융상품수단, 시장, 그리고 금융시장과 관련된 세부적인 토의는 약간 한정되어 있다. 가격결정문제는 비정규적인 방법으로 다루어지며 단순한 예제를 사용한다. 반면에, 고려하고 있는 주제의 금융공학 차원이 강조된다.

Salish 교수와 같이 몇 년간에 걸쳐 코스를 선택한 기술적으로 시장지향적인 실무자들로부터 많이 다루는 방법을 나는 배웠다. 깊은 지식과 이들 현란한 시장 전문가의 전문성이 본 교재를 같이 쓰도록 하는데 많은 공헌을 하였다. 나는 내가 연구세미나에 참석한 2006년 홍콩과학기술대학(HEC)에서 Salih 교수를 처음 만났다. Salih 교수는 매우 지식으로서 재무전문성과 카리스마적 선생님으로서 강한 인상을 받았다. 2009년 Salih 교수의 죽음을 안 후 많은 슬픔을 느꼈다. 나는 그의 금융공학원론(Principles of Financial Engineering) 교재의 코스를 기초로 하였는데, 교재에서 교육적인 접근법과 관련이 있기 때문이다. 나는 3판에서 겸손하고 즐거운 경험을 위해 교재를 교정할 기회를 얻었다. 금융공학이나 파생상품 세계는 2008-2009년의 글로벌금융위기(GFC) 이후 유의적으로 변했는데 이것들은 단순성, 표준화, 거래상대방 위험, 중앙청산소, 유동성, 외환거래 등을 강조했다. GFC이후 오직 5년간 새롭고 복잡한 금융상품 즉 조건부 전환성(CoCos)는 은행에 의해 투자자에게 매도 되었고 위험자산의 가격은 다시 항상 높은 가격이 되었다. 금융공학의 원리를 이해하는 것은 새로운 문제를 해결하거나 특정 금융상품에 숨겨진 위험을 이해하는데 도움을 줄 뿐만 아니라 위험과 부적절한 금융공학 그리고 초기 시장에서 행동을 취하는데 충분히 도움을 줄 수 있다.

나의 주된 목적은 교재를 업데이트 하는 것이며 현재의 시장과 시장 실무가 어떻게 변했으며 새로운 금융공학추세와 금융상품을 토의함으로써 본 주제를 유지한다. 2009년과 2010년에 대체투자펀드와 장외파생상품등과 관련된 EU입법에 요구의 한 부분으로서 UK 상원(UK House of Lords)에 특별 어드바이즈로 봉사했으며, 계속적으로 파생상품시장과 대체투자펀드 관심에 영향을 준 규제변화를 따랐다. 교재에 포함된 다양한 주제에 대해 Marek Musiela와 Daminano Brigo 등과 함께 대화에서 많은 혜택을 받았다. 여러 명의 동료들과 학생들은 원래의 원고를 읽었다. 특히 Daminao Brigo 및 Dimitris Karyampas 그리고 여러 익명의 참조자, 즉 원고를 읽고 논평을 제공했던 사람들에게 감사를 표한다. 교재는 시장 실무차원의 예제로서 여러 실제 생애 에피소드(episode)을 사용하고 있다. Thomson Reuters 국제금융공학 리뷰(IFR), 파생상품위크(현재 GlobalCapital의 일부), Futuresmag, Efinancialnews, Bloomberg 및 Risk Magazine 등에 대하여 자료를 사용 할 것을 허용 한데 대하여 감사를 표한다. 추가적인 새로운 장의 끝에 있는 연습문제를 만드는데 많은 도움을 준 Aman Kesarwani에게 감사를 표한다.

3판에서 새로운 것은 무엇인가?

금융공학 원리는 다른 자산 군에 비슷한 방법으로 응용될 수 있으며 따라서 3판은 이자율, 통화, 상품, 신용, 지분 등에 대한 금융공학 원리의 응용에 대하여 다른 장의 형태로 만들어져 있다. 자료는 재조직화 되었으며 현대화 되었다. 듀레이션 및 관련 개념들이 본 교재에서 반복적으로 언급되기 때문에 듀레이션과 다른 이자율위험 측도를 도입하고 있는 새로운 절은 3장에 추가되었다. 새로운 7장은 (상품 및 대체투자에 대하여)은 최근 중요성이 증가하고 있는 헤지펀드 산업에 대한 현재 새롭게 확장되고 최신화 된 절을 포함하고 있다. 상품(commodities)에 대한 절은 현물-선물 페러티 이론(spot-futures parity theorem)과 현금 및 보유 차익거래와 같은 응용을 소개한다. 수의상환 채권에 대한 절은 16장에 추가되었다(고정소득 및 모기지 시장에서 옵션의 응용에 대해). 신용디폴트스왑에 대한 18장에서는 현재 CDS가격결정과 최근 국가CDS시장에서 발전에 대한 자료를 포함하고 있다. 19장에서는 지분평가에 대한 할인된 현금흐름 접근법의 논의가 지분을 기업의 자산에 대한 옵션으로 보고 있는 Merton모형의 형태에서 금융공학적 관점에 의해 대체되었다. 역 전환성은 20장에서 논의된 지분구조화금융상품의 리스트에 추가되었다. 증권화, ABS, CDOs등이 21장에서 소개하며 금융공학 툴킷(toolkit)을 CoCos의 평가 및 비판적 분석과 새로운 GFC후 혼합증권(hybrid security)에 적용한다. 22장에서는 헤징 및 그러한 포지션의 위험관리를 포함하고 있는 디폴트 상관관계 거래를 논의하고 있다. 시장 참가자들과 많은 아카데믹에서는 GFC 이전 거래상대방 위험의 중요성에 대해 알고 있지만, 금융공학 및 파생상품 실무에서 가장 큰 혁명중의 하나는 포괄적으로 거래상대방 위험이 현재 파생상품 가격결정에 어떻게 내재되어 있는가 이다. 파생상품 거래에서 거래상대방이 지급의무를 행하는 전과 같이 더 이상 가정을 하지 않는다. 24장에서는 새로운 장 중의 하나이며, 어떻게 상대방 위험 조정, 즉 CVA, DVA 및 FVA 등이 파생상품 가격결정에 영향을 주는지 및 위험이 없는 이자율 대용 변수 선택에 어떻게 영향을 주는지를 다룬다.

모든 남아 있는 오류부분은 물론 저자의 것이다. 교재의 연습문제에 대한 해와 보충자료는 관련 웹사이트에 이용가능 할 것이다. 이러한 많은 노력은 본 교재를 만들게 하였다. 취급 된 여러가지 고급문제는 생략되었고 미래 새로운 버전에 이들을 포함시킬것이다.

Robert L. Kosowski
2014년 7월 31일
런던

본 교재의 번역 상 용어정리

번역을 하면서 영문 용어를 한글 용어로 전환하는데 많은 어려움이 있었다. 이유는 아직 교재에서 설명하고자 하는 금융공학적 설계 상품들이 국내에 소개되지 않았거나 사용되고 있지 않아서 용어 통일이 어려웠기 때문이다. 그리고 원 저자들이 제시하고자 하는 내용을 되도록이면 의역 보다는 직역을 통하여 왜곡되지 않게 조심스럽게 번역 하였다. 번역 과정에 약간의 한글 표현 방식이 어색한 경우도 있었으며 용어의 정의가 안되어서 원어 그대로 사용한 경우도 있었다. 이러한 점에 대해서는 독자들에게 많은 양해와 용서를 구하며 차후 버전에서 보다 더 매끄럽게 수정하도록 노력할 것이다.

다음의 용어는 한글표현이 다르지만 동일한 의미를 가지고 있음을 제시한다.

1. 이자율(interest rate)은 금리와 동일한 의미를 지닌다.
2. 자기자본(equity)는 지분과 동일한 의미를 지닌다.
3. 수단(instrument)을 금융수단 또는 금융상품수단 등으로 번역하였다.
4. 금융공학자(financial engineer)는 금융엔지니어와 동일한 의미를 지닌다.
5. 선도(Forward)와 선물(Futures)의 영어 표기에서 선도는 대문자 F로 나타내고, 선물은 소문자 f로 표기한다. 그러나 이러한 표기에서 원 저자들도 매우 혼란스럽게 사용하고 있으며 상황에 따라 달라질 수 있다.
6. Initiation을 초기 또는 개시 등으로 번역 하였으며 한글표현은 다르지만 의미는 같다.
7. Zero-coupon bond을 무이표채 또는 제로-쿠폰 채권으로 번역 하였다.
8. Speculative trade는 기존 전통적인 교과서에서 투기적 거래로 번역되어 사용되고 있지만, 실질적으로 speculative를 투기로 용어를 번역할 경우 금융시장에서 이러한 거래자의 부도덕적인 뉘앙스로 인하여 본 역자는 방향성 거래자로 번역하였다. 실제 이러한 투자자 또는 거래자는 금융시장에서 매우 중요한 역할을 한다.
9. Cross currency을 교차통화 또는 이종통화로 해석 하였다.
10. Money market을 본 교재에서는 단기금융시장으로 번역하였으며 경제학 교재 등에서는 화폐시장 등으로 번역되고 있는데 동일한 의미를 가진다.
11. 한글로 번역이 어려운 용어, 예를 들면 haircut 등과 같이 억지로 한글로 번역하기 보다는 원어 그래도 사용하였다.

차 례

CHAPTER 1 기본정리의 응용

CHAPTER 2 고정소득증권 공학

CHAPTER 3 변동성공학, 변동성스왑 및 변동성 거래를 위한 수단

CHAPTER 5 캡/플로어(Caps/Floors)와 스왑션의 모기지 응용

CHAPTER 6 신용시장: CDS 공학

CHAPTER 7 자기자본 금융상품공학과 디폴트의 구조 모형

CHAPTER 8 구조화 상품 공학의 본질

CHAPTER 9 증권화, ABS, CDO 및 신용구조화 상품

CHAPTER 10 디폴트 상관관계 가격결정 및 거래

CHAPTER 11 원금 보호 기법

CHAPTER 12 거래 상대방위험, 다중곡선, CVA, DVA 및 FVA

1 기본정리의 응용

CHAPTER

1.1 서론

기존 금융공학원론 교재의 12장에서 토의된 이론은 마팅게일 방법을 사용하여 가격결정이나 위험관리에 적용되는 중요한 무차익조건을 만드는데 이용된다. 이들 조건에 따르면 무차익 상태가격이 주어진 경우, 특정 Z_t에 의해 일반화된 모든 자산가격은 마팅게일이 된다. 합성 확률 측도, $\tilde{P}$을 얻을 수 있다. 가격이 기초자산 S_t에 의존하는 유가증권을 $C(S_t, t)$로 나타낸다고 보고, 다음과 같이 설정할 수 있다.

$$\frac{C(S_t, t)}{Z_t} = E_t^{\tilde{P}}\left[\frac{C(S_T, T)}{Z_T}\right] \tag{1.1}$$

정(+)의 상태가격이 존재하는 한, 이와 같은 확률을 얻을 수 있으며 이러한 확률은 일반화를 할 수 있다. 이때 올바른 확률의 선택은 편리성 및 자료 이용가능성의 문제가 된다.

등식 (1.1)에서 다양한 방법을 통하여 수치적으로 평가될 수 있다. 차익거래가 존재하지 않는 가격 S_t는 기대값으로 평가되고, Z_t로 곱하여 평가된다. 그러나 기대값을 평가하기 위해 확률 $\tilde{P}$가 필요하며 그래서 이것은 먼저 구해져야 한다. 보다 바람직한 특성은 미래가치 Z_t가 일정하며 시간 T에서 만기가 되는 채무불이행이 없는 경우와 같다. 그래서 T만기 채권은 일반화에 대한 훌륭한 후보가 된다.

이 장에서는 기본정리의 3가지 응용을 제시한다. 첫 번째 응용은 몬테칼로인데, 이것은 등식 (1.1)에서 기대값을 계산하기 위한 일반적 방법으로서 해석될 수 있다. 이 방법은 이러한 고려하의 금융상품이 유럽피언 유형일 때는 바로 직접적으로 응용될 수 있다. 대수의 법칙을 가진 기본정리에 의해 제공된 도구가 이 절차에 사용된다.[1)]

두 번째 기본정리의 응용은 켈리브레이션(calibration)과 관련이 있다. 켈리브레이션은 유동성 시장에서 관측된 차익거래가 없는 가격을 사용한 모형 파라메트의 선택이다. 이 장에서는 기본정리를 이용하여 시장자료에 확률미분방정식과 트리 모형을 어떻게 켈리브

1) x_i, $i=1,\cdots,N$이 유한 1차 적률을 가진 확률 변수 X로부터 독립이고, 동일하게 분포한 관측치로 놓자:

$$E[X] < \infty$$

이때, 대수의 법칙에 따르면, N이 클수록 $\frac{1}{N}\sum_{i=1}^{N} x_i$는 a.s. $E[X]$로 수렴한다.

레이션 하는지 단순한 예제를 논의한다. 이것은 Black-Derman-Toy(BDT) 모형의 관계에서 설명되어 진다.

기존교재의 12장에서 도입된 세 번째 기본정리의 응용은 보다 더 자연스럽게 개념적이다. 정리를 모형화 하는데 어떻게 이용될 수 있는지를 보기 위하여 퀀터 자산을 이용한다. 퀀터가격결정이 국내와 외국 위험중립측도 간의 전환과 관련이 있기 때문에 퀀터자산은 매우 우수한 금융수단을 제공한다. 측도간 전환의 기법은 금융공학의 통합 부분이고 다음 장에서 보다 더 토의될 것이다. 퀀터에 대한 응용은 첫 번째 단계를 제공한다.

이들 문제를 먼저 토의하기 전에 순서에 주의를 해야 한다. 이 장에서 토의는 그런 수치적 기법을 이행하는데 대한 방법의 원칙 대신 기본정리를 사용하는 시점에서 이러한 기본정리와 관련된 예제를 가지고 시작한다. 몬테칼로 또는 켈리브레이션을 사용하는 계산은 보다 복잡한 절차이며 직접적인 응용은 만족할만한 결과를 주지 않을 수 있다. 관심있는 독자는 이 장의 끝에 제시된 추천도서를 이용할 수 있다.

1.2 응용 1: 몬테칼로 접근법

다시 이용가능한 마팅게일 측도 $\tilde{P}$하에서 기초자산 위험 S_t의 함수 $C(S_t, t)$와 관련된 기대값을 고려하자.

$$\frac{C(S_t, t)}{Z_t} = E_t^{\tilde{P}}\left[\frac{C(S_T, T)}{Z_T}\right] \tag{1.2}$$

여기서 S_t와 Z_t는 시점 t에서 2개의 차익거래가 없는 자산가격이다. Z_t는 자산을 일반화 시키는 수단으로 사용되며 $\tilde{P}$의 정의하에서 금융상품 수단이다. $C(S_t, t)$는 유럽피언 옵션 프리미엄을 나타낼 수 있거나 또는 만기 T을 가진 S_t에 달려있는 다른 파생상품을 나타낼 수도 있다.

만약 확률측도 $\tilde{P}$가 주어지고 Z_t을 알고 있다면 이 방정식은 $C(S_t, t)$의 수치 값을 계산하기 위한 장치로서 사용될 수 있다. 이것을 할 수 있는 두 가지 방법이 존재한다. 첫째,

기대값을 수치적으로 해를 찾을 수 있으며, 폐쇄형으로서 $C(S_t, t)$결과를 얻을 수 있다. Z_t의 자산을 일반화하는 현재 값이 알려져 있을 때, 다음의 적분을 취함으로써 값을 얻을 수 있다.

$$C(S_t, t) = Z_t\left[\int_{-\infty}^{\infty}\int_{-\infty}^{\infty}\frac{C(S_T, T)}{Z_T}\tilde{f}(S_T, Z_T)dS_T dZ_T\right] \tag{1.3}$$

여기서 $\tilde{f}(\cdot)$는 $\tilde{P}$확률과 관련된 S_T와 Z_T의 결합 조건부 확률밀도함수이다.[2)] 우변의 Z_T는 확률로 고려되며 S_T와 관련이 있다. 결과적으로 확률 $\tilde{P}$는 두 확률변수 S_T와 Z_T에 적용할 수 있다.

Z_t의 임의적 선택을 통하여 Z_T을 일정하게 만들 수 있다. 예를 들면, T시점에 만기가 되는 채무불이행위험이 없는 할인채권으로서 Z_t을 선택한다면 다음의 관계를 가진다.

$$Z_T = 1 \tag{1.4}$$

$\tilde{f}(\cdot)$가 단일 조건부 밀도이기 때문에 이러한 일반화는 가격결정 연습을 보다 더 단순화시키는 것이 분명하다.

그러나 이러한 것을 가지고도 해석상의 방법에서는 문제가 존재한다. 종종, 적분에서 폐쇄형 해가 존재하지 않을 수 있거나 S_t와 Z_T간 연관된 공식이 없을 수 있고 분포함수 $\tilde{P}$의 다른 파라메터가 존재하지 않을 수 있다. 적분값은 폐쇄형 식이 아닐지라도 아직까지는 계산될 수 있다. 수치적으로 평가 되어 진다.

이것을 이행하는 한 가지 방법은 몬테칼로 방법이다.[3)] 본 절에서는 간단히 이러한 절차를 요약한다. 단순한 예제를 가지고 시작한다. 확률변수[4)] X는 P로 나타내는 알려진 정규분포를 가지고 있으며 다음과 같이 나타낸다고 가정하자.[5)]

$$X \sim N(\mu, \sigma) \tag{1.5}$$

X의 알려진 함수 $g(X)$을 가정하자. 기대값 $E^P[g(X)]$는 $E^P[g(X)] < \infty$로 알려져 있는데

---

2) $\tilde{f}(S_t, Z_t)$가 존재한다고 가정한다.

3) 다른 것은 PDE 접근법인데, 여기서 이 기대치에 상응하는 PDE을 먼저 찾으며, 이때 PDE을 수치적으로 또는 해석적으로 푼다. 이 방법은 여기서 논의되지 않을 것이다. 관심 있는 독자는 Wilmott(2006)와 Duffie(2001)을 고려하라.

4) 여기서 X의 동등성은 S_t/B_t이다.

5) 앞에서 동등성은 $\tilde{p}$ 이다.

이러한 기대값을 어떻게 계산할 수 있는가? 물론 한가지 방법은 앞에서 언급한 해석적 접근법을 사용하는 것이다. 만약 폐쇄형 해가 존재할 경우 적분을 취하면 다음과 같다.

$$E^P[g(X)]=\int_{-\infty}^{\infty} g(x)\left(\frac{1}{\sqrt{2\pi\sigma^2}}e^{-(1/2\sigma^2)(x-\mu)^2}\right)dx \tag{1.6}$$

그러나 보다 더 쉬운 두 번째 방법이 있다. 대수의 법칙을 이용할 수 있고 X의 실현된 대표본이 주어진 경우 x_i로 나타내어진 x_i의 함수의 표본 평균은 $g(x_i)$가 진정한 기대값 $E^P[g(X)]$와 근접할 수 있을 것이라는 것을 말해주고 있다. 그래서 임의의 훌륭한 $E^P[g(X)]$의 근사값을 계산하는 일은 우측 분포로부터 x_i의 매우 큰 표본을 파악하는 것으로 줄어든다. 확률 생성기를 사용하고 알려진 X의 분포를 이용하여 x_i의 N 반복을 통하여 얻을 수 있다. 이들은 독립적으로 생성되며, 대수의 법칙이 응용될 수 있다.

$$\frac{1}{N}\sum_{i=1}^{N} g(x_i)\rightarrow E^P[g(X)] \tag{1.7}$$

조건 $E^P[g(X)]<\infty$는 이와 같은 점근성이 유지되는데 충분하다. 자산가격결정 개념과 관련하여 이러한 내용을 토의한다.

1.2.1 몬테칼로를 이용한 가격결정

몬테칼로 방법을 가지고 기대값은 사전 설정된 모형에서 연속적으로 이자율 확률변수를 반복적으로 먼저 생성하고 그리고 표본평균을 계산 함으로서 평가된다. 가격결정 식에 대한 이러한 방법을 통하여 바로 응용이 될 수 있다. 사실 기본정리는 위험-중립확률 $\tilde{P}$을 차익거래가 없는 자산가격 S_t에 대하여 제공한다.

$$\frac{S_t}{B_t}=E_t^{\tilde{P}}\left[\frac{S_T}{B_T}\right] \tag{1.8}$$

여기서 Z_t로 초기에 나타낸 변수의 일반화는 저축계좌가 되도록 취해지며 지금은 B_t로 나타내어 진다. 이 자산은 다음과 같이 정의된다.

$$B_t=e^{\int_0^t r_u du} \tag{1.9}$$

여기서 r_u는 연속적인 복리의 순간적 현물이자율을 의미한다. $T=0$시점에서 1 달러였던 투자의 시간 t의 가치를 나타낸다. 지수에서 적분은 r_u가 $u \in [t, T]$동안 일정하지 않다는 것을 의미하고 있다. r_t가 확률변수라면 그때 S_T와 B_T를 복제하기 위해서는 결합조건부 분포함수가 필요할 것이다. S_T와 B_T의 결합 동태성을 설명할 수 있는 모형을 만들어야 하며, t시점 정보를 시간 T시점에서 생성된 확률값과 연결시킬 수 있는 모형을 만들어야 한다. r_t가 상수 r로 보고 단순한 경우를 가지고 시작한다.

1.2.1.1 일정 현물이자율을 가진 콜 가격결정

모든 블랙-숄즈 가정들이 만족되는 세계에서 S_t에 대해 발행된 행사가격 K와 만기 T를 가진 유럽피언 콜 옵션의 가격의 계산을 고려하자. 방정식 (1.9)에서 B_t의 사용은 자산을 일반화하는 것처럼 식 (1.8)은 다음과 같이 된다.

$$\frac{C(t)}{e^{rt}} = E_t^{\tilde{P}}\left[\frac{C(T)}{e^{rT}}\right] \tag{1.10}$$

여기서, $C(t)$는 S_t, t, K, r 및 σ의 함수인 콜 프리미엄을 나타낸다. 단순화 및 재 배열을 한 후 다음을 얻는다.

$$C(t) = e^{-r(T-t)} E_t^{\tilde{P}}[C(T)] \tag{1.11}$$

여기서

$$C(T) = \max[S_T - K, 0] \tag{1.12}$$

몬테칼로 방법은 $C(t)$을 얻기 위해 식 (1.11)의 우변에 쉽게 응용될 수 있다.

저축계좌 일반화를 사용하여, 크기의 이산범위 $0 < \Delta$에 대하여 S_t의 이산된 위험-중립 동태성을 다음과 같이 나타낸다.

$$S_t + \Delta = (1 + r\Delta)S_t + \sigma S_t(\Delta W_t) \tag{1.13}$$

여기서 변동성 백분율 σ는 일정하며 교란항, ΔW_t는 평균이 0이고 분산이 Δ인 정규 분포 확률변수라고 가정한다.

$$\Delta W_t \sim N(0, \Delta) \tag{1.14}$$

위험중립측도 $\tilde{P}$사용으로 인하여 r은 SDE에서 사용된다. 다음 동태성을 이용하여 S_T의 복제를 쉽게 계산할 수 있다.

Δ의 크기를 선택하고 이때 정규분포로부터 확률변수 ΔW_t를 생성시키기 위해 적정한 수도-확률숫자 발생기를 사용하라.

현행 S_t가격, r 및 σ의 파라메터 값, 그리고 N의 마지막 값 S_T^j, $j=1, 2, \cdots, N$을 얻기 위하여 식 (1.13)의 동태성을 이용하라. 여기서 j는 몬테칼로 실행에 의해 생성된 확률경로를 나타낼 것이다.

이들을 다음의 성과함수에 대체하고, $C(T)^j$의 N번 복제를 한다

$$C(T)^j = \max[S_T^j - K, 0] \tag{1.15}$$

마지막으로 표본평균을 계산하고 $C(t)$을 얻기 위해 이것을 적절하게 할인한다.

$$C(t) = e^{-r(T-t)} \frac{1}{N} \sum_{j=1}^{N} C(T)^j \tag{1.16}$$

이러한 과정은 콜 옵션의 차익거래가 없는 가격을 준다. 그러면 지금 단순한 예를 고려하자.

예제

S_t 및 EUR/USD환율에 대해 발행된 다음의 유럽피언 바닐라 콜의 가격결정을 고려하며 이산된(근사) SDE는 다음을 따른다.

$$S_{ti}^j = S_{ti-1}^j + (r - r^f) S_{ti-1}^j \Delta + \sigma S_{ti-1}^j \sqrt{\Delta} \in_i^j \tag{1.17}$$

여기서 평균편차(drift)항은 국내 및 외국의 이자율 차이가 된다.

행사가격 $K=1.0950$을 가진 콜에 대한 다음의 자료가 주어져 있다.

$$r=2\%,\ r^f=3\%,\ t_0=0,\ T=5 \text{ days}=1.09,\ \sigma=0.10 \tag{1.18}$$

금융공학자는 이와 같은 콜의 가격을 결정하기 위하여 $N=3$의 궤도를 선택하기 위해 결정을 한다. 이산간격은 $\Delta=1$일로서 선택된다.

소프트 Mathematica는 다음의 표준정규확률값을 제공한다.

$$\{0.763, 0.669, 0.477, 0.287, 1.81, -0.425\} \tag{1.19}$$

$$\{1.178, -0.109, -0.310, -2.130, -0.013, 0.421141\} \tag{1.20}$$

$$\{-0.922,\ 0.474,\ -0.556,\ 0.400,\ -0.890,\ -2.736\} \tag{1.21}$$

이산화된 SDE에서 이 값들을 사용하여

$$S_i^j = \left(1+(0.02-0.03)\frac{1}{365}\right)S_{i-1}^j + 0.10S_{i-1}^j\sqrt{\frac{1}{365}}\in_i^j \tag{1.22}$$

다음의 궤적을 얻는다.

경로	1일	2일	3일	4일	5일
1	1.0937	1.0965	1.0981	1.1085	1.1060
2	1.0893	1.0875	1.0754	1.0753	1.0776
3	1.0927	1.08946	1.0917	1.086	1.0710

순수 바닐라 유로 콜(plain vanilla euro call)의 경우, 행사가격 $K=1.095$을 가지고 첫 번째 궤적은 내가격으로 끝나며 다음과 같다.

$$C(T)^1=0.011,\quad C(T)^2=0,\quad C(T)^3=0 \tag{1.23}$$

연속복리를 사용하여 콜 프리미엄은 다음과 같다.

$$C(T)=\mathrm{Exp}\left(-0.02\frac{5}{365}\right)\frac{1}{3}[0.011+0+0] \tag{1.24}$$

$$C(T)=0.0037 \tag{1.25}$$

분명하게 이 모형의 파라메터들은 몬테칼로 절차의 응용시 사용되며 작은 수의 궤적을 가지고 유가증권 가격을 결정하는데 현실세계의 복잡성은 없다. 그러나 한가지 중요한 단점이 언급되어 진다. 이 SDE의 평균편차(drift) 항은 $(r-r^f)S_t\Delta$이며 $rS_t\Delta$는 아니고, 이것은 주가의 동태성의 경우였다. 이러한 수정은 아래에서 다루어질 것이다. 외환은 해외이자율을 지급하고 무위험이자율 차이가 사용되어야 한다. 다음 절에서 보다 더 세부적으로 이것을 논의 한다.

1.2.2 이원 FX 옵션 가격결정

이 절에서는 외환시장에서 디지털 또는 이원옵션의 가격결정에 몬테칼로 기법을 적용한다. 다음과 같은 기본 금융상품을 고려한다.

S_t로 표시된 외환 통화의 가격이 만기 시 K를 초과하면, 옵션 보유자는 국내통화로 표시된 수익 r을 받게 된다. 그렇지 않으면 옵션 보유자는 아무 것도 받지 못한다. 이 옵션은 유럽피언 스타일이며 만기일이 T이다. 옵션은 $C(t)$에 대해 판매될 것이다.

몬테칼로(Monte Carlo) 기법을 사용하여 이원 FX 옵션의 가격을 결정하기를 원한다. 그러나 기초자산이 환율이기 때문에 약간의 추가적인 구조가 환경에 부과될 필요가 있으며, 먼저 이를 논의한다. 이것은 기본정리의 좋은 예이다. 또한 FX시장에서 옵션 가격결정의 몇 가지 기본 요소를 소개할 수 있는 기회를 제공한다.

1.2.2.1 위험중립 동태성 도출

주식가격을 기초로 발행된 바닐라옵션의 경우, 기초자산인 주식이 배당금을 지불하지 않으며 주가는 식 (1.26)과 같이 기하적 연속시간 과정을 따른다고 가정하였다

$$dS_t = \mu S_t dt + \sigma S_t dW_t \tag{1.26}$$

μ는 시장의 기대주가 변화율을 나타내는 미지의 평균이동 계수이고, σ는 일정한 백분율의 변동성 파라메터로서 값은 얻어질 수 있다. 마지막으로 W_t는 위너과정(Wiener process)를 나타낸다.

자산가격결정의 기본정리를 이용하여, 미지의 평균이동(drift)항 μ를 일정하다고 가정된 무위험이자율 r로 대체했다. 환율에 대해 발행된 옵션의 경우 이러한 가정 중 일부를 수정해야 한다. S_t 과정의 전반적인 기하적 구조를 계속 유지할 수 있지만 배당에 관한 가정은 변경해야 한다. 외환은 정의상 일부 은행간 예금이며 외국 (익일) 이자를 얻을 것이다. 기본정리에 따르면, 실제세계에서 평균이동(drift) μ를 이자율 차이 $r_t - r_t^f$로 대체할 수 있다. 여기서 r_t^f는 외국 순간 현물 이자율이고 r_t는 일반과 같이 국내 이자율이다. 따라서, 현물이자율이 일정하다면, 다음과 같이 표현한다.

$$r_t = r,\ r_t^f = r^f \quad \forall t \tag{1.27}$$

이것은 무차익거래 동태성을 제공한다.[6)]

$$dS_t = (r - r^f) S_t dt + \sigma S_t W_t \quad t \in [0, \infty) \tag{1.28}$$

6) 만약 r_t, r_t^f는 확률적이면, 이것은 또한 선물의 동시적인 랜덤 복제를 발생시키기를 요구할 것이다. 이자율 동태성을 모형화 할 필요가 있다.

위험중립적 평균이동(drift)으로서 현물이자율 r 대신에 금리 차이를 사용하는 이유는 고려된 자산이 외화일 때 기본정리의 직접적인 결과이다. 이 장에서는 기본정리의 응용에 대해 다루기 때문에, 이것을 간단히 논의하고자 한다.

다음과 같이 표기법을 사용하여 S_t를 외화 단위당 지불된 달러 수로 간주한다. 앞에서 소개된 자산가격결정의 기본정리는 상태 $i=1, \ldots, n$에 대해 상태가격(state prices) $\{Q^i\}$을 사용할 수 있음을 의미한다. 이것을 다음과 같이 나타낸다.

$$S_t = \sum_{i=1}^{n} (1+r^f\Delta) S_T^i Q^i \tag{1.29}$$

이것에 따르면, 외화의 한 단위는 시간 T의 i 상태에서 S_T^i 달러 가치가 될 것이며, $\Delta = T-t$ 기간 동안 이자로 연간 r^f를 얻는다. 국내 예금으로 정규화 하면 이는 다음과 같이 된다.

$$S_t = \sum_{i=1}^{n} \frac{(1+r^f\Delta)}{(1+r\Delta)} S_T^i (1+r\Delta) Q^i \tag{1.30}$$

이제 위험중립 확률을 다음과 같이 선택한다.

$$\tilde{p}_i = (1+r\Delta) Q^i \tag{1.31}$$

그리고 Δ동안 S_t의 기대 총 수익률을 구하기 위해 식 (1.30)을 재 정렬한다.

$$\frac{(1+r\Delta)}{(1+r^f\Delta)} = E_t^{\tilde{P}}\left[\frac{S_T}{S_t}\right] \tag{1.32}$$

여기에서 좌변은 근사값으로 나타낼 수 있다.[7)]

$$(1+r\Delta - r^f\Delta) \tag{1.33}$$

이는 S_t가 위험중립확률 $\tilde{P}$하에서 연율 $(r-r^f)$로 변화할 것으로 기대된다는 것을 의미한다. 이것은 연속시간 동태성의 위험중립 평균이동(drift)의 정당화 한다.

$$dS_t = (r-r^f) S_t dt + \sigma S_t dW_t \tag{1.34}$$

---

7) 이것은 1차 Taylor 연속 근사값을 사용하여 행해 질 수 있다.

이제 동태성이 설정되고, 다음 단계는 몬테칼로 궤도를 선택한다는 것이다.

1.2.2.2 몬테칼로 과정

그러한 프레임 워크에서 디지털 옵션 가격을 결정하고자 한다고 가정 해보자. 어떻게 몬테칼로(Monte Carlo) 접근법을 사용하여 이것을 할 수 있는가? S_t에 대한 무차익 동태성이 얻어지는 것을 감안할 때, 앞에서 설명한 단계를 간단하게 응용할 수 있다.

특히, S_t의 알려진 현재가치에서 시작하는 무작위 경로(random path)를 생성할 필요가 있다. 이것은 두 가지 방법으로 수행 할 수 있다. 식 (1.34)에서 SDE를 먼저 풀 수 있다. 그 결과 생성된 폐쇄형 수식에서 임의의 복제본을 선택한다. 두 번째 방법은 방정식 (1.34)의 동태성을 이산화 시키는 것이고 이전 절에서 논의된 대로 진행한다. 먼저 이산 간격 Δ를 선택한 다음 동태성을 이산화하여 진행하기로 결정했다고 가정해 보자.[8)]

$$S_{t+\Delta}=S_t+(r-r^f)S_t\Delta+\sigma S_t\Delta W_t \tag{1.35}$$

다음 단계는 난수 생성기를 사용하여 N개의 표준정규확률변수 $\{\in_i^j,\ i=1,\ \cdots,\ k,\ j=1,\ \cdots,\ N\}$사용하여 다음의 이산 SDE를 사용하고 N개의 모의 실험된 궤적을 계산한다.

$$S_{ti}^j=S_{ti-1}^j+(r-r^f)S_{ti-1}^j\Delta+\sigma S_{ti-1}^j\sqrt{\Delta}\in_i^j \tag{1.36}$$

여기서 위첨자 j는 j 번째 모의실험된 궤적을 나타내며, $\Delta=t_i-t_{i-1}$이다.

일단 경로 $\{S_{ti}^j\}$가 얻어지며, 만기시 r을 지급하는 디지털 콜옵션 프리미엄 $C(t)$의 무차익거래 가치는 다음의 등식을 사용하여 발견될 수 있다.

$$C(t)=\mathrm{R}e^{-r(T-t)}E_t^{\tilde{P}}[I_{\{S_T>K\}}] \tag{1.37}$$

여기서 기호 $I_{\{S_T>K\}}$는 시간 T에서 S_T가 K를 초과하는지, 그렇지 않은지 여부를 결정하는 지시함수이다.

$$I_{\{S_T>K\}}=\begin{cases}1 & \text{IF } S_T>K\\ 0 & \text{그렇지 않으면}\end{cases} \tag{1.38}$$

이러한 것은 옵션이 내가격(in-the-money)으로 만기되면 $I_{\{S_T>K\}}$가 1과 같다. 그렇지

8) 확률미분 방정식의 이산화는 비자의적인 이행이며 이것들을 행하는 최적 방법이다. 그래서 이러한 수치의 복잡성을 무시한다. 관심을 가진 독자는 Kloeden과 Platen (2011)와 상의할 수 있다.

않으면 0이 된다. 식 (1.37)에서 무차익거래 $C(t)$는 $E_t^{\tilde{P}}[I_{\{S_T>K\}}]$의 값에 의존한다. 후자는 다음과 같이 쓸 수 있다.

$$E_t^{\tilde{P}}[I_{\{S_T>K\}}] = \text{확률}(S_T > K) \tag{1.39}$$

$$C(t) = \text{Re}^{-r(T-t)}\ \text{확률}(S_T > K) \tag{1.40}$$

이 방정식은 해석하기 쉽다. 디지털옵션의 가치는 S_T가 일정한 성과(constant payoff) R의 현재가치를 K배 초과할 위험중립 확률과 동일하다.[9]

이러한 조건에서 몬테칼로 방법에 의해 수행된 역할은 간단하다. 현재 관측치 S_t에서 시작하여 환율의 N개의 경로를 생성한 다음, 수준 K 이상으로 끝나는 경로의 비율을 계산한다. 이 계산을 m으로 표시하면 그 옵션의 무차익 가치는 다음과 같다.

$$C(t) = e^{-r(T-t)}R\ (\text{확률}(S_T > K)) \tag{1.41}$$

$$\cong e^{-r(T-t)}R\left(\frac{\mathrm{m}}{\mathrm{N}}\right) \tag{1.42}$$

따라서, 이 경우 몬테칼로(Monte Carlo) 방법은 특별한 기대값을 계산하는데 사용되며, 이것은 사건 $\{S_T > K\}$ 의 위험중립확률이다. 다음 절에서는 두 가지 예제를 설명한다.

1.2.3 경로 의존성

지금까지 논의된 예제에서 몬테칼로 방법을 사용하여 기초자산의 위험 S_t에 대한 궤적을 생성했지만, 바람직한 수량 $C(S_t, t)$를 계산할 때 이러한 궤도의 시간 T 값만 고려했다. 궤도의 다른 요소는 가격결정에 직접적으로 사용되지 않았다.

고려중인 자산이 중간에 배당을 지급하거나 베리어옵션(barrier options)의 경우처럼, 다른 제약에 달려있다면 이것은 수정된다. 장애물 H가 있는 베리어 콜옵션의 가격을 $C(S_t, t)$로 표시할 할 때, 옵션은 $u \in [t, T]$ 동안 사건 $S_u < H$에 달려 있는 진입 또는 실격(knock in or out)할 수 있다. 하향실격 콜옵션(down-and-out call)의 경우를 고려하자. 이 금융상품의 가격결정에서 몬테칼로 궤적을 얻은 후에 전체궤도 동안 조건 $S_u < H$는 S_u^j에 의해 만족된다면 전체 궤적(whole trajectory)이 결정되기 위해 사용될 필요가 있다. 이것은 경로

9) 이자율 차이는 무차익 동태성을 설명하지만, 그러나 할인은 국내 이자율로만 사용하여 행해질 필요가 있다.

의존적인 자산군의 한 예이며 전체 몬테칼로 궤적에서 직접적으로 필요하다.

이제 몬테칼로 절차의 응용에 대한 두 가지 사례를 더 제공한다. 첫 번째 경우, 절차가 바닐라디지털옵션에 적용되고 두 번째 예에서 옵션이 하향 실격 콜옵션(down-and-out call)일 때 어떤 일이 발생하는지 보여준다.

예제

S_t을 기초로 발행된 디지털옵션에 대한 가격결정과, 첫 번째 예와 동일한 구조의 EUR/USD 환율을 고려하자. 디지털 유럽피언 콜은 행사가격 $K=1.091$이고 내가격(in-the-money)으로 만기에 100달러를 지급한다. 파라메터는 이전과 같다.

$$r=2\%,\quad r^f=3\%,\quad t_0=0,\quad t=5\text{ days},\quad S_{t_0}=1.09,\quad \sigma=0.10 \tag{1.43}$$

S_t에 대한 경로는 다음과 같이 주어진다.

경로	1일	2일	3일	4일	5일
1	1.0937	1.0965	1.0981	1.1085	1.1060
2	1.0893	1.0875	1.0780	1.0850	1.092
3	1.0927	1.08946	1.0917	1.086	1.0710

$1.091 < S_T^j$이면 디지털 콜옵션 만기가 내가격이 된다. 이전 경우에서 이 사건의 두 가지 발생 가능성이며 옵션이 내가격으로 만기가 될 것으로 기대되는 위험중립 확률은 2/3이다. 옵션 가치는 다음과 같이 계산된다.

$$C(t)=\text{Exp}\left(-0.02\frac{5}{365}\right)\frac{2}{3}[100] \tag{1.44}$$

$$C(t)=\$66.6 \tag{1.45}$$

그러면 만약 $H=1.08$의 넉-아웃(knock-out)콜을 추가한다면 어떤 현상이 나타나는지를 고려하자. 디지털 콜은 만기 전 S_t가 이 장애물 아래로 떨어지면 범위에서 벗어나게(knock-out) 된다.

예제

모든 파라메터는 첫 번째 예제와 같으며 경로는 다음과 같다.

경로	1일	2일	3일	4일	5일
1	1.0937	1.0965	1.0981	1.1085	1.1060
2	1.0893	1.0875	1.0780	1.0850	1.092
3	1.0927	1.08946	1.0917	1.086	1.0710

디지털 녹아웃 콜옵션은 $1.091 < S_T^j$가 요구되며 궤적는 1.08 이하로 결코 떨어지지 않는다. 따라서, 이 경우에 단지 한 개가 발생하며, 옵션 값은 다음과 같이 계산된다.

$$C(t) = \text{Exp}\left(-0.02\frac{5}{365}\right)\frac{1}{3}[100] \tag{1.46}$$

$$C(t) = \$33.3 \tag{1.47}$$

이제 디지털 옵션은 보다 더 싸다. 또한 바닐라 콜 옵션의 경우 오직 마지막 가치가 옵션 가치를 계산하는데 사용되었고, 반면에 넉아웃(knock-out) 옵션의 경우 전체 궤적이 $H < S_t$조건을 파악하기 위해 필요하게 되었다는 것을 주목하라.

1.2.4 이산화 편의와 폐쇄형

몬테칼로의 예제에는 SDE의 이산적 근사치가 사용되었다. 자산가격 S_t의 무차익거래 동태성을 다음과 같이 기하적 SDE로 기술 할 수 있다고 가정하고,

$$dS_t = rS_t dt + \sigma S_t dW_t \quad t \in [0, \infty) \tag{1.48}$$

적절한 시간 간격 Δ를 선택하였으며, 연속복리을 무시하고 다음과 같이 SDE를 이산화 한다.

$$S_{t+\Delta} = (1 + r\Delta)S_t + \sigma S_t(\Delta W_t) \tag{1.49}$$

식 (1.49)은 식 (1.48)에 의해 주어진 실제 연속 시간 동태성의 근사치에 불과하다.

일부 특수 SDE의 경우, 정확한 S_t를 샘플링할 수 있다. 이러한 특수한 경우 S_t의 확률미

분방정식은 폐쇄형으로 "해결"될 수 있다. 식 (1.48)에 나타난 기하적 과정이 그러한 경우 중 하나이다. 폐쇄형의 공식을 사용하여 S_T의 가치를 직접 구할 수 있다.

$$S_T = S_{t_0} e^{r(T-t_0)-(1/2)\sigma^2(T-t_0)+\sigma(W_T-W_{t_0})} \tag{1.50}$$

$(W_T - W_{t_0})$ 항은 평균이 0이고 분산이 $T-t_0$을 가지고서 정규분포가 될 것이다. 따라서 이 확률변수의 복제본을 그리면 모든 T, $t_0 < T$에서 S_T에 대한 정확한 복제본을 얻을 수 있다. 평균회귀모형(mean-reverting model)의 경우에도 이러한 폐쇄 형의 수식을 사용할 수 있으며 몬테칼로 가격결정에 도움이 된다는 사실이 밝혀졌다. 그러나, 일반적으로는 이산편의(discretization bias)을 포함할 수 있는 이산화된 SDE를 사용해야 할 수도 있다.[10)]

1.2.5 현실세계 복잡성

분명히 몬테칼로는 간단한 예제를 넘어서는 복잡한 접근 방식이 된다. 어려움이 발생하지만 (i) 컴퓨터로 난수를 선택하는 방법, (ii) 최단 시간에 가장 정확도을 얻을 수 있도록 시스템을 유도하는 방법 및 (iii)주어진 임의의 수의 선택으로 계산된 가격의 편차을 줄이는 등 이와 관련하여 현저한 개선을 이루어지게 할 수 있다. 이러한 물음의 경우, 다른 출처를 고려해야 하며, 본 교재에서는 그것들에 대해 논의하지 않을 것이다.[11)]

1.3 응용 2: 켈리브레이션

모형을 켈리브레이션 한다는 것은 관측된 무차익거래 벤치마크 가격이 이 모형의 사용에 의해 복제되는 것처럼 모형 파마메터를 선택하는 것을 의미한다. 이 절에서는 이 과정에 대한 두 가지 예제를 제시한다. 기본정리가 SDE에 어떻게 응용될 수 있는지에 대한 몇 가지 예를 이미 논의했으므로 이 절에서는 트리모형(tree models)에 집중한다. 마지막

10) Kloeden과 Platten(2011)는 어떻게 이러한 편의가 최소화 될 수 있는지 논의하고 있다. Ait-Sahalia (1996)는 이자율 파생상품의 설정 내에 이 편의를 토의하며, 어떻게 연속적인 시간 SDE가 유용화될 수 있는지를 보여준다.

11) 관심 있는 독자에게는 이러한 이슈에 대한 탁월한 입문서의 원천은 Ross et al. (2012)이다.

절에서 알 수 있듯이 몬테칼로 SDE를 사용하여 켈리브레이션 할 수 있다.

1.3.1 트리의 켈리브레이션

BDT모형은 시장가격으로부터 정보를 추출하는 절차에 대한 좋은 예이다. 이 모형은 현물이자율 r_t의 미래 궤적을 켈리브레이션 한다. BDT모형은 무차익 동태성에서 유동성이 있고 차익 거래가 없는 자산가격으로부터 축출될 수 있는 방법을 보여주고 있다.[12)]

BDT모형의 기본 아이디어는 다른 켈리브레이션 방법론의 하나이다. 암묵적 이항트리(implicit binomial trees)는 자산가격에 내재된 상태가격(state prices)의 추정 또는 위험중립 확률의 추정이라고 보자. 이 모형은 이러한 시장에서 고시되는 다수의 벤치마크 무차익 무이표 채권가격(arbitrage-free zero-coupon bond prices)과 관련 변동성이 주어졌다고 가정하자. 이러한 변동성 고시는 제4장과 제5장에서 각각 논의되는 유동성 캡과 플로어(liquid caps and floors) 또는 스왑션(swaptions)으로 부터 얻을 수 있다. 절차는 세 단계로 진행된다. 먼저, 무차익 벤처마크 증권의 가격과 관련된 변동성을 얻는다. 둘째, 이 데이터로부터 관련 변수의 무차익 동태성을 추출한다. 마지막으로, 다른 이자율 민감 증권(interest−sensitive securities)은 이러한 무차익 동태성을 사용하여 가격이 결정된다.

이 장에서는 3기간 이항트리(three-period binomial tree)을 사용하여 과정을 제시한다. 표기법을 단순화하고 주요 아이디어를 이해하는데 집중하기 위해 과정의 시간 간격 Δ가 1년이고 LIBOR 설정의 일일 계수 파라메터(day-count parameter) δ가 1과 같다고 가정한다. 독자는 이 간단한 예를 쉽게 일반화 할 수 있다.

1.3.2 LIBOR 트리 도출

$\{B(t_0, t_1), B(t_0, t_2), B(t_0, t_3)\}$의 세 가지 채무불이행이 없는 벤처마크 무이표채권(default-free benchmark zero-coupon bonds)의 무차익 가격이 있다고 가정하자. 또한 LIBOR 이자율 $L_{t_0}, L_{t_1}, L_{t_2}$에 대해 신뢰할 수 있는 변동성 지수 σ_i $i=0, 1, 2$를 관측한다고 가정하자.

먼저, 시간 t_0 변수가 이미 t_0 시점에서 관측되었기 때문에 σ_0은 정의에 따라 0과 같다는 것을 주목하라. 다음의 데이터를 가지고 있다고 가정하자.

$$\sigma_1 = 15\% \tag{1.51}$$

12) 고정 소득 증권에서 현재의 관습은 다른 방향으로 BDT 접근법을 넘어 잘 진화되었다. 한편으로는 선도 LIBOR 모형이 있으며, 다른 한편으로는 삼항 이자율모형(trinomial interest rate model)이다.

$$\sigma_2 = 20\% \tag{1.52}$$

$$B(t_0,\ t_1) = 0.95 \tag{1.53}$$

$$B(t_0,\ t_2) = 0.87 \tag{1.54}$$

$$B(t_0,\ t_3) = 0.79 \tag{1.55}$$

이 데이터로부터 LIBOR 이자율 L_{t_i}의 미래 무차익 행태에 관한 정보를 도출한다. 우선 무차익 채권가격을 LIBOR 금리의 동태성에 묶는 약간의 가격결정 함수가 필요하다. 이러한 가격결정 함수는 기본정리에서 쉽게 사용할 수 있다.

1.3.2.1 가격결정함수

t_0와 t_3 시점 동안 사용된 기본정리를 고려하자. t_3 시점에서 세계의 k개의 상태가 있다고 가정하고 기존 교재 11장에서 논의된 행렬방정식을 고려하자.

$$S_{kx1} = D_{kxk} Q_{kx1} \tag{1.56}$$

여기서, S는 시간 t_0에서의 무차익자산가격의 (k_{x1}) 벡터이고, D는 시간 t_3에서의 성과 행렬이고, Q는 시간 t_3에서의 정(+)의 상태가격(positive state prices)의 (k_{x1}) 벡터이다.

첫 번째 자산이 1년 LIBOR 기반 예금이고 두 번째 자산이 채권 $B(t_0,\ t_3)$이고 t_3에서 만기가 되며 1 달러를 지급한다고 가정하자. 그러면 방정식 (1.56)의 행렬 방정식의 처음 두 행은 다음과 같다:

$$\begin{pmatrix} 1 \\ B(t_0,\ t_3) \end{pmatrix} = \begin{pmatrix} [(1+L_{t_0})(1+L_{t_1})(1+L_{t_2})]^1 & \cdots & [(1+L_{t_0})(1+L_{t_1})(1+L_{t_2})]^k \\ 1 & \cdots & 1 \end{pmatrix} \times \begin{pmatrix} Q^1 \\ \cdots \\ \cdots \\ Q^k \end{pmatrix} \tag{1.57}$$

여기서, $[(1+L_{t_0})(1+L_{t_1})(1+L_{t_2})]^i$는 t_3의 i번째 상태에서 예금의 수익률을 나타낸다. 두 번째 행을 다음과 같이 쓸 수 있다.

$$B(t_0,\ t_3) = \sum_{i=1}^{k} Q^i \tag{1.58}$$

예금으로 일반화하면 이것은 다음과 같이 된다.

$$B(t_0, t_3) = \sum_{i=1}^{k} \frac{[(1+L_{t_0})(1+L_{t_1})(1+L_{t_2})]^i}{[(1+L_{t_0})(1+L_{t_1})(1+L_{t_2})]^i} Q^i \tag{1.59}$$

위험중립적 확률을 식 (1.60)에 부가하면, 식 (1.61)을 얻는다.

$$\tilde{p}_i = [(1+L_{t_0})(1+L_{t_1})(1+L_{t_2})]^i Q^i \tag{1.60}$$

$$B(t_0, t_3) = \sum_{i=1}^{k} \frac{1}{[(1+L_{t_0})(1+L_{t_1})(1+L_{t_2})]^i} \tilde{p}_i \tag{1.61}$$

따라서 t_3 만기채권의 가격결정 방정식을 다음과 같이 구한다.

$$B(t_0, t_3) = E_{t_0}^{\tilde{p}}\left[\frac{1}{(1+L_{t_0})(1+L_{t_1})(1+L_{t_2})}\right] \tag{1.62}$$

이러한 비슷한 방법으로 진행하면, 두 개의 나머지 채권에 대한 가격결정 방정식을 얻을 수 있다.

$$B(t_0, t_3) = E_{t_0}^{\tilde{p}}\left[\frac{1}{(1+L_{t_0})}\right] \tag{1.63}$$

$$B(t_0, t_2) = E_{t_0}^{\tilde{p}}\left[\frac{1}{(1+L_{t_0})(1+L_{t_1})}\right] \tag{1.64}$$

첫 번째 방정식은 시간 t_0에서 L_{t_0}이 알려지기 때문에 분명하게 알 수 있다.

1.3.3 BDT 트리 도출

이 특수한 예제에서, 3가지 벤치마크 가격과 2가지 변동성을 가지고 있다. 이것은 5개의 방정식을 제공한다.

$$B(t_0, t_1) = E_{t_0}^{\tilde{p}}\left[\frac{1}{(1+L_{t_0})}\right] \tag{1.65}$$

$$B(t_0, t_2) = E_{t_0}^{\tilde{p}}\left[\frac{1}{(1+L_{t_0})(1+L_{t_1})}\right] \tag{1.66}$$

$$B(t_0,\ t_3)=E_{t_0}^{p}\left[\frac{1}{(1+L_{t_0})(1+L_{t_1})(1+L_{t_2})}\right] \tag{1.67}$$

$$\mathrm{Vol}(L_{t_1})=\sigma_1 \tag{1.68}$$

$$\mathrm{Vol}(L_{t_2})=\sigma_2 \tag{1.69}$$

L_{t_i}의 동태성에 대한 모형을 구체화 하면, L_{t_i}에 대한 무차익거래 경로를 얻기 위해 이러한 방정식을 풀 수 있다.

1.3.3.1 동태성 설정

이제 이 무차익거래 동태성을 얻는다. 트리모형의 기존 방법에 따라 표기법을 단순화하고 "시간"을 나타내는 지수 $i=0,\ 1,\ 2,\ 3$을 사용하여 각 노드에서 위 및 아래 상태를 나타내는 문자 u 및 d를 사용한다. 먼저 여기서 5개의 방정식을 가지고 있고, 그래서 적어도 이 방정식으로부터 5개의 독립적인 정보를 얻을 수 있다는 것을 주목하라. 다른 말로 하면, 설정된 동태성은 적어도 여기에서 5개의 알려져 있지 않은 항을 가지고 있어야 한다. 다음 3기간 이항 과정을 고려하자.

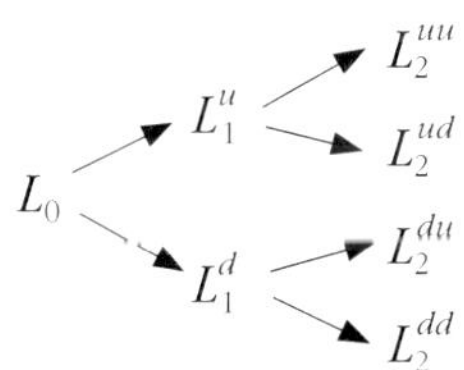

(1.70)

동태성은 7개의 미지수 즉, $\{L_0,\ L_1^u,\ L_1^d,\ L_2^{ud},\ L_2^{du},\ L_2^{dd},\ L_2^{uu}\}$를 갖고 있다. 그것은 가지고 있는 방정식의 수보다 2개 더 많다. 모형에 추가 제약을 부가하여 최소한 두 개의 미지수는 제거 되어야 한다. 이것들은 지금 파악할 수 있을 것이며, 분산의 설정으로부터 발생한다.

1.3.3.2 L_i의 분산

LIBOR현물이자율 $L_i,\ i=0,\ 1,\ 2$는 이항설정을 가지고 있다. 즉, 모든 노드에서 현물이자율은 가능한 단 두 가지 값 중 하나를 취할 수 있다. 따라서, "시간" i에서의 조건부 상태 j의 L_i의 변화율의 분산은 다음과 같이 주어진다.[13)]

13) 캡/플로어 시장은 변동성을 이와 같은 방법으로 관행에 따라 고시하기 때문에 백분율 변동성을 계산한다.

$$Var(L_i | j) = E\widetilde{P}[\ln(L_i) - \ln(\bar{L}_i)^2 | j] \tag{1.71}$$

여기서,

$$\ln \bar{L}_i = E\widetilde{P}[\ln(L_i) | j] \tag{1.72}$$

식 (1.72)는 L_i의 조건부 기대 값이다.

이제 두 가지 추가 가정을 한다. 첫 번째 가정은 표기목적으로 만 사용된다. $j=u$로 놓고 따라서 "up"상태에 있다고 가정하자. $j=d$의 결과는 비슷할 것이다.

둘째, 다음과 같이 놓자.

$$p_i^u = \frac{1}{2} \quad \forall i \tag{1.73}$$

$$p_i^d = \frac{1}{2} \quad \forall i \tag{1.74}$$

다시 말하면, 위험-중립 확률은 트리의 수명 동안 일정하고 그것이 동일하다는 것을 가정한다. 처음에는 상당히 강하게 보일 수 있는 이 가정은 사실 제약이 아니라는 것을 알 수 있다. 이러한 가정과 LIBOR이자율의 이항 특성을 사용하여 다음을 즉시 계산할 수 있다.[14)]

$$E\widetilde{P}[\ln(L_i) | j=u] = p^u \ln(L_i^{uu}) + (1-p^u)\ln(L_i^{ud}) \tag{1.75}$$

$$= \frac{1}{2}[\ln(L_i^{uu}) + (1-p^u)\ln(L_i^{ud}) \tag{1.76}$$

이 식을 식 (1.71)에 대체하면 다음을 얻을 수 있다.

$$Var(L_i | j=u) = E\widetilde{P}\left[\left(\ln(L_i) - \frac{1}{2}[\ln(L_i^{uu}) + \ln(L_i^{ud})]\right)^2 | j=u\right] \tag{1.77}$$

단순화 및 재 그룹화를 통해 다음을 얻는다.

---

14) 보통과 같이, 상위첨자에서 첫 번째 u는 계산이 이루어지기 위한 노드(node)의 방향성을 나타내며, 두 번째 상위첨자는 LIBOR율이 여기서 시작할 것이라는 것을 나타낸다.

$$Var(L_i \mid j=u)=\left(\frac{1}{2}[-\ln(L_i^{uu})+\ln(L_i^{ud})]\right)^2 \tag{1.78}$$

이것은 상태 u(상승)에서 시간 i에서의 변동은 다음과 같이 주어진다는 것을 의미한다.

$$\sigma_i^u=\frac{1}{2}\ln\left[\frac{L_i^{uu}}{L_i^{ud}}\right] \tag{1.79}$$

하락상태(d)에 대한 결과도 비슷할 것이다.

$$\sigma_i^d=\frac{1}{2}\ln\left[\frac{L_i^{du}}{L_i^{dd}}\right] \tag{1.80}$$

이러한 변동성 추정치는 LIBOR이자율이 후속 기간 동안 취할 수 있는 가능한 값의 함수이다. 따라서, LIBOR 변동성에 대한 시장의 시세가 주어지면, 이러한 공식은 L_i^{uu}, L_i^{ud}를 얻기 위해 뒤로부터 풀 수 있다.

1.3.4 트리의 켈리브레이션

이제 트리의 요소를 관측된 가격으로 조정할 수 있다. (i) 과정 L_i에 대한 이항속성, (ii) $p^u=p^d=1/2$, (iii) 트리가 재결합하는 것에 관한 가정을 사용하여, 다음 5개의 방정식을 얻는다.

$$B(t_0,\ t_1)=\frac{1}{(1+L_{t_0})} \tag{1.81}$$

$$B(t_0,\ t_2)=\frac{1}{2}\frac{1}{(1+L_0)(1+L_1^u)}+\frac{1}{2}\frac{1}{(1+L_0)(1+L_1^d)} \tag{1.82}$$

$$\begin{aligned}B(t_0,\ t_3)=&\frac{1}{4}\left[\frac{1}{(1+L_0)(1+L_1^u)(1+L_2^{uu})}\right]+\frac{1}{4}\left[\frac{1}{(1+L_0)(1+L_1^u)(1+L_2^{ud})}\right]\\&+\frac{1}{4}\left[\frac{1}{(1+L_0)(1+L_1^d)(1+L_2^{du})}\right]+\frac{1}{4}\left[\frac{1}{(1+L_0)(1+L_1^d)(1+L_2^{dd})}\right]\end{aligned} \tag{1.83}$$

$$\frac{1}{2}\ln\left[\frac{L_1^u}{L_1^d}\right]=0.15 \tag{1.84}$$

$$\frac{1}{2}\ln\left[\frac{L_2^{uu}}{L_2^{ud}}\right]=0.20 \tag{1.85}$$

이 방정식 중 첫 번째와 두 번째 방정식은 간단하다. 방금 위험중립 측도를 응용하여 벤치마크 채권가격을 결정했다. 이러한 확률에 따라 가중치를 부여하면, LIBOR금리에 의해 할인되는 미래성과의 가치는 마팅게일이 되며 따라서, 적정한 채권의 현재 가격과 동일해진다. 〈그림 1.1〉을 보라.

세 번째 방정식은 시간 $t=3$에서 만기된 채권에 대한 가격결정 함수를 나타낸다. 그것이 하는 일을 보는 것은 흥미롭다. 여기에 사용된 트리에 따르면, LIBOR이자율이 $t=0$, 1, 2 동안 취할 수 있는 4 가지 경로가 있다.

$$\{L_0, L_1^u, L_2^{uu}\} \tag{1.86}$$

$$\{L_0, L_1^u, L_2^{ud}\} \tag{1.87}$$

$$\{L_0, L_1^d, L_2^{du}\} \tag{1.88}$$

$$\{L_0, L_1^d, L_2^{dd}\} \tag{1.89}$$

확률, p^u 및 p^d가 이 모형에서 선택되는 방식으로 인해 각 경로가 동일하게 발생할 가능성이 높다. 이것은 세 번째 방정식을 제공한다.

마지막 두 방정식은 단순한 각 노드의 변동성이다. 변동성이 시간 지수 i에만 의존하는 것처럼 다음의 관계를 알 수 있다.

그림 1.1 LIBOR 이자율과 미래성과의 현재가치

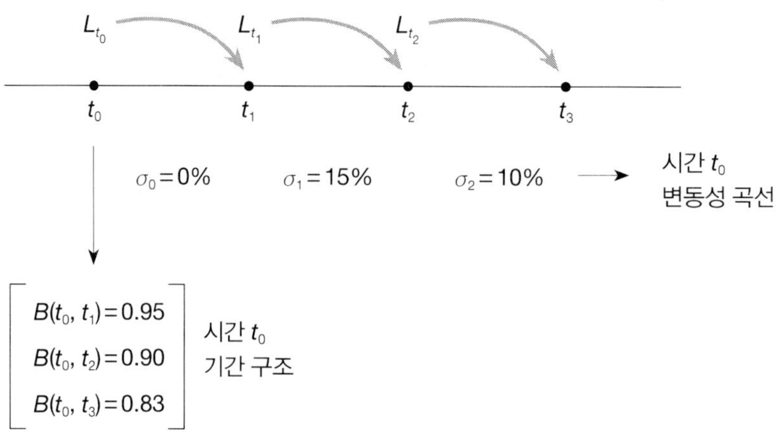

$$\frac{1}{2}\ln\left[\frac{L_2^{uu}}{L_2^{ud}}\right]=0.20 \tag{1.90}$$

$$\frac{1}{2}\ln\left[\frac{L_2^{du}}{L_2^{dd}}\right]=0.20 \tag{1.91}$$

이것은 다음을 의미한다.

$$L_2^{uu}L_2^{dd}=L_2^{ud}L_2^{du} \tag{1.92}$$

이것은 다른 방정식을 이전에 열거된 다섯 개의 방정식에 추가하고 미지수의 수를 방정식의 수와 동일하게 만든다. 트리가 재결합한다는 추가 가정 하에서, 다음을 가진다.

$$L_2^{uu}L_2^{dd}=(L_2^{ud})^2 \tag{1.93}$$

그러면 이제 방정식(1.81)−(1.85) 및 (1.92)−(1.93)은 7개의 미지수$\{L_0, L_1^u, L_1^d, L_2^{uu}, L_2^{du}, L_2^{ud}, L_2^{dd}\}$에 대하여 풀어진다.

이 방정식을 풀 수 있는 가장 간단한 시스템이 순환적(recursive)이기 때문에 방법은 $i=0$부터 시작하여 앞으로 진행하는 것이다. 첫 번째 방정식으로부터 L_0을 얻는 것은 간단하다. 두 번째 및 네 번째 방정식은 L_1^u, L_1^d를 주며, 나머지 3개의 방정식은 마지막 3개의 미지수를 준다. 하나의 주의사항이 있다. 방정식(1.81)−(1.85)의 시스템은 비−선형이다. 따라서 미지수를 결정하기 위해 비−선형 언덕 오름 해(hill−climbing solution) 절차를 사용해야 한다.

예제

상황은 아래 그림과 같다. 3기간이 있다. 따라서 상응하는 무이표채권 가격과 3가지 변동성에 의해 주어진 3가지 할인을 가진다. L_0의 값을 알기 때문에 첫 번째 변동성은 0이다. 방정식(1.81)−(1.85)는 순환적으로 풀 수 있다. 먼저, L_0, L_1^u과 L_1^d에 대해, 마지막으로 $t=2$ LIBOR이자율로 할인하여 풀면 된다. Mathematica를 사용하여 해결된 비선형 방정식은 다음 결과를 산출한다.

$$L_0=5.26\% \to \begin{cases} L_1^u=6.39\% \to \begin{cases} L_2^{uu}=11.8\% \\ L_2^{ud}=L_2^{du}=9.7\% \end{cases} \\ L_1^d=4.73\% \to \begin{cases} L_2^{ud}=L_2^{du}=9.7\% \\ L_2^{dd}=5.3\% \end{cases} \end{cases} \tag{1.94}$$

이제 LIBOR이자율이나 다른 현물가격에 대한 무차익거래 경로를 제공하는 BDT트리를 어떻게 사용할 수 있는지에 대해 논의한다.

1.3.5 트리의 이용

무차익 트리는 많은 용도로 사용된다. (i) LIBOR이자율 L_i로 작성된 옵션 바스켓의 가격을 결정할 수 있다. 이것들은 캡과 플로어(caps and floors)으로 불리며 유동성이 높다. (ii) 트리를 사용하여 스왑 및 관련 파생 상품의 가격을 결정 할 수 있다. (iii) 마지막으로, 선도 캡과 플로어(caps and floors) 및 스왑 가격을 구하기 위하여 트리를 사용할 수 있다. 아래의 한 가지 예를 논의한다.

1.3.5.1 응용: 캡(cap) 가격결정

캡렛(caplet)은 특정 LIBOR이자율 L_{t_i}로 발행된 옵션이다. 최고이자율(cap rate) L_K가 행사가격으로 선택되고, LIBOR이자율이 L_K 이상으로 이동하면 캡렛의 매입자가 보상을 받는다. 〈그림 1.2 및 1.3〉 참조하라. 만기일은 t_i이며, 청산일은 t_{i+1}이다. 캡렛은 매입자의 이자비용을 "캡(caps)"한다. $L_{t_i}, L_{t_{i+1}}, \ldots; L_{t_{i+\tau}}$에 대해 발행된 일련의 연속 캡렛은 τ 기간 캡을 형성 한다. 마찬가지로 일련의 연속적인 플로어렛(floorlets)이 플로어(floor)을 형성한

그림 1.2 캡렛 성과

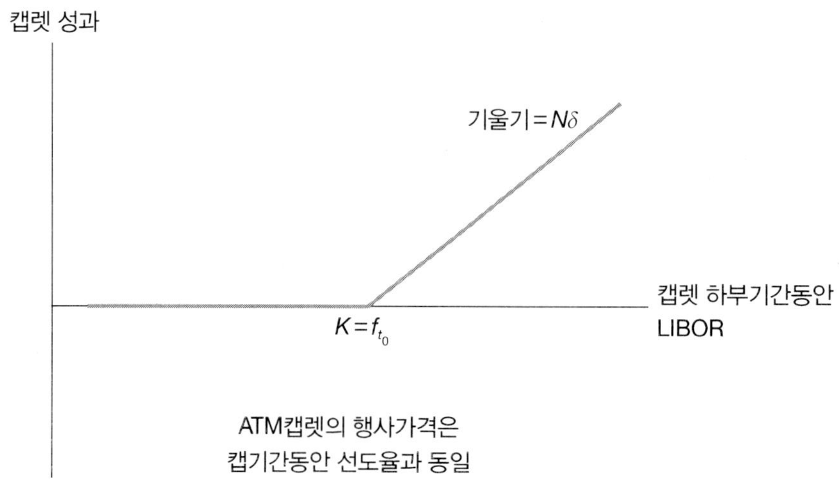

그림 1.3 플로어렛 성과

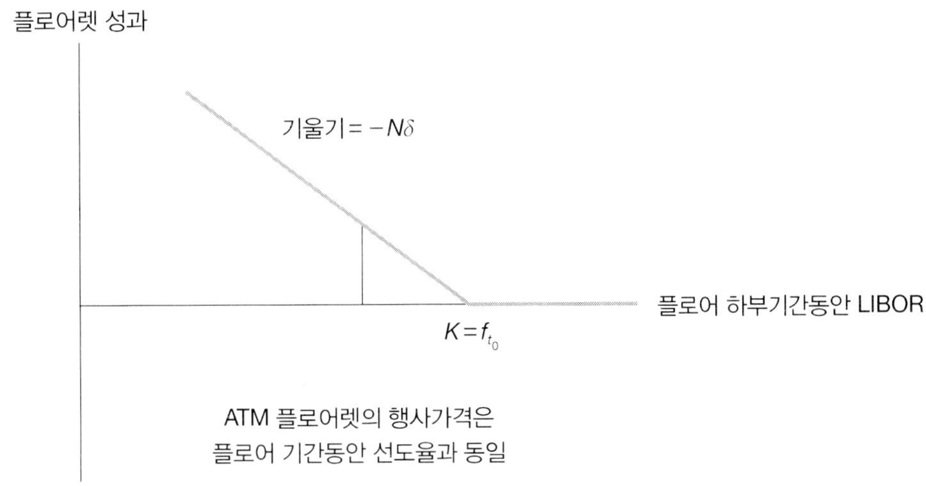

다. 이자율 플로어(floor)은 이자율이 합의된 행사가격보다 낮은 각 기간의 끝에서 매입자가 지급을 받는 파생계약이다.

가격을 결정하기 위해 다음과 같은 캡렛을 가지고 있다고 가정 하자.

- t_i은 $t_i - t_{i-1} = 12$개월이다.
- 시간 t_2에서 LIBOR이자율 L_{t_2}가 관측된다.
- 시간 t_0에서 명목상의 금액 N이 선택된다. 이러한 조건이 다음과 같다고 놓자.

$$\mathrm{N} = \$1 \text{ 백만} \tag{1.95}$$

- LIBOR이자율 L_{t_2}가 캡율(cap rate) $L_K = 6.5\%$를 초과하면, 시간 t_3에서 고객은 다음과 같은 성과를 받는다. 그렇지 않으면 고객은 아무것도 지급받지 못한다.

$$C(t_3) = \frac{N(L_{t_2} - L_K)}{100} \tag{1.96}$$

- 이 "보험"의 경우, 고객은 $C(t_0)$와 동일한 프리미엄을 지급한다.

문제는 캡렛 프리미엄 $C(t_0)$의 무차익거래 가치를 결정하는 방법이다. 기본정리에 따르면 위험중립 확률을 사용하여 기대값을 평가한다면, 무위험수익률로 할인된 만기일 성과의 기대값은 $C(t_0)$와 같다. 즉, $\delta=1$을 가지고 있음을 기억하면서, 다음과 같다.

$$C(t_0)=E_{t_0}^{\tilde{P}}\left[\frac{C(t_3)}{(1+L_{t_0})(1+L_{t_1})(1+L_{t_2})}\right] \tag{1.97}$$

다음은 만기 성과를 가진다.

$$C(t_3)=N\max\left[\frac{(L_{t_2}-L_K)}{100},0\right] \tag{1.98}$$

캡렛(caplet)의 가격결정은 이전에 결정된 BDT 트리로 행해 진다. 예를 들어, 트리는 네 가지 가능한 궤적을 가지며, 각각 ¼의 확률로 발생한다. 이것들을 사용하여 캡렛 가격을 계산할 수 있다.

BDT 트리에 따르면 캡렛은 4가지 궤적 중 3가지 궤적에서 내가격으로 끝난다. 각각의 경우에서 가능한 성과(payoff)를 계산하고 할인요소로 나누면 방정식 (1.98)의 기대치와 동등한 수치를 얻는다.

$$\begin{aligned}C_0&=0.25\left[\begin{array}{l}\dfrac{53000}{(1.0526)(1.0639)(1.118)}+\dfrac{53000}{(1.0526)(1.0473)(1.0793)}\\+\dfrac{14400}{(1.0526)(1.0639)(1.0793)}\end{array}\right]\\&=\$16{,}587\end{aligned}$$

이러한 상황에서 할인요인은 확률변수라는 것을 강조해야 한다. 확률변수는 기대 연산자에서 구할 수 없다. 또한, 중간노드는 재조합되는데 L_2^{ud}와 L_2^{du}에 대해 동일한 값을 유도하고 중앙 평균금리가 두 개의 중간 궤적에 따라 다르기 때문에 다른 할인요소가 필요하다.

1.3.5.2 모형의 몇 가지 가정

이전 논의에서 사용된 몇 가지 가정을 요약하는 것은 가치가 있을 수 있다.

- BDT 접근법은 단일 요인 모형의 한 예이며, 여기서는 LIBOR이자율 L_i로 표시된 단기 이자율이 채권 가격을 결정하는 유일한 변수로 간주되기 때문이다. 이것은 채권

가격이 완벽하게 상관되어 있다는 것을 의미한다.

- 이자율 분포는 극한에서 로그정규분포(lognormal)이다.
- 분석 틀과 관련된 몇 가지 가정을 단순화했다. 세금도 없고 거래 비용도 없었다.

말할 필요 없이, 이 절차는 원본 데이터가 차익거래가 없음을 전제로 하고 있다.

1.3.5.3 비고(Remarks)

BDT 접근법은 단순한 것으로 간주될 수 있다. 그러나, 다음 장에서 소개할 선도(forward) LIBOR 모형이 등장할 때까지, 시장전문가는 보다 정교한 대안을 고려할 때 BDT 접근 방식을 유지하는 것을 선호했다. 단순한 모형은 현실에 정확하게 부합하지 않을 수도 있지만 세 가지 중요한 이점이 있다.

1. 모형이 몇 가지 파라메트에 의존하는 경우, 몇 가지 파라메터를 결정해야 하며 오류 확률은 낮다.
2. 모형이 단순하다면, 거래당사자나 위험관리자는 모형의 약점을 조정하는 방법에 개인적인 경험을 축적하게 된다.
3. 약점이 잘 알려져 있고 잘 시도된 단순한 모형은 실적 기록이 없는 보다 정교한 모형보다 우수할 수 있다.

알려진 단점이 있는 또 다른 모형, 즉 블랙-숄즈(Black-Scholes) 모형은 유사한 이유로 거래자들에게 선호되는 것을 볼 수 있다.

1.3.6 현실 세계의 복잡성

앞의 예제에서 사용된 BDT 모형은 당연히 두 상태, 즉시 사용 가능한 순수할인채권 가격 등과 같은 상징적 파라메트를 기반으로 한다. 앞서 언급했듯이, 몇 가지 제한적인 가정에 의존한다.

실제 응용에서는 위에서 설명한 예제에 다음과 같은 사항을 추가해야 한다. (i) 일일 산정 관례(day-count conventions)을 점검하고 정정할 필요가 있으며, (ii) $t=2$에서 정산을 하고, $t+3$에서 $t+2$까지 할인을 추가로 요구할 수 있으며, (iii) 시장적용에서 단일 캡렛 대신에 다중 캡렛으로 구성된 캡(caps)의 가격이 결정된다.

1.4 응용 3: 퀀토스(Quantos)

지금까지 보여준 기본정리의 처음 두 예제는 본질적으로 수치적이였다. 퀀토계약(quanto contracts)의 가격결정은 기본정리의 또 다른 응용을 구성하고 있다. 이를 위해서는 개념적 토론이 필요하다. 기존 교재 12장에서 소개한 기법은 모형화에 어떻게 사용할 수 있는지 보여주는 좋은 예가 된다. 이 절은 또한 기존 교재 10장에서 시작한 퀀토자산(quantoed assets)의 금융공학적 측면에 대한 논의를 완료하기 위한 것이다.

퀀토외환자산(quantoed foreign asset)은 알려진 환율을 기초로 국내통화로 미래의 성과를 창출한다. 환율 x_t는 초기에 설정되고 시점 T에서 계약을 정산하는 것이다. 예를 들어, 퀀토스(quantos)을 사용하여 달러 기반 투자자는 외국주식시장의 잠재적인 상승효과로부터 효익을 얻을 수 있으며, 환율 움직임에 대한 내재적 통화노출 위험을 제거할 수 있다.

1.4.1 퀀토스 가격결정

기본정리에 대한 다음의 응용은 퀀토 선도(quanto forward) 가격결정으로 시작한다. S_t^*를 외국 통화로 표시된 외국주식으로 보자. x_t는 외화 1단위당 자국통화의 수로 정의된 환율로 나타낸다. 기본정리는 t_0 시점 선도계약의 값을 구하기 위해 국내 위험중립성 측도 $\tilde{P}$와 함께 사용될 수 있다

$$V(t_0) = e^{-r(T-t_0)} E_{t_0}^{\tilde{P}} x_{t_0} \, [S_T^* - F_{t_0}] \tag{1.99}$$

F_{t_0}는 시간 T에서 외국주식의 선도가치이다. 그것은 외국 통화로 측정된다. $V(t_0)$를 0으로 설정하면 선도가치는 F_{t_0}가 된다.

$$F_{t_0} = E_{t_0}^{\tilde{P}}[S_T^*] \tag{1.100}$$

따라서 F_{t_0}를 계산하기 위해서 국내 위험중립 측도 $\tilde{P}$하에서 S_T^*로 명명된 외국 통화의 기대치를 평가할 필요가 있다:

$$E_{t_0}^{\tilde{P}}[S_T^*]. \tag{1.101}$$

기본정리에서 상태가격인 Q^i가 국내통화로 표기된 반면, S_t^*는 외국 통화로 표시된다는

사실은 이것을 쉽게 이루어질 수 있도록 한다.

그러나, 현명하게 사용된다면, 방정식 (1.101)에서 기대치를 얻기 위해 여전히 기본정리를 이용할 수 있다. 연속성을 유지하기 위해 앞에서 개발된 간단한 분석 틀을 사용한다. 특히, 시간 T에 세계의 n개의 상태가 있는 두 개의 기간 t_0 및 T만 있다고 가정한다. 표기법은 동일하게 유지된다.

3 개의 자산에 대한 기본정리의 행렬 방정식을 고려하자. 첫째는 1 달러에서 시작하여 국내 연간 이자율 r을 받는 국내 예금계정 B_t이다. 둘째는 외화 저축예금 B_t^*이며 이것은 1단위의 외화로 시작하여 외국이자율 r^*을 얻는다. 이들 이자율은 일정하다고 가정한다. 외국통화는 시간 t_0에 달러 값 x_{t_0}을 가진다. 마지막으로, 외국주식 $S_{t_0}^*$을 가진다.

$$\begin{pmatrix} 1 \\ x_{t_0} \\ x_{t_0}S_{t_0}^* \end{pmatrix} = \begin{pmatrix} 1+r(T-t_0) & \cdots & 1+r(T-t_0) \\ x_T^1[1+r^*(T-t_0)] & \cdots & x_T^n[1+r^*(T-t_0)] \\ x_T^1S_T^{*1} & \cdots & x_T^nS_T^{*n} \end{pmatrix} \begin{pmatrix} Q^1 \\ \cdots \\ \cdots \\ Q^k \end{pmatrix} \tag{1.102}$$

여기서, 이들의 시간 T가치가 이 시점에서 실현되는 상태에 달려 있기 때문에 x_T^i와 S_T^{*i}는 상 첨자 i을 가지고 있다. 이 시스템은 국내 상태가격을 내포하고 있으며 따라서 외국주식의 가치 $S_{t_0}^*$는 x_{t_0}을 곱함으로써 국내 통화로 전환된다. Q^i, $i=1, \cdots, n$은 알려져 있고 정의 값이라고 가정된 상태가격이다.

앞에서 제시된 다음과 같은 방법으로 얻은 두 가지 결과를 가지고 시작한다. 국내 위험중립 측도 $\tilde{P}$를 다음과 같이 정의한다.

$$\tilde{p}_i = (1+r(T-t_0))Q^i \tag{1.103}$$

그런 다음, 방정식 (1.102)의 세 번째 행으로부터 등호를 얻는다.

$$x_{t_0}S_{t_0}^* = \frac{1}{1+r(\mathrm{T}-t_0)} \sum_{i=1}^{n} x_T^i S_T^{*i} \tilde{p}_i \tag{1.104}$$

위 식 (1.104)는 다음을 의미한다.

$$x_{t_0}S_{t_0}^* = \frac{1}{1+r(\mathrm{T}-t_0)} E_{t_0}^{\tilde{P}}[x_T S_T^*] \tag{1.105}$$

이것은 방정식 (1.102)에서 시스템의 두 번째 행을 사용하여 환율에 대한 비슷한 등호

를 얻는다. Q^i에서 위험중립확률 측도 $\tilde{P}$로 전환 한 후,

$$x_{t_0}=\frac{1+r^*(T-t_0)}{1+r(\mathrm{T}-t_0)}E_{t_0}^{\tilde{P}}[x_T] \tag{1.106}$$

원하는 양 $E_{t_0}^{\tilde{P}}[S_T^*]$을 계산할 때 방정식 (1.105) 및 (1.106)을 사용한다. 다음의 기초통계에서 알수 있다.

$$\mathrm{Cov}(S_T^*, x_T)=E_{t_0}^{\tilde{P}}[S_T^* x_T]-E_{t_0}^{\tilde{P}}[S_T^*]E_{t_0}^{\tilde{P}}[x_T] \tag{1.107}$$

다시 정리하면 다음과 같이 쓸 수 있다.

$$E_{t_0}^{\tilde{P}}[S_T^*]=\frac{E_{t_0}^{\tilde{P}}[S_T^* x_T]-\mathrm{Cov}(S_T^*, x_T)}{E_{t_0}^{\tilde{P}}[x_T]} \tag{1.108}$$

식 (1.105)로부터 분자에 대체하고 식 (1.106)로부터 분자에 대체하면 다음을 얻을 수 있다.

$$E_{t_0}^{\tilde{P}}[S_T^*]=\frac{[1+r(T-t_0)]x_{t_0}S_{t_0}^*-\mathrm{Cov}(S_T^*, x_T)}{x_{t_0}[(1+r(T-t_0))/(1+r_*(T-t_0))]} \tag{1.109}$$

ρ로 표시한 상관계수와 σ_x, σ_s로 각각 표시된 x_t와 S_t^*의 백분율 연간 변동성을 사용하여 다른 형식으로 나타내는 것을 선호한다. 다음과 같이 놓자.

$$\mathrm{Cov}(S_T^*, x_T)=\rho\sigma_x\sigma_s(x_{t_0}S_{t_0}^*)(T-t_0) \tag{1.110}$$

식 (1.109)을 재 정리하면 다음의 식이 된다.

$$E_{t_0}^{\tilde{P}}[S_T^*]=\frac{1+r^*(T-t_0)}{1+r(T-t_0)}[1+(r-\rho\sigma_x\sigma_s)(T-t_0)]S_{t_0}^* \tag{1.111}$$

이것을 다음과 같이 근사화할 수 있다.[15)]

15) 작은 z에 대하여 근사값을 사용하고 있다.

$$\frac{1}{1+z}=1-z$$

근사적으로 차수 $(T-t_0)^2$의 모든 항과 보다 높은 차수는 무시한다.

$$E_{t_0}^{\tilde{P}}[S_T^*] \cong [1+(r^*-\rho\sigma_x\sigma_s)(T-t_0)]S_{t_0}^* \qquad (1.112)$$

이것은 국내통화로 퀀토선도의 외화로 표시된 가격을 제공한다:

$$F_{t_0} \cong [1+(r^*-\rho\sigma_x\sigma_s)(T-t_0)]S_{t_0}^* \qquad (1.113)$$

국내통화로 이것의 현재가치는 퀀토의 현물가치가 된다:

$$V_{t_0} = x_{t_0}\frac{1}{1+r(T-t_0)}[1+(r^*-\rho\sigma_x\sigma_s)(T-t_0)]S_{t_0}^* \qquad (1.114)$$

연속복리이자율로서 이자율을 재해석 함으로써 이러한 관계를 또한 쓸 수 있다.

$$V_{t_0} = e^{-r(T-t_0)}e^{(r^*-\rho\sigma_x\sigma_s)(T-t_0)}x_{t_0}S_{t_0}^* \qquad (1.115)$$

이 표현에 따르면, 퀀토 형태의 가치는 환율 움직임과 외국주식 가치 사이의 상관관계의 부호에 달려있다. 이 상관관계가 정(+)이면 퀀토형태에 대한 가격이 부(−)의 값을 가진다. 상관관계가 부(−)이면 퀀토형태는 정(+)의 값을 가진다.[16] 상관관계가 0이면 퀀토형태는 0 값을 가진다.

1.4.2 PDE(편미분방정식) 접근법

다음 예제는 퀀토상품를 위한 편미분방정식(partial differential equations, PDE)을 얻는데 기본정리를 사용하는 방법을 보여준다. 기본정리를 사용하는 방법은 지속적으로 이루어지며 본질적으로 휴리스틱 하다. 동일한 두 통화 환경을 고려하자. 국내 및 해외 저축예금은 각각 B_t와 B_t^*로 표시된다. 상응하는 연속복리이자율은 r 및 r^*에서 단순하게 하기 위해 일정한 것으로 가정된다. 즉, 예금가치는 다음의 (일반) 미분방정식에 따라 점진적으로 증가한다는 것을 의미한다.

$$dB_t = rB_t dt \quad t\in[0, \infty) \qquad (1.116)$$

$$dB_t^* = r^*B_t^* dt \quad t\in[0, \infty) \qquad (1.117)$$

x_t는 외국 통화 1 단위의 국내통화가치로서 표시된 환율이라고 놓자. x_t는 적절한 마팅

16) 상관관계를 정(+)이라고 가정하자. 이때 외국 주식 가치가 상승할 때, 일반적으로 외국통화은 또한 상승한다. 퀀터(quanto)는 주식 보유자 관점에서 이러한 기회를 제거하며, 그래서 부(−)의 값을 가지며 퀀터 자산은 보다 더 싸다.

게일 측도하에서 SDE를 만족시킨다.

$$dx_t = \mu_x x_t dt + \sigma_x x_t dW_{1t} \quad t \in [0, \infty) \tag{1.118}$$

먼저 B_t 정규화하에서 환율동태성을 구한다. B_t^*는 거래된 자산(traded asset)이며 국내통화로 표시된 가격은 $x_t B_t^*$이다. 기존 교재 12장에서 얻은 결과에 따르면, B_t 정규화와 이에 상응하는 위험중립 측도 $\tilde{P}$에 따라 다음의 비율은 마팅게일로서 나타나야 한다.

$$\frac{x_t B_t^*}{B_t} \tag{1.119}$$

이것은 내재동태성의 추세(drift of the implied dynamics)가 0이어야 함을 의미한다. 전미분을 취하면 다음을 얻는다.[17)]

$$E_t^{\tilde{P}}\left[d\frac{x_t B_t^*}{B_t}\right] = E_t^{\tilde{P}}\left[\frac{B_t^*}{B_t}dx_t + \frac{x_t}{B_t}dB_t^* - \frac{x_t B_t^*}{B_t^2}dB_t\right] = 0 \tag{1.120}$$

식 (1.116), (1.117), (1.118)로부터 다시 대체한 후 다음을 얻는다.[18)]

$$\frac{B_t^*}{B_t}\mu_x x_t dt + \frac{x_t}{B_t}r^* B_t^* dt - \frac{x_t B_t^*}{B_t^2} r B_t dt = \frac{x_t B_t^*}{B_t}[\mu_x + r^* - r]dt \tag{1.121}$$

이 평균이동(drift)이 0이 되려면 $\tilde{P}$하에서 항상 다음의 관계를 가져야 한다.

$$\mu_x + r^* - r = 0 \tag{1.122}$$

식 (1.118)에서 평균이동(drift)을 대체하면 $\tilde{P}$측도하에서 환율동태성을 준다:

$$dx_t = (r - r^*)x_t dt + \sigma_x x_t dW_{1t} \quad t \in [0, \infty) \tag{1.123}$$

다음으로, $\tilde{P}$하에서의 외국주식 S_t^*의 동태성을 고려하자.

$$dS_t^* = \mu_s S_t^* dt + \sigma_x S_t^* dW_{2t} \quad t \in [0, \infty) \tag{1.124}$$

---

17) 기대연산자 내에서 미분을 사용하고 있다. 확률미분은 오직 약간의 극한을 표현하는 기호적 방법이기 때문에 이것은 경험적임을 강조한다.

18) 확률 미적분과 익숙한 독자의 경우, Ito 보조정리(Lemma)로부터 2차항은 x_t가 선형적 공식을 사용하고 있기 때문에 0이다. 또한 B_t는 결정적이다.

B_t 정규화하에서 외국주식의 국내통화 가치는 마팅게일 처럼 나타내어져야 한다. 이토(Ito's)의 보조 정리를 응용하면 다음을 얻는다:

$$E_t^{\tilde{P}}\left[d\frac{x_t S_t^*}{B_t}\right]=E_t^{\tilde{P}}\left[\frac{S_t^*}{B_t}dx_t+\frac{x_t}{B_t}dS_t^*-\frac{x_t S_t^*}{B_t^2}dB_t+\frac{dx_t dS_t^*}{B_t}\right]=0 \tag{1.125}$$

미분으로 다시 대체하고 단순화하면, 다음을 얻을 수 있다.

$$\begin{aligned}&\frac{S_t^*}{B_t}(r-r^*)x_t+\frac{x_t}{B_t}\mu_s S_t^*-\frac{x_t S_t^*}{B_t^2}rB_t+\frac{\rho\sigma_x\sigma_s x_t S_t^*}{B_t}\\&=\frac{x_t S_t^*}{B_t}[(r-r^*)+\mu_s-r+\rho\sigma_x\sigma_s]=0\end{aligned} \tag{1.126}$$

이 평균이동(drift)이 0이 되려면 $\tilde{P}$측도 하에서 항상 다음의 관계를 가져야 한다.

$$\mu_S=r^*-\rho\sigma_x\sigma_s \tag{1.127}$$

이러한 관계는 무차익거래 주식 가격 동태성을 제시한다:

$$dS_t^*=(r^*-\rho\sigma_x\sigma_s)S_t^*dt+\sigma_x S_t^* dW_{2t} \quad t\in[0,\ \infty) \tag{1.128}$$

이러한 동태성은 이전 절에서 유도된 것처럼 다음을 의미한다.

$$E_t^{\tilde{P}}[S_T^*]=e^{(r^*-\rho\sigma_x\sigma_s)(T-t)}S_t^* \tag{1.129}$$

여기서 이자율 r과 r^*는 연속복리이자율로 해석되어야 한다. 이전 절에서는 기간 $T-t_0$ 동안의 계리율(actuarial rates)이었다.

1.4.2.1 퀀토스에 대한 PDE

마지막으로, 이러한 결과를 사용하여 외국 경제와 관련된 위험기초로 만들어진 임의의 퀀토자산에 대한 PDE를 얻을 수 있다. 이 외국 통화로 표시된 자산을 S_t^*로 표기하자. V_t는 퀀토의 시간 t 값을 나타내고, 자산의 가격결정함수 $V(\cdot)$를 결정해야 한다.

$$V(t)=x_t V(S_t^*,\ t) \tag{1.130}$$

x_t는 퀀토계약에 사용된 초기 환율이며, 따라서 $V(t)$는 국내통화로 표현된다. B_t 정규화

하에서, $V(t)$는 마팅게일로서 나타내어져야 한다. 이토(Ito's)의 보조 정리를 응용하면 다음을 얻을 수 있다.[19)]

$$E_t^{\tilde{P}}\left[d\frac{V(t)}{B_t}\right]=E_t^{\tilde{P}}\left[\frac{V_t}{B_t}dt+\frac{V_t}{B_t}dS_t^*-\frac{V}{B_t^2}dB_t+\frac{1}{2}\frac{V_{ss}\sigma_s^2(S_t^*)^2}{B_t}dt\right]=0 \tag{1.131}$$

확률미분을 대체하고 단순화하면 내재된 PDE가 산출된다.

$$V_t+(r^*-\rho\sigma_x\sigma_s)S_t^*V_s+\frac{1}{2}V_{SS}\sigma_s^2(S_t^*)^2-rV=0 \tag{1.132}$$

마지막 조건은 다음과 같다.

$$V(t)=x_tV(S_T^*,\ T) \tag{1.133}$$

이 PDE을 두 가지 특별한 경우에 응용한다.

1.4.3 퀀토 선도

퀀토선도는 다음의 값을 가지고 있다고 가정하자.

$$V(t)=q(t)S_t^* \tag{1.134}$$

그러나 시간 종속 함수 $q(t)$는 알려져 있지 않다. 이전 절에서 유도된 PDE는 $q(t)$를 풀 때 사용될 수 있다. 식 (1.134)의 미분에서, 다음의 편미분을 얻는다:

$$V_t=\frac{\partial q(t)}{\partial t}S_t^*=\dot{q}S_t^* \tag{1.135}$$

$$V_s=q(t) \tag{1.136}$$

$$V_{ss}=0 \tag{1.137}$$

퀀토에 대해 PDE에서 이를 대체한다.

$$\dot{q}S_t^*+(r^*-\rho\sigma_x\sigma_s)q(t)S_t^*-rq(t)S_t^*=0 \tag{1.138}$$

---

19) 이 표현에서 V_t는 t에 대하여 $V(\cdot)$의 편미분이며 $V(t)$와 혼돈되지 말아야 한다. 또한 9장에서는 Ito 보조정리를 토의하고 있는 간단한 부록이 있다. 관련 경험적인 경우 Hirsa와 Neftci (2013)을 참조하라. 정규적인 취급의 경우 Oksendal(2010)을 참조하라.

마지막 조건은 다음과 같다.

$$V(T)=x_t S_T^* \tag{1.139}$$

공통항 S_t^*을 제거하고, 일반 미분방정식으로 $q(t)$에 대해 풀 수 있다.

$$q(t)=x_t e^{(r^*-\rho\sigma_x\sigma_s)(T-t)} \tag{1.140}$$

이것은 이전에 얻은 결과와 동일하다.

1.4.4 퀀토 옵션

퀀토자산의 성과(payoff) $V(T)$가 외국주식 S_t^*에 대한 유럽피언 콜옵션의 성과와 관련 있다고 가정 하자.

$$V_T=x_t \max[S_T^*-K^*, 0] \tag{1.141}$$

여기 K^*는 외국 통화로 표시된 행사가격이고 T는 만기일이다. 그러면 식 (1.132)에서 유도된 PDE는 유럽피언 퀀토 콜에 대한 가격방정식을 얻기 위해 블랙-숄즈 공식과 동등한 것을 사용하여 해가 도출될 수 있다.

$$C(t)=x_t[S_t^* e^{(r^*-r-\rho\sigma_x\sigma_s)(T-t)}N(b_1)-K^* e^{-r(T-t)}N(b_2)] \tag{1.142}$$

$$b_1=\frac{(\ln S_t^*/K^*)+(r^*-\rho\sigma_x\sigma_s+0.5\sigma_s^2)(T-t)}{\sigma_s\sqrt{T-t}} \tag{1.143}$$

$$b_2=b_1-\sigma_s\sqrt{T-t} \tag{1.144}$$

콜옵션의 가치는 국내통화로 측정될 것이다.

1.4.4.1 블랙-숄즈와 배당

이제 위에 보여준 단순한 퀀토의 주식옵션에 대한 블랙-숄즈 유형 공식에 도달하기 위해서 식 (1.132)에서 PDE를 트릭(trick)하는 방법을 설명한다. 이것을 하기 위해서는, 옵션 수명 기간 동안 기초자산 주식에 의해 일정한 배당이 지급되는 경우 블랙-숄즈 공식과 동등해야 한다.

블랙-숄즈 세계의 표준적인 유도방법은 주식 S_t에 대한 유럽피언 콜옵션 프리미엄를 주며 다음과 같이 일정한 비율 Q로 배당을 지급한다.

$$C(t) = e^{-Q(T-t)} S_t N(\tilde{d}_1) - Ke^{-(r)(T-t)} N(\tilde{d}_2) \tag{1.145}$$

$$\tilde{d}_1 = \frac{(\ln S_t/K) + (r - Q + 0.5\sigma_s^2)(T-t)}{\sigma_s \sqrt{T-t}} \tag{1.146}$$

$$\tilde{d}_2 = \tilde{d}_1 - \sigma_s \sqrt{T-t} \tag{1.147}$$

S_t는 배당을 지급하는 주식이다.

이제 식 (1.138)의 PDE는 다음과 같이 쓸 수 있다는 것을 주목하라.

$$V_t + (r-Q)S_t^* V_s + \frac{1}{2} V_{ss}\sigma_s^2 (S_t^*)^2 - rV = 0 \tag{1.148}$$

여기서 Q는 배당수익률로 취급되며 다음과 같이 주어진다.

$$Q = r - r^* + \rho\sigma_x\sigma_s \tag{1.149}$$

그래서 퀀토의 콜옵션 프리미엄을 얻기 위해 알려진 배당수익율을 가진 표준블랙-숄즈 공식에서 이 Q를 사용할 수 있다.

1.4.5 퀀토스를 헤지 하는 방법

퀀토계약은 동태적헤징이 요구된다. 딜러는 기초 외화자산, 외화통화(또는 더 나아가, FX 선도) 및 국내 대출 및 차입으로 구성된 포트폴리오를 구성한다. 이 포트폴리오의 가중치는 동태적으로 조정되어 포트폴리오가 퀀토계약의 가치 변화를 복제한다. 이러한 헤지 조정으로 실현된 거래 이득(손실)은 퀀토 프리미엄 또는 할인의 기초가 된다.

1.4.6 현실세계 고려사항

이 절의 퀀토자산에 대한 논의는 간단하고 추상적이며 비현실적인 세계에 있다. 다음과 같은 가정을 사용했다. (i) 기초과정이 로그정규로 가정하고, 내재 SDE가 기하적이었다. (ii) 상관계수와 변동성파라메트는 옵션기간 동안 일정하다고 가정하였다. (iii) 유사하게, 해당 환율이 확률적이였을 지라도, 이자율은 일정한 것으로 가정하였다.

이러한 가정은 대부분의 실제 응용 프로그램에서 만족스럽지 않다. 특히 퀀토에 중요하게 작용하는 환율과 다양한 위험요인간의 상관계수가 매우 불안정한 것으로 알려져 있다. 그러므로 이 절에서 논의된 모형들은 기본정리의 개념적 응용으로 간주될 필요가 있다. 그들은 실제세계의 퀀토자산 가격을 결정하는 알고리즘을 제공하지 않는다.

1.5 결론

이 장에서는 자산 가격결정의 기본정리에 대한 세 가지 응용을 다루었다. 일반적으로 금융공학자는 자산의 정태적복제가 불가능할 때 이러한 접근법을 사용해야 한다. 일일정산 요구 또는 신상품의 개발을 위해서는 종종 시장에서 관측되는 유동성 가격을 사용하여 합성할 수 있는 합성상품에 의하지 않고 내부적으로 무차익 가격을 계산해야 한다. 이 장에서 개략적으로 설명한 방법은 이를 수행하는 몇 가지 표준 방법을 보여준다.

추천 도서

몇 가지 간단한 예를 통해 이 장에서 소개된 방법에 대해 독자가 상의 할 수 있는 여러 가지 출처가 있다. 선호하는 자료 중 하나는 Clewlow와 Strickland(1998)이다. 이 자료는 컴퓨터 응용 프로그램을 위한 일반적인 코드도 제공한다. 최근 몬테칼로(Monte Carlo)의 주제에 관한 책은 Jackel(2002)이다. Avellaneda et al.에서 언급된 일련의 기사(2001)는 켈리브레이션문제(calibration issues)에 대한 심층적인 토론을 제공한다. 마지막으로, 원래의 Black et al.(1990) 모형은 항상 BDT 모형에 대한 독서광이다. 퀀토 자산의 경우, 그리고 관련 토론은 Hull(2014)을 고려하라. Wilmott(2006)은 여기에 제시된 기술을 더 응용할 때 매우 유용하다.

연습문제 Exercise

1. (Black–Derman–Toy 모형) 다음과 같은 무위험 할인채 가격 $B(t, T_i)$를 관측한다. 여기서 시간은 년 단위로 측정된다.

$$B(0, 1)=95,\ B(0, 2)=93,\ B(0, 3)=91,\ B(0, 4)=89 \tag{1.150}$$

이 가격은 무차익거래로 가정한다. 또한 다음과 같은 cap-floor 변동성이 부여된다.

$$\sigma(0, 1)=0.20,\ \sigma(0, 2)=0.25,\ \sigma(0, 3)=0.20,\ \sigma(0, 4)=0.18 \tag{1.151}$$

여기서 $\sigma(t, T_i)$는 테너(기간) 1년 동안 관측되는 LIBOR이자율 L_{T_i}의 (일정한) 변동성이다.

a. Black–Derman–Toy 모형을 사용하여 이 자료에 이항트리를 켈리브레이션하라.

b. 다음 특징을 가진 채권 콜옵션이 주어진다고 가정하자. 기초자산, $B(2, 4)$는 만기 $T=2$ 인 2–기간의 채권이며 행사가격은 $K_B=93$ 이다. BDT트리는 무차익 LIBOR 동태성에 대한 좋은 근사치이다. $B(2, 4)$의 선도가격은 얼마인가?

c. BDT 방식을 사용하여 이 콜옵션의 무차익 가치를 계산하라.

2. (환율 및 LIBOR 금리) 유로/달러 환율 e_t가 실제 동태성을 따르고 있다는 것을 알고 있다.

$$de_t=\mu dt+0.15e_t dW_t \tag{1.152}$$

현재 환율의 가치는 $e_o=1.1015$이다. 또한 1년 만기 USD 할인채의 가격은 다음과 같이 주어진다.

$$B(t, t+1)^{US}=98.93 \tag{1.153}$$

해당 유로화 채권 가격은 다음과 같다.

$$B(t, t+1)^{EU}=98.73 \tag{1.154}$$

이 두 가지 가격은 모두 무차익 상태이며 신용위험은 없다.

a. 시간 t에서 이 두 통화의 1년 LIBOR 금리는 무엇인가?

b. 연속복리 이자율 r_t^{US} 및 r_t^{EUR} 무엇인가?

c. e_t의 무차익거래 동태성을 구하라. 특히, 이를 위해 연속복리 이자율 또는 LIBOR 이자율을 사용해야 하는지 명확하게 명시하라.

d. LIBOR이자율을 사용하여 발행할 수 있는 연속적인 시간 동태성이 있는가?

3. (유러피언 옵션) 이전 질문에서 주어진 데이터를 다시 고려하자.

a. 시스템을 이산화 시키려면 $\Delta=1$년을 사용하라.

b. 각 세트에 5개의 난수가 있는 표준정규 난수 5세트를 생성한다. 이 5가지 궤적이 무차익임을 어떻게 알 수 있는가?

c. 이 궤적을 사용하여 다음 옵션 값을 계산하라. 행사가격은 0.95이고 만기는 3년이며 유럽피언 스타일이 적용된다.

4. (유러피언 FX 옵션) 페소-달러 환율의 현재 가치가 달러당 3.75페소라는 것을 알고 있다고 가정하자. 멕시코 페소의 연간 변동성은 20%이다.

멕시코의 이자율은 8%인 반면 미국의 이자율은 3%이다. 당신은 멕시코 페소화로 발행한 달러 옵션에 대한 가격을 결정해야 할 것이다. 이 옵션은 유럽피언 스타일이며 만기가 270일이다. 고려중인 모든 과정은 기하적인 것으로 알려져 있다.

a. 표준 몬테칼로 모형을 사용하여 이 옵션의 가격을 결정하라. 시리즈 수, 대략적인 시간 간격의 크기 및 몬테칼로 운동의 기타 파라메트를 선택한다.

b. 이제 멕시코의 외환 보유고가 1년 변동성 10%와 5%의 평균이동(drift) 계수는 기하적 SDE를 따른다고 가정하자. 의 현재가치는 70억 달러. 준비금이 60억 달러 미만이 되면 일시에 100%의 평가절하가 있을 것이다. 이 정보는 옵션 가격결정에 중요한가? 이에 대하여 설명하라.

c. 옵션가격을 재결정하기 위해 중요한 샘플링을 사용하라. 당신의 가격결정은 평가절하의 위험을 내재시키기로 예정되어 있다.

EXCEL 연습문제

5. (유럽피언옵션)

몬테칼로기법을 사용하여 $M=100$ 주가를 시뮬레이션하는 VBA 프로그램을 작성하고, 다음 데이터를 기반으로 유럽피언 콜 및 풋 옵션의 가격을 계산하라.

$$S(0)=100;\ K=105;\ T=1;\ r=8\%;\ \sigma=50\%$$

점차적으로 M의 가격을 증가시키고 관측된 결과 옵션의 가격을 보고하라.

6. (디지털 통화 옵션) 교재에서 토의된 것처럼 디지털콜옵션 및 풋옵션 가격과 FX옵션의 가격을 계산하기 위해 몬테카를로 기법을 사용하여 $M=100$ 주가를 시뮬레이션하는 VBA 프로그램을 작성하라.

$$S(0)=\$1.54;\ K=\$1.58;\ T=1;\ r=8\%;\ r_f=6\%;\ \sigma=30\%;\ \text{payoff } R=\$10$$

점차적으로 M의 가격을 증가시키고 옵션의 관측된 가격을 보고하라.

7. (베리어 옵션) 다음 데이터를 기반으로 베리어(Barrier) 하향실격과 하향진입 콜옵션 가격을 몬테칼로기법을 사용하여 $M=100$ 주가를 시뮬레이션하는 VBA 프로그램을 작성하여 계산하시오.

$$S(0)=100;\ K=110;\ T=1;\ r=8\%;\ \sigma=50\%;\ H=90$$

점차적으로 M의 가격를 높이고 옵션의 관측된 가격을 보고하시오.

MATLAB 연습문제

8. (유럽피언 옵션) 다음 데이터를 기반으로 유럽피언 콜옵션 및 풋옵션 가격 산정에 대한 몬테칼로 접근법의 효율성을 문서화하는 MATLAB 프로그램을 작성하라.

$$S(0)=100;\ K=105;\ T=1;\ r=8\%;\ \sigma=30\%$$

주가 시뮬레이션 수의 함수로 추정된 가격 그래프를 그려라.

9. (베리어 옵션) 다음 데이터를 바탕으로 하향실격 및 하향진입 콜옵션의 가격 산정에 대한 몬테칼로 접근법의 효율성을 문서화하는 MATLAB 프로그램을 작성하라.

$$S(0)=100;\ K=110;\ T=1;\ r=8\%;\ \sigma=30\%;\ H=90$$

주식 가격 시뮬레이션 수의 함수로 추정된 가격의 그래프를 그려라.

10. (디지털 통화 옵션) 다음 데이터를 사용하여 디지털콜 및 풋(Digital Call 및 Put)의 가격을 산정하는 몬테칼로 기법의 효율성을 관측하는 MATLAB 프로그램을 작성하라.

$$S(0)=\$1.54;\ K=\$1.58;\ T=1;\ r=8\%;\ r_f=6\%;\ \sigma=30\%;\ R=\$10$$

추정된 가격 대 주식가격 시뮬레이션의 수의 그래프를 그려라.

11. (BDT 모형 켈리브레이션(Model Calibration)) 채권 가격과 내재변동성에 대한 다음 데이터를 기반으로 BDT 모델을 조정하기 위한 MATLAB 프로그램 작성하라.

$$B(t_0,\ t_1)=0.95;\ B(t_0,\ t_2)=0.93;\ B(t_0,\ t_3)=0.91;\ B(t_0,\ t_4)=0.89$$

$$\sigma(0,1)=20\%;\ \sigma(0,2)=25\%;\ \sigma(0,3)=20\%;\ \sigma(0,4)=18\%$$

도출된 결과를 기초로 LIBOR트리를 그려라.

2 고정소득증권 공학

CHAPTER

2.1 서론

이 장에서는 스왑형 상품에 대한 논의를 확장하고 고정소득 증권의 가격결정을 위한 간단한 분석틀에 대해 간략하게 설명한다. 기간구조모형은 이 분석틀 내에서 다루게 된다. 이 장에서는 또한 이 부문에서 벤처마크가 되고 있는 최근 모형을 소개한다.

1990년대 후반까지는 단기금리모형이 가격결정이나 고정소득증권의 위험관리 방법으로서 가장 일반적인 접근 방식이었다. Heath, Jarrow, Merton(HJM) 접근법에 대한 1992년 간행물은 다요인주도형 기간구조모형에 대한 무차익거래 모형을 가능하게 했지만, 시장은 단기금리 모형을 계속 사용했다. 몇 년 전에 상황이 바뀌었다. 1997년에 발표된 선도 LIBOR 또는 Brace, Gatarek, Musiela(BGM) 모형은 가격결정 및 위험관리를 위한 시장표준이 되었다.

GFC(글로벌금융위기) 동안 LIBOR 이자율은 상당히 상승했고 LIBOR가 적절한 위험부담이 없는 할인인지 여부에 대한 질문을 제기하는 하루 지수스왑(overnight indexed swap: OIS) 금리에서 벗어났다. 12장에서는 OIS 곡선을 할인에 대한 무위험곡선으로 사용하는 것과 같은 최근 모형과 시장 개발에 대해 논의할 것이다. OIS 곡선의 사용은 파생상품의 가격결정 목적을 위해 하나 이상의 0의 곡선을 모형화해야 함을 의미한다. LIBOR 곡선은 성과를 결정하는데 사용되며 OIS 제로 곡선(Zero-Curve)은 할인에 사용된다. 이 장에서는 선도LIBOR모형에 대하여 논의할 것이며 보다 복잡하고 최근의 문제, 즉 동시적이며 또는 개별적으로 12장에서의 LIBOR 및 OIS 곡선을 모형화는 접근방법과 같은 것들을 다룰 것이다.

이 장에서는 스왑 시장과 스왑 파생상품을 배경을 기초로 실질적인 관점에서 문제에 접근할 것이다. 스왑 및 스왑파생상품의 메커니즘을 분석하고, 이들을 보다 단순한 금융상품으로 분해하고 합성을 구성하기 위한 분석틀를 제공하는데 집중한다. 그런 다음, 고정소득증권모형화를 위한 최신 모형이 이러한 기초 위에 매우 자연스럽게 구축될 수 있다.

앞에서 제시된 스왑 엔지니어링의 기초 원칙을 검토할 필요가 있다. 우선, 스왑은 시작시의 가치가 0이 되도록 설계된다. 이것은 현대적인 스왑 형태 즉 "스프레드 상품"의 특징이다. 둘째, 스왑의 가치를 0으로 만드는 것은 스왑의 초기 가치가 사라지도록 하는 목적을 위해 선택된 스프레드 또는 이자율이다. 셋째, 스왑은 하나의 정산 일 이상의 것을 포

그림 2.1 3기간 선도 스왑

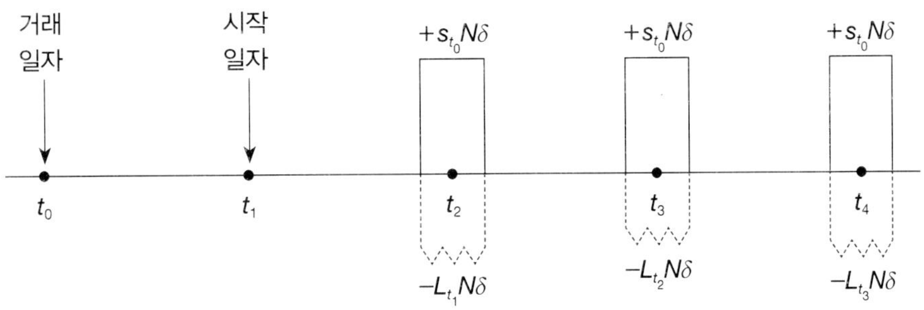

괄한다. 이 스왑률 또는 스왑 스프레드의 가치가 무엇이든 간에 결국 단기변동금리 또는 스프레드의 평균이 될 것임을 의미한다. 이는 관련 시장이자율에 간단한 차익거래 조건을 부과 할뿐만 아니라 스왑에 대한 옵션 사용을 통해 그러한 평균과 관련된 변동성을 거래한다. 스왑은 매우 유동성이 높기 때문에 스왑션(swaptions)을 위한 훌륭한 기초자산으로서 이루어진다. 이번에는 스왑션은 기초 하부기간 동안의 이자율변동과 관련이 있으며, 이것은 캡/플로어(cap/floor) 변동성과 관련이 있을 것이다.

이 구조는 일정만기 스왑(constant maturity swaps: CMS)과 같은 보다 복잡한 스왑 제품을 설계하고 이해하는데 도움이 된다. CMS는 선도LIBOR모형(Forward LIBOR Model)의 장점을 보여주는 예이다.

마지막으로, 이 장은 측도변환기법의 장점을 설명하기 위해 개발된 분석틀을 추가로 사용할 것이다. 다양한 T−선도 측도간 전환을 통하여 볼록성 효과를 어떻게 계산될 수 있는지 보여준다.

토론의 대부분은 먼저 3−기간 스왑에 초점을 맞출 것이며 이들 결과를 일반화한다. 적은 수의 현금흐름을 이용함으로써 분석이 더 쉽게 관리되고 이해하기 쉬워지기 때문에 이러한 간단한 예제를 가지고 시작한다. 다음으로, 고정소득증권 금융상품을 엔지니어링하기 위한 다소 기술적인 틀을 제시한다. 궁극적으로 이것은 선도LIBOR모형(Forward LIBOR Model)으로 개발된다. 이러한 분석틀 내에서 Girsanov 유형 변환을 이용한 측도변경은 금융공학의 기본수단으로 사용된다. 이 장에서는 선도LIBOR모형(Forward LIBOR Model)에서 이루어진 것처럼, 수치적 가격결정 연습 동안 어떻게 측도가 연속적으로 변경될 수 있는지 토의할 것이다. 이러한 수단(tool)은 CMS에 적용되며 이들은 기존 모형에서는 가격이 결정이 어렵다.

2.2 스왑 분석틀

여기서 선도고정지급자 이자율스왑(forward fixed payer interest rate swaps)과 그 "현물"의 동등성을 가지고 분석한다. 이들은 계약이 미리 설계되고 동질적이란 의미에서 바닐라금융상품(vanilla products)이다. 그것들은 매우 유동성이 높으며, 매매호가(bid–ask spread) 차이가 작고, 모든 시장 참가자들은 그들의 속성과 관련 관행(관습)에 익숙하다.

논의를 단순화하기 위해 〈그림 2.1〉에서 볼 수 있는 것처럼 3–기간 선도스왑을 사용한다. 이 장에서 채택될 다소 기술적인 접근법을 고려할 때 관련 파라메트를 다시 반복할 가치가 있다.

1. 명목금액(notional amount)은 N이고, 기초 LIBOR율의 기간은 1년의 비율을 나타내는 δ이다. 평소와 같이, 1년을 1로 표시하면 3개월 LIBOR의 경우 δ는 1/4이 된다.
2. 스왑만기는 3기간이다. 시간 $T=t_4$에 스왑이 끝난다. 스왑계약은 시간 t_0에서 계약되었지만 시간 t_1에서 시작되므로 기간선도스왑(term forward swap)이라는 용어가 사용된다.[1)]
3. 날짜 $\{t_1, t_2, t_3\}$는 금리조정일(reset dates)로서, 관련된 LIBOR 비율 L_{t_1}, L_{t_2} 및 L_{t_3}이 결정 된다.[2)] 이러한 날짜는 δ시간 단위로 나뉜다.
4. 날짜 $\{t_2, t_3, t_4\}$는 LIBOR율 L_{t_1}, L_{t_2} 및 L_{t_3}이 변동현금흐름(floating cash flow) δNL_{t_i}을 각 t_{i+1}에서 고정된 δNs_{t_0}에 대해 교환하는데 사용되는 정산일(settlement dates)이다. 이 설정에서 스왑 시작까지 경과한 시간 t_1-t_0은 δ와 같을 필요가 없다. 그러나, 그것이 있다고 가정하는 것이 표기상 편리할 수 있다.

1) 이용할 현물스왑의 경우 스왑은 t_0시점에 시작하고 3번 결제할 것이다.
2) 즉, 몇몇 목적과 ICE 벤처마크 관리 유한회사(IBA)과 같은 사전적으로 정의된 당국에 의해 결정된다.

그림 2.2 3개의 무디폴트 순수할인채권의 성과표

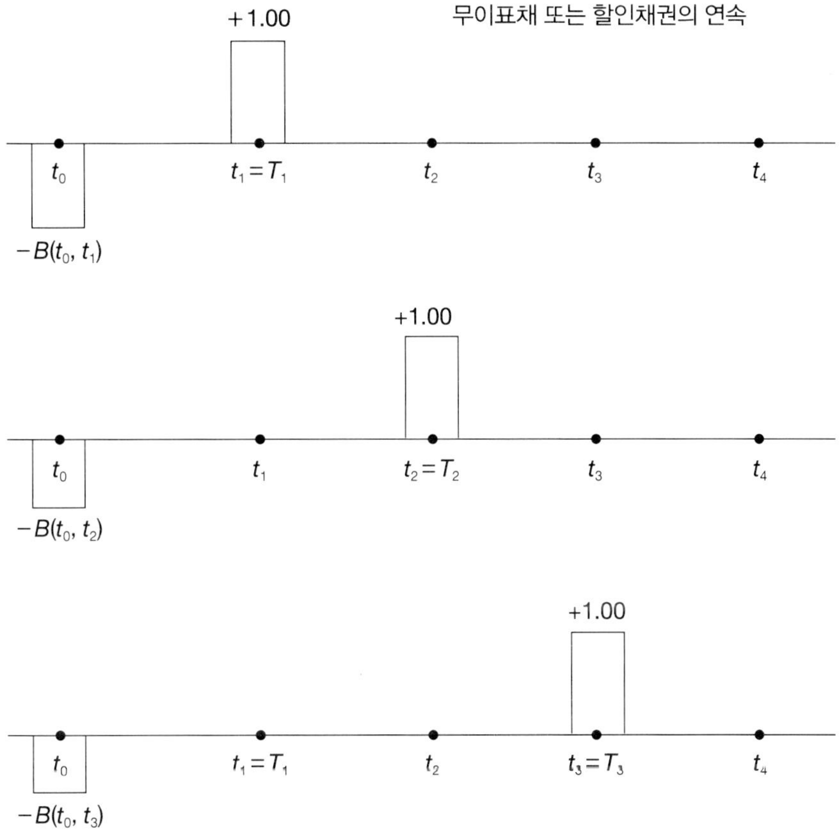

여기서 목적은 그러한 스왑 및 이를 기반으로 한 금융상품의 위험관리 그리고 가격결정을 효율적으로 수행할 수 있는 체계적인 분석틀를 제공하는 것이다. 즉, 스왑 및 스왑 파생상품을 실행하는데 사용될 수 있는 기술적인 분석틀을 토의할 것이다.

스왑은 고정소득증권 공학을 위한 일반적인 분석 틀 중 하나이다. 두 가지 추가 상품이 필요하다. 이것들은 간단한 예제를 다시 사용하여 소개한다. 〈그림 2.2〉를 보자. 여기서 3개의 무위험순수 할인채권에 대한 성과표를 보여준다. 이 채권의 현재가격 $B(t_0, T_i)$는 만기일 $T_i = t_i$에 동일한 통화로 1 달러를 받도록 t_0에 지급된다. 이러한 채권이 무위험이라면 시간 t_i 성과(payoff)는 확실하며 가격 $B(t_0, T_i)$는 시간 t_i에 받게 될 1 달러의 현재가치로 간주된다. 즉, 이들은 실제로 관련 할인요소 또는 시장 언어로, 단순히 t_i에 대안 할인이다.

그림 2.3 **이연 지불된 3개 FRA의 현금흐름표**

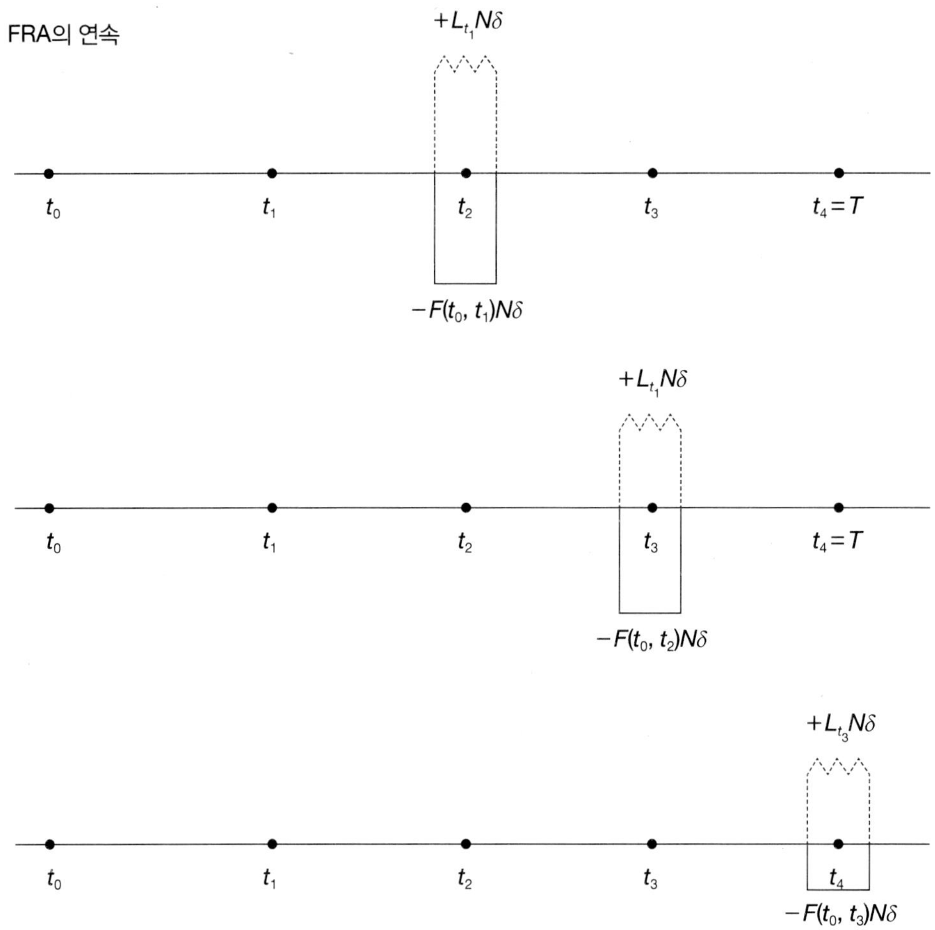

다음과 같이 표시된다.

$$T_1 < T_2 < T_3 < T_4 \tag{2.1}$$

채권 가격은 수익률 곡선의 기울기에 관계없이 충족되어야 한다.[3]

3) 초기에 본 것처럼, 한 개의 단기 채권에서 롱 포지션을 펀딩하기 위해 한 개의 보다 긴 장기 채권을 숏(매도) 한다면 충분을 자금을 가질 수 없다.

$$B(t_0, T_1) > B(t_0, T_2) > B(t_0, T_3) > B(t_0, T_4) \tag{2.2}$$

이들 가격은 향후 정산일에 발생할 다양한 현금흐름의 현재가치를 계산하기 위한 할인요소로 사용될 수 있다. 따라서 이들은 연속 스왑 결제에 매우 유용하며 분석틀에서 두 번째 구성요소를 형성한다.

고정소득증권 분석틀의 세 번째 구성요소가 〈그림 2.3〉에 나와 있다. 여기서 이연지불되는(paid in arrears) 3가지 선도금리계약(forward rate agreement: FRA)의 현금흐름표가 존재한다. FRA는 각각 $t_1 \times t_2$, $t_2 \times t_3$ 및 $t_3 \times t_4$이다. 각 FRA에 대해, $t+1$ 시점에서 다음과 같은 순 현금흐름에 대한 알려진 (고정된) 지급에 대해 변동 (무작위) 지급이 이루어진다.

$$[L_{t_i} - F(t_0, t_i)]N\delta \tag{2.3}$$

여기서 $F(t_0, t_i)$는 시간 t_0에 계약한 가상의 선도대출계약(forward loan contract)의 선도이자율이다. 선도대출은 t_i에서 효력을 가지며 시간 $t_i+1 = t_i+\delta$에 돌려 받게 것입니다. 고정된 지급액 $N\delta F(t_0, t_i)$가 FRA들 간에는 동일하지 않다는 것에 주목한다. 모든 FRA 요율은 시간 t_0에 알려지지만, 일반적으로 서로 같지 않거나 또는 고정스왑구간 지급액 $\delta N s_{t_0}$과도 동일하지 않다.

이제 이 분석틀을 사용하여 중요한 결과를 개발하고 이들을 금융공학에 적용할 수 있다.

2.2.1 현금흐름의 등가성

이 장에서 논의할 첫 번째 금융공학 규칙은 지각된 현금흐름의 등가성과 관련이 있다. 〈그림 2.3〉에는 다음과 같은 변동현금흐름의 스트립(strip)이 있다.

$$\{L_{t_1}N\delta, L_{t_2}N\delta, L_{t_3}N\delta\} \tag{2.4}$$

그리고 관측된 유동성 가격(liquid price)이 주어진다면, 시장은 알려진(고정된) 현금흐름에 대한 이러한 무작위 현금흐름을 기꺼이 교환하려고 한다.

$$\{F(t_0, t_1)N\delta, F(t_0, t_2)N\delta, F(t_0, t_3)N\delta\} \tag{2.5}$$

이에 따르면, 시간 t_0에서 이들 FRA가 유동성을 가지고 있다면, 식 (2.5)에서 알려진 현금흐름연속은 식 (2.4)에서서 미지의 변동지급액에 대하여 정확한 교환으로서 시장에 알려진다. 만약 〈그림 2.1〉에서 보여준 스왑현금흐름을 고려한다면, 정확하게 동일한 변동 현금흐름 연속이 알려진 그리고 고정된 스왑구간(swap leg)에 대하여 교환된다는 것을 주목하라.

$$\{s_{t_0}N\delta,\ s_{t_0}N\delta,\ s_{t_0}N\delta\} \tag{2.6}$$

정산 날짜도 동일하다. 이러한 양 교환에서, 모두 어느 당사자도 시점 t_0에서 선급금을 지급하지 않는다. 그러므로 시간 t_0에서 두 교환을 결합하여 다음 결과를 얻을 수 있다.

시장에서는 추가적인 시간 t_0 보상에서 알려진 변동현금흐름 (2.8)에 대하여 고정된 알려진 현금흐름 (2.7)을 기꺼이 교환한다.

$$\{s_{t_0}N\delta,\ s_{t_0}N\delta,\ s_{t_0}N\delta\} \tag{2.7}$$

$$\{F(t_0,\ t_1)N\delta,\ F(t_0,\ t_2)N\delta,\ F(t_0,\ t_3)N\delta\} \tag{2.8}$$

이것은 중요한 의미를 가지고 있다. 이것은 두 연속적인 현금흐름의 시간 t_0 가치는 동일하다는 것을 의미한다. 그렇지 않으면 일방이 초기 현금 지급을 요구할 것이다. 시간 t_0에서 현금흐름이 알려져 있을 경우, 등가가 다음에서 다루게 될 가격결정에 사용될 수 있는 방정식을 제공한다. 이 논쟁은 선도LIBOR 모형을 사용하여 더 자세히 논의될 것이다.

2.2.2 스왑 가격결정

시장에서 추가 비용 없이 기꺼이 교환하고자 하는 두 가지 알려진 현금흐름연속을 결정했다. 이 정보를 사용하여 두 현금흐름의 시간 t_0 가치를 지금 계산한다. 이것을 하기 위해, 앞의 분석틀에서 두 번째 구성요소, 즉 〈그림 2.2〉에 주어진 할인채권 가격을 사용한다.

무차익 가격 $B(t_0,\ t_i)$, $i=1,\ 2,\ 3,\ 4$를 가진 순수할인채권이 유동성이 높고 활발하게 거래된다고 가정해 보자. 시간 t_2, t_3, t_4에 각각 정산된 현금흐름을 평가하기 위해 $\{B(t_0,\ t_2),\ B(t_0,\ t_3),\ B(t_0,\ t_4)\}$를 사용할 수 있다.[4] 실제로, 현금흐름 연속 (2.9)의 시간 t_0 가치는 특정 정산일에 해당하는 개별 현금흐름을 곱하고 이들을 더하면 알 수 있다.

4) 개인적 당사자의 현금흐름의 가치 평가를 위해 디폴트가 없는 할인 채권을 사용하고 있다는 사실은 모든 거래 당사자 또는 신용위험에서 차감하고 있다는 것을 나타낸다.

$$\{F(t_0, t_1)N\delta, F(t_0, t_2)N\delta, F(t_0, t_3)N\delta\} \tag{2.9}$$

여기서 할인요소로서 무위험채권가격을 사용하여 고정된 FRA현금흐름의 가치를 얻는다.

$$\begin{aligned} &B(t_0, t_2)F(t_0, t_1)N\delta+B(t_0, t_3)F(t_0, t_2)N\delta+B(t_0, t_4)F(t_0, t_3)N\delta \\ &\quad=[B(t_0, t_2)F(t_0, t_1)+B(t_0, t_3)F(t_0, t_2)+B(t_0, t_4)F(t_0, t_3)]N\delta \end{aligned} \tag{2.10}$$

고정 스왑 현금흐름의 시간 t_0 가치는 유사하게 계산될 수 있다.

$$\begin{aligned} &B(t_0, t_2)s_{t_0}N\delta+B(t_0, t_3)s_{t_0}N\delta+B(t_0, t_4)s_{t_0}\delta N \\ &\quad=[B(t_0, t_2)+B(t_0, t_3)+B(t_0, t_4)]\delta Ns_{t_0} \end{aligned} \tag{2.11}$$

이제 이전 절의 주장에 따르면, 두 현금흐름의 가치는 동일해야 한다.

$$\begin{aligned} &[B(t_0, t_2)F(t_0, t_1)+B(t_0, t_3)F(t_0, t_2)+B(t_0, t_4)F(t_0, t_3)]\delta N \\ &\quad=[B(t_0, t_2)+B(t_0, t_3)+B(t_0, t_4)]\delta Ns_{t_0} \end{aligned} \tag{2.12}$$

이 등식에는 적어도 두 가지 중요한 의미가 있다. 첫째, 시간 t_0에서 스왑 가치가 0이라는 것을 의미한다. 둘째, 등식은 하나의 알려지지 않은 값을 결정하는 방정식으로 사용될 수 있다. 사실, 스왑의 가격결정은 방정식이 만족되도록 s_{t_0}의 값을 결정하는 것을 의미한다. 미지수로서 s_{t_0}를 취하면, 식 (2.12)를 재배열하고, 단순화하여 다음을 구할 수 있다.

$$s_{t_0}=\frac{B(t_0, t_2)F(t_0, t_1)+B(t_0, t_3)F(t_0, t_2)+B(t_0, t_4)F(t_0, t_3)}{B(t_0, t_2)+B(t_0, t_3)+B(t_0, t_4)} \tag{2.13}$$

이 가격결정 공식은 3-기간 설정에서 t_2 시점부터 n개의 지급이 이루어지는 표준(선도)스왑으로 이동시킴으로써 쉽게 일반화될 수 있다. 다음 식을 얻는다.

$$s_{t_0}=\frac{\sum_{i=1}^{n}B(t_0, t_{i+1})F(t_0, t_i)}{\sum_{i=1}^{n}B(t_0, t_{i+1})} \tag{2.14}$$

이것은 이 장에서 사용하는 고정소득증권 분석 틀의 세 가지 중요한 구성요소를 함께 연결하는 간결한 공식이다.

2.2.2.1 스왑률의 해석

(선도)스왑의 무차익거래 가치를 제공하는 공식에는 좋은 해석이 내포되어 있다. 단순화를 위해 3−기간의 경우로 되돌린다. 식 (2.13)을 재작성하면, 다음과 같다.

$$S_{t_0}=\frac{B(t_0,\ t_2)}{[B(t_0,\ t_2)+B(t_0,\ t_3)+B(t_0,\ t_4)]}F(t_0,\ t_1)$$

$$+\frac{B(t_0,\ t_3)}{[B(t_0,\ t_2)+B(t_0,\ t_3)+B(t_0,\ t_4)]}F(t_0,\ t_2) \tag{2.15}$$

$$+\frac{B(t_0,\ t_4)}{[B(t_0,\ t_2)+B(t_0,\ t_3)+B(t_0,\ t_4)]}F(t_0,\ t_3) \tag{2.16}$$

이 표현에 따르면, "정확한" (선도)스왑률은 스왑 기간 동안의 선도금리계약(FRA) 이연지급률(paid-in-arrears rates)의 가중 평균이다.

$$S_{t_0}=\omega_1F(t_0,\ t_1)+\omega_2F(t_0,\ t_2)+\omega_3F(t_0,\ t_3) \tag{2.17}$$

가중치는 다음과 같이 주어지고,

$$\omega_i=\frac{B(t_0,\ t_{i+1})}{[B(t_0,\ t_2)+B(t_0,\ t_3)+B(t_0,\ t_4)]} \tag{2.18}$$

그리고 하나로 합하면 다음과 같다.

$$\omega_1+\omega_2+\omega_2=1 \tag{2.19}$$

이것은 n번 지급을 하는 (선도)스왑에 대해 다시 일반화될 수 있다.

$$S_{t_0}=\sum_{i=1}^{n}\omega_iF(t_0,\ t_i) \tag{2.20}$$

$$\sum_{i=1}^{n}\omega_i=1 \tag{2.21}$$

따라서 (선도)스왑률은 평균 이연 지급선도금리계약(average paid-in-arrears FRA rate)이다. 이것은 고려중인 선도금리계약(FRA)가 이연 지급하는 한 사실임을 강조한다. 다른 한편, 이연 선도금리계약에서 LIBOR(LIBOR-in-arrears FRA)라고 불리는 스왑이 있

는데, 이러한 주장이 유지되기 위해서는 볼록성을 조정할 필요가 있다.[5)]

가중치 $\{\omega_i\}$가 순수할인채권의 가격에서 얻어지며, 기존 교재의 3장과 본 교재의 1장에서 볼 수 있듯이, 이들 가격은 그 자체로 선도금리의 함수라는 것을 인식하는 것이 중요하다.

$$B(t_0, t_i) = \frac{1}{\prod_{j=0}^{i-1}(1+\delta F(t_0, t_j))} \tag{2.22}$$

이 수식에 따르면, 가격결정 분석틀의 3가지 중요한 구성요소는–스왑시장, FRA시장 및 채권시장– 선도금리의 비선형 함수를 통하여 상호 연결된다. 이 공식에서 선도금리의 중요한 역할은 모든 스왑 및 스왑관련 파생상품의 가격결정에 후자의 무차익 동태성(arbitrage–free dynamics)을 얻는 것이 필요하다는 것을 시사한다. 선도LIBOR 모형에서 정확히 이러한 조건이 달성된다. 이 모형은 시장관행에 맞는 방식으로 설정되기 때문에 실용적이다.

그러나, 이러한 고급 개념을 논의하기 전에 예제를 살펴보는 것이 가장 좋다. 실제로 스왑 및 FRA 시장은 유동성이 있으며 시장에서는 관련 금리를 쉽게 고시한다. 반대로 순수할인채권 ($B(t_0, t_i)$)의 현실세계 등가물은 존재할지라도 유동성이 없다.[6)] 다음 예에서 이와 같은 지적을 회피하고 그러한 고시(보고)가 원하는 만기에서 모두 이용가능 하다고 가정한다. 그럼에도 불구하고 중요한 기술적인 문제는 예제에서 보여주는 것처럼 나타난다.

예제

다음과 같은 이연(FRA paid–in–arrears) FRA 고시(보고)를 관측한다고 가정하자.

기간	매입–매도
0×6	4.05–4.07
6×12	4.15–4.17
12×18	4.32–4.34
18×24	4.50–4.54

5) 용어에서 차이를 반복한다. 하나의 금융상품 도구는 이연지급(paid–in–arrears)이며, 다른 금융상품 도구는 LIBOR 이연(LIBOR–in–arrears)이다. 여기서 결재일 t_i의 LIBOR이 t_i시점 현금흐름을 결정하기 위해 사용된다. 이연지급 FRA을 가지고 이전 결재일 t_i–1의 LIBOR이 사용된다.

6) 미국에서, 이들 할인채권과 가장 가까운 금융상품도구는 재무성 증권 스트립(treasury strips)이다. 이들은 현존하는 미국 재무성 증권에서 분리된 현금흐름이며, 이들의 공정 숫자(fair number)가 있다. 그러나 그들은 매우 유동성이 없으며 일반적으로 시장에서 고시된 가격들은 다양한 기술적 이유로 $B(t_0, t_i)$에 대해 대체함으로써 사용될 수 없다.

또한, 다음과 같은 재무성 증권 스트립(treasury strip) 가격이 관측된다고 가정하자:

만기	매입-매도
12개월	96.00-96.02
18개월	93.96-93.99
24개월	91.88-91.92

여기서 두 가지 질문을 할 수 있다. 첫째, 이러한 자료가 무차익이고 그래서 무차익 스왑률을 얻는데 사용할 수 있는가? 둘째, 만약 그렇다면, 6개월에 시작하고 24개월 만에 끝나는 기간에 대한 내재 선도스왑률은 얼마인가?

첫 번째 질문에 대한 답은 시장관행이 제시하는 것처럼 액면가 $100인 할인채권에 대해 작성된 다음과 같은 차익거래 등식을 사용하여 확인할 수 있다.

$$B(t_0, t_i)=\frac{100}{\prod_{j-0}^{i-1}(1+\delta F(t_0, t_j))} \tag{2.23}$$

여기서 δ의 값은 이 예에서 1/2이 될 것이다. 이전 표의 관련 선도금리를 대체하면, 주어진 할인채권 가격이 이 등식을 만족한다는 것을 알 수 있다. 예를 들어, $B(0,2)^{매도}$에 대해 다음의 관계를 가진다.

$$B(0, 2)^{매도}=\frac{100}{(1+0.5(0.0405))(1+0.5(0.0415))}=96.02 \tag{2.24}$$

관련 등식은 다른 할인채권 가격에도 적용된다. 즉, 데이터는 차익거래가 없으며 위에서 언급한 선도시작스왑(forward start swap)에 대한 무차익 스왑률을 찾는데 사용할 수 있다.

직접적으로 대입하면,

$$s_{t_0}^{매도}=\omega_1^{매도}F(t_0, t_1)^{매도}+\omega_2^{매도}F(t_0, t_2)^{매도}+\omega_3^{매도}F(t_0, t_3)^{매도} \tag{2.25}$$

$$\omega_i^{매도}=\frac{B(t_0, t_i+1)^{매도}}{[B(t_0, t_2)^{매도}+B(t_0, t_3)^{매도}+B(t_0, t_4)^{매도}]} \tag{2.26}$$

다음을 구할 수 있다.

$$\omega_1^{매도}=\frac{96.02}{[96.02+93.99+91.92]}=0.341 \tag{2.27}$$

$$\omega_2^{매도}=\frac{93.99}{[96.02+93.99+91.92]}=0.333 \tag{2.28}$$

$$\omega_3^{매도} = \frac{91.92}{[96.02+93.99+91.92]} = 0.326 \tag{2.29}$$

매도스왑률(asking swap rate)은 다음과 같다.

$$s_{t_0}^{매도} = (0.341)4.17 + (0.333)4.34 + (0.326)4.54 = 4.34 \tag{2.30}$$

비슷하게 매입스왑률(bid swap rate)도 계산할 수 있다.

$$s_{t_0}^{매입} = (0.341)4.15 + (0.333)4.32 + (0.326)4.50 = 4.32 \tag{2.31}$$

가중치가 거의 같은 크기라는 점은 주목할 가치가 있다.

이제 이 절에서 개략적으로 설명된 고정소득증권 분석틀에 대한 보다 더 금융공학 응용을 고려한다.

2.2.3 일부 응용

첫 번째 단계는 새로운 분석틀 내에서 스왑의 합성 생성을 고려하는 것이다. 목적은 앞 절에서 유도된 공식을 조작함으로써 스왑에 대한 대체 합성물을 얻는 것이다. 기존 교재의 4장에서는 스왑을 복제하는 한 가지 방법에 대해 논의했다. 잠재적 합성물은 특정 이표채의 매도와 동시에 적절한 변동금리채권의 매입이라는 것을 보여주었다. 이는 합성스왑 생성에 대한 고전적인 접근법을 구현하며, 다음 논의의 출발점이 될 것이다.

2.2.3.1 다른 공식

무차익 스왑 가격를 제공하는 (선도)스왑률 s_{t_0}에 대한 공식을 이미 도출하였다.

$$s_{t_0} = \frac{[B(t_0, t_2)F(t_0, t_1) + B(t_0, t_3)F(t_0, t_2) + B(t_0, t_4)F(t_0, t_3)]}{[B(t_0, t_2) + B(t_0, t_3) + B(t_0, t_4)]} \tag{2.32}$$

또는 일반적인 형태로 다음과 같이 나타낸다.

$$s_{t_0} = \frac{\sum_{i=1}^{n} B(t_0, t_{i+1})F(t_0, t_i)}{\sum_{i=1}^{n} B(t_0, t_{i+1})} \tag{2.33}$$

이제는 수식을 수정하여 동일한 스왑률을 볼 수 있는 대안적 방법을 얻고자 한다. 기존 교재의 3장에서 이전에 구한 할인채권가격 $B(t_0, t_i)$와 선도금리 $F(t_0, t_i)$ 사이의 차익거래 관계을 가지고 논의를 시작한다.

$$1+\delta F(t_0, t_i)=\frac{B(t_0, t_i)}{B(t_0, t_{i+1})} \tag{2.34}$$

재 정리하면,

$$F(t_0, t_i)=\frac{1}{\delta}\left[\frac{B(t_0, t_i)}{B(t_0, t_{i+1})}-1\right] \tag{2.35}$$

이제 이 식을 식 (2.32)에 대입하면 다음을 얻는다.

$$s_{t_0}=\frac{1}{\delta[B(t_0, t_2)+B(t_0, t_3)+B(t_0, t_4)]}\left\{B(t_0, t_2)\left[\frac{B(t_0, t_1)}{B(t_0, t_2)}-1\right]\right. \tag{2.36}$$

$$\left.+B(t_0, t_3)\left[\frac{B(t_0, t_2)}{B(t_0, t_3)}-1\right]+B(t_0, t_4)\left[\frac{B(t_0, t_3)}{B(t_0, t_4)}-1\right]\right\} \tag{2.37}$$

우변 공통 $B(t_0, t_i)$ 항을 단순화하면 다음을 얻는다.

$$\begin{aligned}&=\frac{1}{\delta\sum_{i=1}^{3}B(t_0, t_{i+1})}\Big\{[B(t_0, t_1)-B(t_0, t_2)]\\&+[B(t_0, t_2)-B(t_0, t_3)]+[B(t_0, t_3)-B(t_0, t_4)]\Big\}\end{aligned} \tag{2.38}$$

$$=\frac{1}{\delta\sum_{i=1}^{3}B(t_0, t_{i+1})}[B(t_0, t_1)-B(t_0, t_4)] \tag{2.39}$$

먼저 재 정렬함으로써 이 공식이 의미하는 것을 인식할 수 있고,

$$\delta s_{t_0}=[B(t_0, t_2)+B(t_0, t_3)+B(t_0, t_4)]=[B(t_0, t_1)-B(t_0, t_4)] \tag{2.40}$$

이때 재 그룹핑 하면:

$$B(t_0, t_1)-[s_{t_0}\delta B(t_0, t_2)+s_{t_0}\delta B(t_0, t_3)+B(t_0, t_4)(1+\delta s_{t_0})]=0 \tag{2.41}$$

방정식은 두 가지 현금흐름을 등식화 시킨다. $B(t_0, t_1)$는 시간 t_1에서 받게 될 1 달러의 값이다. 따라서 그 포지션은 t_1−만기 할인채권이 매입될 필요가 있다. 둘째, 시간 t_2, t_3, t_4

에서 δs_{t_0}의 일정한 크기의 쿠폰지급액이며 시간 t_4에서 1 달러를 지급하는 것처럼 보인다. 따라서 이것은 이표율 s_{t_0}을 가진 채권 t_4-만기 이표의 (선도)매도포지션인 것으로 보인다.[7)]

요약하면, 이러한 특별한 선도고정수취자 이자율 스왑은 다음과 동등하다.

$$\text{고정-지급자 선도스왑} = \{t_1 \text{ 할인채권 매입}, t_4\text{-만기 쿠폰채권 선도매도}\} \quad (2.42)$$

이러한 합성은 선도스왑의 가치를 복제할 것이다. 변동현금흐름은 복제될 필요가 없다. 이는 선도스왑에서 변동현금흐름이 미래에 결정될 이자율로 미래에 발생할 예금(차입)과 관련되기 때문이다.

2.2.3.2 일일정산(Marking to market)

일일정산 방법을 논의하기 위해 동일한 분석틀를 사용할 수 있다. 시간 t_0에서 시작하자. 앞서 논의한 바와 같이, 시장은 무작위 현금흐름 (2.44)에 대하여 알려진 현금흐름 (2.43)을 기꺼이 지불하고자 한다

$$\{s_{t_0}N\delta,\ s_{t_0}N\delta,\ s_{t_0}N\delta\} \quad (2.43)$$

$$\{L_{t_1}N\delta,\ L_{t_2}N\delta,\ L_{t_3}N\delta\} \quad (2.44)$$

그러면 단기지만 매우 짧은 시간이 아닌 Δ가 지난다고 보자. 여기서 새로운 스왑율 $s_{t_0}+\Delta$가 있고 이것은 확률적으로 s_{t_0}와 다를 것이다. 이러한 것은 시장이 동일한 무작위 현금흐름 (2.46)에 대한 새롭게 알려진 현금흐름 (2.45)을 현재 기꺼이 지급할 것이라는 것을 의미한다.

$$\{s_{t_0+\Delta}N\delta,\ s_{t_0+\Delta}N\delta,\ s_{t_0+\Delta}N\delta\} \quad (2.45)$$

$$\{L_{t_1}N\delta,\ L_{t_2}N\delta,\ L_{t_3}N\delta\} \quad (2.46)$$

이러한 것은 시간 t_0에 계약한 원래의 스왑가치가 0이 아니며 차이에 의해 주어진다는 것을 의미한다.

7) 이들 지급은 현재가치로 할인되며 이것은 바스켓 내에 나타내기 위해 상응하는 채권가격을 도입한다.

$$[s_{t_0+\Delta}N\delta - s_{t_0}N\delta][B(t_0+\Delta,\ t_2)+B(t_0+\Delta,\ t_3)+B(t_0+\Delta,\ t_4)] \tag{2.47}$$

이는 고정 지급자(fixed payer)의 손실과 이익으로 간주될 수 있다. 시간 $t_0+\Delta$에서, 수취될 변동지급은 식 (2.47)에 의해 주어진 값을 가지며, 실제 변동이자 지급은 상쇄될 것이다.[8] FRA 이자율을 사용하여 동일한 추론을 적용하고 차이로부터 원래 스왑의 시장 가격을 계산할 수 있다.

$$\left(N\delta\left[\sum_{i=1}^{n}\omega_{it_0}F(t_0,\ t_i)\right]-N\delta\left[\sum_{i=1}^{n}\omega_{i(t_0+\Delta)}F(t_0+\Delta,\ t_i)\right]\right)\sum_{i=1}^{n}B(t_0+\Delta,\ t_{i+1}) \tag{2.48}$$

이와 같은 표현방법은 고정수취자의 관점에서 이익과 손실을 보여준다. 여기에서 가중치 ω_i는 시간 하부첨자를 가짐을 유의해야 한다. 왜냐하면 시간이 경과함에 따라 변화할 것이기 때문이다. 따라서 스왑 장부를 관리하는 것은 선도이자율의 동태성에 대한 비선형성에 달려 있을 것이다.[9]

2.3 기간구조 모형화

이 장에서 대략적으로 설명한 분석틀은 스왑, 채권 및 FRA 시장 간의 연결 고리를 보여준다. 이제 도출된 수식의 구조적 의미에 대하여 논의할 것이다. 파악된 수식들은 이들 시장 중 두 곳에서 필요한 정보가 주어지면 나머지 시장에 대해 원칙적으로 무차익 가격을 얻을 수 있음을 의미한다.[10] 다음과 같은 작지만 중요한 수정 사항을 언급한 후 이를 간략하게 논의한다. 기간구조모형은 현물 이자율뿐만 아니라 선도 이자율에도 관련된다. 사실, 전통적인 수익률곡선 구조는 먼저 현물 수익률을 얻은 다음 선도 이자율을 구할 수 있다.

이 전통에 따르면, 현물스왑은 선도스왑보다 유동성이 높으며, 이 절에서 $s^n_{t_0}$는 만기가

8) 방정식 (2.46)에서 알려져 있지 않은 LIBOR율에 대해 넣는 것은 변한다. 그러나 고정구간(fixed leg)에서 스왑의 가치를 평가하고 있다. 이들 확률변수는 동일하게 남는다.

9) 다시 이들 선도율은 이연지급 FRA 또는 선도대출과 연관될 필요가 있다.

10) 이것은 기초자산의 모든 금융수단들의 만기가 능동적으로 거래되고 있다고 가정을 하는데 그러나 이것은 일반적인 경우가 아니다.

n년 인 현물 스왑률을 나타낸다. 일반화에 따른 손실없이, 스왑 만기가 수년에 걸쳐 있다고 가정할 수 있다. $n=1, ..., 30$, 가장 긴 일자의 스왑은 30년이다.[11] 이와 같은 논의는 현물 스왑률 관점에서 수행 될 것이다.

2.3.1 스왑을 활용하여 선도금리 결정

관측된 현물 스왑률 $\{s_{t_0}^n\}$의 충분한 수의 무차익 값과 등식 (2.50)을 이용하면,

$$s_{t_0}^n = \frac{\sum_{i=0}^{n-1} B(t_0, t_{i+1}) F(t_0, t_i)}{\sum_{i=0}^{n-1} B(t_0, t_{i+1})} \tag{2.49}$$

$$\frac{B(t_0, t_i)}{B(t_0, t_{i+1})(1+L_{t_i}\delta)} = (1+\delta F(t_0, t_i)) \tag{2.50}$$

$\delta=1$의 경우 모든 선도 이자율을 얻을 수 있다. 첫 번째 방정식 집합에서 $B(t_0, t_i)$를 대입하면 n개의 방정식을 n개의 선도 이자율로 구해질 수 있다.[12] $\delta=1/4$ 또는 $\delta=1/2$의 경우, 거래된 스왑 만기가 수년간이면 방정식보다 많은 미지의 $F(t_0, t_i)$가 있다. 이러한 조건하에서, t_i는 4분의 1을 초과하는 반면, $s_{t_0}^n$, $n=1, 2, ...$ 몇 년 안에 있을 것이다. 이는 스왑률이 연간 간격으로 고시된다는 사실과 정산 날짜가 분기별 또는 반기 단위일 것이기 때문이다. 스왑률 또는 무형에 대한 보간법이 필요하며 이는 전통적인 수익율곡선 계산에서도 일반적이다.

2.3.2 선도 이자율로 $B(t_0, t_i)$ 결정

지금 시장에서 선도이자율 $\{F(t_0, t_i)\}$와 현행 LIBOR 곡선이 제공되거나 여기와 같이 $\{s_{t_0}^n\}$에서 구해진다면, 관련 순수할인채권 가격의 무차익거래 가격를 계산하기 위해 다음 공식을 이용할 수 있다.

$$B(t_0, t_{i+1}) = \frac{1}{\prod_{j=0}^{i-1}(1+\delta F(t_0, t_j))} \tag{2.51}$$

---

11) 스왑은 2년부터 계속적으로 거래가 시작된다. 1-년 LIBOR에 대한 1-년 스왑은 실제 자의적인 FRA와 동등하다.

12) $F(t_0, t_1)$은 그 기간의 현재 LIBOR와 같으며 자의적인 선도율이라는 것을 기억하라.

각각의 경우에, 관측된 $\{F(t_0, t_i)\}$ 및 $\{s^n_{t_0}\}$로부터 $B(t_0, t_i)$의 값을 유도할 수 있다. 이 절차를 통하여 스왑 시장 외부에서 FRA와 채권 가격을 결정할 수 있다. 이를 곡선 알고리즘(curve algorithm)이라 부른다.

2.3.3 스왑률 결정

또한 반대 방향으로 순서를 진행할 수 있다. 선도이자율의 무차익 가격이 주어지면, 원칙적으로 동일한 수식을 사용하여 스왑률을 결정할 수 있다. 여기서 해야 할 일은 (i)선도금리에서 할인채권 가격을 계산하고 (ii)이러한 다음의 공식에 이들 채권가격과 적절한 선도금리를 대체하는 것이다:

$$s^n_{t_0} = \frac{\sum_{i=0}^{n-1} B(t_0, t_{i+1}) F(t_0, t_i)}{\sum_{i=0}^{n-1} B(t_0, t_{i+1})} \tag{2.52}$$

모든 이용 가능한 $s^n_{t_0}$ $n=1, \ldots, 30$의 경우 이것을 반복함으로써, 무차익 거래 스왑 곡선과 할인율을 얻는다. 이 경우 현물과 선도 LIBOR 곡선으로부터 (현물)스왑곡선으로 가게될 것이다.

2.3.4 현실 세계의 복잡성

물론, 선도이자률, 할인채권 가격 및 스왑률 간에 앞뒤로 가는 몇 가지 현실적인 문제점이 있다. 이러한 3가지를 언급하자. 첫째, 이전 절에서 언급했듯이 실제로는 1년 간격으로 스왑 거래가 이루어지며 FRA 또는 유로달러(Eurodollar) 계약은 3개월 또는 6개월 기간으로 거래된다. 즉, 만약 이들 공식을 사용하여 스왑 고시에서 선도이자율 고시로 가기를 원했다면 1년의 부분기간 동안 스왑률를 보간할 필요가 있다.

둘째, 선도이자율에 대한 관측된 고시(보고)가 반드시 이연 FRA(paid-in-arrears FRA)에서 오는 것은 아니다. 시장에서 거래된 FRA는 관련 기간이 끝날 때가 아니라 LIBOR 금리가 관측되는 시점에 정산된다. 이 시장들에 의해 생성된 FRA 이자율은 이전에 소개된 공식들과 일치할 것이다. 반면에, 일부 거래자들은 이자율선물과 구체적으로 유로화 선물을 사용하여 스왑 장부(swap books)을 헤지 한다. 선물 시장은 FRA 시장보다 투명하고 유동성이 풍부하다. 그러나 선물 시장에서 결정된 선도이자율은 이 장에서 논의된 스왑 공식에서 사용되기 전에 볼록성 조정이 필요하다.

셋째, FRA 및 스왑 금리의 유동성은 고려중인 만기에 달려있다. 앞에서 언급했듯이, FRA는 곡선의 짧은 쪽이 유동성이 높고, 스왑은 긴 쪽이 유동성이 높다. 이는 FRA 금리에서 5년 이상 만기를 가진 스왑 금리로 전환할 수 없음을 의미한다. 마찬가지로, 매우 짧은 만기일에는 스왑에 대해 고시가격이 관측되지 않는다.

2.3.4.1 비고

여기서 또 다른 중요한 점을 언급해야 한다. 이 장에서 간단히 말하면, 논의는 GFC 이전 협약에 따라 "LIBOR"라는 용어를 디폴트가 없는 차입과 관련 있는 것처럼 사용하는 학문적 연구에 따라 진행되었다. 실제로 LIBOR 이자율 L_{t_i}는 위험이 없다. 틀림없이, 이것은 LIBOR 이자율의 과정을 확정하는데 내재되어 있다. 이자율에 기인된 은행들은 일반적으로 AA 또는 AA− 등급을 받았고 그들이 지급한 이자율은 신용위험 수준을 반영했다. 그러나, 높은 등급의 은행이 채무불이행을 할 확률은 작아서 시장참여자와 학자들은 LIBOR를 무위험 이자율에 대한 합리적인 대리 변수로 간주했다. GFC 이전에 LIBOR는 은행들이 서로 빌려주고자 하는 것에 대한 주요 지표였고, 특히 3개월 LIBOR는 금리스왑 시장의 주요 벤치마크로 부상했다. 기존 교재 3장의 GFC에서 논의했듯이 상대방 위험에 대한 두려움이 심각해짐에 따라 LIBOR 이자율이 급격히 상승하여 OIS에서 벗어났다. 이것은 LIBOR가 무위험 이자율의 척도로 사용될 수 없다는 것을 깨닫게 했다. GFC에 이어 시장참여자들은 OIS를 (담보제공) 금리스왑의 가격 할인율로 사용하기 시작했다. 2010년 6월 LCH.Clearnet은 218조 달러 금리 스왑 포트폴리오를 할인하기 위하여 LIBOR 대신 OIS를 사용할 것이라고 발표했다. 이 직관은 완전 담보부스왑의 경우, 금융 거래 상대방이 다른 금융 거래 상대방에게만 위험을 야기하며 특정 차입이나 금융상품의 만기일의 위험은 아니라는 점이다. 파생상품가격결정모형에 신용 및 거래 당사자의 리스크를 보다 명확하게 내재시키기 위해 학문적 모형(academic model)이 개발되었다. 그런 모형들과 최근의 시장 관행은 12장에서 자세히 논의된다.

따라서 만약 금융공학자가 여기에 설명된 절차를 따른다면, 결국 나타나는 곡선은 스왑곡선이 되고 재무성 증권곡선 또는 국가(sovereign) 곡선은 아니다. 이 스왑곡선은 국가채권의 곡선 또는 재무성 증권 곡선의 "위에"있을 것이며 그 차이는 스왑스프레드에 대한 곡선이 될 것이다.

2.4 기간구조 동태성

이 장의 나머지 부분에서는 선도LIBOR모형이 기간구조 동태성을 파악하는 올바른 방법이라는 것을 알 수 있다. 이 모형은 적절히 선택된 선도측도 값을 사용하여 각 선도금리의 동태성을 마팅게일로 변환하는 아이디어를 기초로 한다. 이 장에서 제시된 섹터간 연계성에 따르면 일단 그러한 동태성이 확보되고 다른 고정소득증권 상품에 대한 동태성을 창출하기 위해 이들을 이용할 수 있다.

선도LIBOR 모형과 관련된 대부분의 도출방법은 기존 교재의 12장에서 논의된 자산가격결정의 기본정리의 응용이다. 따라서 기존 교재의 12장에서 논의된 동일한 유한상태(finite-state)의 세계에서 계속적으로 사용한다. 이 접근방법은 대부분 직선적이다. 모방하는데 어렵게 만드는 선도LIBOR 또는 스왑모형의 한 가지 측면이 있다. 금융상품에 의존하는 다른 선도이자율의 무차익 동태성은 동일한 선도측도 하에서 나타내어져야 될 것이다. 이때 방법론은 더욱 복잡해진다. Girsanov 유형의 측도변화가 약간의 순환적 방법으로 선도율의 동태성에 적용되도록 하는 적정한 연속이 요구된다. 그렇지 않으면 개별적인 선도이자율에 대한 무차익 동태성이 올바르게 표현되지 않을 것이다.

Girsanov정리는 강력한 수단이지만 이러한 연속적인 측도 변경을 이해하는 것은 쉽지 않다. 이산적 분석틀에서 이것을 하는 것은 이산적 설정에서 많은 동기부여를 제공하며 무차익 동태성의 이해력이 촉진된다. 이것이 이 장의 두 번째 부분 뒤에 있는 목적이다.

2.4.1 분석틀

단순한 이산 분석틀을 채택하고서 공식을 일반화 시키기 위해 이것을 확장한다. 금융상품의 가격이 결정되어지고 δ만큼 떨어져 있는 이산적시간에서 관리되는 위험이 존재하는 시장을 고려하자.

$$t_0 < t_1 < \ldots < t_n = T \tag{2.53}$$

$$t_i - t_{i-1} = \delta \tag{2.54}$$

초기, 처음 세 번, t_0, t_1, t_2를 δ만큼 차이에 집중한다. 이 분석틀에서 4개의 간단한 고정

소득증권이 고려된다.

1. 시간 t_2에서 만기가 되는 무위험-무이표채권 $B(t_0, t_2)$.
2. 시간 t_3에서 1기간 후에 만기가 되는 무위험-무이표채권. 그것의 현재가격은 $B(t_0, t_3)$로 표현된다.
3. 시간 t_i에서 관측된 이산시간 단순 이자율 L_{t_i}를 지급(이연)하는 저축예금계정. 따라서, t_2에서의 저축계정 성과는 다음과 같이 될 것이다.

$$R_{t_2} = (1+\delta L_{t_0})(1+\delta L_{t_1}) \tag{2.55}$$

초기 시간 t_0에서 관측된 L_{t_1}은 확률변수가 될 것임을 주목하라.

4. FRA는 시간 t_0에 계약되고 시간 t_2에 정산되었으며, 구매자는 시간 t_2에서 고정이자율 $F(t_0, t_1)$와 변동이자율 L_{t_1} 사이의 차액을 수취/지급한다. 이 상품의 명목금액을 1로하고 선도 이자율을 F_{t_0}으로 간단히 표기하자. 최종 성과는 다음과 같이 쓸 수 있다.

$$(L_{t_1} + F_{t_0})\delta \tag{2.56}$$

이러한 자산은 기존 교재의 12장에서와 같이 시간 t_2 동안 다음의 성과 매트릭스 D에서 조직화될 수 있다. 모든 t_i에서 모든 노드로부터 기초자산의 확률과정에 대해 가능한 두 가지 움직임 만 있다고 가정한다. 이 움직임을 u, d로 표시하면 다음과 같이 쓸 수 있다.[13)]

$$D = \begin{bmatrix} R_{t_2}^{uu} & R_{t_2}^{ud} & R_{t_2}^{du} & R_{t_2}^{dd} \\ 1 & 1 & 1 & 1 \\ B_{t_2}^{uu} & B_{t_2}^{ud} & B_{t_2}^{du} & B_{t_2}^{dd} \\ \delta(F_{t_0} - L_{t_1}^u) & \delta(F_{t_0} - L_{t_1}^u) & \delta(F_{t_0} - L_{t_1}^d) & \delta(F_{t_0} - L_{t_1}^d) \end{bmatrix} \tag{2.57}$$

여기서 $B_{t_2}^{ij}$는 t_2 시점의 t_3 만기 할인채권의 (확률)가치이다. 이 가치는 시간 t_3에서 1기간 후에 만기가 되는 채권이기 때문에 t_2에서 상태종속(state dependent)이 될 것이다. 시간 t_0에서 관측된 이 가치는 확률적이 될 것이다. 분명히 이 D행렬을 사용하여 표기법을 크게 간소화했다. 오직 4개 상태의 세계에서 이용하고 있으며 선도이자율 $F(t_0, t_2)$를 단순히 F_{t_0}로 표현하고 $B(t_2, t_3)^{ij}$를 단순히 $B_{t_2}^{ij}$로 표현한다.

만약 FRA, 저축계정 및 두 채권이 어떠한 차익거래 기회를 인정하지 않으면 자산가격 결정의 기본정리을 기초로 다음과 같은 선형 형태로 표시할 수 있다.

13) 이 표는 이항트리를 결합하지 않는 2번째 단계로 간주될 수 있다.

$$\begin{bmatrix} 1 \\ B(t_0, t_2) \\ B(t_0, t_3) \\ 0 \end{bmatrix} = \begin{bmatrix} R_{t_2}^{uu} & R_{t_2}^{ud} & R_{t_2}^{du} & R_{t_2}^{dd} \\ 1 & 1 & 1 & 1 \\ B_{t_2}^{uu} & B_{t_2}^{ud} & B_{t_2}^{du} & B_{t_2}^{dd} \\ \delta(F_{t_0}-L_{t_1}^{u}) & \delta(F_{t_0}-L_{t_1}^{u}) & \delta(F_{t_0}-L_{t_1}^{d}) & \delta(F_{t_0}-L_{t_1}^{d}) \end{bmatrix} \begin{bmatrix} Q^{uu} \\ Q^{ud} \\ Q^{du} \\ Q^{dd} \end{bmatrix} \tag{2.58}$$

여기서 $\{Q^{ij}, i, j=u, d\}$는 기간 t_2동안 4개 상태가격이다. 무차익거래 조건 하에서, 후자는 모든 상태 i, j가 존재하고 정(+)의 값을 가진다.[14)]

$$Q^{ij}>0 \tag{2.59}$$

이 행렬 방정식은 다음 아이디어를 포함하고 있다 (i) FRA의 공정 시장가치가 개시 시점에 0이고, (ii) 1 달러가 원래 저축계정에 투자되며, (iii) 채권이 무위험 채권이다. 그들은 t_2와 t_3 시점에 만기가 된다. $R_{t_2}^{ij}$는 마지막으로 t_2 시점의 저축계정에 대한 총수익을 나타낸다. 시간 t_i에 적용되는 이자율은 이연 지불되기 때문에, 시간 $t_i+\delta$에서, 총수익을 다음과 같은 방식으로 기초자산 LIBOR 이자율의 함수로 표현할 수 있다.

$$R_{t_2}^{uu}=R_{t_2}^{ud}=(1+\delta L_{t_0})(1+\delta L_{t_1}^{u}) \tag{2.60}$$

$$R_{t_2}^{dd}=R_{t_2}^{du}=(1+\delta L_{t_0})(1+\delta L_{t_1}^{d}) \tag{2.61}$$

이러한 단순한 분석틀 내에서 LIBOR 시장 모형과 관련 측도 변경 방법을 제시한다. 분석틀은 고정소득증권 공학에 필요한 중요한 도구와 개념의 대부분을 편리하게 표시하는데 사용될 수 있다. 필요로 하는 첫 번째 중요한 개념은 기존 교재의 12장에서 소개된 선도측도이다.

2.4.2 정규화 및 선도측도

t_2 및 t_3 선도측도를 얻기 위해서, 위험중립적 확률을 가지고 시작하는 것이 가장 좋으며 앞서 기술한 고정소득 환경에서 왜 이것이 훌륭하게 적용되는 측도가 아닌지를 보여주는 것이다. 위험중립 확률을 명시적으로 원하는 선도측도로 변환하는 방법을 보여줄 수 있다.

2.4.2.1 위험중립적인 측도는 불편하다

일반적으로 행렬 방정식의 첫 번째 행을 사용하여 위험중립 측도 $\{\tilde{p}_{ij}\}$를 정의하자.

---

14) 시간 t_2의 시점에서 성과를 기초로 설명하는 것이 분명하기 때문에 보통처럼 시간을 나타내는 하부 첨자를 없앤다.

$$1 = R_{t_2}^{uu} Q^{uu} + R_{t_2}^{ud} Q^{ud} + R_{t_2}^{du} Q^{du} + R_{t_2}^{dd} Q^{dd} \tag{2.62}$$

다르게 표현하면,

$$\tilde{p}_{uu} = R_{t_2}^{uu} Q^{uu} \tag{2.63}$$

$$\tilde{p}_{ud} = R_{t_2}^{ud} Q^{ud} \tag{2.64}$$

$$\tilde{p}_{du} = R_{t_2}^{du} Q^{du} \tag{2.65}$$

$$\tilde{p}_{dd} = R_{t_2}^{dd} Q^{dd} \tag{2.66}$$

이때 $\{\tilde{p}_{ij}\}$는 확률분포의 특성들을 가지고 있으며, 관련 마팅게일 등가와 함께 파악될 수 있다.

모든 자산의 가격이 무차익 기회 조건 하에서 $\{Q^{ij}, i, j=u, d\}$가 존재하고 모두 정의 값을 가지며 $\tilde{p}_{ij}$가 위험중립 확률이 될 것이라는 것을 기존 교재의 12장에서부터 알고 있다. 그런 다음, 식 (2.58)의 시스템의 마지막 행을 사용함으로써 다음과 같은 등식을 쓸 수 있다.

$$\begin{aligned} 0 = & \left[\delta(F_{t_0} - L_{t_1}^{u}) \frac{1}{R_{t_2}^{uu}}\right] \tilde{p}_{uu} + \left[\delta(F_{t_0} - L_{t_1}^{u}) \frac{1}{R_{t_2}^{ud}}\right] \tilde{p}_{ud} + \left[\delta(F_{t_0} - L_{t_1}^{d}) \frac{1}{R_{t_2}^{du}}\right] \tilde{p}_{du} \\ & + \left[\delta(F_{t_0} - L_{t_1}^{d}) \frac{1}{R_{t_2}^{dd}}\right] \tilde{p}_{dd} \end{aligned} \tag{2.67}$$

여기서, $(F_{t_0} - L_{t_1}^{i})$, $i=u, d$는 Q^{ij}가 각각의 $\tilde{p}_{ij}$로 대체될 수 있도록 "정규화" 된다. 이 식에서, F_{t_0}는 시간 t_0에서 결정되고, 추출될 수 있음을 주목하라. 식을 그룹화 및 재정렬을 통해 다음을 구할 수 있다.

$$F_{t_0} = \frac{([L_{t_1}^{u}(1/R_{t_2}^{uu})]\tilde{p}_{uu} + [L_{t_1}^{u}(1/R_{t_2}^{ud})]\tilde{p}_{ud} + [L_{t_1}^{d}(1/R_{t_2}^{du})]\tilde{p}_{du} + [L_{t_1}^{d}(1/R_{t_2}^{dd})]\tilde{p}_{dd})}{((1/R_{t_2}^{uu})\tilde{p}_{uu} + (1/R_{t_2}^{ud})\tilde{p}_{ud} + (1/R_{t_2}^{du})\tilde{p}_{du} + (1/R_{t_2}^{dd})\tilde{p}_{dd}} \tag{2.68}$$

이것은 다음의 기대연산자를 사용하여 나타낼 수 있다.

$$F_{t_0} = \frac{1}{E_{t_0}^{\tilde{P}}[1/R_{t_2}]} E_{t_0}^{\tilde{P}}\left[\frac{L_{t_1}}{R_{t_2}}\right] \tag{2.69}$$

이 마지막 등식에 따르면 만약 R_{t_2}가 무작위변수이고 L_{t_1}과는 독립적이지 않다면,[15] 연산자 외부로 이동될 수 없다. 다른 말로 하면 일반 i의 경우 다음과 같다.

$$F(t, t_i) \neq E_t^{\tilde{P}}[L_{t_i}] \quad t < t_i \tag{2.70}$$

즉 위험중립측도 $\tilde{P}$에서 시간 t_i의 선도율은 미래 LIBOR율 L_{t_i}의 "편의된" 예측이다. 사실 $E_t^{\tilde{P}}[L_{t_i}]$가 시간 i에서 유로달러계약(Eurodollar contract)에 의해 결정될 선물율(futures rate)이라는 것임을 파악하는 것은 그렇게 어렵지 않다. 그러므로 선도율에서 "편의"는 볼록조정(convex adjustment)과 연관이 있다.

다른 방법으로 설명하면, F_t는 위험-중립확률 $\tilde{P}$와 관련된 마팅게일(Martingale)이 아니며, F_t의 통태성을 표현하는 이산된 확률차분방정식(discretized stochastic difference equation)은 일반적으로 다음의 추세를 가지게 될 것이다:

$$F_{t+\Delta} - F_t = a(F_t, t)F_t\Delta + \sigma(F_t, t)F_t[W_{t+\Delta} - W_t] \tag{2.71}$$

여기서 $a(F_t, t)$는 위험-중립 확률 $\tilde{P}$하에서 선도율(forward rate) 변화가 0이 아닌 기대율 이다.

F_t가 확률 $\tilde{P}$와 관련되어 마팅게일이 아니다라는 가설은 위험-중립측도를 고정소득증권상품에서 가격결정이나 위험관리에 이용하는데 불편한 금융도구가 된다. 식(2.71)를 사용하기 전에, 추세 계수 $\alpha(\cdot)$를 켈리브레이션(calibration)할 필요가 있다. 이것은 확률 $\tilde{P}$하에서 추세를 위한 함수적인 모양을 먼저 얻어야 한다. 원래의 HJM 논문에서는 연속복리순간선도율(continuously compounded instantaneous forward rates)을 사용하여 그러한 추세에 대한 함수적 형태를 개발하고 있다. 그러나, 이것은 LIBOR 주도 시장 및 여기에서 사용한 관련 계리율(actuarial rate) L_{t_i}와는 상당히 다른 환경을 조성 한다.[16]

반면에, 만약 선도(Forward) LIBOR 모형을 사용하고, 적절한 선도측도로 전환시키면, 이자율 부문에서 무차익거래 추세(drift)는 훨씬 쉽게 계산된다는 것을 알게 될 것이다.

2.4.2.2 선도측도

시간 t_2에서 만기가 되는 무위험무이표채를 사용하여 고려중인 상태에 대한 새로운 확

15) 이들이 단기 유로통화시장에서 단기투자에 대한 수익이기 때문에 이것은 사례가 되지 않는다는 것을 일반적으로 비록 알고 있을 지라도.

16) 보다 더욱, 새로운 기술적인 문제들이 연속적인 복리를 수치적으로 불안정하게 만드는 것으로 나타나고 있다.

률 집합을 정의하는 것을 고려하자. 첫째, 단순한 경우를 제시한다. 식 (2.58)에서 시스템의 두 번째 행을 사용하라:

$$B(t_0, t_2) = Q^{uu} + Q^{ud} + Q^{du} + Q^{dd} \tag{2.72}$$

그리고 모든 구성요소를 $B(t_0, t_2)$로 나누면 된다. 이름을 바꾸면 선도 t_2 측도 $\tilde{P}^{t_2}$을 구한다.

$$1 = \tilde{p}^{t_2}_{uu} + \tilde{p}^{t_2}_{ud} + \tilde{p}^{t_2}_{du} + \tilde{p}^{t_2}_{dd} \tag{2.73}$$

여기서 각 상태의 확률은 상응하는 채권의 시간 t_0 값을 사용하여 상응하는 Q^{ij} 측도를 조정함으로써 얻어진다:

$$\tilde{p}^{t_2}_{uu} = \frac{Q^{ij}}{B(t_0, t_2)} \tag{2.74}$$

다른 선도측도가 다른 선도율에 대해 필요한 것처럼, 이러한 고정소득증권 모형에서 위 첨자 t_2로 선도측도를 색인화하는 것이 중요하다. 위 첨자는 사용되는 측도를 추적하는 좋은 방법이다. 일부 금융상품의 경우, 이들 측도는 순차적으로 전환되어야 한다.

기존 교재의 12장에서 논의했듯이, t_2−선도측도를 사용하면 시간 t_2 의 성과 $C^{ij}_{t_2}$을 가진 어떤 자산 C_t의 가격을 결정할 수 있다.

$$C_{t_0} = [B(t_0, t_2)C^{uu}_{t_2}]\tilde{p}^{t_2}_{uu} + [B(t_0, t_2)C^{ud}_{t_2}]\tilde{p}^{t_2}_{ud} + [B(t_0, t_2)C^{du}_{t_2}]\tilde{p}^{t_2}_{du} + [B(t_0, t_2)C^{dd}_{t_2}]\tilde{p}^{t_2}_{dd} \tag{2.75}$$

이것은 시간 T에서 정산이 되고 다른 지급이 없는 자산에 대해 일반적인 가격결정 방정식이 다음과 같이 주어진다는 것을 의미한다.

$$C_t = B(t_0, t_2)E^{\tilde{P}^T}_t[\mathrm{C}_T] \tag{2.76}$$

여기서 $\tilde{P}^T$는 연관된 T−선도측도이며 C_T는 시간 T에 대한 성과이다. 이 균형식에 따르면, 다음의 비율을 가진다.

$$Z_t = \frac{C_t}{B(t, T)} \tag{2.77}$$

이것은 $\tilde{P}^T$ 측도와 관련된 마팅게일이다. 사실, $B(t, T)$는 시간 T에 대한 할인요소이며, 따라서 1보다 작은 값이고, Z_t는 C_t의 T−선도가치에 불과하다. 이러한 것은 선도측도 $\tilde{P}^T$는 시간 T 달러로 측도된 마팅게일과 관련하여 연산된다는 것을 의미한다. 만약 위험중립 측도의 경우에 초기 행해진 것처럼, 동일한 변환과정을 FRA(선도금리계약)의 가격결정에 적용한다면, 선도측도 $\tilde{P}^T$의 이점은 분명하다.

2.4.2.3 선도금리에 대한 무차익 SDE

선도금리에 대한 무차익거래 동태성을 파악하기 위해 이제 식 (2.58)의 단순 모형으로 돌아간다. 시스템의 네 번째 행을 $B(t_0, t_2)$로 나누고 재 정렬하면, 다음과 같다.

$$\frac{F_{t_0}}{B(t_0, t_2)}[Q^{uu}+Q^{ud}+Q^{du}+Q^{dd}]=\frac{L^u_{t_1}}{B(t_0, t_2)}Q^{uu}+\frac{L^u_{t_1}}{B(t_0, t_2)}Q^{ud}+\frac{L^d_{t_1}}{B(t_0, t_2)}Q^{du}+\frac{L^d_{t_1}}{B(t_0, t_2)}Q^{dd} \tag{2.78}$$

이제 기존 교재의 12장에서 했던 것처럼, t_2−선도측도를 다음의 등식을 사용하여 이 식에 대체하라.

$$\tilde{p}^{t_2}_{ij}=\frac{1}{B(t_0, t_2)}Q^{ij}$$

식은 다음과 같다.

$$F_{t_0}=[L^u_{t_1}]\tilde{p}^{t_2}_{uu}+[L^u_{t_1}]\tilde{p}^{t_2}_{ud}+[L^d_{t_1}]\tilde{p}^{t_2}_{du}+[L^d_{t_1}]\tilde{p}^{t_2}_{dd} \tag{2.79}$$

이것을 m개의 이산 상태의 일반적인 경우로 확장한다.

$$F_{t_0}=\sum_{i=1}^{m}L^i_{t_1}\tilde{P}^{t_2}_i \tag{2.80}$$

이것은 분명히 기대치 이다.

$$F_{t_0}=E^{\tilde{P}^{t_2}}_{t_0}[L_{t_1}] \tag{2.81}$$

이것은 $\tilde{P}^{t_2}$측도 하에서 기간 $[t_1, t_2]$에 대한 선도율(forward rate)이 해당 LIBOR금리의 불편 추정(unbiased estimate)치가 될 것임을 의미한다.

결과적으로, (t, T)의 일반적인 표기법으로 전환하면, 과정은 $(T+\delta)$–선도측도 $\tilde{P}^{T+\delta}$하의 마팅게일이 될 것이다.[17)]

$$F_t = F(t, T, T+\delta) \tag{2.82}$$

이산화(discretization)로 인한 오차가 작다고 가정하면, 그 동태성은 작은 간격 (Δ)에 걸쳐 (이산화된) SDE로 표현될 수 있다.

$$F_{t+\Delta} - F_t = \sigma_t F_t \Delta W_t \tag{2.83}$$

여기서 W_t는 $\tilde{P}^{T+\delta}$측도하에서 위너과정(Wiener process)이다. ΔW_t는 위너과정 증가분이다.

$$\Delta W_t = W_{t+\Delta} - W_t \tag{2.84}$$

이 (근사화) 식은 차익거래 주장에 의해, 그리고, 일반적인 t, T에 대해 사용되기 때문에, 추세 항(구성요소)을 가지고 있지 않으며 다음의 관계를 가진다.

$$1+\delta F(t, T) = \frac{B(t, T)}{B(t, T+\delta)} \tag{2.85}$$

기존 교재의 12장의 정규화에 대한 논증으로부터, 측도 $\tilde{P}^{T+\delta}$와 $B(t, T+\delta)$에 의한 정규화에서, 이 식의 우변의 비율은 $\tilde{P}^{T+\delta}$에 대한 마팅게일이라는 것이 분명하다. 이것은 상응하는 선도 이자율을 마팅게일로 만들어, 내재 SDE(implied SDE)가 추세를 갖지 않도록 한다.

그러나, 다음과 같이 주어진 주기 $[T-\delta, T]$에 대한 선도율(forward rate)는 동일 선도측도 $\tilde{P}^{T+\delta}$하에서 마팅게일이 아니다라는 것을 주목하라.

$$1+\delta F(t, T-\delta) = \frac{B(t, T-\delta)}{B(t, T)} \tag{2.86}$$

대신에, 이 선도금리는 $B(t, T)$에 의한 정규화가 필요한 자체적인 측도 $\tilde{P}^{T}$ 하에서의 마팅게일이다. 따라서 선도 LIBOR 모형에 대한 중요한 결과를 얻는다.

17) 이산오류 및 이들 관련 사항들에 대한 원천의 경우 장의 마지막 부분에서 제시된 읽기(reading)를 보라

각 선도금리 $F(t, T_i)$는 자신의 선도측도 $\tilde{P}^{T+\delta}$하에서 마팅게일 표현을 허용한다.

이는 각 선도금리 동태성이 적절한 정규화를 고려할 때 추세가 없는 미분 방정식에 의해 개별적으로 근사될 수 있음을 의미한다. 이러한 동태성을 특성화하는데 필요한 유일한 파라메트는 상응하는 선도금리 변동성이다.

2.4.3 무차익 동태성

이전 절에서는 자신의 선도측도 하에서 선도율(forward rate)의 동태성에 대해 논의했다. 이제 두 개의 연속 기간에 적용되는 두 개의 선도금리에 대해 하나의 선도측도를 사용할 때 어떤 일이 발생하는지 보자. 그런 다음, 선도금리 중 하나는 자체로부터 측도차이 하에서 평가되어야 하며, 마팅게일 동태성은 파괴될 것이다. 그러나 새로운 추세(new draft)를 얻을 수 있을 것이다.

이 문제를 가능한 한 간단하게 유지하기 위해 식 (2.58)의 기본 모형을 계속 사용한다. 예외적으로, 1 기간을 더함으로써 기간을 추가하여 중요한 두 가지 선도금리와 각각의 선도측도를 가지고 진행을 할 것이다. 이것은 측도변경(measure change) 기법을 구현하

그림 2.4 현물과 선도 LIBOR OK과정

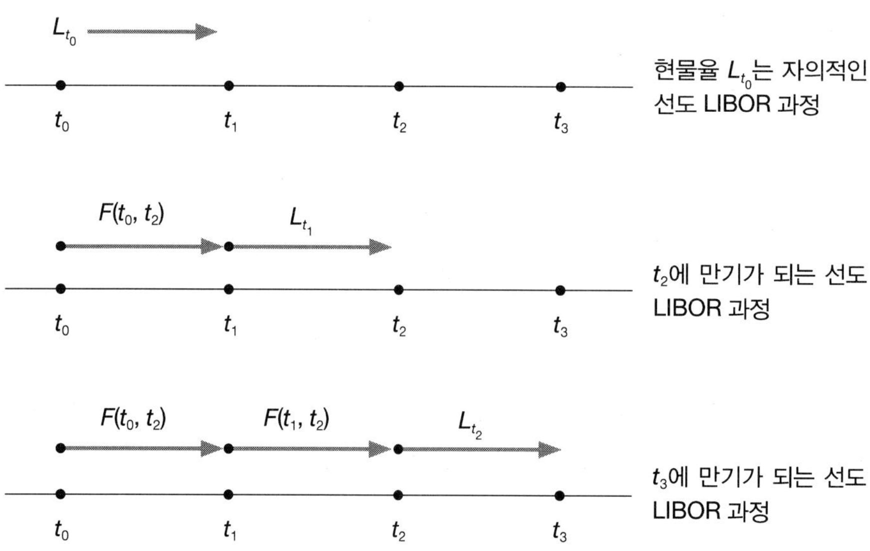

는 방법을 보여줄 수 있는 가장 간단한 설정이다. 초기에 소개되고 〈그림 2.4〉에서 보여준 선도측도를 사용하여 이제 두 개의 선도 LIBOR 과정 $\{F(t_0, t_1), F(t_0, t_2)\}$에 대해 다음과 같은 선도금리 동태성을 정의할 수 있다. 첫 번째는 $B(t_0, t_2)$로 정규화된 마팅게일이 되고, 두 번째는 $B(t_0, t_3)$로 정규화된 마팅게일이 될 것이다. 이는 $\tilde{P}^{t_2}$와 $\tilde{P}^{t_3}$가 선도 LIBOR 과정의 "자체" 측도라는 것을 의미한다.

모두 같이, 다음 논의에서 t_0, t_1, t_2 및 t_3의 네 가지 기간만 포함하는 매우 간단한 예제로 학습한다는 것을 인식하는 것이 중요하다.

선도율 $F(t_0, t_2)$의 무차익거래 "동태성"을 가지고 시작하자. 단순화된 설정에서, 시간 t_1과 t_2에서 이 선도율의 두 가지 미래 가치만을 관측할 것이다. 이것들은 다음에 의해 주어진다.

$$\begin{aligned} F(t_1, t_2) - F(t_0, t_2) &= \sigma_2 F(t_0, t_2) \Delta W_{t_1}^{t_3} \\ F(t_2, t_2) - F(t_1, t_2) &= \sigma_2 F(t_1, t_2) \Delta W_{t_1}^{t_3} \end{aligned} \tag{2.87}$$

$\Delta W_{t_i}^{t_3}$, $i=1, 2$에서 위첨자는 위너과정증분(Wiener process increment)이 확률 $\tilde{P}^{t_3}$하에서 0의 평균값을 가진다는 것을 나타낸다. 이 방정식은 선도율 $F(t_0, t_2)$의 "현재"가치가 $F(t_1, t_2)$가 되도록 변경한 다음 $F(t_2, t_2)$로 끝나는 방법을 보여준다. 후자는 또한 L_{t_2}이다.

"보다 근접한" 선도율 $F(t_0, t_1)$의 경우, 채권가격 $B(t_0, t_2)$ (즉, $\tilde{P}^{t_2}$측도)과 관련 0의 추세를 갖는 정규화 하에서 정의된 단 하나의 식[18] 만이 필요하다.

$$F(t_1, t_1) - F(t_0, t_1) = \sigma_1 F(t_0, t_1) \Delta W_{t_1}^{t_2} \tag{2.88}$$

유사하게, $\Delta W_{t_1}^{t_2}$의 위 첨자는 이 위너과정 증분이 확률 $\tilde{P}^{t_2}$하에서 0의 평균임을 나타낸다. 여기서, $F(t_1, t_1)$는 또한 LIBOR 비율 L_{t_1}이다. 각 동태적 요소가 다른 확률 측도에 따라 정의된다는 점을 다시 강조한다. 이러한 서로 다른 선도측도 하에서, 각 선도 LIBOR 과정은 마팅게일처럼 움직인다.[19] 따라서 어느 식에도 추세 항이 없다.

다행히도, 이 방정식을 가지고 개별적으로 처리할 수 있는 한, 무차익거래 추세 항을 추정하거나 켈리브레이션(보정)할 필요가 있다. 결정할 필요가 있는 유일한 파라메트는 두 가지 선도금리의 변동성이다. 선도율 $F(t_0, t_2)$에 대한 σ_2 및 선도율 $F(t_0, t_1)$에 대한 σ_1.[20]

18) 이 선도율 과정은 t_2에서 끝날 것이다.
19) 다시 한번, 이산편의는 무시할 만하다는 가정을 하고 있다.
20) 여기 이산화에 따르면 변동성 파라메트는 시간에 따라 변화를 허용하지 않는다는 것을 주목하라. 이러한 가정은 약간 완화될 수 있지만, 그러나 대부분의 시장 응용에서는 일정한 변동성 이산화를 또한 기초로 하고 있기

사실, 각 위너 증분은 자체 측도 기준에서 기대치가 0이다. 예를 들어, 2개의 선도금리의 위너 증분은 시간 $t_0 < t_1$의 경우 다음과 같다.

$$E_{t_0}^{\tilde{P}^{t_2}}[\Delta W_{t_1}^{t_2}] = 0 \tag{2.89}$$

그리고,

$$E_{t_0}^{\tilde{P}^{t_3}}[\Delta W_{t_1}^{t_3}] = 0 \tag{2.90}$$

그러나, $\tilde{P}^{t_2}$하에서 기대값을 평가할 때, 다음의 두 가지 결과를 얻는다.

$$E_{t_0}^{\tilde{P}^{t_2}}[\Delta W_{t_1}^{t_2}] = 0 \tag{2.91}$$

$$E_{t_0}^{\tilde{P}^{t_2}}[\Delta W_{t_1}^{t_3}] = \lambda_{t_0}^{t_2} \Delta \neq 0 \tag{2.92}$$

여기서, 자체 선도측도 $\tilde{P}^{t_3}$와는 다른 측도하에서 위너 증분을 평가하고 있기 때문에 $\lambda_{t_0}^{t_2}$는 수정될 필요가 있는 평균수정(mean correction)이다. 이번에 이것은 $F(t_0, t_2)$에 대한 동태성이 마팅게일 특성을 상실한다는 것을 의미한다.

이제 이차적률인 분산 및 공분산에 대해 설명할 것이다. 각 위너 증분은 두 가지 측도하에서 동일한 분산을 가지고 있다고 가정한다. Girsanov정리는 이것이 연속시간에는 맞는다는 것을 확인한다. 이산시간에서 이것은 근사치이다. 마지막으로, 하나의 요소만 있는 환경에서 설명하고 있다.[21] 따라서 두 가지 선도측도에 정의된 위너과정 증분은 동일한 기간에 속하는 경우 정확히 상호 상관되어 있다. 다른 말로 하면, 그들의 평균이 다르더라도, 그들의 공분산은 대략 Δ가 될 것이다라고 가정할 수 있다:

$$E^{\tilde{P}^{t_3}}[\Delta W_t^{t_3} \Delta W_t^{t_2}] = E^{\tilde{P}^{t_2}}[\Delta W_t^{t_3} \Delta W_t^{t_2}] = \Delta \tag{2.93}$$

유사한 등식들은 또한 분산에 대해서도 유지될 것이다.[22]

2.4.3.1 검토

지금까지의 결과는 자기자본연계자산(equity–linked assets)의 가격결정과 위험관리

때문에 이러한 단순한 설정을 선호한다.

21) 다시한번 언급하면, 단일 요인 모형은 고려 시에 모든 무작위 과정이 비율 요인까지 동일한 예측 불가능한 구성요소를 가진다. 다른 말로, 이들 과정간의 상관관계 계수는 한 개일 것이다.

22) 이들 관계는 Δ가 0으로 감으로써 유지될 것이다.

에 있어, 위험중립 측도 $\tilde{P}$는 무차익거래 추세(drift)가 단순하고 무위험이자율로 알려진 함수인 경우에 로그정규 모형에 쉽게 적용될 수 있기 때문에 매우 편리할 수 있다. 자기자본상품이 관련되는 한, 단기금리가 일정하다는 가정은 합리적인 근사이며, 만기가 단기인 경우에는 특히 그렇다. 그러나 (자산 가치보다는) 금리의 미래 가치에 사용된 계약의 경우, $\tilde{P}$의 사용으로 마팅게일에 의해 쉽게 파악될 수없는 복잡한 무차익 동태성이 나타나며, 그래서 상응하는 무차익 추세항(drfit)은 보정하기 어렵게 될 것이다.

다른 한편으로, 적절한 선도측도는 마팅게일 등식의 결과로 나타나며, 심지어 0이 아니더라도 무차익 추세변동에 대한 계산에서 동태성 편리로 이어진다. 선도(및 스왑)측도는 고정소득 환경에 적합히 작용하는 확률이다.

2.4.4 몬테칼로 구현

두 선도금리 $F(t_i, t_1)$와 $F(t_i, t_2)$에 대해 두 개의 이산SDE로부터 몬테칼로 "경로(paths)"를 생성시키기 원한다고 가정하자.

$$F(t_i, t_1) - F(t_{i-1}, t_1) = \sigma_1 F(t_{i-1}, t_1) \Delta W_{t_i}^{t_2} \tag{2.94}$$

$$F(t_i, t_2) - F(t_{i-1}, t_2) = \sigma_2 F(t_{i-1}, t_2) \Delta W_{t_i}^{t_3} \tag{2.95}$$

여기서 $i-1$, 2는 두 번째 방정시이고 $i=1$은 첫 번째 방정시이다.

자신의 선도측도하에서 정의된 이들 마팅게일 방정식을 사용함으로써 개별적으로 두 선도금리에 대해 개별경로를 개별적으로 생성하는 것은 쉽다. 다음 접근법을 고려하자.

시장에서 변동성 σ_1과 σ_2가 관측될 수 있다고 가정하자. 분포로부터 두 개의 확률변수 $\{\Delta W_1^3, \Delta W_2^3\}$를 선택한다.

$$\Delta W_1^3 \sim N(0, \Delta) \tag{2.96}$$

유사 난수 생성기(pseudo-random number generator)을 가지고 관측된 $F(t_0, t_2)$로부터 다음 순서에서 무작위로 생성된 선도금리를 순차적으로 계산한다.

$$F(t_1, t_2)^1 = F(t_0, t_2) + \sigma_2 F(t_0, t_2) \Delta W_1^3 \tag{2.97}$$

$$F(t_2, t_2)^1 = F(t_1, t_2)^1 + \sigma_2 F(t_1, t_2)^1 \Delta W_2^3 \tag{2.98}$$

좌변에 있는 위 첨자는 이 값이 첫 번째 몬테칼로 궤적을 나타낸다. 순차적으로 진행하면 우변의 모든 항들은 알려질 것이다. 이것은 첫 번째 실험된 "경로" $\{F(t_0, t_2), F(t_1, t_2)^1, F(t_2, t_2)^1\}$을 준다. 가격결정에서 잠재적인 사용을 위해 이러한 M경로를 얻는데 이 알고리즘을 반복할 수 있다.

이것은 다른 선도 LIBOR 과정 $F(t_0, t_1)$에 대해 무엇을 의미하는가? $F(t, t_1)$에 대한 마팅게일 방정식에서 동일한 무작위로 생성된 확률변수 ΔW_1^3을 사용할 수 있고 첫 번째 "경로" $\{F(t_0, t_1), F(t_1, t_1)\}$는 다음으로부터 얻을 수 있는가?

$$F(t_1, t_1) = F(t_0, t_1) + \sigma_1 F(t_0, t_1)\Delta W_1^3 \tag{2.99}$$

대답은 '아니오'이다. 앞서 언급한 바와 같이 위너증분은 $\{\Delta W_{t_1}^{t_2}\}$은 확률 $\tilde{P}^{t_3}$하에서 만 평균이 0이다. 그러나 확률변수의 첫 번째 집합은 측도 $\tilde{P}^{t_3}$를 사용하여 선택되었다. $\tilde{P}^{t_2}$하에서, 이 확률변수는 0의 평균을 갖지 않지만, 다음과 같이 분포되어 있다.

$$N(\lambda_{t_0}^{t_2}\Delta, \Delta) \tag{2.100}$$

따라서, 만약 식 (2.99)에서 같은 ΔW_1^3을 사용하면 $\lambda_{t_0}^{t_2}$항에 대하여 수정할 필요가 있다. 이것을 하기 위해서 $\lambda_{t_0}^{t_2}$의 수치 값을 계산할 필요가 있다.

이것이 끝나면, $F(t_0, t_1)$에 대한 동태성은 다음과 같이 쓸 수 있다.

$$F(t_1, t_1) = F(t_0, t_1) - \sigma_1 F(t_0, t_1)(\lambda_{t_0}^{t_2}\Delta) + \sigma_1 F(t_0, t_1)\Delta W_{t_1}^{t_3} \tag{2.101}$$

$$E_{t_1}^{\tilde{P}^{t_2}}[F(t_0, t_1) - \sigma_1 F(t_0, t_1)(\lambda_{t_0}^{t_2}\Delta) + \sigma_1 F(t_0, t_1)\Delta W_{t_1}^{t_3}] = F(t_0, t_1) \tag{2.102}$$

이것이 왜 그런지를 파악하기 위해, 우변에 $\tilde{P}^{t_2}$하의 기대치를 취하고 식 (2.100)에 있는 정보를 사용하라:

$$E_{t_1}^{\tilde{P}^{t_2}}[F(t_0, t_1) - \sigma_1 F(t_0, t_1)(\lambda_{t_0}^{t_2}\Delta) + \sigma_1 F(t_0, t_1)\Delta W_{t_1}^{t_3}] = F(t_0, t_1) \tag{2.102}$$

따라서, 평균보정 후 $\tilde{P}^{t_2}$하에서 올바른 결과를 얻는다. 무작위로 생성된 브라운(Brownian)운동 증분이 모든 방정식에서 사용될 수 있기 전에 이러한 보정계수를 결정해야 한다는 것은 명백하다.

그러나 다음과 같은 간단한 경우을 주목하라. 고려중인 금융상품이 각각의 현금흐름이 하나의 선도금리에 의존할 경우, 추가 현금흐름을 갖는다면, 개별 0의 추세 방정식은 경로를 생성시키기 위해 개별적으로 사용될 수 있다. 이것은 여러 가지 유동성 금융상품에 적용된다. 예를 들어, FRA 및 특히 스왑에는 LIBOR 금리만 의존하는 지급부분(payment leg)이 있다. 개별 0의 추세를 가진 방정식은 각각 부분을 개별적으로 평가하는데 사용될 수 있으며 이때 이들 값은 관측된 무이표채권가격, $B(t, T_i)$을 사용하여 더해 질 수 있다. 그러나 일정만기스왑(constant maturity swap: CMS)의 경우에는 이를 수행 할 수 없다. 예를 들어, 각 정산 부분이 하나 이상의 선도금리에 비선형적으로 의존하기 때문이다.

이제는 모든 선도금리가 단일 선도측도를 사용하여 예측되도록 어떻게 평균교정(mean correction)이 실행될 수 있는지를 보다 더 논의한다. 이것은 개별 현금흐름이 하나 이상의 선도금리에 의존하는 금융상품을 가격결정 하는데 허용할 것이다.

2.5 측도 변경 기법

상대적으로 일반적인 분석틀을 소개하고 그 결과를 이전에 보여준 간단한 예제에 적용한다. 기본적으로 이전에 개발된 세 가지 관계가 필요하다. 다음의 t_i를 따른다.

$$t_0 < t_1 < \cdots t_n = T \tag{2.103}$$

$$t_i - t_{i-1} = \delta \tag{2.104}$$

일부 기본 이자율스왑 구조의 정산일을 표시하고 t_i에서 시작하여 t_i+1에서 지급하기로 계약한 연속적인 선도차입에 대한 선도금리에 집중한다. 〈그림 2.4〉에 예가 나와 있다.

- **결과** 1

시간 t_i에서 시작하여 시간 $t_{i+\delta}$에서 종료하는 LIBOR-기반 선도차입에 대해 시간 t에서의 선도금리은 $F(t, t_i)$로 표시되며 다음과 같은 차익거래 관계를 허용한다.

$$1 + F(t, t_i)\delta = \frac{B(t, t_i)}{L(t, t_{i+1})} \quad t < t_i \tag{2.105}$$

여기서 평소와 같이 $B(t, t_i)$와 $B(t, t_{i+1})$는 각각 t_i와 t_{i+1}에서 만기가 되는 무위험 무이표 채권의 시간 t 가격이다.

이 등식의 좌변은 총 선도수익이다. 다른 한편, 우변은 다른 자산 가격 $B(t, t_{i+1})$로 정규화되어 거래된 자산 가격 $B(t, t_i)$이다. 따라서, 그 비율은 적정한 측도하에 마팅게일이 될 것이다. 여기서, 선도측는 $\tilde{P}^{t_{i+1}}$표시된다.

- **결과** 2

세계에서 k개의 상태의 이산상태 설정 시, 모든 자산 가격은 차익거래가 없다고 가정하고 시간 t_i 상태가격 Q^j, $j=1, \cdots, k$, $0<Q^j$가 존재한다고 가정하며, 선도측도 $\tilde{P}^{t_i}$의 시간 t_i 가치는 다음과 같이 주어진다.[23)]

$$\tilde{p}_1^{t_i}=\frac{1}{B(t, t_i)}Q^1, \tilde{p}_2^{t_i}=\frac{1}{B(t, t_i)}Q^2, \cdots, \tilde{p}_k^{t_i}=\frac{1}{B(t, t_i)}Q^k \tag{2.106}$$

이들 확률들은 다음의 조건을 만족한다.

$$\tilde{p}_1^{t_i}+\tilde{p}_2^{t_i}+\cdots+\tilde{p}_k^{t_i}=1 \tag{2.107}$$

$$0<\tilde{p}_j^{t_i} \quad \forall j$$

Q^j를 $\tilde{p}_j^{t_i}$로 변환시키기 위해 사용된 비례 계수가 j에 따라 동일하다는 점을 주목하라.

- **결과** 3

동일한 설정에서, t_{i+1} 선도측도 $\tilde{P}^{t_{i+1}}$와 연관된 시간 t_i 확률은 다음과 같이 주어진다.

$$\tilde{P}_1^{t_{i+1}}=\frac{B(t, t_{i+1})^1}{B(t, t_{i+1})}Q^1, \tilde{p}_2^{t_{i+1}}=\frac{B(t, t_{i+1})^2}{B(t, t_{i+1})}Q^2, \cdots, \tilde{p}_k^{t_{i+1}}=\frac{B(t, t_{i+1})^k}{B(t, t_{i+1})}Q^k \tag{2.108}$$

여기서 $B(t_i, t_{i+1})^j$는 시간 t_i에서의 t_{i+1}−만기 채권의 상태 종속 가격이다. 여기서 시간 t_{i+1}에서 만기 채권은 시간 t_i 동안 현금흐름을 정규화하는데 사용된다. 만기일이 t_{i+1}이기 때문에 $B(t_i, t_{i+1})^j$는 t_i에서 일정하지 않다. $\{Q^j\}$를 $\tilde{P}^{t_{i+1}}$전환시키는데 사용된 요인도 일정하지 않다.

측도변경의 메커니즘을 논의할 때 이 결과를 사용한다. 두 개의 선도 LIBOR 과정, $F(t,$

23) 독자는 표기에서 약간 다르다는 것을 인지할 것이며 이것은 본 절에서 관련된 환경에 의해 영향을 받게 될 것이다.

t_i) 및 $F(t, t_{i+1})$에 동시에 의존하는 값을 갖는 금융상품 가격을 결정할 필요가 있다고 가정하자. 각 과정이 마팅게일이며 자신의 선도측도하에서 0의 추세를 가진 SDE을 따른다는 것을 알고 있다.

하나의 위너(Wiener)과정이 두 개의 선도금리에서 변동을 야기하는 단일 요인 설정을 고려하자. 이 설정에서 시간 t에서 시작하여 $t<t_i$, $i=1, \cdots, n$, h로 표시된 작은 시간 간격은 $t+h<t_i$와 함께 지나간다. 가우시안(Gaussian) 변동성 구조를 부과함으로써, 두 개의 연속적인 선도금리 $F(t, t_i)$와 $F(t, t_{i+1})$에 대한 개별 이산된 무차익 동태성을 다음과 같이 쓸 수 있다.

$$F(t+h, t_i)-F(t, t_i)=\sigma^i F(t, t_i)\Delta W^1_{t+h} \tag{2.109}$$

$$F(t+h, t_{i+1})-F(t, t_{i+1})=\sigma^{i+1} F(t, t_{i+1})\Delta W^2_{t+h} \tag{2.110}$$

이 선도금리의 변화는 자체의 선도측도 하에서 따라 0의 평균값을 가지며, 그래서 0의 추세를 가지고 쓰여진다. 이것은 독특한 실제 세계 위너과정 W_{t+h}가 이제 두 방정식에서 ΔW^1_{t+h}와 ΔW^2_{t+h}로 표시됨을 의미한다. 이것들은 그들 자신의 선도측도 $\tilde{P}^{t_{i+1}}$와 $\tilde{P}^{t_{i+2}}$하에서 평균이 0이고 분산 h을 가진 정규분포로 이루어져 있다.

W^1_{t+h}와 W^2_{t+h}의 위첨자는 t_{i+1}과 t_{i+2} 선도 확률 측도를 각각 나타낸다.[24] 마지막으로, 변동성의 특성을 어떻게 단순화하고 시간이 지남에 따라 일정하다는 것에 주목하라.

개별적인 마팅게일 동태성은 금융공학 관점에서 매우 편리하다. 각각의 추세 구성요소는 0이고, 그래서 가격결정 과정에서 모형화할 필요가 없다. 시장참가자의 유일한 주된 일은 각각의 변동성 σ_i와 σ_{i+1}을 구하는 것이다. 그러나 일부 유가 증권의 가격은 비선형 방식으로 하나 이상의 선도금리에 의존할 수 있으며 그 값은 하나의 단일 측도 기준에 따라 기대치로 계산되어져야 될 것이다. 예를 들어, 주식가격 S_t가 다음과 같은 가격결정 관계를 통해 $F(t, t_i)$ 및 $F(t, t_{i+1})$에 의존한다고 가정하자.

$$S_t=E^{\tilde{P}}_t[g(F(t, t_i), F(t, t_{i+1}))] \tag{2.111}$$

여기서 $g(.)$는 알려진 비선형 함수이다. 이때, 오직 한 측도에서 기대치가 계산되어져야 한다. 이 확률은 시간 t_{i+1} 또는 시간 t_{i+2} 선도측도일 수 있다. 마팅게일 동태성을 가진 선도금리 방정식을 선택해야 하고, 다른 것에 대해 정확한 무차익 동태성을 얻기 위해 평

24) 시간 t_i의 선도율은 자신의 측도로서 시간 t_i+1 선도측도를 가질 것임을 기억하라.

균보정을 수행해야 한다. 마팅게일 관계 중 하나의 선도 측도는 작용하고 있는 확률분포(working probability distribution)로 설정되고 다른 식은 연속적인 측도 변경을 통해 이 고유한 확률과 관련되어 얻어 진다. 이에 대해서는 아래에서 자세히 설명한다.

2.5.1 측도변경의 메커니즘

식 (2.109) 및 (2.110)에서 정의된 ΔW^1_{t+b} 및 ΔW^2_{t+b}에 관련된 다음과 같은 기대치를 갖는다.

$$E_t^{\tilde{P}^{t_{i+1}}}[\Delta W^1_{t+b}]=0 \tag{2.112}$$

$$E_t^{\tilde{P}^{t_{i+2}}}[\Delta W^2_{t+b}]=0 \tag{2.113}$$

자신의 선도측도 하에서 각 위너증분의 기대값이 0이다. 이용되는 측도로서 $\tilde{P}^{t_{i+2}}$를 선택하면 이러한 등식 중 하나가 변경되어야 한다. 다음 식을 얻는다.[25)]

$$E_t^{\tilde{P}^{t_{i+2}}}[\Delta W^1_{t+b}]=\lambda_t b \tag{2.114}$$

$$E_t^{\tilde{P}^{t_{i+2}}}[\Delta W^2_{t+b}]=0 \tag{2.115}$$

λ_t의 값은 이용하는 측도가 $\tilde{P}^{t_{i+2}}$인 경우 올바른 무차익 동태성을 얻기 위해 사용할 필요가 있는 보정계수를 제공한다. 이 계수를 계산하면 $F(t, t_i)$의 동태성에서 측도를 변경할 수 있음을 의미한다.

원래의 기대값을 가지고 시작한다:

$$E_t^{\tilde{P}^{t_{i+1}}}[\Delta W^1_{t+b}]=\sum_{j=1}^{k}\Delta W^{1j}_{t+b}\tilde{P}_j^{t_{i+1}}=0 \tag{2.116}$$

여기서 $\tilde{P}_j^{t_{i+1}}$는 개별 상태 $j=1, \ldots, k$와 연관된 확률이다. 이제 다음의 항등식을 사용하여,

$$\frac{B(t, t_{i+2})B(t_i, t_{i+2})^j}{B(t, t_{i+2})B(t_i, t_{i+2})^j}\equiv 1 \tag{2.117}$$

다음과 같이 기대값을 다시 쓴다.

---

25) m개의 측도율이 존재하는 일반적인 경우 모든 하나가 변한다는 것은 예외로 한다.

$$E_t^{\tilde{P}^{t_{i+1}}}[\Delta W_{t+b}^1] = \sum_{j=1}^{k} \Delta W_{t+b}^{1j} \frac{B(t, t_{i+2})B(t_i, t_{i+2})^j}{B(t, t_{i+2})B(t_i, t_{i+2})^j} \equiv \tilde{P}_j^{t_{i+1}} \tag{2.118}$$

결과 3에 의해 내재된 바와 같이 t_{i+1} 및 t_{i+2} 선도측도의 정의를 재구성하여 사용한다.

$$\tilde{P}_j^{t_{i+1}} = \frac{B(t_i, t_{i+1})^j}{B(t, t_{i+1})} Q^j \tag{2.119}$$

$$\tilde{P}_j^{t_{i+2}} = \frac{B(t_i, t_{i+2})^j}{B(t, t_{i+2})} Q^j \tag{2.120}$$

적절한 계수를 사용하여 Q^j를 재 배율하면 식 (2.118)이 다음과 같이 된다.

$$\sum_{j=1}^{k} (\Delta W_{t+b}^{1j}]) \left[\frac{B(t, t_{i+2})B(t_i, t_{i+1})^j}{B(t, t_{i+1})B(t_i, t_{i+2})^j} \right] \tilde{P}_j^{t_{i+2}} = 0 \tag{2.121}$$

변경된 Q^j에 적용된 계수로서 확률이 전환된다는 것을 주목하라. W_{t+b}^1의 위첨자는 바뀌지 않는다.

다음 단계의 유도과정에서는 이 기대 값의 구성요소를 "인식"하는 것이다. 결과 1을 사용하여 등식을 인식한다.

$$1 + \delta F(t_i, t_{i+1})^j = \frac{B(t, t_{i+1})^j}{B(t_i, t_{i+2})^j} \tag{2.122}$$

$j-$ 독립 항을 대체하고 제거하며, 재 정렬하면 다음을 얻는다.

$$\sum_{j=1}^{k} (\Delta W_{t+b}^{1j})(1 + \delta F(t_i, t_{i+1})^j) \tilde{P}_j^{t_{i+2}} = 0 \tag{2.123}$$

이제, 곱할 경우 이것은 다음을 얻는다.

$$\sum_{j=1}^{k} (\Delta W_{t+b}^{1j}) \tilde{P}_j^{t_{i+2}} = -\left(\sum_{j=1}^{k} (\Delta W_{t+b}^{1j}) F(t_i, t_{i+1})^j \tilde{P}_j^{t_{i+2}} \right) \delta \tag{2.124}$$

조건부 기대 연산자를 사용하여 이를 다음과 같이 나타낼 수 있다.

$$E_t^{\tilde{P}^{t_{i+2}}}[\Delta W_{t+b}^1] = -E_t^{\tilde{P}^{t_{i+2}}}[\Delta W_{t+b}^1) F(t_i, t_{i+1})] \delta \tag{2.125}$$

마지막 표현에서, 좌변은 새로운 확률 $\widetilde{P}^{t_{i+2}}$하에서 ΔW^1_{t+h}의 바람직한 기대치이다. 우변의 확률변수 간 상관관계가 존재하면 이 기대값은 0이 되지 않는다. 이 상관관계는 선도측도가 상관관계를 가지는 한 0이 아니다. 새로운 확률 $\widetilde{P}^{t_{i+2}}$하에서 ΔW^1_{t+h}의 평균을 평가하기 위해 공분산을 계산해야 한다.

공분산은 $-\lambda_t h$로 놓자. 다음 식을 가진다.

$$\delta E_t^{\widetilde{P}^{t_{i+2}}}[\Delta W^1_{t+h} F(t_i, t_{i+1})] = -\lambda_t h \tag{2.126}$$

λ_t를 사용하여, $F(t, t_i)$ 동태성에서 확률을 전환할 수 있다. 원래의 마팅게일 동태성을 가지고 시작하자.

$$F(t+h, t_i) = F(t, t_i) + \sigma^i F(t, t_i) \Delta W^1_{t+h} \tag{2.127}$$

우변에 $\sigma^i F(t, t_i)\lambda_t h$를 더하고 빼서 우변에 전환시켜 재 그룹화 한다.

$$F(t+h, t_i) = F(t, t_i) - \sigma^i F(t, t_i)\lambda_t h + \sigma^i F(t, t_i)[\lambda_t h + \Delta W^1_{t+h}] \tag{2.128}$$

다음과 같이 놓자.

$$\Delta W^2_{t+h} = [\lambda_t h + \Delta W^1_{t+h}] \tag{2.129}$$

이 표현에서 우변의 기대값은 $\widetilde{P}^{t_{i+2}}$하에서 0과 같음을 보여 줬다. 그래서, $\widetilde{P}^{t_{i+2}}$하에서 $F(t, t_i)$의 새로운 동태성을 다음과 같이 나타낼 수 있다.

$$F(t+h, t_i) = F(t, t_i) - \sigma^i F(t, t_i)\lambda_t h + \sigma^i F(t, t_i)\Delta W^2_{t+h} \tag{2.130}$$

이 표현에서 알 수 있듯이 새로운 동태성은 0이 아닌 추세를 가지며 $F(t, t_i)$는 새로운 측도하에서 마팅게일이 아니다. 그러나 이 과정은 무차익이며, 몬테칼로 유형 접근법에서 쉽게 이용할 수 있다. 두 동태성이 동일한 측도로 표현되기 때문에, 두 선도금리의 동태성을 설명하는 방정식 집합은 이러한 선도금리에 의존하는 가격결정 상품에 사용될 수 있다. 두 개의 SDE에서 동일한 유사한 난수를 사용할 수 있다. 마지막으로, 독자는 이 절의 논의가 SDE의 이산 근사화에 달려 있다는 것을 기억해야 한다.

2.5.2 일반화

이전의 휴리스틱 토론의 일반화는 선도 LIBOR 모형으로 이어진다. 설정은 n개의 선도금리 $F(t_0, t_i)$, $i=0, \ldots, n-1$, t_i에서 시작하여 $t_i+1=t_i+\delta$에서 끝나는 차입에 적용된다. $F(t_0, t_0)$는 선도금리이며 구간 δ가 있는 현물 LIBOR이다. 마지막 날짜는 t_n이다.

이전 절의 논의와 마찬가지로 단일요인만 있다고 가정 하자.[26] t_i+1 선도측도를 사용하여 각 선도금리 $F(t, t_i)$에 대한 무차익 마팅게일 동태성을 얻는다:

$$dF(t, t_i)=\sigma^i F(t, t_i)\Delta W_t^{i+1} \quad t \in [0, \infty) \tag{2.131}$$

W_t^{i+1}의 위첨자는 다음을 의미한다.[27]

$$E_t^{\tilde{P}^{t_{i+1}}}[dW_t^{i+1}]=0 \tag{2.132}$$

어떠한 금리 모형과 관련되어 있지 않고, 각각 변동성의 정확한 설정에만 달려있기 때문에, 이들 무차익 변동성은 매우 유용하다. 그러나 하나 이상의 선도금리는 비선형 방식으로 증권의 성과(payoff)를 결정할 때, 그 과정은 독특한 사용측도 하에서 작성되어 져야 한다.

이용하는 측도로서 $\tilde{P}^{t_n}$을 선택한다고 가정하자.[28] 이전 장에서 논의된 경험적 접근법은 단일요인 경우에 순환적 추세 보정과 관련되어 있는 다음의 무차익 SDE 시스템을 얻기 위해 일반화될 수 있나.

$$dF(t, t_i)=-\left[\sigma^i F(t, t_i)\sum_{j=i}^{n-1}\frac{\delta\sigma^j F(t, t_j)}{1+F(t_i, t_j)\delta}\right]dt+\sigma^i F[(t, t_i)dW_t^{tn} \quad t \in [0, \infty) \tag{2.133}$$

여기서 $dW_t^{t_n}$의 위첨자는 이용하고 있는 측도가 $\tilde{P}^{t_n}$임을 나타낸다. 이 시스템에서의 방정식은 $i=1, \ldots, n$에 대한 선도측도 하에서 표현된다. 그러나 마지막 방정식만이 마팅게일 동태성을 가지고 있다.

$$dF(t, t_{n-1})=\sigma^{n-1}F(t, t_{n-1})dW_t^{t_n} \quad t \in [0, \infty) \tag{2.134}$$

---

26) 다중요인모형과 선도LIBOR 모형의 확대된 논의는 많은 교재에서 발견될 수 있다. Musiela와 Rutkowski (1998), Brigo와 Mercurio (2006), 그리고 Rebonato (2002)에서 몇 가지 예제가 있다.

27) 여기서 확률미분의 사용은 휴리스틱하다.

28) 때때로 이것은 최종측도(terminal measure)로 불리어진다.

모든 다른 SDE는 우변 첫 번째 항에 의해 주어진 연속적인 보정 계수와 관련 있다. 이러한 요소의 모든 용어는 시간 t에서 관찰할 수 있음을 인식하는 것이 중요하다. 동태성은 실제 추세의 모형을 필요로 하지 않다.

2.6 응용 제거

선도측도 및 측도 변경 기법은 많은 금융상품의 가격결정과 관련이 있다. 그러나 최근 시장참가자들에게 인기가 높아진 이 금융상품 군들은 이 기법으로 가격을 결정할 수 있다. 이들은 일정 만기 스왑(constant maturity swap: CMS)이다. 여기에는 지금까지 사용된 방법의 미묘함을 보여주는 속성이 있다. 금융상품들의 가격을 결정하려면, 선도금리는 결합적으로 예측될 필요가 있다.

먼저, 이 금융상품 군들에 대한 최근의 관심사를 보여주는 읽을거리를 제시한다.

예제

금리 상승을 염두에 둔 유럽의 기관투자가들은 지난 몇 개월 동안 장기부채를 헤지하기 위해 일정한 만기 스왑 상품으로 관심을 가지게 되었다. 주된 금리 스왑이 LIBOR를 참조하는 경향이 있는 반면, CMS 지불(pay-out) 구조는 10년 스왑률과 연결되어 있다. 이는 보험사와 같은 장기간 부채가 있는 투자자에게 유용한 헤지이다.

올해 10월 유로스왑은 2011년 4월의 최고점 3.77%에서 올해 5월 초 1.44%의 최저치에 이르기까지 이 기업들은 CMS 구조을 만들어 금리 하락을 막았다. 미국연방준비제도이사회(FRB)의 자산 매입 규모를 축소시키면 트랜드을 따라 잡을 수 있었다. 6월 말까지 10년 스왑률은 2% 이상으로 급등했고 CMS 상품은 이제 추가 상승에 대한 헤지로 견인을 얻고 있다.

"투자자들 마음의 최전선에 금리를 올려 놓은 시장 분위기의 변화로 인해 상반기에 CMS 상장 물량이 증가했다"고 Ivan Jossang(head of EMEA rates structuring at Morgan Stanley)이 말했다. 캡(Caps)은 전통적으로 구조가 상대적으로 단순하기 때문에 투자자들에게 인기가 있었다. 투자자가 3%의 행사률로 캡를 매입하는 사례를 생각해 보자. 캡이 만료될 때까지 이자율이 4%로 상승하면, 투자자는 원래 합의한 대로 100bp를 지급받게 된다. 크레디스위스

(Credit Suisse)의 유럽 요율 구조결정 책임자인 Adrian Bracher는 "CMS는 위기에 살아남은 주요 가벼운 이색적인 제품이며 이자 상환을 위한 가장 중요한 빌딩 블록이다."

많은 이색적인 금융상품들과 마찬가지로, CMS는 금융위기에 대비하여 번창했으며 시장은 축소되었다. 스위스 프랑과 스털링으로 말하는 CMS 시장은 더 이상 존재하지 않으며, 달러와 유로는 가장 유동성있는 통화로 남아 있다. [. . .]

프랑스 보험사는 의심할 여지없이 가장 많은 CMS 사용자이며, 유로채무가 국채 수익률에 근접하여 있기 때문에 뿐만 아니라 많은 부채가 벤치마크 대상이 되기 때문이 아니다. 그들은 또한 예금과 비슷한 보험 계약자에게 저축상품을 제공하는데, 금리가 오르거나 내릴 경우 헤징이 필요한 예금 상품이다. [. . .]

CMS 거래의 은행 헤징은 스왑션 시장에 심각하게 영향을 주어서 10년 만기 유로 스왑션 거래를 곡선의 긴 끝의 옵션에 프리미엄으로 매기고 있다. Jossang에 따르면, 이는 스왑션을 사용하여 부채를 헤지하는 좀 더 역동적인 네덜란드 및 덴마크 연금기금 중 일부가 비교적 저렴한 20년 및 30년 계약으로 이동하게 만들었다.

CMS는 또한 재무상태표의 자산 측면에서도 영향을 받는다. 10년 스왑률이 3개월 Euribor보다 높기 때문에 CMS는 유용한 수익 향상 상품으로 작용할 수 있다. 재무담당자가 이사회에 설득될 수 있는 경우 정부채권 또는 민간기업의 상품과 중복되는 경우가 많다.

(Thomson Reuters IFR Issue 1996, CMS가 헤지비율 상승으로 복귀하다. Christopher Whittall, 2013년 8월 14일)

CMS는 흥미로운 방식으로 단순한 표준스왑을 기반으로 하는 상품이다. 표준스왑에서 고정스왑률은 해당 특정 정산기간에만 관련된 이자율인 고정 LIBOR와 교환된다. CMS에서는 일반화된다. 고정구간은 변동구간과 교환되지만 고정구간은 "단일구간" 금리가 아니다. 그것은 미래에 결정될 자체적으로 여러 기간 스왑률이다.

그러한 교환에는 여러 가지 유형이 있지만, 예를 들어 다음과 같은 사항을 고려하자. 한 당사자가 향후 3년 동안 4%를 지급하기로 결정하고 각 연도의 시작시 결정될 2년 스왑률을 받지 못한다고 가정하자. 미래 스왑률은 시간 t_0에서 알 수 없으며 특정 년도에만 인식된 변동성에 의존하는 변동금리가 아니라는 점을 제외하면 변동금리로 간주될 수 있다. 그것은 그 자체로 평균 1년 금리이다. 명백하게, 그러한 스왑은 중요한 비선형성을 가지며, 단순한 표준스왑의 경우와 동일한 엔지니어링을 수행할 수 없다.

CMS의 예가 〈그림 2.5〉에 나와 있다. 독자는 고정지급에 대한 각각의 정산일에 교환되는 것이 하나 이상의 선도금리의 함수인 변동금리임을 알 수 있다. 이러한 조건에서 서로 다른 선도측도로 정의된 개별 0의 추세 확률미분방정식을 사용하여 개별 선도금리를 예측하는 것은 불가능하다. CMS의 각 구간은 하나 이상의 선도금리에 달려 있으며 이는 단일측도 하에서 결합적으로 예측될 필요가 있다.

2.6.1 측도변경의 다른 예

이 절에서는 FRA 시장의 측도변경 기법에 대한 또 다른 예를 제시한다. 이연 FRA (paid-in-arrears FRAs)는 시간 t_{i+1}에 지급하기로 한다:

$$N\delta[F(t_0, t_1) - L_{t_1}] \tag{2.135}$$

다른 한편, 시장거래 FRA(market-traded FRAs)는 다음에 따라 시간 t_i에서 정산한다.

$$\frac{N\delta[F(t_0, t_1) - L_{t_1}]}{(1 + L_{t_1}\delta)} \tag{2.136}$$

마지막으로, 시간 t_i에 정산하는 LIBOR 이연 FRA(LIBOR-in-arrears FRA)를 가지고 있다.

$$N\delta[F(t_0, t_i) - L_{t_i}] \tag{2.137}$$

기존 교재의 제10장에서 보았듯이 L_{t_i}와 관련된 지급이 정상적으로 t_{i+1}시점에서 받게 되거나 지급될 수 있기 때문에 LIBOR−이연FRA 성과가 비정상적(non-natural) 방식으로 결제된다.

이제 이연FRA와 시장거래FRA가 동일한 선도금리로 이어지는 것을 보여준다. 우선, 이연FRA지불에 대한 $\tilde{P}^{t_{i+1}}$ 선도측도 하에서 다음을 가진다는 것을 기억하라.

$$F(t_0, t_i) = E_{t_0}^{\tilde{P}^{t_{i+1}}}[L_{t_i}] \tag{2.138}$$

즉, FRA 금리 $F(t_0, t_i)$는 LIBOR 금리가 취할 수 있는 가능한 값의 평균이다.

$$F(t_0, t_1) = \sum_{j=1}^{k} L_{t_i}^j \tilde{P}_j^{t_{i+1}} \tag{2.139}$$

여기서 j는 금융시장에서 가능한 상태를 나타내며, 이것은 이산적이고 계수가능 하다는 것을 가정한다.

이제 시장거래FRA의 결제 금액을 고려하자.

그림 2.5 CMS의 예

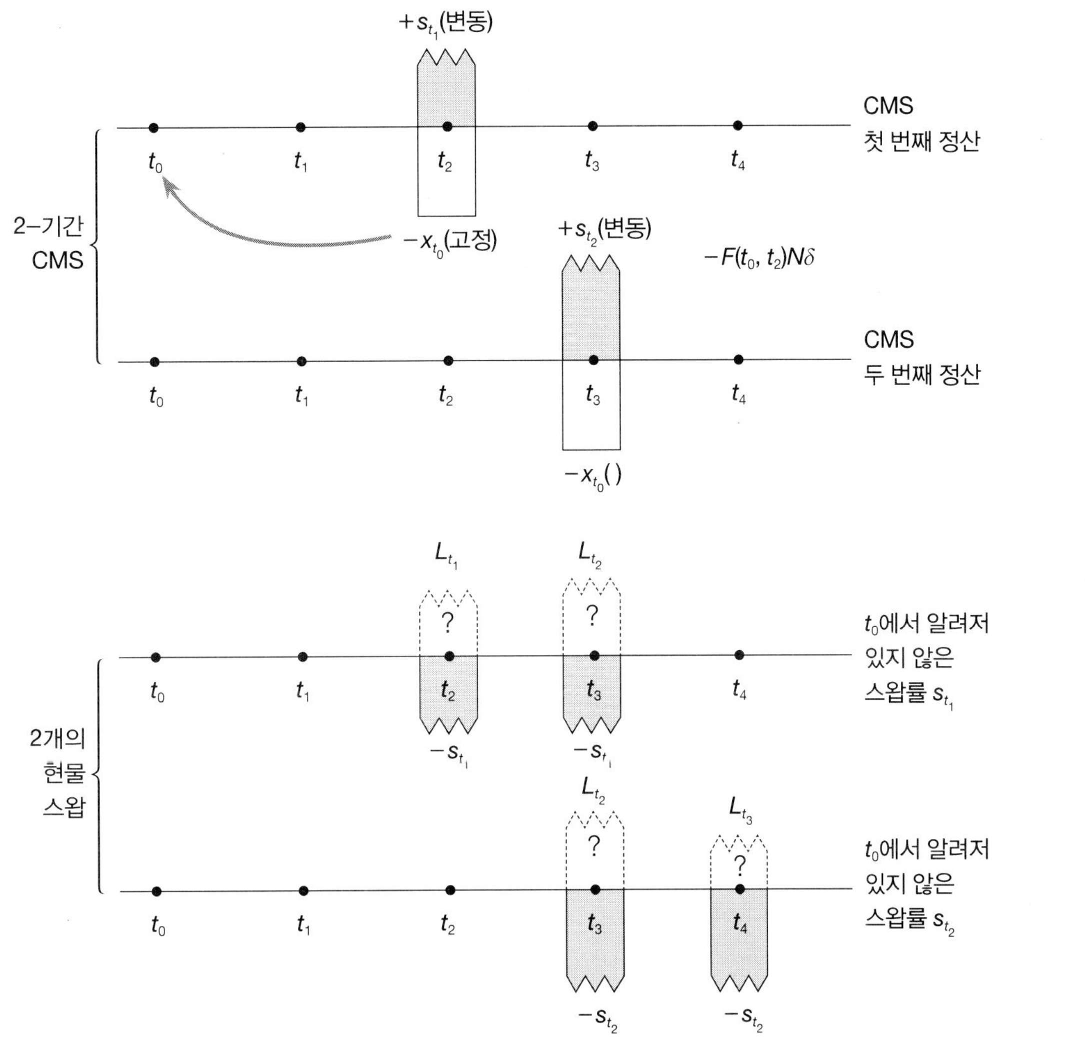

$$\frac{N\delta[F(t_0, t_i) - L_{t_i}]}{(1 + \delta L_{t_i})} \tag{2.140}$$

이 계약에 명시된 선도금리는 이연FRA와 동일한가?

대답은 '예' 이다. 측도변경 기법을 사용하여 이 방법을 보여줄 수 있다. 이 아이디어는

$\widetilde{P}^{t_i}$측도하에서 이 정산금액의 기대치를 가지고 시작하는 것이며 동일한 선도금리로 유도된다는 것을 보여준다. 따라서 다음을 가지고 시작하자.

$$E_{t_0}^{\widetilde{P}^{t_i}} \frac{N\delta[F(t_0, t_i) - L_{t_i}]}{(1+\delta L_{t_i})} \tag{2.141}$$

이것을 0으로 설정하고 재정렬하면 가격결정 방정식이 된다.

$$F(t_0, t_i) = \frac{E_{t_0}^{\widetilde{P}^{t_i}}[N\delta L_{t_i}/(1+\delta L_{t_i})]}{E_{t_0}^{\widetilde{P}^{t_i}}[N\delta/(1+\delta L_{t_i})]} \tag{2.142}$$

이제 식 (2.142)의 우변의 측도를 전환시킨다. 여기서 두 가지 기대값를 가지고 있으며, 두 가지 모두에서 측도를 전환할 것이다. 그러나 먼저, $N=1$로 놓고 비슷하게 $\delta=1$로 놓자.

분자를 고려하자.

$$E_{t_0}^{\widetilde{P}^{t_i}}\left[\frac{L_{t_i}}{(1+L_{t_i})}\right] = \sum_{j=1}^{k} \frac{L_{t_i}^j}{(1+L_{t_i}^j)} \widetilde{P}_j^{t_i} \tag{2.143}$$

시간 t_i에 대해 다음을 알고 있다.

$$\widetilde{P}_j^{t_i} = \frac{1}{B(t_0, t_i)} Q^j$$

$$\widetilde{P}_j^{t_{i+1}} = \frac{B(t_i, t_{i+1})^j}{B(t_0, t_{i+1})^j} Q^j \tag{2.144}$$

그러므로,

$$\widetilde{P}_j^{t_i} = \frac{1}{B(t_0, t_i)^j} \frac{B(t_0, t_{i+1})}{B(t_i, t_{i+1})^j} \widetilde{P}_j^{t_{i+1}} \tag{2.145}$$

식 (2.143)에서 우변을 재 정리하면, 다음 식을 얻는다.

$$\sum_{j=1}^{k} \frac{L_{t_i}^j}{(1+L_{t_i}^j)} \frac{1}{B(t_0, t_i)} \frac{B(t_0, t_{i+1})}{B(t_i, t_{i+1})^j} \widetilde{P}_j^{t_{i+1}} \tag{2.146}$$

이 표현에서 다음의 식을 인식한다.

$$\frac{B(t_0, t_{i+1})}{B(t_0, t_i)^j} = \frac{1}{1+F(t_0, t_i)^j} \tag{2.147}$$

그리고,

$$\frac{1}{B(t_i, t_{i+1})^j} = 1 + L_{t_i}^j \tag{2.148}$$

이것들을 사용하여 동등성을 얻는다.

$$\sum_{j=1}^{k} \frac{L_{t_i}^j}{(1+L_{t_i}^j)} \frac{1}{B(t_0, t_i)} \frac{B(t_0, t_{i+1})}{B(t_i, t_{i+1})^j} \tilde{P}_j^{t_{i+1}} = \sum_{j=1}^{k} \frac{L_{t_i}^j}{(1+L_{t_i}^j)} \frac{1}{(1+F(t_0, t_i))} (1+L_{t_i}^j) \tilde{P}_j^{t_{i+1}} \tag{2.149}$$

우변에 일반적인 조건를 단순화하면 다음과 같이 줄어든다.

$$\sum_{j=1}^{k} \frac{L_{t_i}^j}{(1+F(t_0, t_i))} \tilde{P}_j^{t_{i+1}} \tag{2.150}$$

이것은 즉시 다음과 같은 기대값으로 인식 한다:

$$E_{t_0}^{\tilde{P}^{t_{i+1}}} \left[\frac{L_{t_i}^j}{1+F(t_0, t_i)} \right] \tag{2.151}$$

이제, 식 (2.142)의 분모를 고려하자.

$$E_{t_0}^{\tilde{P}^{t_{i+1}}} \left[\frac{1}{1+L_{t_i}} \right] = \sum_{j=1}^{k} \frac{1}{(1+L_{t_i}^j)} \tilde{p}^{t_i} \tag{2.152}$$

식 (2.144)를 이용하여 $\tilde{P}_j^{t_{i+1}}$측도로 전환한다.

$$\sum_{j=1}^{k} \frac{1}{(1+L_{t_i}^j)} \tilde{p}_j^{t_i} = \sum_{j=1}^{k} \frac{1}{(1+L_{t_i}^j)} \frac{1}{B(t_0, t_i)} \frac{B(t_0, t_{i+1})^j}{B(t_i, t_{i+1})^j} \tilde{p}_j^{t_{i+1}} \tag{2.153}$$

식 (2.144)의 동등성을 이용하여, 대체하라:

$$\sum_{j=1}^{k} \frac{1}{(1+L_{t_i}^j)} \frac{1}{B(t_0, t_i)} \frac{B(t_0, t_{i+1})^j}{B(t_i, t_{i+1})^j} \tilde{p}_j^{t_{i+1}} = \sum_{j=1}^{k} \frac{1}{(1+L_{t_i}^j)} \frac{1}{(1+F(t_0, t_i))} (1+L_{t_i}^j) \tilde{p}_j^{t_{i+1}} \tag{2.154}$$

다시 말하지만, 확률 $(1+L_{t_i}^j)$ 항은 편리하게 상쇄되며, 우변의 경우 다음을 얻는다.

$$= \sum_{j=1}^{k} \frac{1}{1+F(t_0,\ t_i)} \tilde{p}_j^{t_{i+1}}$$

$$= \frac{1}{(1+F(t_0,\ t_i))}$$

일반적인 N과 δ에 대해 분자와 분모를 같이 합치면 다음과 같다.

$$F(t_0,\ t_i) = \frac{E_{t_0}^{\tilde{P}^{t_i}}[N\delta L_{t_i}/(1+\delta L_{t_i})]}{E_{t_0}^{\tilde{P}^{t_i}}[N\delta/(1+\delta L_{t_i})]} = \frac{E_{t_0}^{\tilde{P}^{t_{i+1}}} N\delta[N_{t_i}^j/(1+F(t_0,\ t_i)\delta)]}{(N\delta/(1+F(t_0,\ t_i)\delta))} \tag{2.155}$$

다음의 식을 얻기 위해 공통항을 단순화 한다.

$$F(t_0,\ t_i) = E_{t_0}^{\tilde{P}^{t_{i+1}}}[L_{t_i}^j] \tag{2.156}$$

그러므로 여기서 원하는 결과를 얻었다. 이연FRA의 FRA금리는 시장거래FRA의 FRA금리와 동일하며, 올바른 선도측도에 따라 LIBOR 이자율 L_{t_i}의 불편 예측치이다.

또 다른 간단한 예를 들어 이 절을 마무리 짓도록 한다.

예제

일일정산 사례에 선도측도 기법을 적용할 수 있다. 이연(지불)FRA는 다음에 따라 시간 t_{i+1}에서 정산된다.

$$[L_{t_i} - F(t_0,\ t_i)]N\delta \tag{2.157}$$

시간 t_1에서 $t_0 < t_1 < t_i$와 함께 이 계약의 가치는 얼마인가?

상응하는 시간 t_1의 선도금리를 가진 확률변수 L_{t_i}를 대체하는 것이 시장 관행이다. 다음을 얻는다.

$$[F(t_1,\ t_i) - F(t_0,\ t_i)]N\delta \tag{2.158}$$

이 값은 일반적으로 0이 아니다. 이것이 시장에 계약을 표시하는 올바른 방법임을 어떻게 알 수 있는가? 단순히 t_{i+1}의 자연스런 선도측도와 관련하여 다음의 시간 t_1의 기대값을 취한다:

$$[L_{t_i} - F(t_0,\ t_i)]N\delta \tag{2.159}$$

$$E_{t_1}^{\tilde{P}^{t_{i+1}}}[L_{t_i} - F(t_0,\ t_i)]N\delta = [F(t_1,\ t_i) - F(t_0,\ t_i)]N\delta \tag{2.160}$$

여기서, $\tilde{P}^{t_{i+1}}$하에서 $F(t_1,\ t_i)$는 L_{t_i}의 불편 추정치라는 사실을 이용한다.

2.6.2 CMS 가격결정

CMS 가격결정은 볼록성 조정을 포함하는 것으로 알려져 있다. 이 장에서 사용된 간단한 분석틀의 큰 흐름을 유지하면서, 먼저 $t_1 \times t_2$ 및 $t_2 \times t_3$ 스왑션 변동성를 얻는다. 그런 다음 스왑은 제5장에서 다루는 "연금" 측도에 따라 마팅게일임을 알고, 특정 가정 하에서 여러 변형을 수행한 다음 선도 스왑률에 대한 볼록성 보정이 추정된다. 다른 말로 하면, 산업은 방정식에서 $\in_t$를 계산한다.

$$\text{cms}_t = s_t^f + \in_t \tag{2.161}$$

여기서 cms_t는 CMS 비율, s_t^f는 관련 선도스왑률, $\in_t$는 볼록성 보정이다.

이전에 논의한 선도 LIBOR 동태성을 사용하여 CMS 가격을 결정한 다음 필요한 평균 수정을 위해 연속적인 측도 변경을 사용하는 것은 간단하다. CMS는 이러한 응용 프로그램에 대한 좋은 예를 제공하기 때문에 간단한 사례를 보여준다.

이들 시간에 변동 2-기간 현금스왑율에 대한 고정CMS금리 t_2 및 t_3에 지급되는 2-기간 선도CMS를 고려하자. $\tilde{P}^{t_3}$선도확률 하에서 현금흐름의 현재가치는 다음과 같이 주어진다.

$$0 = E_{t_0}^{\tilde{P}^{t_3}}\left[(x_{t_0} - s_{t_1})\frac{1}{(1+L_{t_0}\delta)(1+L_{t_1}\delta)} + (x_{t_0} - s_{t_2})\right.$$
$$\left.\frac{1}{(1+L_{t_0}\delta)(1+L_{t_1}\delta)(1+L_{t_2}\delta)}\right]N \tag{2.162}$$

여기서 정산 기간은 1로서 가정되고 N은 명목상의 스왑금액이다. s_{t_1}과 s_{t_2}는 시간 t_0에서 알려지지 않은 두 개의 2-기간 스왑률이다. 그것들은 식 (2.49)에서 보여준 일반적인 현물스왑 공식에 의해 주어진다.

$\delta=1$을 설정하고 이 방정식을 재배열하면 다음을 얻을 수 있다.

$$x_{t_0} = \frac{E_{t_0}^{\tilde{P}^{t_3}}[s_{t_1}(1/(1+L_{t_0})(1+L_{t_1})) + s_{t_2}(1/(1+L_{t_0})(1+L_{t_1})(1+L_{t_2}))]}{[(1/(1+L_{t_0})(1+L_{t_1})) + (1/(1+L_{t_0})(1+L_{t_1})(1+L_{t_2}))]} \tag{2.163}$$

따라서, CMS금리 x_{t_0}의 값을 찾기 위해, 동일한 선도측도 $\tilde{P}^{t_3}$하에서 초기에 한 것처럼, 선도LIBOR 과정 $F(t_0, t_1)$와 $F(t_0, t_2)$의 동태성을 사용해야 되며, 그런 다음 몬테칼로 경로를 선택한다.

이러한 방식으로 진행하고 무차익 선도LIBOR 동태성으로부터 몬테칼로 경로를 얻는 것은 각각의 변동성 σ_i의 보정이 요구된다는 것은 분명하다. 그러나 이것이 일단 완료되면 보정 계수가 적절한 방정식에 포함되고 몬테칼로 경로를 간단하게 선택할 수 있다. CMS 금리는 다음으로부터 계산될 수 있다.

$$x_{t_0} = \frac{\sum_{j=1}^{M}[s_{t_1}^j(1/(1+L_{t_0}^j)(1+L_{t_1}^j)) + s_{t_2}^j(1/(1+L_{t_0}^j)(1+L_{t_1}^j)(1+L_{t_2}^j))]}{\sum_{j=1}^{M}[(1/(1+L_{t_0}^j)(1+L_{t_1}^j)) + (1/(1+L_{t_0}^j)(1+L_{t_1}^j)(1+L_{t_2}^j))]} \tag{2.164}$$

여기서 스왑률 $s_{t_i}^j$는 동일한 선도 궤적에 의존하며, 따라서 선택된 경로로부터 계산될 수 있다.

동일한 연습은 또한 위험관리 목적에 대한 관련 그릭(Greeks)를 얻기 위해 변동성 및 초기 선도금리의 여러 가지 값으로부터 출발함으로써 반복될 수 있다.

2.7 이연스왑(In-Arrears Swaps)과 볼록성(Convexity)

압도적인 비율의 스왑거래는 표준스왑과 관련이 있을지라도, 일부 경우에는 당사자들이 소위 LIBOR이연스왑으로 거래한다. 이 절에서는 선도LIBOR 변동성이 볼록성 조정을 통해 직접 가격을 결정하는 방법의 좋은 예이기 때문에 이 금융상품을 학습한다.

그러나 먼저 용어를 명확히 해야 한다. 표준스왑에서 LIBOR금리 L_{t_i}는 시간 t_i에 "설정"되는 반면 변동지급은 시간 t_{i+1}에 이연된다.[29] 이연스왑의 경우, 지불일은 동일하게 유지되지만, t_{i+1} 정산은 변동지급를 결정하기 위해 시간 t_{i+1}[30]에서 단지 관측된 LIBOR금리 $L_{t_{i+1}}$을 사용한다. 따라서, 어떤 의미에서 LIBOR 이자율의 설정은 지체된 상태이며, 따라서 이연스왑이라고 한다.[31] LIBOR 금리 재설정간의 차이점은 〈그림 2.6〉에 나타나 있으며

29) 현실에서 다른 복잡성이 있다는 것을 기억하는 것은 중요하다. LIBOR는 관습적으로 시간 ti 이전 2 영업일에 설정되며 지급은 t_i+1시점에 이루어진다. 여기서 이것인 정말로 금융수단의 이해와 가격결정에 영향을 주지 않기 때문에 이러한 관습을 무시하고 있는데 공식은 이해하기 쉽게 한다. 독자는 밑에서 주어진 공식에서 이러한 실생활 수정을 내재시킬 것이다.

30) 2일의 영업일 관습에 관련된 기존 각주를 보라.

31) 비록 바닐라스왑의 경우에도 지급은 또한 이연된다.

그림 2.6 이자율스왑 대 LIBOR이연스왑

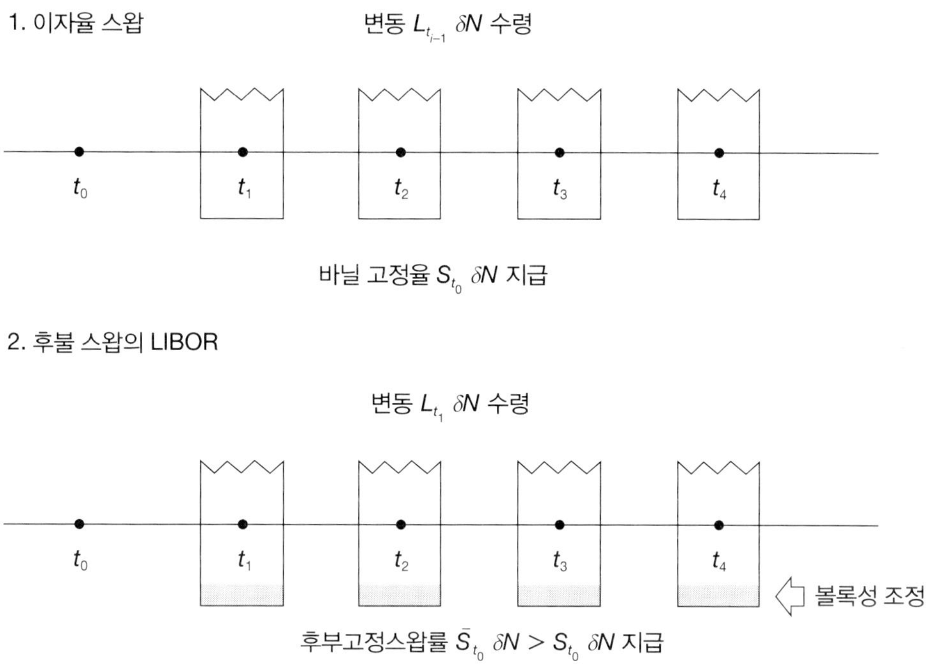

표준금리스왑과 LIBOR이연스왑 간의 차이는 〈그림 2.6〉에 나와 있다. LIBOR이연스왑은 LIBOR 금리를 이연시켜 설정한다.

이전에 관측된 L_{t_i}보다 시간 t_{i+1}에 관측된 $L_{t_{i+1}}$을 지급하는 간단한 수정은 가격결정에서 중요한 차이를 만든다. 먼저 2-기간 (선도)스왑의 간단한 사례로 학습한 다음 일반화 된 수식을 제공한다.

2.7.1 가치평가

이연스왑의 고정구간 평가는 스왑 이표가 다른 점을 제외하면 표준스왑의 평가방법과 동일하다. s_{t_0}를 시간 t_0에 고정된 순수스왑률로 놓고, N, δ를 각각 명목 금액과 발생주의 파라미터라 하자. 그렇다면 고정구간 지급은 쉽게 가치를 구할 수 있다:

$$\begin{aligned}\text{고정구간}_{t_0} &= B(t_0, t_2)s_{t_0}\delta N + B(t_0, t_3)s_{t_0}\delta N \\ &= [B(t_0, t_2) + B(t_0, t_3)]s_{t_0}\delta N\end{aligned} \tag{2.165}$$

이연스왑의 경우, 비슷하게 나타낼 수 있다:

$$\text{고정구간}_{t_0} = [B(t_0, t_2) + B(t_0, t_3)] is_{t_0} \delta N \tag{2.166}$$

여기서 is_{t_0}는 이연스왑의 스왑률이다.

변동구간에서 평가차이가 발생한다. 이연스왑의 경우, 변동금리 지급에 P_2^t 선도측도 하에서 기대치는 다음과 같다.

$$\text{변동구간}_{t_0} = E_{t_0}^{P^{t_2}}[B(t_0, t_2)L_{t_2}]\delta N + E_{t_0}^{P^{t_2}}[B(t_0, t_3)]\delta N \tag{2.167}$$

$(1+L_{t_2}\delta)$와 $(1+L_{t_3}\delta)$로 각각 곱하고 나누면, 다음 식을 얻을 수 있다.

$$\text{변동구간} = E_{t_0}^{P^{t_2}}\left[B(t_0, t_2)L_{t_2}\frac{(1+L_{t_2}\delta)}{(1+L_{t_2}\delta)}\right]\delta N + E_{t_0}^{P^{t_2}}\left[B(t_0, t_3)L_{t_3}\frac{(1+L_{t_3}\delta)}{(1+L_{t_3}\delta)}\right]\delta N \tag{2.168}$$

그러나 유한상태 확률수량의 경우, t_3과 t_2의 선도측도 사이의 일반적인 상응성을 갖는다.

$$p_i^{t_2}\frac{B(t_2, t_3)^i}{B(t_0, t_3)}B(t_0, t_2) = p_i^{t_3} \tag{2.169}$$

또한, 정의에 의해

$$B(t_2, t_3)^i = \frac{1}{(1+L_{t_2}^i\delta)} \tag{2.170}$$

이것을 다시 그룹화한 후 측도 값을 P^{t_2}에서 P^{t_3}로 변경한다는 것을 의미한다.

$$E_{t_0}^{P^{t_2}}\left[B(t_0, t_2)L_{t_2}\frac{(1+L_{t_2}\delta)}{(1+L_{t_2}\delta)}\right]\delta N = E_{t_0}^{P^{t_3}}\left[B(t_0, t_3)L_{t_2}(1+L_{t_2}\delta)\right]\delta N \tag{2.171}$$

P^{t_3}에서 P^{t_4}로 측도를 변경하면 비슷한 방정식 집합을 얻는다.

$$E_{t_0}^{P^{t_3}}\left[B(t_0, t_3)L_{t_3}\frac{(1+L_{t_3}\delta)}{(1+L_{t_3}\delta)}\right] = E_{t_0}^{P^{t_4}}\left[B(t_0, t_4)L_{t_3}(1+L_{t_3}\delta)\right] \tag{2.172}$$

따라서, 변동구간의 가치평가는 다음과 같다.

$$변동구간_{t_0}=[E_{t_0}^{P^{t_3}}[B(t_0,\ t_3)L_{t_2}(1+L_{t_2}\delta)]+E_{t_0}^{P^{t_4}}[B(t_0,\ t_4)L_{t_3}(1+L_{t_3}\delta)]]\delta N \tag{2.173}$$

우변은 다음과 같이 확장될 수 있다.

$$\begin{aligned}변동구간_{t_0}=&B(t_0,\ t_3)[E_{t_0}^{P^{t_3}}[L_{t_2}]+E_{t_0}^{P^{t_3}}[(L_{t_2}\delta)^2]]\delta N+B(t_0,\ t_4)[E_{t_0}^{P^{t_4}}[L_{t_3}]\\&+E_{t_0}^{P^{t_4}}[(L_{t_3}\delta)^2]]\delta N\end{aligned} \tag{2.174}$$

그러나 선도금리는 자체의 측도와 관련된 마팅게일이다. 그래서,

$$F_{t_0}^{t_2}=E_{t_0}^{P^{t_3}}[L_{t_2}] \tag{2.175}$$

$$F_{t_0}^{t_3}=E_{t_0}^{P^{t_4}}[L_{t_3}] \tag{2.176}$$

그리고,

$$E_{t_0}^{P^{t_3}}[L_{t_2}^2]=(F_{t_0}^{t_2})^2 e^{\int_{t_0}^{t_2}\sigma(u)_{t_2}^2 du} \tag{2.177}$$

$$E_{t_0}^{P^{t_4}}[L_{t_3}^2]=(F_{t_0}^{t_3})^2 e^{\int_{t_0}^{t_3}\sigma(u)_{t_3}^2 du} \tag{2.178}$$

그래서 다음과 같은 최종 결과를 얻는다.

$$\begin{aligned}변동구간_{t_0}=&B(t_0,\ t_3)\left[E_{t_0}^{P^{t_2}}+\delta(F_{t_0}^{t_2})^2 e^{\int_{t_0}^{t_2}\sigma(u)_{t_2}^2 du}\right]\\&+B(t_0,\ t_4)\left[E_{t_0}^{P^{t_3}}+\delta(F_{t_0}^{t_3})^2 e^{\int_{t_0}^{t_3}\sigma(u)_{t_3}^2 du}\right]\delta N\end{aligned} \tag{2.179}$$

이것은 순수스왑의 변동구간과 볼록성 조정이라고 하는 조정을 더하여 표현될 수 있다.

$$\begin{aligned}변동구간_{t_0}=&[B(t_0,\ t_3)F_{t_0}^{t_2}+B(t_0,\ t_4)F_{t_0}^{t_3}]\delta N+\left[B(t_0,\ t_3)\delta(F_{t_0}^{t_2})e^{\int_{t_0}^{t_2}\sigma(u)_{t_2}^2 du}\right.\\&\left.+B(t_0,\ t_4)\delta(F_{t_0}^{t_3})^2 e^{\int_{t_0}^{t_3}\sigma(u)_{t_3}^2 du}\right]\delta N\end{aligned} \tag{2.180}$$

짧은 정산 간격의 경우 Δ, 및 일정한 변동성의 경우 근사값은 다음과 같이 된다.

$$\left[B(t_0,\ t_3)\delta(F_{t_0}^{t_2})^2 e^{\Delta\sigma_{t_2}^2}+B(t_0,\ t_4)\delta(F_{t_0}^{t_3})^2 e^{\Delta\sigma_{t_3}^2}\right]N\delta \tag{2.181}$$

볼록성 조정에서 두 번째 괄호로 묶인 항은 정(+)의 값임을 주목하라. 이것은 이연스왑의 변동이자 지급액의 가치를 순수스왑의 변동지급액보다 크게 만든다. 이 결과로 $\tilde{s}_t$로 표시된 이연고정 스왑률은 순수고정금리보다 크다.

$$s_{t_0} < \tilde{s}_{t_0} \tag{2.182}$$

많은 의견을 낼 수 있다. 우선, 변동성은 해당하는 캡렛(caplet) 변동성에서 얻을 수 있음에 주목하라. 둘째, 이연스왑의 가치는 다양한 선도금리간의 상관관계에 의존하지 않는다. 셋째, 변동성은 스왑션 변동성과 다를 가능성이 있다.

2.7.2 특별한 사례

이것에 대한 특별한 사례는 단일기간 이연스왑을 살펴보는 것이다. 그런 다음, 선물환과 선도금리 사이의 관계를 구한다.

유로달러(Eurodollar) 계약은 시간 t_i에서 L_{t_i}에 대한 f_{t_0} 교환을 유도한다. 선도계약은 시간 t_i에서 $L_{t_{i-1}}$에 대한 F_{t_0}의 교환으로 이어진다. 이것이 방금 했던 비교의 1-기간 복제이다. 이것은 다음을 의미한다.

$$f_{t_0}^{t-i} - F_{t_0}^{t-i} = \delta(F_{t_0})^2 e^{\int_{t_0}^{t_i} \sigma(u)_{t_i}^2 du} \tag{2.183}$$

이전 절의 식 (2.177)에서 직접 인용한다. 우변은 선물에서 선도금리로 갈 때 적용될 필요가 있는한 볼록성 조정으로 알려져 있다. 계약의 선물가격은 선도가격보다 작을 것이다라는 것을 주목하라.[32]

2.8 교차통화(CROSS-CURRENCY)스왑

교차통화 스왑은 다른 용도로 사용될 수 있다. 그것은 환율 변동에 대한 노출을 줄이기 위해 헤징(hedging)에 사용될 수 있다. 양자 택일로, 다른 금리간 차익거래 기회를 이용하기 위해 그것을 사용할 수 있다.

다음은 교차통화 스왑과 관련된 최근 이슈 중 일부를 보여준다.

32) 보다 더 큰 항을 차감하기 때문이다.

예제

오스트레일리아 교차통화 베이시스스왑을 위한 연간의 롤러코스터 커플이었다 [. . .]. 이는 주로 세계금융위기 중 거대한 불규칙적인 자본이동의 결과로 전례 없는 수준으로 떨어졌다. 2008년 10월 10일, 일본의 역 이중통화(power reverse dual currency: PRDC) 채권의 주요 헤지와 결합된 미 달러화 부족은 5년의 AUD/USD 교차통화 베이시스 스왑을 50베이시스 포인트로 떨어 드렸다. 전통적으로 6~10bp 정도의 비교적 예측 가능한 범위에서 거래된 스왑에 대한 것이다. 그것의 10년 등가물은 동등하게 변동성을 경험하고, 동일한 날짜에 47bp까지 상승했다.

2009년 9월이 상황은 완전히 뒤집혔다. 캥거루채권(Kangaroo bond) 발행은 중단되었지만 호주은행들은 AA 신용등급 및 정부 보증에 힘입어 재무상태표를 상쇄하기 위해 해외시장을 기분 좋게 이용할 수 있었다. [. . .]

이러한 극단적인 변동성은 많은 헤지펀드의 관심을 끌고 있다. "헤지펀드 커뮤니티는 베이시스스왑 시장에서 활발히 활동해 왔다. 본질적으로 그것은 기회의 함수"라고 시드니의 Barclays Capital에서 근무하는 호주 달러와 뉴질랜드 달러의 금리부문 대표 Anthony Robson은 말한다.

그러한 기회는 지난 2년 동안 정기적으로 발생했다고 그는 말한다. "2008년과 2009년 초반에 수익률 곡선은 급격히 부(−)의 값을 가졌는데, 그 당시에는 급격한 비유동성을 반영하였고, 심각한 글로벌 자금 문제와 은행 헤징은 장기간 약 30년 동안 받기 위해 필요하다. 헤지펀드를 넓히기 위한 베이시스 스왑을 모색하는 것은 매력적인 기회를 제공했다. 예를 들어, 그들은 5년 만에 시작되는 5년 단위의 스왑을 지불할 수 있었고, 부(−)형태 곡선과 매우 급격한 레벨 변동에서 혜택을 받고 있다고 말한다. 더붙여서: "순간 및 특히 작년 말에 베이시스 스왑은 매우 가파르게 정의 값을 가졌으며, 따라서 선도 베이시스의 스프레드의 확실한 수급자들이 존재한다."

딜러들은 2009년 말 정점에 이른 이래로 헤지펀드 매니저들로부터의 베이시스 스왑에 대한 관심이 눈에 띄게 증가했다고 말한다. 역사적 평균을 향해 추세를 되돌리기 위해 베팅하고, 커브의 모양에서 가치를 추출하기 위해 일련의 선도–출발 베이시스스왑을 실시했다. "펀드 매니저는 +31.5bp의 수익률을 올리면서 5년 단위로 만기가된 스왑을 받을 수있다"라고 시드니에 있는 도이체 방크의 호주 및 뉴질랜드 글로벌 금리부문 대표 이안 마틴(Ian Martin)은 말한다. 헤지펀드는 특히 2년에서 5년 만기와 관련이 있다. "첫해 현금흐름을 +5.5bp로 헤지 함으로써 매니저는 39bp로 4년 선도출발스왑을 만들어 낼 수 있다. 스왑이 과거 평균치와 일치한다고 가정하면, 거래가 커브 밑으로 이루어진에 따라 현금과 자본이득의 혜택을 볼 것이다."

캥거루채권 발행이 급증한 2009년 4/4분기 이후 3~7년 단위의 베이시스 스왑 기간은 2009년 말 최고점에서 크게 회복되었고 2월 17일에 5년 간의 AUD/USD 교차통화 스왑이 +32bp로 하락했다. 그러나 10년 또는 그 이상의 기간물 들은 급격히 떨어지지 않았다. 그로 인해 장기물 기반의 반전이 뚜렷하게 남아 있었고 도이체은행은 곡선의 반전을 이용하기 위해 butterfly spread을 추천한다. "베이시스 스왑 스프레드 기울기가 상당히 정상적인 자기 수준으로 되돌아 왔을 때, 5/10/15년 butterfly는 작년 2월에 도달된 폭 근처에 현재 있다. 이 butterfly (5년과 15년 지급에 대한 10년 베이시스)는 현재시점에서 베이시스스왑 스프레드에서 보다 나은 거래 기회 중 하나라고 우리는 생각하며 이 거래에 들어오기를 추천한다"라고 은행은 2월 17일자의 조사노트에 썼다.

(2010년 4월 19일 Asia Risk, Wietske Blees의 '베이시스에 베팅'. URL: http://www.risk.net/asia-risk/feature / 1600830 / betting-basis).

헤지를 위한 교차통화 스왑의 사용 예로서, 미국 달러 채권을 사려고하는 유럽 기업을 고려하고 미 달러 환율 위험을 헤지한다는 것을 고려하자. 유럽 기업은 미국 기반 은행에서 교차통화 스왑을 매입할 수 있다. 스왑의 결과로, 유럽 기업은 유로화로 지불하고 (고정) 미화 현금흐름을 받게 된다. 스왑의 이러한 미 달러 현금흐름은 미화 채권 매입에 사용될 수 있다. 교차통화 스왑의 평가는 금리스왑과 유사하지만 한 가지 차이는 명목 환율과 관련이 있다. 교차통화 스왑에는 각 통화에 대해 하나씩, 두 가지 원금이 있다. 초기 원금을 교환할 수 있다. 초기 금액의 변경은 사소한 문제이다. 그러나 최종 금액의 교환을 없앰으로써 가격결정 구조가 크게 바뀐다. 원금을 결정하는데 사용되는 환율이 현행 현물 환율이다.

금리스왑의 경우, 거래의 시작 또는 종료 시점에 원금의 교환이 없다. 이것은 원금은 모두 동일하고 순금액으로 처리되는 것과 같다. 교차통화 스왑의 경우, 당사자들이 만기에 원금을 교환하는데 동의해야 한다. 시작시 원금의 교환은 선택 사항이다.

모든 스왑처럼, 교차통화 스왑은 재무상태표상에 금융상품으로 사용하여 복제할 수 있다. 이 경우에는 다른 통화로 표시된 단기금융시장 예금 또는 FRN을 사용할 수 있다. 이는 모든 차입금과 예금 또한 만기일에 상환이 요구되는 것처럼, 만기시 원금 교환의 필요성을 설명한다.[33]

33) 기업이 시작점에서 원금을 교환하기 위해 선택하지 않을 수 있는데 은행은 필요하다.

초기 통화 교환은 교차통화 스왑에서 인용(보고)된 것과 동일한 이자율로 현물환 거래를 함으로써 은행에 의해 복제될 수 있다. 사실, 모든 외환선도는 서로 다른 통화로 두 개의 현금흐름을 교환하는 계약과 같이 교차통화 스왑으로서 기술될 수 있다. 유사점을 고려할 때, 많은 은행들이 교차통화 스왑 영업의 일부로 장기 외환 선도를 관리한다.

FX선도와 마찬가지로, 교차통화 스왑은 사용자를 외환 위험에 노출시킨다. 당사자가 지불하기로 동의한 스왑 구간은 한 통화에서는 부채이며, 그들이 수령하기로 동의한 스왑 구간은 다른 통화에서는 자산이다. 교차통화 스왑의 사용자 중 하나는 부채 발행기관이다. 유로본드 시장에서 발행자는 최저 비용을 가진 통화로 채권을 판매하고 교차통화 스왑을 사용하여 원하는 통화로 전환한다.

2.8.1 가격결정

스왑의 개시 시점에, 한쪽 구간의 현재가치는 그 당시 유효한 현물율(금리)에서 다른 쪽 구간의 현재가치와 같아야 한다. 이 간단한 논리를 사용하여, 한 통화로 LIBOR(평면) 지급의 현금흐름을 다른 통화로 LIBOR(평면) 지급의 현금흐름으로 교환할 수 있는 것은 당연하게 보인다.

현실에서는 이것은 사실이 아니며, 일정한 스프레드가 있다. 관습에 따라, 교차통화 스왑 스프레드는 USA LIBOR에 대한 통화 측면으로 고시된다: USD LIBOR 대 외환통화 LIBOR+스프레드. 스프레드는 정(+)의 값 또는 부(−)의 값일 수 있다. 2007년 이전에 EUR/USD 교차통화 스왑 스프레드는 0에 가까웠지만 GFC 기간에는 120bp에 도달했다. 스프레드가 발생하는 이유는 두 가지이다. 첫째, 일일 수요−공급 불균형은 항상 발생할 수 있다. 특정 통화로 LIBOR를 지불해야 할 더 많은 수요가 있을 수 있으며 이는 지불할 정의 값(베이시스) 스프레드을 유도할 것이다. 예를 들어, 유로화로 차입하는 미국 기업을 생각해 보자. 그 기업은 USD의 원금 및 쿠폰지급(이자)에 대하여 EUR로 원금 및 쿠폰지급(이자)을 교환할 것이다. 교차통화 베이시스가 부(−)이면 기업은 LIBOR를 지불해야 하지만 유리보(Euribor)에서 베이시스을 뺀 금액을 받게 된다. 이러한 기업의 공급 및 적극적인 헤지 활동은 교차통화 스왑 스프레드의 잠재적인 수요자가 될 수 있다. EUR로 표시된 기업 증권 발행 금액이 많고 대부분 USD로 스왑된 경우, EUR 지급을 USD 지불로 교환할 수 있는 정(+)의 값 또는 스프레드가 있을 수 있다. 그러나 이러한 기업 활동은 GFC 동안 스프레드측면에서 엄청난 변화를 설명할 수 없다.

정(+)의 스프레드로 이어지는 두 번째 효과는 신용위험이다. 거래 상대방은 동일한 신용위험을 가질 수 없으며 통화 스왑 스프레드는 이를 반영할 수 있다. 예를 들어, 한 당사자가 USD LIBOR에 대한 LIBOR 금리와 동일한 필리핀 페소 금액을 지불한다면, 이 당사자는 높은 신용위험을 가질 수 있다. 그래서 그 당사자는 더 높은 스프레드을 지불할 것이다. GFC 동안 미국 외 지역 은행의 초과 수요로 인해 2008년에는 유로/달러간 교차통화 스왑이 급격히 감소했다. 2011년에는 미국의 머니마켓 펀드(Money-Market funds)가 유럽 은행에 자금을 인출하여 스프레드가 감소했다. 이 예들은 다른 나라들에 걸쳐서 은행들의 상대적인 신용도를 반영하고 있음을 보여준다.[34)]

2.8.2 관습

베이시스(basis)라고도 하는 통화스왑 스프레드를 인용하는 일반적인 관습은 USD LIBOR에 상대적으로 이것은 이를 인용하는 것이다.

2.9 차등(퀀토)스왑

재무회계기준(FAS) 133항 및 국제회계기준(IAS) 39항은 미국 및 유럽 기업의 파생상품 회계규정을 각각 설정한다. 이 규정에 따르면, 파생상품 거래가 헤지 회계(hedge accounting)의 적용 대상이 아닌 한 일일 정산을 실시하고 손익계산서에 포함시켜야 한다.[35)]

퀀토(차등)스왑은 특별한 유형의 교차통화 스왑이다. 이는 한 당사자가 USD LIBOR로 지불하고 유로 LIBOR로 지불금액을 수취하는 계약이다. 그러나 중요한 점은 양 당사자가 동일한 통화로 지불한다는 것이다. 다른 말로 하면, 퀀토스왑 가치는 국제 금리 차이의 순수한 거래에 대한 노출정도이고 외환 위험은 없다.

34) 다음의 BIS 서류는 현재의 교차통화스왑 베이시스 움직임에 대한 세부사항을 제공하고 있다. http://www.bis.org/publ/qtrpdf/r_qt0803h.pdf.

35) 위험회피 회계를 인정하는 것은 길과 비용이 많이 소요되는 과정이다. 마지막에서 인정은 아직도 무작위이다. 그러나 바닐라스왑과 같은 약간의 바닐라 금융수단은 상대적으로 쉽게 인정될 것이다.

퀀토스왑의 인기는 두 가지의 화폐 시장에서 선도곡선의 상대적인 모양에 달려 있다. 두 선도곡선 중 하나가 짧은 쪽이 낮고 긴 쪽이 높으면 퀀토스왑은 "값 싸게" 된다.

2.9.1 베이시스스왑

이 논의는 미국 달러 시장으로 제한된다. 베이시스 스왑이 경제 환경과 직접적으로 관련되어 있기 때문에 다른 통화가 고려된다면 아래에서 논의된 특정 금리는 변경할 것이다. 베이시스 스왑은 변동하며-하나의 변동하는 참고금리을 기초로 현금흐름이 다른 변동 준거 금리를 기초로 한 현금흐름과 교환되는 변동이자율스왑이다.

베이시스 스왑에서, 한 당사자는 종종 USD LIBOR를 지불하고 다른 통화-시장 금리를 받을 것이다. 대부분의 은행 부채들은 사실 LIBOR 기준이지만 자산은 그렇지 않다. 주로 미국 내 경제에서 활동하는 기업은 기업어음(Commercial Paper) 금리에 노출될 수 있다. 은행은 T-bill 금리에 노출될 수 있으며, 또 다른 하나는 프라임율(prime rate)에 노출될 수 있다. 베이시스 스왑은 이 다른 단기금융시장 금리의 변화와 관련된 당사자를 보호하기 위해 사용될 수 있다.

가장 일반적인 유형의 베이시스 스왑은 LIBOR[36]에 대한 연방자금(Fed Funds), LIBOR에 대한 T-bill 금리, LIBOR에 대한 CP 금리 및 LIBOR에 대한 우대금리이다.[37] 고객이 선택하는 베이시스 스왑은 영업상황에 달려있다. 예를 들어, 신용압박에 대한 우려가 있는 당사자는 연방자금(Fed Funds)-LIBOR 베이시스 스왑 또는 T-bill-LIBOR 베이시스 스왑을 사용할 수 있다. 신용압박 중, 안전자산 선호현상은 베이시스 스왑 스프레드의 증가를 가져올 것이다. 반면 프라임(Prime)-LIBOR 베이시스 스왑은 신용카드, 자동차 또는 소비자 차입과 관련된 당사자의 위험을 헤지할 수 있다.

36) 연방펀드(Fed Fund) 시장은 높은-신용등급 사이에 연방지준에서 보유하고 있는 역이 없는(free reverse) 하루짜리 대출을 구성하고 있다. 은행의 질과 약간의 기간은 연방펀드율이 LIBOR로 말하는 것보다 낮을 것을 의미한다.

37) 프라임율(prime rate)은 은행간 율이 아니다. 이것은 가장 좋은 소매고객들에게 적용된다.

2.10 결론

이 장에서는 스왑, FRA 및 채권 시장 간의 연계에 대해 설명했다. 토론에서는 금융공학의 근본적인 과업인 만족스러운 수익률곡선을 만드는 문제로 이어졌다. 2개의 주요 금융수단이 이 장에서 소개되었다. 첫 번째는 T-선도측도이었고, 두 번째는 관련 측도변경 기법이었다. 이것은 일련의 선도금리에 대해 편리한 무차익거래 동태성을 설정할 수 있었다. 이러한 동태성은 스왑률, 선도금리 및 그 파생상품을 연결하는 수식을 사용하여 원하는 수량을 계산하기 위한 금융수단으로 사용되었다.

다음 주제는 선도LIBOR 모형이었다. 여기서, 필수적인 아이디어는 선도 보정 값으로 단일 선도측도 하에서 다양한 선도금리의 동태성 관계를 나타내는 순차적 보정 계수를 얻는 것이었다.

추천 도서

이 장의 표준 도서는 금융공학에 대한 흥미로운 정보를 제공한다. Brace et al.(1997)과 Jamshidian(1997)은 기본적인 도서이다. Miltersen et al.(1997)는 또 다른 중요한 참고 문헌이다. Glasserman and Zhao(2000)는 BGM모형의 이산화에 대한 좋은 출처이다. 마지막으로, Brigo와 Mercurio(2006)의 교재는 이 모든 자료에 대한 포괄적인 내용를 제공한다. Rebonato(2002)는 좋은 소개서이다.

연습문제 Exercise

1. 유동성 이연FRA(FRAs paid in arrears)에 대해 다음과 같은 자료가 제시되어 있다. 모든 시간 간격은 30일의 월간 단위로 측정된다고 가정하자.

기간	매입/매도
3×6	4.5−4.6
6×9	4.7−4.8
9×12	5.0−5.1
12×15	5.5−5.7
15×18	6.1−6.3

또한 현재 3개월 LIBOR 금리는 4%임을 알고 있다.

a. 할인채권 가격 $B(t_0, t_i)$를 계산하라. 여기서 t_i=6, 9, 12, 15 및 18개월이다.

b. 만기 0−18개월의 수익률곡선을 계산하라.

c. 동일한 만기에 대한 스왑곡선을 계산하라.

d. 두 곡선이 다른가?

e. 액면 수익율곡선을 계산하라.

f. 무이표 수익률곡선을 계산하라.

2. 유동성이 높은 스왑률에 대해 다음과 같은 보고 자료가 주어진다. 모든 시간 간격을 연 단위로 측정한다고 가정하자.

기간	매입/매도
2	6.2−6.5
3	6.4−6.7
4	7.0−7.3
5	7.5−7.8
6	8.1−8.4

현재 12개월 LIBOR 금리는 5%이다.

a. 1×2 FRA부터 시작하여 향후 5년간 FRA 금리을 계산하라.

b. 할인채권 가격 $B(t_0, t_i)$를 계산하라. 여기서 t_i=1,···, 6년.

c. 0개월에서 18개월 사이의 만기수익률곡선을 계산하라.

d. 액면 수익율곡선을 계산하라.

3. 문제 2에서 주어진 자료로 돌아가서 다음을 계산하라.
   a. 3년 만기에 2년만에 시작되는 선도스왑에 대한 매매 호가(bid-ask). 스왑은 12개월 LIBOR에 대한 것이다.
   b. 시간 2에 인수인도가 될 이표채의 선도 가격은. 채권은 이표 7% 및 2년 후에 만기가 된다.

EXCEL 연습문제

4. 밑에서 주어진 선도금리의 집합으로부터 채권가격과 스왑율을 결정하기 위한 VBA프로그램을 만들고 스왑곡선을 가진 수익률 곡선을 그려라. 그들의 특성에 대해 논평하라.

기간(월)	선도율
0	4.00%
3	4.50%
6	4.70%
9	5.00%
12	5.50%
15	6.10%
18	6.40%
21	6.46%
24	7.00%

5. 투입변수로서 기간 1년을 가진 아래 스왑율 집합으로부터 채권가격과 선도율을 결정하기 위한 VBA 프로그램을 만들어라. 현재 LIBOR 금리는 5.00%라고 가정하자. 그들의 특성을 관측하기 위해 스왑 곡선과 함께 수익률곡선을 그려라.

기간(연)	스왑율
2	6.20%
3	6.40%
4	7.00%
5	7.50%
6	8.10%
7	8.70%

6. 투입요소로서 아래 채권가격 집합으로부터 FRA금리와 스왑율을 결정하기 위한 VBA 프로그램을 만들고, 스왑곡선을 따라 수익률곡선을 그려라. 그들의 특성에 대해 논평하라.

기간(월)	선도율
0	100.00
3	99.01
6	97.91
9	96.77
12	95.58
15	94.28
18	92.86
21	91.40
24	89.95
27	88.40

7. 명목 금액 $10,000에 대해 5.10%의 고정금리로 USD LIBOR 금리와 동일한 금리를 6개월마다 변동지급을 하는 금리스왑의 가격을 결정하기 위해 VBA프로그램을 만들어라. 계산을 수행하기 위해 "입력"워크 시트에 제공된 자료를 사용하라.

기간(연)	선도율
0.00	5.70%
0.50	5.18%
1.00	5.83%
1.50	5.10%
2.00	5.75%
2.50	5.74%
3.00	5.28%
3.50	5.65%
4.00	5.53%

8. (교차통화 스왑) 아래 정보를 토대로 교차통화 스왑률을 결정하는 VBA프로그램을 만들어라. 고정 지불액은 매 3개월마다 GBP LIBOR에 해당하는 변동금리(USD)의 환율

로 USD로 이루어진다. 또한 스왑률 계산에서 스왑의 초기 및 만기 동안에 상응하는 현물환율로 달러 지불에 대한 명목 금액 £10,000의 교환을 포함 시켜라.

명목 금액 (GBP) = £10,000, 명목 금액 (USD) = $20,000

시간(월)	선도율(USD)	환율(USD/GBP)	LIBOR율(GBP)
0	4.00%	2.0000	5.70%
3	4.50%	2.0225	5.18%
6	4.70%	2.0150	5.83%
9	5.00%	1.9875	5.10%
12	5.50%	1.9750	5.75%
15	6.10%	1.9685	5.74%
18	6.30%	1.9480	5.28%
21	6.36%	1.9325	5.65%
24	6.40%	1.9300	5.53%

MATLAB 연습문제

9. a. 주어진 FRA 금리 집합에서 채권 가격과 스왑률을 결정하고 수익율, 액면수익율 및 무이표 수익률을 계산하기 위한 MATLAB 프로그램을 작성하라. 입력 자료는 본 장의 웹페이지의 "Data.xlsx" 파일의 "Forward" 워크 시트에서 읽게 된다. 이제 모든 곡선을 동시에 그림을 그리고 특성에 대해 설명하라.

b. 주어진 선도 스왑률에서 채권 가격과 FRA 금리를 결정하고 수익률, 액면수익률, 무이표 수익률을 계산하는 MATLAB 프로그램을 작성하라. 입력 자료는 "Data.xlsx" 파일의 "Swap" 워크 시트에서 읽게 된다. 이제 모든 곡선을 동시에 그림을 그리고 특성에 대해 설명하라.

c. 주어진 채권 가격에서 FRA 가격과 스왑률을 결정하고 수익률, 액면수익률 및 무이표 수익률을 계산하기 위한 MATLAB 프로그램을 작성하라. 입력 데이터는 "Data.xlsx" 파일의 "Bond" 워크 시트에서 읽게 된다. 이제 모든 곡선을 동시에 그림을 그리고 특성에 대해 설명하라.

3 변동성공학, 변동성스왑 및 변동성 거래를 위한 수단

CHAPTER

3.1 서론

순수 변동성 거래와 관련되어 있는 유동성 금융상품은 재무상태표 또는 거래장부에서 다양한 변동성에 자연스럽게 노출되어있는 시장참여자에게 잠재적으로 매우 유용하다. 기존 교재의 11장에서 논의된 고전적 옵션전략은 이러한 면에서 심각한 단점을 가지고 있다. 거래 당사자가 포지션을 취하거나 위험을 헤지할 때, 그 또는 그녀는 기초자산의 무작위 움직임이 포지션에 효과가 알려져 있다고 기대한다. 기초자산이 무작위일 수도 있지만, 결과는 잘 정의된 계약 또는 포지션의 성과함수(payoff function)을 알고 있어야 한다. 대부분의 고전적 변동성 전략의 성과함수는 근본적인 위험에 대해 변하지 않으며, 대부분의 변동성 상품은 이러한 위험을 격리하기 위한 불완전한 수단으로 판명된다. 심지어 거래자의 예상이 현실화 될지라도, 거래자는 기초자산의 변동성 성과함수가 다른 변수의 변동으로 인해 변경 되었다는 것을 깨달을 수 있다. 따라서 전통적 변동성 전략은 변동성 노출에 대해 만족스러운 헤지를 제공할 수 없다. 이에 대한 가능한 해결책이 이 장의 주제이다.

전통적인 변동성 거래는 콜과 풋옵션의 포트폴리오를 거래하고, 스트래들(straddles)이나 스트랭글(strangdles or strangles), 그리고 아마도 가능한 델타-헤징하는데 사용되었다. 그러나 그러한 변동성 포지션은 순수한 것이 아니며, 이로 인해 성과함수가 변동성 위험에만 의존하는 변동성 수단을 찾게 되었다. 이 장에서는 발전된 분산과 변동성스왑의 두 가지 순수 변동성 상품을 살펴본다. 변동성스왑은 미래 실현된 (주식)변동성에 대한 선도계약이다. 분산 계약은 변동성에 대한 유사한 계약이며, 미래 변동성의 제곱이다. 분산 및 변동성스왑은 적어도 두 가지 이유로 흥미롭다. 첫째, 변동성은 시장참여자에게 중요한 위험이며 위험을 헤지하고 가격을 결정하는 방법을 이해해야 한다. 둘째, 변동성스왑에 대한 논의는 새로운 금융상품을 고안할 때 따라야 할 기본 원칙의 좋은 예이다.

이 장은 변동성스왑 대신에 분산스왑을 사용하여 논의를 진행한다. 일반적으로 시장은 변동성이라는 용어를 사용하지만, 변동성의 제곱인 분산이라는 관점에서 생각하는 것이 더 적절하다. 분산은 확률변수의 2차 중심적률이며, 이 장에서 사용된 공식에서 더 자연스럽게 파악된다. 예를 들어, 변동성(즉, 표준편차)상품은 볼록성 조정을 필요로 하는 반면, 분산상품은 일반적으로 그렇지 않다. 따라서, 예를 들어 베가(vega)에 관해 말할 때,

분산 베가(variance vega)를 참조한다. 이것은 σ가 아니라 σ^2에 대한 옵션 가격의 민감도이다. 사실, 이 장의 경험적 논의에서 때때로 변동성과 분산이라는 용어는 같은 의미로 사용된다.

3.2 변동성 포지션

변동성 포지션은 변동성 노출을 헤지하거나 미래 변동성을 추측하는 목적으로 취할 수 있다. 이러한 포지션은 가능한 한 변동성 위험을 격리 시키는 수단이 필요하다. 앞으로의 토론에 동기를 부여하기 위해, 전통적인 변동성 포지션을 보여주는 두 가지 사례를 소개한다.

3.2.1 변동성 기간 구조 거래

이자율기간 구조의 변화와 관련된 전략에 대한 몇 가지 예를 보았다. 이것을 가파른 수익률곡선(curve steepening) 또는 평평한 수익률곡선(curve flattening) 거래라고 한다. 변동성 기간 구조와 관련하여 유사한 포지션을 취할 수 있음이 분명하다. 시장에서 거래되는 변동성은 다른 만기를 가진다. 다음의 예제에서 보여주듯이 이자율(금리)기간 구조와 마찬가지로, 하나의 "만기"를 사고 다른 "만기"를 팔 수 있다.[1)]

예제

딜러는 단기물 25-델타 유로 풋를 팔면서 달러를 매입하고 장기물 스트래들을 사려고 한다고 말했다. 25-델타 1개월 풋의 매도로 조달된 3개월 스트래들은 어제 프리미엄으로 3.9%의 비용이 들었다. 단기물 변동성이 장기물 옵션보다 많은 비용으로 판매되기 때문에 이러한 변동성 거래는 매력적이다.

1) "차익거래"란 용어는 금융시장 의미에서 사용되지만 학문적 분석 의미에서는 사용되지 않는다. 다음의 차익거래 포지션은 비용이 0이며 상대적으로 높은 연속확률을 가지고 있지만, 이득은 결코 무 위험하지 않다.

이 특별한 예에서, 거래자의 예상은 자산가격이나 수익의 수준이 아니라 가격과 관련된 변동성에 관한 것이다. 한 기간 동안의 변동성은 다른 기간의 변동성을 매도함으로써 생성된 자금을 사용하여 매입된다.

분명히, 거래자들은 단기 변동성을 가진 유로 변동성이 장기 변동성을 가진 유로 변동성에 비해 떨어질 것이라고 생각한다. 질문은 취해진 포지션이 어느 정도 예상치를 상회하더라도 거래자들의 요구를 어느 정도 충족시킬 것인가 하는 것이다. 이 포지션의 성과함수가 기본 유로/달러 환율의 변화에 변하지 않는다는 것을 알 수 있다.

3.2.2 금융상품간 변동성 거래

두 번째 사례는 금리 부문에서 나온 것이며 변동성에 대한 또 다른 "차익거래" 포지션을 포함한다. 거래자는 한 위험의 변동성을 매입하고 다른 위험에 대해 관련된 변동성을 매도한다. 이번에는, 문제의 변동성이 다른 기간에 속하지 않고 다른 금융상품에 의해 생성된다.

예제

딜러들은 7년 동안 5%의 변동성 차이의 이점을 얻기 위해 유로 캡-플로어(euro cap-floor) 스트래들과 스왑션 스트래들 변동성간의 스프레드에 집중하고 있다. 독점 거래자는 15%의 볼륨 종료(vols close)를 가진 6개월 후 시작하는 2년 캡-플로어(cap-floor) 스트래들를 매도하고 있다. 이 거래는 10%의 변동성을 가진 5년 스왑션(swaption) 스트래들에 대한 좋은 예제를 제공한다. 이는 2%에 가까운 역사적인 스프레드와 비교한다.

캡-플로어(cap-floor)와 스왑션은 금리에 관한 금융상품이다. 유사점과 차이점이 둘 다 있다. 다음 장에서 더 자세히 학습 할 것이다. 캡-플로어 스트래들을 판매하는 것은 기본적으로 단기 금리 변동성이 될 것이다. 예를 들어, 거래자는 15% 변동성에서 이 포지션을 취할 수 있었다. 반면에, 스왑션을 사는 것은 변동성에 대한 매입 포지션을 취하는 것이다. 이것은 10%에서 행해졌으며, 이는 약 5%의 변동성 스프레드를 제공한다. 예를 들어, 후자의 숫자는 역사적으로 약 2%였다. 따라서 스프레드를 파는 것으로 거래자는 두 가지 금융상품의 변동성 간의 차이를 좁히는 것이 도움이 될 것이다.

이 포지션의 결과는 금리 궤적에 영향을 주지 않는다.[2] 변동성에 대한 이러한 입장이 왜 심각한 약점을 갖고 있으며 세심한 위험 관리가 필요한지 명확히 하려는 의도이다. 나중에 순수 변동성 포지션를 고려할 것이다.

3.3 변동성 성과의 불변성

이전 장에서는 위험으로서 변동성을 분리하기 위해 볼록성이 사용되었다. 기존 교재의 9장과 10장에서 우리는 기초자산의 변동성을 "현금"으로 전환하는 방법을 보여 주었고, 변동성 공학을 향한 첫 발걸음을 내디뎠다.

기존 교재의 논의된 방법을 사용하여, 거래자는 변동성 움직임과 관련된 노출을 위험을 헤지 하거나 위험을 관리할 수 있다. 그러나 이들은 변동성 이외의 변수에 의해 영향을 받는 포지션이다. 투자자가 취한 방향성투자(투기적) 포지션을 고려하자. S_t를 위험요인으로 놓고 투자자가 $[t_1, T]$로 표시된 미래 기간 동안 t_0에서 S_t의 변동성을 매입한다고 가정하고, T는 계약의 만기이다. 모든 매입 포지션에서와 마찬가지로, 이것은 투자자가 이 기간 동안 실현변동성(realized volatility)의 증가를 예상한다는 것을 의미한다. $[t_1, T]$ 동안 실현변동성이 시간 t_0에서 "매입한" 변동성을 초과하면 투자자가 이익을 얻는다. 지금까지는 다른 매입 포지션과 크게 다르지 않다. 예를 들어, 거래자가 주식을 매입할 경우 주식 가격이 올라가면 이익을 얻는다. 그 또는 그녀는 고정 수취자 스왑을 매입할 수 있으며 스왑 가치가 올라가면 이익을 얻을 수 있다(스왑률은 내려감). 비슷하게 현재의 경우, 실제 변동성이 이 수준을 초과하면 "고정된" 변동성을 받고 이익을 얻는다.

콜 또는 풋옵션, 스트래들, 스트랭글을 매입하고, 이러한 포지션을 델타-헤징을 하는 경우, 일반적으로 기존 교재의 9장과 10장에 나타난 것처럼 실현변동성이 커지면 거래자는 이익을 얻을 수 있는 매입 포지션을 갖게 된다. 그러나 그러한 변동성 포지션과 주식, 스왑, FRA 등과 같은 다른 금융상품에서 취한 포지션 간에는 큰 차이가 있다. 단기 대부자

2) 캡-플로어 변동성과 스왑션 변동성간 차이가 있다는 것을 지적해야 한다. 사실, 이 4%의 스프레드는 이들 요인들로 인하여 매우 좋을 것이다. 또한 이러한 포지션은 변동성 스마일이 존재함에 따라 보다 더 복잡하게 된다.

그림 3.1 주식(미래마켓대출로 조달된 자금)에 대한 롱 포지션과 롱 할인 채권포지션

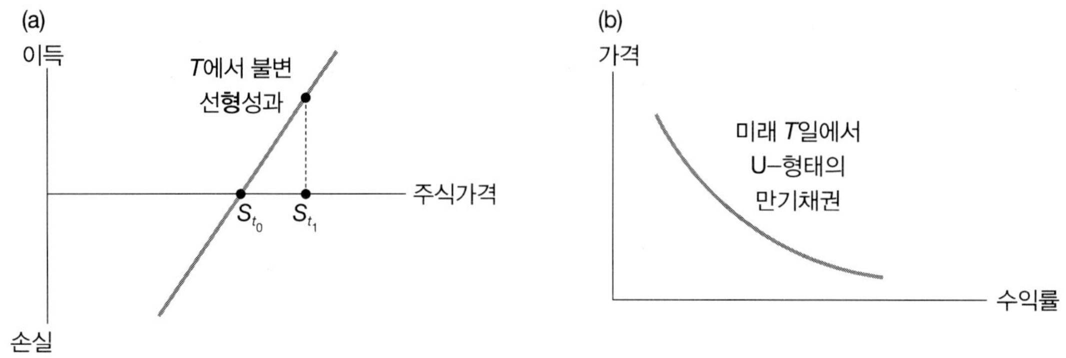

금시장에 의해 자금이 조달된 주식에 대한 매입 포지션을 보여주는 〈그림 3.1a〉를 고려하자. 주식 가격이 올라감에 따라 $S_{t_1}-S_{t_0}$만큼 이익을 얻는다. 이 잠재적 성과는 알려져 있고 S_{t_1}의 수준에만 의존한다. 사실 선형적으로 S_t에 달려있다. 〈그림 3.1b〉에는 단기 할인 채권 포지션을 가지고 있다. 수익률이 감소함으로써 포지션은 얻게 된다. 다시, 만약 볼록성 이득이 무시될 수 있다면, 수익률 y_t의 움직임에 따라 얼마나 많은 포지션이 만들어지거나 또는 잃게 되는지 알 수 있다.

말하자면, 변동성 이외의 변수에 의해 따르는 경로에 따라 성과표(payoff diagram)가 이동하는 것과 같이 스트래들들을 통해 취해진 변동성 포지션은 이것과는 근본적으로 다르다. 예를 들어, (i)이자율변동, (ii)기초자산 가격 변동, (iii)내재변동성 수준의 변동 등은 동일한 실현변동성 수준에서 다른 성과로 유도할 수 있다.

다른 한편으로는 분산(변동성)스왑은 순수 변동성 포지션이다. 이러한 수단으로 취해진 포지션의 잠재적 손익은 만기가 될 때까지 실현변동성에만 의존한다. 이 장에서는 변동성 엔지니어링을 사용하여 그러한 계약을 설정하고 가격결정과 헤징방법을 연구하기 위해 사용될 수 있다는 것을 보여준다. 불완전한 변동성 포지션을 가지고 시작하자.

3.3.1 불완전한 변동성 포지션

금융시장에서 변동성 포지션은 종종 스트래들을 매입하거나 매도을 통하여 취해진 정태적 포지션, 스트래들 및 옵션을 사용하는 동태적으로 유지되는 포지션으로 해석된다.

앞서 언급했듯이, 이러한 변동성 포지션은 변동성 노출의 가격, 헤지 또는 위험관리에 대한 올바른 방법이 아니다. 이 절에서는 이 이유에 대해 알아본다. 동적으로 헤지 된 단일 콜 옵션으로 구성된 간단한 포지션을 고려한다.

3.3.1.1 동태적 변동성 포지션

표준 순수 콜옵션을 이용하여 동태적으로 유지된 포지션을 통해 취해진 변동성 위험 노출을 고려하자. 이 포지션을 단순화하기 위해, 배당금이 없는 블랙–숄즈(Black–Scholes) 세계의 가정을 설정한다. 이자율 r과 내재변동성 σ는 일정하다. 거래비용은 없다. 기초자산은 기하적 과정를 따른다. 그러면 유러피언 콜옵션 $C(S_t, t)$의 무차익거래 가치는 블랙–숄즈 공식에 의해 구할 수 있다.[3)]

$$C(\mathrm{St},\, t) = S_t \int_{-\infty}^{d_1} \frac{1}{\sqrt{2\pi}} e^{-\frac{1}{2}x^2} dx - e^{-r(T-t)} K \int_{-\infty}^{d_2} \frac{1}{\sqrt{2\pi}} e^{-\frac{1}{2}x^2} dx \tag{3.1}$$

여기서 S_t는 현물가격이고 K는 행사가격이다. d_i, $i=1,2$는 다음과 같이 주어진다.

$$d_i = \frac{\log(S_t/K) \pm (1/2)\sigma^2(T-t) + r(T-t)}{\sigma\sqrt{T-t}} \tag{3.2}$$

난순화를 위해 일반성을 잃지 않고, 다음과 같이 놓자.

$$r=0 \tag{3.3}$$

이렇게 하면 표현이 간단해지고 토론을 쉽게 진행할 수 있다.[4)]

이제 다음과 같은 간단한 실험을 고려해보자. 거래자는 블랙–숄즈 설정을 사용하여 내재변동성에 대해 동태적으로 헤지된 매입 포지션의 입장을 취한다. 내재변동성은 상승한다. 거래자가 해당 분산–베가를 사용하여 포지션의 손익을 추적한다고 가정하자. 다음 특정 경우에 이 투자자의 가능한 이익은 무엇인가? 다음과 같은 간단한 설정을 고려하자.

1. 포지션 매개 변수는 다음과 같다.

$$\text{만기까지 시간} = 0.1 \tag{3.4}$$

---

3) 유도 과정에 대해서는 10장을 참고하라.

4) 이것은 변동성 거래(trading)에 대한 논의를 위해 유용한 가정이다.

$$K = S_{t_0} = 100 \tag{3.5}$$

$$\sigma = 20\% \tag{3.6}$$

초기에 $t_0 = 0$으로 놓자.

2. 거래자는 내재 변동성이 20%에서 30%로 증가 할 것으로 예상하고 롱 변동성 포지션을 고려하자.
3. 변동성 포지션으로 사기 위해서, 투자자는 100 $C(S_t, t)$와 동등한 금액을 빌려 자금조달 비용 $r=0$로 시간 t_0에 100 콜을 매입한다.[5)]
4. 다음으로, 포지션은 〈그림 3.2〉와 같은 비슷한 위험 노출을 얻기 위해 기초자산의 콜 단위 당 C_s 단위를 공매도 함으로써 헤지된 델타이다.

이 예제에서 이 옵션의 만기까지 약 1.2개월이 있으며, 옵션은 등가격(at-the money)이고, 그리고 초기 내재 변동성은 20%이다.

이러한 환경에서 심지어 투자자의 예상이 이루어 지더라도, 변동성 포지션의 성과는 유의적으로 변할 수 있으며 S_t에 따르는 경로에 의존한다. 내재 변동성은 예상대로 20%에

그림 3.2 델타-헤진 롱 콜 포지션

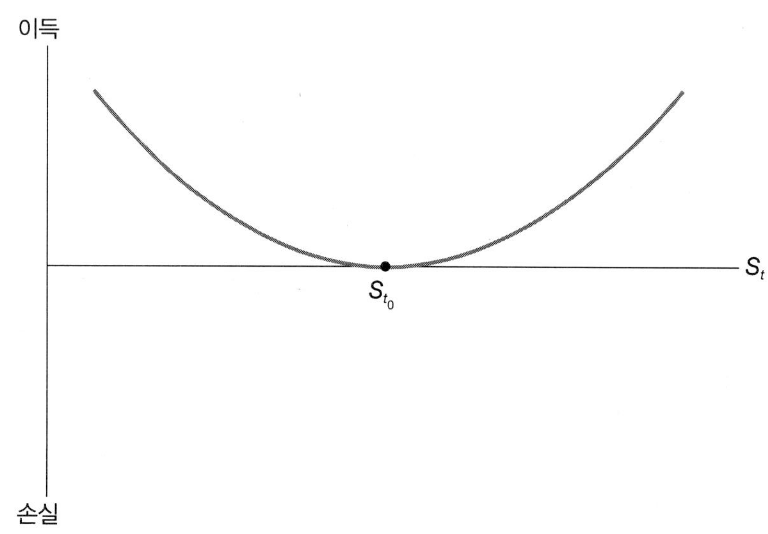

5) 동일한 포지션이 풋을 매입함으로써 취해질 수 있다는 것을 기억하라. 예제로서 단순하게 콜을 선택한다.

서 30%로 이동할 수 있지만 그 포지션은 예상 금액을 지불하지 못할 수도 있다. 다음 예제는 관련 계산을 제시하고 있다.

예제

Mathematica 또는 MATLAB을 사용하여 관련 그릭스(Greeks)과 성과곡선(payoff curves)을 계산할 수 있다. 먼저, 다음과 같이 초기 콜 가격을 얻는다.

$$C(100, t_0) = 2.52 \tag{3.7}$$

100을 곱하면 총 포지션은 252 달러가 된다. 그리고 이때, 먼저 S_{t_0}로 평가된 $C(S_t, t)$의 S_t와 관련된 미분을 먼저 계산하고 100을 곱하면 이 포지션의 내재 델타를 얻는다.

$$100\left(\frac{\partial C(S_t, t)}{\partial S_t}\right) = 51.2 \tag{3.8}$$

따라서 포지션은 +51－델타을 가진다. 이와 같은 위험노출을 헤지하기 위해, 거래자는 기초 자산의 51 단위를 매도(short)할 필요가 있으며, 순 델타 노출을 거의 0과 같게 만든다.

다음으로, 연관된 감마와 t_0에서 포지션의 (분산) 베가(vega)를 얻는다. 주어진 자료를 이용하여, 다음을 얻는다.

$$\text{감마(Gamma)} = 100\left[\frac{\partial^2 C(S_t, t)}{\partial S_t^2}\right] = 6.3 \tag{3.9}$$

$$\text{분산베가(Variance vega)} = 100\left[\frac{\partial C(S_t, t)}{\partial \sigma^2}\right] = 3152 \tag{3.10}$$

(내재) 분산 변동이 주어졌을 때, 옵션가치 변화는 대략 다음과 같이 주어진다.

$$100[\partial C(S_t, t)] \cong (3152)\partial\sigma^2 \tag{3.11}$$

이것은 다음을 의미한다. 즉 모든 것들이 일정할 경우, 만약 내재변동성이 20%에서 30%로 갑자기 상승한다면 순간적인 옵션가격 변동은 이들 수치의 곱에 의존할 수 있으며 다음과 같이 예상된다는 것이다.

$$100[\partial C(S_t, t) \cong 3152(0.09-0.04) \tag{3.12}$$

$$= 157.6 \tag{3.13}$$

다른 말로 하면, 그 밖의 모든 것들이 일정하게 유지된다면, 그 포지션은 약 158 달러를 얻을 것으로 기대된다.

요점은 거래자는 롱 내재 변동성이었고 상승할 것으로 예상하며 이것은 실제로 일었났다는 것이다. 그래서 만약 변동성이 20%에서 30%로 증가 한다면 이 거래자는 157.6 달러를 얻을 수 있다는 보장을 할수있는가? 꼭 그런 것은 아니다. 왜 그렇지 않는지 보자.

심지어 이 단순화된 블랙–숄즈 세계에서도 (분산) 베가는 S_t, t, r 및 σ^2의 함수이다. 그 밖의 모든 것은 일정하지 않으며 S_t는 생각할 수 있는 궤적을 따라갈 수 있다. 하지만 S_t가 바뀌면 이것이 베가를 변화시키는 중요한 포인트이다. 다음 표는 이 설정 내에서 S_t가 가정한 값에 따라 분산–베가(variance-vega)에 사용할 수 있는 값을 보여준다.[6]

S_t(주가)	**Vega**(베가)
80	0.0558
90	7.4666
100	31.5234
110	10.6215
120	0.5415

따라서 거래자의 기대가 충족되면 내재 변동성은 30%로 증가하지만, 동시에 만약 기초자산 가격이 행사가격에서 멀리 떨어져 이동하면 즉 $S_{t_1}=80$이면, 동일한 계산이 대략 다음과 같이 된다.

$$\text{Vega}(\partial\sigma^2) \cong 5.6(0.09-0.04) \tag{3.14}$$

$$=0.28 \tag{3.15}$$

그래서 예상했던 $157.6의 이득 대신에, 거래자는 전혀 이득을 거의 실현하지 못할 수 있다. 사실, 변동성 포지션을 유지하는 비용이 있다면, 거래자는 결국 돈을 잃을 수 있다. 그 이유는 간단하다: S_t가 변하면 옵션의 내재 변동성에 대한 민감도, 즉 베가도 변경된다. 그것은 S_t의 함수이다. 결과적으로 거래자가 원래 기대했던 것과는 매우 다른 결과이다.

S_t가 변할 때 포지션의 민감도가 어떻게 움직이는 지에 대해 더 자세히 보려면 〈그림 3.3〉에서 편미분을 도출할 경우를 고려하자.

6) 표 안에 있는 숫자는 100을 곱할 필요가 있다.

그림 3.3 기초자산가격의 함수로서 베가

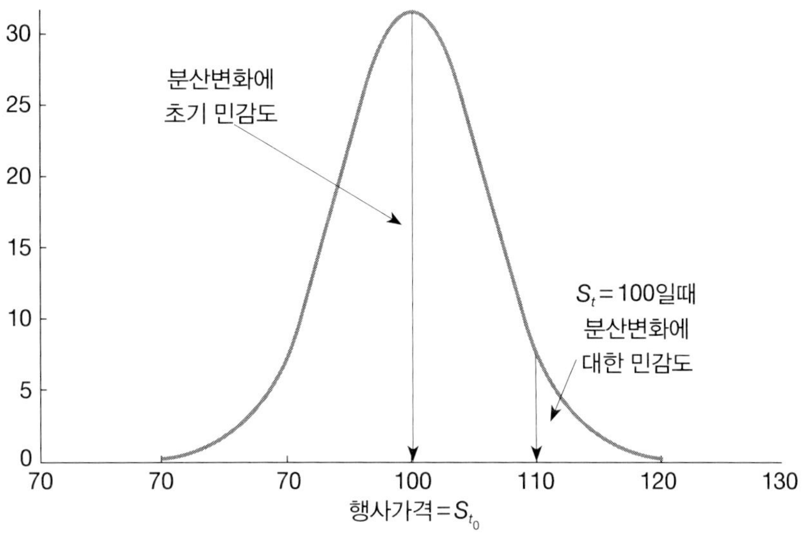

$$100\frac{\partial(\text{분산베가})}{\partial S_t} \tag{3.16}$$

현재 상황에서 행사가격 K 부근에 S_t가 남아있는 한 거래자는 변동성 변화에 노출되었다. 그러나 S_t가 K 부근에서 멀어지면, 이 노출은 급격히 줄어든다. 투자자는 (변동성) 변동성 변동에 약간 노출되어 있다는 것을 알 수 있다. 그러나 S_t가 행사가격 K근처에서 벗어나기만 하면, 이러한 노출은 급격히 떨어진다. 거래자는 그 또는 그녀가 (분산) 변동성 포지션을 가지고 있지만, 그러나 실제, 포지션은 비용이 수반되며 거래자가 실제 자금을 투자한 후 바로 기본 변화로 어떠한 유의적인 분산 노출을 가지지 않을 수 있다. 따라서, 그러한 고전적 변동성 포지션은 변동성 거래를 행하거나 변동성 노출을 헤지 하는 불완전한 방법이다.

3.3.2 변동성 헤징

이러한 변동성 포지션의 결과는 이러한 포지션이 다른 금융상품의 일정한 변동성 노출에 대한 헤지로 유지된다면 불만족스러울 수도 있다. 논의된 바에 따르면, S_t의 움직임은 헤지 펀드를 거의 완전히 사라지게 할 수 있으며 거래자는 결국 순수변동성 포지션을 유지할 수 있다. 변동성 노출을 가지고 있는 기관은 변동성 변동과 무관한 움직임으로 인하여 헤지자 시간에 따라 미끄러질 수 있음을 알기 위해서만 오직 헤지를 사용할 수 있다.

그러한 미끄러짐은 단지 S_t의 변화 보다도 더 많은 이유로 발생할 수 있다. 실제로, (i) 스마일 효과(smile effect), (ii) 금리 효과 및 (iii) 일부 금융상품에서의 상관관계를 가진 매개 변수의 이동 등이 있다. 이것들의 변화는 고전적 변동성 성과가 초기에 인지된 수준에서 벗어나서 움직이는 원인이 될 수 있다.

3.3.3 정태적 변동성 포지션

만약 동태적 델타 중립 옵션 포지션이 σ^2의 변동에 노출을 잃지 않고, 그래서 변동성 위험에 대한 헤지로서 유용하지 않게 된다면, 정태적 포지션은 더 나은가?

변동성 노출을 가지고 있는 고전적인 포지션은 ATM(등가격) 스트레들(straddles)을 매입(매도)하는 것이다. 위와 같은 동일한 숫자를 이용하여 〈그림 3.4〉는 $K=100$에서 행사

그림 3.4 ATM콜과 ATM풋의 결합성과

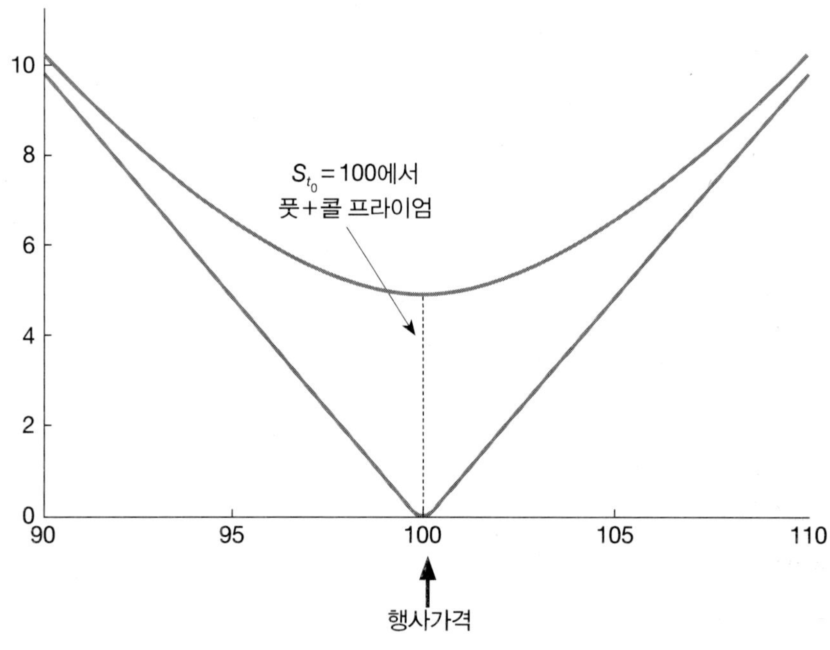

된 ATM 콜과 ATM 풋의 결합성과를 보여준다. 이 포지션은 2개의 순수 바닐라 옵션으로 이루어지며, 비슷한 결합으로부터 손실을 발생 시킬 수 있다. 다음 예제에서는 이에 대해 자세히 토의한다.

예제

앞의 예에서와 같이 다음과 같은 수치를 선택한다.

$$S_{t_0}=100,\ r=0,\ T-t_0=0.1 \tag{3.17}$$

초기 변동성은 20%이며 이는 다음을 의미한다.

$$\sigma^2=0.04 \tag{3.18}$$

관심 있는 몇몇 변수에서 움직임과 관련된 포지션의 민감도를 다시 살펴 본다. 포트폴리오의 분산 베가를 계산 한다.

$$V(S_t,\ t)=100\{\text{ATM 풋}+\text{ATM 콜}\} \tag{3.19}$$

편미분을 취하면,

$$\text{스트레들 베가(Straddle vega)}=100\frac{\partial V(S_t,\ t)}{\partial\sigma^2} \tag{3.20}$$

그런 다음, 공식에 S_t, t, σ^2의 적절한 값을 대체한다. S_t에 대한 관심 있는 값에 대해 이를 수행하면 다음의 민감도 계수를 얻는다:

S_t(주가)	**Vega**(베가)
80	11
90	1493
100	6304
110	2124
120	108

이 수치에 따르면, 만약 S_t가 100에 있고 변동성이 20%에서 30%로 이동하면, 정태적 포지션의 가치는 대략적으로 다음 금액만큼 증가한다.

$$\partial\,\text{스트레들}\cong 6304(0.09-0.04) \tag{3.21}$$

$$=315.2 \tag{3.22}$$

예상 대로, 이 수익률은 앞의 예에서 보다 두 배 정도 크다. 스트레들은 변동성 변화에 보다 큰 민감도를 가진다. 그러나, 변동성 변화에 대한 옵션의 반응성은 다시 일정하지 않으며, 그리고 변동성에 어떤 영향을 미치는지에 대한 외부 요인에 따라 달라진다. 이 표에 따르면 만약 S_t가 80으로 이동한다면, 이때, 심지어 거래자의 기대가 정당화되고 변동성이 20%에서 30%로 이동할 때에도 포지션의 일일조정은 약 0.56으로 감소한다.

〈그림 3.5〉에서는 S_t의 다른 가치에 대한 내재 변동성과 관련된 스트레들(straddle)의 민감도의 행태를 보여주고 있다. 변동성 포지션이 외부 변수의 변화에 다시 일정하지 않음을 알 수 있다. 그러나 동태적으로 유지된 포트폴리오의 경우와 큰 차이점이 있다. 스트레들(Straddles)를 사용하는 정태적 비-델타 헷지 포지션은 S_t의 실제 (실현 된) 움직임에서 혜택을 얻을 수 있다. 예를 들어, S_t가 만기 날짜 T이전까지 80에 머물러 있다면, 스트래들의 풋 레그(leg)는 20을 지불하고 정태적 변동성 포지션을 얻을 것이다. 이것은 기간의 $[t_0, T]$ 동안 S_t의 움직임으로 인해 포지션의 베가가 어떻게 바뀌었는지에 관계없이 발생한다.

그림 3.5 다른 주식가치 S_t에 대하여 내재변동성과 관련된 스트레들 민감도

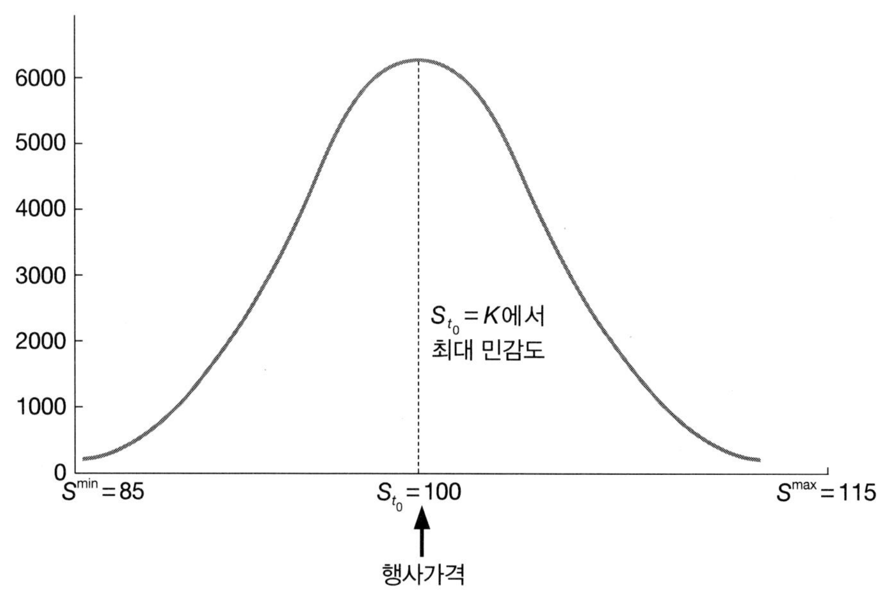

3.4 순수한 변동성 포지션

변동성 위험을 헤지할 올바른 방법을 찾거나 그것에 포지션을 취하는 열쇠는 기존의 유동성 금융상품을 사용하여 "변동성"을 완전히 분리하는 것이다. 바꾸어 말하면 합성의 가치가 "변동성"이 바뀔 때만 변화하는 합성을 만들어야 한다. 이 포지션은 기본 변동성 이외의 변수 변동에 민감하지 않아야 한다. 위험노출은 불변이어야 한다. 그런 다음 변동성 노출을 취하거나, 또는 변동성위험을 헤지하기 위하여 합성물을 사용할 수 있다. 그러한 변동성 금융상품은 매우 유용할 수 있다.

첫째, 다른 행사가격을 가진 옵션을 이용하여 좋아하는–보다 넓은 행사가격범위를 가진 옵션이 존재하며, 그리고 시장이 완성이면–어떠한 성과도 창출할 수 있다는 것을 기존교재의 12장과 본교재의 1장에서 제시되었다. 그래서, 원칙적으로 현명하게 선택된 옵션 포트폴리오를 사용하여 순수 변동성 수단을 창출할 수 있어야 한다.

그림 3.6 3개의 순수 바닐라 유럽 콜 포지션의 베가

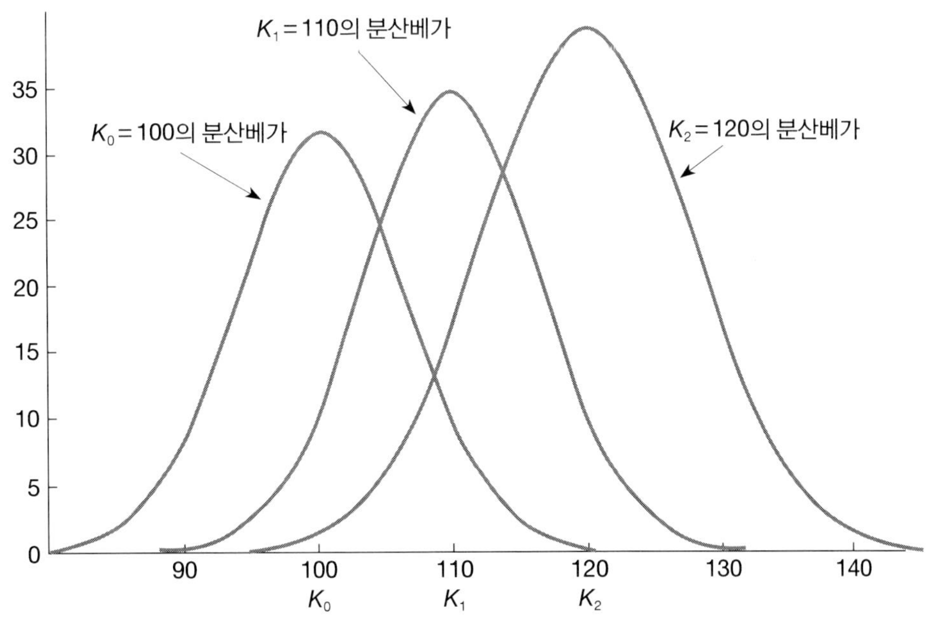

둘째, 만약 S_t가 행사가격에서 멀어져, 옵션 포지션의 베가가 갑자기 떨어진다면, 다른 행사가격을 가진 옵션과 적정하게 결합시키므로서, 베가가 S_t의 움직임에 다소 민감하지 않은 옵션의 포트폴리오를 얻을 수 있다. 경험적으로 말하면, 원하는 수평선을 얻기 위해 매끄러운 곡선의 작은 부분을 조합할 수 있다.

이 단계들을 따를 때, 순수 변동성 금융상품을 만들 수 있다. 두 개의 외가격과 세 가지 일반 바닐라 유럽 통화 옵션의 베가 그림을 고려하자. 옵션은 행사가격을 제외하고 모든 면에서 동일하다. 〈그림 3.6〉에서 예를 보여주고 있다. 행사가격 $K_0=100$, $K_1=110$, $K_2=120$에 대한 세 가지 σ^2 민감도 계수가 그려져 있다. 앞에서 설명한 것처럼 각 분산 베가는 S_t에서의 움직임에 매우 민감하다는 것을 주목하라. 이제 모든 3개의 콜의 합을 구성하는 포트포리오을 고려할 때 무슨일이 일어나는가? 포트폴리오의 민감도는 S_t가 변함에 따라, 그러나 다소 변함에 따라 다시 변한다.

$$V(S_t, t)=\{C(S_t, t, K_0)+C(S_t, t, K_1)+C(S_t, {}_t, K_2)\} \tag{3.23}$$

그래서, 이전 포트폴리오가 세 가지 옵션을 최적으로 결합하지 않았다는 점을 제외하

그림 3.7 행사가격 제급과 반비례하는 가중치를 가진 옵션포트폴리오의 분산베가

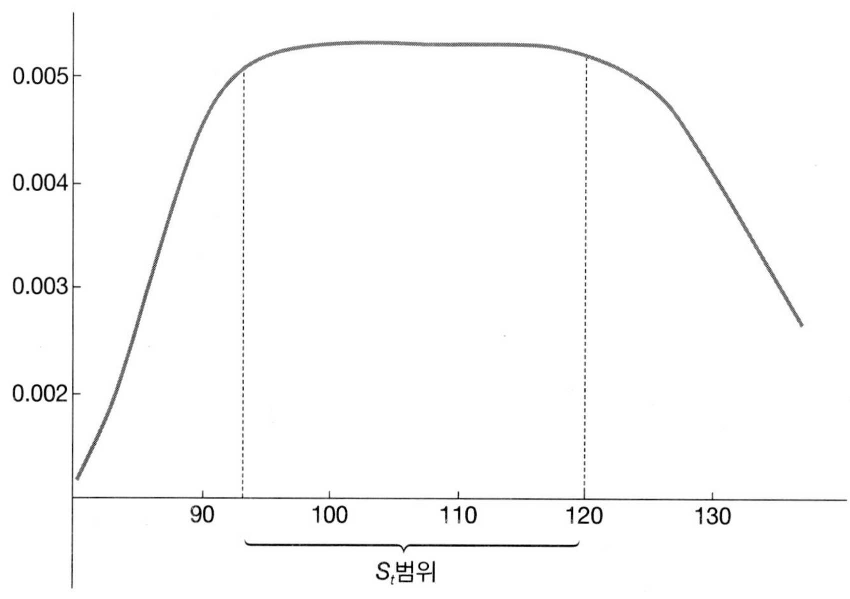

고는 취해진 방향이 정확하다. 사실, 〈그림 3.6〉에 따르면, 각각의 행사가격에 따라 다른 가중치를 사용하여 옵션을 결합해야 한다. 옵션이 외가격일수록 보다 더 높은 가중치를 가져야 하며 보다 더 포트폴리오로 구성되어야 한다.

그러므로, 가중치가 행사가격 K의 제곱에 반비례하는 새로운 포트폴리오를 고려해 보자.

$$V(S_t, t) = \frac{1}{K_0^2} C(S_t, t, K_0) + \frac{1}{K_1^2} C(S_t, t, K_1) + \frac{1}{K_2^2} C(S_t, t, K_2) \tag{3.24}$$

앞에서 주어진 매개 변수 값을 사용하는 이 포트폴리오의 분산 베가는 〈그림 3.7〉에 그려져 있다. 여기서는 적절한 $0 < \in$와 범위를 고려한다.

$$K_0 - \in < S_t < K_2 + \in \tag{3.25}$$

〈그림 3.7〉은 S_t가 변할 때 포트폴리오의 베가는 이 범위에서 거의 일정하다는 것을 보여준다. 이것은 다른 행사가격을 가진 더 많은 옵션이 해당 행사가격으로 가중치를 적용하여 포트폴리오에 추가될 수 있다는 것을 제시한다. 아래 예에서 이러한 계산을 보여준다.

예제

포트폴리오를 고려하자.

$$V(S_t, t) = \left[\frac{1}{80^2} C(S_t, t, 80) + \frac{1}{90^2} C(S_t, t, 90) + \frac{1}{100^2} C(S_t, t, 100) + \right. \tag{3.26}$$

$$\left. + \frac{1}{110^2} C(S_t, t, 110) + \frac{1}{120^2} C(S_t, t, 120)\right] \tag{3.27}$$

이 포트폴리오는 다음 범위에 대해 거의 일정한 베가를 가진다.

$$80 - \in < S_t < 120 + \in \tag{3.28}$$

비슷한 방식에서 행사가격이 다른 추가적인 옵션을 포함시킴으로서 본 절을 보다 더 길게 할 수 있다.

실제, 변화하는 행사가격을 가진 유동성 옵션의 포트폴리오를 이용하여 변동성 포지션에 대한 합성을 창출하기 위한 방법을 찾았다.

3.4.1 실제 문제

순수한 변동성 금융상품 도구를 얻으려는 시도에서, 계속 사용해온 것과 동일한 전략을 본질적으로 따라서 합성을 만들었다. 그러나 이번에는 금융상품 도구의 현금 흐름을 맞추는 대신, 합성은 특정 민감도 요소를 일치시키는 목적을 가지고 있었다. 그것은 일정한 (분산) 베가를 갖도록 함께 결합하였다.

일정한 베가 포트폴리오가 발견되고 이 포트폴리오의 성과는 σ^2의 근사적인 선형 함수로 표현될 수 있다.

$$V(\sigma^2) = a_0 + a_1\sigma^2 + \text{small} \tag{3.29}$$

$$a_1 = \frac{\partial V(\sigma^2,\ t)}{\partial \sigma^2} \tag{3.30}$$

이것은 S_t가 다음의 범위 내에 존재하는 한 성립된다.

$$S^{\min} = K_0 < S_t < K_n = S^{\max} \tag{3.31}$$

이러한 조건에서 변동성 포지션은 정(+)의 기울기 a_1을 가진 다른 롱(또는 숏) 포지션과 같을 것이다.

일정한 (분산)베가를 가진 포트폴리오는 바닐라 유럽 통화 및 풋을 사용하여 구성될 수 있다. 이전에 논의된 합성과 관련된 규칙도 여기에 응용된다. 합성의 구성요소가 유동성을 가져야하며, 따라서 유동성을 가진 콜과 풋이 선택되어 져야 한다는 것은 중요하다. 앞의 논의는 콜에 대해서만 언급하였다. 절차의 실용적인 응용은 또한 풋과 관련이 있다. 이것은 다소 복잡한 두 가지 문제를 불러온다. 첫 번째는 스마일 효과을 가지고 이루어져야 한다. 두 번째는 유동성과 관련이 있다.

3.4.1.1 스마일 효과

S_t가 합리적인 범위에 존재하는 한 일정한 베가를 가진 시간 t_0에서 포트폴리오를 구성한다고 가정하자.

$$S^{\min} < S_t < S^{\max} \tag{3.32}$$

이러한 조건들에서 포트폴리오는 다른 "가격도(moneyness)" 속성을 가진 옵션으로 구성되며 옵션 가격결정 공식의 변동성 매개 변수는 변동성 스마일이 존재한다면 행사가격 K에 의존할 수 있다. 일반적으로 K가 감소함에 따라 내재 $\sigma(K)$는 일정한 S_t에 대하여 증가할 것이다. 이러한 조건하에서, 거래자는 포트폴리오가 형성되기 전에 스마일과 그것을 모형화하는 방법을 정확하게 결정할 필요가 있다.

3.4.1.2 유동성 문제

앞에서 언급했듯이 합성이 많은 유동성을 가지고 있기 때문에, 합성에 대한 외가격(out-of-the-money) 옵션을 선택할 필요가 있다. 그러나 시간이 지남에 따라 이러한 옵션의 가격도(moneyness)는 변하며, 이는 유동성에 영향을 준다. 내가격의 옵션들은 지금 다소 유동성이 낮다. 원래 합성에 포함되지 않은 다른 옵션은 더 많이 유동성을 가지게 된다. 비록 복제 포트폴리오가 정태적일지라도, 구성 옵션의 비유동성은 포지션을 풀어야 할 필요가 있을 경우에 단점이 될 수 있다.

3.5 분산 스왑

(실현 된) 분산의 변동에 대하여 고정된 노출을 가진 하나의 금융상품수단은 분산스왑이다. 이 절에서는 이 개념을 소개하고 다음에는 이를 연구하기 위한 간단한 분석틀을 제공한다.

분산스왑은 여러 가지 면에서 다른 스왑과 같다. 계약 당사자는 계약 개시 시점에 고정된 위험에 대해 변동위험(floating risk)을 교환한다. 이 경우 교환 대상은 이자율이나 지분 상품의 수익일뿐만 아니라 다양한 위험 요인에 해당하는 분산도 된다.

3.5.1 변동스왑의 사용 및 사용자

분산스왑의 헤징과 가격결정을 학습하기 전에 분산스왑의 잠재적인 용도가 무엇인지 생각해 보는 것이 좋다.

3.5.1.1 분산스왑의 사용

분산스왑의 여러 용도와 사용자를 구별할 수 있다. 첫째, 일부 사용자는 분산 변동을 방향성 있게 거래하는 방법으로 분산스왑에 관심을 가질 수 있다. 이는 헤지 목적이나 방향성투자(speculative) 목적을 위한 것일 수 있다. 미래의 주식 또는 지수 변동성 또는 변동성에 대하여 방향성투자(speculative)를 하는 시장참가자들은 분산스왑을 가진 롱 및 숏 실현된 분산으로 갈 수 있다. 거래 및 헤지 옵션에 대한 이러한 방법의 이점은 변동 스왑이 다른 위험 노출로 인해 오염되지 않는다는 것이다. 예를 들어, 투자자가 다가오는 선거 이후에 정치적 및 금융 불확실성이 급격히 떨어질 것으로 예상하는 경우, 분산스왑에서의 숏 포지션은 이러한 견해와 이익을 표현하는 좋은 방법일 수 있다.

둘째, 일부 투자자는 분산스왑을 사용하여 실현된 분산수준과 내재 분산 수준 간의 스프레드를 거래하기 위해 분산스왑을 사용할 수 있다. 아래에서 볼 수 있듯이, 분산스왑에서 공정 행사가격 F_{t_0}은 스왑과 마찬가지로 동일 만기를 가진 옵션의 현재-내재 변동성 수준과 관련이 있다. 따라서 만기 전에 스왑을 풀면, 시장참여자는 실현 변동성과 내재 변동성 간의 스프레드를 교환할 수 있다.

3.5.1.2 내재 변동성노출을 가진 시장참여자의 헤지

헤지를 위해 내재 변동성을 가진 시장참가자를 적어도 3그룹으로 나누어 볼 수 있다. 일부 이벤트 중심 헤지 펀드는 합병 차익 거래에 관여하며 매수자와 인수대상 간의 스프레드가 축소될 것으로 가정하는 포지션을 취한다. 그러나 만약 전체 시장 변동성이 증가한다면 합병 가능성이 낮아지고 스프레드가 확대되어 합병 차익 거래 헤지 펀드의 손실로 이어질 위험이 있다.

적극적인 벤치마킹 전략을 따르는 일부 기관 투자자는 정기적으로 포트폴리오를 재조정한다. 변동성이 큰 기간에는 이러한 재조정이 보다 더 자주 필요할 수 있으므로 포트폴리오 회전율과 거래 비용이 높아진다. 거래 비용과는 별도로, 변동성이 높아지면 벤치 마크 기준에 따라 판단되는 포트폴리오 관리자의 추적 오차(tracking error)가 증가할 수 있다. 자산 가격이 빠르게 움직이기 때문에 변동성이 낮을 때 만큼 효과적으로 벤치마크를 추적할 수 없을 수도 있다.

표준 자기자본 펀드는 자기자본시장 수준과 변동성 사이에 부의 실증적 상관관계가 있기 때문에 아래에서 알 수 있는 것과 같이 단기 변동성이라고 주장할 수 있게 된다. 따라서 글로벌 자기자본간 상관 관계가 높아짐에 따라, 증권들간 그리고 국가간 분산투자는 덜 효과적이게 된다. GFC로 인하여 나타나는 현상으로서 대부분의 자산이 떨어지고, 그러나 분산투자는 증가하는 경향이 있으며 그래서 잠재적인 헤지로 유도되는 많은 혼란기간 동안의 최근 상황을 보여주고 있다.

위에 열거된 3개의 시장참여자는 모두 노출을 헤지하고 포트폴리오 위험을 줄이기 위해 변동성 스왑에서 롱 포지션으로부터 모두 다 잠재적인 혜택을 얻을 수 있다.

다음 절에서는 분산스왑에 대한 기술적인 논의로 넘어간다. 그러나 우리는 기초자산으로 변동성 보다는 분산을 사용하여 논의가 진행될 것이라고 다시 강조한다.

3.5.2 분산스왑의 기본 틀

S_t를 기초자산 가격으로 놓자. 명목 금액 N을 가진 분산스왑의 시간 $-T_2$ 성과 $V(T_1, T_2)$는 다음과 같이 주어진다:

$$V(T_1, T_2) = \left[\sigma^2_{T_1,T_2} - F^2_{t_0}\right](T_2 - T_1)N \tag{3.33}$$

여기서 σ_{T_1,T_2}는 $t < T_1 < T_2$의 조건에서 구간 $t \in [T_1, T_2]$ 동안 S_{tb}의 실현변동성율이다. 이는 "변동"율과 유사하며 시간 T_2가 도착할 때만 관찰될 것이다. F_{t_0}은 시장에 의해 시간 t_0에서 보고되는 "고정" S_t 변동성율이다. 이것은 계약 기간 동안 적절한 변동성을 얻기 위해서는 $(T_2 - T_1)$을 곱해 져야만 한다. N은 계약 개시 시점에 결정될 필요가 있는 명목 금액이다. 시간 t_0에서 $V(T_1, T_2)$는 알려져 있지 않다. 스왑은 시간 t_0 "$V(t_0, T_1, T_2)$로 표시된 성과의 "기대가치" 는 0으로 설정된다. 개시 시점에서 현금이 변경되지 않는다:

$$V(t_0, T_1, T_2) = 0 \tag{3.34}$$

따라서, 분산스왑은 "변동" $\sigma^2_{T_1,T_2}(T_2 - T_1)$가 "고정"$(T_2 - T_1)F^2_{t_0}N$에 대해 받게 된다는 점에서 바닐라(이자율)스왑과 비슷하다.

분산스왑에 의해 내재된 현금흐름은 〈그림 3.8〉에서 보여주고 있다. 계약은 시간 t_0에 이루어지고 시작 날짜는 T_1이다. 그것은 T_2에서 만기가 된다. "유동성" 변동성(분산)은 전체 기간 $[T_1, T_2]$ 동안 S_t의 총변동성 (분산)이다. F_{t_0}는 하첨자 t_0를 가지며, 그리고 시간 t_0에서 결정되어야 한다.

그림 3.8 분산스왑 현금 흐름

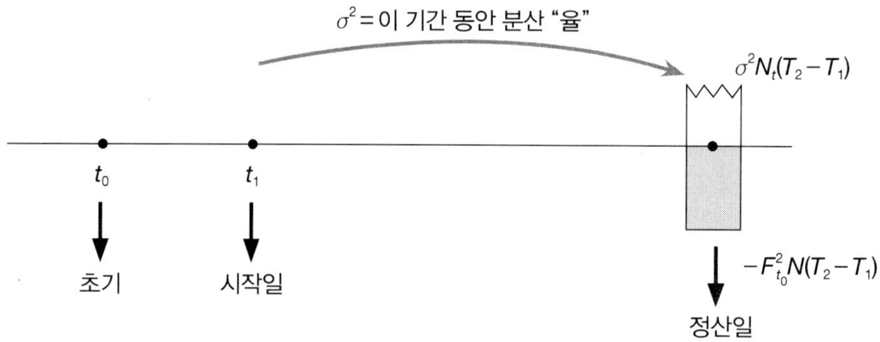

3.5.2.1 실제 스왑의 변화 예

밑에서 실제 스왑의 실질적인 예를 제공한다.

예제 S&P500 분산스왑 - SPX가 제시하는 용어와 조건

금융상품 수단	스왑
분산매입자	TBD(즉, JPMorganChase)
분산매도자	TBD(즉, 투자자)
주요 통화	USD
베가금액	100,000
분산금액	3125(베가금액/(행사가격×2)로서 결정)
기초자산	S&P500(블름버그 ticker: SPX 지수)
행사가격 Kvol	16
자기자본 금액	기간 말 관측 후 $T+3$, 자기자본 수량은 계산될 것이고 다음의 공식에 따라 지급될 것임.

마지막 자기자본 지급액 = 분산금액 × (마지막 실현된 변동성^2 − 행사가격^2)

만약 자기자본 금액이 정(+)이면, 분산 매도자는 분산 매입자에게 금액을 지불할 것이다. 자기자본 금액이 부(−)이면, 분산 매입자는 자기자본 금액의 절대 값과 동일한 금액을 분산 매도자에게 지급할 것이다.

여기서,

$$\text{최종실현된 분산(Final realized volatility)} = \sqrt{\frac{252 \times \sum_{t=1}^{t=N} (\ln(P_t/P_{t-1}))^2}{\text{Expected\_}N}} \times 100$$

Expected_N= [거래 일수], 관측 기간의 예정 거래일 것으로 기대 일수 [일수]
P_0=관측 개시일의 관측소 기초자산의 공식적인 마감
P_t=모든 관측 일 t에서 기초자산의 공식적인마감 이거나 또는 관측 종료일, 거래소-거래된 계약의(ET: 상장지수) 공식적인 결제가격.

(Bossu et al. (2005))

변동성 스왑 계약의 기간이나 조건은 만약 실현된 분산이 행사가격 Kvol보다 높으면 분산 매입자는 분산 매도자로부터 지급을 받을 것이다. 다른 파생상품 계약과 마찬가지로, 헤징 또는 방향성투자(speculative)에 대해 분산스왑을 사용할 수 있다. 계약이 헤지 목적으로 사용되는 예를 고려하자. 분산 매입자는 보험으로서 분산스왑을 매입한다. 즉, 예상치 못한 분산 증가에 대비하는 것이 헤징의 목적인 것이다. 왜 분산 매입자는 분산 증가에 대하여 헤지 하기를 원하는가? 분산 매입자(예 : JPMorganChase)는 예를 들어, 소매 투자자에게 자본 보증을 제공하는 구조화된 자기자본 상품을 발행할 수 있으며, 이제는 변동 스왑을 통하여 구조화 상품을 헤지하고자 한다. 자본 보증은 소매 투자자가 손실로부터 보호할 수 있도록 한다. 구조화 상품은 자기자본 시장의 노출과 캡의 다운사이즈(capped downside)로 구성될 수 있다. JPMorganChase는 지수에 대한 풋 옵션에서 롱 포지션을 사용할 수 있고 또는 값이 더 싸다면 자본보증에 대해 지급하기 위한 현금흐름을 발생시키기 위해 분산스왑에서 롱 포지션을 사용할 수 있다. 주식시장에서 거래될 때, 분산과 상관관계가 증가하는 경향이 있다. 분산계약 조건 표는 16달러의 행사가격 K_{vol}, 즉 16달러의 변동성을 보여준다. 실현된 변동성이 16달러이상(실질적으로)을 넘는 시나리오에서는 주식시장이 급락할 수 있다. 분산 매입자(JPMorganChase)는 장기로 분산스왑을 매입할 수 있다. 상대방은 누구인가? "투자자"는 예를 들어 헤지 펀드가 될 수 있다. 우리는 JPMorganChase가 헤지 펀드에서 예상치 못한 분산증가에 대비하여 헤지펀드로부터 보험을 사는 것과 같이, 거래를 경제적으로 해석할 수 있다.

시장의 실무적인 차원에서 분산의 개념은 변동성이란 용어로 정의된다:

$$\text{분사(Variance notional)} = \frac{\text{베가금액(vega notional)}}{2 \times K_{vol}}$$

베가 금액(vega amount)은 \$100,000이다(\$3125=\$100, 000/(2×16)의 분산금액을 의

미함). 위의 조정의 의미는 실현 변동성이 만기 시점의 행사가격 위에서 1 "베가" 또는 1 변동성 포인트일 때, 성과는 베가의 개념과 거의 같다는 것이다.

분산스왑 계약기간에서 수익률은 로그기준으로 계산되고 평균 수익률은 단순화를 위해 0으로 가정함으로써 성과가 완벽하게 부가될 수 있는 속성을 관찰하는 것이 흥미롭다: 6개월+6개월분산=1개월분산.

예를 들어, 만약 지수가 내년에 20% 변동성이 실현되면, 분산 매입자(롱 포지션)는 \$ 450,000 = 3125 × (실현변동성$^2 - K_{\text{vol}}^2$) = 3125 × $(20^2 - 16^2)$을 받을 것이다. 이것은 헤지 펀드에서 JPMorganChase에 이르기까지 실현된 보험료로 해석될 수 있다. 왜 헤지 펀드는 거래 상대방으로서 이러한 거래를 시작하는가? 아래에서 보게 되겠지만, 역사적으로 내재분산(고정 된 구간)은 실현된 분산(변동 구간)보다 평균적으로 높다. 예를 들어, 지수가 12%만 실현하면, 롱은 \$350,000 = 3125 × (실현된 변동성$^2 - K_{\text{vol}}^2$) = 3125 × $(12^2 - 16^2)$을 매도자에게 지불할 것이다. 여기서 JPMorganChase는 투자자 또는 헤지 펀드에게 \$350,000을 지불할 것이다.[7] 이것은 보험료(insurance premium)로 해석될 수 있다. 과거 일정 기간 동안 헤지 펀드가 실질적인 위험 또는 분산스왑을 매도 또는 분산스왑을 숏 취함으로써 보험료를 받을 수 있었다. 그러나 위기 상황에서 실현변동성은 내재 변동성을 초과하여 상승하는 경향이 있기 때문에 이는 결코 위험 부담이 없는 거래는 아니다.

〈그림 3.9〉에서는 1996년부터 2014년까지 S&P500 분산스왑 계약의 변동(floating) 및 고정(fixed) 구간을 보여준다. 계약은 30일 분산에 대한 것이다. 변동구간은 실현된 분산을 기반으로하고 고정구간는 내재분산을 기반으로 한다.[8] 내재분산은 GFC 이전 및 GFC 이후 기간의 대부분에 대한 실현된 분산 이상이였다. 이것은 분산매도자가 분산스왑을 매각에 대하여 받게 되는 보험료를 강조하고 있다.

그러나 분산매도자는 GFC 동안에 큰 손실을 입었을 것이다. 그림에서 알 수 있듯이, 2008년 9월 29일에 실현된 분산은 0.70의 수준에 도달했지만 내재분산은 0.13이었다. 2008년에 숏 분산 포지션을 취했던 많은 트레이딩데스크와 헤지펀드들은 상당한 손실을 입었고 일부는 폐쇄로 몰렸다. 분산스왑은 OTC계약으로 거래되었고 거래소에 거래된 분산계약으로부터 현재 이용 가능한 과거 자료는 없다. 그러므로 그림은 S&P500 지수 옵션

7) 위 예에서, 행사가격에서 4%떨어져 있는 실현 변동성의 평균 노출은 요구하는 것처럼 \$400,000 또는 4배의 배가 금액임을 주목하라.

8) 부드러운 그림을 만들기 위해 3시간 시리즈의 12개월 평균이동을 취함으로써 원 월별(original monthly) 시간 시리즈을 변환하였다.

그림 3.9 S&P500 분산 스왑계약동안 변동 및 고정구간

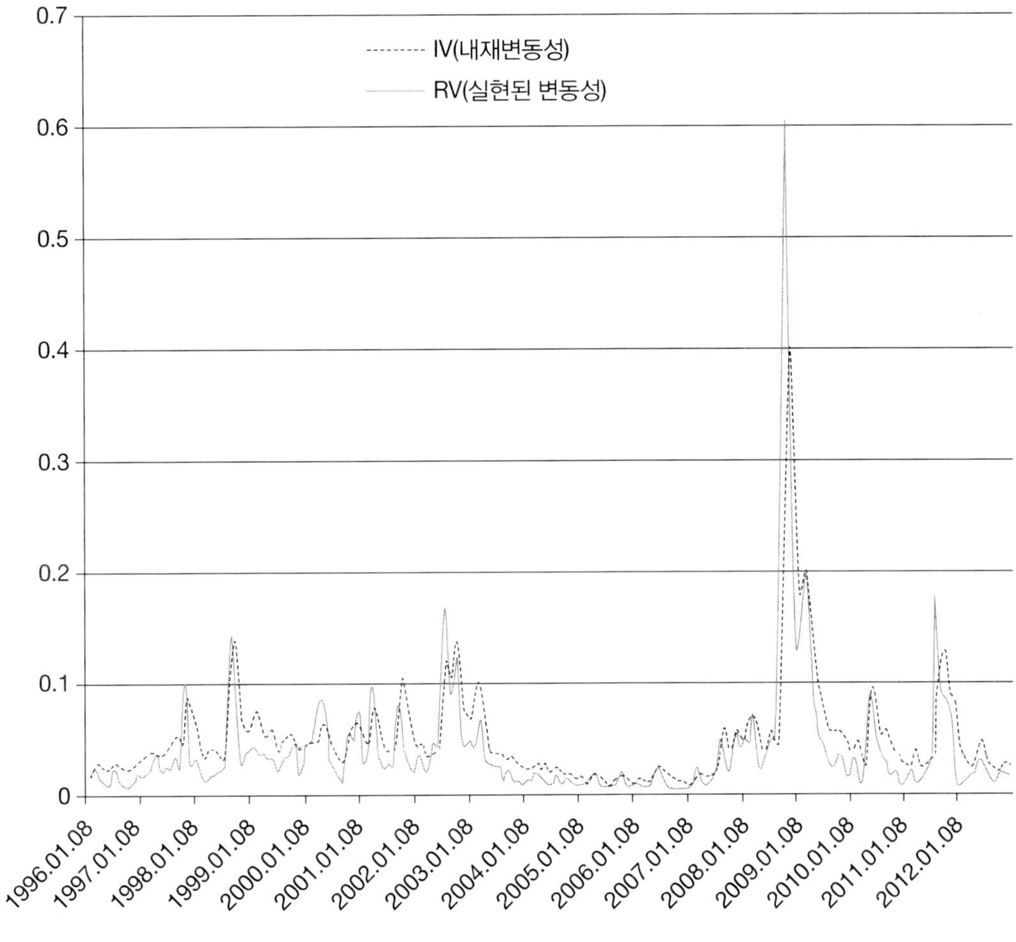

및 Optionmetrics 변동성 지표 데이터를 기초로 한 합성변동 스왑계약을 기반으로 한다.

〈그림 3.9〉에서 또한 변동성의 중요한 특징을 보여 주며, 이는 평균으로 회귀하는 경향이다. 변동성 그림(plot)을 S&P500의 실현 수익률에 비교하면, 자기자본 변동성이 주가지수와 부(−)의 상관 관계을 가지게 되고 증가된 불확실성이나 위험이 높아진 시점에 상승하는 경향이 있음을 알 수 있다.

3.5.2.2 현실세계 관행

계약 표에서 제시하고 있는 것처럼 거래 상대방이 실현 변동성, 특히 일일 변동성에서 연간 변동성으로 이동하는데 사용되는 연간 이자율뿐만 아니라 기초자산가격의 출처 및 빈도를 계산하는 절차에 동의하는 것이 중요하다. 또한 표준편차가 각 수익률에서 표본평균을 뺀 값으로 계산되는지 아니면 0으로 가정하여 계산되는지 여부도 중요하다. 0의 평균방법은 옵션 포트폴리오를 통해 복제될 수 있는 계약과 가장 밀접한 관련이 있기 때문에 이론적 이점을 가지고 있다.

3.5.2.3 변동성 구간(Floating leg)

분산(변동성) 포지션은 잘 정의된 시간 간격과 관련하여 취해질 필요가 있다. 결국 변동성율은 이자율과 같다: 이는 특정 시간 기간에 대한 정의이다. 따라서 기간 $[T_1, T_2]$을 동일한 하부구간, 즉 일일로 세분한다:

$$T_1 = t_1 < t_2 \cdots < t_n = T_2 \tag{3.35}$$

$$t_i - t_{i-1} = \delta \tag{3.36}$$

그리고 기간 δ에 대한 실현된 분산을 다음과 같이 정의한다.

$$\sigma_{t_i}^2 \delta = \left[\frac{S_{t_i} - S_{t_{i-1}}}{S_{t_{i-1}}} - \mu\delta\right]^2 \tag{3.37}$$

여기서 $i = 1 ,.. . n$.[9] μ는 1년 동안 S_t의 기대변화율이다. 이 매개 변수는 0 또는 다른 추정된 평균과 동일하게 설정될 수 있다. 선택한 값에 관계없이 μ는 계약에서 신중하게 정의될 필요가 있다. μ가 0이라면, 우변은 길이 구간 δ 동안의 단순 수익률 제곱이다.

연속적인 구간에 대한 한계분산(marginal variance)을 더하면, σ_{T_1, T_2}^2는 다음과 동일하다.

$$\left(\sigma_{T_1, T_2}^2\right)(T_2 - T_1) = \sum_{i=1}^{n}\left[\frac{S_{t_i} - S_{t_{i-1}}}{S_{t_{i-1}}} - \mu\delta\right]^2 \tag{3.38}$$

따라서, σ_{T_1, T_2}^2는 구간 $[T_1, T_2]$ 동안의 S_t의 실현된 백분율 분산을 나타낸다. 구간이 보다

9) 물론, "단-기간" 변동성을 정의하기 위한 많은 다른 방법이 있다. 최근 몇몇 연구는 예를들어 매매일 동안 추정된 일변 가격변동의 분산을 사용한다.

더 작아지면, 즉 $\delta \to 0$, 마지막 표현은 다음과 같이 쓸 수 있다.

$$\left(\sigma^2_{T_1,T_2}\right)(T_2 - T_1) = \int_{T_1}^{T_2} \left[\frac{1}{S_t} dS_t - \mu dt\right]^2 \tag{3.39}$$

$$= \int_{T_1}^{T_2} \sigma_t^2 dt \tag{3.40}$$

이 공식은 실현된 분산을 정의하고 있다. 이것은 시간 t_0에서 확률변수이며 스왑의 변동 구간으로 간주될 수 있다. 분명하게 그러한 변동 분산은 미래 어떤 구간에 대해서도 정의될 수 있고 "고정된" 구간(leg)에 대해 교환될 수 있다.

3.5.2.4 고정분산 결정

고정 변동성을 결정하는 F_{t_0}는 시간 t_0에서 분산스왑의 공정 가치를 줄 것이다. 어떻게 F_{t_0}의 수치를 얻는가? 분산스왑이 시간 t_0에서의 공정 가치가 0과 같도록 설계되었다는 점부터 주목해야 한다. 따라서 $F^2_{t_0}$은 해당 숫자(분산)이며, 이는 스왑의 공정 가치를 0으로 만든다. 이것은 본 교재 전체에 사용되는 기본 원칙이며 여기에서도 적용된다.

자산가격결정의 기본이론을 사용하고 다음과 같은 적정한 차익거래가 없는 측도 $\tilde{P}$를 발견하기 위해 시도한다.

$$E^{\tilde{P}}_{t_0}\left[\sigma^2_{T_1,T_2} - F^2_{t_0}\right](T_2 - T_1)N = 0 \tag{3.41}$$

이 측도 $\tilde{P}$는 무엇인가? 시장은 완성(complete)이라고 가정하자.

연속복리 무위험 현물이자율 r이 일정하다고 가정한다. 이때, 확률과정 $\sigma^2_{T_1,T_2}$는 $T_1 \le u \le T_2$에서만 S_u의 비선형함수이다.

$$\sigma^2_{T_1,T_2}(T_2 - T_1) = \int_{T_1}^{T_2} \left[\frac{1}{S_t} dS_t - \mu dt\right]^2 \tag{3.42}$$

어떤 조건 하에서, 화폐시장 계정에 의한 정규화를 사용할 수 있고 $\tilde{P}$를 위험중립적 측도로 놓자.[10] 이때, 식 (3.41)에서 괄호 안 기대치를 취하고 배열하면, 다음의 결과를 얻는다.

10) 이 계약은 T_2시점에서 정산될 것이라는 것을 독자에게 상기시킨다.

$$F_{t_0}^2 = E_{t_0}^{\tilde{P}}\left[\sigma_{T_1, T_2}^2\right] \tag{3.43}$$

이것은 다음의 가격결정 공식을 유도한다.

$$F_{t_0}^2 = \frac{1}{T_2 - T_1} E_{t_0}^{\tilde{P}}\left[\int_{T_1}^{T_2}\left[\frac{1}{S_t} dS_t - \mu\, dt\right]^2\right] \tag{3.44}$$

그러므로, $F_{t_0}^2$를 결정하기 위해서는 σ_t^2의 적분값의 측도 $\tilde{P}$하에서 기대치를 평가할 필요가 있다. 이것의 이산적 동등성은 다음과 같이 주어진다.

$$F_{t_0}^2 = \frac{1}{T_2 - T_1} E_{t_0}^{\tilde{P}}\left[\sum_{i=1}^{n}\left[\frac{S_{t_i} - S_{t_{i-1}}}{S_{t_{i-1}}} - \mu\delta\right]^2\right] \tag{3.45}$$

적절한 무차익거래 측도에서 이 표현을 평가하는 것은 어렵지 않다. 이것을 하기 위해서는 몬테칼로 또는 트리 방법을 사용할 수 있는데, 한때 무차익 동태성이 설정된다.

3.5.3 포트폴리오 복제

위험 중립 측도를 사용한 표현은 가격결정에 사용될 수 있다. 그러나 어떻게 분산스왑을 헤지할 것인가? 적절한 헤지를 만들기 위해서는 복제 포트폴리오를 찾아야 한다. 제시된 대안을 사용하여 이러한 문제를 토의한다. 이 대안은 명확하게 표시되는 일부 수학적 수단의 금융공학 해석에서 부차적인 이점을 가지고 있다. 다음 모형은 블랙-숄즈 가정을 가지고 시작한다.

분산스왑을 헤징하는 트릭은 관측 가능한(거래 된) 수량과 관련된 σ_{T_1, T_2}^2을 분리하는 것이다. 이것은 적정 합성을 함으로써 행해질 수 있다. S_t의 확산과정을 가정하자:

$$dS_t = \mu(S_t, t) S_t dt + \sigma(S_t, t) S_t dW_t \qquad t \in [0, \infty) \tag{3.46}$$

여기서 W_t는 확률 $\tilde{P}$하에서 정의된 위너 과정이다. 확산 매개변수 $\sigma(S_t, t)$는 국부 변동성이라고 불린다. 이제 비선형 변환을 고려하자:

$$Z_t = f(S_t) = \log(S_t) \tag{3.47}$$

이 새로운 과정 Z_t에 대한 동태성 또는 확률미분방정식(SDE)을 설정하기 위해 이토의 보조정리(Ito's Lemma)를 적용한다.

$$dZ_t = \frac{\partial f(S_t)}{\partial S_t} dS_t + \frac{1}{2} \frac{\partial^2 f(S_t)}{\partial S_t^2} \sigma(S_t, t)^2 S_t^2 dt \quad t \in [0, \infty) \tag{3.48}$$

이것은 다음의 결과를 준다.

$$d \log(S_t) = \frac{1}{S_t} \mu(S_t, t) S_t dt - \frac{1}{2S_t^2} \sigma(S_t, t)^2 S_t^2 dt + \sigma(S_t, t) dW_t \quad t \in [0, \infty) \tag{3.49}$$

여기서 S_t^2 항은 우변에서 상쇄된다. 항들을 모으면, 다음을 얻는다.

$$d \log(S_t) = \left[\mu(S_t, t) - \frac{1}{2}\sigma(S_t, t)^2\right] dt + \sigma(S_t, t) dW_t \tag{3.50}$$

흥미로운 결과에 주목하라. dS_t/S_t와 $d \log(S_t)$에 대한 동태성은 $\sigma(S_t, t)^2 dt$와 관련된 요인은 제외하면 거의 동일하다. 이것은 각각에서 두 방정식을 뺄 수 있고 다음을 얻을 수 있다는 것을 의미한다.

$$\frac{dS_t}{S_t} - d \log(S_t) = \frac{1}{2} \sigma(S_t, t)^2 dt \quad t \in [0, \infty) \tag{3.51}$$

이와 같은 연산은 우변 순간 백분율 국지 변동성을 분리한다. 그러나 분산스왑에 필요한 것은 이 항의 적분이다. 양변을 적분하면 다음을 얻는다.

$$\int_{T_1}^{T_2} \left[\frac{1}{S_t} dS_t - d \log(S_t)\right] = \frac{1}{2} \int_{T_1}^{T_2} \sigma(S_t, t)^2 dt \tag{3.52}$$

이제 좌변에서 적분을 취한다.

$$\int_{T_1}^{T_2} d \log(S_t) = \log(S_{T_2}) - \log(S_{T_1}) \tag{3.53}$$

이것을 이용하여 재정리하면 다음의 결과를 얻는다.

$$2\left[\int_{T_1}^{T_2} \frac{1}{S_t} dS_t\right] - 2 \log\left(\frac{S_{T_2}}{S_{T_1}}\right) = \int_{T_1}^{T_2} \sigma(S_t, t)^2 dt \tag{3.54}$$

우변에서 기간 $[T_1, T_2]$에 대한 백분율 총분산을 분리하는데 성공했다. S_t는 거래되는 자산일 경우, 좌변 표현은 이 분산을 복제한다.

3.5.4 헤지

방성식(3.54)의 좌변 해석은 꽤 흥미롭다. 그것은 궁극적으로 분산스왑에 대한 헤지를 제공할 것이다. 사실 표현에서 적분은 이토 적분이 현대 금융에서 종종 의미하는 좋은 예다. 다음을 고려하자.

$$\int_{T_1}^{T_2} \frac{1}{S_t} dS_t \tag{3.55}$$

이 표현을 어떻게 해석할까?

무한히 짧은 간격 dt 구간 동안, 모든 t에 대해서 유지되는 S_t의 $1/S_t$ 단위를 구성하고 있는 롱포지션을 유지하기를 원한다고 가정하자. 다시 말하면, 시간 t에서 기초자산의 $1/S_t$ 단위를 매입하고 그것들을 무한히 작은 구간 dt 동안 그들을 보유한다. 시간 t에서 S_t가 관측되면 이 포지션은 쉽게 취해질 수 있다. 예를 들어, $S_t=100$라면 1 달러의 총비용에서 S_t의 0.01단위를 살 수 있다. 그런 다음 시간이 지남에 따라 S_t가 dS_t만큼 변경되고 포지션은 매입한 모든 단위에 대해 dS_t 달러를 잃는다. S_t+dt가 아마도 상이 할 것이며, 포트폴리오는 $1/\ S_t+d_t$단위 롱이 될 필요가 있다.

무한히 작은 구간 d_t 동안 그러한 포트폴리오의 이득 또는 손실 결과는 다음 표현에 의해 제시된다.[11)]

$$\frac{1}{S_t}(S_{t+dt}-S_t)=\frac{1}{S_t}dS_t \tag{3.56}$$

모든 후속 구간 dt에 대해 비슷한 방식으로 진행할 경우, 전체 기간 $[T_1, T_2]$에 걸쳐, 이러한 동태적으로 유지된 포트폴리오의 이득과 손실은 다음 식에 부가된다.

$$\int_{T_1}^{T_2} \frac{1}{S_t} dS_t \tag{3.57}$$

그러므로 적분은 동적으로 유지된 포트폴리오의 거래 이익 또는 손실을 나타낸다.[12)]

11) 여기서 d_t의 사용은 경험적(heuristic)이다.

12) 사실, 이러한 해석은 약간 일반화될 수 있다. 종종 금융에서 확률적분은 다음과 같은 구조를 가진다.

$$\int_{T_1}^{T_2} f(S_t)dS_t$$

이들은 가격 S_t을 가진 자산의 동태적으로 유지되고 있는 $f(S_t)$의 거래 이득 또는 손실로서 해석될 수 있다.

방정식 (3.52)의 좌변에 있는 두 번째 적분 시간 t에 관하여 취해지며 이것은 표준 적분이다.

$$\int_{T_1}^{T_2} d\log(S_t) = \log(S_{T_2}) - \log(S_{T_1}) \tag{3.58}$$

정태적 포지션으로 해석 될 수 있다. 이 경우, 적분은 시간 T_1에서 기록된 계약의 성과이며, 시간 T_2에서 알려지지 않은 $\log(S_{T_2})$와 알려진 $\log(S_{T_1})$ 사이의 차이를 지급한다. 이것은 로그 계약(log contract)이라고 한다. 이 계약에서 롱과 숏은 포지션은 S_t의 로그 함수이다.

어떤 면에서, 방정식 (3.54)의 좌변은 분산계약의 헤지를 제공한다. 만약 거래자가 분산스왑을 숏 한다면, S_t에 대한 동태적으로 조정된 롱 포지션을 유지하고 정태적 로그 계약을 숏 한다. 이것은 완전시장을 가정하고 있다.

3.6 분산계약의 실제예제

분산(변동성) 스왑은 분산(변동성)노출을 가진 포지션을 취하거나 헤징에 유용하다. 그러나 새로운 시장이 생길 때마다 즉각적인 용도를 넘어서는 일반적으로 보다 더 많은 개발 과정들이 있다. 이 장에서 개발된 개념의 몇 가지 추가 적용에 대해 간략하게 언급한다.

우선, 분산스왑의 고정 구간에서 F_t^2는 새로운 금융상품을 창출하는데 벤치 마크로 사용될 수 있다. 그러나 이 가격은 위험 중립 측도를 사용하여 구해지며, $[T_1, T_2]$ 기간 동안 미래 분산의 불편 예측일 필요는 없음을 인식하는 것이 중요하다. FRA시장 가격과 마찬가지로 F_t에는 위험 프리미엄을 포함할 것이다. 여전히 이것은 변동성 옵션을 쓰는 것에 대한 적절한 가격이다.

분산스왑의 가격결정은 반드시 같은 기간 동안 내재 변동성과 동등한 변동성을 제공하지는 않는다. 내재변동성은 스마일 형태로 나타나며 이것은 F_t와 ATM 변동성 간에 또 다른 틈이 생길 수 있다.

마지막으로, F_t^2는 변동성 노출에 대한 위험관리와 또한 옵션장부에 대한 좋은 지표임에 틀림없다. 변동성 거래, 변동성 헤징 그리고 차익거래는 여전히 상대적으로 새로운 영역이다. 아래에서 변동성 금융상품은 GFC 동안 직면하였고 이러한 상품과 연관된 새로운 포지션에 직면했던 약간의 최근 어려움을 보게 될 것이다.

3.7 GFC 전후의 변동성 및 분산스왑 – 볼록성 조정의 역할?

3.4절에서 본 것처럼, 이론적으로 시장조성자(market maker)는 분산스왑을 매도 하고 행사가격 범위에 걸쳐 풋과 콜 옵션의 포트폴리오를 가지고 정태적 헤지 수단을 사용하여 헤지 한다.

3.7.1 실제 분산스왑 헤징의 어려움

실제 상황에서, 필요한 행사가격의 전체 범위에서 옵션은 이용 가능하지 않거나 매우 유동성이 없을 수도 있다. 지수옵션은 개별 스톡 옵션보다 유동성이 높은 경향이 있다. 결과적으로, GFC 이전의 딜러 및 시장조성자들은 현물가격 수준 근처에서 제한된 수의 행사가격에 집중했다.

1990년대 이후 지표 및 개별 주식에 대한 분산스왑 OTC(장외시장)이 창안되었다. 그러나 GFC에서 시장이 하락하고 변동성이 급증할 때 많은 딜러들이 고통스럽게 학습한 것은 유동성이 일정하지 않고 위기시점에 사라지는 경향이 있다는 것이다. 2008년 9월 시장이 급락함에 따라 헤지 펀드의 모형에 따라 재조정을 시도한 시장조성자들은 상장된 옵션 시장에서 유동성이 줄어들었고, 노출을 헤지 하기가 어려웠으며 비용이 많이 든다는 것을 발견하였다. 유동성 하락은 지수옵션의 경우보다 하나의 이름을 가진 옵션에 더 심각했다. 숏 단일-주식 분산스왑을 가진 딜러는 그에 따라 가장 큰 어려움을 겪었다.

예제

변동성으로 금액까지 상승한 때는 2008년 말 이였고, 분산스왑의 지급금을 계산하기 위해 이것을 틀에 맞추고 좋지 않은 금융상품들이 매도된다 – 많은 딜러들은 하나의 주식 분산에 숏 포지션을 취했다. 그들이 조합한 헤지는 그들이 원했던 어떠한 접근방식에서도 성과를 내지 못했다. 비록 이들 포지션이 이론적으로 상장된 옵션을 가지고 헤지될 지라도, 주식가격이 어디에 있던, 행사가격을 0으로 하여 매입할 수 있지만, 그러나 결코 그렇지 않는다는 것을 가정한다.

(거시위험 어드바이저의 사장, Dean Curnutt의 인용, 뉴욕을 기초로 한 파생상품자산관리회사, 그리고 이전 Bank of America에서 기관 자기자본 파생상품 판매책임자, 구조화 상품, 2010년 4월 1일, www.risk.net/1595196)

분산스왑의 특징 중 하나는 현물가격의 수준에 관계없이 일정한 베가를 나타내는 것이다. 이 베가는 변동성 수준에 따라 선형적으로 증가하기 때문에 딜러는 변동성이 커지면서 스왑을 헤지하기 위해 더 많은 옵션을 매입해야 한다. 이것은 일반적인 유동성 시장에서 가능하지만, 시장이 하락하고 위험 회피율이 증가하는 위기 상황에서는 유동성 옵션을 찾기가 어렵다.

위이 예제는 분산스왑의 위험회피뿐 아니라 변동성과 분산스왑의 위험 프로파일을 달리 보여준다. 분산스왑의 성과는 이전에 보았듯이 실현된 분산(즉, 변동성의 제곱)과 미리 정의된 행사가격 수준에 베가 개념을 곱한 값과 같다. 따라서, 분산스왑의 성과는 변동성에서 볼록하다. 이것이 롱 포지션의 분산스왑 인 투자자에게는 무엇을 의미하는가? 투자자는 변동성스왑을 통해 변동성에 대해 대안적인 노출과 비교하여 증가한 이득과 감소된 손실로부터 혜택을 볼 수 있다. 비슷하게, 숏 분산을 가진 투자자의 경우 손실은 변동성 스왑과 비교하여 확대된다는 것을 의미한다. 왜 누군가가 분산스왑을 숏(매도) 하기를 원하는가? 대답은 분산스왑의 공정한 행사가격이 변동성스왑의 공정한 행사가격보다 높다는 것이다. 이것은 매도자가 더 높은 가격으로 팔 수 있기 때문에 변동성스왑에 비해 분산스왑의 매도를 매력적으로 만든다. 롱 변동성을 가진 어떤 투자자는 변동성이 갑자기 증가 할 때 추가적인 볼록성과 보다 높은 잠재적 이익의 결과로 인하여 변동성 스왑에 비하여 분산스왑을 선호한다. 이 투자자 고객은 하나의 주식에서 변동성 움직임이 지수형에 비하여 보다 더 많이 발생하는 경향이 있기 때문에 지수분산거래에 대한 하나의 주식 분산거래를 종종 선택한다.

다음의 예제는 자기자본 파생상품시장에서 GFC에서 얻은 교훈 중 하나를 보여준다.

예제

"변동성스왑의 볼록성은 장기적인 변동성을 가지는 경향이있는 고객에게 매력적인 제안이었다. 매도자 측은 일정 수준의 헤지 펀드를 제공하기 위해 지속적으로 이용할 수 있는 바닐라 옵션의 유동성에 대한 커다란 베팅을 포함했다. 되돌아 보면 분산은 매우 불안정한 시장에서 판매 측면에서 효과가 있는 금융상품이 아니다. . .].

(Structured Products, 2010년 4월 1일, www.risk.net/1595196)

예제에서 알 수 있듯이, 이론적 모형은 실제로 연속적인 헤징이 가능하다는 것을 가정하고 있다. 이 가정은 현실에서 일어나지 않으며 특히 변동성이 높은 시장에서 헤징은 어렵고 비용이 많이 소요된다. 따라서 일부 시장참여자들은 분산스왑 시장이 너무 빠르게 성장하고 유동성 및 헤지 비용과 관련된 근본적인 복잡성에 주의를 기울이지 않는다고 주장했다.

3.7.2 볼록성 및 분산과 변동성스왑간의 차이

3.7.2.1볼록성 조정의 원천

3.5.4절에서 보았듯이, 분산은 헤지된 옵션 거래로부터 자연스럽게 나타난다. 그러나 많은 시장 참가자에 의한 분산 인용 보다 변동성 인용를 선호함에도 불구하고, 변동성스왑을 합성하기 위한 간단한 복제 전략은 없다. 분산스왑에서 변동성스왑 가격으로 이동하려면 볼록성 조정이 요구된다. 다른 말로 하면, 조건부 청구권 또는 파생상품의 관점에서, 분산은 중요한 기초이며 변동성 스왑처럼 모든 다른 변동성 성과는 기초로서 분산에 대한 파생증권으로 간주되어야 한다. 직관적으로, 변동성은 분산의 제곱근이므로 분산의 비선형 함수이다. 결과적으로 변동성은 이론적 및 실제적으로 헤지 하기가 보다 더 어려우며 가치를 부여하기가 더 어렵다.

변동성과 분산스왑 가격결정간 차이를 설명하기 위해 적절히 선택한 분산 계약을 정태적으로 유지함으로써 변동성스왑을 근사화하는 전략을 살펴 보겠다. 분산과 변동성 성과를 가치 및 변동성 민감도와 일치시키기 위해(σ에 대한 1차 미분) 다음과 같은 근사값을 선택할 수 있다.

$$\sigma - K_{\text{vol}} \approx \frac{1}{2K_{\text{vol}}}(\sigma^2 - K_{\text{vol}}^2) \tag{3.59}$$

위의 경우는 행사가격K_{vol} 가지면 $(1/2K_{\text{vol}})$ 분산 계약이 K_{vol} 근처에서 실현된 변동성에 대해 ($1/ vol 포인트)의 개념을 가지고 변동성스왑을 근사 하는데 사용될 수 있음을 나타낸다. 이 순수한 근사는 미래 변동성의 공정 가격이(변동성스왑의 가치가 0 인 스트로크(stroke)) 단순히 공정한 분산의 제곱근, 즉 $K_{\text{vol}} = \sqrt{K_{\text{var}}}$ 임을 의미한다. 〈그림 3.10〉은 실현된 다른 변동성 값과 행사가격 $K_{\text{vol}} = 16\%$에 대하여 방정식 (3.59)의 좌변과 우변을 그린 것이다. 변동성스왑의 성과는 점선으로 표시되고 분산스왑의 보수는 굵은 포물선으로 표시된다. 이 그림은 미래 실현된 변동성이 행사가격에 멀리 떨어져 있을 때 실제변동성 스왑과 분산스왑에 기초로 한 상응하는 근사치는 상당히 다르다는 것을 보여주고 있다.

방정식 (3.59)에서 제시된 순수한 근사치는변동성스왑성과보다 항상 큰 분산스왑성과로 유도하기 때문에 잘 작동하지 않는다. 두 성과 간의 차이를 볼록성 편의(convexity

그림 3.10 분산과 변동성 스왑의 성과

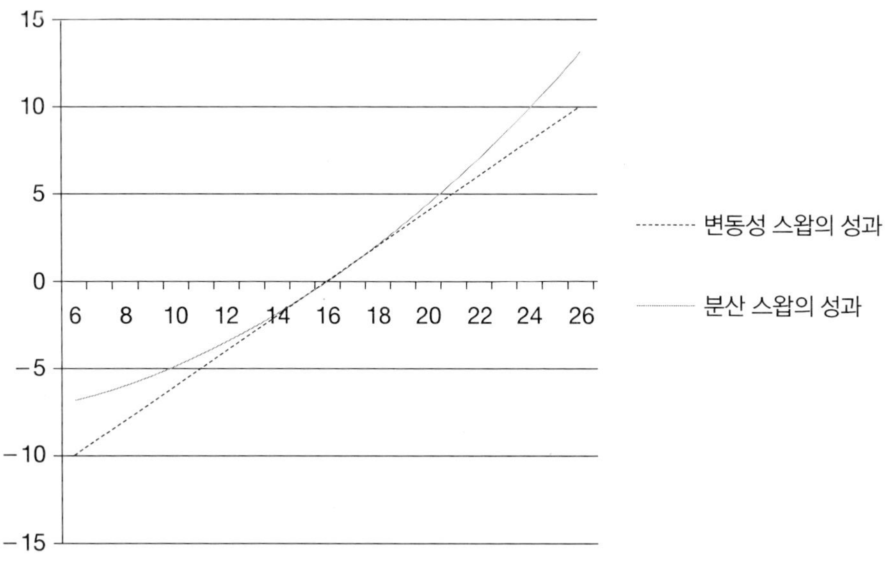

bias)라고 부른다.

$$\underset{(\text{볼록성 편의})}{\text{Convexity bias}} \approx \frac{1}{2K_{\text{vol}}}(\sigma^2 - K_{\text{vol}}^2) \tag{3.60}$$

이러한 의미는 항상 정의 값을 가진 제곱 항으로 인하여 변동성 K_{vol}의 공정한 인도 가격은 롱 변동성 스왑포지션 보다 롱 분산스왑 포지션에서 더 높은 성과로 이어질 것이다. 이것을 수정하는 한 가지 접근법은 변동성 계약에 대한 공정한 행사가격 K_{vol}을 낮게 하여 분산 계약 K_{var}에 대한 공정한 행사가격의 제곱근보다 낮추는 것이다: $K_{\text{vol}} < \sqrt{K_{\text{var}}}$. 이것은 〈그림 3.10〉의 점선에서 왼쪽으로 이동함으로써 그래픽으로 표현될 수 있어 항상 포물선 아래에 있지는 않다.

지금까지 변동성스왑을 사용하여 분산스왑의 정태적 복제를 논의했다. 이론상, 위에서 언급한 불일치 및 볼록성 편의는 변동성스왑의 수명 기간 동안 동태적으로 거래하는 분산스왑 계약에 의해 언급될 수 있다. 이것에 대한 직감은 선형 기초 주식가격을 사용하여 델타 헤징을 통한 비선형 주식 옵션 성과의 복제와 유사하다. 실무에서, 불행히도 기초자산의 이러한 동태적 거래를 할 수 있는 분산스왑에 대한 유동성 시장이 존재하지 않는다. 유동성이 있는 분산스왑시장은 미래 개발할 것이라면, 이때 금융공학 원리는 어떻게 그런 동태적 복제가 이행될 수 있는지에 대한 가이드를 제공한다. 콜과 풋 옵션의 복제에 관해 논의했을 때, 최적 헤지 비율은 기초자산(주식)의 가정된 미래 변동성에 달려 있다는 것을 보았다. 여기서 변동성스왑의 동태적 복제에는 변동성의 변동성에 대한 모형이 요구된다. 다른 연구에서, 복제 전략은 변동성 파생상품을 헤지하기 위해 분산 계약과 동등한 연속적인 분산-델타을 보유하는 것이 요구된다. 그러한 실제적인 실행은 변동성 지표의 확률론 평가를 위한 무차익 모형을 요구할 것이다. 다음 장에서는 변동성 지표에 대해 자세히 설명한다.

3.7.2.2 GFC 동안 변동성거래 시장에서 볼록성의 역할

분산스왑에 대한 큰 손실에 대응하여 2009년 일부 은행은 고객에게 보다 단순한 변동성 상품을 제공하기로 결정했다. BNP 파리 바(BNP Paribas)는 2009년 2분기 아시아 지역의 헤지 펀드 고객 수요에 대응하여 1990년대 후반에 처음으로 거래된 변동성스왑을 회수했다. 변동성스왑은 분산이 아닌 변동성에 따라 결정되는 성과를 가지고 있기 때문에 분산스왑처럼 동일한 볼록성을 갖지 않는다. 다운사이드(downside)는 변동성이 유의적으로 크게 증가할 때, 롱 변동성 스왑을 가진 투자자에게는 이익이 적다는 것이다.

변동성스왑의 또 다른 다운사이드 분산스왑처럼 동일한 이론적 복제을 가지고 있지 않다는 것이다.

분산스왑을 계속 제공한 소수의 은행 중 하나가 Societe Generale였다. 2008년 초, 그리고 경쟁사보다 많은 사람들이 위험을 감소시켰기 때문에 은행은 이를 수행할 수 있었다. 따라서 위기가 악화되었을 때도 분산스왑을 계속 제공하는 것이 더 낫다. 이전에 오랫동안 논의한 것처럼, 오직 고객은 볼록성과 그에 따른 추가적인 수익 및 잠재력으로 인해 매력적인 분산스왑을 찾는다. 딜러 또는 시장조성자의 관점에서 볼 때 분산스왑은 바닐라 옵션을 가지고 복제될 수 있기 때문에 비록 딜러가 다른 헤징 모형을 사용하고 실천을 하더라도 변동성 스왑보다 헤지 하기가 이론적으로 더 쉽다.

분산 거래의 혁신은 계속되었으며 2009년 3월 SG CIB는 미국 분산스왑을 제공하기 시작했다. 이 금융상품에는 투자자가 실현 가치만으로 만기 전에 스왑 포지션을 마감할 수 있는 옵션이 내재되어 있다. SG CIB에 대한 효익은 상품이 거래에 존재할 수 있는 권리를 부여한다는 것인데, 이는 고객에게 보다 낮은 가격으로 변동성을 판매할 수 있음을 의미한다.

2009년에 시장참여자들은 매우 위험 회피자 였으며 종종 변동성을 자산 클래스로 거래하는 것을 너무 두려워했다. 변동성 위험을 기꺼이 취하는 경우, 미국 분산스왑은 매우 불확실한 환경에서 대안을 제공했다.

위의 예제는 변동성 시장이 공급과 수요에 반응한다는 의미에서 다른 시장과 마찬가지로 작용한다는 것을 보여준다. 2009년 이래로 시장상황은 개선되었고 변동성은 위기이전 수준으로 떨어졌다. 2008년 11월 20일에 Vix가 80수준에 도달한 후 2009년 3월 말까지 약 40으로 떨어졌으며 2014년 6월까지 약 11개가 거래되었다. 변동성이 이러한 GFC 이전 수준에 머물러 있었다면, 분산스왑은 다시 변동성스왑보다 유리하다고 간주될 수 있다. 이러한 이유는 분산이 변동성스왑보다 많은 수익이 나는 이상으로 위쪽의 손익분기점이 떨어지기 때문이다. 시장조성자에 대한 분산스왑의 수익률은 변동성 수준과 분산포지션을 헤지하기 위해 요구되는 주식옵션의 유동성에 따라 달라질 것이다.

3.7.3 자산 군으로서 변동성 도입

내재 변동성과 내재 상관관계를 자산 군으로 인정하는 현상이 증가하고 있다. 주요 참가자는 (i) 기관 투자가, (ii) 헤지 펀드 (iii) 은행이다. 이렇게 증가한 유동성은 변동성이 내재된 구조화된 상품의 공학을 용이하게 한다.

예제

기관 투자자들은 내재 변동성에 장기간 노출될 수 있는 4가지 유형의 전략으로 전환하고 있는 것으로 나타난다. 가장 큰 기관 투자자 중 가장 널리 사용되는 전략은 분산스왑 기반 전략이다.

분산스왑은 변동성에 노출될 수 있는 가장 쉽고 가장 유동적인 방법을 제공한다. 기관투자자들과 헤지펀드는 이 분야에 제공된 새로운 서비스의 대상고객이다. 이러한 서비스를 통해 고객은 블룸버그 터미널을 통해 분산스왑을 교환할 수 있다. 딜러간 시장과 고객사의 볼륨이 이동을 촉진했다. 변동스왑은 선택된 만기을 가진 지수 또는 자기자본에 대하여 변동성을 롱하거나 숏하는데 사용된다.

변동성스왑이나 분산스왑과 같은 순수 변동성 상품은 기관 투자자에게 적합하다. 왜냐하면 변동성은 다운사이드에 대한 분산투자자이고 자기자본 포트폴리오에 대한 글로벌 헤지이기 때문이다.

기금이나 보험 회사와 같은 기관 투자가는 분명히 다각화해야 한다. 헤지 펀드와 같은 다른 자산 군으로로 이동하는 동안, 특히 자기자본 시장에서 잘 성과를 낼 수 있는 좋은 기회가 존재한다면 그들은 또한 자기자본 시장에 노출을 줄이기를 원하지 않는다. 이러한 생각을 가지고, 장기변동성 스트랭글로 점점 관심을 돌리고 있다.

현재 변동성 증가의 주된 외부동인은 M&A 활동이다.

구조화 상품을 헤지 하기 위한 선도 변동성 전략에 대한 필요가 증가 하였는데, 특히 민간은행들 사이에서 증가하고 있다. 이들 전략은 작년에 딜러가 많은 선도 변동성 증서와 워런트를 판매함으로써 고객의 요구에 부합했다.

(Thomson Reuters IFR, 2004)

3.7.4 GFC 후 규제, 표준화 및 상장지수 변동성 상품

수급 이외에 변동성에 대한 시장은 항상 규제에 의해 영향을 받는다. 유럽과 미국의 장외파생(OTC) 상품 규제는 시장을 표준화 및 거래소 거래로 유도하고 있다.

3.7.4.1 분산선물

CBOE 변동성 지수, VIX의 속성은 현재 비교적 잘 이해되고 있다.[13] Vix는 S&P500과 부(−)의 상관 관계가 있으며 이 상관 관계는 위기 상황에서 증가하는 경향이 있다. 따라서 VIX는 극단적으로 부정적인 사건에 대비하여 헤지 또는 "꼬리 위험" 헤지로 사용될 수 있다. 불행히도, VIX는 수학적 공식일뿐 투자 가능한 지수는 아니다. 그것은 거래할 수 없고 매입할 수 없다. 다행스럽게도 상장지수 금융수단(exchanged traded instruments), 즉 VIX 선물, 분산선물, VIX 옵션, S&P옵션과 변동성관련 상장지수펀드(ETF) 및 상장지수증기채(ETNs)을 사용하여 VIX의 상승으로부터 혜택을 볼 수 있는 여러 가지 방법이 있다. 또한 VIX와 연결된 수많은 OTC(장외시장)시장 상품이 있다.

2012년 12월 10일 CBOE는 S&P500 분산선물을 상장했다.

계약은 S&P500의 실현된 분산에 의존하기 때문에 분산스왑이 아니지만 투자자가 실현된 S&P500 변동성에 대하여 방향성 투자(speculative)를 할 수 있게 한다. 〈그림 3.11〉은 2012년부터 2013년까지 S&P500 분산선물의 미결제수량 및 거래량을 보여준다.

아래는 S&P500 분산선물에 대한 용어집이다.

설명 :	S&P500 분산선물은 S&P500 종합주가지수 (S&P500)의 실현된 차이를 기반으로 한 선물 거래이다. 계약의 최종 결제 가치는 초기 상장 시점부터 계약 만기까지 측정된 S&P500의 실현된 변동을 계산하기 위한 표준화된 공식을 기초로 결정된다. 할인요인과 일일 이자율에 대한 표준 공식 입력은 거래소에 의해 결정된다.
계약 크기 :	S&P500 분산 선물 계약의 계약 승수는 분산 단위당 1 달러이다. 하나의 계약은 하나의 분산 단위와 같다.
거래 시간 :	오전 8시 30분 ~ 오후 3시 15분(시카고 시간). 거래 시간 동안의 S&P500 분산 선물에 대한 모든 주문, 견적, 취소 및 주문 수정은 오후 3시 14분 59초까지 거래소에서 접수해야 한다. 시카고 시간이며 오후 3시 14분 59초 이후의 거래 시간 동안 거래소에 접수되면 자동으로 거절될 것이다. 시카고 시간
계약 월 :	거래소는 CBOE(Chicago Board Options Exchange, Incorporated)에 상장된 S&P 500 지수 옵션에 대해 계약 월에 해당하는 사장된 S&P500 분산 선물 계약 월을 나열할 수 있다.

CBOE는 S&P500 VIX 및 분산 선물 외에도 다음과 같은 여러 가지 다른 미국 주식 지

13) VIX에 대한 보다 세부적인 사항은 http://www.cboe.com/micro/VIX/vixintro.aspx을 참조하라

그림 3.11 S&P500 분산선물의 미결제약정과 거래량

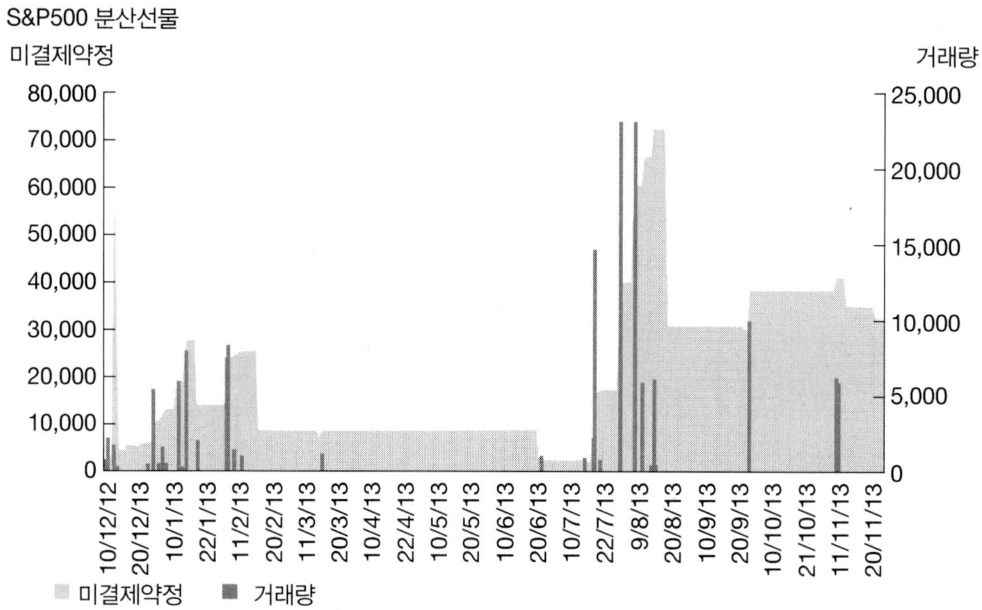

수에 선물을 제공한다.

- VSW CBOE 단기 변동성 선물 선물(VSW)
- VX CBOE S&P500 변동성 지수(VIX) 선물
- VU CBOE Russell 2000 변동성 지수(RVX) 선물
- VN CBOE 나스닥 −100 변동성 지수 선물(VXN) 선물

신흥 시장 지수

- VXEM CBOE 신흥 시장 ETF
- 변동성 지수(VXEEM) 유가증권 선물
- VXEW CBOE 브라질 ETF 변동성 지수(VXEWZ) 유가증권 선물

상품

- CBOE 금 ETF 변동성 지수(GVZ) 유가증권 선물
- CBOE 원유 ETF 변동성 지수(OVX) 유가증권 선물

이는 변동성이 자산 군으로 널리 받아 들여지는 것을 보여준다. 또한 시장참가자가 국가 및 자산 군에 따라 다양한 유형의 변동성 노출에 대해 더 분별력을 갖게 된다는 사실을 강조한다.

3.7.4.2 분산스왑

분산스왑은 거의 20년 동안 장외시장(OTC)에서 거래되었지만 최근에는 거래소에 분산스왑을 상장할 계획 이였다. 다음 예는 장외시장의 변동스왑을 거래소로 이전하는 Eurex의 계획에 대해 설명한다.

예제

"Eurex 파생상품 거래소가 2014년 중반 EuroStoxx 50 차이를 추적하는 선물스타일 계약을 상장하기 위해 유럽에서 거래소로 장외시장변동을 스왑으로 전환하려는 계획이 본격적으로 전개되고 있다.

거래소는 널리 거래되는 장외파생상품과 동일한 성과를 발생시키는 상장된 대안을 시도하는 것은 처음이 아니다. CBOE는 1년 전에 S&P500 변동 선물을 출시했으나 ("분산의 복제" 참조) 계약은 견인력을 얻기 위해 고심하고 있다. 지난 10월 발매 된 이후로 미결재약정은 약 32,000건에 달했고 거래량이 비교적 적어 거래량이 비교적 적으면서도 활발한 거래가 이루어졌다.

미국 버전의 불투명한 시작에도 불구하고, 일부 트레이더들은 VStoxx 선물이 VIX계약에서 보았던 유동성의 일부만을 보유하고 있는 반면 변동성을 보려는 많은 자산 관리자는 장외시장 승인을 받지 못한 유럽에서 상장된 버전에 대한 지원이 있을 수 있다고 낙관하고 있다.

"수요가 존재한다"라고 Citigroup의 EMEA 공동 소유주인 Rory Hill은 말했다. "위기가 끝나자 장외파생상품 위험을 줄이고 혁신하는 것이 문제가 되었다. 이제는 장외파생상품, 기관 및 기금이 상장되기를 원한다. 고객 흐름이 이제는 거래소로 거래량을 밀어주고 있으며, 심지어 은행 자체도 더 이상 OTC 노출을 원하지 않는다."

CBOE 제품에 대한 수요 부진은 10년 계약이 유럽의 6개월 만기보다 긴밀하게 거래될 수 있는 미국의 OTC 분산스왑에서 가능한 충분한 유동성을 비롯한 다양한 요소에 기인한다.

"S&P 분산 OTC시장은 매우 건강하고 매우 유동적이어서 자연적 필요는 없다. 뉴욕 거래소의 씨티 그룹(Citigroup)의 주식 파생 상품 거래 책임자인 마크 첸(Mark Chen)은 제품을 거래하는 대부분의 고객은 이미 OTC를 상위 10개 딜러와 거래하도록 설정되어있어 그들의 요구가 이미 충족되고 있다고 전했다.

[. . .]

많은 딜러와 헤지 펀드가 이미 올바른 수수료 구조와 인센티브를 조건으로 신상품 지원에 관심을 표명했다. 그러나 실제 동인은 스왑이 제품별 기준에 따라 중앙 청산으로 몰리면서 규제 압력에서 비롯될 수 있다.

"상황을 바꿀 수 있는 것은 CCP를 통해 OTC 제품을 청산하기 위한 규제 요구사항이 실제로 적용되는 경우이다. 그런 다음 일부 고객이 상장 플랫폼으로 이동하는 것을 볼 수 있다."라고 Bornhauser는 말했다.

분산 스왑 활동은 위기 발생 후 거의 멈추었다. Citi's Hill은 2006년 07월 최고치의 약 20%로 볼륨이 급감했지만 이후 인덱스 거래에 집중되었고 50%까지 되돌아 왔다.

"여전히 단일 주식 교환 스왑 노출이 있지만 단일 주식 분산스왑이 사망했다. 대부분의 분산 스왑 흐름에 집중되어 있다"

(Thomson Reuters IFR 2011, 2013년 11월 23일)

규제로 인해 특정 투자자가 OTC 제품을 구매할 수 있는 능력이 제한된다. 복잡한 상품에 대한 헤지 및 자금 조달 비용도 은행에서 상승하였는데 이것은 증간된 상장지수자산의 매력을 설명한다.

3.7.5 헤지

3.5절에서 분산스왑의 잠재적인 사용 및 사용자를 논의했다. 그러나 GFC까지의 분산스왑에서 거래 상대방은 누구 인가? 분산스왑은 투자자뿐만 아니라 대규모 구조화 상품 비즈니스를하는 투자 은행의 딜러에게도 매력적이었다.

예제

분산스왑은 구조화 상품을 운영했고, 상쇄에 단기 상관관계가 노출되었던 딜러들에 대한 위험 재활용 과정의 매우 중요한 부분이 되었다. 상쇄에 대한 숏 상관 관계을 가졌던 딜러에 대한 과정을 재활용하는 위험의 매우 중요한 부분이 되었다. 그것은 지난 10년 초 시장 성장의 큰 동인이였다.

(구조화상품, 2010 년 4 월 1 일, www.risk.net/1595196)

위의 예는 고객에게 구조화된 금융상품을 판매한 대형 투자 은행의 딜러를 언급한다. 예를 들어, 자기자본 구조화 상품은 종종 고객에 대한 하향식 보호와 관련이 있었다. 따라서 상품은 시장이 하락했을 때 지불하게 된다. 시장이 하락하면 상관 관계가 급격히 증가하는 경향이 있다. 이것은 그러한 상품의 판매자에게 짧은 상관관계를 제공한다. 따라서 구조화 금융상품 노출을 헤징하는 한 가지 방법은 분산스왑을 통해 장기 상관 관계를 맺는 것이었다. 이는 예상치 못한 상관 관계 증가에 대한 보호 매입과 유사하다. 누가 그런 보호 장치를 팔겠는가? 금융 위기 이전에는 많은 헤지 펀드가 짧은 상관 관계를 보였다. 따라서 헤지 펀드는 인덱스에 대한 분산스왑을 매도하고 구성 주식에 대한 분산스왑을 매입하였다. 이것은 헤지 펀드에 대한 숏 포지션을 딜러에 대한 롱 포지션을 만들었다. 상관관계 거래 및 상관 관계 스왑에 대해서는 다음 장에서 자세히 설명한다.

3.8 변동성 선택

이 장에서는 변동성에 대한 네 가지 개념을 다루었다. 다음 장에서 변동성 스마일에 대한 논의로 넘어 가기 전 이를 요약하고 명확하게 구분해야 한다.

시장전문가들이 "변동성"이라는 용어를 사용할 때 블랙-숄즈의 내재 변동성을 언급할 가능성이 있다. 그렇지 않으면 실현 또는 역사적 변동성과 같은 용어를 사용할 것이다. 국지변동성과 분산스왑 변동성 또한 특수 용어의 일부이다. 마지막으로, 캡-플로어(cap-floor) 변동성과 스왑션(swaption) 변동성은 금융 시장에서 표준 용어이다.

내재변동성은 시장에서 관측된 순수 바닐라 옵션의 공정한 시장 가치를 얻기 위해 블랙 숄즈 공식에 투입하는 단순한 σ의 값이다. 이러한 이유로 블랙-숄즈 내재 볼(implied vol) 또는 이자율 파생 상품의 경우 블랙 변동성이라 부르는 것이 보다 더 정확하다. 전문가가 옵션가격결정에 다른 수식을 사용하는 것은 꽤 생각할 수 있고, 이 공식에 의해 내재된 변동성은 당연히 다를 것이다. 따라서 내재 변동성이라는 용어는 공식의존 변수이다.

"변동성"이라는 용어에 다음 정의를 첨부할 수 있다.

- 첫째, 실현변동성 군이 있다. 이것은 통계학의 영역과 가장 가깝다. 이 경우 관측된 또는 관찰 대상 데이터 집합인 "표본"$\{x_1, \ldots x_t\}$는 실제 확률 P에 의해 정의된 벡터-확률 과정 x_t의 실현된 것으로 간주될 수 있다. x_t 과정은 2차 적률을 가진다.

$$\sigma_t = \sqrt{E_t^P[(x_t - E_t^P[x_t])^2} \tag{3.61}$$

σ_t을 추정하기 위한 추정량을 고안할 수 있다. 예를 들어, 다음과 같이 놓을 수 있다.

$$\hat{\sigma}_t = \sqrt{\frac{\sum_{i=0}^{m} (x_{t-i} - \overline{x}_t^m)^2}{m}} \tag{3.62}$$

여기서 $\overline{x}_t^m$는 $m-$ 기간 표본 평균이다.

$$\overline{x}_t^m = \sqrt{\frac{\sum_{i=0}^{m} x_{t-i}}{m}} \tag{3.63}$$

이러한 변동성은 자산 가격이나 위험 요인의 실제 세계 변동을 측정한다. 이 변동성 개념의 사용에 대한 한 예가 이 장에 표시되었다. 이전에 정의된 σ_t^2는 여기에서 논의된 분산스왑의 변동구간을 나타냈다.

- 다음 군은 내재변동성이다.[14] 관측된 시장 가격이 존재한다. 시장실무자는 이들 가격에 대한 가격결정공식(예: Black-Scholes) 또는 절차(예: 내재 트리)를 가지고 있다. 그렇다면 내재 변동성은 변동선 숫자 또는 숫자의 연속인데, 이것들은 공정 시장 가격을 도출하기 위해 공식에 투입되어야 한다. 따라서 $F(S_t, t, r, \sigma_t, T)$를 이자율 r과 만기 T를 가진 기초자산가격 S_t에 발행된 유럽옵션에 대한 블랙-숄즈 가격이라 하자. 시간 t에서, σ_t는 우리가 σ_t에 대해 다음 방정식(비선형적으로) 풀 수 있다면 내재변동성을 나타낸다.

$$F(S_t, t, r, \sigma_t, T) = \text{관측된 가격(observed price)} \tag{3.64}$$

이 내재변동성은 실현변동성과 크게 다를 수 있다. 왜냐하면 거래자가 느끼거나 또는 그들이 만들어야 하는 어떤 조정도 기대 실현변동성에 내재시켜야 한다. 만약 변동성이 확률적이며 그리고 만약 위험 프리미엄이 변동성 인용에 부가되어져야 할

14) 당일 대부분의 거래자들은 변동성을 바로 고시하며 이때 이 변동성 고시에 내재된 옵션의 시장가격을 계산하기 때문에 이 정의는 약간 잘못 유도할 수 있다.

필요가 있다면 내재변동성은 실현된 변동성보다 체계적으로 다를 수 있다. 블랙-숄즈 가정의 위반은 또한 그러한 차이를 야기할 수 있다.

- 국지 변동성(local volatility)은 확률미분 방정식에서 함수 $\sigma(\cdot)$를 나타내기 위해 사용된다:

$$dS(t)=\mu(S,\ t)dt+\sigma(S,\ t)S_t dW_t \quad t\in[0,\ \infty) \tag{3.65}$$

그러나 국지 변동성은 보다 구체적인 의미를 지닌다. 모든 행사가격, K 및 만기 T에서 S_t 에대한 옵션거래를 가정하고, 연관된 무차익가격 $\{C(S_t,\ t,\ K,\ T)\}$는 모든 K 및 T에 대하여 관측된다고 가정하자. 만약 상응하는 SDE가 몬테칼로 또는 PDE 가격결정 방법을 통하여 관측된 가격 모두를 성공적으로 복제한다면 함수 $\sigma(S_t,\ t)$ 국지 변동성이다.

다른 말로 하면, 국지 변동성은 교정작업과 관련된 개념이다. 그것은 블랙 숄즈의 내재 변동성의 일반화로 간주될 수 있다. 내재변동성은 블랙-숄즈 공식을 통해 관측된 단일 가격을 복제한다. 한편, 국지변동성은 가격결정방법을 통해 K와 T가 지수화된 옵션의 전체 표면을 복제한다. 결과적으로 우리는 블랙-숄즈의 경우와 같이 하나의 숫자 대신 K와 T로 색인된 변동성 표면을 얻는다.

- 마지막으로, 이 장에서 분산스왑 변동성에 직면했다. 이것은 미래의 평균 제곱근 편차에 대한 기대치를 나타낸다. 그러나 기대는 위험중립적 측도를 사용했기 때문에 현실세계의 변동성과는 다르다.

변동성 스마일에 대한 논의는 이러한 변동성 개념과 관련이 있다. 내재변동성은 분명히 대부분의 거래자에게 중요하지만 실현변동성과는 독립적으로 존재할 수는 없다. 두 가지 개념 사이의 밀접한 관계를 기대하는 것이 당연한 일이다.[15] 또한 변동성거래가 전개됨에 따라 실현변동성을 새로운 상품을 창출하기 위한 근본적인 위험 요소로서 사용하는 도구가 점점 더 많이 쓰여지고 있다. 분산스왑은 한 가지 예일 뿐이다.

15) S&P 변동성을 예측하기 위해 다른 변동성 측도의 능력에 대한 흥미로운 비교의 경우 Blair et al. (2001)을 참조하라.

3.9 결론

이 장에서는 장래에 금융 시장 전략에서보다 중요한 역할을 할 수 있는 분야에 대한 간략한 소개를 제공했다. 목적은 위험 요소의 변동성을 다른 관련 위험으로부터 어떻게 분리할 수 있는지를 보여주고, 그 위험도를 교환하는데 사용할 수 있는 도구를 구축하는 방법을 보여주었습니다. 여기에서 중요한 점을 강조해야 한다. 이 장에 포함된 서론 부분의 토론은 변동성 매개 변수가 시간의 함수이고 그 기초자산가격 만인 경우를 가지고 다루어 졌다. 이러한 방법은 보다 복잡한 변동성 설정에 맞게 수정되어야 한다.

추천 도서

Rebonato(2000, 2002)는 다양한 변동성에 대해 알기에 좋은 곳이다. Bossu et al. (2005)는 분산스왑에 대한 좋은 입문서이다. 이 장의 자료 중 일부는 Demeterfi 등이 직접 작성한 것이다(1999), 여기서 독자는 문헌에 대한 적절한 언급을 발견할 것이다. Dupire(1992)에 의해 작성된 중요한 논문과 그의 논문에서 제시된 국지변동성에 대해 상담할 수 있다.

연습문제 Exercise

1. 인용부분을 주의 깊게 읽고 변동성스왑을 사용하여 이 포지션을 취하는 방법을 설명하시오. 이러한 스왑의 매개 변수에 대해 정확하게 설명하시오.
   a. 이 포지션에 대해 어떻게 가격을 결정하나? 이러한 맥락에서 가격결정은 무엇을 의미하는가?
   우리가 계약서에서 결정하고 쓰려고 하는 가격은 어느 것인가?
   b. 특히 두 시장간 상관 관계가 필요한가?
   c. 포지션을 매도하기 전에 스마일을 알 필요가 있는가?

d. 이 변동성 포지션과 관련된 위험에 대해 토론하라.

변동성스왑

은행은 투자자가 Nasdaq 100와 S&P500 장기 내재변동성간 넓은 차이에 대한 이점을 취할 수 있는 거래를 추천하고 있다.

지난주 나스닥 100지수의 2년짜리 내재변동성이 사상 최고치에 근접했다. 뉴욕에서 자기자본 파생상품 전략의 글로벌 책임자는 전 세계적으로 약 45.7%의 성장률을 보였지만 지난 수년간 기술주의 소란이 크게 풀렸다고 전했다. 텍(기술주) 주식 붐이 끝난 것처럼 보이며 경기 침체의 가장 눈에 띄는 부분이기도 하다. 향후 몇 개월 동안 기술 회사에 압력을 가할 것이지만, 지난 6개월 동안 시장이 보았던 것과 유사한 극적인 매각은 거의 없을 것이다.

Nasdaq과 S&P의 차이에 변동성스왑을 입력할 것을 은행은 추천한다. 이 경우 2년 동안 실현변동성이 약 21% 미만인 경우, 즉 지수에 대한 등가격(ATM) 선도 2년 내재변동성 간 지난주 대략적인 차이인데, 이러한 경우 투자자는 배당을 받는다. 2년 후에 나스닥의 실현된 2년 변동성이 S&P의 동등한 변동성에 비해 상대적으로 하락한다면 투자자는 이익을 얻는다.

나스닥(Nasdaq) 볼을 판매하는 것이 의미가 있다는 것을 말했는데[거래자는], 그러나 나스닥의 포지션에서 변동성 베타를 줄이는데 도움을 주기 위해 나스닥과 S&P와의 상대 가치를 거래하는 것이 좋을 것이다. 다시 말해, 만약 전체 시장 붕괴가 발생하면, 기술주와 시장전체가 더 높은 내재 볼(vol)을 보게 될 것이다. 그러나 S&P500의 변동성은 보다 넓은 섹터의 주식을 대표하는데 실질적으로 증가할 가능성이 있으며 반면 Nasdaq의 변동성은 사상 최고치에 이미 근접하고 있다. 두 개의 지수에 대한 2년간 실현된 변동성 간의 차이에 대해서 투자자들이 견해를 가지고 있는 상대적 가치 거래는 투자자로 하여금 S&P에 비해 상대적으로 Nasdaq변동의 하락에 따른 이익을 얻을 수 있도록 한다.

2년짜리 섹터는 이 차이를 볼 수 있는 좋은 장소라고 [거래자]가 말했다. 2년은 현재의 시장 혼란, 특히 기술 분야의 혼란을 빠져 나가기에 충분한 시간이며, 지난 주 약 22%의 2년간의 내재볼(vol)간 차이는 사상 최고 수준에 가깝다. 1990년 이래로 실현변동성 차이는 장기간에 걸쳐 10.7%에 가까워졌다.

[거래자]는 나스닥 변동성에 대한 2년짜리 등가격(ATM)선도 스트레들을 매도하며, S&P 볼(vol)에 대한 2년짜리 ATM 선도 스트레들을 매도하는 것처럼 이러한 거래에 대하여 다른 의미를 부여한다는 것에 주목했다. (파생 상품 주 (현재 GlobalCapital의 일부), 2000년 10월 30일)

2. 다음은 변동성에 대한 스프레드 포지션을 취할 수 있는 또 다른 예를 다루고 있다. 그러나 여기에 관심이 있는 것은 변동성 포지션의 추가 측면이다. 사실 에피소드는 변동성 포지션에서 넉인-넉아웃 옵션 사용의 예이다.

a. 투자자가 단기(1개월) 변동성을 매도하고 6개월 변동성을 산다고 가정하시오. 어떤 의미에서 이것이 순수 변동성 포지션인가? 위험은 무엇입니까? 변동성스왑을 기본 도구로 사용하여 설명하시오.

b. 어떻게 1개월의 브레이크 아웃 조항이 이러한 상황을 헤지할 수 있는지 설명하시오.

c. 추가 보험료가 발생할 때 스트래들이 어떻게 가치를 얻을 것인가?

d. 브레이크 아웃 조항이 있는 포지션은 어떤 위험이 있는가?

e. 이것은 순수 변동성 포지션인가?

내년에 유로화 도입에 앞서 스털링 변동성이 정점에 이른다. 은행은 높은 반전된 변동성 곡선의 이점을 취하기 위해 다음과 같은 전략을 제안한다. 스털링은 1월에 유로화에 참여하지 않을 것이며 시장은 스털링 포지션 감소를 기대하고 있다. 이 견해는 1개월간의 스털링/도이치 마크 볼(Deutsche mark vols) 지난 주 초에 12.6% 수준으로 끌어 올렸다. 반면, 6개월 물량은 9.2%이하로 줄어들고 있다. 이것은 단기 볼(vol)매도하고 6개월 볼(vol)을 매입할 것을 제안한다. 고객은 1개월 만기의 단기 변동성 포지션을 재현하기 위해 1개월 브레이크 조항을 추가하여 6개월 간의 스트래들을 매입할 수 있다. 이런 식으로 그들은 순수 변동성 포지션을 갖지 않는다. (Derivatives Week (현재 GlobalCapital의 일부)에있는 기사 기준).

MATLAB 연습

3. (분산스왑가격). 기본 주식의 평균 수익률 변화와 관련하여 (형평성) 분산스왑의 가격

변동을 보여주는 MATLAB 프로그램을 작성하고 이를 그래프에 표시하라. 기초자산에 의해 나타나는 확률과정의 설정을 위해 다음의 파라메트들을 이용하라.

$$S(0)=100;\ T=1;\ r=8\%;\ \sigma=30\%;\ \mu=10\%$$

4. (변동성스왑 가격). 콜의 만기 이전 다양한 델타조정 빈도에 대하여 델타헤지 롱 콜의 변동성 성과의 불변성을 보여주기 위한 MATLAB프로그램을 작성하라. 다음 데이터를 사용하라.

$$S(0)=100;\ K=105;\ T=1;\ r=8\%;\ \sigma=30\% \text{ 실현 변동성}=50\%$$

조정 빈도, 10, 20, 50, 100 및 500에 대한 20개 시뮬레이션의 변동성 성과에 대한 그래프를 그려라.

4 자산 군으로서의 상관성과 스마일(Smile)

CHAPTER

4.1 서론: 자산 군으로서 상관성

앞 장에서 자산 군으로서의 변동성이 확고하게 설정되어 있음을 확인했다. 금융공학의 발전은 변동성에서 멈추지 않고 자연스럽게 계속적으로 상관성으로 나아간다.

자기자본 상관성은 얼마의 주식가격이 같이 움직이는지에 대한 경향을 측정한다. 상관성은 지수변동성을 구성하고 있는 주식 변동성과 연계되어 있음을 나타낸다. 근사치로서 다음과 같이 쓸 수 있다:

$$\text{지수 변동성} \approx \sqrt{\text{상관성}} \times \text{평균 단일주식 변동성}$$

이 공식은 상관성 지수 변동성의 중요한 동인임을 보여준다. 역사적으로, 지수 변동성 변화의 절반 이상은 상관성의 변화에 의해 좌우된다. 이것은 상관성 노출이 변동성의 기본 요소임을 나타낸다. 상관성 위험은 옵션 및 헤지 펀드와 같은 기타 자산에 대한 수익의 중요한 동인이기도 하다. 이전 장에서 적용된 금융공학의 원리를 어떻게 상관성에 사용할 수 있을까? 그것은 아주 간단하다는 것이 밝혀졌다. 즉 내재지수(implied index)와 내재 단일 주식 변동성의 상대적인 수준을 계산함으로써 시장에 의해 가격이 결정되는 선도 상관성의 수준을 되돌릴 수 있다는 것이다. 내재지수 변동성과 마찬가지로 이 내재 상관성은 실현된 상관성에 대한 프리미엄으로 거래되는 경향이 있다. 〈그림 4.1〉은 S&P500에

그림 4.1 상관성 스왑의 현금흐름

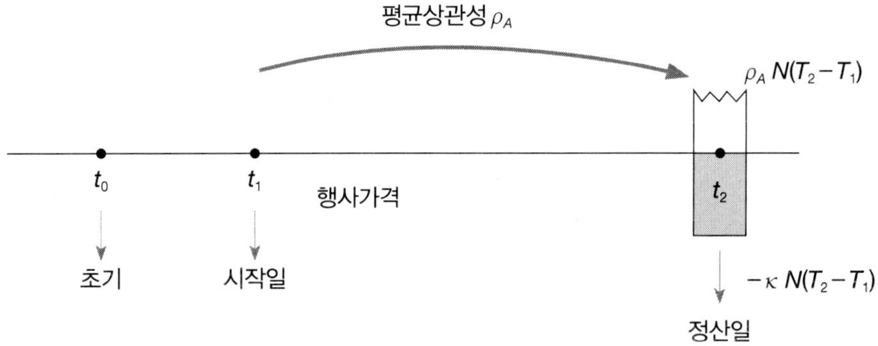

대한 실현된 그리고 내재 상관성을 보여주고 있다.

4.1.1 상관성을 거래하는 이유

상관성을 거래하는 이유는 변동성거래와 비슷하다:

- 내재상관성은 역사적으로 실현된 상관성 위에 있기 때문에 숏 상관성(스왑)포지션이 좋은 수익원이 될 수 있다. 헤지 펀드 산업과 몇몇 헤지 펀드 전략은 Buraschi et al.(2014)가 보여준 것처럼 상관성에 노출되어 있다.
- 상관성은 변동성의 주요 구성요소이며 변동성과 유사하며 자기자본지수 수익률과 부(−)의 상관성이 있다. 따라서 상관성 거래는 다각화 효익을 제공할 수 있다.
- 상관성은 지수 및 단일 주가 변동성의 잔차이기 때문에 상관성 거래는 지수 대 단일 주식 변동성의 상대적인 움직임과 관련된 견해를 나타내거나 포지션을 취하기 위해 사용될 수 있다.

4.1.2 상관성 거래 수단(장치)

상관성 거래에 대한 두 가지 주요 수단, 즉 분산편차거래와 상관성스왑이 있다.[1] 상관성스왑은 상관성에 대한 직접적인 노출을 제공한다. 상관성스왑의 성과는 스왑의 행사와 주식 또는 지수의 사전 합의된 바스켓의 후속 실현평균상관 간의 차이다. 비록 상관성스왑이 가장 순수한 상관성 위험 노출을 제공하지만, 이것들은 편차거래(dispersion trade)보다 유동성이 낮다.

최근 몇 년 동안 상관성 거래에 대한 가장 일반적인 수단(장치)은 편차거래이다. 거래는 지수(또는 바스켓)의 변동성과 그 구성요소의 변동성에서 반대 포지션을 취하는 것과 관련이 있다. 편차거래는 일반적으로 분산스왑을 통해 구현되므로 분산편차거래(variance dispersion trade)라고한다. 만약 분산스왑이 예기치 않게 높은 상관성으로부터 효익을 얻는데 사용된다면, 거래는 지수분산스왑의 숏 포지션과 단일 주식 분산스왑의 롱 포지션 등으로 구성된다. 때로는 단순화를 위해 변동성에 지수 및 주식 노출 정도를 파악하기 위해 분산스왑 대신 옵션이 사용된다.

다음 예제가 제시하는 바와 같이 자산 군으로서의 상관성 이용이 증가하고 있다.

1) 바스켓 옵션 및 콘터스(quantos)와 같은 몇 가지 단순한 옵션 파생상품은 내재적으로 상관성 위험에 노출되어 있지만, 그러나 순순한 상관성 금융상품도구는 아니다.

예제

상관성 거래는 분산투자를 한다.

지수 간 역사적인 고점에서 상관성을 가진 트레이드들은 거시경제 동인이 투자자 분위기를 형성하거나 알파 전략에 따른 수익을 달성하거나 주가 상승에 덜 영향을 미치는 것처럼, 지난 12개월 동안 상관성이 낮아질 것이라는 견해를 통하여 계속적으로 투자자들을 현금화를 위해 압박한다. Lehman Brothers의 파산으로 인해 불확실성이 높아짐에 따라 효과적으로 청산 한 후, 상관성 거래는 최근 몇 개월 동안 증가세를 보이고 있다

상관성 시장은 최근 몇 년 동안 다시 개장을 하고 있으며, 비록 편차거래가 표준적인 거래일지라도, 투자자들은 다른 자산군 내와 자산군 간에 모든 종류의 상관성을 지금 추적하고 있다고 SGCIB의 글로벌 자기자본 흐름의 글로벌 금융공학 책임자이면서 어드바이즈인 Stephane Mattatia는 말했다.

최근 몇 달간, 거시헤지 펀드는 S&P500 대 유로달러 등을 포함하고 있는 다양한 자산군 안에서 상관성에 레버리지 베팅을 함으로써 상당한 수익을 올렸는데, 이것은 2009년 9월 위기 및 파산에 따라 나타난 높은 상관성을 가지게 되었다.

자기자본 편차 시장에서, 많은 수의 연금펀드가 능동적인 시장참여자가 되며 그리고 보다 큰 다양한 거래유형이 실행되고 있는 것과 같이 거래자들은 보다 다양한 고객유형을 파악하고 있다.

거시 헤지펀드는 계속적으로 편차거래를 보다 더 선호하는데 – 지수에 대한 변동성 스왑을 매도할 동안에 분리주식에 대한 변동성스왑을 매입하는 것 – 편차 스트레들로서 옵션전략은 보다 더 전통적인 상품시장에서 유동성이 하락하는 것과 같이 보다 더 보편화 되었다. 매우 인기가 매우 증가하였다.

“펀드는 현재 편차장부를 만들고 있으며 중요한 것은 분산투자이다”라고 Mattatia는 말했다. “펀드에서는 스트래들, 분산스왑 및 변동성 스왑을 포함한 모든 금융상품 유형을 거래하고 있으며 모든 지수들을 찾고 있다.”

(Thomson Reuters IFR 1850, ‘상관성 거래는 분산투자를 한다’, 2010년 9월 11일)

위의 내용은 상관성 거래가 이제 자산군 전반에 걸쳐 확장됨을 보여주고 있다. 연기금은 상관성 거래의 참여자로 언급된다. 전형적으로 롱 상관성 스왑으로 거래가 되는데 이것은 상관성이 예기치 않게 증가할 때 혜택을 받는다는 것을 의미한다. 한편, 거시 헤지

펀드는 지수를 매도하고 단일 주식 분산스왑을 매수함으로써 시장이 안정적이고 상관성이 상대적으로 낮을 때 혜택을 받음으로써 숏 상관성이 된다는 것이다. 상관성 노출이 어떻게 생성될 수 있는지 이해하기 위해서는 자기자본과 같은 하나의 자산군과 연계된 상대적으로 단순한 상관성파생상품을 가지고 시작하는 것이 좋다. 다음으로 편차거래자(dispersion trader)와 상관성 스왑의 복제와 구성을 살펴 본다.

상관성을 거래하는 가장 순수한 방법은 상관성스왑을 통해 직접적으로 이루어진다. 상관성스왑은 미리 결정된 주식 바스켓의 평균 쌍의 상관성에 노출되어 있다. 평균 두쌍의 상관성(pairwise correlation) ρ_A는 지수에 포함된 특정 주식의 모든 쌍 종목들 사이의 단순 동일가중 평균 상관성 값이다:

$$\rho_A = \frac{2}{N(N-1)} \sum_{i<j} \rho_{ij}$$

여기서 ρ_{ij}는 분산은 $\sigma_1^2 = \sum_i \omega_i^2 \sigma_i^2 + 2\sum_{i<j} \omega_i \omega_j \sigma_i \sigma_j \rho_{ij}$이고 여기서 ω_i는 지수에 포함된 i번째 주식 가중치이며 σ_i는 지수에 포함된 i번째 주식의 분산을 의미하며, 이러한 분산을 가지고서 바스켓 또는 지수에 포함된 i번째 주식과 j번째 주식 간의 쌍의 상관성을 나타낸다.

스왑행사는 거래되는 (두 쌍의 평균) 상관성의 수준이다. 이것은 전형적으로 100의 계수로 조정된다(즉, 0.5의 상관성이 50의 행사가격으로 인용 됨). 분산스왑과 비슷하게(앞장에서 논의된) 상관성스왑의 지급은 스왑 행사가격과 기초자산의 바스켓에 대한 사후 연속적인 실현된 평균 쌍의 상관성 간의 차이에 의해 곱해지는 명목 금액이다.

$$\text{지급액} = \text{명목금액} \times (\text{실현된 평균 상관성} - \text{행사 가격})$$

〈그림 4.1〉은 전형적인 상관성스왑 현금흐름에서의 현금흐름을 보여준다. 상관성스왑 예제를 살펴 보자.

예제 상관성스왑

2014년 1월 6일에 헤지펀드는 Eurostoxx 50지수의 구성요소로 구성된 주식의 동일 가중치 바스켓에 대해서 6개월 상관성 스왑을 매도한다고 가정하자. 상대방은 연금으로 가정된다. 행사가격은 40이고 명목금액은 €10,000이다. 헤지펀드는 단기 상관성 스왑이고 연금은 장기 스왑이라는 것을 의미한다. 거래를 해석하는 한 가지 방법은 예상치 못한 상관성 증가에 대비한 보험을 연금에 판매한다는 것을 말하는 것이다.

6개월 후, 2014년 7월 6일, 바스켓에 있는 주식의 실현된 6개월 평균 쌍의 상관성에 0.3으로 계산한다. 이때, 상관성 스왑의 구매자인 연금은 연금의 판매자에게 다음의 금액을 지급한다.

명목금액 × (55 − 42) = €10,000(40 − 30) = €10,000

위의 예에서 헤지 펀드는 예상치 못한 상관성 증가위험에 대한 보험료를 받았다. 상관성 행사에 대한 좋은 대리 변수는 내재 상관성(implied correlation)으로 알려져 있으며, 내재 지수 변동성과 주식 구성요소의 내재 변동성 평균 간의 비율의 제곱이다 (내재 변동성이 선도−실현변동성의 좋은 추정량으로서 이때 내재상관성가 선도−실현 상관성 좋은 추정치로서 추정할 수 있다).

역사적으로 내재 상관성인 행사는 실현된 상관성 위에 있었다. 이것은 내재 상관 관계가 점선으로 표시되고 실선이 실현된 상관성을 나타내는 〈그림 4.2〉에 나와 있다.

비록 상관성스왑과 분산스왑은 유사하지만 상관성의 분산에 의해 따르는 확률과정이 다르므로 상관성과 분산스왑은 다음과 같이 방향성 거래 또는 헤지 형태로 다른 관점의 표현을 할 수 있다.

예제

내재 상관성은 다년간의 최저치에 도달한다.

최근 주식 시장의 상승과 이익이 되는 변동성과 함께 주식 상관성이 하락했다. 그 결과 편차 거래 및 주식, 섹터 및 글로벌 지수 간의 차별화 증가로 이익을 추구하는 기타 전략에 초점을 맞춘다.

"투자자에게 편차는 방향성이 아니기 때문에 현 환경에서 흥미로운 시장 매개 변수이며 훌륭한 이야기이다. JP Morgan의 주식 파생상품 실무담당 상무이사인 Arnaud Jobert는 "한 시장에서 방향성을 제시하는 것은 여전히 매우 까다롭다"라고 말했다.

장기 상승 추세에도 불구하고, 지수 및 거래소에 거래된 상품의 사용 증가에 힘 입어 내재 상관 관계는 전년도의 섹터 및 단일 주식 수준뿐만 아니라 글로벌 지수간에도 낮아 졌다.

비록 역사적으로 여전히 높은 수준이지만, 측정치는 현재 위기 이전의 수준으로 기울어지고

그림 4.2 시간에 따른 내재 및 실현 상관성

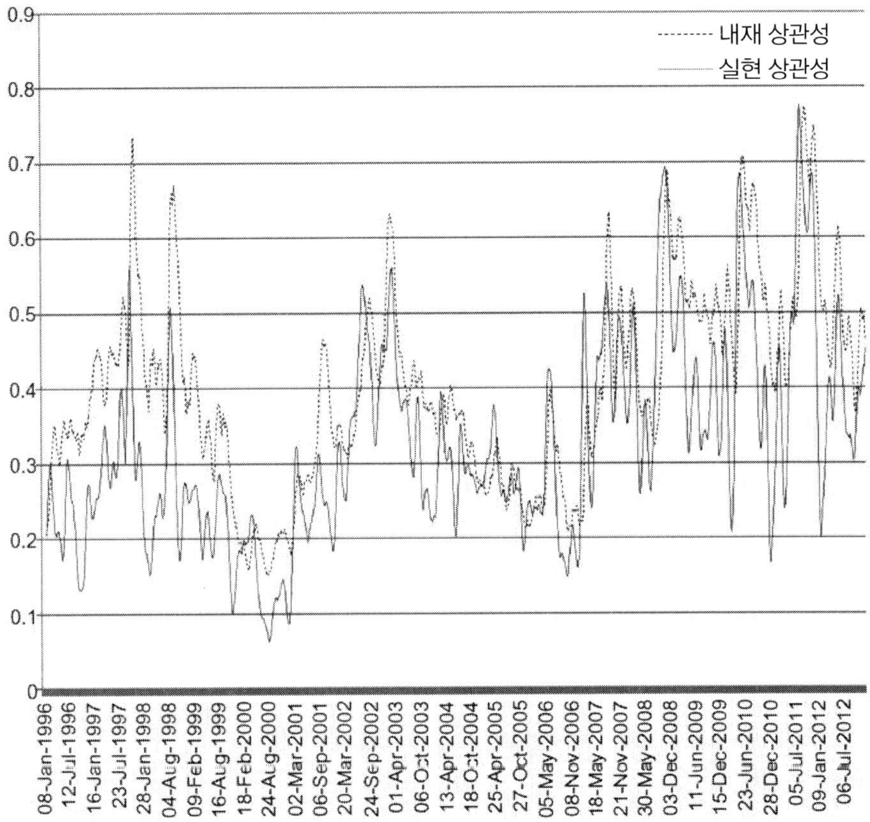

있다. 2007년 이후 처음으로 S&P500 지수가 1,500을 기록하면서 1월 주식의 상승에 힘 입어 지난주 글로벌 지수간 내재 상관성가 여러 해 동안 최저치를 기록했다.

지난 주 동안 EuroStoxx 50/Nikkei 225와 S&P500/Nikkei 225를 포함한 다양한 지수 쌍에 대한 2년 내재수준이 5점 이상 하락했다.

한편 CBOE의 S&P500 내재상관 지수는(2014년 1월 만기) S&P500지수의 옵션가격을 기초로 한 지수구성과 50개 가장 큰 주식간의 상관성를 추정하는데 12월 말 이래 70에서 60으로 떨어졌고 2012년 초반에 80대로 거래되고 있다.

거시 이동(macro shift)

자기자본 상관성은 변동성이 급상승하면서 위기 상황에서 최고치를 경신했으며, 투자자들은 채권시장의 안전한 피난처로서 자기자본시장으로 달려갔는데 자기자본 성과의 실질적인 동인으로서 거시요인이 남아 있다. 그러나 변동성이 역사적 최저 수준으로 떨어졌음에도 불구하고, 전 세계 중앙은행 정책으로 인하여 만들어진 풍부한 유동성은 심지어 주가가 반등하는 단계에 접어드는 것처럼 거시동인들은 다른 요인들을 압도하는 것과 같이 상관성은 여전히 높았다.

그러나 지역이 경제사이클의 다른 부분으로 이동하는 것처럼, 투자자들이 점증적으로 거시요인 차이에 대한 견해를 나타내려고 하는 것으로서 이것은 변화를 위한 세트를 찾고 있다.

(Thomson Reuters IFR 1968, 2013년 1월 26일)

4.2 자금조달로서 변동성

시장전문가 및 헤지 펀드의 경우 투자 자금조달 방법에 대한 문제는 투자 자체만큼이나 중요하다. 결국, 헤지 펀드는 포지션을 수행하기 위해 자금을 빌릴 수 있는 "최선의 방법"을 모색할 것이다. 가장 좋은 방법은 때때로 마이너스 이자를 가질 수 있다. 다른 말로 하면, 헤지 펀드는 투자와 자금 조달 자체에서 돈을 벌 수 있다.

정상적인 변동 LIBOR 자금 조달 중 하나는 "위험이 없다"는 생각에 익숙하지만[2], 동시에 가장 낮은 자금 조달 비용을 항상 실행하는 것은 아니다. 원칙적으로 변동성은 자금 원천으로 사용될 수 있다. 예를 들어, 실무자는 단기 변동성과 고정소득자산과 같은 장기 다른 자산으로 갈 수 있다. 포지션에 자금을 공급하려면 왜 적절한 변동성을 선택하지 않고 가치 N의 옵션을 판매하며 이때 델타가 이러한 옵션 포지션을 헤지 하는가? 실제로, 이것은 변동성을 가진 채권 포지션에 투자할 것이다. 그것을 아래에서 분석한다.

먼저 기존 교재의 9장에서 델타헤지(delta-hedged) 숏 옵션 포지션은 감마를 지불할

2) 4장의 금융에서 0에 대한 절을 참조하라.

볼록한 노출임을 알 수 있었다. 이 지불금은 초기에는 알려져 있지 않다. 시장의 변동성이 관측됨에 따라 헤지는 동태적으로 조정되며, 시장 변동성에 달려있는 헤지 펀드는 감마와 동일한 현금 유출에 직면할 것이다. 헤지 펀드에 이것은 변동 머니마켓 이자율을 지불하는 것과 유사하다.

대출 현금흐름과 변동성 현금흐름의 차이점에 주목하라. 변동성 자금 조달에서는 계약이 끝날 때 N 원금의 환급이 없다. 이러한 의미에서, N은 차입되고 이때 감마가 이득을 얻는 것처럼 시간이 지남에 따라 점차적으로 상환된다. 한 가지 예가 2005년부터 제공된다.

예제

"시장에서 가장 밀접한 거래 중 하나는 변동성을 매도함으로써 장기 트레이딩 범위의 이점을 취할 수 있으며" 그리고 "주택담보부증권(MBS)을 통하여 캐리 수익"으로 장기거래범위 이점을 취할 수 있었다는 것을 Merrill은 주목했다.

시장전문가는 그들의 포지션을 위한 자금 조달 수단으로 옵션을 사용한다. 이것에 대한 주요 문제는 많은 경우에 옵션시장은 많은 옵션을 팔기 위해 필요한 시장의 깊이를 가지지 못할 수도 있다는 것이다. 만약 그러한 판매가 가격(즉, 변동성)을 저해한다면, 처음에는 매력적으로 보일지라도 아이디어를 구현하기가 어려울 수 있다.

4.3 스마일(Smile)

옵션은 기존 교재의 9장에서 변동성 수단으로 도입되었다. 이는 거래자가 옵션에 대해 생각하는 방식과 매우 유사하다. 변동성 도구로서의 옵션을 수학적으로 다룰 때 동일 공식, 이 경우에는 블랙-숄즈 PDE와 동일한 편미분 방정식(PDE)에 도달했다는 것을 보였다. 수학적 접근법은 옵션을 방향성 도구로 간주하는 표준 교과서에서 취급하는 것과 동일하다.[3] 그러나 비록 기존 교재의 9장의 해석이 거래자와 옵션시장이 생각하는 방식에

3) 한편으로는 본 교재의 접근법에서, 콜은 가격 증가로 간주되며, 풋은 가격하락으로 간주된다. 그러나 이것은 위

더 가깝지만, 토론에는 여전히 중요한 요소가 누락되었다.

그 밖의 모든 것들이 동일한 경우, OTM 풋 또는 콜은 ATM 콜 또는 풋보다 더 높은 내재 변동성을 가진다는 것은 사실이다. 이 시점까지 여러 번 언급 했는데 이러한 효과를 변동성 스마일이라고 불리어 진다. 그러나 이 장에서 스마일을 논하기 위해 금융상품 도구로서 아직까지 옵션의 다른 해석을 채택한다.

기존 교재의 9장에서 옵션가격은 (이자 수익 및 지급에 대한 일부 조정 이후) 기초자산의 변동성으로 인한 기대 감마 이득과 실제로 관련되어 있다는 것을 보여 주었다. 이 장에서 사용하는 해석에서는 이러한 기대 이득이 옵션의 행사에 달려 있음을 보여줄 것이다. 이 흥미로운 결과에 대해 지불하는 비용 중 하나는 다른 수학적 접근이 필요하다는 것이다. 이점은 스마일이 당연한 결과가 될 것이라는 점이다. 다른 이점은 잘 알려진 델타 헤징 이외의 동태적 헤지 전략을 논의할 것이라는 점이다. 사실, 이른바 Dirac 델타 함수를 사용하는 "최근"의 관점에서 옵션에 대한 논의로 이 장을 시작한다. 아마도 옵션 가격결정에서 스마일을 가져 오는 가장 좋은 방법일 것이다.

4.4 DIRAC 델타 함수

아래 주어진 평균 K을 가진 정규분포(가우시안) 밀도의 적분을 고려하자.

$$\int_{-\infty}^{\infty} \frac{1}{\sqrt{2\pi\beta^2}} e - (1/2)(x-K)^2/\beta^2 \, dx = 1 \tag{4.1}$$

여기서 β^2는 "분산" 모수(parameter)이다. $f(x)$는 밀도를 나타낸다.

금융변수와 관련된 확률 밀도를 나타내는 대신 $f(x)$를 수학도구로 사용할 것이다. 이것이 어떻게 수행되는지 보려면, 1에서 0으로 순차적으로 가는 β의 값을 고려한다고 가정하자. 밀도는 〈그림 4.3〉과 같다. 분명히, 만약 β가 아주 작으면, "밀도"는 본질적으로 K에서

험조정확률하에서 사실이며, 콜과 풋은 몇 가지 개념에서 다르다는 잘못된 인상을 준다. 다른 한편으로는 변동성 해석은 콜과 풋이 사실 변동성 관점에서 동일하다는 것을 보여준다.

그림 4.3 β가 0으로 감에 따른 밀도

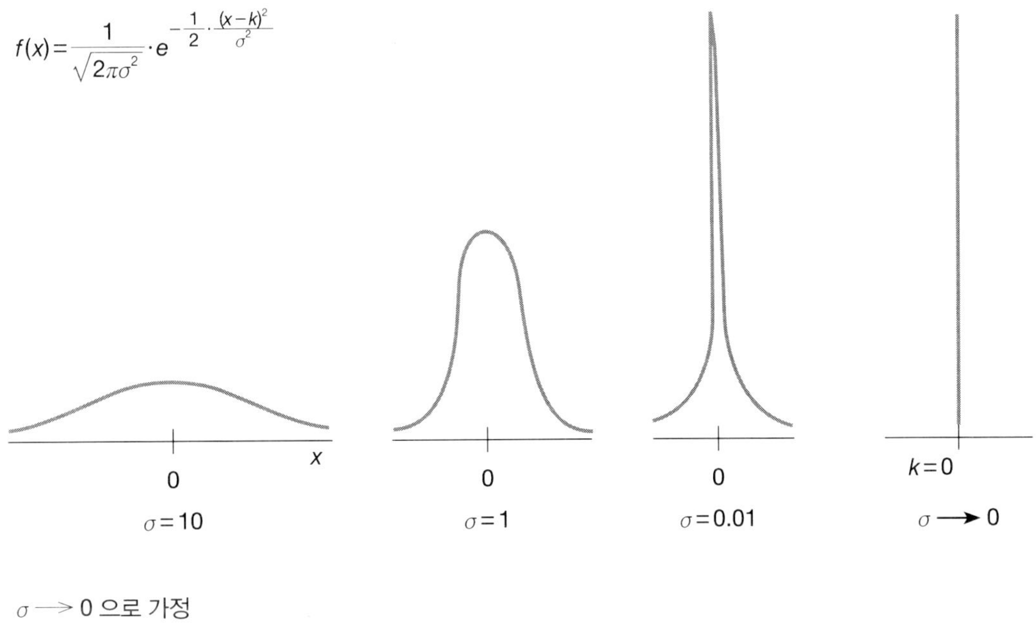

스파이크(spike)가 되지만, 여전히 그 아래에 1을 더한 영역이 있다.

이제 이러한 $f(x)$로 계산된 "기대값"를 고려하자. $C(x_t)$가 시간 t에 의해 색인된 확률변수 x_t에 의존하는 확률변수 값으로 놓자. 이때 다음과 같이 쓸 수 있다.

$$E[C(x_t)] = \int_{-\infty}^{\infty} C(x_t) f(x_t) dx_t \tag{4.3}$$

이제 β를 0으로 가져간다. 밀도 $f(x_t)$는 K에서 스파이크가 된다. 이것은 $C_t(x_t)$의 모든 값이 $x_t=K$ 주위의 값을 제외하고는 거의 0의 확률로 곱해진다는 것을 의미한다. 결국, 극한에서 $f(\cdot)$는 $x_t=K$ 주변에서만 0이 아니다. 따라서 극한에서 다음을 얻을 수 있다.

$$\lim_{\beta \to 0} \int_{-\infty}^{\infty} C(x_t) f(x_t) dx_t = C(K) \tag{4.4}$$

β가 0이 될 때 함수 $C(x_t)$와 $f(x_t)$의 곱의 적분은 $x_t=K$에서 함수의 값을 선택한다. 따라서 Dirac 델타 함수를 다음과 같이 정의한다

$$\delta_K(x) = \lim_{\beta \to 0} f(x, K, \beta) \tag{4.5}$$

β는 K에서의 스파이크와 $f(x)$가 얼마나 근접한지를 결정한다는 것을 기억하라. 이때 적분은 다음과 같이 재작성 될 수 있다.

$$\int_{-\infty}^{\infty} C(K)\delta_K(x)dx_t = C(K) \tag{4.6}$$

이 적분은 Dirac 델타 함수의 가장 유용한 속성을 보여준다. 본질적으로, Dirac 델타는 $x_t = K$ 지점에서 $C(x_t)$의 값을 선택한다. 이제 이 속성을 만기시 옵션 성과에 응용한다.

4.5 옵션 성과에 응용

분포의 극한으로 해석된 Dirac 델타 함수의 주요 이점은 일반적인 의미로는 미분될 수 없는 점을 가진 함수를 미분하는데 있다. 옵션 거래에는 이러한 점(point)은 매우 많다. 행사가격 K에서의 성과는 하나의 예이다. 넉-인, 넉-아웃 베리어(barrier)는 또 하나의 예이다. Dirac 델타는 이들 점에서 파생 상품을 논의하는 데 유용할 것이다.

진행을 간단히 하기 위해 이 절에서 이자율이 0이라고 가정한다.

$$r_t = 0 \tag{4.7}$$

또한 기초자산 S_T가 위험 중립 SDE를 따르고 있다고 가정하는데 이와 같은 경우 다음과 같이 제시된다.

$$dS_T = \sigma(S_t)S_t dW_t \tag{4.8}$$

이자율이 0인 상태에서 추세 항인 drift는 제거되며 변동성은 블랙-숄즈 형식이 아님을 주목하라. 이것은 확률변수 S_t에 따라 달라진다. 다음의 식은 〈그림 4.4〉에서 보여준 순수 콜옵션의 성과로 놓는다.

$$f(S_T) = \max[S_T - K, 0] = (S_t - K)^+ \tag{4.9}$$

함수는 $S_T = K$에서 미분가능 하지 않지만, 그러나 1차 미분은 단계함수(step function)와 같다. 더 흥미롭게도, 2차 미분은 Dirac 델타 함수로 해석될 수 있다. 이러한 미분은 〈그림 4.4〉 및 〈그림 4.5〉에 나와 있다.

그림 4.4 콜 옵션 성과와 1차 미분

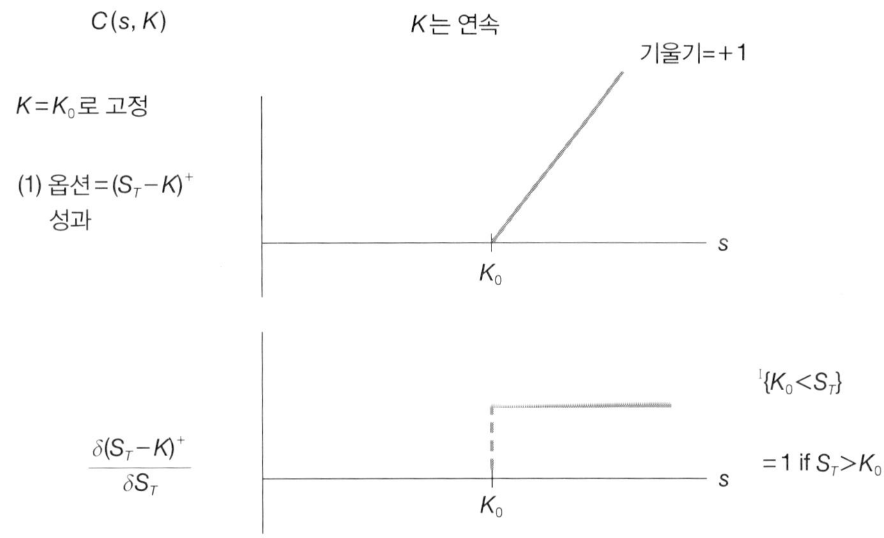

그림 4.5 2차 미분과 Dirac 델타 함수

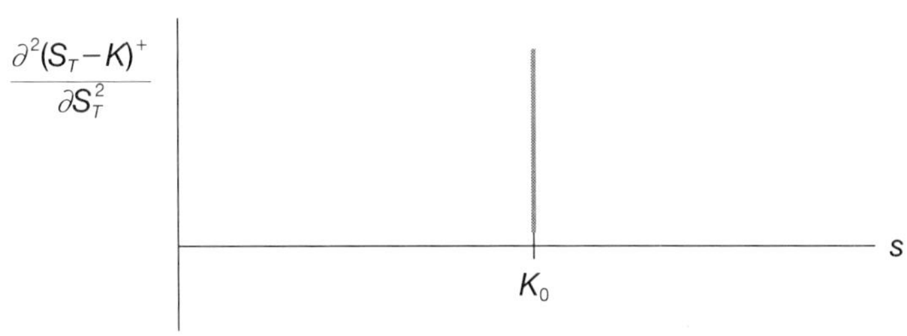

이제 옵션 성과의 경우에서와 같이 함수가 비연속적인 꼬임이 있는 상황에서 Ito보조정리의 동등성을 사용하자. 이것은 Tanaka의 공식으로 불리고 Ito의 보조정리를 모든 점에서 미분될 수 없는 함수로 본질적으로 확장시킨다. 다음과 같이 쓸 수 있다.

$$d(S_t-K)^+=\frac{\partial(S_t-K)^+}{\partial S_t}dS_t+\frac{1}{2}\frac{\partial^2(S_t-K)^+}{\partial S_t^2}\sigma(S_t)^2dt \tag{4.10}$$

여기서 다음과 같이 정의한다.

$$\frac{\partial(S_t-K)^+}{\partial S_t}=1_{S_t>K} \tag{4.11}$$

$$\frac{\partial^2(S_t-K)^+}{\partial S_t^2}=\delta_K(S_t) \tag{4.12}$$

t_0에서 T까지 적분을 취하면 다음을 얻는다:

$$(S_T-K)^+=(S_{t_0}-K)^+ +\int_{t_0}^{T}1_{S_t>K}\,dS_t+\frac{1}{2}\int_{t_0}^{T}\frac{\partial^2(S_t-K)^+}{\partial S_t^2}\sigma(S_t)^2dt \tag{4.13}$$

여기서 우변의 첫 번째 항은 시간 t_0에서 옵션의 시간가치이며 확실하게 알려져 있다. 이자율이 0 일 때 옵션 가격 $C(S_{t_0})$은 다음과 같이 주어질 것이다.

$$C(S_{t_0})=E_{t_0}^{\tilde{P}}(S_T-K)^+ \tag{4.14}$$

이제, 위험 조정 확률 $\tilde{P}$를 사용하여 (i) 기대 연산자를 방정식 (4.13)의 양측에 적용하고, (ii) 적분 및 기대치의 순서를 변경하고, (iii) $S_t=K$ 이외의 지점에서 평가된 항을 제거하는데 Dirac 델타 함수의 속성을 사용한다. 옵션 가격의 특성을 다음과 같이 얻는다.

$$\begin{aligned}E_t^{\tilde{P}}[(S_T-K)^+] &=(S_{t_0}-K)^+ +\int_{t_0}^{T}\sigma(K)\phi_t(K)dt \\ &=C(S_{t_0})\end{aligned} \tag{4.15}$$

여기에 $\phi_t(\cdot)$는 S_t의 위험 조정 확률에 해당하는 연속 밀도 함수이다.[4)] 이는 옵션의 시간가치가 (i) 옵션의 내재가치, (ii) 옵션기간 동안 K근처에서 소비된 시간, (iii) 행사시점에

4) 밀도가 존재한다고 가정한다.

서 변동성, $\sigma(K)$ 등에 의해 달려 있다는 것을 의미한다.

주된 요점은 이 표현이 옵션 가격이 전체 변동성에 의존하는 것 뿐만아니라 K주변의 S_t의 변동성에도 의존한다는 것이다. 이것이 바로 정확하게 변동성 스마일의 개념이다.

4.5.1 동태적 헤징(Hedging)의 해석

옵션의 최종 성과를 복제하는 많은 동태적 전략이 있다. 가장 잘 알려진 것은 델타 헤징이다. 델타 헷징에서, 금융 공학자는 기초자산의 델타$=D_t$ 단위를 매입 또는 매도하고 필요한 자금을 차입하여 기초자산 S_t가 시간이 지남에 따라 D_t를 조정한다. t가 만기 T로 감에 따라 이것은 옵션의 성과를 복제할 것이다. 이는 시간가치가 0으로 수렴함에 따라, 옵션가격이 $(S_T-K)^+$와 합쳐지기 때문이다.

그러나 이전 절에서 채택된 접근법과 유사한 대안의 동태적 헤징 절차가 있다. 동태적 헤징기법으로서 손절매전략(stop-loss strategy)이라고 하는 동태적 헤징 기법은 다음과 같다.

롱 콜의 성과를 복제하기 위해서 만약 $K<S_t$인 경우, S_t한 단위를 보유하라. 그렇지 않으면 S_t를 보유하지 마라. 이 전략을 사용하려면 S_t가 K수준과 교차할 때, 가능한 한 빨리 포지션 조정을 유지해야 한다. S_t의 한 단위를 매입하거나 S_t가 좌측에서 우측으로 또는 우

그림 4.6 헤징 전략 조정 – 콜옵션

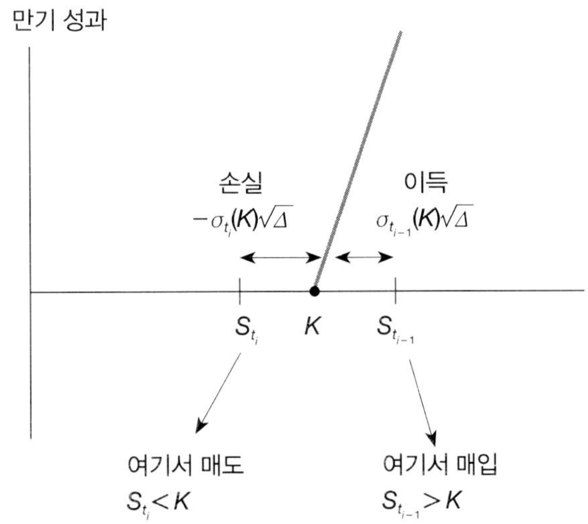

그림 4.7 헤징 전략 조정과 포지션

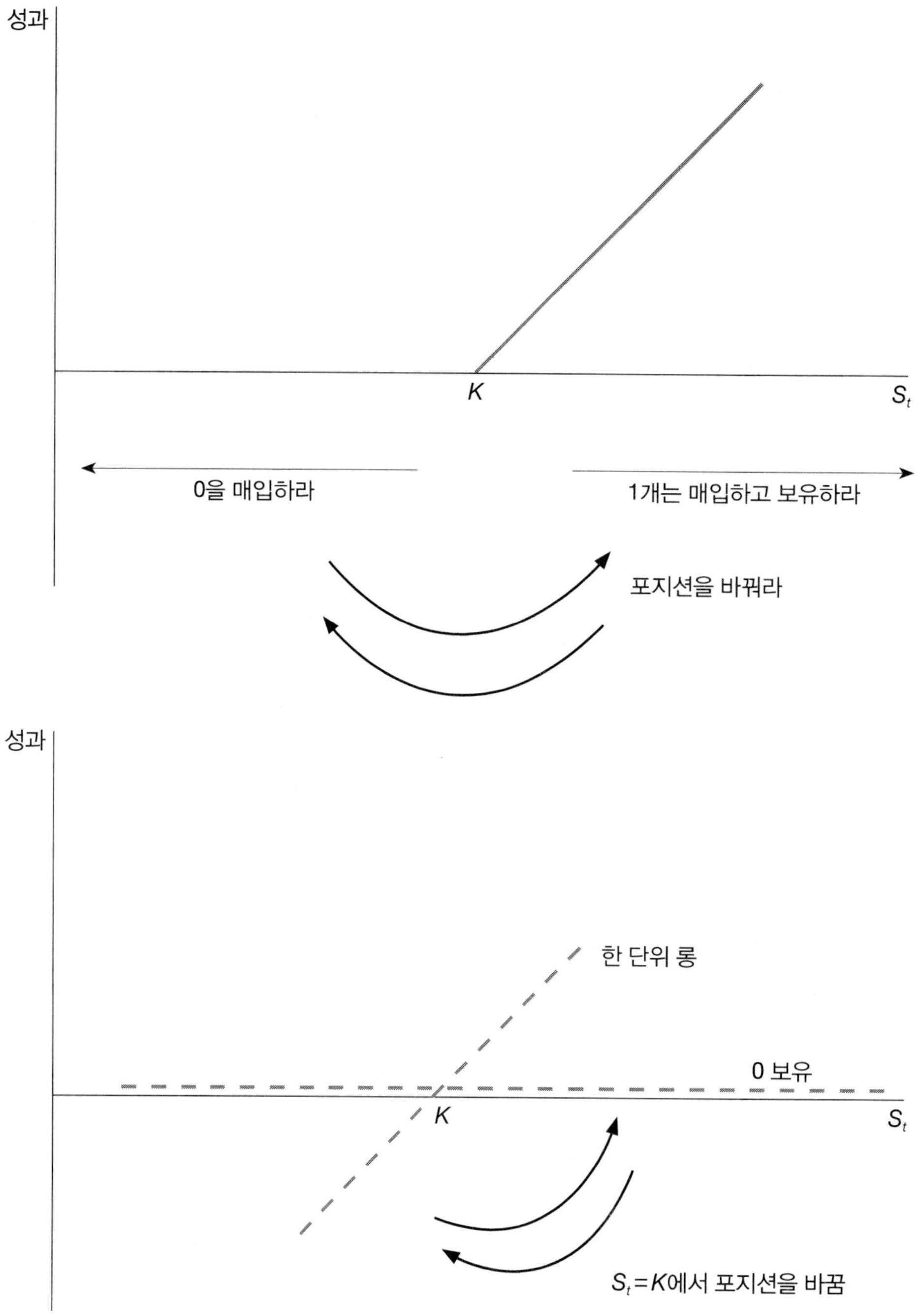

측에서 좌측으로 K에 교차하는 것처럼, S_t를 즉시 매도하라. 이 포지션의 P/L은 다음의 항으로 표시된다.

$$\frac{1}{2}\int_{t_0}^{T}\frac{\partial^2(S_{t_0}-K)^+}{\partial S_t^2}\sigma(S_t)^2dt \tag{4.16}$$

$S_t=K$에서 분명하게 전환은 0의 비용으로 즉시 수행될 수 없다. 거래자는 시간 Δ에 따라 움직이고 있으며, 반면 기초자산 위너 과정은 더 빠른 속도 $\sqrt{\Delta}$로 움직인다. 이러한 조정은 〈그림 4.6〉 및 〈그림 4.7〉에 나와 있다. 결과적으로 헤지비용은 옵션가치이다.

4.6 단순화된 Breeden-Litzenberger

일명 Breeden–Litzenberger 정리는 유동성 무차익 옵션가격에서 어떻게 위험 조정 확률을 배제할 수 있는지를 보여주는 중요한 결과이다. 이 절에서는 Breeden–Litzenberger에 대한 거래자의 접근 방식에 대해 논의한다. 이 접근법은 실무에서 사용된 약간의 인기 있는 옵션전략의 이론적인 관련성을 보여준다. 아래에서는 간단한 방법으로 일반화할 수 있는 간단한 분석 틀을 사용한다. 그러나 이러한 결과를 일반화하지 않을 것이지만 대신 다음 절에서 Dirac 델타 접근법을 사용하여 Breeden–Litzenberger 정리를 증명한다.

$\{C_t^1, \cdots, C_t^4\}$로 표시된 4개의 유동성 유럽형 콜옵션의 가격을 관측하는 간단한 설정을 고려하자. 모든 옵션은 T시점, $t<T$ 에서 만기가 끝난다. 옵션은 다음의 관계를 가진 $\{K^1, \cdots, K^4\}$로 표시되는 행사가격을 가지고 있다.

$$K^i-K^{i-1}=\Delta K \tag{4.17}$$

따라서 행사가격은 균등하게 배분된다. 이러한 옵션이 배당금을 지불하지 않는 동일한 기초자산 S_t에 대하여 발행된다는 가정과 별도로, S_t에 대한 분포를 가정 하지 않는다. 사실 S_t의 변동성은 확률적일 수 있으며, 분포가 반드시 로그-정규분포이지 않아도 된다.

마지막으로 T시점에서 받게 되는 현금흐름을 할인하기 위해 L_t를 사용한다. 할인요인은 이때 다음과 같이 주어져 있다.

$$\frac{1}{(1+L_t\delta)} \tag{4.18}$$

다음으로 단순한 확률 공간을 정의한다. 행사가격은 마지막 시점 S_T 4개 상태로 정의한다고 가정한다. 따라서 상태공간은 이산적이며 오직 4개의 상태 $\{\omega^1, \cdots, \omega^4\}$ 로 구성되어 있다고 가정한다.[5)]

$$\omega^i = K^i \tag{4.19}$$

이때 다음과 같이 정의된 이들 상태들과 관련된 4가지 위험 조정 확률을 가진다.

$$p^1 = P(S_T = K^1) \tag{4.20}$$

$$p^2 = P(S_T = K^2) \tag{4.21}$$

$$p^3 = P(S_T = K^3) \tag{4.22}$$

$$p^4 = P(S_T = K^4) \tag{4.23}$$

기존 교재 11장의 무차익 가격결정은 이러한 바닐라 옵션에 적용될 수 있다.

$$C_t^i = \frac{1}{(1+L_t\delta)} E_t^{\tilde{P}}[(S_T - K, 0)^+] \tag{4.24}$$

그림 4.8 다른 가격도(moneyness)를 가진 풋과 콜의 성과표

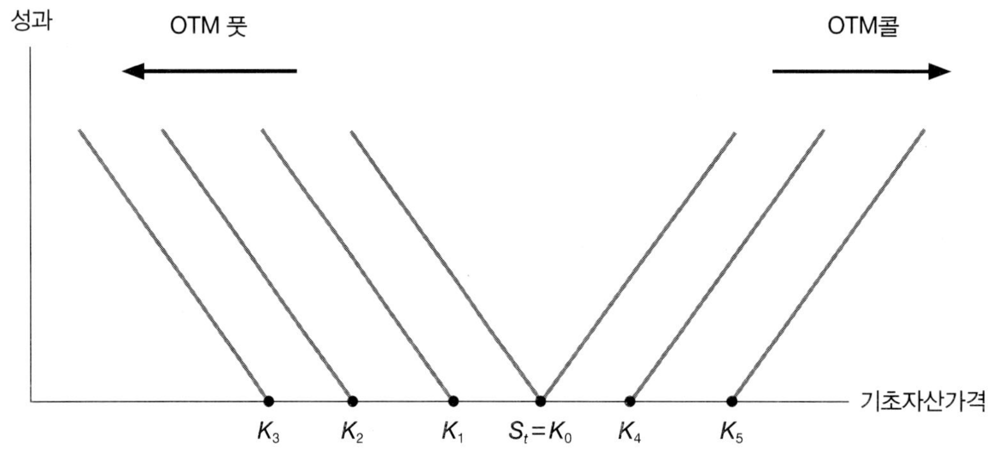

5) 다음의 토의가 n개의 이산 상태를 가정함으로써 변함없이 계속될 것이다.

확률 p^i를 사용하는 이 공식의 직접적인 적용은 다음의 가격결정 방정식을 주며, 여기서 가능한 성과들은 상응하는 확률에 의해 가중치가 계산된다(그림 4.8).

$$C_t^1 = \frac{1}{(1+L_t\delta)}[p^2\Delta K + p^3(2\Delta K) + p^4(3\Delta K)] \tag{4.25}$$

$$C_t^2 = \frac{1}{(1+L_t\delta)}[p^3(\Delta K) + p^4(2\Delta K)] \tag{4.26}$$

$$C_t^3 = \frac{1}{(1+L_t\delta)}[p^4(\Delta K)] \tag{4.27}$$

다음으로 옵션 가격의 1차 차분을 계산한다.

$$C_t^1 - C_t^2 = \frac{1}{(1+L_t\delta)}[p^2\Delta K + p^3(\Delta K) + p^4(\Delta K)] \tag{4.28}$$

$$C_t^2 - C_t^3 = \frac{1}{(1+L_t\delta)}[p^3(\Delta K) + p^4(\Delta K)] \tag{4.29}$$

마지막으로 2차 차분을 계산하고 다음과 같은 흥미로운 결과를 얻는다.

$$(C_t^1 - C_t^2) - (C_t^2 - C_t^3) = \frac{1}{(1+L_t\delta)}p^2\Delta K \tag{4.30}$$

다음의 결과를 얻기 위해 ΔK로 두 번 나누어라.

$$\frac{\Delta^2 C}{\Delta K^2} = \frac{1}{(1+L_t\delta)\Delta K}p^2 \tag{4.31}$$

여기서,

$$\Delta^2 C = (C_t^1 - C_t^2) - (C_t^2 - C_t^3) \tag{4.32}$$

이것은 매우 단순한 환경에서 잘 알려진 Breeden & Litzenberger 결과이다. 옵션거래자에게는 흥미로운 의미를 가지고 있다.

다음 사항을 주목하라.

$$(C_t^1 - C_t^2) - (C_t^2 - C_t^3) = (C_t^1 - C_t^3) - 2C_t^2 \tag{4.33}$$

다른 말로 하면, 이것은 롱(long)의 두 개의 윙(wing)이며 숏(short)의 중심(center)이 두 개인 옵션 포지션이다. 사실 이것은 K_2를 중심으로 한 나비모양이다. $(1+L_t\delta)\Delta K$의 의해 곱해진 이 나비의 무차익거래는 기초자산 S_t가 K_2 상태로 끝날 위험조정 확률을 나타낸다. $\Delta K \to 0$로 놓고서 다음의 결과를 얻는다.

$$\frac{\partial^2 C}{\partial K^2} = \frac{1}{(1+L_t\delta)} \o(S_T = K) \tag{4.34}$$

여기서 $\o(S_T = K)$는 T시점에서 기초자산의 위험조정밀도이다.[6)]

이 논의는 옵션시장에서 왜 나비가 순수 금융상품수단으로 거래되는 이유 중 하나를 설명하고 있다. 그들은 그들의 중심과 관련된 확률을 산출한다. 아래에서 Dirac 델타 함수를 사용하여 Breeden–Litzenberger 결과를 증명한다.

4.6.1 증명

Breeden–Litzenberger 결과에 대한 아이디어는 이전에 논의되었다. 그것은 유동성이 있으며 무차익 옵션가격을 사용함으로써 미래의 다양한 상태와 관련된 위험조정 확률을 제거할 수 있다는 사실에 달려 있다. 확률은 기초자산가격 S_T의 미래가치와 관련될 것이다.

정리는 다음을 주장하고 있다. (i) 모든 $0 \le K$에 대해 유럽 순수 옵션가격의 연속성이 존재하고 (ii) 제시하고 있는 함수 $C(S_t, K)$가 K에 대해 2차 미분 가능하다면, 이때 다음의 결과를 얻는다.

$$\frac{\partial^2 C}{\partial K^2} = \frac{1}{(1+L_t\delta)} \o(S_T = K) \tag{4.35}$$

여기서 $\o(S_T = K | S_{t_0})$는 S_T의 조건부 위험조정 밀도이다. 다른 말로 하면, 만약 순수옵션가격(vanilla option price)의 연속성을 가졌다면, 직접적인 미분을 통해 위험조정 밀도를 얻을 수 있다. 이제 Dirac 델타 함수 $\delta K(S_T)$를 사용하여 이것을 증명한다.

무–차익거래 가격 $C(S_t, K)$의 양변의 정의에 2번의 미분 연산자를 적용하라. 정의에 의하면, 이것은 다음의 의미를 가진다.

---

6) 만약 x_0에서 밀도가 $f(x_0)$라면, $f(x_0)dx$는 x_0에서 마지막 확률이라는 것을 기억하라. 다른 말로하면, 다음을 가진다.

$$p^2 \sim \o(S_T = K^2)\Delta K$$

$\emptyset(S_T)$가 K에 의존하지 않는다는 것을 깨닫고 연산자를 교환할 수 있다고 가정하면,

$$\frac{\partial^2}{\partial K^2} C(S_t, K) = \frac{1}{(1+L_t\delta)} \frac{\partial^2}{\partial K^2} \int_0^\infty (S_T - K)^+ \emptyset(S_T) dS_T \tag{4.36}$$

미분연산자를 상호 교환할 수 있다고 가정하고 $\emptyset(S_T)$는 K에 의존하지 않는다는 것을 파악하고서 다음의 결과를 얻는다.

$$\frac{\partial^2}{\partial K^2} C(S_t, K) = \frac{1}{(1+L_t\delta)} \int_0^\infty \frac{\partial^2}{\partial K^2} (S_T - K)^+ \emptyset(S_T) dS_T \tag{4.37}$$

그러나 다음의 식이 Dirac 델타이며,

$$\frac{\partial^2}{\partial K^2} (S_T - K)^+ = \delta_K(S_T) \tag{4.38}$$

이것은 다음을 의미하고 있다.

$$\frac{\partial^2}{\partial K^2} C(S_t, K) = \frac{1}{(1+L_t\delta)} \int_0^\infty \delta_K(S_T) \emptyset(S_T) dS_T \tag{4.39}$$

이전의 논의 및 방정식 (4.4)는 이 적분에서, $\emptyset(S_T)$는 $S_T = K$를 제외한 모든 곳에서 0에 의해 곱해지고 있다는 것을 말해 주고 있다. 그러므로 다음의 결과를 알 수 있다.

$$\frac{\partial^2}{\partial K^2} C(S_t, K) = \frac{1}{(1+L_t\delta)} \emptyset(S_T = K) \tag{4.40}$$

위험 조정 밀도를 복구하는 것은 K와 관련하여 유럽 순수옵션 가격의 2차 변미분(second partial)을 취하는 것이다. 이것이 Breeden–Litzenberger 결과이다.

4.7 감마 이득으로서 옵션가격의 특성화

그렇다면, 이러한 헤징이득을 이용하여 거래자가 어떻게 옵션을 "특성화"하는가? 우선, 유동성이 있는 옵션시장에서 주문 흐름은 가격을 결정하고 거래자는 가격 행사를 통하여 할 필요가 없다. 그러나 여전히 옵션거래자의 정신(mind)의 틀을 나타내기 위해 이러한 거래 이득을 사용할 수 있는가?

이전 절의 논의에서 이러한 문제에 대한 힌트를 얻을 수 있다. 거래자는 행사가격 K로 옵션을 매입하거나 매도한다. 이 거래에 필요한 현금이 차입되거나 대출된다. 그런 다음, 거래자의 델타는 옵션을 헤지 한다. 마지막으로, 이 헤지는 기초자산가격이 초기 S_{t_0} 근처에서 변동함에 따라 조정된다.

이에 따라 거래자는 이러한 헤지 조정으로부터 미래의 이득(지급)을 추가(할인)할 수 있으며 이는 이자비용 또는 기타 비용 외에도 옵션의 시간가치가 될 것이다. 중요한 점은 이러한 미래의 이득이 초기 감마에서 계산되고, 초기 S_{t_0}에서 평가되고, 지나는 시간에 대하여 조정될 필요가 있다는 것이다.

위의 내용을 다음과 같이 설명할 수 있다. 첫째, 단순화를 위해 이자율이 0과 같다고 가정한다. 그런 다음 순수 콜의 가격을 $C(S_t, t)$로 표시한다. 정의에 의해 다음을 가진다.

$$C(S_{t_0}, T) = \text{Max}[S_{t_0} - K, 0] \tag{4.41}$$

만약 기초자산이 시간 T에서 S_{t_0}으로 끝나면 이것은 옵션의 미래 가치가 될 것이다. 그리고, 이 가치는 초기 가격과 t_0와 T 사이에 변화된 시간가치를 더한 값과 같다.

$$C(S_{t_0}, T) = C(S_{t_0}, t_0) + \int_{t_0}^{T} \frac{\partial C}{\partial t}\bigg|_{S_t = S_{t_0}} dt \tag{4.42}$$

이제, 블랙-숄즈 PDE으로부터 다음의 관계를 알고 있다.

$$\frac{\partial C}{\partial t} = \frac{1}{2}\frac{\partial^2 C}{\partial S_t^2}\sigma_t^2(S_t, t) \tag{4.43}$$

위의 방정식 (4.42)을 대체하고 다시 재구성하면 다음과 같이 된다.

$$C(S_{t_0}, t_0) = \text{Max}[S_{t_0} - K, 0] + \int_0^T \frac{1}{1} \frac{\partial^2 C(S_{t_0}, t)}{\partial S_t^2} \sigma_t^2(S_{t_0}, t) dt \tag{4.44}$$

우변에서, 적분은 상수 S_{t_0}에서 평가되고 그래서 기대치를 취할 필요가 없다는 것을 주목하라.

이에 따라 거래자는 내재가치와 S_{t_0}에 감마 및 S_{t_0}에 중심에서 변동성으로 평가된 감마 이득을 추가하여 시간 t_0시점 옵션가격을 평가하고 있다. 여전히 시간 t가 변하고 이것은 시간에 따라 감마를 변경시킬 것이다. 따라서, 무작위 미래 S_t에서 평가된 미래 감마 이득의 기대 값을 파악함으로써 거래자는 옵션가격을 평가하지 않는다는 것을 인식하는 것이 중요하다. 감마는 초기 S_{t_0}에서 평가된다.

4.7.1 Tanaka 공식과의 관계

위의 논의는 Tanaka의 공식을 사용하여 얻은 옵션해석과도 일치한다. 위에 표시된 옵션가치를 다시 고려하자.

$$C(S_{t_0}, t_0) = \text{Max}[S_{t_0} - K, 0] + \int_{t_0}^T \frac{1}{2} \frac{\partial^2 C(S_{t_0}, t)}{\partial S_t^2} \sigma_t^2(S_{t_0}, t) dt \tag{4.45}$$

이제, Breeden−Litzenberger으로부터 다음을 알고 있다.

$$\frac{\partial^2 C(S_{t_0}, t)}{\partial S_t^2} \sigma_t^2(S_{t_0}, t) = \Phi(S_{t_0}, t \mid S_{t_0}) \tag{4.46}$$

여기서 $\Phi(S_{t_0}, t \mid S_{t_0})$는 시간 t에서 S_t의 위험조정밀도이다. 이것을 옵션가치 식에 대체하라.

$$C(S_{t_0}, t_0) = \text{Max}[S_{t_0} - K, 0] + \int_{t_0}^T \frac{1}{2} \sigma_t^2(S_{t_0}, t) \Phi(S_{t_0}, t \mid S_{t_0}) dt \tag{4.47}$$

이것은 Tanaka 공식과 함께 Dirac 델타 함수를 사용하여 얻은 방정식과 같다. 우변의 두 번째 항은 국지시간(local time)이라고 한다. 이 경우 국지시간은 행사가격 $K = S_{t_0}$을 가진 ATM 옵션에 대해 평가된다.

4.8 스마일 도입

시장은 동일한 기초자산이면서도 다른 행사가격과 다른 만기를 가진 많은 옵션을 거래한다. 다른 모든 측면에서 동일한 옵션상품 간에 행사가격의 차이가 어떤 중요한 영향을 의미를 가지고 있는가?

처음에 이 질문에 대한 대답은 '아니오'인 것으로 보인다. 결국, 순수(vanilla)옵션은 기초자산가격 S_t에 대해 발행되고, 이 가격은 행사가격 K_i와 관계없이 언제든지 시점 t에서 단 하나의 변동성을 갖게 된다. 따라서 행사가격의 차이에 관계없이 동일 만기에 동일한 옵션으로 내재된 옵션의 내재 변동성은 동일해야 한다.

그러나 이 첫인상은 잘못되었다. 실제로, 행사가격을 제외한 모든 면에서 동일한 옵션은 일반적으로 서로 다른 내재 변동성을 가지고 있다. 전반적으로, OTM 콜(풋) 옵션이 더 많을수록 해당 옵션의 내재 변동성이 높다. 이렇게 잘 설정된 실증적 결과는 변동성 스마일(smile) 또는 변동성 왜도(skew)로 알려져 있으며 많은 중요한 금융상품수단의 헤징, 가격결정 및 일일정산(marking-to-market)에 대하여 중요한 의미를 가지고 있다. 이 장의 나머지 부분에서는 주요 아이디어를 전달하기 위한 수단으로서 캡(caps)와 플로어(floors)을 사용하여 변동성 스마일과 왜도를 논의한다. 이것은 간접적으로 볼록 금융상품수단의 특별한 자산 군의 엔지니어링을 논의할 좋은 기회를 준다.

이 시점부터는 이 장에서 스마일이라는 용어를 사용할 것이다. 심지어 스마일이 실제 한편의 왜도(one-sided skew)일 때에도 이러한 경우는 나타날 것이다. 그러나 관련성이 있을 때마다 차이점을 지적할 것이다.

4.9 사전(Preliminaries)

변동성 스마일(smile)은 금융상품의 거래, 헤징과 가격결정에 중요한 영향을 가지고 있다. 이 분야에서 얼마나 많은 것들을 가지고 있는지 설명하기 위해 변동성 스마일과 관련되어 있는 비정상적인 조건으로부터 이익을 얻는 입장을 살펴본다.

주식, 채권, 또는 이전에 보았듯이 수익률 곡선의 기울기를 거래할 수 있다. 예를 들어, 단기 수익률에 비해 장기 수익률이 하락할 것으로 예상할 수 있다. 이를 수익률 곡선의 평탄화라고 하며, 단기만기를 매도하고 장기만기를 매수하는 커브 평탄화 전략을 제안한다. 이것은 현금 금융상품 도구(즉, 채권) 또는 스왑을 사용하여 수행할 수 있다.

어쨌든, 그러한 거래는 금융시장에서 일상적으로 이루어졌다. 최근의 상대가치 거래는 변동성 스마일과 관련이 있다. 다음 예제를 고려하자.

예제

지난 달 동안 유럽 주식옵션 거래자들은 역행투자자(contrarian investor), 즉 헤지 펀드가 특정 시장에서 변동성 수준의 왜도(skew)의 이점을 취하기 위해 ATM 변동성을 매입하고 OTM 변동성을 매도하는데 관심을 보였다.

> . . . 외도거래는 투자자가 ATM 변동성(vol)를 매입하고 OTM 변동성(vol)을 매도하는 것과 관련이 있다. 공급/수요 압력 때문에, 때때로 OTM 변동성의 수준이 정상보다 매우 상승한다. 다시 말하면, OTM변동성과 ATM변동성 간의 스프레드는 증가하는데 이것은 소위 왜도라 불리는 것을 발생시키게 된다. 투자자들은 왜도가 없어질 것을 예상하여 거래를 시작했다.
> [A 거래자]는 시장침체와 관련된 몇몇 투자자들 간에 미국과 유럽 주식 시장의 강세와 함께 불안감이 오고 있다고 설명했다. 많은 사람들이 장외시장(OTC)에서 풋 계약을 통하여 보호를 모색하고 있다. OTM풋은 일반적으로 ATM풋보다 저렴하기 때문에 많은 투자자들이 전자를 선택했다. 많은 거래량으로 OTM 변동성(vol)을 상승시키게 되었다. 많은 투자자들이 시장의 가격하락을 보호하기를 원하지만 오늘날 풋은 너무 비싸다. 따라서, 오늘 100의 가격으로 매입하는 대신 80의 가격으로 숏을 매입한다.

(Derivatives Week (현재 GlobalCapital의 일부)을 기초로 함)

이 예에 따르면, 1990년대의 "주식 시장 버블" 동안 과도하게 투자한 주식 투자자들은 시장의 실패에 대한 보호를 찾고 있었다. 그들은 롱 주식이었고 시장이 추락하면 상당한 손실을 입었을 것이다. 그들이 소유한 주식을 매도하는 대신 풋 옵션을 매입했다. 풋을 가진 투자자는 미리 결정된 가격, 즉 K로 기초자산인 주식을 팔 권리가 있다. 시장가격이 K 밑으로 떨어지면 투자자는 보호받을 수 있다.

위의 예제에 따르면, 기꺼이 풋을 매입하고자 하는 많은 투자자는 먼저 ATM(at the money) 변동성을 증가 시켰다.[7] ATM 옵션이 비쌌다. 예제에 따르면 원하는 보험비용을 낮추기 위해 투자자들은 20%의 OTM의 옵션을 대신 매입했다. 이러한 옵션은 저렴했다. 그러나 점점 더 많은 투자자들이 그것을 구입할 때 OTM변동성은 동일한 옵션 시리즈의 ATM 변동성에 비례하여 증가하기 시작했다. 이로 인해 비정상적으로 가파른 왜도가 발생했다.[8]

예제에서 "비정상적인" 왜도가 장기운영에서 비정상성이 사라질 것으로 기대했던 일부 헤지 펀드를 끌어 들였을 수도 있음을 시사하고 있다. 하나의 이론에 따르면, 이 펀드는 OTM 변동성을 매도하고 ATM 변동성을 매입했다. 만약 평평한 왜도와 OTM 변동성이 ATM 변동성에 비하여 하락한다면 이 포지션은 돈을 벌 것이다.[9] 예제에서 보듯이 왜도 또는 스마일은 금융시장 활동의 필수적인 부분으로 간주되어야 한다. 그러나 이 절에서 볼 수 있듯이, 그 존재는 금융모델링 및 위험관리에서 몇 가지 복잡한 문제와 어려움을 야기시킨다.

4.10 먼저 스마일을 보라

변동성 스마일은 혼란스러운 개념일 수 있으며 가격결정 메카니즘이나 시장 응용 프로그램에 들어가기 전에 몇 가지 예비 아이디어를 논의해야 한다. 블랙-숄즈의 가정은 그리 현실적이지 않다는 것은 잘 알려져 있다. 블랙-숄즈 공식은 옵션 거래자들에 의해 일상적으로 사용되지만, 거래자들은 다른 어떤 누구보다도 모형에 대한 가정이 문제가 있

7) 물론 이것은 약간의 원형이다. 만약 붕괴의 공포가 있다면, 정상적으로 변동성의 증가와 같이 기대할 수 있다.

8) 이러한 OTM풋은 아직도 ATM 풋과 비교 시에 금전적인 항목에서 싸게 될 것이다. 의미하고 있는 변동성은 높을 것이다. 이와 같이 말하는 다른 방법은 만약 ATM변동성을 OTM옵션에 대한 블랙-숄즈 공식에 넣는다면, 심지어 보다 싼 가격으로 끝이 날 것이다.

9) 그러나, 만약 투자자들이 시장이 120 상태이거나 K=80에서 새로운 보험을 매입할 때 매입하였던 이전 보험을 해체한다면 비슷한 효과는 관측 될 것이다. 이것은 보호에 대한 롤링(rolling)과 동일하다. 그래서 이러한 관측 뒤에 실질적인 동인의 힘은 단지 투기적 상대적 가치에 기인하여 이것이 포지션에 대해서 역할을 하는지 또는 단순히 롤링(rolling)하는지에 대한 것인지를 말하는 것은 어렵다.

다는 것을 잘 알고 있다. 예를 들어, 블랙-숄즈의 주요 가정 중 하나는 옵션 수명 기간 동안 변동성이 일정하다는 것이다. 실현된 변동성이 옵션 기간 동안 크게 변동하는 것으로 알려진다면 거래자는 어떻게 블랙-숄즈 공식을 여전히 사용할 수 있을까?

이 블랙-숄즈 가정을 위반하면 블랙-숄즈 공식에 의해 주어진 가격이 "틀린" 것이 아니므로 공식에 의해 내재 변동성은 잘못된 것인가? 이 질문은 신중하게 고려해야 한다. 결국, 거래자의 행동에 실제로 불일치가 없음을 알게 될 것이다. 이것을 다음과 같이 설명할 수 있다.

1. 첫째, 블랙-숄즈 공식은 단순하며 작은 모수의 숫자에 의존하고 있음을 주목하라. 사실 공식이 의존하고 있는 오직 하나의 주된 모수는 변동성 σ^2이다. 간단한 수식에는 몇 가지 장점이 있다. 이해하고 기억하기 쉽다. 그러나 더 중요한 것은 어디서 또는 언제 잘못 될지 알기가 쉽다. 간단한 수식을 사용하면 거래 중에 주관적인 조정을 통해 비공식적으로 부정확한 부분을 수정할 수 있는 방법을 개발할 수 있다. 블랙-숄즈 수식에는 하나의 모수가 있으며 수식의 불완전성에 대해 이 모수를 "조정"하는 방법을 기억하는 것이 더 쉽다.[10)]
2. 블랙-숄즈 공식의 중요한 측면은 그것이 보편화 되었다는 것이다. 즉 전문가와 컴퓨터 플랫폼의 표준이 되었다. 이 공식은 보고된 변동성을 이 보고된 변동성에 기초로 한 달러 가치에 연결하는 방법을 제공한다. 이 방법으로 거래자는 동일한 공식을 사용하여 시장이 제시한 변동성 지수에 달러 가치를 매긴다. 이는 헤징, 위험관리 및 거래 변동성을 위한 공통 플랫폼을 개발하는데 도움이 될 것이다.
3. 따라서 블랙-숄즈 공식의 사용이 관례에 부합하고 거래자가 모수 σ^2값의 선택이 다르다는 것을 인정하면 중요한 프로세스는 더 이상 옵션 가격이 아니다. 이것이 캡(caps), 플로어(floors) 및 스왑션(swaption) 시장과 같은 많은 시장에서 변동성이 직접 인용되는 이유 중 하나이다.
   블랙-숄즈 가정의 불완전성을 설명하는 한 가지 방법은 거래자가 변동성 모수를 조정하는 것이다.
4. 그러나, 이 관례(습관)는 새로운 위험을 야기한다. 일단 기본적인것은 변동성 과정

10) 예측 이론에서 간략한 개념이 있다. 예측 연습 동안 에러가 보다 더 발생할 가능성이 있기 때문에 너무 많은 파라메트를 가지기에는 비용이 많다. 이런 개념을 복합 옵션가격의 수치 계산에 응용한다. 만약 모형이 보정하기에 보다 적은 파라메트를 가지고 있다면, 실수할 가능성이 낮아진다.

이며 또다른 문제가 발생한다. 예를 들어, 거래자는 공시된 변동성에 위험 프리미엄을 추가할 수 있다. 자산가격에 포함된 위험 프리미엄과 같이, 변동성에 대한 공시는 위험 프리미엄이 내재시킬 수 있다.

변동성 스마일과 이것의 일반화 및 변동성 지표(surface)는 내재변동성과 그들 간의 차익 거래 관계에 관한 많은 정보를 담고 있다. 스마일의 거래, 가격결정, 헷징 및 차익거래 등은 중요하게 된다.

4.11 변동성 스마일이란?

동일 일자 T에서 만기가 되는 S_T의 주식가격(지수)를 기초로 발행된 순수(바닐라) 유럽 콜 및 풋 옵션을 가진 블랙–숄즈 세계를 고려해보자. K_i가 옵션 시리즈의 i 번째 행사가격으로 놓고 σ_i는 상수로서 행사가격 K_i에 대한 고정 블랙–숄즈의 순간적인 (내재) 변동성 계수로 놓자. 마지막으로, r을 일정한 무위험 이자율이라 하자.

블랙–숄즈 설정은 일정한 변동성 이상으로 많은 가정을 하고 있다. 특히 기초자산은 배당금을 지급하지 않으며 거래 비용, 세금 문제 또는 규제 비용이 없다. 마지막으로, S_t는 기하적 확률 미분 방정식(SDE)을 따른다는 것이 가정되어 있다.

$$dS_t = \mu S_t \, dt + \sigma S_t \, dW_t \quad t \in [0, \infty] \tag{4.48}$$

여기서 W_t는 확률 P하에서 정의된 위너 과정이다. 여기서 μ는 S_t에 의존할 수도 있다. 중요한 가정은 확산구성요소(diffusion component)가 σS_t에 의해 주어진다는 것이다. 이것은 이 장에서 관심을 가지는 가정이다. 블랙–숄즈 설정은 무한히 작은 간격 dt 동안의 절대적인 변동성은 (경험적으로) 다음과 같이 주어진다고 가정한다.[11)]

$$\sqrt{E_t^P[(dS_t - \mu S_t \, dt)^2]} = \sigma S_t \sqrt{dt} \tag{4.49}$$

11) 여기서 S_t는 가격의 순간의 가장 작은 변동이다. 작은 변동을 나타내는 오직 기호적 방법이며, 이러한 무한 증가의 기대치는 오직 경험적이 될 것이다.

따라서, 작은 간격 Δ에 대해, 대략 백분율 변동성을 다음과 같이 쓸 수 있다.

$$\frac{\sqrt{E_t^P[(\Delta S_t - \mu S_t \Delta)^2]}}{S_t} \cong \sigma\sqrt{\Delta} \tag{4.50}$$

이것에 따르면, S_t가 변함에 따라, 길이의 간격 Δ 동안의 변동률은 거의 일정하게 유지된다.

이 환경에서 전형적인 풋 옵션의 가격은 블랙-숄즈 공식에 의해 주어 진다:

$$P(S_t, K, \sigma, r, T) = -S_t N(-d_1) + Ke^{-r(T-t)}N(-d_2) \tag{4.51}$$

$$d_1 = \frac{\log(S_t/K) + ((1/2)\sigma^2/+r)(T-t)}{\sigma\sqrt{T-t}} \tag{4.52}$$

$$d_2 = d_1 - \sigma\sqrt{(T-t)} \tag{4.53}$$

시장이 내재변동성 σ를 고시 한다고 가정하자. 행사가격 K_i로 옵션을 가진 금전적 가치를 얻기 위해, 거래자는 S_t, t, r의 현재 가치와 거래가 진행된 내재변동성 σ_i의 고시가격을 이 공식에 넣을 것이다. 이 해석에 따르면 블랙-숄즈 공식은 달러 가치를 시세 변동성에 할당하는데 사용된다. 반대로, 정확한 옵션가격 $P(.)$가 주어지면, K_i풋에 대하여 내재 변동성 σ_i가 추출될 수 있다.

이제 이 관계에서 변동성 스마일을 정의할 수 있다. 행사가격 K_i에 의해 색인된 일련의 $T-$ 만기, 유동성 및 무차익거래 OTM풋 옵션 가격을 각각 P_{K_i}로 나타내어진 것을 고려하자.

$$P_{K_1}, \cdots, P_{K_n} \tag{4.54}$$

$$K_n < \cdots < K_1 < K_0 <= S_t \tag{4.55}$$

이것에 따르면, K_0 풋은 ATM이며, K_i가 감소함에 따라 풋은 보다 깊은 OTM으로 가며 〈그림 4.9〉를 참조 하라.

그런 다음 (매도 또는 매수) 옵션 가격이 주어지면 블랙-숄즈 수식을 뒤로 사용하고 거래자가 P_{K_i}에서 거래를 결론 짓기 위해 사용했던 σ_i를 추출할 수 있다. 만약 블랙-숄즈 세계의 가정이 정확하다면, 풋 옵션이 이들 행사가격을 제외하고 동일할 것이기 때문에 모든 내재변동성은 동일하게 나타날 것이다

$$\sigma_{K_0} = \sigma_{K_1} = \cdots = \sigma_{K_n} = \sigma \tag{4.56}$$

그림 4.9 변동성 스마일: 행사가격에 대비하는 내재 변동성

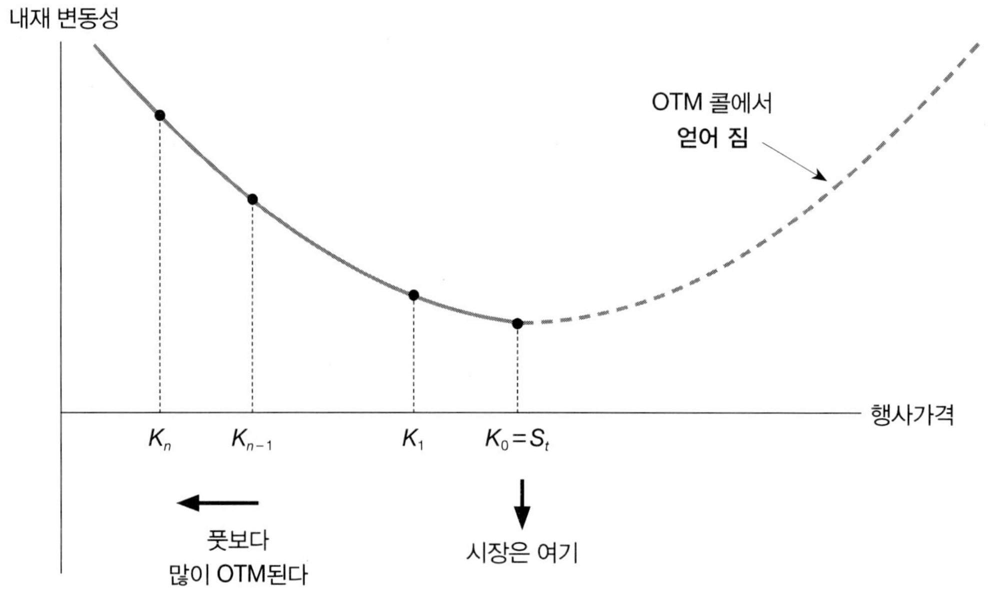

따라서 블랙-숄즈 세계와 일치하는 시장에서 거래자는 블랙-숄즈 풋 공식에서 동일한 σ를 사용하여 각 P_{K_i} $i=0,\cdots,n$을 얻는다. 뒤로 가면서, 옵션가격으로부터 동일한 상수 σ를 되찾을 것이다.[12)]

그러나 만약 관측된 옵션 가격을 가지고 실제로 행사를 한다면, 내재변동성이 다음을 만족할 것이라는 것을 발견할 수 있다.

$$\sigma_{K_0} < \sigma_{K_1} < \cdots < \sigma_{K_n} \tag{4.57}$$

다른 말로 하면, 풋 옵션이 보다 더 OTM이 되면 이에 상응하는 내재변동성은 보다 더 높다. 결과적으로 "스마일리" 곡선을 얻을 수 있다.

또한 점진적으로 OTM 콜 옵션에서 내재 볼(vol)을 사용할 수 있고 기초 금융상품수단에 따라 〈그림 4.10〉과 같은 스마일의 후반부를 얻을 수 있다.

12) 이와 같은 행사는 풋 가격이 t의 동 시점에서 얻게 되었고, Ki을 제외한 모든 다른 측면에서 동일하였다는 것이 요구된다.

그림 4.10 자기자본지수의 왜도와 전형적인 대칭적 FX 스마일

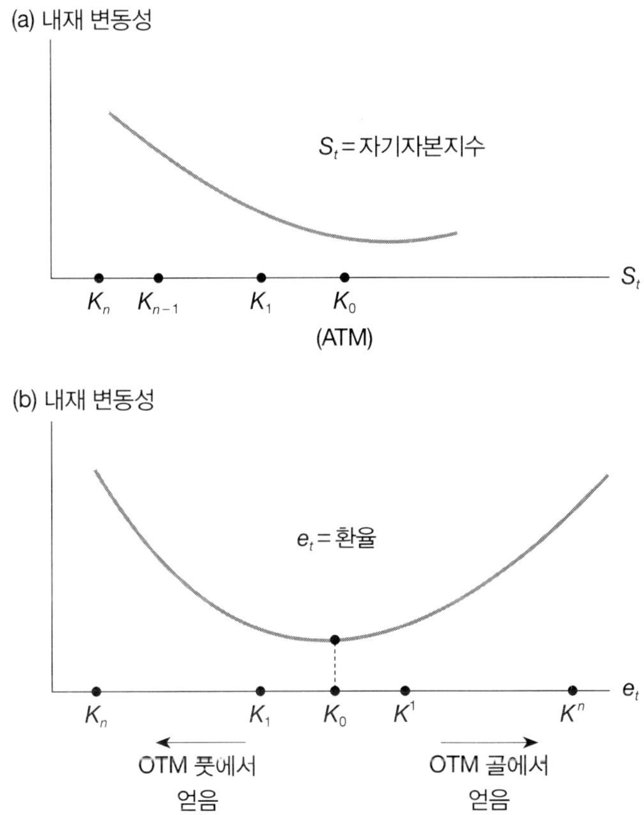

4.11.1 일부 정형화된 사실

현실에서 관측된 변동성 스마일은 다음과 같은 특성을 갖는 것으로 보인다.

1. 주식지수를 기초로 발행된 옵션은 〈그림 4.10a〉와 같이 일반적으로 비대칭적 한편(one-sided) "스마일"를 산출한다. 이런 이유로, 그들은 종종 왜도(skew)라고 불리어진다.
2. 외환시장(FX market)은 이 점에서 상당히 다르다. 그들은 〈그림 4.10b〉에서와 같이 다소 대칭적인 스마일을 낳는다. 그러나 스마일은 정확히 대칭적이지 않으며 외환시장에서 리스크 반전을 사용하여 이 비대칭을 교환하는 일상적인 반복이다.

3. 다양한 이자율에 대해 옵션은 주식지수보다 단조 한쪽 측면(monotonous one-sided smile)을 만든다. "스마일" 패턴이 시장에 따라 다르다는 사실은 표면적으로 다른 설명이 관련되어 있음을 제시한다.

스마일의 동태성은 섹터에 따라 변한다고 생각하는 것은 당연하다. 이 점은 위험관리, 스왑션(swaption) 운영, 캡(cap)/플로어(floor) 장부(book) 및 변동성 거래 등에 대하여 관련되어 있다. 그러나 논의하기 전에 예제를 고려하자.

예제

〈표 4.1〉은 만기 기간이 매우 짧은 S&P100 지수를 기초로 발행된 모든 옵션을 표시하고 있다. 이 데이터는 아침 일찍부터 실시간 견적을 통해 얻었으므로 거의 거래가 이루어지지 않았다. 그러나 옵션 매도-매수 고시는 합리적인 규모의 거래가 수행될 수 있다는 의미에서 사실이었다.

자료가 수집될 때, 기초자산은 589.14에 거래되고 있었다. 블랙-숄즈 내재 변동성을 얻기 위해 12개의 ATM풋과 9개의 OTM콜을 사용한다.

이자율은 1.98%로, 만기까지의 시간은 8/365이다. 이 값과 표에 주어진 옵션에 대한 입찰가격을 사용하여 다음의 방정식은 콜의 내재변동성 (σ_i)과 풋의 내재변동성 (σ_i) 및 관측된 옵션가격인 C_i와 P_j에 대하여 풀리게 되었다.

$$C(S_t, K_i, r, T, \sigma_i) = C_i \tag{4.58}$$

$$P(S_t, K_j, r, T, \sigma_j) = P_j \tag{4.59}$$

[표 4.1] **만기 2002년 1월 18일의 OEX 옵션**

콜	매입	매도	거래량	풋	매입	매도	거래량
Jan 550	39.5	41.5	0	Jan 550	0.45	0.75	0
Jan 555	34.8	36.3	0	Jan 555	0.65	0.95	0
Jan 560	30	31.5	0	Jan 560	0.9	1.2	0
Jan 565	25.2	26.7	0	Jan565	1.25	1.55	0
Jan 570	20.6	22.1	0	Jan 570	1.8	2.1	0
Jan 575	16.3	17.8	0	Jan 575	2.3	3	0
Jan 580	13	13.5	0	Jan 580	3.4	4.1	2
Jan 585	9.1	9.8	0	Jan 585	5	5.7	5

Jan 590	6.1	6.8	50	Jan 590	7.6	7.9	5
Jan 595	4.1	4.5	12	Jan 595	10.1	10.8	25
Jan 600	2.5	2.8	3	Jan 600	13.1	14.5	0
Jan 605	1.2	1.5	0	Jan 605	17.2	18.7	0
Jan 610	0.55	0.85	1	Jan 610	21.7	23.2	0
Jan 615	0.25	0.55	0	Jan 615	26.6	28.1	0
Jan 620	0.2	0.35	1	Jan 620	31.4	32.9	0
Jan 625	0.05	0.2	0	Jan 625	36.3	37.8	0
Jan 630	0	0.15	0	Jan 630	41	43	0
Jan 635	0	0.1	0	Jan 635	46	48	0
Jan 640	0	0.1	0	Jan 640	51	53	0
Jan 645	0	0.1	0	Jan 645	56.5	57.5	0
Jan 650	0	0.1	0	Jan 650	60.5	63.5	0
Jan 660	0	0.05	0	Jan 660	70.5	73.5	0
Jan 680	0	0.05	0	Jan 680	90.5	93.5	0

그림 4.11 가격도에 대한 단기일 OEX옵션의 내재 변동성

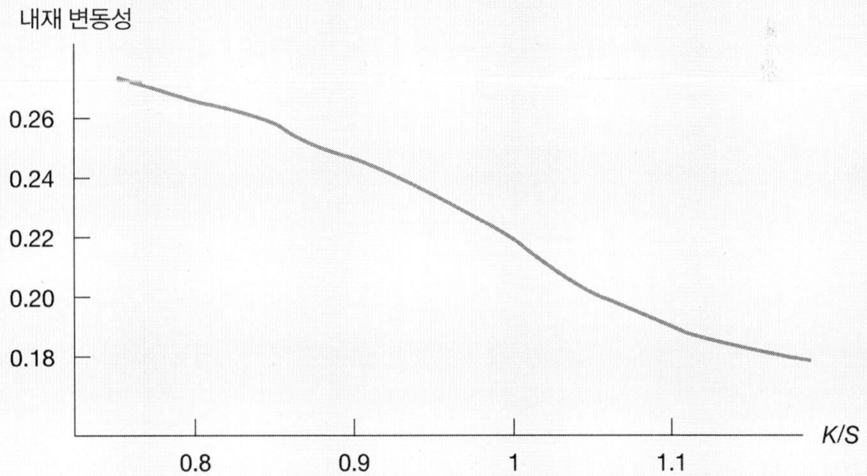

결과인 볼(vols)은 〈그림 4.11〉에서 K_i/S_t에 대해 그려지게 되었다. 이미 언급한 스마일을 알고 있다. 예를 들어, 32% OTM으로 거래된 1월 400개 풋(put)은 약 26%의 변동성을 가졌지만 ATM 옵션은 18.5%의 내재 변동성으로 거래되었다.

OEX옵션은 미국 스타일이며 위의 예에서 이 문제가 무시되었다. 이것은 계산 된 변동성의 상향 편의를 초래할 것이다. 이 편의는 우리의 목적에 부차적이지만 실제 거래에서 수정되어야 한다. Barone-Adesi와 Whaley(1987)는 한 가지 수정안을 제안했다.

4.11.2 가격도(moneyness)를 어떻게 정의할 수 있는가?

스마일이 그려지는 방식은 시장마다 다르다. σ_i로 표시된 내재 변동성은 항상 y축에 나타난다. 달리 명시하지 않는 한, 이 변동성을 주식 또는 외환시장(FX)의 블랙-숄즈 공식으로부터 그리고 이자율의 경우 블랙공식으로부터 축출된다. 내재변동성은 무작위적이며 시간이 변하는 것처럼 취급된다.

수평축에 두는 것은 보다 섬세한 질문이며 궁극적으로 옵션의 "가격도"을 정의하는 방법에 달려 있다. 때로는 스마일이 현행시장 가격에 대한 행사가격의 비율로 측정된 가격도, K_i/S_t에 대해 그려진다. 만약 스마일이 옵션이 얼마나 OTM인지의 함수라면, 이 정규화는 S_t가 변함에 따라 그 특정 옵션 시리즈의 스마일이 다소 불변할 수 있다는 의미에서 스마일을 안정화시킬 것이다. 그러나 거의 항상 스마일에 영향을 미치는 가격도가 아닌 다른 요인이 있으며, 일부 시장참가자들은 가격도(moneyness)를 다르게 정의한다.

예를 들어, 스마일이 $K_ie^{-r(T-t)}/S_t$ 대해 그려지는 경우가 있다. 만기가 짧은 옵션의 경우, $r(T-t)$가 작은 수이기 때문에 이것은 별 차이가 없다. 만기가 긴 옵션의 경우 차이는 더 관련되어 있다. 이 할인 요소를 포함시킴으로써, 시장참가자들은 옵션에 남아 있는 수명 변화의 영향을 제거하기를 원한다.

때때로 수평 축이 옵션의 델타를 나타낸다. FX 거래자는 델타의 크기를 가격도로 측정한다. 이와 같은 실행은 옵션 델타가 단순한 가격도 이상의 보다 더 많은 변수에 달려 있다는 이유로 도전 받게 될 수 있다. 이는 또한 순간적으로 내재 변동성에 의존할 수도 있다. 그러나 나중에 보게 될 것처럼, 변동성 거래가 특히 외환 시장에서 유동성이 있는 델타가 있다.

독자는 〈그림 4.9〉의 스마일이 오직 행사가격에 대한 내재 변동성의 그림임을 주목해야 한다. 〈그림 4.12〉와 〈그림 4.13〉은 델타에 대한 내재 변동성의 그림이다.

이들 커브는 특정 시간 t와 만기 날짜 T가 관련이 있다. 후자가 변경되면 일반적으로 스마일이 이동한다. 시간 t와 만기 날짜 T의 변화가 스마일에 어떻게 영향을 미치는지 아는 것은 중요하다.

그림 4.12 FX 시장에서 3개의 다른 스마일 형태

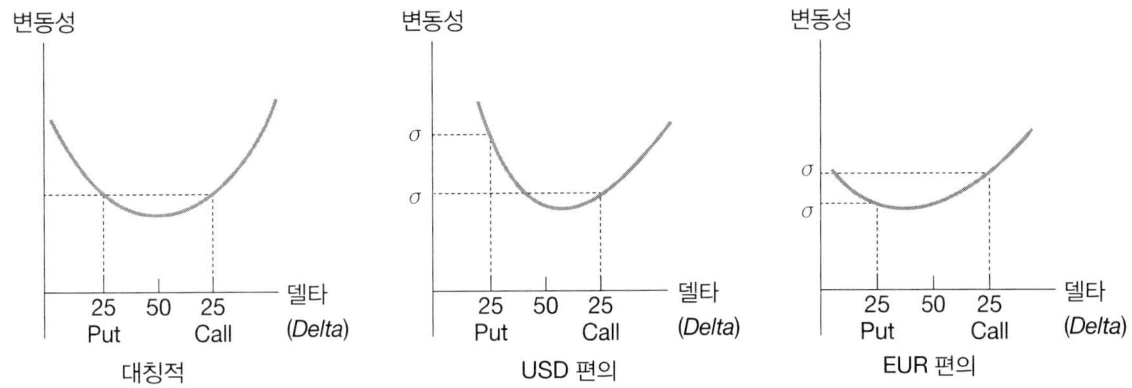

그림 4.13 위험 역전과 스마일의 곡률

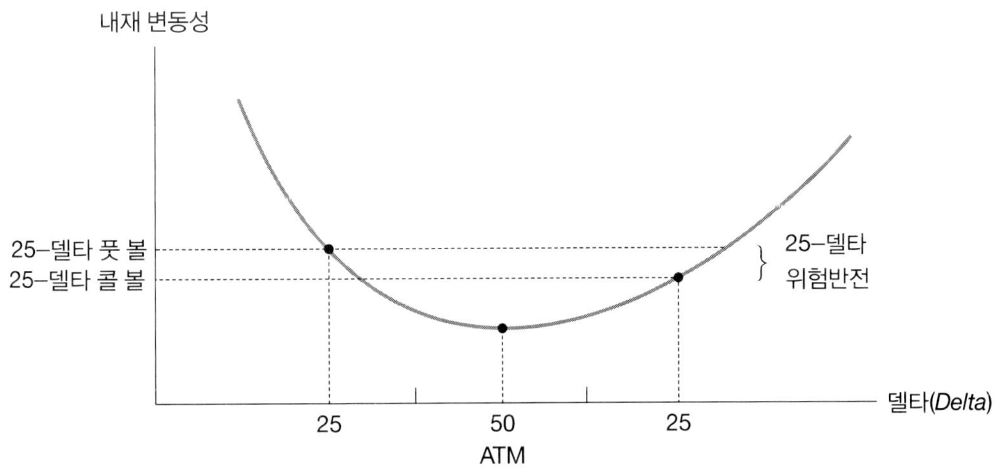

4.11.3 스마일 복제

변동성 스마일은 가격도를 제외하고 모든 측면에서 모두 유사한 옵션의 내재 변동성의 그림이다. 변동성 스마일의 기본 모양에는 두 가지 주요 특징이 있다. 첫 번째는 스마일의 대칭 정도와 관련이 있다. 두 번째는 "제시된(pronounced)" 곡률은 어떠한가이다. 두 특성을 측정하기 위한 좋은 근사값이 있다.

첫째, 대칭 문제를 고려하자. 〈그림 4.12〉는 외환 시장에 대한 세 가지 스마일을 보여준다. 하나는 대칭이고, 다른 두 개는 서로 다른 편의로 비대칭이다. 만약 스마일이 대칭적이라면, 비슷하게 OTM풋과 콜에 따라 동일하게 될 것이다. 즉, 거래자가 콜을 사고 동일한 가격도를 가진 풋을 팔면 그 구조는 0이된다. 그러한 포지션을 기존 교재의 11장에서 위험역전이라고 부른다. 대칭 스마일은 0의 비용 위험역전이 비슷한 OTM옵션을 매입하고 매도함으로써 얻을 수 있다. 비대칭 스마일의 경우 비슷한 가격도를 가진 풋과 콜은 서로 다른 내재변동성으로 판매되며 이는 편의로 표시된다. 따라서 위험 역전은 변동성 스마일의 편의를 측정하는 한 가지 방법이다.

위험 역전이 변동성 스마일의 대칭성을 측정하는 방법은 〈그림 4.13〉에 나와 있다. 옵션의 델타를 x축상의 가격도의 측도로 사용한다. ATM 옵션은 약 50 근방에서 델타를 가지며 x축의 "중간"에 위치한다. 25-델타 위험 역전의 변동성은 그래프에 표시된 대로 25-델타 풋과 25-델타 콜의 변동성간의 차이를 주고 있다. 이것을 다음과 같이 쓸수 있다.

$$\sigma(25\text{-델타 } RR \text{ 스프레드}) = \sigma(25\text{-델타 풋}) - \sigma(25\text{-델타 콜}) \tag{4.60}$$

여기서 σ(25-델타 RR 스프레드), σ(25-델타 풋) 및 σ(25-델타 콜)은 각각 위험 역전의 내재 변동성 즉 25-델타 풋 및 25-델타 콜을 나타낸다.

그림 4.14 스마일의 버터플라이 측도 곡률

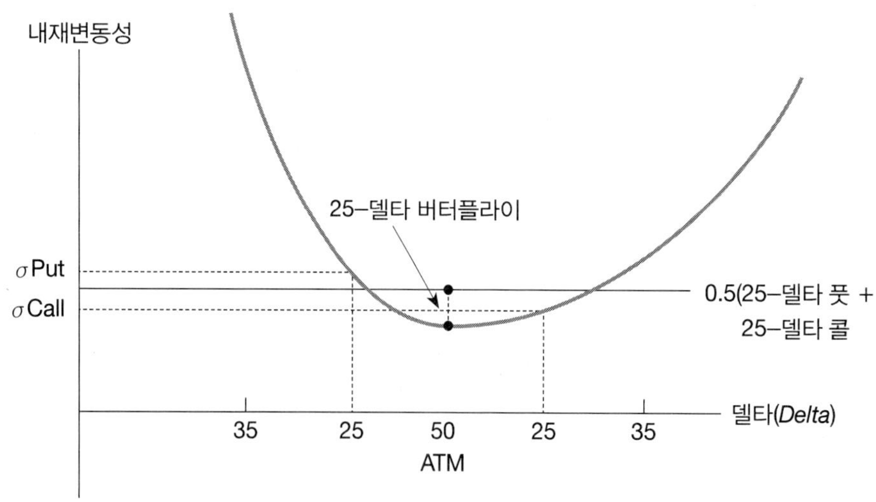

스마일의 곡률은 버터플라이(Butterfly)를 사용하여 측정될 수 있다. 하나의 25-델타 OTM풋과 25-콜 OTM콜을 구입을 통한 ATM 풋과 ATM콜의 매도를 고려하자. 이 버터플라이(Butterfly)는 기존 교재의 11장에서 익숙한 성과도표를 가지고 있다. 이 포지션은 두 개의 대칭적인 OTM 변동성을 매입하고 두 개의 ATM 변동성을 매도하는 것으로 구성한다. 스마일 효과가 없다면 이러한 변동성은 모두 같고 순 변동성 포지션은 0이된다. 한편, 스마일 형태일 경우, ATM변동성에 비하여 OPM의 변동성이 보다 더 클 것이고 순 변동성 포지션은 점점 더 많은 정(+)값을 가질 것이다. 〈그림 4.14〉는 어떻게 버터플라이가 스마일의 곡률을 측정하는지를 보여준다. 다음의 등호식은 성립한다.

$$\sigma(\text{25-델타 나비 스프레드}) = \sigma(\text{25-델타 풋}) + \sigma(\text{25-델타 콜}) - 2\sigma(\text{ATM}) \tag{4.61}$$

여기서 σ(25-델타 나비 스프레드)와 σ(ATM)은 각각 버터플라이고 ATM은 내재 변동성이다.

4.11.3.1 계약 방정식(Contractual Equations)

기존 교재의 3장에서는 단순한 자산에 대한 계약 방정식을 다루었다. 이전 단락에서 논의된 동등성은 상당히 다른 유형의 계약 방정식을 고려하는 것을 허용한다. 사실, OTM 내재변동성에 대한 몇 가지 계약 방정식을 생성시키기 위해 방정식(4.60)과 (4.61)에서 보여준 등식을 새 정리할 수 있다:

$$\boxed{\begin{array}{l}\text{25-델타 풋}\\ \text{변동성}\end{array}} = \boxed{\text{ATM 변동성}} + \frac{1}{2}\boxed{\begin{array}{l}\text{25-델타RR}\\ \text{변동성 스프레드}\end{array}} + \frac{1}{2}\boxed{\begin{array}{l}\text{25-델타 버터플라이}\\ \text{변동성 스프레드}\end{array}} \tag{4.62}$$

$$\boxed{\begin{array}{l}\text{25-델타 풋}\\ \text{변동성}\end{array}} = \boxed{\text{ATM 변동성}} - \frac{1}{2}\boxed{\begin{array}{l}\text{25-델타RR}\\ \text{변동성 스프레드}\end{array}} + \frac{1}{2}\boxed{\begin{array}{l}\text{25-델타 버터플라이}\\ \text{변동성 스프레드}\end{array}} \tag{4.63}$$

이러한 등식은 순수 옵션의 경우 OTM 변동성을 결정하는데 사용될 수 있다. 예를 들어, 만약ATM, RR 및 버터플라이 변동성 등에 유동성이 있다면, 25-델타 콜과 풋 변동성을 계산하기 위해 이들 방정식을 사용할 수 있다. 그러나 이색옵션의 경우 변동성 모수를 이 방법으로 조정하면 효과가 없다는 점에 유의해야 한다. 이 문제는 이 장의 마지막 부분에서 논의될 것이다.

4.12 스마일 동태성

적어도 두 가지 형태의 스마일 "동태성"이 있다. 첫 번째, 시간 모수 t를 수정하고 만기가 더 긴 T을 가진 옵션을 고려할 것이다. 두 번째의 경우, T를 일정하게 유지하지만 시간 t를 지나가며 다양한 요인들의 변화가 변동성 스마일에 어떻게 영향을 주는지 파악한다. 특히, 가격도(moneyness) K_i/S_t가 일정하게 유지될 때 만약 S_t의 변화가 스마일에 영향을 주는지를 관측할 수 있다.

먼저 t를 고정시키고 T를 증가시킨다. 동일 시간 t에 거래되는 두 가지 일련의 옵션을 고려한다. 두 시리즈 모두 비슷한 행사가격을 가졌지만 한 시리즈는 상대적으로 만기가 보다 더 길다. 만기가 있는 두 가지 일련의 옵션, 예를 들어 만기 T_1, T_2을 가진 두 옵션 시리즈에 의해 내재된 스마일은 서로 어떻게 비교할 수 있는가?

두 번째 흥미로운 질문은 S_t가 변함에 따라 동일한 옵션 시리즈의 스마일이 시간이 지남에 따라 어떻게 움직이는가이다. 특히, 스마일은 K_i/S_t 비율만의 함수가 될 것인가, 아니면 이것도 또한 가격도 이상과 위의 S_t 수준에 달려있는가?

이 질문에 대한 대답은 고려할 기초자산에 따라 달라진다. 이것은 스마일의 존재에 대한 하나 이상의 설명이 있기 때문에, 그리고 다른 분야에 대해, 다른 설명이 우선하는 것처럼 보이기 때문이다. 따라서 스마일 동태성과 그 속성을 더 분석하기 전에 변동성 스마일의 존재에 대한 진보된 주요 설명을 논의해야 한다.

4.13 스마일을 설명하는 방법

변동성 스마일은 블랙-숄즈 세상의 가정을 위반하는 실증적 현상이다. 동시에 변동성 스마일은 블랙-숄즈 공식에서 얻은 내재 변동성과 관련이 있다. 이것은 혼란을 야기할 수 있다. 스마일은 블랙-숄즈 공식이 유효하지 않은 것과 동시에, 거래자는 매우 똑같은 블랙-숄즈 공식을 사용하여 스마일를 얻는다는 것을 제시하고 있다. 내부 불일치가 존재하는가?

대답은 '아니오'이다. 요점을 명확히 하기 위해, 현재 토론과는 무관한 예제를 사용하지만 시장 관행이 무엇인지 설명한다. 3개월 LIBOR율 L_t를 고려하자. 예를 들어, 3개월 후에 받는 100달러의 현재 가치는 얼마인가? 기존 교재의 3장에서 여기서 해야 할 일은 비율을 계산하는 것이다.

$$\frac{100}{(1+L_t\frac{1}{4})} \tag{4.64}$$

다른 분해방법을 사용하는 경제학자는 동의하지 않을 수 있으며 다음과 같은 현재 가치 공식을 사용할 수 있다.

$$\frac{100}{(1+L_t)^{\frac{1}{4}}} \tag{4.65}$$

누가 옳은가? 대답은 시장 관행에 따라 다르다. 만약 L_t가 공식 (4.64)에 사용된다는 조건 하에서 고시되고 동일 L_t와 함께 사용된다면 공식 (4.65)는 잘못된 것이다. 그러나 항상 다음의 등가성을 사용하여 새로운 L_t^*를 계산할 수 있다:

$$\frac{100}{(1+L_t\frac{1}{4})}=\frac{100}{(1+L_t^*)^{\frac{1}{4}}} \tag{4.66}$$

그때 L_t^*를 가지고 사용된 다음의 공식은 정확한 현재가치를 만들어 낸다.

$$\frac{100}{(1+L_t^*)^{\frac{1}{4}}} \tag{4.67}$$

요점은 시장이 공식 (4.64)을 가지고 사용된다는 조건을 가진 이자율 L_t를 고시하고 있다는 것이다. 만약 몇 가지 독특한 이유로, 고객이 공식 (4.65)을 사용하기를 원한다면, 시장은 L_t 대신 L_t^*를 고시할 것이다. 왜냐하면 시장이 고시하는 것처럼 L_t를 가진 공식 (4.64)을 사용하든지 또는 L_t^*을 가진 공식을 사용하든지 간에 동일한 현재가치를 얻을 수 있다. 다른 말로, 어떤 공식이 올바른지에 대한 질문은 시장이 관심 변수를 어떻게 고시하는지에 달려있다.

이것은 옵션을 위한 것이다. 블랙-숄즈 공식에서 만약 특정 변동성을 대체한다면 잘못된 공식일 수 있지만 만약 다른 변동성을 사용한다면 올바른 해답을 줄 수 있다. 그리고 후자는 순간적으로 실제세계의 변동성보다 다를 수 있다. 그러나 거래자는 이전의 현재가치 예제에서 처럼 이 "잘못된" 공식으로부터 올바른 옵션 가격을 얻기 위해 여전히 특정 변동성을 사용할 수 있다. 이러한 특정 변동성은 블랙-숄즈 공식과 연관되어 있을 때, 심지어 공식을 유도하는 가정이 충족되지 않더라도 옵션에 대한 올바른 가치를 제공할 수 있다.

따라서, "올바른" 가정 하에서 얻은 무차익 옵션 가격은 다음과 같이 주어진다고 가정하자.

$$C(S_t,\ t,\ T,\ K,\ \sigma_t^*,\ \theta_t) \tag{4.68}$$

여기서 K는 행사가격, T는 만기일, S_t는 기초자산 가격이다. (벡터) 변수 θ_t는 "정확한" 공식에 입력하고 블랙-숄즈 세계에 의해 설명될 수 없는 모든 다른 모수를 나타낸다. 예를 들어, 변동성은 확률적일 수 있으며 변동성 동태성에 영향을 미치는 일부 모수는 간접적으로 공식에 투입될 수 있으며 θ_t의 일부가 될 수 있다.[13] 여기서 중요한 점은 σ_t^*가 가지고있는 의미다. 시간 t에서 정확한 순간 변동성이라고 현재 가정한다.

방정식 (4.68)의 (정확한) 가격결정 함수는 더 복잡할 수 있으며 블랙-숄즈 공식 $F(S_t,\ t,\ \sigma)$와는 달리 폐쇄형 해를 갖지 않을 수도 있다. 거래자가 방정식 (4.68)을 무시하고, 그렇지만, 심지어 후자가 틀린 것이라고 할지라도 공식 $F(S_t,\ t,\ \sigma)$을 사용하는 것을 선호한다. 이것은 거래자들이 잘못된 가격을 계산한다는 것을 의미하는가?

꼭 그런 것은 아니다. 만약 거래자가 $F(S_t,\ t,\ \sigma)$에서 두 공식이 동일한 정확한 가격을 주는 다른 변동성 σ을 사용한다면 "잘못된" 공식 $F(S_t,\ t,\ \sigma)$는 $C(S_t,\ t,\ K,\ \sigma_t^*,\ \theta_t)$와 동일한 옵션 가격을 매우 잘 나타낼 수 있다.

$$C(S_t,\ t,\ K,\ \sigma_t^*,\ \theta_t) = F(S_t,\ t,\ \sigma) \tag{4.69}$$

따라서 다음과 같이 진행하면 "비현실적인" 블랙-숄즈 공식에서 올바른 옵션 가격을 얻을 수 있다.

---

13) 평균회귀 확률 변동성 모형에서 다음을 가질 것이다.

$$d\sigma_t = \lambda(\sigma_0 - \sigma_t)dt + \kappa\sigma_t dW_t$$

여기서 σ_0 κ 및 λ는 각각 장기 평균 변동성, 변동성의 변동성, 그리고 평균회귀 속도이다. 공식 (4.68)에서 θ_t는 λ와 σ_0및 가능한 시간 변동 γ_t을 포함할 것이다.

1. 블랙-숄즈 공식이식을 사용하여 옵션가치를 얻는데 사용된다는 조건 하에서 매 순간 t에서 K_i-행사가격을 가진 옵션 변동성 σ_i를 직접 고시한다. 그런 다음, 유동성과 무차익 시장은 ATM 변동성 σ_0의 "정확한" 관측치를 제공할 것이다.[14)]
2. OTM 옵션의 경우, 우리는 $\sigma((S/K_i), S)$로 표시되는 새로운 변동성을 가진 블랙-숄즈 공식을 사용하며 다음과 같이 나타낸다.

$$\sigma\left(\frac{S}{K_i},\ \mathrm{S}\right)=\sigma_0+f\left(\frac{S}{K_i},\ \mathrm{S}\right) \tag{4.70}$$

여기서 $f(.)$는 일반적으로 정(+)의 값을 가지며 스마일 효과를 의미한다. ATM 변동성 σ_0에 대한 조정은 $\sigma((S/K_i), S)$가 블랙-숄즈 공식에서 사용될 때 K_i행사가격을 가진 옵션에 대한 올바른 값을 제공한다는 것이다.

$$F\left(S_t,\ t,\ K_i,\ \sigma_0+f\left(\frac{S}{K_i},\ S\right)\right)=C(S_t,\ t,\ K_i,\ \sigma_t^*,\ \theta_t) \tag{4.71}$$

조정 요소 $f((S/K_i), S)$는 해당 순간에서 거래자의 경험, 지식 및 거래 환경에 의해 결정된다. 앞 절에서 논의된 위험역전, 버터플라이 및 ATM 변동성 간의 관계도 여기서 사용될 수 있다.[15)]

따라서 거래자는 블랙-숄즈 공식에 사용 된 것이 S_t 과정의 "올바른" 순간 실현 변동성이 아닐지라도 비-ATM옵션의 변동성을 조정하는데 따라서 잘못된 공식이 정답을 제공한다.

따라서 $f((S/K_i), S)$에서 S는 현실 세계 환경을 적절하게 표현하는데 있어서 블랙-숄즈 공식의 불완전성으로 인하여 발생하는 필요한 조정이다. 결론은 K_i/S 또는 K_i에 대한 $\sigma(S/K_i)$을 그릴 때 스마일 또는 왜도를 얻을 수 있는데 이러한 것들은 함께 하고 있는 시간과 분야에 의존하고 있다는 것이다.

변동성을 조정해야 하는 상황 유형은 무엇인가? 실제 세계와의 블랙-숄즈 가정의 3가지 불일치성은 적어도 행사가격 K_i에 따라 변동성을 조정함으로써 수정될 수 있다. 첫 번째는 로그 정규 과정에 대한 가정이다. 두 번째는 자산가격이 비교적 단기간에 극적으로 하락하면 "공포 요인"이 증가하고 변동성이 커질 수 있다는 사실이다. 세 번째는 금융

14) 특별히 FX시장은 이러한 내재 변동성을 고시하며 능동적인 매매는 이들에 행해진다.
15) 편리성을 위해, t 하부첨자는 이들 공식에서 무시한다.

시장과 관련된 조직이나 규제가정과 관련이 있다. 이러한 것은 보다 더 세부적으로 논의한다.

4.13.1 사례 1: 비기하적 가격과정(nongeometric price processes)

기초자산이 SDE로 기술된 진정한 위험-중립 동태성을 따른다고 가정 해보자.

$$dS_t = rS_t\,dt + \sigma S_t^{\alpha}\,dW_t \quad t\in[0,\infty) \tag{4.72}$$

$\alpha=1$을 가지고 S_t는 로그정규 분포가 될 것이다. 블랙-숄즈 세계에 순응하는 다른 모든 것들은 내재변동성에서 스마일이 존재하지 않는다.

$\alpha<1$의 경우는 행사가격이 변함에 따라 블랙-숄즈 공식에서 사용된 변동성 계수에 대한 조정이 필요하다. 이것은 $\alpha=1$일 경우와 달리 현재 백분율 변동성이 S_t의 수준에 달려 있기 때문에 사실이다. S_t로 나누면 다음을 얻을 수 있다.

$$\frac{dS_t}{S_t} = r\,dt + \sigma S_t^{\alpha-1}\,dW_t \quad t\in[0,\infty) \tag{4.73}$$

백분율 변동성은 $\sigma S_t^{\alpha-1}$라는 항으로 주어진다. 이 비율 변동성은 만약 $\alpha<1$일 경우, S_t의 감소 함수가 될 것이다. S_t가 하락하면 백분율 변동성은 증가한다. 따라서, 행사가격이 더 낮거나 낮은 풋 옵션에 대해서는 블랙-숄즈 공식에 더 높은 내재변동성 모수를 사용해야 한다. 즉, 풋 옵션의 가치가 높을수록 블랙-숄즈 공식에 사용 된 변동성이 커야 함을 의미한다.

이것은 거래자가 블랙-숄즈의 세계가 현실과 거리가 먼 것을 알고 있지만, 원래의 블랙-숄즈 프레임 워크가 유지되고 "잘못된"수식이 올바른 옵션 값을 제공 할 수 있도록 변동성을 조정한다는 아이디어를 보여주는 것이다.

4.13.2 사례 2: 폭락(Crash) 가능성

풋 옵션 시리즈가 2개월의 만기를 가지고 있다고 가정하자. 모든 옵션은 행사가격을 제외하고 동일하다. 그들은 ATM에서 깊은 OTM으로 운영한다. S_t의 현재 수준이 100이라고 가정하자. 유동성이 있는 풋 옵션에는 행사가격이 90, 80, 70 및 60을 가지고 있다.

여기서 행사가격이 90인 옵션이 의미하는 것이 있다. 만약 옵션이 ITM으로 만기가 되면, 시장은 2개월 만에 최소한 10% 하락할 것이다. 이것은 커다란 추락이지만 재앙은 아니다. 반대로, 행사가격이 60인 풋 옵션이 ITM으로 만기가 되면, 2개월 안에 40% 하락할 것이다. 이것은 분명히 비정상적인 사건이며, 비정상적인 사건으로 인해 급격한 변동성이 발생한다. 따라서 행사가격이 60인 옵션은 위기로 분류되는 사건과 상대적으로 더 관련이 있으며, 그 밖의 모든 것은 동일하고, 변동성이 매우 높을 때 이 옵션은 ITM이 될 가능성이 높다. 그러나 이 옵션이 ITM일 때, 0에 가까운 감마값도 높아진다. 따라서 이 옵션을 판매하는 상인은 델타 헤지 조정으로 인해 이것의 감마는 원래 0과 가까운 값을 가지지만 매우 높을 것이다. 그래서 옵션을 매도하는 거래자는 델타헤지 조정으로 인하여 보다 높은 현금지급을 할 것이다. 따라서 잠재적으로 더 높은 현금 지급액을 보상하기 위해 거래자는 점점 더 OTM인 옵션의 보다 높은 볼(vol) 모수를 사용할 것이고, 그래서 위기 상황과 관련 될 가능성이 점점 더 커지고 있다.

이 설명은 현실에서 관측된 스마일 모양과 일치한다. 외환시장에서 급격한 하락과 갑작스런 증가는 각각의 경우에 관측된 통화 중 하나가 극적으로 떨어질 수 있기 때문에 변동성이 높아진다는 것을 유의하라. 그래서 스마일은 다소 대칭적이다. 그러나 주식시장의 경우 주식 가격의 급격한 상승은 중요한 사건이 될 수 있지만 전혀 위기가 아니다. 거래자의 경우(숏을 제외), 이는 "행복한" 결과이며 변동성은 크게 증가하지 않을 수 있다. 반대로 자산 가격이 갑자기 하락하면 공포 요인이 증가하고 변동성이 급증할 수 있다. 따라서 주식시장에서 이 설명이 맞는다면 스마일은 대부분 한쪽 방향일 것으로 기대된다. 실증적 자료가 이러한 주장을 뒷받침한다. OTM 주식 풋은 스마일을 가지고 있지만, OTM 주식 콜은 거의 스마일를 나타내지 않는다.

예제

2002년 1월 10일에 2002년 6월 만기를 가진 옵션의 가격을 표시하고, 미국형 또는 가능한 지불금과 관련된 문제를 무시하는 〈표 4.2〉를 고려하자. 이 데이터는 앞의 예제에서 설명한 것처럼 동일 시점에 수집된다. 이 경우 옵션의 날짜가 길어지고 약 6개월 후에 만기가 도래한다.

[표 4.2] 만기 (2002년 1월 1일 9:46 CBOT에서 수집) 2002년 6월 21일 가진 OEX 옵션

콜	매입	매도	풋	매입	매도
Jun 440	153.4	156.4	Jun 440	4.2	4.8
Jun 460	134.8	137.8	Jun 460	5.6	6.3
Jun 480	116.7	119.7	Jun 480	7.4	8.1
Jun 500	99.2	102.2	Jun 500	9.9	10.6
Jun 520	82.6	85.6	Jun 520	12.9	14.4
Jun 540	67.2	69.7	Jun 540	17.2	18.7
Jun 560	52.7	55.2	Jun 560	22.7	24.2
Jun 580	39.8	41.8	Jun 580	29.3	31.3
Jun 600	28.6	30.6	Jun 600	38.3	40.3
Jun 620	19.9	21.4	Jun 620	49.5	51.5
Jun 640	12.8	14.3	Jun 640	62.2	64.7
Jun 660	8	8.7	Jun 660	76.9	79.9
Jun 680	4.7	5.4	Jun 680	93.7	96.7
Jun 700	2.55	3.2	Jun 700	111.6	114.6

첫째, 이 데이터에 대한 변동성 스마일을 얻는다.

데이터는 동일 시점에 수집되며 기초자산 지수의 현재 값이 각각 동일하기 때문에 S_{t_0}에 의한 나누기는 중요한 문제는 아니지만 K/S에 대한 변동성 스마일을 그래프로 나타내기를 선호한다.

8개의 OTM풋에 대한 매도가격(ask price)을 구축하고 ITM 상태로 600개 풋을 고려한다. 할 수 있는 방법은 9개의 내재볼(implied vol)을 계산할 수 있다. 우리가 사용하는 가격 데이터는 〈표 4.2〉에 나와 있다. 먼저 이 표의 여섯 번째 열에 열거된 매도가격으로 OTM풋을 고려하자. 이것은 9가지 가격을 줄 것이다.

실제로 존재할 수 있는 다른 복잡성을 무시하고 다음의 값을 가지고 직접적으로 블랙 숄즈 공식을 사용한다.

$$S_{t_0}=589.15,\ r=1.90\%,\ t=\frac{152}{365}=0.416 \tag{4.74}$$

다음 방정식을 풀고 9개의 내재 변동성 σK_i를 얻는다.

$$P(589.15,\ K_i,\ 1.90,\ \sigma_{K_i},\ 0.416)=P_{K_i}\qquad i=1,\ \cdots,\ 9 \tag{4.75}$$

Mathematica 프로그램을 사용하여 다음의 결과를 얻는데 이러한 결과는 K_i/S의 값과 상응하는 OTM의 내재 볼(vol)을 보여주고 있다.

$\frac{K}{S}$	**Vol**
0.74	0.26
0.78	0.26
0.81	0.26
0.84	0.25
0.88	0.25
0.91	0.24
0.95	0.23
0.98	0.22
1.01	0.21

이것은 〈그림 4.15〉에 나와 있다. 분명하게, 풋의 가격도가 감소함에 따라, 변동성이 증가한다. 옵션 시장은 6개월 내에 미국 주식시장이 25% 하락한다면 공포 요인이 21%에서 26%로 증가할 것이라고 결론을 내릴 것이다.

그림 4.15 가격도에 대한 OEX옵션의 내재 변동성

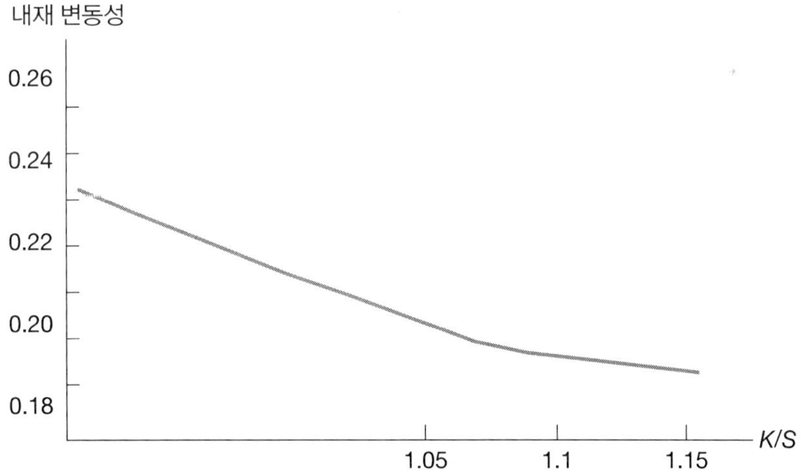

7개의 OTM콜 가격을 선택함으로써, OTM콜에 대한 내재 볼(vol)을 얻는다.

$\frac{K}{S}$	**Vol**
0.98	0.23
1.01	0.22
1.05	0.21
1.08	0.20
1.12	0.19
1.15	0.19
1 18	0.18

여기서 상황이 다르다. 콜의 가격도가 감소함에 따라 변동성은 또한 증가한다는 것을 알 수 있다.

옵션시장 시장조성자는(market maker) 6개월 후에 미국 주식 시장이 20% 증가하면 공포 요인이 감소하고 그래서 변동성도 감소한다.

스마일 현상을 일으키는 폭락의 공포는 어떤 상황에서는 소위 점프 과정(jump process)를 사용하여 분석적으로 나타낼 수 있다. 다음에 이 모형화 접근법을 논의한다.

4.13.2.1 시장폭락의 모형화

다시 표준적인 기하 브라운 운동의 경우를 고려하자.

$$dS_t = rS_t\, dt + \sigma S_t\, dW_t \quad t \in [0, \infty) \tag{4.76}$$

W_t는 위험 중립 확률 $\tilde{P}$하에서 위너 과정(Wiener process)이다. 이제는 변동성 모수화를 동일하게 유지하면서 대신 Lipton(2002)에서 설명한대로 점프 구성 요소를 추가한다. 예를 들어, 다음의 식을 나타내자.

$$dS_t = rS_t\, dt - \sigma S_t\, dW_t + S_t[(e^j - 1)dJ_t - \lambda m\, dt] \quad t \in [0, \infty) \tag{4.77}$$

몇 가지 정의가 $(e^j - 1)dJ_t - \lambda m\, dt$의 항과 관련되어 필요하다. J는 확률 로그 점프의 크기이다. 점프의 크기는 dJ_t라는 항으로 표현되는 점프 발생과 관련이 없다. 만약 점프가 0의 크기인 경우, $(e^j - 1) = 0$이고, 점프 항은 중요하지 않다.

dJ_t항은 포아송 형태의 과정(Poisson−type process)이다. 일반적으로, 시간 t에서, 그것은 0과 동일하다. 그러나, "작은" 확률로 1이 될 수 있다. 이러한 일이 발생할 확률은 보

고 있는 간격의 길이와 강도 계수 λ의 크기에 따라 달라진다. 점프는 경험적으로 다음과 같이 모형화할 수 있다.

$$dJ_t = \begin{cases} 0 & \text{확률}(1-\lambda\ dt) \\ 1 & \text{확률}\ \lambda\ dt \end{cases} \tag{4.78}$$

여기서, $0 \langle d_t$는 극히 짧은 간격이다. 마지막으로, m은 (e^j-1)의 기대 값이다.

$$E_t^{\tilde{P}}[(e^j-1)] = m \tag{4.79}$$

따라서, 무한히 작은 간격 동안 경험적으로 다음과 같이 쓸 수 있다는 것을 알고 있다.

$$E_t^{\tilde{P}}[(e^j-1)dJ_t] = E_t^{\tilde{P}}[(e^j-1)]E_t^{\tilde{P}}[dJ_t] \tag{4.80}$$

$$= m[0\cdot(1-\lambda\ dt)+1\cdot\lambda\ dt] \tag{4.81}$$

$$= m\lambda\ dt \tag{18.82}$$

이에 따르면, $(e^j-1)dJ_t - \lambda m dt$의 기대 값은 0이다.

이 점프-확산 모형은 약간의 폭락 현상을 포착한다. 주식시장의 폭락, 주요 채무 불이행, 9/11 유형의 이벤트 및 통화 평가 절하 등은 희소하지만 가격을 점프하도록 유도하는 이산사건으로 모형화될 수 있다.

이러한 유형의 점프가 스마일을 창출하는 방식은 다음과 같이 경험적으로 설명될 수 있다. 블랙-숄즈 가정이 S_t가 기하과정을 따르고, 일정한 변동성 파라미터 $\tilde{\sigma}$을 가지며, 점프가 없는 상황의 세계에서 변동성 거래는 차익거래 관계를 산출한다.

$$\frac{1}{2}C_{ss}\tilde{\sigma}^2S^2 + C_t + rC_sS - rC = 0 \tag{4.83}$$

방정식 (4.77)에서 처럼, 기하과정에 부가된 점프 항을 가지고 상응하는 차익거래 관계는 다음과 같이 된다.

$$\frac{1}{2}C^*_{ss}\sigma^2S^2 + C^*_t + (r-\lambda m)C^*_sS - rC^* + \lambda E_t^{\tilde{P}}[C^*(Se^j, t) - C^*(S, t)] = 0 \tag{4.84}$$

여기서 $\tilde{P}$는 위험중립 확률이다. 관행대로 블랙-숄즈 공식을 사용하기로 결정했다고 가정하지만, 진정한 PDE는 방정식 (4.83)에 하나이다. 그런 다음 블랙-숄즈 공식이 다른

PDE가 산출할 수 있는 것처럼 동일한 옵션가치를 산출하는 $\tilde{\sigma}$를 선택한다.

예를 들어, OTM옵션은 훨씬 작은 감마값 C_{ss}을 가질 것이다. 예상되는 점프가 부(−)이면 $\tilde{\sigma}$가 커지고 옵션이 보다 더 OTM이 될 것이다. 만기 T가 증가하면 C_{ss}가 증가할 것이고 스마일은 덜 두드러진다.

4.13.3 기타 설명

다른 많은 효과는 변동성 스마일을 유발할 수 있다. 하나는 확률론적 변동성이다. 다음을 사용하여 국부 변동성(local volatility) 설정을 고려하자.

$$dS_t = \mu S_t\, dt + \sigma S_t^{\alpha}\, dW_t \quad t \in [0, \infty) \tag{4.85}$$

여기서 $\alpha < 1$ 조건을 가지고 있다. 이 설정에서, 백분율 변동성은 확률변수 S_t에 의존하기 때문에 확률적일 것이다. 그러나 종종 이 설정은 확률적 변동성의 모형이 의미하는 것을 표현하지 않는다. 확률적 변동성에 의해 포착되는 것은 추가 위너 프로세스 dB_t는 아마도 dW_t와 상관성가 있는데 백분율 변동성의 동태성에 영향을 미치는 상황이다. 예를 들어 다음과 같이 쓸 수 있다.

$$dS_t = \mu S_t\, dt + \sigma_t S_t\, dW_t \quad t \in [0, \infty) \tag{4.86}$$

$$d\sigma_t = a(\sigma_t, S_t)dt + \kappa\sigma_t\, dB_t \quad t \in [0, \infty) \tag{4.87}$$

여기서 κ는 S_t의 변동성의 (일정한) 백분율 변동성을 나타내는 모수이다. 이 모형에서 변동성 자체는 변동성 시장에서만 발생하는 임의의 증분에 의해 결정된다. 이러한 충격은 가격 데이터에 영향을 미치는 혁신 항 dW_t와 오직 부분적으로 관련되어 있다.

확률 변동성이 변동성 스마일을 생성시킨다는 것이 보여질 수 있다. 실제로, 확률 변동성을 가지고 점프 과정을 사용하여 PDE와 유사한 분석을 수행 할 수 있다(Lipton, 2002). 결과는 본질적으로 유사하다. 그러나, 다른 모든 것들이 동일하다는 점을 강조하는 것이 중요하다. 이 모형은 dW_t 및 dB_t와 관련된 위험요소를 헤지할 수 있는 충분한 금융상품수단이 없을 수 있으며, 무-위험이고 셀프 차입 포트폴리오(self-financing portfolio)를 만든다는 의미에서 불완전할 수 있다. 이전 절에서 논의한 점프-확산 모형은 동일한 문제를 수반할 수 있다. 점프 부분과 확산 부분이 다른 과정에 의해 영향을 받는 정도에 따라 모형은 완전하지 않을 수 있다.

4.13.3.1 구조 및 규정 설명

조세효과(Merton, 1976)와 옵션장부에서 OTM옵션을 이행하는 것과 관련된 자본 요구사항은 내재 변동성에 스마일을 유도할 수도 있다. 두 번째 요점을 간단히 언급한다.

주장은 감마 개념과 관련이 있다. 부(−)의 감마포지션은 보다 많은 위험이 있는 것으로 고려되는데 옵션은 보다 더 OTM이 된다. 본질적으로, 부(−)의 감마는 시장조성자가 옵션을 매도하고 델타로 헤지를 했으며 그리고 이와 같은 헤지의 재조정을 통해 감마를 지불한다는 것을 의미한다. 만약 옵션이 깊은 OTM이라면, 감마는 0에 가까워진다. 그러나 만약 옵션이 갑자기 ITM이 되면 감마는 급증할 수 있다. 특히 옵션의 만기가 가까워지면 특히 그렇다. 이로 인해 심각한 손실이 발생할 수 있다. 따라서 OTM옵션은 상당한 위험을 수반하며 더 많은 자본이 필요하다. 이러한 비용 때문에 시장조성자는 ATM 변동성이 보증하는 것보다 높은 가격으로 OTM 옵션을 판매하기를 원할 수 있다.

4.14 스마일의 관계성

변동성 스마일은 적어도 세 가지 이유로 금융공학에서 중요하다.

첫째, 만약 변동성 스마일이 모든 위험요인과 연관 되어 있다면, 그리고 이 스마일이 시간이 지남에 따라 무작위로 변한다면, 그것을 교환할 수 있으며, 스프레드 포지션을 취할 수 있을 것이고, 차익 거래를 할 수 있을 것이다. 스마일의 동태성은 시장전문가에게 새로운 기회를 의미한다.

변동성 스마일의 관련성에 대한 두 번째 이유는 그것이 기초자산의 실현된 변동성 과정의 동태성에 대한 중요한 정보를 포함할 수 있다는 것이다. 변동성 스마일로, 가격결정 및 헤징은 훨씬 더 복잡해 질 수 있다. 특히 만약 금융상품수단이 이색 옵션의 특성이 있는 경우 특히 그렇다. 변동성은 일정한가 아니면 확률적인가? 후자의 경우라면, 그것이 어떤 유형의 확률 과정인가? 점프가 존재하는가 또는 위너 유형 증분을 가진 가정이 충분히 좋은 근사값인가? 이러한 질문은 위험 관리 및 가격결정에 중요하다.

셋째, 새로운 금융상품과 합성증권의 창출은 스마일의 원인에 주의를 기울여야 한다.

스마일이 기초자산의 변동성 과정의 결과라기보다는 시장전문가가 채택한 관행 및 실행의 결과라면, 이러한 관행을 고려해야 한다. 이제 이 쟁점들을 더 자세하게 논의하고 변동성 스마일의 사용에 대한 몇 가지 예를 제시한다.

4.15 스마일 거래

변동성 스마일은 다른 분야에서 다른 정도로 활발히 거래된다. 스마일은 FX부문에서 매일 거래되고 있는 중요한 부분이다. 여기서 시장참가자는 환율 변동성의 대칭과 관련되어 있는 위험역전과 스마일 곡률과 관련된 나비 등을 일상적으로 파악한다. 거래자는 이러한 효과를 거래하고 차익거래한다. 변동성 스마일도 주식 부문에서 거래된다. 거래자는 주식시장 지수 간 변동성을 차익거래하고 이렇게 함으로써 간접적으로 스마일을 거래한다. 다른 시점에서 이 거래는 직접적이다. 위험과 관련있는 스마일은 너무 가파르며 그리고 평평하게 될 것으로 기대된다. 거래자는 이때 깊은 OTM옵션을 매도하고 현존하는 ATM과 가까운 것들을 매입한다. 이자율 부문에서 변동성 스마일은 주로 위험관리와 캡/플로어 포지션 및 스왑션장부에 대한 헤징 의미로 인해 거래된다.

스마일은 시장이 기초자산의 모수 중 하나를 과소 평가하거나 과대 강조한 것으로 생각하면서 변동성 스마일의 기울기와 곡률의 포지션을 취하기를 원할 수 있는 투자자에게는 흥미로운 것이 될 것이다. 다음 예제에서 거래자는 내재 왜도(implied skew)에 대한 실현된 왜도를 거래할 왜도스왑(skew swaps)을 같이 거래하고 있다.

예제

스탠더드 앤드 푸어스 (S&P)500 지수에 대한 OTM풋과 콜 간의 변동성 왜도가 증가하는 것처럼, 길거리 거래자들은 옵션의 실현된 왜도(realized skew)와 내재왜도(implied skew) 사이의 불일치를 포착하려고 한다. 뉴욕의 한 거래자는 헤지 펀드거래 변동성으로부터 S&P500에 대한 왜도스왑에 관심을 보였다. 거래자가 처음이라고 생각하는 스왑은 내재왜도에 대한 보상(수익률)으로서 풋과 콜의 실현된 왜도를 제공할 수 있다.

현재 S&P 왜도가 30을 초과하고 있다. 만약 풋과 콜에 대한 행사가격이 10%씩 움직이면 변동성은 3% 증가한다고 한 명의 구조상품 전문가가 설명했다. 이것은 15~20의 역사적인 수준에 일치하는 10월 초에 15의 수준과 비교한다.

왜도스왑에 같이 투자를 시도 했던 한 명의 구조화 상품전문가는 어떤 특정 기간 동안 내재 왜도를 포착할 수 있는 수학 공식이 없다고 지적했다. 그는 또한 금융상품을 헤징함으로써 난처한 상황에 처하게 되었다고 인정했다. 그는 "이것을 헤지 하기 위해 거래에 대한 볼 스왑(vol swap)을 가지고 매일 밤 정산을 해야 했고, 이것은 항상 이루어질 수 없다"라고 말했다. 라이벌은 평평한 왜도를 포착하기 위한 인기 있는 거래 중 하나는 OTM풋과 콜을 매도하고 ATM 풋과 콜을 매입하는 것이라는 것을 주목 했다.

(파생 상품 주 (현재 GlobalCapital의 일부), 1998년 11 월)

이 예제에서 한 가지 흥미로운 점은 적어도 이 특별한 경우에 관측된 스마일(왜도)이 3의 기울기를 가진 선형관계을 곱함으로써 특성화된다. 거래자에 따르면, 만약 가격도가 10%까지 하락하면 변동성이 3%까지 증가한다. 거래자들은 이 관계가 정상적인 기간동안에는 약 15일이 될 것으로 기대한다. 따라서 스마일은 평평해질 것으로 기대된다.

4.16 스마일로 가격 결정

가격결정과 헤징은 최소한 간단한 설정에서 공정하고 밀접하게 관련된 활동이다. 한때 자산이 유동성 증권을 가지고 복제되고 자산가격은 포트폴리오 복제 비용과 약간의 수익 마진의 합이 된다. 이전 장의 여러 지적 사항에서 자산이 다른 행사가격을 가진 옵션 시리즈를 사용하여 복제될 수 있음을 확인했다. 이는 예를 들어 13장의 변동성 스왑의 헤지를 찾기 위해 적용된 방법이였다. 포트폴리오 복제는 행사가격을 제외하고는 동일한 특성을 가진 관련 옵션의 가중치로 구성되었다. 기존 교재의 12장에서 옵션 포트폴리오는 거의 모든 미래 성과함수을 통계적으로 복제할 수 있음을 알았다. 다시 말하지만, 이러한 옵션은 행사가격을 제외하고는 비슷하였다.

다른 행사가격을 가진 옵션의 잠재적 사용은 변동성 스마일이 포트폴리오를 헤징하고 복잡한 금융상품의 가격결정에 중요한 모수가 되게 한다. 사실, 만약 내재변동성이 옵션의 가격도(moneyness)에 달려 있다면 포트폴리오를 복제하는 공식에서 사용된 변동성 모수는 시장의 움직임과 복제 옵션의 가격도가 변함에 따라 자동으로 변경된다. 중요한 점은 심지어 기초자산의 실현된 변동성이 동일하게 유지되는 경우에도 마찬가지이다. 이 절에서는 이 현상의 두 가지 예를 제시한다.

첫 번째는 캡과 플로어로 알려진 이자율 파생상품 군을 포함한다. 이들은 가장 널리 거래되는 금융상품도구 중 하나이다. 만일 변동성 스마일이 있다면 헤징과 가격결정이 결정적 방법에서 영향을 받는다. 두 번째는 이색옵션에 대한 가격결정과 헤징을 포함한다. 여기서도 방법론과 시장 실무는 중요하게 변동성 스마일의 존재에 달려있다.

4.17 이색옵션과 스마일

변동성 스마일의 존재가 가격결정 및 헤지 관행을 크게 바꿀 수 있는 두 번째 주요 범주의 금융상품도구는 이색옵션이다. 이 절에서 전달하고자 하는 주요 아이디어는 대표적인 간단한 녹아웃 콜을 고려한다. 순수(바닐라)옵션, 녹-아웃 콜 및 녹-인 콜 사이의 계약 방정식으로 인한 우리의 논의는 즉시 녹-인 콜로 또한 확장한다. 이 절의 끝에서 디지털 옵션과 변동성 스마일의 존재가 어떻게 영향을 미치는지 간략하게 논의한다.

4.17.1 베리어에 대한 헤지

녹아웃 콜(Knock-out call)은 기존 교재의 9장과 11장에서 논의되었다. 다시 한번 살펴 봄으로써, 간단한 녹 아웃 콜은 옵션이 존재하지 않는다는 것을 제외하고는 만약 옵션의 생존주기 동안 S_t가 장벽 H 아래로 떨어지면 기초자산 S_t을 기초로 발행된 행사가격이 K이고 만기가 T인 유럽형 순수 콜과 비슷하다.

$$S_t < H \quad t \in [t_0, T] \tag{4.88}$$

옵션은 보다 더 ITM이 되는 것처럼, 녹-아웃 베리어의 가격은 순수 콜의 가격에 접근한다. 그러나 기초자산이 베리어에 접근함에 따라 녹아웃의 가치는 0에 가까워진다.

실무자에 의해 사용된 녹-아웃 옵션을 헤징하기 위한 여러 가지 방법이 있다. 여기서, (i) 훌륭한 금융공학 의미를 가지고 있고 (ii) 스마일에 의해 수행 된 중요한 역할을 명확하게 보여주는 헤지를 설명한다.

상응하는 순수 콜을 매입했고 행사가격 K^*는 $K^* < K$의 조건을 가지고 그리고 매우 정확한 대상을 가진 매우 주의깊게 선택된 OTM순수 풋을 매도 했다고 가정하자. S_t가 장벽 H에 접근할 때 포트폴리오의 가치가 0이 되도록 풋과 콜을 원한다. 사실, 이 포트폴리오는 위험역전의 유형이며, 대략적으로 녹-아웃 옵션을 복제한다. 만약 S_t가 H에서 멀어지면 풋은 보다 더 OTM이 되고 이것의 가치는 떨어질 것이다. 그렇다면 포트폴리오는 순수 콜과 더 비슷하게 보인다. 이것은 녹-아웃 옵션이 어쨌든 성취하는 것이다. 반면 S_t가 H에 접근함으로서 풋은 더욱 가치가 있게 된다. 만약 신중하게 선택되면, H에서 풋 포지션의 가치는 순수 콜의 가치와 같을 수 있으며 포트폴리오의 가치는 0이 된다. 다시 말하면, H 근처에서 녹-아웃 옵션을 성취하는 것이다. S_t가 H 아래로 떨어지면 포트폴리오는 청산되어야 한다. 따라서, 다음의 포트폴리오는 만약 x와 K^*가 적절하게 선택된다면 녹-아웃 콜을 복제 하는 것이다.

$$\{K^*\text{의 } x\text{단위 숏 - 풋, 롱 하나의 } K\text{-콜}\} \tag{4.89}$$

이것을 이행는 한 가지 방법은 "대칭" 원리를 사용하는 것이다.

스마일 효과가 없고 시리즈(series)에 속하는 다른 행사가격을 가진 모든 옵션은 동일한 변동성을 가지고 있다고 가정하자. 그러면 다음과 같이 x와 K^*를 선택할 수 있다. $H \leftarrow S_t$일 때, 순수 콜의 가치를 동일하게 하기 위해 K^*풋의 x단위 가치를 원한다. 이것은 다음과 같이 K^*를 선택함으로서 성취될 수 있다.

$$K^* \cdot K = H^2 \tag{4.90}$$

이들 옵션의 가격은 다음을 만족한다고 가정된다.

$$\frac{K^*\ \text{풋}}{K\ \text{콜}} = \sqrt{\frac{K^*}{K}} \tag{4.91}$$

이것은 만약 x가 선택되면 다음의 관계를 가진다는 것을 의미한다.

$$x = \frac{K}{K^*} \tag{4.92}$$

이때 K^*풋의 x 단위 가치는 S_t가 H에 접근함에 따라 K 콜의 가치와 같을 것이다. 결과적으로 포트폴리오는 녹-아웃 콜을 복제할 것이다. 단, 일단 베리어가 도달하는 것을 제외하고, 포트폴리오가 청산될 필요가 있다.

4.17.2 스마일 효과

먼저 이 절차에 대한 안정적인 변동성 스마일 효과를 고려하자. 만약 스마일이 시간에 따라 이동하지 않으면 이전 복제 포트폴리오에 효과를 내재시키는 것은 쉽다. 만약 스마일이 $[K^*, K]$보다 아래쪽으로 기울어 진다고 가정하자. 그러면 순수옵션 마다 블랙-숄즈 공식에서 다른 변동성 매개 변수를 연결할 수 있다. 앞에서 선택된 동일 K^* 풋은 평평한 스마일의 경우보다 상대적으로 더 가치가 있을 것이다. 즉, 녹아웃 옵션을 저렴한 가격에 매도될 수 있다. 만약 스마일이 범위에 따라 기울기가 상향한다면, 이때 역전은 사실이 될 것이고 녹아웃은 보다 더 비싸질 것이다. 그래서 스마일은 녹아웃의 가격결정 및 헤징을 하는데 설명될 필요가 있는 직접적인 효과를 가지고 있다.

스마일의 또 다른 효과가 있다. 옵션의 수명 기간 동안 스마일이 안정적이지 않으며 시간이 지남에 따라 스마일이 이동한다고 가정하자. 시간이 지남에 따라 변화하는 스마일은 S_t가 H에 접근함에 따라 원래의 의도된 비율과는 콜 및 풋의 상대적인 값을 다르게 만들 것이기 때문에 복제의 논리는 맞지 않게 될 것이다. 대부분의 시장에서 스마일은 시간이 지남에 따라 불안정하다. 이 복제로 기술을 헤징하는 것은 의문의 여지가 있다. 녹아웃의 가격결정 또한 신뢰할 수 없다.

4.17.2.1 기술적 어려움의 예

모든 표준 가정이 충족되는 경우 녹아웃 가격결정 공식을 사용하여 변동성 스마일에 의해 도입된 복잡성을 살펴볼 수 있다. 녹아웃에 대한 가격결정 공식은 기존 교재의 9장에 제시되어있다. 특히 S_t에 쓰여지고 모든 표준 가정을 만족시키고 배당을 지불하지 않는 콜의 가격은 다음과 같이 주어진다.

$$C^b(t) = C(t) - J(t) \tag{4.93}$$

여기서 $C(t)$는 표준 블랙-숄즈 공식에 의해 주어진 순수 콜의 가치이고, $J(t)$는 S_t가 H 미만으로 떨어지면 옵션이 죽을 수 있기 때문에 적용해야 하는 "할인"이다. $J(t)$의 공식은 다음과 같다.

$$J(t) = S_t\left(\frac{H}{S_t}\right)^{(2(r-(1/2)\sigma^2)/\sigma^2)+2} N(c_1) - Ke^{-r(T-t)}\left(\frac{H}{S_t}\right)^{2(r-(1/2)\sigma^2)/\sigma^2} N(c_2) \tag{4.94}$$

여기서,

$$c_{1,2} = \frac{\log(H^2/S_tK) + (r \pm \frac{1}{2}\sigma^2)(T-t)}{\sigma\sqrt{T-t}} \tag{4.95}$$

블랙 숄즈 공식과 마찬가지로 이 가격결정 함수에는 단일 변동성 매개 변수 σ가 포함된다. 순수 옵션의 경우 이 매개 변수는 기본 가정이 유지되지 않을 때에도 공식이 올바른 답을 산출하도록 조작될 수 있다. 따라서 일정하지 않는 변동성이 있는 스마일 환경에서 거래자는 변동성에 대해 하나의 가치를 사용하고 수식을 올바른 답으로 산출할 수 있다. 사실, 이것은 이들 금융상품수단과 관련된 개별적인 선도 금리의 변동성이 다르더라도, 이것은 캡과 플로어의 가격결정에 이용되었다.

불행히도, 이 방법은 변동성 스마일이 존재하고 이 스마일이 시간이 지남에 따라 연속적으로 (그리고 확률적으로) 변하는 경우 여기에 주어진 다운-아웃 콜 가격결정 공식에 대해 작동하는 것이 보장되지 않는다. 사실, 다운-아웃 콜의 정확한 가격을 얻기 위해 방정식 (4.94)에서 대체하기 위해 하나의 잘-형성된 변동성이 존재하지 않을 수 있다. 실현된 그리고 ATM 내재변동성이 동일하게 유지될지라도, 스마일의 기울기가 변하면, 앞에서의 주장처럼, 다운-아웃 콜의 가격이 바뀔 수 있다. 사실, 만약 스마일이 다소 부의 기울기가 된다면, 포트폴리오을 복제하는 숏 풋 구성요소는 상대적으로 덜 비싸고 다운-아웃 콜의 가치는 증가할 것이다. 따라서 이색 옵션의 경우 변동 효과 조정과 정확한 옵션 가격 간의 관계는 스마일 효과가 중요 해짐에 따라 훨씬 더 복잡해 질 수 있다.

4.17.2.2 이색옵션의 가격결정

실제 거래는 변동성 스마일이 있는 상태에서 이루어지며 이색옵션의 가격은 이색옵션에 대한 헤지 조정의 미래 비용과 효익을 고려하여 설정해야 한다. 스마일이 존재하면서, 시간이 지남에 따라 이색옵션 장부의 베가 헤지는 앞에서 설명한 이유 때문에 조정될 필요가 있다. 이것이 발생함으로써 옵션 장부의 순 포지션에 따라 거래자는 순 현금 손익을 실현할 수 있다. 이러한 "기대 된" 현금 이익과 손실의 현재 가치는 시장 가격에 반영되어야 한다. 결국, 이색옵션의 시장가격은 방정식 (4.94)에 의해 표시된 이론적 가격보다 높거나 낮을 수 있다.

4.17.3 디지털 옵션의 경우

기존 교재의 11장은 행사가격 K와 만기 T를 가진 유럽 디지털 콜의 이론적 복제는 행사가격 K로 순수 콜의 $1/b$ 단위를 매입하고 행사가격 $K+b$로 순수 콜의 $1/b$ 단위를 매도하는 것이라고 설명했다. 이 경우 b는 선물 시장의 최소 틱(tick)이 될 것이다.

만약 변동성 스마일이 있다면, 이들 순수 콜의 가격은 행사가격이 다르고 따라서 변동성이 다르기 때문에 조정될 필요가 있다. 물론 b가 작으면 이 변동성 차이는 작을 것이지만 $1/b$는 클 것이고 포지션은 많은 수의 순수 콜을 매입하고 매도하는 것과 관련이 있다. 그러한 수치로 인해 변동성의 작은 변동은 최종 결과에 영향을 줄 수 있다.[16)]

4.17.4 다른 응용: 위험역전(risk reversal)

스마일을 거래하는 가장 유동적인 방법 중 하나는 외환 시장에서 위험 역전을 이용하는 것이다. 환율 e_t에 대해 발행된 옵션을 고려하자. 만기일을 T로 고정하고 행사가격과 콜가격을 K_i로 조정하라. 그런 다음 이러한 옵션의 델타를 계산하고 합리적인 델타의 그리드(grid)를 고려하자. 가격도(moneyness)를 나타내기 위해 옵션 '델타'를 사용한다.

이 환율 옵션에 대한 전형적인 스마일은 〈그림 4.13〉에서 보여준 것과 같다. 이것은 "대칭" 곡선이며 수평축에 백분율 변동성, 그리고 x축에 옵션 델타을 가진 2차원의 그림에서 그려진다. 특히, 25, 50 및 75 델타 옵션을 고려하자.[17)]

다음 예제를 살펴 보자.

---

16) 추가적으로 이 헤지는 변동성을 매도 및 매입을 요구하며, 그래서 변동성 매수-매도 스프레드의 변동성에 달려 있다는 것을 주목하라.

17) 참여자들은 일일 이와 같은 개념 사용에서 100으로 블랙-숄즈 델타를 곱한다.

예제

지난 2주 동안의 달러/엔 외환 시장에서의 활동은 이색적인 가격결정과 관련된 심각한 복잡성을 강조했다. 더 중요한 것은 서로간의 대하여 그리고 덜-앞선 경쟁자들에 대하여 가격결정이론을 검증하기 위한 기회를 가진 정교한 옵션 하우스를 제공해 왔다.

그러나 옵션 딜러에 대한 이자를 제공했지만 위험역전 포지션 결과인 현물율 자체가 하락한 것은 아니었다. 위험역전은 시장에서 방향성 선호의 표현이다. 달러/엔의 경우와 같이 현물 가격이 하락할 것으로 기대된다면 콜 보다는 풋에 대한 수요가 커질 것이고 따라서 변동성 거래자는 콜 보다 풋에 더 높은 가격을 지불하게 될 것이다. 해설자가 말한 것 처럼, 이것의 결말은 표준적인 블랙-숄즈 옵션가격모형처럼 변동성이 일정하지 않지만, 그러나 대신 옵션델타에 따라 변한다는 것이다.

1개월 달러/엔 위험 역전은 거의 지난 3주까지 상승했고 1995년 여름 이후로 보지 못했던 수준에서 계속 머물렀다. 이 특별한 상황은 노력한 거래자들이 소위 순진한 거래상대방의 가격결정에 가치를 찾을 수 있게 했다.

"은행 관계자는 지난 며칠 동안 위험반전에 대해 많은 것을 배웠을 것"이라고 한 거래자가 말했다. 시장 내부자에 따르면, 덜 발전된 하우스(증권사을 의미함)은 녹-아웃 (knock-out)과 경로 의존적 옵션과 같은 이색구조의 가격결정과 헤징에서 위험역전효과를 적절하게 설명하는데 실패 했다는 것이다.

그들은 또한 단순한 기성 옵션 가격결정 소프트웨어(off-the-shelf option pricing software)가 위험역전 시나리오에서 이색파생 상품의 가격 결정에 대처할 수 없다고 주장했다. 이 패키지로 인하여 사용자가 다른 델타에 대해 다른 변동성을 입력하지 못했고 이색옵션 가격결정의 뉘앙스를 포착하지 못했다.

그러나 다른 평론가들은 이것이 또한 지나치게 단순화되었고 매우 높은 위험역전 시나리오에서 특정 유형의 옵션을 헤징할 때 다른 "제3자 주문" 효과가 작용했다고 주장했다. 그들은 3자주문효과는 블랙-숄즈 사용자에 의해 설명된 베리어(barrier)가 지나치게 비싸지 않을 수도 있다는 것을 의미하며, 단지 잘못 가격이 결정되었다는 것을 덧붙였다.

(Thomson Reuters IFR Issue 1188, 1997년 6월)

이 예제가 보여 주듯이, 위험역전은 외환시장(FX)에서의 변동성 스마일의 창출이며 많이 거래 되었다. 그러나 예제에서 지적한 바와 같이, 위험역전 거래에 관여되어 있는 시장참가자는 분명히 기초자산의 스마일 동태성을 분명하게 다루고 있다. 동태성은 매우 복잡해질 수 있다. 이색 옵션에 대한 그런 포지션을 가격을 결정하거나 헤징하는 것은 훨씬 어려울 수 있다.

4.18 결론

변동성 스마일은 금융 분야의 매력적인 주제이다. 그러나 이것은 또한 복잡한 현상이고 원인이나 모형화 하는 방법에 대하여 보다 많은 연구가 이루어질 필요가 있다. 이 장에서는 간단한 소개를 제시하였다. 그러나 이 주제와 관련된 몇 가지 중요한 점을 설명했다.

추천 도서

Allen and Granger(2005)는 주식 상관성을 거래하는 방법을 기술하는데 훌륭한 개요를 제공한다. Brigo and Mercurio(2006)의 교재는 이자율 부문의 변동성 스마일을 다루고 있다. 자기자본 스마일의 경우, 독자는 Derman et al.(1994) 및 (1996)에 기술되어있다. 변동성 스마일에 대한 포괄적인 처리 방법들은 Lipton(2002)에서 제공된다. Taleb (1996)는 대부분의 시장실무를 토론하는데 사용한 훌륭한 지식을 제공하는 원천이다. 또한 변동성 스마일과 관련된 경험적 및 이론적인 문제를 다룬 논문이 있다. 하나의 최근 출처는 Johnson and Lee(2003)이다. 인용된 자료에는 이전 연구에 대한 추가 참고 자료가 포함되어 있다.

연습문제 Exercise

1. 2002년 1월 10일 9:46에 전달된 OEX 지수의 모든 옵션에 대한 매입-매도 가격(bid-ask price)을 표시하는 다음 테이블을 고려하자. 이 옵션은 2002년 2월 22일 만기를 가지며 데이터 수집시 기초자산가격은 589.14였다.

콜	매입	매도	거래량	풋	매입	매도	거래량
Feb 400	188.9	191.9	0	Feb 400	0.05	0.2	0
Feb 420	169	172	0	Feb 420	0.1	0.4	0
Feb 440	149.2	152.2	0	Feb 440	0.25	0.55	0
Feb 460	129.4	132.4	0	Feb 460	0.45	0.75	0
Feb 480	109.6	112.6	0	Feb 480	0.8	1.1	0
Feb 500	90.2	92.7	0	Feb 500	1.4	1.7	0
Feb 520	71	73.5	0	Feb 520	2.5	2.8	0
Feb 530	61.6	64.1	0	Feb 530	2.8	3.5	0
Feb 540	52.4	54.9	0	Feb 540	3.7	4.4	0
Feb 550	43.8	45.8	0	Feb 550	4.9	5.6	1
Feb 560	35.4	37.4	0	Feb 560	6.6	7.3	0
Feb 570	27.9	29.4	0	Feb 570	8.9	9.6	0
Feb 580	20.8	22	0	Feb 580	11.8	12.8	0
Feb 590	14.8	15.8	0	Feb 590	15.8	16.8	1
Feb 600	10	10.7	1	Feb 600	20.8	22	0
Feb 610	6.1	6.8	0	Feb 610	27.1	28.6	0
Feb 615	4.6	5.3	0	Feb 615	31	32	0
Feb 620	3.4	4.1	0	Feb 620	34.3	36.3	0
Feb 630	1.9	2.2	0	Feb 630	42.8	44.8	0
Feb 640	0.9	1.2	0	Feb 640	52	54	0
Feb 650	0.4	0.7	0	Feb 650	61.4	63.9	0
Feb 660	0.15	0.45	0	Feb 660	71.2	73.7	0
Feb 680	0	0.25	0	Feb 680	90.8	93.8	0
Feb 700	0	0.2	100	Feb 700	110.8	113.8	0

a. 풋에 대한 OTM매도가격(ask price)을 사용하여 관련 행사가격에 대한 내재변동성을 계산하라. 그리고 K/S에 대한 변동성 스마일을 그려라.

b. 풋에 대한 OTM매입가격(bid price)을 사용하여 관련 행사가격에 대한 내재변동성을 계산하라. 그리고 *K/S*에 대한 변동성 스마일을 그려라. 이들 볼(vol)에 대한 매도-매수 스프레드을 일정한가?

c. 콜에 대한 OTM매도가격(ask price)을 사용하여 관련 행사가격에 대한 내재변동성을 계산하라. *K/S*에 대한 변동성 스마일을 그려라. OTM풋 변동성을 가지고 이 그림을 같이 넣을 때 스마일 또는 왜도를 얻을 수 있는가?

EXCEL 연습문제

2. (손실제한주문 또는 손절매 헤지: Stop-loss hedge). 다음의 자료를 가지고 딜러의 견해로부터 100롱 콜에 대한 손실제한헤지포트폴리오 조정과 현금흐름을 보여주기 위한

VBA프로그램을 작성하라.

$$S(0)=100;\ K=100;\ T=1;\quad r=8\%;\ \sigma=30\%;\ \&\ \text{realized volatility}=50\%$$

MATLAB 연습문제

3. 만약 조정빈도가 콜 만기 전 시간가격 동안 증가하게 될 때, 손실제한 헤지 롱 콜 포지션의 변동성 성과와 롱 콜 포지션을 복제하는 이 전략의 성과를 관측하기 위한 MATLAB프로그램을 작성하라. 계산을 위해 다음의 자료를 사용하라.

$$S(0)=100;\ K=100;\ T=0.5;\quad r=8\%;\ \sigma=30\%;\ \sigma_\sigma=10\%,\ r_\sigma=10\%$$

[10, 20, 50, 100, 500]조정빈도 집합의 경우 30의 예에 대한 변동성 성과에 대한 그림을 그려라. 또한 헤징 전략 대 조정빈도의 평균 수익률을 그리는 것처럼 그래프에 대한 방법의 성과를 보여라.

4. (확률적 변동성) 확률적 변동성을 가진 주가를 기초로 한 옵션에 대한 내재 변동성 스마일을 관측하기 위한 MATLAB 프로그램을 작성하라. 다음 데이터를 계산에 사용하라.

$$S(0)=100;\ K=100;\ T=0.5;\quad r=8\%;\ \sigma=30\%;\ \sigma_\sigma=10\%,\ r_\sigma=10\%$$

옵션의 가격도(moneyness)에 대한 추정된 내재변동성의 그래프를 그려라.

5. (비-기하브라운 운동) 비-기하브라운운동을 따르는 주식가격을 기초로 한 옵션의 내재변동성을 관측하기 위한 MATLAB프로그램을 작성하라.

$$S(0)=100;\ K=100;\ T=0.5;\quad r=8\%;\ \sigma=30\%;\ \alpha=0.8$$

옵션의 가격도에 대한 추정된 내재변동성의 그래프를 그려라.

6. (주가 폭락과 점프) 점프를 가진 주가(특히 폭락)를 기초로 옵션에 대한 내재변동성 스마일을 관측하기 위한 MATLAB프로그램을 작성하라. 다음 데이터를 계산에 사용하라.

$$S(0)=100;\ K=100;\ T=0.5;\quad r=8\%;\ \sigma=30\%;\ \lambda=0.3;\ \alpha_J=-2\%;\ \sigma_J=5\%$$

옵션의 가격도에 대한 추정된 내재변동성의 그래프를 그려라.

7. (VIX 계산) 다른 웹 사이트의 S&P500 옵션 데이터(2013년 7월 25일에 만기가 되는 옵

션은 2013년 7월 4일에 수집 됨)를 사용하여 교재에서 설명한 절차에 따라 VIX 지수 값을 계산하라. 추정의 목적으로 무위험 이자율을 5%로 선택하라. 또한 행사 가격 K_0 을 강조하고 모든 옵션에 대해 행사가격으로 기여도를 보여라.

5 캡/플로어(Caps/Floors)와 스왑션의 모기지 응용

CHAPTER

5.1 서론

이전 장에서는 변동성 거래의 형태로 볼록성과 옵션 뿐만 아니라 이들의 응용에 대해 논의했다. 미국 모기지 시장은 미국 주택 소유자의 선지급 옵션의 결과로서 롱 볼록성 포지션의 다른 응용을 제공하고 있다. 조기 상환 옵션의 가치와 모기지 기관에 미치는 영향을 신중히 설명하고 이러한 위험을 헤지하기 위한 잠재적 접근법에 대해 논의한다. 미국 모기지 시장의 구조와 특히 모기지 선지급 옵션의 존재는 결과적으로 성과 내에 선택성과 볼록성이 내재되어 있음을 알게 된다.

스왑시장은 명목상으로 세계 최대 규모이며 가장 유동성이 높은 시장이다. 스왑션(swaption) 시장에서도 마찬가지이다. 이것이 왜 그런가?

스왑에는 많은 용도가 있다. 차입자는 신용스프레드를 "차익거래"하고 총 비용이 가장 낮은 통화로 차입한다. 이것은 일반적으로 차입자가 필요로 하는 통화가 아닌 다른 통화로 차입하는 것을 의미하고 있다. 따라서 수익금은 필요한 통화로 바꿔야 한다. 이론적으로 이 작업은 여러 통화의 변동 금리가 교환되는 단일 통화 스왑을 사용하여 수행될 수 있다. 기존 교재의 6장에서 논의된 통화 스왑은 이자율 스왑이 아니지만 순수이자율스왑도 포함된다. 대부분의 발행자는 고정 장기 쿠폰을 지불하고자 한다. 따라서 수익금을 다른 통화로 교환하는 과정에서 먼저 고정 쿠폰 지급액을 동일한 통화로 스왑하고 통화스왑을 통해 변동 금리 현금흐름을 교환해야 한다. 원하는 통화로 변동 금리를 지불하면 동일한 통화로 고정 금리로 더 교환할 수 있다. 따라서 새로운 쟁점은 순수 통화 스왑과 결합된 다른 통화의 2가지 일반 순수 금리 스왑의 사용을 필요로 한다. 따라서 새로운 채권 발행은 순수 금리 스왑의 유동성 원천 중 하나이다.

이자율 노출에 대한 재무상태표 관리는 스왑이 왜 유동성이 높은지에 대한 또 다른 이유이다. 금융 기관의 자산 및 부채 이자율 노출은 이자율 스왑 및 스왑션을 사용하여 조정할수 있다. 만약 대출이 변동이자율로 계약한 후 고정이자율로 상환된다면, 이자율 스왑을 체결할 수 있고 노출을 효율적으로 관리할 수 있다. FRA(Floating Rate Agreement), 스왑, 캡, 플로어 및 스왑션은 많은 유동성 통화로 거래되며 이들 국가에서의 존재는 주로 모기지 시장 주도에 의해 주도되지 않는다.

일부 국가 및 경우에 스왑시장의 용도는 모기지 기반 활동의 필요성에 부합할 수 있다.

미국의 스왑션(swaption)과 순수스왑 거래의 중요한 부분은 모기지 기반 금융전략의 요구사항 때문인 것으로 보인다. 이 장에서는 옵션시장과 기초자산시장 간의 연계를 설명하기 위해 미국 모기지 시장에 초점을 맞춘다. 모기지는 선결제 조항이 있으며 이는 은행의 고정 소득 포트폴리오에서 볼록성을 가져온다. 이 볼록성은 스왑션(swaptions)을 사용하여 헤지될 수 있으며, 이는 스왑션 시장에서 유동성을 창출한다. 반면에 스왑션은 동태적으로 헤지할 필요가 있는 포지션이다. 이 헤징은 기초자산으로서 선도스왑(forward swap)을 가지고 이행될 수 있다. 이것은 보다 더 스왑거래(swap trading)를 유도하게 된다. 모기지 시장은 매우 크며, 이와 같은 활동은 때때로 스왑과 스왑션 시장을 지배할 수 있다.

이 장에서는 스왑션의 금융공학을 연구하기 위한 예로서 모기지 부문을 사용한다. 우리는 캡/플로어 및 스왑션을 소개하기 위해 이것을 사용한다. 이 장에서는 스왑측도에 대한 간단한 설명도 제공한다. 이것은 기존교재의 12장에서 소개되고 본교재의 11장과 12장에서 더 자세히 설명되는 측도변경 기술의 또 다른 예를 구성한다. 이 장에서는 교재의 전체에서 사용되는 대부분의 금융상품도구를 함께 모아 놓은 예제를 제공한다. 먼저 모기지 부문의 필수 요소를 검토한다.

5.2 모기지 시장

모기지 은행 및 모기지 상업 은행과 같은 대출 기관은 원래 자금을 주택 구매자에게 대여함으로써 모기지론을 창출한다. 이것은 1차 모기지 시장을 구성한다. 주요 시장 대출 기관은 모기지 은행, 저축 및 대부 기관, 상업은행 및 신용 조합 등이다.

이 대부 기관은 비슷한 모기지 론을 모아서 패니매(Fannie Mae) 또는 프레디맥(Freddie Mac) 유형 기관에 판매한다. 이것은 연기금, 보험 회사 및 증권 딜러를 포함하는 2차 시장의 일부이다.

정부대리기관(Agency)은 적어도 두 가지 방법으로 모기지를 구입한다. 첫째, 그들은 모기지에 대해 “현금”을 지불하고 장부에 기록한다.[1] 둘째, 그들은 대부 기관으로부터 받

1) 대부기관은 이때 보다 더 많은 모기지 론을 만드는데 현금을 사용한다.

는 모기지 풀과 교환하여 주택담보부증권, 즉 모기지 증권(Mortgage-Backed Securities: MBS)을 발행한다. 대부업자는 이번에는 이 MBS를 자신의 장부에 보유거나 투자자에게 판매할 수 있다. 모기지가 MBS로 전환되는 한도 내에서 구매된 모기지론은 증권화 된다.[2] 대행사는 원금과 이자 지급을 보장한다. 따라서 "신용 위험"은 발행 기관에 의해 부담된다.[3] 이제 모기지 거래의 공학과 그에 따른 포지션에 대해 논의한다. 평소와 같이 매우 단순화된 설정을 사용한다.

5.2.1 전형적인 모기지(저당)의 생애

미국 주택구매 활동에서부터 스왑을 헤징하는 과정은 길며 모기지 발행시장(1차시장)과 모기지 유통(2차시장)시장의 메커니즘을 설명함으로써 논의를 시작하는 것이 가장 좋다. 내재 현금흐름 도표는 결국 스왑션(swaption) 포지션으로 이어진다. 이 절은 이러한 활동에 의해 창출된 현금흐름의 순서를 명확히 하기 위한 것이다. 최종적으로 선결제권이 스왑션에 대한 숏 포지션을 유지한다는 것을 알게될 것이다. 이것은 모기지를 보유하고 고정금리로 대출하는 기관의 관점에서이다. 본질적으로, 기관은 고정 금리 스왑을 미리 정해진 비율로 매입하기 위해 미국식 옵션을 판매했다. 이 옵션은 미래 모기지 금리가 일정한 한도를 밑돌 때 행사된다.[4]

주택 구입, 모기지 대출 및 기관 활동 간의 상호 관계는 〈그림 5.1〉~〈그림 5.3〉에 나와 있다. 여기서 단계별로 파악하며 모기지 창고의 통합된 포지션을 구하기 위해 〈그림 5.3〉에 모든 포지션을 모아 놓았다. 일반화될 수 있는 비교적 간단한 경우를 다루는 것을 선호한다. 이러한 일반화 중 일부는 간단하고 다른 것은 상당한 문제를 수반한다.

다음과 같은 설정을 고려하자. 풍선모기지(balloon mortgage)는 시간 t_0에서 발행된다.[5] 모기지 보유자는 만기일에 이자만을 지불하고 원금을 반환한다. 모기지 원금은 N이고, 이자율은 c_{t_0}이며, 모기지는 t_4에서 만기가 된다. t_i, $i=1, . . . 4$는 6년 단위로 측정된다.[6]

---

2) 다음 장에서 보다 더 세부적으로 증권화 과정을 토의한다.

3) 이들 대행기관들은 재무성증권 차입에 직접적인 접근 권한을 가지고 있으며 이것이 내재적으로 정부 보증이란 것을 시장에서 인식하고 있다.

4) 그러나 이 옵션에 대해 롱 포지션을 취하는 당사자는 금융기관은 아니며 올바른 시점에서 이러한 미국식 옵션을 행사할 수 없다.

5) 미국에서 풍선(지급)모기지는 "풍선" 또는 비-비례적으로 큰 모기지의 마지막에 요구하는 지급액에서 이름이 명명된다. 이러한 유형의 모기지는 차입자가 특정기간에 정기적인 지급을 하며 이때 단기 시점 내에 또는 만기 시점에서 남아 있는 나머지 잔액을 지급 완료하는 것을 명시하고 있다.

6) 물론, 모기지 지급은 일반적으로 월별이지만, 그러나 이러한 가정은 표기를 간단히 하는데 이것은 번거롭다. 이

그림 5.1 모기지기관과 주택매입자 현금흐름

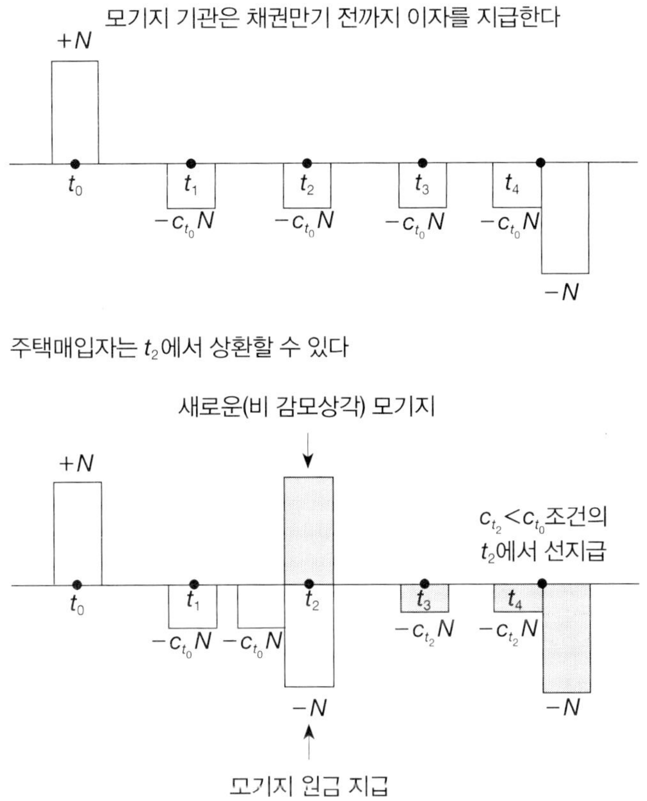

그러한 풍선모기지로 정기적인 지불은 이자로만 이루어지며 상환하지 않는다. 이것은 공학을 단순화하고 일반 순수 이자율 스왑(plain vanilla interest rate swap)의 사용을 허용한다.

주택 구매자는 4가지 이자 지불을 한 다음 모기지 생애 동안 선불로 지불하지 않으면 시간 t_4에 N을 지불한다. 반면에, 모기지 금리 c_t가 미래의 기준 시점 이하로 떨어지면 주택 구매자가 자금을 재조달한다. 주택 구매자가 시간 t_2에서만 선불로 지불할 수 있다고 가정한다. 시간 t_2에 대출금이 지급되면 그것은 매우 낮은 이자율로 2 기간[7]의 새로운 모

것은 쉽게 일반화될 수 있다.

7) 현실에서 선 지급 옵션은 모든 미래 시점 기간 동안 타당하며, 따라서 선 지급 시간은 무작위이다.

그림 5.2 모기지 기관자산, 부채측면 및 선지급 위험

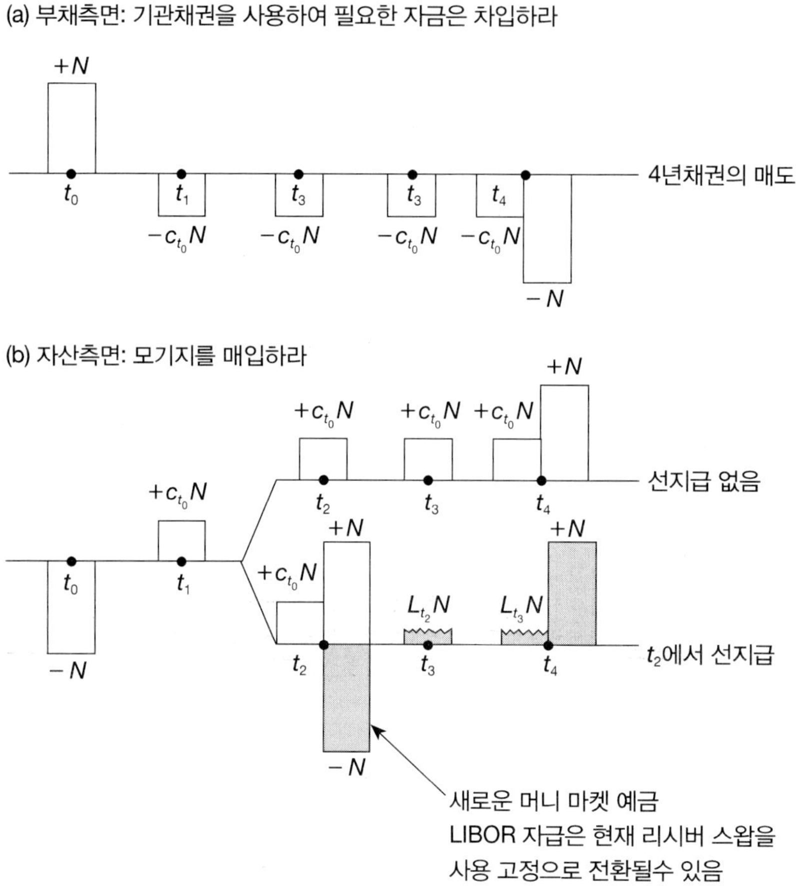

기지에 의해 대체된다. 이와 같은 상황은 〈그림 5.1〉에 나와 있다.

은행은 변동LIBOR 이자율 L_{t_i}로 차입하고 고정 이자율 c_{t_0}으로 대출한다. 그런 다음 모기지는 패니매이(Fannie Mae)와 같은 기관이나 다른 모기지 창고로 판매된다. 은행은 중개자일 뿐이며 모기지 지불 서비스 수수료를 받는다.

흥미로운 포지션은 모기지를 가지고 끝나는 대행기관의 포지션이다. 기관은 모기지를 매입해서 장부에 기록한다. 이것은 재무상태표의 자산계정으로 형성된다. 문제는 이러한 2차 시장 구매가 어떻게 자금을 조달 받는가 이다. 실제로는 여러 가지 방법이 있다. 2차 시장에서 매입된 모기지 중 일부는 장부에 기록되어 투자자에게 증권을 발행하고 자금을

그림 5.3 장기고정지급자 선도스왑포지션에서 선지급 결과

만약 모기지가 선지급된다면, 대행기관은 스왑을 롱할 것임

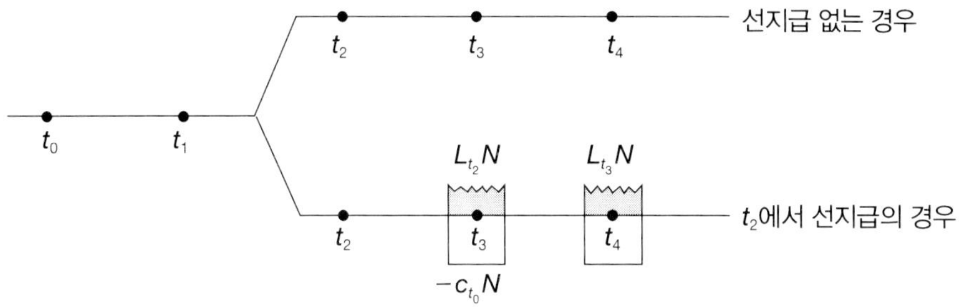

C_{t_0}의 율을 가진 선도 지급 스왑

조달한다. 다른 모기지는 MBS로 패키지 되며 최종 투자자에게 재판매된다.

이와 같은 경우, 대행기관이 4년 고정 쿠폰 중기 재무성 증권(fixed-coupon note)를 사용하여 c_{t_0} 비율로 자금을 확보한다고 가정한다. 대행기관의 부채는 〈그림 5.2〉와 같다. 자산 측면이 이 그림의 아래쪽에 표시된다. 중요한 점은 선 지급 문제이다. 〈그림 5.2b〉에 따르면, 기관은 시간 t_2에서만 선 지급 위험에 직면해 있다.[8)]

주택 구매자가 재융자를 하지 않으면, 대행기관은 각각 크기 $c_{t_0}N$의 4번의 이자 지급을 받는다. 그런 다음, t_4에서 원금을 받는다. 주택 매입자가 채무 불이행을 하지 않는다고 가정한다.[9)] 반면에 주택 매입자가 "마지막" 이자 지불 $c_{t_0}N$을 지불하고 t_2 시점에 먼저 원금을 선납하면 대행기관은 이 자금을 시간 t_4까지 변동금리 화폐시장 계정에서 운영한다. 이 율은 L_{t_i}가 될 것이다. 대안적으로 대행기관은 고정된 리시버 스왑(receiver swap)에 들어가서 시간 t_3에서 시작하는 스왑율을 받을 수 있다.

이 스왑율은 s_{t_2}로 표시된다. 주택 구매자가 선불로 지급하는 경우 대행기관에 의해 직면된 현금흐름을 설명한다.

대행기관의 자산과 부채 포지션은 〈그림 5.3〉에 통합되어있다. 선불한 경우를 제외하고는 모든 현금흐름은 상쇄된다. 〈그림 5.3〉은 주택 구매자가 선불한 경우 대행기관은 사

8) 가정의 단순화에 따라 주택 구매자는 t_2시점에서만 상환할 수 있다.
9) 어떤 경우에서도 디폴트 위험은 발행 은행의 대행기관에 의해 만들어진다.

전에 결정된 스왑율 c_{t_0}에서 고정 지급자 선도스왑(fixed payer forward swap)을 롱(매입)할 것임을 보여준다. 선지급이 발생하지 않으면 대행기관은 편평한 포지션을 갖게 될 것이다.

이제 단순성을 위해, 그리고 일반성을 많이 상실하지 않고, 스왑율과 모기지 비율이 모든 t에 대해 동일하다고 가정하자.

$$c_t = s_t \tag{5.1}$$

그런 다음 대행기관의 최종 포지션은 다음 계약에 해당한다.

대행기관은 고정 리시버 스왑을 거래 상대방에게 미리 정해진 비율 c_{t_0}로 체결할 권리를 매각한다. 명목 스왑은 N이고, 옵션은 유럽식이며,[10] 행사 날짜는 t_2이다. 기초 현금스왑은 2년의 유효 기간을 가진다. 대행기관은 이 옵션을 매도(숏)하고 옵션이 행사되는 경우 고정 지급자가 될 것이다.

이 계약은 스왑션이다. 대행기관은 스왑계약에 대한 옵션을 매도 하였고 숏 볼록성을 보인다. 주택 구매자는 거래 상대방이고, 그 또는 그녀는 롱 볼록성이다. 이 옵션은 만약 $s_{t_2} \leq c_{t_0}$인 경우에 행사된다. 옵션 프리미엄은 Sw_{t_0}이다.[11] 시간 t_0에서 지급된다.[12] 이에 따라 거래 비용이나 수수료는 무시한다.

5.2.2 포지션 헤징

이전 절에서 행사의 중요한 점은 모든 것들이 결제되고 나서 대행기관이 선 결제 위험에 직면하고 이것이 숏 스왑션 포지션 결과로 나온다. 숏 유럽형 스왑션 포지션은 여러 가지 방법으로 헤지될 수 있다. 하나의 옵션은 직접적인 동태적 헤징이다. 헤저(hedger)는 (i) 먼저 스왑션의 델타를 계산한 다음 (ii) 시작일 t_2의 2년 선도리시버(forward-receiver) 스왑의 델타 단위를 구입한다.[13]

이 단계를 이행 한 후에는 대행기관은 숏 볼록 포지션을 가지는데 이것은 또한 변동성

10) 주택 구매자가 t_2시점에서만 상환이 허용된다는 가정을 하였기 때문에 이것은 이러한 경우이다. 현실적으로 주택 구매자는 모기지 듀레이션 동안 어떤 시점에서 상환할 수 있다. 이것은 버뮤다-스타일 옵션(Bermudan-style option)을 만든다.

11) 모기지이자율, 스왑율 및 부채자본의 패니매 비용 간의 스프레드는 무시하고 있다.

12) 미국 시장에서 이것은 예를 들어 모기지 개시 동안 버뮤다 "포인트(point)"로 지급될 것이다.

13) 관행에 의해 스왑을 매입하는 것은 고정으로 지급한다는 것을 의미하며, 그래서 이것은 스왑을 매도하는 것과 동일하다는 것을 기억하라.

에 대한 숏 포지션이다. 변동성이 커지면 대행기관은 손실을 겪는다. 이러한 위험을 없애기 위해서는 시장에서 볼록성(convexity)을 매입해야 한다. 숏 스왑션 포지션을 헤지하기 위한 또 다른 방법은 수의상환(callable) 채권을 발행하고 투자자로부터 볼록성을 직접 구매하는 것이다.

예제

패니매(Fannie Mae)의 수의상환 벤치 마크 재정증권(Callable Benchmark Notes)은 적어도 명목금액 미화 5백만 달러와 최소 1백만 달러의 재 발행 규모를 가진다. 한 달에 최소한 한 건의 발행이 있을 것이며, 네 가지 주요 기간구조로 이루어질 것이다: 5년, 비-콜 2; 5년, 비-콜 3; 10년, 비-콜 3; 10년, 비-콜 5. 프로그램의 양과 정기적인 발행 패턴은 변동성을 감소시킬 것으로 예상된다.

대행기관들은 항상 변동성에 대한 자연스러운 수요를 가졌고, 이는 전통적으로 은행 업계에서 제공해왔다. 그러나 수의상환 벤치 마크 발행 프로그램의 창출로 인해 기관들은 기관 투자가의 변동성을 찾기 시작했다.

(Thomson Reuters IFR, Issue 1291)

마지막으로, 숏 스왑션 포지션을 제거하는 대안으로, 기관은 시장에서 비슷한 스왑션을 구입할 수 있다.

5.2.3 모형에 내포된 가정

지금까지의 논의는 몇 가지 가정을 단순화시켰는데 대부분은 직접적인 방법으로 가정이 완화될 수 있다. 그러나 일부 가정들은 근본적인 성격이다. 이것들을 아래에 열거한다.

1. 주택 구매자는 시간 t_2에서만 자금을 조달할 수 있다고 가정했다. 결과적으로 스왑션은 유럽 스타일이었다. 일반적으로 주택 구매자는 t_1, t_2 및 t_3에서 항상 자금을 조달할 수 있다. 이것은 상황을 상당히 복잡하게 만든다. 동일한 현금흐름 분석을 수행할 수 있지만 기초자산 스왑션은 버뮤다(Bermudan) 스타일이다. 이 옵션은 날짜 t_1, t_2 또는 t_3에서 행사할 수 있으며 행사 날짜는 주택 구매자가 선택할 수 있다. 이것은 사소한 확장이 아니다. 버뮤다(Bermudan) 옵션에는 폐쇄형 가격결정공식을 가

지고 있지 않으며 이들 가격결정에는 위해서는 고급 기법이 요구된다. 금리 변동성 스마일의 존재는 무언가를 보다 더 복잡하게 한다.

2. 독자는 이 시점에서 2007~2008년의 신용위기 동안에 보았던 모기지를 창조하기 위해 이러한 설정에 파생상품을 부가할 수 있다. 비현실적으로 신용 위험이 없다고 가정했다. 주택 구매자 또는 대행기관은 논의된 모형에서 0의 채무불이행 확률을 가졌다. 이 가정은 공학을 단순화하기 위해 만들어진 것이다. 2007~2008년의 신용위기가 보여 주듯이 모기지는 상당한 신용 위험을 가질 수 있다. 특히 "순수" 형태가 아닌 경우에는 더욱 그렇다.
3. 모기지는 풍선 스타일로 가정되었다. 정상적으로 모기지는 15년 또는 30년의 고정 기간에 걸쳐 감모상각된다. 이것은 〈그림 5.1~5.3〉에 나타난 현금흐름 구조를 바꾼다. 표준적이고 일반적인 순수 스왑으로부터 스왑 상각으로 이동함으로써 가정을 완화할 수 있다. 이것은 현재의 교재에서 무시되는 몇 가지 흥미로운 금융공학 문제로 이어질 수 있다.

마지막으로, 거래 비용, 수수료 및 만기와 결제 기간의 보다 일반적인 설정에 대한 문제가 있다. 이들은 비교적 사소한 확장이며 논점의 주요 요점을 변경하지 않는다.

5.2.4 두 가지 위험

앞의 논의에 따르면, 선지급과 관련된 두 가지 위험이 있다. 하나는 선지급의 경우 은행이나 발행 기관이 선지급의 경우에 롱 지급자 스왑을 받게 된다는 것이다. 이런 일이 발생하면 대행기관은 최초 모기지 만기일 동안 고정 금리 c_{t_0}를 지불하게 되며, 이 c_{t_0}는 확정된 리시버 스왑 요금보다 높을 것이다.[14] 대행기관은 원래 모기지의 잔여 기간 동안 $s_\tau - c_{t_0} < 0$의 부(−)의 캐리(negative carry)에 직면할 수 있으며, 여기서 τ는 무작위 선지급 날짜를 나타낸다.

두 번째 위험은 더 복잡하다. 대행기관은 선불 결제시기를 알지 못한다. 이것은 모기지를 구입할 때 모기지의 만기를 예상해야 한다는 것을 의미한다. 그런 다음 이 만기일을 기준으로 만기가 고정된 재무성증권이 매도된다. 부채 측면은 예측 가능한 듀레이션을 가지

14) 이것은 선 지급은 이자율이 하락했기 때문에 고정 리시버 스왑율(fixed receiver swap rate)이 c_{t_0} 밑에서 움직이는 경우이다.

고 있는데,[15] 반면에 자산측면는 계산하기가 어려운 평균만기를 가지고 있다. 아래 예제는 이러한 문제가 어떻게 매우 심각한지를 보여준다.

예제

금리 상승이 겹치면서 모기지 업체는 콜 위험에 더 취약 해져 9월에 일어난 것처럼, 이러한 것은 자산듀레이션을 줄인다. "시장(거리)으로 모기지 공급은 매우 많이 발생했으며 따라서 Freddie와 Fannie 양쪽 기관 모두 볼록성 위험을 헤지하기 위해 전반적으로 변동성 매입이 생겼다"라고 고정소득 파생상품 회사의 수석 전략가가 말했다. 많은 자금 재조달(refinancing)이 이미 몇몇 모기지 기관들을 파악하게 되었다. 모기지 증권에서 전문화 되어 있는 뉴저지기반 차익펀드는 10월말 약 4억 달러의 손실을 발표했다. 애널리스트들은 펀드가 금리 강세에 대해 적절히 헤지하지 못했다고 말한다.

언론에서 패니 매(Fannie Mae)의 듀레이션 갭(duration gap)의 비판 – 자산과 부채의 만기간 차이–으로 인하여 방향성 투자자들이 헤지 펀드의 헤지 필요성으로부터 이익을 얻도록 유도할 것이라고 추측했지만, 이것은 변동성 증가에 대한 심각한 주범이 아니었다.

그러나 모기지 포트폴리오가 크게 늘어남에 따라 Fannie Mae와 실제로 모기지 포트폴리오를 구축한 Freddie Mac은 현재 증가된 확장 위험에 직면해 있다(즉, 수익률이 증가하고 선불지급(중도상환으로 해석)이 감소함에 따라 듀레이션이 길어지는 모기지 자산의 위험).

Fannie Mae의 명목상 파생상품 노출은 6월 말에 5,945억 달러였고, Freddie는 파생상품 총액이 1조1천억 달러라고 보고했다.

(Derivatives Week (현재 GlobalCapital의 일부)에있는 기사 기준).

거래와 도매주택담보(warehousing mortgage) 대출과 관련된 두 가지 위험 중 첫 번째는 볼록성 포지션을 헤징하는 문제인 반면에 두 번째는 암묵적인 선지급(prepayment) 옵션의 미국식과 관련이 있다.

15) 또는 평균 만기

5.3 스왑션(Swaptions)

모기지는 가계가 직접 또는 간접적으로 소유하는 가장 큰 자산 군이다. 총 모기지 재고는 전체 미국 재무성 부채와 비슷한 규모다. 이러한 모기지의 대부분은 선지급 조항을 가지고 있으며, 이는 대규모 숏 스왑션 포지션으로 이어진다. 결과적으로 버뮤다 스왑션은 주요 자산 군이 된다. 실제로 모기지는 선지급 조항이 있는 유일한 금융상품수단은 아니다. 선지급 옵션은 다른 많은 금융상품도구에 존재한다. 수의상환채권(callable bond)과 수의상환청구채권(putable bond)등은 또한 조건부 및 개방-선도 스왑 포지션으로 유도한다. 이는 유사한 스왑션 노출(exposure)을 창출하며 해당 스왑션 시장에서 반대 포지션를 취함으로써 만 완전히 헤지될 수 있다. 금융시장에서의 스왑션이 담당하는 중요한 역할을 감안할 때, 그들의 모형화를 연구할 필요가 있다. 이 절에서는 유럽식 스왑션과 관련된 기술적 문제를 다룬다.[16)]

스왑션은 캐플릿(caplets) 및 플로어렛(floorlets)의 일반화로 시각화할 수 있다. 캡플릿은 한 결재 기간 동안 변동 LIBOR율 L_{t_i}을 선택하고 L_{t_i}가 계약서에 쓰여있는 캡 비율 κ보다 크면, 캡플릿 구매자는 그 차이에 비례하여 보상을 받는다. 이것을 일반화할 수 있다. n기간 동안 변동 스왑율를 선택하라. 만약 s_{t_1}로 표시된 이 스왑율의 가치가 시간 t_1에서 고정된 행사가격 수준인 $f_{t_0}=\kappa$보다 큰 경우, 금융상품수단 구매자는 차이에 비례해서 지불을 받는다. 따라서, 이 경우 "기본 이자율"과 행사율은 하나 기간 이상을 커버하며 이들은 선도 스왑율이다. 고정된 지급자 스왑션은 캐플릿의 일반화로 간주될 수 있다. 유사하게, 고정 리시버 스왑션(fixed receiver swaption)은 플로어렛의 일반화로 간주 될 수 있다.

이것을 더 자세히 보자. 만기 날짜가 t_1인 유럽형 순수 콜 옵션을 고려하자. 주식 또는 외국환에 대해 발행된 대신, 이 옵션이 일반 순수 이자율 스왑으로 발행된다고 보자. 옵션 보유자는 선택된 행사가격으로 기초자산을 "매입"할 권리가 있지만, 이 기초자산은 현재 스왑이다. 다른 말로, 옵션 보유자는 사전 결정된 스왑율 κ로 시간 t_1에 지급자 스왑(payer swap)을 체결할 권리가 있다. 행사 가격 자체는 스왑율 또는 기본 스왑의 가치와 관련되어 설정될 수 있다.

---

16) 버뮤다 스왑션(Bermudan swaptions)의 가격결정과 위험관리는 보다 더 복잡하며, 여기서 취급되지 않을 것이다. Rebonato (2002)는 관련된 문제에 좋은 원천이다.

t_0를 거래일로 놓자. 금융상품 수단을 간단히 하고 $t_0 < t_1$의 t_1에서 시작하는 2-기간 선도이자율스왑을 고려하는데, 이것은 2개월 고정이자 지급과 12개월 LIBOR 이자율에 대한 두 고정 지급이자율인 L_{t_1} 및 L_{t_2}를 교환한다. 이 기간 동안 선도고정지급자 스왑율(forward fixed payer swap rate)을 f_{t_0}로 표시하자. 현물스왑율 s_{t_1}은 시간 t_1에서 관측되며 선도스왑율은 t_0에서 알려져 있다.

따라서 스왑션의 구매자는 시간 t_1에 고정된 지급자(현물)스왑을 명목금액 N과 지급자 스왑율 f_{t_0}로 구매할 권리를 매입했다. 만약 행사가격(κ)가 시간 t_1 스왑에 대한 진행중인 선도스왑율과 같으면 이를 ATM 스왑션이라고 한다. 선도고정 지급자 스왑(forward fixed payer swap)은 시점 t_0에 계약된다. 선도스왑율 f_{t_0}은 시간 t_0에서 설정되고 스왑은 시간 t_1에서 시작된다. 해당 현물 스왑은 시간 t_1에서 계약될 수 있다. 따라서 스왑율 s_{t_1}은 t_0에서 알려져 있지 않다.

ATM 스왑션에는 다음 거래와 관련이 있다. 시간 t_1에 현금이 교환되지 않는다. 옵션 프리미엄은 t_0에서 지급된다. 시간 t_1에서 현물스왑율 s_{t_1}이 행사율 f_{t_0}보다 높다는 것이 사실이면, 스왑션 보유자는 사전에 설정된 율 f_{t_0}로 고정된 지급자스왑(payer swap)을 입력하게 입력할 것이다. 만약 시간 t_1 현물 스왑율 s_{t_1}이 f_{t_0}보다 낮으면 옵션 보유자는 덜 지급할 것이기 때문에 시장에서 새로운 스왑을 구매할 인센티브를 가지고 있다. 스왑션은 행사되지 않은 채로 만기가 된다. 따라서, 매입-매도 스프레드(bid-ask spread) 무시하고, 시간 t_1에서 다음의 관계를 가정하자.

$$f_{t_0} < s_{t_1} \tag{5.2}$$

12개월 LIBOR에 대해 s_{t_1}을 지불하는 2년 금리 스왑은 시간 t_1에서 0의 값을 가진다. 이것은 t_1시점에서, 스왑션 보유자가 f_{t_0}을 지불하고 s_{t_1}을 수령할 것을 결정할 수 있다. 이러한 결과의 현금흐름의 시간 t_1 가치는 다음과 같이 표현될 수 있다.[17]

$$\left[\frac{s_{t_1} - f_{t_0}}{(1+L_{t_1})} + \frac{s_{t_1} - f_{t_0}}{(1+L_{t_1})(1+L_{t_2})}\right]N \tag{5.3}$$

시간 t_1에서, L_{t_1}은 알려질 것이지만, L_{t_2}는 여전히 알려지지 않을 것이라는 것에 주목하라. 그러나 이전 장에서 알 수 있듯이 이 무작위 변수를 시간 t_1에 알려진 기간 $[t_2, t_3]$ 동안

17) 12개월 정산 기간을 가정하고 있기 때문에 δ=1이다.

에 선도율로 대체할 수 있다. 선도율 $F(t_1, t_2)$는 선도 측도 $\tilde{P}$하에서 L_{t_2}의 불편 추정량이다.

$$F(t_1, t_2) = E_{t_1}^{\tilde{P}^{t_3}}[L_{t_2}] \tag{5.4}$$

사전 설정된 f_{t_0}로 입력된 스왑의 시간 t_1 시점에서 가치는 다음과 같이 될 것이다.

$$\left[\frac{s_{t_1} - f_{t_0}}{(1+L_{t_1})} + \frac{s_{t_1} - f_{t_0}}{(1+L_{t_1})(1+F(t_1, t_2))}\right]N \tag{5.5}$$

만약 스왑션이 ATM으로 만기가 되면 이것은 t_1시점에서 다음의 관계를 가지고 0이 된다.

$$s_{t_1} = f_{t_0} \tag{5.6}$$

그래서, 만약 방성식 (5.5)의 현금흐름 가치에 대해 쓰여진 옵션인 것처럼 스왑션을 그렇게 볼 수 있다. 고정된 지급자 스왑(payer swap)에 대한 ATM 스왑션은 (선도)스왑율 f_{t_0}에 대한 옵션으로서 또는 행사가격 $\kappa=0$을 가진 선도옵션의 가치에 대한 옵션으로서 간주될 수 있다.

5.3.1 계약 방정식(Contractual Equation)

캡과 플로어 경우와 같이, 스왑션을 선도스왑과 연결시키는 계약 방정식을 얻을 수 있다.

f_{t_0}율로 선도고정 지급스왑	=	행사가격 κ을 가진 지급자 스왑션	−	행사가격 κ을 가진 수령자 스왑션	(5.7)

다음의 방법으로 이러한 계약 방정식을 해석한다. 시간 t_1에서 시작하여 시간 t_{n+1}에서 종료하는 t선도율 f_{t_0}의 선도지급자 스왑을 고려하자. 선도스왑은 시간 사이에 n배로 결재하고 체납금으로 다음과 같은 현금 지불(수령) 순서를 만든다.

$$\{(f_{t_0} - L_{t_1})N\delta, \ldots, (f_{t_0} - L_{t_n})N\delta\} \tag{5.8}$$

이것은 $f_{t_0} < s_{t_1}$ 여부에 관계없이 적용된다.

다른 한편, 지불인 스왑션은 오직 $f_{t_0} < s_{t_1}$ 인 경우에만 이러한 지불을 한다. 만약 $f_{t_0} > s_{t_1}$일 때 방정식 (5.8)에서 현금흐름을 받기 위해서는 수신자 스왑션을 사야 한다.

5.4 가격결정

스왑션의 가격결정과 위험 관리는 다양한 측도를 사용하여 다양한 각도에서 접근할 수 있다. 예를 들어, 기존교재의 4장과 본교재 2장에서 시간 t_1에서 시작하여 시간 T에서 끝나는 선도스왑에 대한 시간 t_0 선도스왑율 $f(t_0, t_1, T)$은 가중평균 선도율 $F(t_0, t_i, t_{i+1})$이 될 것이다. 여기서 이 표현을 채택한다면 사용 가능한 측정측도는 시간 T선도측도가 될 것이다. 이 측도하에서 모든 선도율의 마팅게일(Martingale) 동태성을 얻을 수 있으며 스왑션과 다양한 다른 스왑 파생상품은 이것을 가지고 가격이 결정될 수 있다.

그러나 대안적인 접근 방법을 채택한다. 일부 가격결정 및 위험 관리 문제의 경우, 사용하는 확률로서 스왑 측도(swap measure)을 사용하는 것이 더 편리할 수 있다. 이것은 아주 간단한 맥락에서 이 흥미롭게 사용하는 측도 군을 토의하는 기회를 준다. 따라서 스왑 측도를 사용하여 유럽 스왑션에 대한 가격결정 함수를 얻을 수 있다.

5.4.1 스왑측도(Swap Measure)

지금까지 고려된 측도들은 단일 자산의 가격에 의한 정규화를 사용하여 얻어졌다. 일부 조건에서는 단일 자산 대신 지불 흐름의 가치로 정규화를 사용하고자 할 수 있다. 잘 알려진 사례 중 하나가 스왑측도이다. 유한 상태를 가진 단순한 2기간 모형에서 스왑측도를 논의 할 것이다. 모형은 이 장의 앞부분에서 설명한 동일한 시간 및 현금흐름 구조를 가진다. 연금(annuity)의 정의를 가지고 시작하자.

δ시간 단위마다 δ달러를 지불하는 계약을 고려하자. 지급 날짜는 t_i로 표시된다.

$$t_i - t_{i-1} = \delta \tag{5.9}$$

예를 들어, δ는 1/2일 수 있고 지불은 6개월마다 이루어질 수 있다. 지불은 N년 동안 계속된다. 이것은 연금이 될 것이고 시간 t 가치를 사용하여 자산 가격을 표준화할 수 있다. 이 절차는 스왑측도로 유도한다.

시간 t_2에서 $i=1, 2, ..., n$로 지수화된 세계의 한정된 수의 상태가 있다고 가정한다. 이러한 맥락에서 연금이 시간 t_2에서 시작하여 각각 시간 t_3와 t_4에서 1 달러를 두 번 지급한다고 가정하자. 따라서 이 경우 $\delta=1$이다. 이 상황은 〈그림 5.4〉에서 보여주고 있다. 분명

그림 5.4 연금의 현재가치

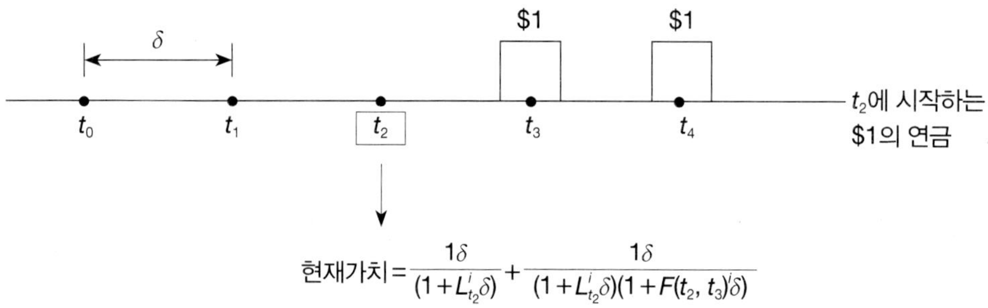

히, 단순화를 위해 관련 신용 위험을 제거했다. 연금은 채무불이행(default free)이 없는 것으로 가정된다. 현실세계에서는 그러한 계약은 GFC에서 볼 수 있듯이 상당한 신용 위험이 있다.

시간 t_2에서의 지급의 현재 가치는 시간 t_0에서 고려될 때 무작위 변수이며 다음 식에 의해 주어진다.[18)]

$$PV^i_{t_2} = \frac{1\delta}{(1+L^i_{t_i}\delta)} + \frac{1\delta}{(1+L^i_{t_i}\delta)(1+F(t_2,\ t_3)^i\delta)} \tag{5.10}$$

여기서, $L^i_{t_2}$는 상태 i에서의 시간 t_2 LIBOR율이고 $F(t_2,\ t_3)^i$는 시간 t_3에서 시작하는 대출에서 상태 i의 시간 t_2에서의 선도율이다. 시간 t_4에 대출금이 상환된다. 시간 t_3과 t_4에서 받게 될 지불금의 시간 t_2 현재가치를 계산하기 위해 이 요율을 사용하고 있다. 이들 가치는 상태종속적이며 그러므로 $PV^i_{t_2}$는 i에 의해 색인된다.

시간 t_3과 t_4에서 만기가 되는 재무불이행 할인채권 $B(t,\ t_3)$와 $B(t,\ t_4)$를 사용하여 $PV^i_{t_2}$를 다음과 같이 쓸 수 있다.

$$PV^i_{t_2} = (\delta)B(t_2,\ t_3)^i + (\delta)B(t_2,\ t_4)^i \tag{5.11}$$

이 표현에서, 우변 채무불이행 채권 가격은 시간 t_2에서 측정되기 때문에 상태의존적이다.

두 기간 이자율 스왑이 활발하게 거래한다고 가정 하자. 시간 t_2에서 시작될 현물스왑

18) 이러한 경우에 δ=1일지라도, 기호 δ을 사용하여 공식을 논의하기를 선호한다.

그림 5.5 t_2일자에서 개시된 현물스왑

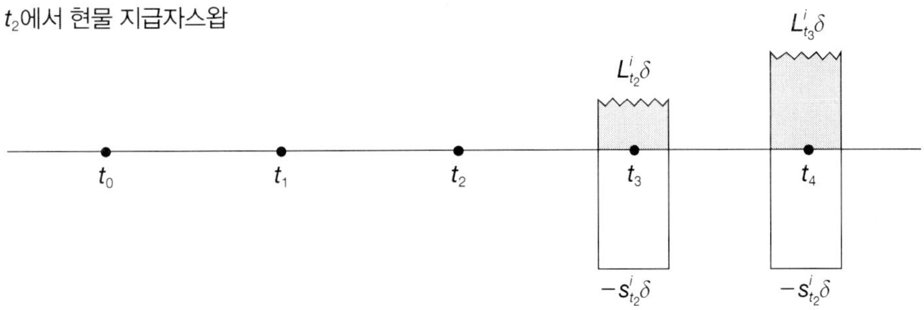

이 〈그림 5.5〉에 나와 있다. 이 금융상품도구에 대한 현물스왑율은 시간 t_0에서 알 수 없으며 이는 i 위 첨자에 의해 내재된다. 시간 t_0에서, 시장은 선도스왑을 거래한다고 가정하며, f_{t_2}로 표시된 비율은 $s^i_{t_2}$에 해당한다.

이제 시간 t_2에서 시작하는 2기간 선도스왑 계약의 t_0 시장 가치를 고려하자. 기존교재의 12장의 기본 정리의 맥락에서 연금, 선도스왑계약과 만약 $s_{t_2} < f_{t_0}$일 경우 동일 2-기간 스왑을 인도하는 유럽형 고정지급자스왑션 Sw_t을 포함하고 있는 행렬방정식(matrix equation)을 작성할 수 있다. 이러한 자산을 기존교재의 12장의 단순화된 행렬 방정식에 같이 넣으면 다음과 같이 된다.

$$\begin{bmatrix} B(t_0, t_3)\delta + B(t_0, t_4)\delta \\ 0 \\ Sw_{t_0} \end{bmatrix} = \begin{bmatrix} \cdots \dfrac{1\delta}{(1+L^i_{t_2}\delta)} + \dfrac{1\delta}{(1+L^i_{t_2}\delta)(1+F(t_2, t_3)^i\delta)} \cdots \\ \cdots \qquad \dfrac{1}{(f_{t_0} - s^i_{t_2})\delta} \qquad \cdots \\ \cdots \qquad \dfrac{1}{Sw^i_{t_2}} \qquad \cdots \end{bmatrix} \begin{bmatrix} \cdots \\ Q^i \\ \cdots \end{bmatrix} \tag{5.12}$$

여기 $\{Q^i, i=1, \ldots, n\}$은 기간 t_2 동안의 n 상태 가격이다. 무차익 거래 조건 하에서는 이러한 것들이 존재하며 그들은 모든 상태 i에 대해 정의 값을 가진다.[19)]

19) 행렬 방정식은 첫 번째 3번 행을 사용하여 쓰여진다. 다른 자산은 무시된다. 그러나 Q^i의 존재로 인하여 베이시스로 사용할 n 다른 자산이 존재할 필요가 있다.

$$Q^i > 0 \tag{5.13}$$

행렬 방정식의 마지막 행(row)은 Q^i와 스왑션의 상태의존 만기 가치의 함수로서 스왑션의 현재 값을 보여주고 있다. $f_{t_0} > s^i_{t_2}$인 세계의 상태에서는 스왑션은 OTM으로 만기가 될 것이며, 상응하는 $Sw^i_{t_2}$는 0이 될 것이다. 일반성을 잃지 않고, 이것들을 첫 번째 $m<n$ 가치로 놓자.

$$Sw^i_{t_2} = 0 \quad i = 1, \ldots, m \tag{5.14}$$

나머지 $n-m$ 상태의 경우 스왑션의 만기 가치는 다음과 같다.

$$Sw^i_{t_2} = \frac{(f_{t_0} - s^i_{t_2})\delta}{(1 + L^i_{t_2}\delta)} + \frac{(f_{t_0} - s^i_{t_2})\delta}{(1 + L^i_{t_2}\delta)(1 + F(t_2, t_3)^i\delta)} \quad s^i_{t_2} < f_{t_0} \tag{5.15}$$

행렬 방정식의 첫 번째 행은 연금의 가치를 보여준다. 액면가가 $1인 상응하는 채무불이행 채권의 무차익 거래 가치으로부터 이 행을 얻는다.

$$B(t_2, t_3)^i = \frac{1}{(1 + L^i_{t_2}\delta)} \tag{5.16}$$

그리고,

$$B(t_2, t_4)^i = \frac{1}{(1 + L^i_{t_2}\delta)(1 + F(t_2, t_3)^i\delta)} \tag{5.17}$$

따라서 수량 $B(t_0, t_3)\delta + B(t_0, t_4)\delta$는 연금 지급의 현재 가치이다. 이전에는 동일한 수량이 PV01로 불리어졌다. 실제로, 현재의 논의는 PV01이 고정 소득 현금흐름의 흐름을 어떻게 다루는지를 보여준다.

행렬 방정식의 첫 번째 행은 다음을 제공한다.

$$B(t_0, t_3)\delta + B(t_0, t_4)\delta = \sum_{i=1}^{n} \left[\frac{1\delta}{(1 + L^i_{t_2}\delta)} + \frac{1\delta}{(1 + L^i_{t_2}\delta)(1 + F(t_2, t_3)^i\delta)} \right] Q^i \tag{5.18}$$

이제 측도를 전환하고 스왑 측도로 알려진 새로운 유형의 이용 가능한 확률을 얻는다. 첫 번째 행을 좌변으로 나누면 다음을 가진다.

$$1 = \sum_{i=1}^{n} \frac{1}{B(t_0, t_3)\delta + B(t_0, t_4)\delta} \left[\frac{1\delta}{(1 + L^i_{t_2}\delta)} + \frac{1\delta}{(1 + L^i_{t_2}\delta)(1 + F(t_2, t_3)^i\delta)} \right] Q^i \tag{5.19}$$

다음 표현 식을 사용하여 $\widetilde{P}_i^s$를 정의한다.

$$\widetilde{P}_i^s = \frac{1}{B(t_0, t_3)\delta + B(t_0, t_4)\delta}\left[\frac{1\delta}{(1+L_{t_2}^i\delta)} + \frac{1\delta}{(1+L_{t_2}^i\delta)(1+F(t_2, t_3)^i\delta)}\right]Q^i \tag{5.20}$$

$Q^i > 0$이 충족되는 한 다음을 갖게 된다.

$$\widetilde{P}_i^s > 0 \quad i = 1, \ldots, n \tag{5.21}$$

그리고,

$$1 = \sum_{i=1}^{n} \widetilde{p}_i^s \tag{5.22}$$

따라서, $\widetilde{p}_i^s$는 잘 정의된 이산 확률 분포의 특성을 가지고 있다. 이것을 스왑 측도라고 한다. 이 측도의 두 가지 흥미로운 적용을 보여줄 것이다. 첫째, 이 측도 하에서 해당 선도 스왑율이 마팅게일(Martingale)로 행동하고 매우 단순한 동태성을 가지고 있다는 것을 알 수 있다. 두 번째, 이 방법을 사용함으로써 유럽형 스왑션에 쉽게 가격결정을 할 수 있음을 알게 될 것이다.

5.4.2 마팅게일로서의 선도스왑율

왜 선도 스왑율이 적절한 스왑 측도 하에서 마팅게일(Martingale)로서 행동 하는지를 알기 위해서는 방정식 (5.12)의 행렬 방정식의 두 번째 행을 고려해야 한다. 선도 스왑은 시작시 0의 가치를 가지므로 다음과 같이 쓸 수 있다.

$$0 = \sum_{i=1}^{n}(f_{t_0} - s_{t_2}^i)\delta\left[\frac{1}{(1+L_{t_2}^i\delta)} + \frac{1}{(1+L_{t_2}^i\delta)(1+F(t_2, t_3)^i\delta)}\right]Q^i \tag{5.23}$$

이것을 다음과 같이 표현할 수 있다.

$$0 = \sum_{i=1}^{n}(f_{t_0} - s_{t_2}^i)\delta\left[\frac{1}{(1+L_{t_2}^i\delta)} + \frac{1}{(1+L_{t_2}^i\delta)(1+F(t_2, t_3)^i\delta)}\right]\left[\frac{B(t_0, t_3)\delta + B(t_0, t_4)\delta}{B(t_0, t_3)\delta + B(t_0, t_4)\delta}\right]Q^i \tag{5.24}$$

이제 방정식 (5.20)에 주어진 스왑 측도의 정의를 사용하고 다시 표시를 하면 다음을 얻는다.

$$0 = \sum_{i=1}^{n} (f_{t_0} - s_{t_2}^i)[B(t_0, t_3)\delta + B(t_0, t_4)\delta]\tilde{p}_i^s \tag{5.25}$$

합 외부에 있는 상수항을 가지고서 없앤후 다음과 같은 식을 얻는다. 이것은 다음과 같이 된다.

$$0 = \sum_{i=1}^{n} (f_{t_0} - s_{t_2}^i)\,\tilde{p}_i^s \tag{5.26}$$

또는 다시 표현한다.

$$f_{t_0} = \sum_{i=1}^{n} s_{t_2}^i \tilde{p}_i^s \tag{5.27}$$

이것은 다음을 의미한다.

$$f_{t_0} = E_{t_0}^{\tilde{P}^s}[s_{t_2}] \tag{5.28}$$

따라서 스왑측도하에서 선도 스왑율은 마팅게일(Martingale)로 움직인다. 이 측도하에서 다른 선도 스왑율의 동태성은 SDE를 사용하여 작성할 수 있다.

$$df_t = \sigma f_t dW_t \quad t \in [t_0, T] \tag{5.29}$$

여기서 특정 확산구조를 가정하고 T는 일반적인 스왑 만기이다. 주어진 선도스왑율 변동성 σ에서 이 동태성으로부터 몬테칼로 궤적을 생성시키는 것은 직접적으로 이루어질 수 있다.

5.4.3 스왑션 가치

유럽형 스왑션의 가격결정 함수를 얻기 위해, 방정식 (5.12)에 주어진 행렬 방정식의 세 번째 행을 고려한다. 다음의 식을 가진다.

$$Sw_{t_0} = \sum_{i=1}^{n} Sw_{t_2}^i Q^i \tag{5.30}$$

스왑 측도 $\tilde{P}^s$의 정의를 사용한다

$$\tilde{p}_i^s = \frac{1}{B(t_0, t_3)\delta + B(t_0, t_4)\delta}\left[\frac{1\delta}{(1 + L_{t_2}^i\delta)} + \frac{1\delta}{(1 + L_{t_2}^i\delta)(1 + F(t_2, t_3)^i\delta)}\right]Q^i \tag{5.31}$$

그리고 방정식 (5.30)의 등호를 다시 작성한다:

$$Sw_{t_0}=\sum_{i=1}^{n} Sw_{t_2}^{i}\left[\frac{[B(t_0,\ t_3)\delta+B(t_0,\ t_4)\delta]}{(1\delta/(1+L_{t_2}^{i}\delta))+(1\delta/(1+L_{t_2}^{i}\delta)(1+F(t_2,\ t_3)^{i}\delta))}\right]\widetilde{p}_i^{s} \tag{5.32}$$

우변에 스왑 측도를 도입하는데 성공적 이였다는 것을 주목하라. 이제 스왑션의 0이 아닌 만기가 다음과 같다는 것을 주어져 있는 방정식 (5.15)에서 알고 있다.

$$Sw_{t_2}^{i}=\frac{(f_{t_0}-s_{t_2}^{i})\delta}{(1+L_{t_2}^{i}\delta)}+\frac{(f_{t_0}-s_{t_2}^{i})\delta}{(1+L_{t_2}^{i}\delta)(1+F(t_2,\ t_3)^{i}\delta)} \quad s_{t_2}^{i}<f_{t_0} \tag{5.33}$$

이들 값을 방정식 (5.32)에 대체하면 다음을 얻는다.

$$\begin{aligned}Sw_{t_0}=&\sum_{i=m+1}^{n}\left[\frac{(f_{t_0}-s_{t_2}^{i})\delta}{(1+L_{t_2}^{i}\delta)}+\frac{(f_{t_0}-s_{t_2}^{i})\delta}{(1+L_{t_2}^{i}\delta)(1+F(t_2,\ t_3)^{i}\delta)}\right]\\&\left[\frac{[B(t_0,\ t_3)+B(t_0,\ t_4)]\delta}{(\delta/(1+L_{t_2}^{i}\delta))+(\delta/(1+L_{t_2}^{i}\delta)(1+F(t_2,\ t_3)^{i}\delta))}\widetilde{p}_i^{s}\right]\end{aligned} \tag{5.34}$$

여기서 스왑 측도에 의해 중요한 역할을 한다는 것을 안다. 이 표현 식의 우변에서 연금의 상태의존가치는 각 i에 대해 상쇄되고 다음의 표현 식을 얻는다.

$$Sw_{t_0}=[B(t_0,\ t_3)+B(t_0,\ t_4)]\sum_{i=m+1}^{n}[(f_{t_0}-s_{t_2}^{i})\delta\widetilde{p}_i^{s}] \tag{5.35}$$

이것은 다음과 동일하다.

$$Sw_{t_0}=[B(t_0,\ t_3)+B(t_0,\ t_4)]E_{t_0}^{\widetilde{P}^s}[\max[(f_{t_0}-s_{t_2})\delta,\ 0]] \tag{5.36}$$

이 가격결정 방정식을 사용하고 적절한 스왑측도 하에서 선도 스왑율이 마팅게일로 형태를 가진다는 것을 기억하면 유럽형 스왑의 폐쇄형 가격결정 공식을 쉽게 얻을 수 있다.

시장의 실무를 공식화하는 많은 방법이 있다. 계속 진행하는 한 가지 방법은 다음과 같다. 시장은 다음과 같이 가정한다:

1. 선도 스왑율 f_t는 기하적 (로그-정규) 과정을 따른다

$$df_t=\mu(f_t,\ t)dt+\sigma f_t dW_t \tag{5.37}$$

이것은 스왑 측도 $\widetilde{P}^s$를 사용하여 마팅게일(Martingale)로 변환할 수 있다.

$$df_t=\sigma f_t d\widetilde{W}_t \tag{5.38}$$

2. 블랙 공식을 적용하여 값을 구할 수 있다.

$$f_{t_0}N(d_1) - \kappa N(d_2) \tag{5.39}$$

$$d_1 = \frac{\log(f_t/\kappa) + (1/2)\sigma^2(t_2 - t_0)}{\sigma\sqrt{t_2 - t_0}} \tag{5.40}$$

$$d_2 = d_1 - \sigma\sqrt{t_2 - t_0} \tag{5.41}$$

여기서 t_2는이 절에서 논의된 스왑션 계약의 만기이다.

3. 마지막으로, 연금의 현재 가치를 사용하여 이 값을 할인함으로써 유럽형 스왑션의 가치 Sw_t의 가치를 얻는다. 시간 t_0 동안, 이것은 다음을 제공할 것 이다:

$$Sw_{t_0} = [B(t_0, t_3)\delta + B(t_0, t_4)\delta][f_{t_0}N(d_1) - \kappa N(d_2)] \tag{5.42}$$

다른 말로 하면, 스왑션은 블랙의 공식을 사용하여 적절한 연금의 가치로 할인하는 관습에 따라 가격이 결정된다.

5.4.4 현실 세계의 복잡성

현실 세계에는 여러 가지 복잡성이 있을 수 있다. 우선, 시장은 스왑션 변동성 σ를 직접 보고하며 앞의 공식은 유럽형 스왑션에 달러 가치를 매기는데 사용된다. 그러나 실제로 스왑션의 실제 적용은 버뮤다의 성격을 띄고 있으며 이로 인해 미국형을 기본 옵션으로 도입된다. 버뮤다 스왑션의 폐쇄형 공식은 없다.

둘째, 캡과 플로어 경우와 같이, 변동성 스마일의 존재는 특히 버뮤다 유형의 스왑션 가격 결정에 중대한 복잡성을 초래한다.[20] 스왑곡선이 평평하지 않은 경우 단일 행사가격 수준에 따라 서로 다른 선도 스왑율은 서로 다른 가격도(moneyness) 특성을 갖는다. 버뮤다 스왑을 가격결정하는 것은 더욱 복잡해질 것이다.

---

20) 버뮤다 스왑션은 하나의 잘 정의된 만기일보다 많이 가진다. 이것은 미국형이 아니며, 그러나 특정일 설정된 날짜에서만 행사될 수 있다.

5.5 MBS(Mortgage-Backed Securities): 주택담보부 또는 모기지 증권

MBS는 특히 미국에서 매우 중요한 시장이다. MBS는 "모기지 패스-스루 증서(mortgage pass-through certificates)"라고도 한다. 기본적으로 주택 구매자에 의해 지불되는 원금에 대한 이자와 할부상환(amortization)을 포함한 현금흐름을 취한 다음 MBS를 구매한 투자자에게 전달한다. MBS에서 선택한 모기지 풀이 기본 자산이 된다. MBS 투자자는 기본 모기지에 의해 생성된 "현금흐름의 비율"을 받는다.

예제

전형적인 패니 매(Fannie Mae) MBS는 다음과 같은 특성을 가질 것이다.

저당의 각 풀에는 패스-스루율(pass-through rate)을 가지고 있는데, 이것은 투자자에게 전달된 쿠폰을 형성한다.이것은 초기 발행 월의 다음 달의 25일에 수행된다.

패스-스루율(pass-through rate)은 풀의 기본 모기지 금리보다 낮다.(현재 장에서 따로 가정했다.)

이 이자율 차이는 Fannie Mae에게 지불한 수수료와 주택 소유자로부터 지불금을 징수하고 기타 서비스 기능을 수행하는 서비스 기관에 지불한 수수료를 포함한다.

승권화를 위한 모기지를 인도하는 대출 기관은 대출 서비스를 유지할 수 있다.

풀링하는 동안, Fannie Mae는 기본 대출에 대한 모기지 금리가 서로 250bp 이내 떨어지는 지를 확인한다.

MBS는 증권 딜러를 통해 투자자에게 판매된다.

인증서는 책자 형식으로 발행되며 전신환으로 지급된다.

Fannie Mae의 지불 대행기관은 뉴욕의 FRB이다. 중앙 집중식 지불은 투자자가 보유하고 있는 다양한 MBS에 대해 월별로 한 번만 지불하기 때문에 회계 절차를 간소화한다.

인증서는 처음에 풀링된 모기지의 미납된 원금의 최소 1000 달러를 나타낸다. 그러나 시간이 지남에 따라 이 원금은 상환 조정으로 인해 점진적으로 지급되며 나머지 원금은 계속 줄어들 것이다.

패니 매(Fannie Mae) 기관의 이러한 활동에는 몇 가지 중요한 결과가 있다. 우선, MBS와 패니 매(Fannie Mae) 대행기관의 증권은 큰 규모로 발행되며 일반적으로 유동 자산군을 형성한다. 또한 MBS와 일부 기관의 증권에는 암묵적 콜 및 풋 옵션이 포함되어 있으며 이로 인해 많은 양의 볼록성 자산이 생성된다. 중요한 헤징, 차익 거래 및 가격 결정 문제가 나타난다. 둘째, 패니 매(Fannie Mae)와 같은 기관은 파생상품시장에서 거대한 시장의 주된 참여자가 된다. 이는 스왑, 스왑션 및 기타 이자율 옵션 시장의 유동성 및 기능에 영향을 미친다. 셋째, 선결제 문제는 시장참여자의 특별한 관심을 필요로 한다. 넷째, 패니 매(Fannie Mae)와 같은 기관이 모기지의 신용 위험을 부담 할 때 신용 위험과 모기지의 시장 위험을 구분한다. 2007~2008년의 신용 위기는 여기에 민감한 가격 문제가 있음을 보여준다. 이 신용 위험을 예측하기는 어렵다. 다음 장에서 신용 리스크 문제를 다룰 것이다. 마지막으로, 재무상태표의 구조와 그러한 기관이 가지고 있는 연방 정부 연결은 수시로 시장 선회를 일으킬 수 있다.

5.6 캡과 플로어(caps and floors)

캡과 플로어는 고정 소득 전문가에게 중요한 금융상품도구이다. 캡과 플로어의 처리 방법은 처음부터 본문에서 채택된 접근법과 일치할 것이다. 첫째, 즉시 시작하는 더 많은 유동성이 있는 캡과 플로어 아니라, 대신 이른바 선도 캡과 플로어에 대해 토론한다. 이 금융상품도구는 미래의 시작 날짜를 가지며 덜 유동적이지만 학습 목적에 더 적합하다. 두 번째, 표준 실행을 따를 것이고 이미 논의된 금융상품도구로 이러한 금융상품도구를 생성한다.

다시 말하지만, 분석 틀을 가능한 한 간단하게 유지하고 일반화는 독자에게 맡긴다. 〈그림 5.6a〉에서 제시된 2기간 선도 고정 지급자스왑을 고려하자. 이 스왑에는 두 개의 정산이 있다.

$$(f_{t_0}-L_{t_1})N\delta, \quad (f_{t_0}-L_{t_2})N\delta \tag{5.43}$$

그림 5.6 선도고정 지급자스왑

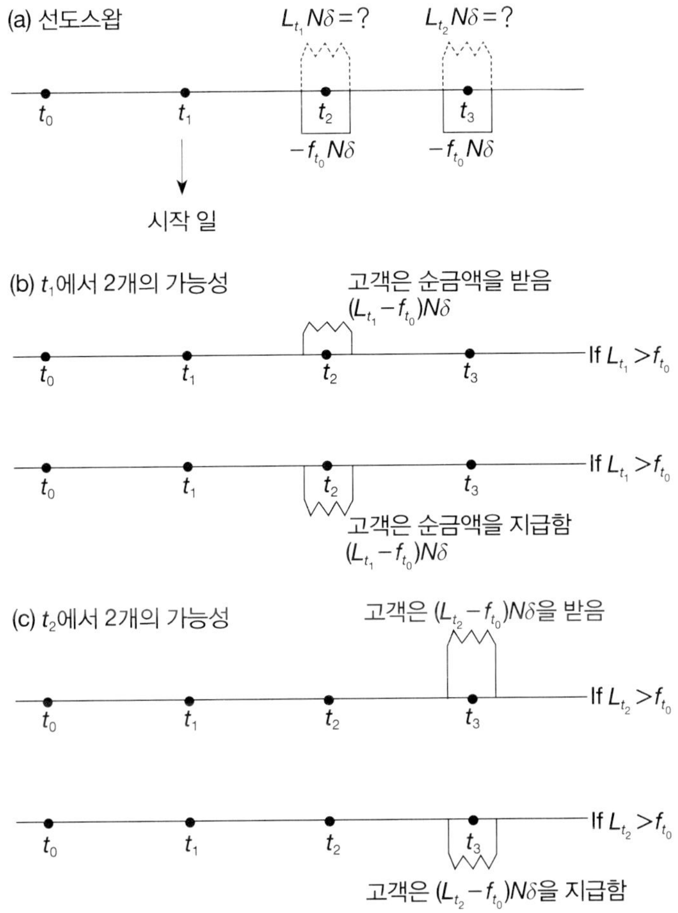

여기서 L_{t_i}, f_{t_0} 그리고 N은 각각 관련 LIBOR 이자율, 선도스왑율 및 선도스왑 개념도이다. δ는 재설정 간격이다. 선도스왑은 시간 t_1에서 시작한다.[21]

이제 앞으로 특히 스왑을 분해 해 보자. 첫째, $L_{t_1}>f_{t_0}$ 여부인지 달려 있는데, 스왑 상대방은 시간 t_2에 지불을 수령하거나 지불한다는 것을 주목하라. 따라서, t_2에서 정산되는 첫 번째 현금흐름은 $L_{t_1}<f_{t_0}$ 또는 $L_{t_1}>f_{t_0}$에 따라 두 개의 조건부 현금흐름으로 분해될 수 있다. 두 번째 현금흐름은 시간 t_3에 정산되는 것도 동일하다. 다시 말하면, 현금흐름은 두 번

21) f_{t_0}는 현물 스왑율 s_{t_1}에 적용되는 선도율이다. 후자는 t_1 시점에서 관측될 것이다.다른 한편, f_{t_0}로서 알려져 있다.

의 조건부 지급으로 나눌 수 있다.

이러한 조건부 현금흐름은 일종의 이자율 옵션의 결과로 해석될 수 있다. 〈그림 5.6b〉에서 시간 t_2의 현금흐름을 고려해 보자. 여기서 고객은 만약 $L_{t_1} > f_{t_0}$이면 $(L_{t_1} - f_{t_0})N\delta$를 수령하고, 그렇지 않으면 아무것도 수령하지 않는다. 따라서 이러한 현금흐름은 LIBOR율 L_{t_1}에 기록된 만기일 t_1과 정산일 t_2을 가진 옵션의 성과를 복제한다. 고객은 시간 t_1에서 관찰된 LIBOR가 캡 수준 κ을 초과하면 시간 t_2에서 적절한 차이를 지급하는데 이러한 경우는 $\kappa = f_{t_0}$이다. 이러한 금융상품도구를 플로이렛(floorlet)이라고 하고 이것의 이러한 시간 t의 가격은 Cl^{t_1}으로 나타낸다. 고객은 롱 캡렛(caplet)이다.

〈그림 5.6b〉의 아래 부분은 비슷하며 그러나 플로어 수준 κ 밑으로 LIBOR금리의 하락에 대한 보험을 보여주고 있다. 여기서 만약 $L_{t_1} < f_{t_0}$라면 여기서 현금흐름은 $(f_{t_0} - L_{t_1})$의 지급액이다. 그렇지 않으면 고객은 전혀 지급하지 않는다. 이러한 현금흐름은 LIBOR금리로 작성된 만기 t_1과 정산 t_2을 가진 옵션의 성과를 복제한다. 만약 t_1시점에서 관측된 LIBOR 금리가 플로어 κ 밑으로 떨어지면 시간 t_2에서 적절한 차이를 고객이 지급한다. 이러한 경우는 $\kappa = f_{t_0}$이다. 이러한 금융수단을 플로어렛(floorlet)이라고 불리어 지며 이것의 가격은 Fl^{t_1}으로 나타낸다. 분명하게 고객은 이러한 경우 플로어렛(floorlet)을 매도(숏)하는 것이다.

시간 t_3에서 정산된 캡렛-플로어렛(caplet-floorlets)의 처리는 비슷하다. 캡과 플로어의 수준은 다시 같다.

$$\kappa = f_{t_0} \tag{5.44}$$

그러나 행사시간, 정산시간 및 기본 LIBOR의 금리 L_{t_2}는 다르다. 2개의 캡렛을 같이 넣고서 2기간 선도이자율 캡을 얻는데 이것은 t_1시점에서 시작하고 t_3시점에서 끝난다.

$$\text{캡} = \{Cl^{t_1},\ Cl^{t_2}\} \tag{5.45}$$

비슷하게 2개의 플로어렛은 2기간 선도이자율 플로어로서 구룹화될 수 있다:

$$\text{플로어} = \{Fl^{t_1},\ Fl^{t_2}\} \tag{5.46}$$

이들 선도캡과 플로어는 비슷하게 정의된 n 캡렛과 플로렛을 같이 이용함으로써 n기간으로 확장될 수 있다.

〈그림 5.6〉은 계약 방정식을 얻었다는 것을 보여준다. 〈그림 5.6b와 c〉를 수직축으로 추가하면 원래의 선도 스왑으로 되돌아 간다. 따라서, 계약 방정식을 쓸 수 있다.

$f_{t_0}=\kappa$율로 선도고정 지급자스왑	=	캡율 κ의 선도캡 (상한율)	−	플로어율 κ의 선도 플로어 (하한율)	(5.47)

이 계약 방정식은 캡, 플로어 및 스왑이 밀접하게 관련된 금융상품도구들임을 보여준다.

5.6.1 캡과 플로어의 가격결정

이 토론은 이전에 논의된 동일한 2기간 캡과 플로어를 사용하여 이행될 것이다. 여기에 보여준 금융공학의 한 가지 분명한 결론은 캡을 구성하는 캡렛은 개별적으로 가격이 결정되고 적절히 할인한 후에 값이 부가될 수 있다는 것이다. 이것은 캡렛이 일반적으로 가격이 결정되는 방식이다. L_{t_1}에 쓰여진 Cl^{t_1}을 취한다.

먼저, $F(t, t_1)$, $t<t_1$을 t에서 관측된 L_{t_1}에 해당하는 선도율로 놓자. 보다 정확하게, $F(t, t_1)$은 시간 t_1에서 만들어지고 시간 t_2에서 상환될 대출에 대한 시간 t에서 결정된 이자율이다. 시장의 실행은 선도 LIBOR금리 $F(t, t_1)$가 일정한 순간적인 백분율 변동성 σ를 갖는 마팅게일(Martingale)로 표현될 수 있다고 가정한다.

$$dF(t, t_1)=\sigma F(t, t_1)dW_t \qquad t\in[0, \infty] \tag{5.48}$$

여기서 초기 지점은 $F(t_0, t_1)$이다.

둘째, 시장에서는 $B(t_0, t_2)$로 표시되는 t_2−만기 채무 불이행이 없는 순수 할인 채권 가격의 무차익 거래 가치가 계산될 수 있다고 가정한다.[22)]

셋째, 캡렛의 시간 t_0 가치 Cl^{t_1}은 다음의 공식에 의해 주어진다는 것을 보인다.

$$Cl^{t_1}_{t_0}=B(t_0, t_2)E^{\tilde{P}^{t_2}}_{t_0}[\max[L_{t_1}-\kappa, 0]N\delta] \tag{5.49}$$

여기서 이 경우, κ는 또한 선도스왑율 f_{t_0}과 같다. 따라서 이것은 ATM 캡이다. N은 명목금액이다. 여기서 기대값은 $\tilde{P}^{t_2}$ 측도하에서 선도 LIBOR금리 $F(t_0, t_1)$는 L_{t_1}의 불편추정치란

22) 이 할인채권은 정산시점 t_2에서 만기가 되며 캡렛(caplet)만기 t_1에서는 아님을 주목하라. 이것은 t_2시점에서 받게 될 무작위 지급액을 할인하기 위해 필수적이다.

것을 기억하고서 폐쇄형 공식을 얻을 수 있다.

$$F(t_0, t_1) = E_{t_0}^{\tilde{P}^{t_2}}[L_{t_1}] \tag{5.50}$$

이것은 $F(t, t_1)$ 과정에 블랙 공식을 적용하여 수행되는데, 이것은 0의 고정 항(drift term)을 가지고 있다. 이때 기대값은 블랙 공식을 얻기 위해 계산될 수 있다.[23)]

$$E_{t_0}^{\tilde{P}^{t_2}}[\max[L_{t_1} - \kappa, 0]N\delta] \tag{5.51}$$

$$Cl_{t_0}^{t_1} = B(t_0, t_2)[F(t_0, t_1)N(h_1) - \kappa N(h_2)]\delta N \tag{5.52}$$

여기서,

$$h_1 = \frac{\log(F(t_0, t_1)/\kappa) + (1/2)\sigma^2(t_1 - t_0)}{\sigma\sqrt{t_1 - t_0}} \tag{5.53}$$

$$h_2 = \frac{\log(F(t_0, t_1)/\kappa) + (1/2)\sigma^2(t_1 - t_0)}{\sigma\sqrt{t_1 - t_0}} - \sigma\sqrt{(t_1 - t_0)} \tag{5.54}$$

$F(t_0, t_1)$와 f_{t_0}는 모두 t_2에서 달러로 계산된 금액과 관련된 요율이라는 것을 주목하라. 할인 채권 가격 $B(t_0, t_2)$는 이러한 정산에 대해 시장에서 결정된 "기대" 할인율이다.

시간 t_2에서 만기가 되는 캡렛 Cl^{t_2}는 유사하게 가격이 결정될 것이다. 예외적으로 이번에는 시간 t_3−선도측도 $\tilde{P}^{t_3}$와 관련하여 기대값를 취해야 하며 기본 선도율은 $F(t_0, t_2)$가 아니라 $F(t_0, t_1)$가 될 것이다.[24)] 가격결정 공식을 풀면 다음과 같은 결과를 얻는다.

$$Cl_{t_0}^{t_2} = B(t_0, t_3)[F(t_0, t_2)N(g_1) - \kappa N(q_2)]\delta N \tag{5.55}$$

여기서,

$$q_1 = \frac{\log(F(t_0, t_2)/\kappa) + (1/2)\sigma^2(t_2 - t_0)}{\sigma\sqrt{t_1 - t_0}} \tag{5.56}$$

$$q_2 = \frac{\log(F(t_0, t_2)/\kappa) + (1/2)\sigma^2(t_2 - t_0)}{\sigma\sqrt{t_2 - t_0}} - \sigma\sqrt{(t_2 - t_0)} \tag{5.57}$$

---

23) 여기서 $N(.)$은 확률을 나타내며, 반면에 마지막에서 N은 명목금액이다.

24) L_{t_2}는 P^{t_2} 에 대하여 마팅게일이 아닐 것이며, 상응하는 SDE의 고정(drift)항은 0이 아닐 것이다.

두 개의 캡렛이 다른 시간에 만기가 되더라도 동일한 일정 백분율의 변동성이 두 개의 캡렛 공식에 사용되었음을 인식하는 것이 중요하다. 실제로 첫 번째 캡렛은 $[t_0, t_1]$의 수명을 가지며 두 번째 캡렛인 $Cl_{t_0}^{t_2}$는 $[t_0, t_2]$의 수명이 더 길다. 또한 행사가격이 같음에도 불구하고 두 캡렛은 다른 가치를 가지고 있음을 주목하라.

마지막으로, 캡 자체의 가치를 얻으려면 시장전문가가 단순히 두 가지 캡렛 가격을 추가한다.

$$\text{Cap}t_0 = B(t_0, t_2)[F(t_0, t_1)N(h_1) - \kappa N(h_2)] + B(t_0, t_3)[F(t_0, t_2)N(g_1) - \kappa N(g_2)] \tag{5.58}$$

여기서 h_i와 g_i는 앞서 언급한 대로 주어진다. 매개 변수 N, δ는 이 공식에서 1과 동일하게 설정된다. 그렇지 않으면 우변에 N, δ도 곱해야 한다.

5.6.2 요약

캡/플로어 가격결정 관행의 몇 가지 중요한 단계를 요약해 두는 것이 좋다. 첫째, 각 캡렛의 가격을 결정하기 위해 시장은 해당 캡렛의 정산일에 만기가 되는 할인 채권을 사용하여 정규화를 사용하고 해당 캡렛에 해당하는 선도측도를 얻는다. 둘째, 시장은 0의 고정항(0 drift)을 가진 SDE를 사용하는데 이는 해당 선도 LIBOR금리가 이 측정 기준에 따라 마팅게일(Martingale)이기 때문이다. 셋째, 모든 캡렛에 대한 변동성 비율은 캡렛에 대해 일정하고 동일하다고 가정한다. 마지막으로 적절한 선도측도를 사용하면 개별적으로 무작위 할인과 캡렛 성과에 대한 기대치를 계산할 수 있게 한다. 블랙의 공식은 적절하게 유동성을 가진 할인 채권 가격을 사용하여 추가된 캡렛 가격을 제공한다.

5.6.3 캡렛 가격결정과 스마일

이전의 요약에서 왜 변동성 스마일이 캡/플로어의 가격결정이 헤징과 관련성이 높은지 분명히 제시되었다. 후자는 여러 개의 캡렛과 플로어렛으로 이루어져 있으며 따라서 $F(t_0, t_i)$, $i=1,...n$로 표시된 다른 선도율로 작성된 옵션의 바스켓이다.

수익률 곡선이 편편하지 않은 한, 선도율 $F(t_0, t_i)$는 서로 다를 것이다. 그러나 각 캡 또는 플로어에 단 하나의 행사가격 κ만 있다. 이러한 것은 행사가격과 관련하여 다음을 가진다는 것을 의미한다.

$$\frac{F(t_0, t_1)}{\kappa} \neq \frac{F(t_0, t_2)}{\kappa} \neq \cdots \frac{F(t_0, t_n)}{\kappa} \tag{5.59}$$

다른 말로 하면, 수익률 곡선이 상향 또는 하향 기울기를 갖는 한, 비율은 다를 것이며 각 캡렛/플로어렛의 다른 가격도를 가진다는 것을 의미하고 있다.

$$\frac{F(t_0, t_1)}{\kappa} \tag{5.60}$$

이제 변동성 스마일이 있다고 가정하자. 이러한 조건 하에서 각각의 캡렛과 플로어렛이 개별적으로 매도된다면, 옵션 거래자는 각각의 변동성 매개 변수를 해당 블랙의 공식에서 스마일에 맞게 대체한다. 그러나 캡렛 또는 플로어렛는 캡 및 플로어에 묶이게 된다. 더 중요한 것은 블랙의 공식에서 단일 변동성 매개 변수가 사용된다는 것이다.

이것은 적어도 두 가지 의미가 있다. 첫째, 캡과 관련된 변동성 변수가 다른 가격도 특성을 갖는 옵션과 관련되어 있는 캡렛 변동성의 가중 평균임을 알 수 있다. 둘째, 심지어 실현된 변동성과 ATM변동성이 동일하게 유지될 때에도, 수익률 곡선의 움직임은 기본 캡렛(플로어렛)의 가격도(moneyness)을 변화시키고, 스마일 효과를 통해 해당되는 블랙 공식에 사용되는 변동성 모수를 바꿀 수 있다. 다른 말로 하면, 변동성 스마일이 있다면 캡/플로어의 일일 정산은 민감한 작업이 될 수 있다.

5.7 결론

스왑션은 경제 활동과 세계 금융시장에서 기본적인 역할을 한다. 그러나 이 장에서는 스왑 측도가 어떻게 스왑션 가격결정에서 정의되고 사용될 수 있는지를 보여주었던 단순한 예제를 보였다.

추천 도서

Rebonato(2002)와 Brigo and Mercurio(2006)는 독자가 이 장을 읽은 후에 상담 할 수 있는 두 가지 방대한 출처이다. 더 자세한 내용은 이 출처에서 찾을 수 있다. 이 주제에 대한 학문적, 실용적인 문헌이 늘어나고 있다. 참고 문헌을 포함하고 있는 두 개의 기술적인 기사는 Andersen과 Andreasen(2000)과 Pedersen(1999)이다.

연습문제 Exercise

1. 다음의 문장을 고려하라.
   한 작은 거래자는 캡/플로어 변동성이 스왑션보다 약간 높아야 한다고 언급했다. 기업들은 캡을 사며 투자자는 수의상환 채권을 통하여 스왑션(swaptions)을 판매한다고 런던의 한 작은 거래자는 전했다. 시장은 구조적으로 숏 캡과 롱 스왑션이다.
   a. 스왑션은 미리 결정된 비율로 미리 결정된 데이터에서 스왑에 들어가는 옵션이다. 이 예제에 따르면 왜 캡/플로어 변동성이 스왑 스프레드 변동성보다 높아야 하는지 설명하라.
   b. 시장이 구조적으로 캡의 숏과 스왑션에 대한 롱이 되는 가능성이 있는 이유는 무엇인가?
   c. 헤징과 위험 관리 관련하여 이 문장은 무엇을 의미하는가?
2. 아래의 읽기 예제에서는 몇 가지 전형적인 스왑션 전략과 그 요인을 다룬다. 먼저 주의깊게 읽으시오.
   리먼 브라더스(Lehman Brothers)와 크레디트 스위스 퍼스트 보스턴(Credit Suisse First Boston)은 다가오는 미국 연방 공개 시장위원회(Federal Open Markets Committee)를 앞두고 장기간 스왑 션(swaption)을 사는 고객에게 추천하고 있다. 거래에서 은행들은 장기간 스왑션 스트레들(swaption straddles)를 구매할 것을 고객에게 권유하고 있으며, 장기간 스왑션 볼(swaption vol)이 오를 경우 그 가치는 증가한다.
   모기지 서비스 제공자 및 투자자들은 금리가 하락함에 따라 스왑션으로 재자금조달

(refinancing)위험을 헤지 하기를 열망하고 있으며, 이는 장기간 스왑션 볼륨이 향후 몇 개월 동안 증가할 것이라고 뉴욕 CSFB의 한 관리가 전했다.

스왑션 볼(vol)의 전통적인 공급은 작년에 꾸준히 감소해 왔다고, 뉴욕에 있는 한 거래자가 말했다. 대행기관은 주로 수의상환 재무성증권 발행 뒷면에 옵션이 내재된 스왑을 통해 거래자에게 볼(vol)을 공급한다. 지난 해에 고금리 변동성으로 인해 수의상환 재무성증권(callable notes)에 대한 수요가 감소하고 수의상환(callables)에서 대규모 투자자 중 하나인 은행의 수요가 감소했다. 딜러에 대한 볼(vol)의 이와 같은 공급량 감소는 중간 및 장기간 스왑션 볼(swaption vol) 상승을 가리 킨다.

Lehman은 투자자가들에게 상대적 가치 투자를 추천하고 있다. 즉 1년간 10년물 스왑에 투자하기 위해서는 옵션과 같은 단기 스왑션 변동성을 투자자는 매도하고, 5년간 10년물 스왑에 투자하기 위해서는 옵션과 같은 장기 스왑션 볼(vol)을 투자자는 매도하라는 것이다. 거래는 현재의 수준에서 역사적인 수준에 비해 더 반전되어있는 볼(vol) 곡선의 기울기에서 이 역할을 하는 방식으로 가중화된 ATM 스왑션 스트레들(at-the-money swaption straddles)로 구성된다(거래자). 향후 몇 달 안에 연준의 계획이 명확해지면서 단기 금리가 하락할 것이고 금리 정책 방향에 관해 시장을 확신 할 수 있을 것이다. 연준이 이번 주에 만날 때 금리를 50bp 낮추면, 시장은 안도의 한숨을 쉬게 하고, 단기 연금은 더 긴 연금보다 떨어질 것이라고 그는 덧붙였다.

CSFB는 장기 볼(vol)을 구입할 것을 추천했다. 5년 동안 5년 스왑에 투자하는 옵션은 언론에 약 570bps의 프리미엄이 있었다. CSFB의 한 고위 관리는 이 달 최고치 인 670bps를 기록했다고 전했다. 1994~1995년 미국 경제가 비슷한 전환점을 보일 때 비슷한 스왑가격은 거의 700bps였다. 이번 주 회의는 그 포지션에 즉각적으로 들어 올 수 있다. 연방 준비 은행이 금리를 예상보다 50bp 낮추거나 낮추면 장기 스왑션 볼(vol)은 이러한 반동으로 증가할 것이다 라고 그는 덧붙였다. 연준이 50bp까지 인하하더라도 모기지 업체들이 헤지하는 것처럼 스왑션 볼(vol)은 상승할 것이다. 여기에서 상쇄 요인은 Fed회의 다음에 단기 볼(vol)이 전형적으로 떨어지며, 때로는 보다 더 긴 장기 볼(vol)이 이것과 함께 떨어지도록 끌어 내린다는 사실이다. (파생상품 주간 (현재 GlobalCapital의 일부) 2001 년 11 월).

첫째, 읽기에서 언급된 메카니즘에 대한 일부 의견. Agencies라는 용어는 은행 부문에

모기지 자금을 제공하는 Fannie Mae와 같은 준-정부기관에 사용된다. 이 기관은 임베디드 콜 옵션(imbedded call options)이 포함된 채권을 매도한다. 예를 들어, 기관은 특정 시점에 액면가로 채권을 동등하게 매입할 권리(call)가 있다. 따라서 이러한 채권 소유자는 옵션 발행자(writer)이다. 기관은 옵션 구매자이다. 이러한 포지션을 헤지하기 위해서는 옵션 판매자가 될 필요가 있다.

a. 현금흐름 도표를 사용하여 대행기관(agencies)은 수의상환 채권 발행으로 인해 취할 포지션을 보여라.
b. 단기 볼(vol)이 시장에 따라 왜 감소할 수 있나? 왜 장기 볼(vol)은 증가할 것인가?
c. ATM스왑션 스트래들(At-the_Money Swaption Straddle)은 무엇이라고 생각하는가? 내재현금흐름표를 보여라.
d. 변동성과 관련된 기대가 실현된다면 어떻게 이득이 현금화 될 수 있는가?
e. CSFB에 의해 추천된 포지션과 리먼에 의해 추천된 포지션과 관련된 위험 사이의 차이점은 무엇인가?

3. 다음 사례 연구와 관련된 질문에 답하라.

사례 연구

데니쉬(Danish: 덴마크) 모기지(주택담보부) 채권

덴마크 주택담보부 채권(Danish mortgage bonds, DMB)은 유동성, 변동성 및 복잡한 금융상품수단이다. 이 채권들은 근본적으로 상식적인 법률 및 제도 환경에서 거래되고 최고의 헤지 펀드 중 일부를 유인한다. 여기서 우리는 스왑, 스왑션, 옵션 및 가계의 행동의 모형화와 관련된 위험에 대해 우리에게 무엇인가를 가르쳐주는 예로서 만 본다.

배경 자료

다음 질문에 대답하려면 이러한 개념과 금융상품수단을 잘 이해하고 있어야 한다.

1. 일반 순수 이자율 스왑(plain vanilla interest-rate swaps)
2. 스왑션
3. MBS의 선지급(Prepayment) 위험
4. 변동성과 옵션 간의 관계
5. LIBOR 및 간단한 LIBOR 금융상품수단

6. 국채 시장 대 고수익 채권

질문

제1부(Part 1)

a. 다음의 개념, 즉 MBS, 선지급위험, 내재적 옵션 및 부(-) 볼록성을 정의하라.

b. 스왑 및 스왑션 시장에서 DMB 포지션을 헤지할 수 있는 방법을 보여주고 일반적인 차익거래 이익을 구하라. 왜 이것이 덴마크 시장에 유동성이 부가될 수 있는가?

c. 버뮤다 옵션을 사용하여 이를 수행할 수 있는 방법을 보여라.

d. 이것이 진실한 차익거래라면, 주의깊게 설명하라. 다른 위험이 있는가?

제2부(Part 2)

이제 두 번째 읽기를 고려하자.

e. 복도구조(corridor structure)란 무엇인가?

f. 읽기에서 "전위 (dislocations)"란 무엇을 의미하는가?

g. "균형 보호 스왑(balance-protected swap)"이란 무엇인가?

h. 전위 거래의 목적을 설명하라.

읽기 1(Reading 1)

차익거래자들은 덴마크 주택담보부저당 시장에 급습하다(Arbitrageurs Swoop on Danish Mortgage Market)

수익률이 중요한 은행과 헤지펀드는 스왑 및 스왑션 시장에 많은 투자를 해 왔고, 이들 채권은 스왑 및 스왑션 시장에서 익스포저의 헤징의 일부분이며, 일잔적인 차익거래을 통하여 이익을 얻을 수 있는 시장이다(1). 그러나 이 전략은 위험이 없는 것은 아니다. 관련된 구조는 복잡한 통계적 및 모형 기법에 많이 의존하고 있다. 덴마크의 모기지 채권 시장은 혁명의 무언가를 겪고 있다. 전통적으로 덴마크 연기금이나 투자 관리자가 구입한 증권은 이제 정교한 외국 은행과 헤지 펀드에 의해 매몰되고 있다. 국제적인 선수들은 모기지, 신용 및 기타 금리 시장 간의 차익을 시도하고 있다. 이 활동으로 인해 덴마크 크로네(Krone)와 도이치 마크(mark) 스왑 및 스왑션 시장에서 상당한 추가 볼륨이 발생했다. (1)

국제적 활동의 정확한 크기와 성격은 알려져 있지 않지만 엄청나게 크게 성장하고 있다고 생각된다. 런던에 본부를 둔 은행의 한 금융상품을 만드는 상품구조는 Barclays Capital, Bankers Trust 및 Merrill Lynch International 등의 외국계 자본이 최전방의 활동을 지배하고 있다고 말했다.

시장전문가들에 따르면 유럽과 미국의 유럽투자자 모두에서 이익 기회가 줄어들었는데, EMU을 앞두고 남유

럽 채권 수익률이 급락하고 새로운 수익원을 찾아야만 한다는 것을 알겠되었다는 것이다. 미국의 모기지 시장 차익거래 기회가 줄어들기 시작하면서 미국 헤지 펀드는 덴마크로 향했다.

유럽의 활동은 덴마크의 모기지 채권에만 중점을 두었다. 미국 채권에 대한 유일한 실질적인 차익거래 대안(2)으로 보여지기 때문이다. 7개의 전담 민간 기업인 Nykredit, Real Kredit, BRF Kredit, Danske Kredit, Unikredit, Totalkredit 및 DLR은 현재 9,000억 덴마크 프랑(DKr)에 달하는 시장에 지속적으로 발행하고 있다. 모기지 시장(주택담보부시장)은 유럽의 다른 부문에서도 발전하고 있다. 도이체 방크는 지난 주 독일 모기지 증권화 (Haus I)와 ABN AMRO (ABN AMRO)를 네덜란드어 모기지를 두 번 증권화했다(Asset-Backed Securities 참조).

MBS 차익거래

덴마크 주택담보부 채권 시장에서(2) 외국투자자들의 활동은 인벤디드 선지급 조항의 평가에 초점을 두고 있는데- 차입자들이 기본 담보풀과 관련된 선 지급위험을 제거하기 위하여 액면가로 채권을 되살 수 있도록 하는 옵션조항. 파생상품 전문가는 전통적인 비-모기지 스왑션과 관련된 선-지급 옵션을 분석하고 모기지채권에 대한 스왑션을 거래함으로서 상대적인 가치를 실현한다. (2)

거래의 한 버전에서, 투기자(방향성투자자)는 모기지 채권을 매입하고 버뮤다 리시브 스왑을 덴마크 코너(Danish kroner)나 또는 (밀접하게 연관된) 도이체 마크(Deutsche marks)로 거래한다. 이것은 선-지급 위험을 상쇄시키고 비교적 순수한 이자율과 신용 익스포저를 남긴다(3).

일부 주요 시장참가자들은 더 나아가 모기지 채권에 대한 스왑과 스왑션을 거래하며 진정한 차익거래(arbitrage)를 창출하고 있다(3). 그들은 이자율 위험을 제거하기 위해 스왑에 대한 고정적으로 지급하고 내재된 옵션성을 상쇄시키기 위해 리시버 스왑션을 구매한다. 그들은 신용 위험을 감수하면서 단순한 LIBOR 금리와 고정된 수익률과의 합으로 이익을 남긴다.

매우 유사한 활동은 미국 모기지 채권 시장의 중추를 형성한다. 골드만 삭스(Goldman Sachs), 모건 스탠리(Morgan Stanley), 살로몬 브라더스(Salomon Brothers)와 같은 노련한 미국 금융기관들은 다른 금융상품 수단과 관련하여 모기지 채권을 조사하고 유리한 차익거래를 통하여 이익을 창출했다.

그러나 미국이나 덴마크에서 그러한 잠재적 이익은 상당한 위험에 처할 수 있다. 첫째, 장기 버뮤다 스왑션 가격결정과 관련된 문제가 있다. 스왑션 전문가에 따르면, 수익률 곡선의 기울기나 형태에 매우 민감하다는 것이며, 즉 단순한 단일 요인 스왑션 가격 결정 모형에 포착되지 않는 형태이다.

둘째, 선지급 위험의 정확한 크기를 분석하는 데 따르는 어려움이 있다. "선급 문제는 지난 몇 년 동안 미국의 모기지 데스크에서 주된 관심사항 이였다. 그리고 그들이 잘못된 가정을 했기 때문에 많은 운영이 이루어졌다" 고 월 스트리트 저명한 투자 은행의 구조 담당자가 말했다.

"한 기관이나 다른 기관들이 잘못된 위험 모형을 가졌다라는 소문이 항상 있다"라고 뉴욕에 본사를 둔 다른

모기지 파생 전문가는 말했다. 은행과 헤지 펀드의 문제는 선지급 크기가 개별 덴마크 부동산 소유자의 재자금 조달(refinancing) 활동의 크기에 좌우된다는 것이다. 그리고 이것은 현재 금리 조건과 개별 주택 소유주의 통계적 특성 모두의 기능이다.

그 결과, 모기지 채권 평가 과학은 부분적으로 금리시장 조건 이외의 요인을 분석하는 통계 모형을 구축하는데 부분적으로 중점을 둔다. 덴마크에서 이자율이 하락하면 일부 모기지 보유자가 고율 모기지를 상환하고 새로운 저율 대출을 받을 가능성이 있다. 이것은 차입자를 모기지채권의 일부를 선지급하도록 유도할 것이다. 그러나 모든 집주인이 그렇게 반응하지는 않는다. 일부는 재융자를 할 수 없다. 일부는 연중 특정 시간에 재융자를 하는 경향이 더 크다. 일부는 국가의 특정 지역에서 더 많은 자금을 조달하고 있다.

미래를 보면서 모기지 채권 차익거래 활동은 곧 유럽의 나머지 지역으로 확산될 것이다. 덴마크 정부는 30년짜리 채권 발행의 흐름을 제한함으로써 경제 냉각을 고려하고 있다. (5) 이는 시장의 유동성을 저해하고 차익거래를 더욱 어렵게 만든다. 한편 투자 은행들은 스웨덴, 독일, 네덜란드, 영국등의 당국과 모기지 채권시장의 효율성을 높이기 위한 변화에 대해 논의하고 있다.

(Thomson Reuters IFR 1998년 5월)

읽기 2(Reading 2)

이 읽기 과제는 사례 연구의 2부를 참조한다.

동태적펀드들은 역전의 기회를 보고 있다.

단기 채권 금리가 유럽 전역으로 계속 하락함에 따라 머니 마켓 펀드는 구조화 상품을 통해보다 높은 수익률을 목표로 하고 있다. 일반적으로 복도구조(corridor structure)를 통해 변동성을 매도하여 수익늘 높이고 있다. (1) 보다 구체적으로, 그들은 덴마크 모기지 시장 및 스털링 스왑 스프레드 시장에서 헤지 펀드가 유발한 시장 이탈을 이용하고 있다. "지난 몇 주간 펀드는 좀 더 많은 시장에 약간의 신용 위험을 대체했다"고 주요 유럽 은행의 한 명의 시장전문가 말했다. 시장 이탈로부터 보다 높은 수익률을 발생시키기 위한 기회로서 펀드가 금융시장에서 신뢰를 증가시키고 있다는 것을 그는 더 붙였다.

특히, 딜러들은 균형 보호 스왑(balance-protected swaps)과 함께 덴마크 모기지 채권을 사려고하는 펀드가 있다고 말했다. (2) 균형 보호 스왑은 채권 매수자에게 쿠폰을 보장하지만, 그러나 차익도 듀레이션 위험을 가진 채권 보유자에게 남긴다. 듀레이션 위험은 선지급액이 증가하면 금융상품수단은 듀레이션이 보다 더 짧아지는 위험이 있고, 비-스왑 덴마크 모기지 채권을 가지고 있는 경우, 채권 보유자는 선지급 비율이 증가하고 쿠폰 수준이 낮아지는 위험에 노출된다.

특정 시장이탈 관련 거래(3) 외에도 시장전문가들은 펀드가 표준적인 기업어음(Commercial paper)과 자산-스왑투자에서 고수익률 및 보다 구조화된 금융상품으로 이동하려는 일반적인 추세가 있다고 말했다. 전통적인 펀드가 변동 금리 상품을 구입하고 그 상품의 신용 위험에만 노출되는 반면 동태적 머니 마켓 펀드는 금리

와 변동성 위험에 노출된 금융상품수단을 매입한다.

지난 주 한 상품구조 담당자는 동태적인 펀드 부문이 오랫동안 성장해 왔으며, 일부 유럽 펀드는 전통적인 금융 상품보다 동태적인 상품 운용에 더 많은 자금을 보유하고 있다고 덧붙였다. "머니 마켓 펀드를 둘러싼 많은 흥분과 수익률 변동을 위한 시도가 있다"고 그는 말했다.

전형적인 동태적인 머니 마켓 펀드 거래는 밴드 내 유지되고 있는 2개의 LIBOR금리을 기초로 한 인기 있는 최근 거래를 가진 복도형 금융상품 수단이다(4). 한 은행 금융상품구조 담당자는 보다 높은 쿠폰을 주었고 모두 설정 한도 내에 지속되었든 달러화 LIBOR와 프랑스 프랑(franc)을 제공한 채권을 최근 거래했다. 자본 상환은 보장되었지만 쿠폰 지급은 조건부였다. 이와 같은 구조를 구매하면 펀드는 숏 LIBOR 변동성으로 가며 수령한 쿠폰 수준을 향상시키기 위해 얻은 프리미엄을 사용하고 있다. (5) 향상된 쿠폰의 크기는 전형적으로 복도(corridor)의 너비에 따라 다르며 좁은 복도에서 200bp의 추가 수익률을 얻을 수 있으며 넓은 복도에서 50bp의 추가 수익률을 얻을 수 있다. 딜러들은 펀드가 더 조심한 것을 좋아했고 더 넓은 복도와 낮은 수익률의 금융상품을 선호했고 말했다.

EXCEL 연습문제

4. (이자율 캡 가격결정). 만약 미화(USD) LIBOR 변동 금리가 고정된 5.00%를 초과 한다면, 지급하는 이자율 캡의 가격을 결정하는 VBA 프로그램을 작성하라. 계산을 위해 이 장 웹 페이지의 "Cap Pricing Input" 워크 시트에 제공된 데이터를 사용하라.

5. (이자율 플로어 가격결정). 만약 미화(USD) 변동 LIBOR금리가 고정된 수준 인 4.60% 이하라면, 지급하는 이자율 플로어의 가격을 결정하는 VBA 프로그램을 작성하라. 계산을 위해 장 웹 페이지의 "Floor Pricing Input"워크 시트에 제공된 데이터를 사용하라.

6 신용시장: CDS 공학

CHAPTER

6.1 서론

이전 장에서는 선도, 선물, 스왑 및 옵션에 대한 금융공학의 응용을 조사했다. 이 토론에서 간단히 하기 위해 신용 위험과 관련된 문제를 제거하기 위해 추상화 했다. 본장과 다음 장에서는 신용 위험, 신용파생상품 및 신용구조화상품과 관련된 금융공학의 응용에 대해 논의할 것이다.

신용파생상품은 금융공학에 혁명적인 영향을 미쳤다. 이것은 (적어도) 두 가지 면에서 사실이다. 첫째, 유동성 신용파생상품은 금융상품의 마지막 주요 구성요소인 스트리핑(stripping), 가격결정(pricing) 및 거래(trading)를 할 수 있게 하는데 즉 신용 위험이다. 신용파생상품을 사용하면 거의 모든 금융상품 도구의 합성을 구축할 수 있다.[1] 둘째, 중요한 것은 신용 퀀트 및 금융 공학자가 담당하는 특수한 역할이다. 주요 중개 딜러는 옵션, 스왑, 일정만기 스왑 및 스왑션 등과 같은 금융상품 수단의 개발이 완료된 후에 신용시장을 조직하기 시작했다. 새로운 지식과 기술이 이미 자리를 잡았다. 신용시장은 이 전문기술을 사용하여 개발되고 금융상품수단이 구조화되었다. 결국, 새로운 혁신의 대부분은 신용시장과 구조화 신용의 현장에서 이루어진다. 따라서 거대한 시장을 형성할뿐만 아니라 새로운 금융공학 기술이 없으면 제대로 이해할 수 없으므로 신용 수단을 연구하는 것이 중요하다.

유동성 신용파생상품 시장은 합성의 창출에서 디폴트 위험(default risk)을 가진 자산으로 확대한다. 또한 신용파생상품시장은 디폴트 상관관계(default correlation)의 가격결정 및 거래를 하게 한다. 신용부도스왑 (CDS)과 지수상품을 사용하여, 디폴트위험과 디폴트 상관관계의 가격결정은 시장에서 이루어진다. 대조적으로, 신용 리스크에 대한 전통적인 접근 방식은 신용 곡선(curves)의 고유(ad hoc) 추정치를 사용하고 스프레드 동태성을 모형화 하려고 한다.

이 장에서는 세 가지 금융상품수단 세트를 취급한다. 첫 번째는 기본적인 빌딩 블록 인

1) 신용파생상품 없이, 비-AAA등급 금융상품도구에 대한 정확한 합성을 창출하는 것은 가능할 것이지만, 그러나 이것은 불완전할 수 있다. 신용파생상품을 사용하지 않는 합성은 신용 스프레드를 모형화 하는데 약간 노력이 요구되며 어느 정도 까지는 임시적일 것이다. 본 교재 전 과정에서 적용되는 원리는 가격결정, 헤징 및 위험관리가 가능한 많이 유동성이 있고 거래 가능한 증권가격을 기초로 해야 한다. 신용파생상품을 가지고 임시적인 모형화 측면에서는 최소화하며, 모형 파라메트들은 유동성 시장에 보정될 것이다.

CDS이다. CDS가 유동성 고정 소득 금융상품수단의 자연스러운 연장임을 알게 될 것이다. 다음으로 지수금융상품과 그들의 일부분(트랜치: tranches)으로 이동한다. 트렌치 거래는 디폴트 상관관계의 조정으로 이어지며 금융 및 비즈니스주기 분석에 모두에 대해 의미를 가진다. 마지막으로, 신용시장의 세 번째 구성 요소로서 다양한 구조화된 신용상품을 살펴 본다. 구조화된 신용상품은 새로운 혁신이 활발한 속도로 이루어지는 분야이다. CDS 이외의 신용파생상품에 대해서도 간략하게 검토할 것이다.

6.2 용어와 정의

먼저, 몇 가지 용어를 정의해야 한다. 신용 부문은 현대 금융에서 상대적으로 새롭지만, 은행 자체만큼이나 특별한 취급이 있었다.[2)] 이 분야에서 사용되는 용어 중 일부는 스왑 시장에서 발생하지만 일부는 신용부문에서는 새롭고 구체적이다. 다음 목록은 선택적이다.

1. 준거 이름(reference name): 디폴트를 매입하거나 매도하는 부채 금융상품수단의 발행사
2. 준거 자산(reference asset): 신용 위험이 거래되는 금융상품수단. 신용부문은 베이시스위험의 약간 다소 자유롭게 정의한다. 딜러는 대출을 취급할 수 있지만 동일한 신용으로 발행된 채권을 사용하여 신용 위험을 회피(hedge)할 수 있다.
3. 신용 사건(credit event): 신용위험은 특정 사건(예: 부도(default) 또는 등급 하락)과 직접 또는 간접적으로 관련된다. 이는 사건이 상대적으로 작고 연속적인 시장 위험과 비교하여 중요하고 이산적인 사건이다.[3)] 기본 신용이벤트는 신용파생상품 계약에서 주의하여 정의될 필요가 있다. 업계는 파산과 같은 심한 신용 사건(hard credit event)과 구조 조정과 같은 부드러운 신용 사건(soft credit event)을 구분한다.[4)] 이

2) CDS을 기초로 한 신용파생상품과 구조화 상품은 상대적으로 최근이다. 신용 디폴트 스왑은 그들 자체가 몇 십년 오래된 것이고 1984년 JP Morgan에 의해 개척되었다.

3) 위너(Wiener) 대 포아송(Poisson) 유형 사건은 두 가지 이론적 예를 제시한다.

4) 아이디어는 부채를 재조정하는 기업의 디폴트 확률은 디폴트 되었거나 또는 신호를 주었던 기업과는 약간 다르며 이것이 디폴트 할 것이라는 것이다.

장의 뒤에서 이 문제를 논의한다.

4. 보호 매입자와 보호 매도자(protection buyer, protection seller): 보호 매입자는 CDS와 같은 신용 상품을 매입하는 주체이다. 이 실체(entity)는 채무 불이행 시 보상에 대한 수익률을 주기적으로 지급한다. 보호 매도자는 CDS를 판매하는 주체이다.
5. 회수율(recovery value): 만약 채무 불이행이 발생하면 신용상품도구의 성과는 채무 불이행시점에서 기초자산의 회수율(recovery value)에 따라 달라질 것이다. 이 가치는 거의 0이 아니다. 일부 정(+)의 금액은 회수 가능하다. 따라서 매입자는 회수 가능한 금액 이상으로 보호 장치를 구입해야 한다. Moody's 및 Standard&Poor's와 같은 주요 신용평가기관은 과거의 기본 데이터를 사용하여 준비된 다양한 신용에 대한 회수율 테이블을 보유하고 있다. 2009년 CDS 표준화 결과, 회수율은 현재 40%의 관행으로 고정되어 있다. 이것은 인용된 스프레드로부터 부도확률계산 및 CDS 일일정산과 관련된 몇 가지 초기 모호성을 제거했다.
6. 신용 지수(credit indices): 이것은 신용부문에서 가장 유동성이 높은 부분이다. 신용지수는 준거이름의 풀을 먼저 선택하고 포트폴리오에 포함된 이름들에 대한 CDS율의 산술평균을 선택함으로서 만들어 진다. 투자등급 및 투기등급뿐만 아니라 특정 부문의 지수와 함께 경제 전반의 신용 지수가 있다. 유럽 및 아시아 지역의 경우 iTraxx와 미국 및 신흥 시장의 경우 CDX는 가장 유동적인 신용지수이다.
7. 트랜치(Tranches): 준거이름의 포트폴리오가 주어지면 처음부터 어떤 이름이 부도가 될지, 또는 부도가 될 것으로 설정 될지 여부는 알려지지 않는다. 이러한 조건 하에서, 상품구조는 예를 들어, 채무 불이행의 처음 0~3%와 관련된 위험을 판매하기로 결정할 수 있다. 100명의 이름의 풀에서 처음 세 개의 채무불이행 위험은 다른 투자자들에게 이전될 수 있다. 투자자는 이 위험 부담에 대한 정기적인 지급을 받게 될 것이다. 비슷하게, 금융상품구조 담당자는 채무 불이행 중 3~6%와 관련된 위험을 매도할 수 있다. 9장에서 신용 지수와 트렌치에 대해 자세히 논의한다.
8. 전자 거래(E-trading): 신용지수는 전형적으로 거래된 OTC상품이고, GFC규제 이후로 중앙에서 청산된다. 대부분의 거래는 전자식이며 특정 US거래는 2013년 10월 이래 스왑 실행 시설(Swaps Execution Facility)이라는 전자 플랫폼을 통해 실행되어야 한다고 요구되었다. 신용지수에 대한 거래소에 상장된 선물거래가 시작되었다.[5)]

5) 몇몇 시장 참가자들은 내부제약 또는 ISDA협약의 결여 등으로 인하여 스왑을 거래할 수 없다. 이러한 경우, 신용지수 선물은 노출을 얻거나 또는 거시 신용위험을 헤지하기 위한 대안을 제공한다.

9. 표준화(Standardization): 2009년 4월, ISDA는 CDS계약의 표준화를 시행했다. 이 행사는 CDS "빅뱅(Big Bang)"으로 또한 언급된다. 이 이니셔티브의 목적은 불확실성을 줄이고 신용 이벤트 관리를 보다 더 운영 효율성을 높임으로써 CDS 결제를 촉진하는 것이었다. 표준화에는 3가지 주요 부분이 있다. 경매결선(auction hardwiring), 거래관행 표준화, 중앙청산이다. 이에 대해서는 6.4절에서 자세히 설명 할 것이다.

신용 부문은 논의하는 동안에 소개될 많은 다른 부분-구체적 용어들을 가지고 있다.

6.2.1 신용파생상품의 유형

신용파생상품의 원초적인 형태는 은행이 생긴 이후 존재 해왔다. 이 상품들은 유동성이 없었고 거래가 이루어지지 않았으며 일반적으로고 금융공학에서의 사용을 용이하게 하는 스왑과 같은 현대 금융 상품의 바람직한 특성을 가지고 있지 않았다. 신용장, 은행인수어음(banker's acceptance) 및 보증과 같은 금융 서비스는 현대 신용수단의 선구자이며 전 세계 모든 은행의 재무상태표에서 찾을 수 있다.

넓게 말하면, 세 가지 주요 범주의 신용파생상품이 있다.

1. 신용 사건(credit event) 관련 상품은 상호 합의한 사건의 발생에 따라 지불한다. CDS는 여기 주요한 빌딩블락(building block)이다.
2. 신용 지수(credit index)상품은 신용 포트폴리오에 거래에 사용된다. 분명히 그러한 지수들은 옵션, 선물, 선도등과 같은 자기 자신의 파생 상품이 될 것이다. 예를 들어 iTraxx Europe 지수에 대해 발행된 옵션이 될 것이다.[6)]
3. 구조화 신용상품 및 지수 트랜치
   위험한 부채 가치와 무위험 부채 가치의 차이는 전형적으로 신용 스프레드로 표시된다. 스프레드는 위험 채권의 (약정 된) 수익률과 무위험 채권의 수익률 간의 차이다. 신용 위험은 크게 두 가지 범주로 분류될 수 있다: 하나의 경우 신용악화(credit deterioration). 기본적인 신용 스프레드가 확대된다는 것은 신용이 어떻게 악화되

6) 2007년에 Eurex는 세 개의 iTaxx지수에 대한 선물계약을 시작하였지만 이들 계약의 거래는 결코 일어나지 않았다. ICE는 이와 같은 에피소드로부터 교훈을 상품설계에 내재시켰으며 2013년 7월 4개의 Markit CDX와 iTraxx에 대한 선물을 시작했다. Eurex와 CME상품과 달리 ICE 계약은 투자자를 위한 디폴트 보호를 제공하지 않지만 신용 스프레드의 선도 관점을 제공한다.

는지를 나타낼 수 있다. 다른 하나는 디폴트 위험이다. 이는 신용 악화와는 확실히 관련이 있지만 신용 악화는 별개의 위험이다. 디폴트상품은 신용 악화 위험으로부터 분리하여 디폴드 위험을 거래한다.

위에 언급한 바와 같이 은행은 신용장, 보증 및 보험을 발행했다. 이러한 전통적인 금융상품도구의 가장 큰 특징은 디폴트 위험을 이전하는 것뿐이다. 특히 시장위험이나 신용악화위험을 이전하지 않는다. 본질적으로, 지불은 디폴트가 발생할 때 이루어진다. 이러한 상품을 사용하면 기본 신용이 악화된 경우 보상이 변경되지 않는다. 새로운 신용 디폴트 상품은 이러한 오래된 금융상품도구의 속성 중 일부를 공유한다. 신용계약의 새로운 모습은 다음과 같다.

1. 지불금은 보험 상품과 유사하고 다른 파생 상품과는 달리 기본 가격보다는 사건에 의존한다. 사건에 대한 성과의 의존성은 새로운 기법과 금융상품도구로 가도록 한다.
2. 사건의 존재로 인하여 회수율의 문제가 발생한다. 디폴트의 경우 자산의 가치를 결정 (모델)하는 방법은 이제 간단하다. 이 장에서 회수율이 일정하고 R수준에서 알려져 있다는 가정을 사용할 것이다.
3. 신용계약을 정산하는 과정은 다른 시장보다 복잡하다. 기초자산의 실물 인도의 경우, 이것은 큰 문제를 야기시키지 않는다. 보호 매도자는 채무 불이행의 법적 소유자가 되며 회수를 위해 필요한 법적 조치를 취할 수 있다. 그러나 계약이 현금 정산인 경우, 당사자가 직접 기본신용을 소유하지 않는 한 어느 당사자도 차입자에게 법적 구상권을 제기하지 않는다. 이러한 이유로 업계는 실물 인도를 선호하며 대부분의 디폴트스왑은 이러한 방식으로 정산한다.

CDS를 더 자세히 연구할 때 디폴트 상품의 추가 특성을 언급할 것이다. 다음 절에서는 가장 유동성이 큰 신용파생상품을 자세히 살펴보고 CDS의 금융공학을 학습한다.

6.3 신용디폴트스왑(CDS)

신용 부문의 주요 구성요소는 스왑 패밀리로서 첫 번째 장에서 소개된 CDS이다. 그러나 이것은 주요 범주가 된다. 보호 매도자의 관점에서 볼 때 전형적인 디폴트 스왑은 〈그림 6.1〉과 같다. i로 표시된 특정 신용 CDS 판매자는 CDS율이라고 하는 미리 설정된 쿠폰을 받는다. CDS는 시간 T에서 만기가 된다. CDS의 신용 보호 매도자는 CDS을 매도하는 것으로 언급되고 보호 매입자는 CDS을 매입한다라고 한다. 보호 매입자는 디폴트가 일어나기 전과 고정만기일 전에 정기적으로 고정율(CDS율이라고도 함)을 지급한다. CDS 스프레드는 $cds^j_{t_0}$로 표시되며 시간 t_0에 설정된다. 모든 t_i에서 $cds^j_{t_0}\ \delta N$의 지불이 이루어진다. j는 준거이름을 나타낸다. T이전까지 디폴트가 발생하지 않으면 계약은 다른 지불 없이 만기된다. 다른 한편으로는 $[t_0, T]$ 동안 이름 j가 디폴트가 발생한다면, CDS 판매자는

그림 6.1 신용디폴트스왑(CDS)

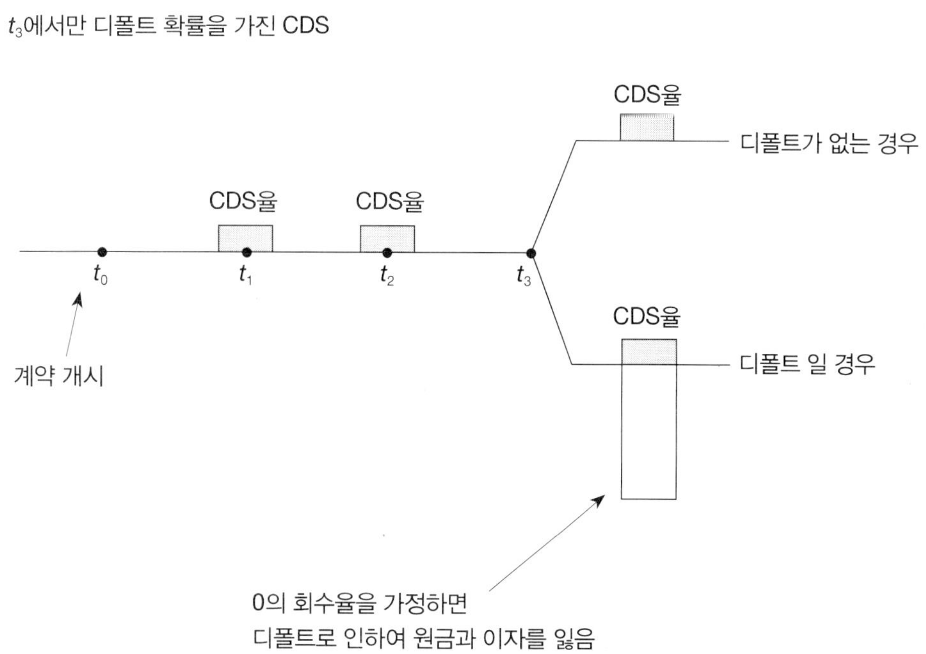

부보된 금액(insured amount) N 달러만큼 상대방에게 보상해야 한다. 이 현금 지급에 대해 보호 매입자는 액면가치 N 달러를 가지고 적법한 부채 금융상품수단을 인도해야만 한다. 이와 같은 금융상품수단은 인도 가능한 바스켓을 형성하게 될 것이고 시간 t_0에 계약서에 명시되어 있다. 당연히 이러한 금융상품수단 중 하나는 디폴트의 경우 가장 저렴한 가격으로 인도가 되며 모든 시장참가자들은 특정 기초자산을 인도하기를 원할 수 있다.

지금까지의 논의는 CDS 시작시 선지급이 없다고 가정하기 때문에 단순화되었다는 것을 주목하라. 이것은 스프레드 베이시스(spread basis) 운영으로부터 선취 베이시스(upfront basis)로 이동해 왔던 CDS 표준화에 따르고 있는 최근의 시장관행과 대조적이다. 이러한 시장 관행에 대해서는 나중에 자세히 논의할 것이다.

이 장의 뒷부분에서 금융 공학자가 염려해야 할 디폴트스왑 시장의 추가 속성을 고려할 것이다. 이 점에서 이 상품의 공학적 측면에 대해 논의한다. 디폴트스왑이 전형적인 위험채권의 분해로부터 잔여 금액으로서 당연히 떨어질 것을 보여주기 때문에 이는 본질적으로 중요하다. 사실, 위험 채권을 취하고 이것을 이들 구성요소로 분해한다. 주요 구성요소는 기본 스왑이 될 것이다. 디폴트 스왑에 의해 부분적으로 이루어지는 이 자연스러운 기능은 신용금융상품수단의 대여로서 그들의 매력과 포지션을 설명한다.

특정 예제를 사용하여 기본 스왑의 생성을 설명한다. 이 사례는 특별한 경우를 다루지만 공학적인 거의 모든 주요 측면을 보여준다. 지수 CDS, 바스켓 디폴트 스왑(basket default swap), 합성 부채담보부 채권(또는 부채담보부채권, CDO) 및 신용연계증권(credit linked note: CLN) 및 기타 대중적인 신용상품과 관련된 많은 현재 실무는 다음에 제공되는 토론을 통하여 추적할 수 있다.[7)]

독립적으로 이 절은 현금흐름을 엔지니어링 하는 또 다른 예라고 볼 수 있다. 디폴트위험이 그림에 나타낼 때, 정태적 복제 방법이 어떻게 변경하는지 보여준다. 본질적으로, 동일한 기법이 사용된다. 그러나 CDS를 다른 표준 금융상품수단에 추가할 경우에만 만족스러운 합성물을 만들 수 있다.

6.3.1 CDS 창출

여기서 보려는 단계는 다음과 같이 요약될 수 있다. 디폴트 위험이 있는 준거이름 j에

7) CDO와 CLN은 21장에서 기술된다. 합성 CDO는 GFC 이전에서 매우 인기가 있었으며, 새로운 관심을 경험하고 있다.

의해 발행된 채권을 취한 다음 이 채권의 현금흐름을 보다 단순하고 유동성 있는 구성요소로 분해할 수 있는 방법을 보여준다. 본질적으로 시장 변동성에 따라 채권 위험을 2 대 1로 분해하고 나머지는 채무 불이행 가능성에 따라 분해한다. CDS는 자연적으로 분해된다.

논의에서 신용 위험을 내재시킬 수 있는 새로운 유형의 계약 방정식으로 유도한다. 그런 다음 이 계약 방정에서는 이론적으로 어떻게 CDS가 생성되고, 헤지되며 가격결정되는 방법을 보여준다. 계약방정식에서 과정을 헤징하고 가격결정하는데 내재적으로 어려운 몇 가지를 또한 보여준다. 이 절의 마지막 부분에서는 실질적인 헤징 및 가격결정 문제에 대해 논의한다.

6.3.2 위험채권 분해

근본적인 문제를 보다 명확하게 설명하기 위해 예제를 단순하게 한다. 디폴트 위험에 종속되어 있는 시간 t_0에 구입한 "위험한" 채권을 고려하자. 채권에는 내재적 콜 및 풋 옵션이 포함되어 있지 않으며 매년 3년 동안 c_{t_0}의 쿠폰을 지급한다. 채권은 원래 액면가로 판매된다.[8)]

적은 노력으로 완화될 수 있는 가정 두 가지를 더 단순화한다. 이러한 가정은 금융공학의 본질을 변화시키지 않을 뿐만 아니라 신용 금융상품수단에 대한 이해를 크게 촉진 시킨다. 먼지, 디폴트의 경우 회수율(recovery value)은 알려진 상수 R과 같다고 가정한다. 둘째, 일반성을 크게 상실하지 않고, 디폴트는 정산일 t_i에서만 발생한다고 가정한다. 마지막으로 그래프를 가지고 쉽게 설명하기 위해 정산(settlement)일은 연간으로 이루어지며 채권 만기는 $T=3$년이라고 가정한다.

〈그림 6.2〉는 이 채권에 내재된 현금흐름을 보여준다. 채권은 처음에 100에 구입되며, 3번의 쿠폰이 지급되고, 디폴트가 없을 경우(채무 불이행이 없을 경우) 100원이 상환된다. 다른 한편으로, 만약 디폴트가 있을 경우 채권은 아무것도 지불하지 않는다. 디폴트에 대한 의존도는 시간 t_i에서 여러 가지로 나타난다. 각 정산일에는 두 가지 가능성이 있으며 청구권은 이들에 대한 조건부이다.

어떻게 이러한 현금흐름을 리버스(reverse) 엔지니어링하며, 이들을 유동성 있는 금융

8) 후자는 편의성을 위해 만들어진 가정이며 현실에서 매우 만족되지 않는다. 할인 또는 프리미엄으로 매도된 채권은 밑에서 토의한 것처럼 공학에서 유의적인 조정이 필요하다. 그러나 이들은 대부분 자연스럽게 기술적이다.

그림 6.2 디폴트 가능한 액면가 채권

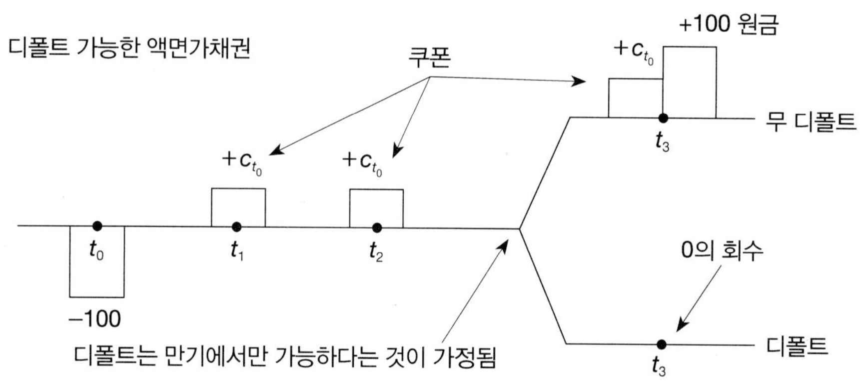

상품수단으로 전환하는가? 단계적으로 이 질문에 답한다.

첫째, 동태적 분해 방법을 디폴트 금융상품수단에 적용하는데 유용한 트릭을 소개해야 한다. 〈그림 6.3〉에서 이를 이행한다. 목표는 단일 금융상품을 사용하여 디폴트 위험을 격리하는 것임을 기억하라. 이러한 작업은 시간 t_i에서 디폴트(채무 불이행)가 발생한 경우 현금흐름에 $(1+c_{t_0})N$을 더하거나 빼면 크게 단순화될 것이다. 이러한 것은 원래의 현금흐름을 변화시키지 않는다는 것을 주목하라. 그러나 고유한 CDS를 분리하는데 유용하다.

이제 디폴트 채권의 분해를 논의할 수 있다. 〈그림 6.2〉의 채권은 세 가지 유형의 현금흐름을 포함하고 있다.

1. 날짜 t_1, t_2 및 t_3에 대한 3번의 쿠폰지급. 이러한 고정 현금흐름을 제거하여 〈그림 6.3b〉에 배치한다. 쿠폰이 위험하기는 하지만, 사용된 트릭으로 인해 채권 현금흐름으로부터 세 가지 채무 불이행이 없는(no default) 쿠폰을 여전히 추출할 수 있다. 디폴트가 없는 쿠폰 지급을 얻기 위해서는 〈그림 6.3a〉의 시간 t_i에 대해 디폴트상태에서 정(+)의 $(c_{t_0})100$을 단순히 선택한다. 이것은 실제로 부(−)의 $(c_{t_0})100$을 남겨놓는다는 것을 주목하라.
2. 〈그림 6.3c〉에서 나타나 있는 것처럼, 100의 초기 및 최종 지급. 다시, 100을 더하고 차감하는 것은 시간 t_3에서 100의 디폴트가 없는 현금흐름을 얻는데 사용된다. 이 두 현금흐름은 〈그림 6.3c〉로 옮겨진다. 결과적으로, 디폴트 상태 시간 t_i에서 100의 부(−)의 지급은 〈그림 6.3a〉에 남아 있다.

그림 6.3 디폴트가능한 채권의 분해

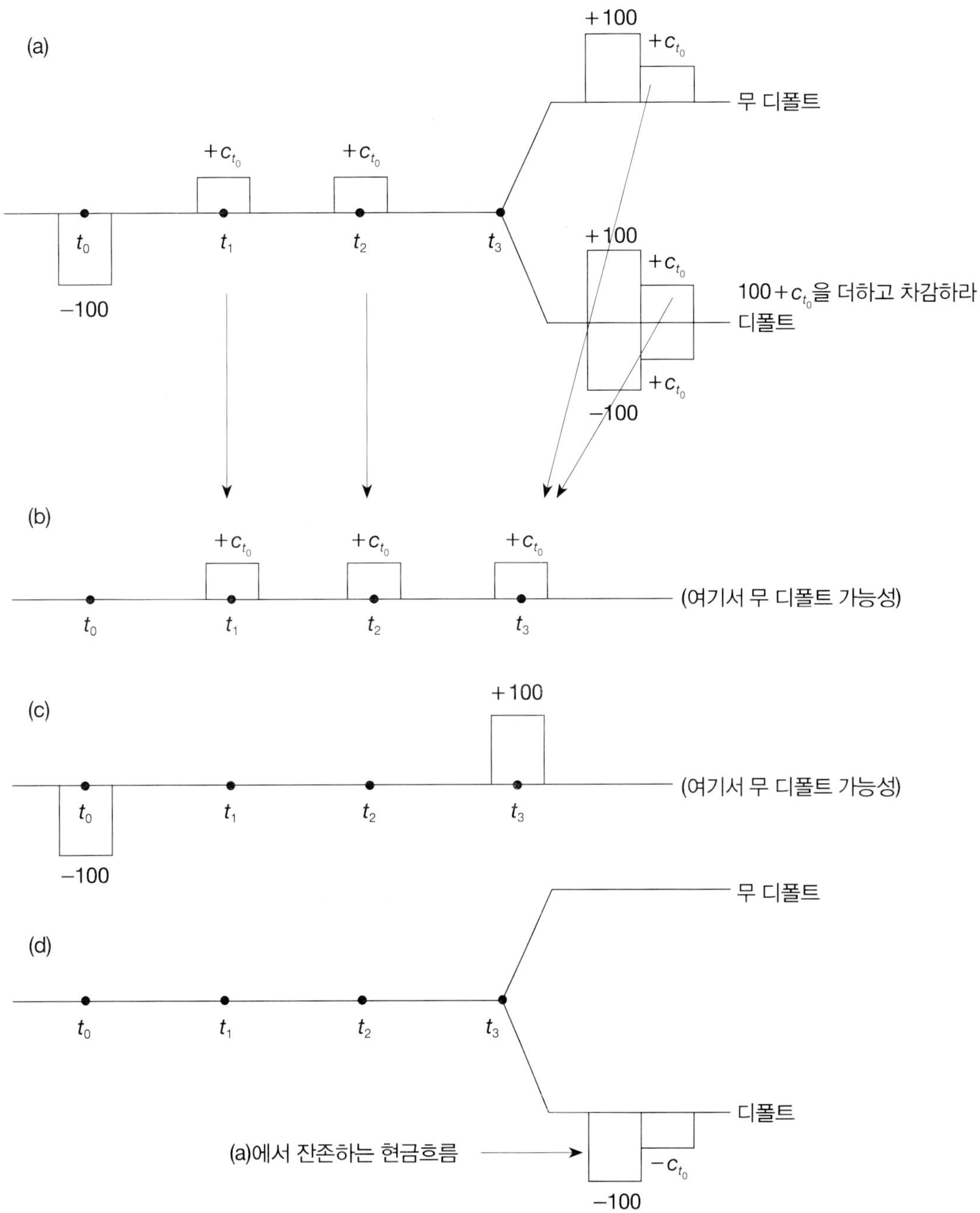

3. 모든 나머지 현금흐름은 〈그림 6.3d〉에서 보여주고 있다. 이들은 시간 t_3 디폴트 상태에서 발생하는 부(−)의 현금흐름 $(1+Co_{t_0})100$을 구성하고 있다. 이것은 분리되어 〈그림 6.3d〉에 놓여있다.

다음 단계는 〈그림 6.3b–d〉의 3가지 현금흐름 도표를 시장에서 거래되는 인식 가능한, 그리고 선호하는 유동성이 있는 계약으로 변환하는 것이다. 이를 하기 위해서는 다음의 세 가지 조건이 충족되는지 확인하면서 〈그림 6.3b–d〉에 임의 현금흐름을 더하거나 뺄 필요가 있음을 기억하라.

- 추가된 각 현금흐름에 대해 〈그림 6.3b, 6.3c 또는 6.3d〉 중 하나에서 동일 t_i에서 동일한 금액(또는 현재 가치)을 차감해야 한다.
- 현금흐름을 가능한 한 유동성이 있는 금융상품이 되도록 만들기 위해 이러한 새로운 현금흐름이 도입되어야 한다.
- 같이 다시 합쳐질 때 수정 된 〈그림 6.3b–d〉는 〈그림 6.3a〉의 원래 채권 현금흐름에 돌려 주어야 한다. 이러한 방법에서 디폴트 가능한 채권의 현금흐름을 복구할 수 있다.

이 과정은 〈그림 6.4〉에 나타나 있다. 인식 가능한 금융상품수단으로 전환하는데 가장 쉬운 현금흐름은 〈그림 6.3b〉의 현금흐름이다. 만약 변동LIBOR–기반 지불 L_{t_i}를 시간 t_1, t_2 및 t_3에 추가하면 이러한 현금흐름은 고정 리시버 이자율 스왑(IRS)처럼 보일 것이다. 스왑은 매우 유동성이 높은 금융상품수단이기 때문에 이것은 좋은 것이다. 그러나 한 가지 추가 수정이 필요하다. 고정 리시버 스왑율 s_{t_0}은 시간 t_0에 발행된 액면가 채권의 쿠폰보다 적다. 채권이 디폴트될 수 있기 때문에 스왑은 상대방 위험에만 종속된다. 따라서 다음을 가진다.

$$s_{t_0} \leq c_{t_0} \tag{6.1}$$

cds_{t_0}으로 표시된 차이는 스왑율에 대한 신용스프레(credit spread over the swap rate)이다.

$$\mathrm{cds}_{t_0} = c_{t_0} - s_{t_0} \tag{6.2}$$

이것은 디폴트 가능성으로 인해 스왑율 이상으로 신용장이 지불해야 하는 금액이다. 신용스프레드를 해당 스왑율에 대한 스프레드로 정의하고 있으며, 국채 대비 스프레드를 정의하지는 않는다. 이 정의는 자연스럽게 현금흐름 분해로부터 비롯 된다.[9)]

따라서 〈그림 6.4a〉의 현금흐름이 리시버 스왑(receiver swap)과 동등하기 위해서는 〈그림 6.4a〉와 같이 각 쿠폰에서 c_{t_0}를 뺄 필요가 있다. 그러면 이것은 고정 영수증을 스왑율과 동일하게 만들 것이다.

$$c_{t_0} - \text{cds}_{t_0} = s_{t_0} \tag{6.3}$$

현금흐름의 결과는 진정한 IRS이 된다.다음 질문은 〈그림 6.4a〉에서 방금 소개한 현금흐름 c_{t_0} 및 L_{t_i}의 거래상대방을 어디에 배치할 것인가이다. 결국 동일한 현금흐름이 반대부호를 가지고 다른 곳에 배치되지 않으면 상호 상쇄되지 않을 것이고 합성의 결과는 위험채권으로 줄어들지 않을 것이다.

LIBOR 기반 현금흐름을 올려 놓을 수 있는 자연스러운 장소가 〈그림 6.5〉에 나와 있다. 아주좋게 LIBOR와 관련된 현금흐름을 추가하면 기간(tenor) δ을 가진 채무불이행이 없는(무 디폴트) 머니마켓 시장 예금으로 그림을 전환한다. 이 예금은 변동 LIBOR 요금으로 만기 연장(rolled over)될 것이다. 이것은 또한 유동성 금융상품도구 임에 주목하라.[10)]

최종 조정은 신용 스프레드 cds_{t_0}만큼 c_{t_0}의 감소를 어떻게 보상하는가 이다. 처음 두 금융상품도구가 완성되었으므로 보상 cds_{t_0}를 넣을 수 있는 곳은 단 하나뿐이다. 〈그림 6.3d〉에 표시된 현금흐름에 cds_{t_0}을 추가하면 그 결과가 〈그림 6.4b〉에 표시된다. 이제 위험 채권의 분해로부터 자연스럽게 빠진 새로운 금융상품을 구할 수 있기 때문에 이것은 중요한 단계이다.

본질적으로, 이 금융상품수단은 시간 t_1, t_2 및 t_3에서 cds_{t_0} 달러의 세 개의 잠재적인 영수증을 가질 수 있다. 그러나 디폴트가 발생하면 금융상품은 $(1+c_{t_0})100$ 달러의 상응하는 보상금을 지불한다.[11)]

분해가 정확한지 확인하기 위해 〈그림 6.4a, b〉 및 〈그림 6.5〉를 수직으로 더하고 원래 현금흐름이 회복되었는지 확인한다. 〈그림 6.4a, b〉 및 〈그림 6.5〉의 현금흐름의 수직 합계는 실제로 디폴트 채권의 현금흐름을 정확하게 복제한다.

9) AAA신용이 하부–Libor 펀딩비용을 가지고 있다는 것을 또한 언급해야 한다.
10) 대안적으로 이것을 변동금리 채권(FRN: Floating Rate Note)로 불리어질 수 있다.
11) 이것에 따르면, 디폴트의 경우, 총 순 지급액은 $(1+c_{t_0})100 - \text{cds}_{t_0}100$

그림 6.4 합성신용디폴트 스왑

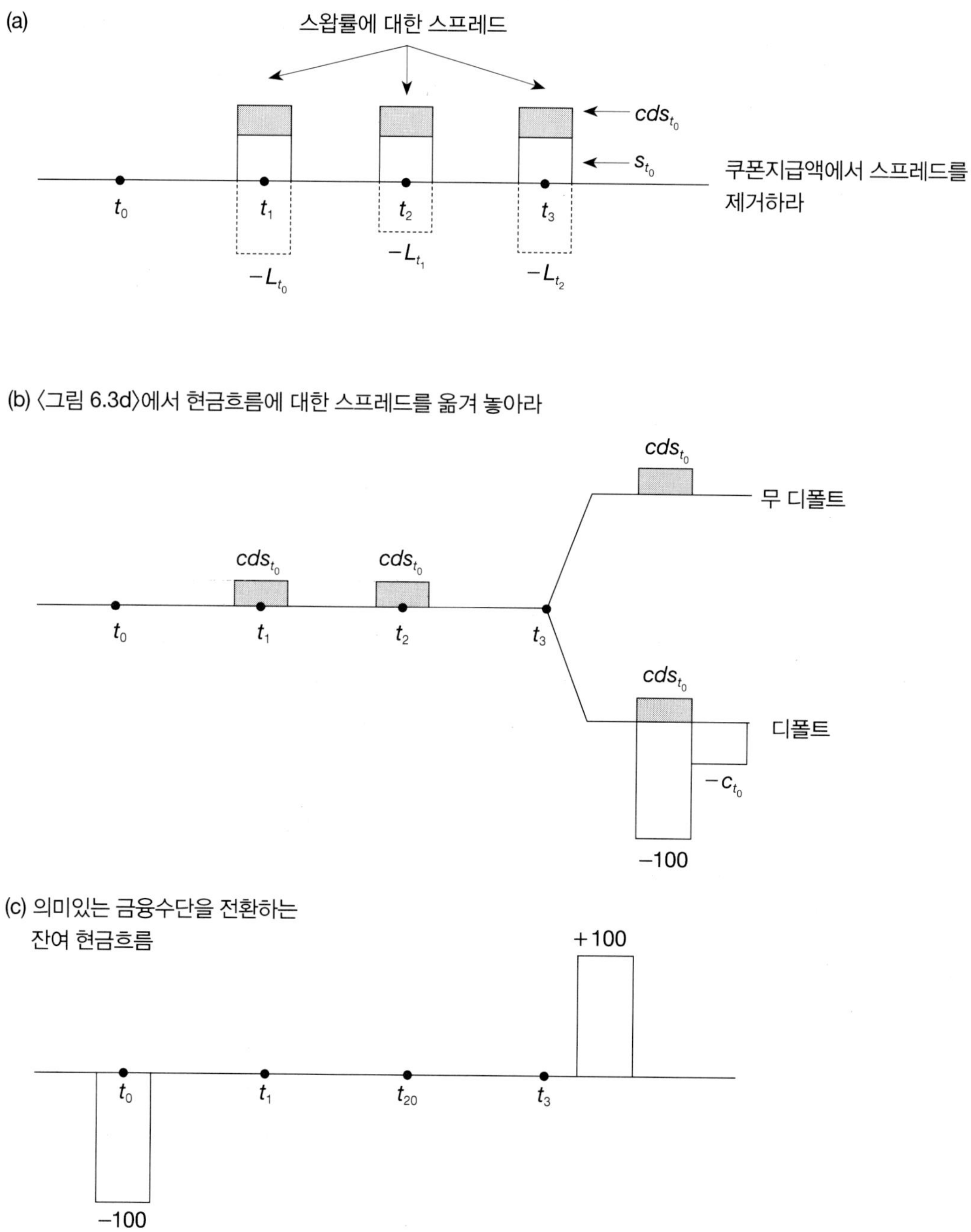

그림 6.5 LIBOR 현금흐름은 예금이 된다

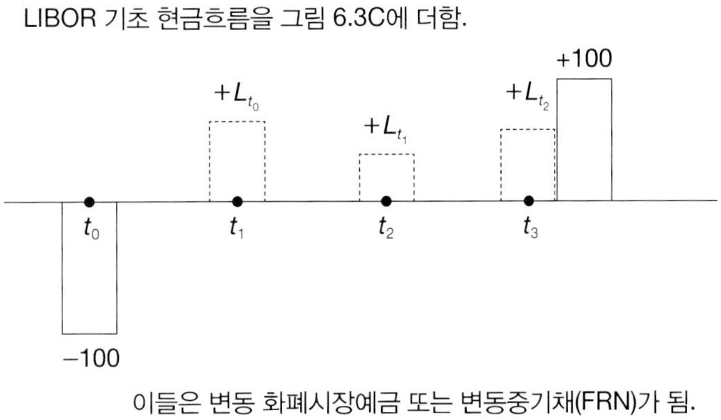

〈그림 6.4b〉에서 가지고 있는 금융상품은 채권의 채무불이행위험(디폴트위험)으로부터 보호를 판매하는 것과 같다. 계약에는 디폴트가 발생할 때까지 각 t_i에서 cds_{t_0}과 동일한 수수료를 징수한다. 그런 다음 보호 매입자는 손실을 보상받는다. 반면에 디폴트가 없으면 계약 만료 때까지 수수료가 징수되지만 지급은 이루어지지 않는다. 이 금융상품을 CDS라고 부른다.

6.3.3 합성

앞의 논의는 디폴트 가능한 채권이 (i) 고정 리시버 IRS, (ii) 디폴트 없는 머니마켓 예금 및 (iii) CDS로 구성된 포트폴리오로 분해될 수 있음을 보여준다. 이러한 금융상품의 사용은 다음과 같은 계약 방정식을 의미한다.

신용에 대한 디폴트 가능한 채권	=	리시버 이자율 스왑	+	무디폴트 예금	+	CDS 매도	(6.4)

대수학의 표준 규칙을 사용하여 이 방정식의 요소를 조작함으로써, 방정식의 모든 금융상품에 대한 합성을 얻을 수 있다. 다음 절에서는 두 가지 응용을 보여준다.[12]

12) 시장관행은 지급자(변동이자율을 받는 동안)로 불리어 지는 것처럼 고정이자율을 지급하는 거래 상대방을 언급하는 것이며, 거래 상대방은 "수령자"(변동이자율을 지급하는 동안)로서 고장이자율을 받는다.

6.3.4 계약 방정식의 사용

첫 번째 응용으로서, 계약 방정식을 조작함으로써 롱 또는 숏 CDS 포지션에 대한 헤지를 얻는 방법을 보여준다. 두 번째, 내재 가격결정 및 그에 따른 현실적인 결과의 어려움에 대해 논의한다.

6.3.4.1 합성 CDS 창출

첫째, CDS가 헤지 되는 방식을 고려하자. 시장조성자가 특정 이름으로 CDS를 판매한다고 가정하자. 다시 말해, 시장조성자는 CDS와 신용을 보호하거나 판매한다. 시장조성자는 여전히 자신의 장부 있는 동안 어떻게 이 포지션을 헤지할 것인가?

CDS에 대한 헤지를 얻으려면 우리가 해야 할 필요가 있는 모든 것은 위에서 얻은 계약 방정식을 조작하는 것이다. 재정렬하면 CDS 판매를 위한 다음 방정식을 얻다.

신용에 의해 발행된 디폴트 가능한 채권	−	리시버 이자율 스왑	−	무디폴트 예금	=	CDS 매도	(6.5)

부(−)의 기호는 관련 금융상품에서 반대 포지션을 의미한다는 것을 기억하고서 다음의 CDS을 매입하기 위한 형식적인 합성을 만들 수 있다.

신용에 대한 CDS 매입	=	신용에 대한 디폴트 가능한 채권을 숏	+	리시버 이자율 스왑	+	무 디폴트 예금	(6.6)

보호를 제공한 CDS를 판매한 시장조성자는 방정식 (6.1)의 좌변의 반대 포지션을 취할 필요가 있다. 이 헤지는 방정식 (6.6)의 우변에 해당한다. 즉, CDS를 판매 한 신용파생상품 딜러는 합성 반대 CDS 포지션을 창출함으로써 CDS 포지션을 헤지할 것이다. 이것은 위험채권을 먼저 매도(shorting)하고, 무 디폴트 예금계정에서 수령한 100을 예금하고, 리시버이자율스왑을 계약함으로써 달성될 수 있다. 이러한 것과 CDS판매는 서로 "상쇄" 될 것이다. 시장조성자는 매입−매도 스프레드(bid−ask spread)에 대하여 이익을 만들 수 있다.

6.3.4.2 부(−)의 베이시스 거래

계약 방정식의 두 번째 응용은 부(−)의 베이시스 거래로 언급된다. 부(−)의 베이시스 거래는 신용시장의 거래자들이 자주 취하는 중요한 포지션이다. 거래에 대한 논의는 실제 세계에서 CDS 계약을 정의하는 계약 방정식이 어떻게 변하는지 보여주는 좋은 예를 제공한다.

CDS의 창출을 유도하는 계약 방정식은 실제 CDS에 대해 사용될 수 있는 합성 CDS를 구성하는데 사용될 수 있다. 기존 교재의 7장에서 보았듯이, 베이시스는 전형적으로 자산의 현물(현금) 가격과 미래의 가격(파생 상품) 간의 차이를 나타낸다. 신용파생상품 시장에서 거래자는 주어진 채권 cds_{t_0}의 CDS 프리미엄과 동일한 부채발행자에 대한 채권스프레드($c_{t_0}-s_{t_0}$) 그리고 정확하게 만기가 동일하지 않지만 비슷하게 상품들 간의 차이로서 베이시스로 언급된다.

CDS는 파생상품이기 때문에 신용시장의 시장참여자는 부(−)의 베이시스의 CDS 구간(CDS leg)을 합성으로서 그리고 채권구간(bond leg)을 현금으로서 언급한다.[13]

본질적으로 부(−)의 베이시스 거래를 하고서, 액면가 수익률(par−yield) c_{t_0}을 지급하는 채권을 사기 위해 변동금리 대출을 제외하지만 동일 시점에서 동일 채권에 대한 보험을 매입하고 고정지급자 IRS에 투자한다. 분명히 그런 포지션은 디폴트 위험을 가지고 있지 않으며 만약 쿠폰에서 채권 위험 프리미엄을 뺀 ($c_{t_0}-s_{t_0}$)가 CDS 프리미엄 지급 (cds_{t_0})보다 크다면 의미가 있다.

$$s_{t_0}+\text{cds}_{t_0}<c_{t_0} \tag{6.7}$$

사실 이것은 부(−)의 베이시스의 경우이다. 위의 계약 공식의 유도에서와 같이, 변동금리 대출의 이자율이 IRS의 LIBOR이자율과 같다고 가정한다. 부(−)의 베이시스 거래에 대한 위의 해석은 계약 방정식 (6.5)과 (6.6)에서 곧바로 뒤 따른다.

실제로, 채권 스프레드가 디폴트 채권 수익률에서 유사한 만기를 가진 재무성증권 수익률을 차감한 값으로 측정될 수 있기 때문에 부(−) 베이시스 거래에 대한 대안적인 해석이 때때로 있다. 다른 말로 하면, s_{t_0}은 재무성증권의 수익률과 IRS로부터의 고정율이 되

---

13) 이자 스왑율에서 고정이자율은 동일한 만기를 가진 재무성증권에 대한 이자율과 다르다는 것을 초기에 제시했다. 부(−)의 베이시스 스프레드 거래의 해석은 채권 스프레드가 스왑율과 상대적으로 측정된다면, 그리고 비슷한 만기를 가진 재무성증권에 대한 것이 아니라면 약간 다르다. 현재, s_{t_0}를 이자율 스왑에서 고정이자율을 나타낸다고 가정하자.

도록 한다. 이 경우 부(−)의 베이시스 거래는 재무성증권을 매도(shorting)하고 디폴트가 있는 채권을 매입하기 위해 이 숏 포지션으부터 발생한 현금을 사용하는 것처럼 해석될 수 있는데 동일 시점에서 동일 채권에 대한 CDS를 구매하는 보험을 제거한다. 매도를 통하여 매입에 대한 자금을 확보할 수 있기 때문에 대출이 필요가 없다.

일반적으로 디폴트 채권에 대한 보험은 채권으로부터 얻을 수 있는 채권위험스프레드보다 약간 높아야만 한다. 이 베이시스는 일반적으로 정(+)의 값을 가진다. 그렇지 않으면, 채권 스프레드가 CDS 프리미엄보다 크다면, 채권을 매입하고 그에 대한 보험을 구매하게 된다. 이것은 완벽한 차익거래가 될 것이다. 이것은 정확히 부(−)의 베이시스이다. 아래의 예제는 이것이 언제 어떻게 발생할 수 있는지를 제시한다.

예제

지난 달 회사채와 구조화 금융 상품 발행의 급증으로 신용 디폴트 스왑의 위험프리미엄이 하락하고 투자등급 회사채의 위험 프리미엄이 상승하게 되어서 두 자산 군의 차이가 거의 사라졌다. 이러한 경향이 계속되면 채권과 파생 상품 모두에서 포지션을 가질 수 있는 투자자에게 새로운 거래 기회를 창출할 잠재력이 있다. 애널리스트들은 결과적으로 소위 "부(−)의 베이시스 거래"를 기대하고 있다.

1월은 미국 주요 기업 채권 시장에서 특히 활동적인 달이었으며, 투자 등급 부채만으로 600억 달러가 넘게 발행되었다. 이 공급은 회사채에 대한 리스크 프리미엄을 넓히는 데 도움을 준다. 동시에, 합성 담보부부채증권 (CDO)의 부족이 없었으며, 이것으로 인하여 CDS 스프레드가 좁아진다. 기업 신용 디폴트 스왑 계약은 보호 판매인과 보호 구매자를 특징으로 한다. 판매자는 해당 기업의 부채를 효과적으로 롱하며 반면 구매자는 숏하다. 합성 CDO가 생성되면 딜러는 일정 금액의 신용 보호를 판매하여 CDS 위험 프리미엄을 압축하는데 도움을 준다.

전형적으로 신용 디폴트 스왑 위험 프리미엄은 비교 가능한 채권 위험 프리미엄보다 넓은 수준에서 거래된다. 이는 채권이 아닌 CDS를 통해 숏 포지션을 취하는 것이 더 쉽기 때문이기도 하다. 이것은 부분적으로 채권보다는 CDS을 통하여 숏 포지션을 취하는 것이 쉽기 때문이다. CDS 위험 프리미엄이 더 넓어지는 또 다른 이유는 가장 저렴한 인도(deliver) 옵션이다. 파산의 경우, CDS계약에서 보호의 구매자는 파산한 회사의 채권과 교환할 때 구매자에게 현금으로 지불한다. 그러나 보호 판매자는 보호 구매자로부터 가장 저렴한 인도 채권을 수령한다.

CDS위험 프리미엄과 현금 채권 간의 베이시스가 역전을 하며 부(−)의 값을 가지게 되는데 이것은 신용디폴트스왑을 통하여 채권을 매입하고 보호를 매입하는 이점이 된다. 이러한 거

> 래에서, 부(−)의 베이시스 거래로 알려져 있는데, 투자자는 신용 위험을 헤지 하지만 CDS포지션에 대해 지급하고 있는 것 보다 많이 벌고 있다.
>
> (Thomson Reuters IFR, 2006년 1월)

위의 예제에서 CDS 거래에서 사용되는 용어를 보여준다. IRS와 변동성 스왑의 관계에서 최초 이자율 또는 변동성을 지급한 당사자로서 롱 스왑을 가진 거래상대방을 정의했다. CDS의 관계에서, CDS의 구매자(판매자)는 기초자산인 채권이나 신용을 숏(롱) 함으로서 CDS의 구매자(판매자)을 기술할 수 있다.[14] 숏 상태로서 CDS의 구매자를 언급하는 한, 이것은 반대되는 직관일 수 있다. 혼동을 피하기 위해 우리는 CDS의 구매자(판매자)를 보호 구매자(판매자)로 언급한다. 9장에서 자세하게 CDO와 CDO 구축방법 및 가격결정방법을 다룰 것이다.

부(−)의 베이시스 거래는 차입매입, LBO(leveraged buyout) 활동으로 인해 가능성이 있다. LBO 기간 동안 회사의 구매자는 많은 양의 부채를 발행하는데 이러한 것은 재무상태표에서 자기자본에 대한 부채비율을 증가시킨다. 종종 신용등급평가 기관은 LBO 후보가 기존 채권 보유자에게 위험할 수 있는 이러한 LBO 목표 몇 가지 노치(notches)를 낮춘다. 기업이 LBO 목표가 되고 있다는 소식을 듣는 채권 보유자는 LBO이전에 매각할 수 있다. 채권 가격이 갑자기 하락할 수 있고 금리가 급등할 수 있다. 반면에 LBO는 반드시 디폴트 확률을 증가시킬 필요가 없으므로 CDS 금리는 더 낮아질 수 있다. 결과적으로 베이시스가 일시적으로 부(−)의 값으로 변할 수 있다.

6.3.5 현금 채권의 신용위험 측정

많은 신용 및 고정 소득 전략에는 현금과 합성금융상품 간의 차익거래가 관련되어 있다. CDS는 하나의 이름인 신용의 디폴트에 대하여 노출된 합성적 방법이다. 그것은 디폴트를 거래하는 분명한 방법이다. 그러나 현금 채권에는 디폴트위험 뿐만 아니라 이자율과 수익률 곡선위험을 포함하고 있다. 디폴트위험으로 인하여 지급되고 있는 디폴트 채권수익률 구성요소로부터 어떻게 분리할 수 있는가? 다른 말로 하면, 현실에서 디폴트 가능한

14) 판매자가 신용위험에 노출되어 있기 때문에 CDS 보하 판매자의 포지션을 기술함으로써 롱 신용이란 용어를 사용한다. 분산스왑의 관계에서 또한 롱 변동성의 존재처럼 분산 스왑을 또한 언급한다.

채권으로부터 동일한 CDS율을 어떻게 얻을 수 있는가?

만약 현금과 파생상품 간의 차익거래 포지션을 취하려면 이 질문에 답해야 한다. 예를 들어, 현금채권이 너무 비싸거나 또는 동일한 이름의 CDS와 관련이 없는지 여부를 결정해야 할 때 이다.

CDS의 계약 방정식만을 단지 개발했기 때문에 처음에는 질문이 불필요한 것처럼 보였다. 만약 현금채권과 순수 IRS를 적절히 조합한다면, 이때 LIBOR와 스프레드의 합계를 지급한 합성 FRN을 얻을 수 있음을 보여주었다. 스프레드는 CDS율과 동일할 것이다. 다시 말로 하면, 액면채권의 액면 수익률을 취하고 비교 가능한 IRS 이자율을 뺀 다음, 채권 수익률에 포함된 CDS 이자율과 동등한 금액을 얻는다.

이것은 한 가지 주요한 문제를 제외하고는 사실이다. 이 공식은 만약 모든 단순화 가정이 만족되고 현금채권이 액면가로 판매되고 있는 경우에만 좋은 근사치이다. 이러한 것은 자산스왑을 같이 직접적으로 결합하고 신용스프레드를 제거할 수 있을 때 만이다.[15] 만약 채권이 액면가로 판매되고 있지 않으면 보다 더 많은 조정이 필요하다.

액면가로 거래하지 않는 채권에 포함된 디폴트 위험을 측정하는 데는 두 가지 주요 방법이 있다. 첫 번째는 자산스왑 스프레드를 계산하는 것이며 두 번째는 소위 Z-스프레드를 계산하는 것이다. 다음에 이 두 가지 실행적인 개념에 대해 논의하고 예제를 제시한다.

6.3.5.1 자산 스왑(asset swap)

자산 스왑 스프레드는 디폴트 위험 채권과 관련된 신용 스프레드를 계산하는 한 가지 방법이다. 기본적으로 IRS를 사용하여 위험한 수익률을 LIBOR 플러스 신용 스프레드로 변환한다.

보호를 판매하는 것과 동등한 포지션을 창출하기 위해서는 채무 불이행 채권을 사야하고 지급자 IRS에 가입해야 한다. IRS는 여기서 액면가 스왑이 될 것이며 채권은 할인 또는 프리미엄으로 매도될 수 있다는 것을 주목하라.[16] 채권은 할인이나 프리미엄으로 판매되기 때문에 현실에서 조정이 필요하다.[17]

---

15) 또한 가정하지 않은 약간의 일일-계산 조정이 있다.

16) 어떻게 스왑이 공학적으로 되는지 기억하라. FRN포지션을 스왑율 s_{t_0}을 지급하는 액면가 채권에 부가한다. 이것은 시장에서 거래된 액면가 스왑을 유도한다.

17) 자산 스왑에서 IRS와 채권 포지션은 분리된 티켓에 대해 쓰여진다. 만약 디폴트가 있다면, 스왑 포지션은 개별적으로 종결될 필요가 있으며 이것은 추가적인 노출과 관련을 가진다. 스왑 포지션은 디폴트가 발생할 때 이익을 만들 수 있거나 손실을 발생시킬 수 있다.

자산 스왑에서 채권 현금흐름은 해당 무이표(zero coupon) 스왑율을 사용하여 할인된다. 스프레드(자산스왑스프레드라고 불리어짐)가 채권현금흐름에 더해지는데(채권현금흐름으로부터 차감) 이러한 결과의 채권가격은 시장가격과 동일하다.

자산 스왑 스프레드를 계산하는 공식은 다음과 같다. 먼저 할인요소를 계산하기 위해 무 이표스왑 곡선을 사용하라. 정의에 따라, 무이표 스왑 곡선 할인은 해당 선도율 f_{t_j}를와 다음의 공식을 사용하여 얻게 된다.

$$(1+s_{t_0}^i\delta)^i = \prod_{j=0}^{i-1}(1+f_{t_j}\delta) \tag{6.8}$$

그런 다음 할인요소를 계산하라.

$$B(t_0,\ t_i) = \frac{1}{(1+s_{t_0}^i\delta)^i} \tag{6.9}$$

다시 한번 이것이 끝나면, 연금요소, A를 만들어라.

$$A = \sum_{i=1}^{n} B(t_0,\ t_i)\delta \tag{6.10}$$

$$\widetilde{P}_{t_0} = \sum_{i=1}^{n} \frac{c_{t_i}}{(1+s_{t_0}^i\delta)^i} \tag{6.11}$$

다음으로, 이들 요소들을 사용하여 채권 현금흐름의 가치를 계산하라.

자산 스왑 스프레드는 $\widetilde{a}_{t_0}$이며 방정식을 푸는 것이다.

$$\widetilde{P}_{t_0} - P_{t_0} = \widetilde{a}_{t_0}\sum_{i=1}^{n} B(t_0,\ t_i)\delta \tag{6.12}$$

따라서 $\widetilde{a}_{t_0}$은 시장 가격과 디폴트가 없는 스왑 곡선에 의해 내재된 이론적 가격 간의 차이를 보상하기 위해 추가로 지불해야 하는 금액이다. 채권의 채무 불이행이 없으면 시장 가격 P_{t_0}보다 큰 $\widetilde{P}_{t_0}$이 될 것이기 때문에 그러한 경우이다. $\widetilde{a}_{t_0}$은 이러한 가격 차이를 추가 스프레드로 변환하는 측도이다.

이 마지막 방정식을 사용하여 자산 스왑이 어떻게 구성되는지를 보여줄 수 있다. 스왑율 s_{t_0}을 지급하는 액면가 채권는 다음 방정식을 만족한다.

$$100=\sum_{i=1}^{n}B(t_0,\ t_i)s_{t_0}\delta+B(t_0,\ t_n)100 \tag{6.13}$$

따라서 양변에 100을 더한 후에, 이전 방정식은 다음과 같이 쓸 수 있다.

$$\widetilde{P}_{t_0}-P_{t_0}(P_{t_0}-100)=(s_{t_0}+\widetilde{a}_{t_0})\sum_{i=1}^{n}B(t_0,\ t_i)\delta+B(t_0,\ t_n)100 \tag{6.14}$$

여기서 좌변에 있는 두 번째 항은 선취지급액(영수증) upf_{t_0}이다.

$$\mathrm{upf}_{t_0}=(P_{t_0}-100) \tag{6.15}$$

채권이 할인으로 판매되고 있다면 후자는 부(−)의 값을 가지며, 채권이 프리미엄으로 판매되고 있을 경우 정(+)의 값을 가진다.

이 방정식을 다음과 같이 해석한다. 채권이 할인 거래되고, upf_{t_0}의 선취금 더하기 $s_{t_0}+\widetilde{a}_{t_0}$의 율로 계약된 IRS의 합은 채권의 이표 지급액의 현재 가치와 같다고 가정하자. 다른 말로 하면, 채권의 채무 불이행 위험을 보상하기 위해 액면 스왑율이 $\widetilde{a}_{t_0}$만큼 증가 되어야 한다. 이 행사기간 동안 무위험 할인 요소를 가지고 적용했다는 것을 주목하라. 이것은 다음 개념으로 바뀔 것이다.

6.3.5.2 Z-스프레드

소위 Z 스프레드는 신용 스프레드를 계산하는 또 다른 방법이다. 이는 자산 스왑 스프레드와 유사한 결과를 제공하지만 반드시 동일하지는 않다.

Z- 스프레드를 계산하기 위해 디폴트 위험 채권에 의해 생성된 현금흐름은 스프레드 z_{t_0}에 의해 확장된 무이표 스왑율 s_{t_0}에 의해 할인되며, 그래서 합은 채권의 시장 가격과 동일하다. 이것은 다음을 가진다라고 말하는 것이다.

$$P_{t_0}=\sum_{i=1}^{n}\frac{\mathrm{cf}_i}{(1+(s_{t_0}^i+z_{t_0})\delta)^i} \tag{6.16}$$

미지의 z_{t_0}에 대해 이 방정식을 푼다. 여기서 cf_{t_i}는 시간 t_i에 받게된 현금흐름이며 그리고 또한 이표 지급액 c_{t_i}와 가능한 원금으로 구성되어 있다.

이에 따르면 무이표 스왑 곡선은 현금흐름의 현재 가치가 채권 가격과 같도록 동일한 방식으로 조정된다. Z-스프레드는 이를 수행하는데 필요한 무이표 스왑 곡선의 평행 움직임의 양이다.

Z스프레드를 계산할 동안에 위험 할인 요소는 측도를 가지고 사용되었다는 것을 주목하라.[18] Z스프레드와 자산 스왑 스프레드의 주요 차이점은 사용된 할인율에 기인한다. 자산 스왑은 무이표스왑 율을 사용하는 반면 Z스프레드는 무이표 스왑율 더하기 Z스프레드를 사용한다.

이러한 의미에서, Z스프레드 방법은 채권의 미래 현금흐름을 조정하기 위해 전체 위험 곡선에서 위험 할인의 흐름을 사용한다. 자산 스왑 스프레드는 단일 만기 스왑 비율을 사용하여 신용 위험을 측정한다. Z스프레드가 위험 할인 요인에 더 적합하지만 시장은 신용 위험의 측도로 자산 스왑을 사용하는 것을 선호한다.

그 이유는 시장에서 신용 스프레드를 무이표 스왑율에 대한 스프레드로 고시하지 않기 때문이다. 액면가 스왑은 무이표 스왑보다 훨씬 유동성이 높기 때문에 신용 스프레드는 액면 스왑율에 대한 스프레드로 고시된다.

6.4 현실 세계 복잡성

신용 시장 및 신용 파생 상품 거래는 본질적으로 다른 대부분의 시장보다 복잡하고 이질적이며 이론 모형이 고려하지 못할 수도 있는 실제적인 복잡성의 이상적인 측면에 직면한다. 이 절에서는 CDS계약의 실제 측면을 살펴 본다.

계약 방정식 (6.6)은 CDS에 대한 자연적인 헤지(hedge)를 제공하고 가격결정의 한 가지 방법을 제공한다. 유사한 계약 방정식은 무시할 만한 신용위험을 가진 빵-버터 금융상품수단에 대해 이용가능한 헤지 및 가격결정 방법을 제공하지만, CDS의 경우 이러한 방정식은 본질적으로 이론적이다. 위에서 논의된 단순화된 접근법은 때때로 CDS에 잘못된 가격결정을 할 수 있으며 이전에 얻은 헷지가 유지할 수도 없다. 이 신용에 대한 벤치

18) 비록 위험할인계수가 위험 DV01로부터 다르게 계산될 지라도 이 장에서 볼 것이다.

마크 스프레드가 CDS율에서 크게 벗어날 수 있는 몇 가지 이유가 있을 수 있다. 이러한 이유로 몇 가지를 간략하게 논의한다.

1. 앞의 예에서 CDS의 만기는 3년이다. CDS 발행 당시 3년 만기 채권이 없다면 어떠한가? 그렇다면 가격결정은 더욱 복잡해지며 벤치 마크 스프레드는 CDS율에서 벗어날 수 있다.
2. 유사한 만기 채권이 존재하더라도, 특히 시장 변동성이 큰 시기에는 유동성이 떨어질 수 있다. 그렇다면 CDS율과 벤치 마크 스프레드 사이에 불일치가 있는 것은 자연스러운 일이다.
3. 회사채와 CDS에 대한 세법이 상이하며 이에 따라 해당 스프레드와 CDS금리 사이에 쐐기가 생긴다.
4. 초기에 언급했듯이, CDS는 디폴트의 경우 실질 유형의 상품을 인도하는 결과를 초래한다. 그러나 이 인도는 인도 가능한 채권 바구니에서 나온다. 이것은 CDS가 인도옵션을 포함하고 있는데, 이러한 것은 전에 제시된 계약방정식에 내재되지 있지 않는다는 것을 의미한다.

현실에서 다른 중요한 문제가 발생한다. 위에 제시된 합성상품을 만드는 것은 위험이 없다고 가정된 머니 마켓 계정이 사용되었다. 일반적으로 그러한 머니 마켓 계정은 위험이 거의 없으며 예금 수령 기관(은행)은 채무 불이행 위험을 가질 것이다. 이것은 이론적인 구성과 실제 가격 사이에 또 다른 간격이 나타날 수 있다. 이러한 금융상품을 만드는 과정에 발생하는 이러한 추가적인 신용은 원칙적으로 예금수령기관(은행)에 대한 새로운 CDS를 매입함으로써 제거될 수 있다.

다음의 읽을 내용은 신용곡선 전략의 맥락에서 유동성 문제와 같은 몇 가지 현실적인 복잡성을 제시하고 있다. 표준 고정 소득 전략은 신용 부문에도 적용될 수 있다.

표준 고정 소득 상품의 경우와 마찬가지로, 신용곡선은 곡선이 무역을 평탄하게 하며 가파르게도 하는 것을 허용한다. 아이디어는 이 자체의 설명적이며 iTraxx 곡선에 적용된 고정 소득 스왑 포지션을 따른다.

예제

채권 베이시스을 통한 Hutchison Whampoa 신용 곡선 플래트너(flattener)는 어떠한 일반적인 시장 악화를 방지할 동안에 장기적으로 가치를 파악한다고 하자. Hutch 2027 채권(가장 저렴한 가격)을 구입하고 5년 CDS 보호를 구입하라. 현재 82 bps 스프레드이다(자산 스왑 채권 스프레드가 131 bps 대 49 bps의 CDS). 다음 달에 65 bps을 목표을 설정하라. 만약 스프레드가 90 bps로 넓어지면 종료하라.

거래는 주로 장기 채권 시장에서 이루어진다: 단기적 측면에서의 보호를 구매하는 것은 Hutch 또는 일반 채권 하락에 대한 나쁜 소식이 있을 경우 헤지를 제공한다. Repo 유동성이 없다는 가정하에 단기채 매각에 대한 보다 싼 CDS 대안; 자산 스왑을 사용하면 단기적으로 고정 금리 위험을 피할 수 있다. 가치가 이미 저 평가 되어 있는 보다 긴 만기로 가는 경우에 보다 많은 투자자 (2010년, 2011년, 2014년 만기)가 단기 Hutch 채권으로 전환됨으로써 스프레드는 천천히 보다 더 가파르게 줄어들어야 한다.

이 거래는 주로 장기채권에 대해 이루어지는 것으로 해석될 수 있다. 보호가 왜 단기 만기 마지막 시점에 구입되는지에 대한 이유는 Hutch에 대한 나쁜 뉴스의 경우 또는 가까운 기간에 일반적인 채권 침체의 경우 헤지를 제공한다. CDS가 채권 단기화보다 더 많이 선택되는 이유는 CDS가 회사채 시장에서 Repo 유동성의 상대적 부족을 감안할 때 단기채권 매도 대안보다 저렴하기 때문이다. 자산스왑을 사용하면 단기적으로 고정 금리 위험을 피할 수 있다. 가치가 이미 저 평가 되어 있는 보다 긴 만기로 가는 경우에 보다 많은 투자자 (2010년, 2011년, 2014년 만기)가 단기 Hutch 채권으로 전환됨으로써 스프레드는 천천히 보다 더 가파르게 줄어들어야 한다.

6.4.1 CDS 표준화와 2009년 "빅뱅(Big Bang)"

2009년 4월 8일 CDS 계약 및 거래 방법에 대해 "빅뱅"이 발생했다. 이러한 변화는 계약과 관습 모두에 영향을 주었다. 표준화에는 3가지 주요 부분이 있었다. 엄격한 경매방법, 거래 관행 표준화, 중앙 청산이다. 아래의 주요 요소에 대해 논의한다.[19)]

19) 보다 더 세부적인 경우, 이 장의 끝 부분의 읽기를 보거나 http://www.markit.com/assets/en/docs/markit-magazine/issue-4/60-cds-big-bang.pdf을 참조하라.

6.4.1.1 경매 하드와이어링(Auction hardwiring)

ISDA는 2009년에 신용 및 연속 이벤트에 대한 보완 및 프로토콜을 발표했다. 이로 인해 신용 이벤트가 발생할 때 중재할 수 있는 지역별 분쟁 조정위원회(Dealer and Investors)가 창설되었다. 위원회의 결정은 구속력이 있다. 만약 위원회가 특정 신용 이벤트를 결정하면 자동적으로 그리고 강제적으로 CDS 경매 정산(auction settlement) 프로세스가 진행된다.

6.4.1.2 표준화 쿠폰 및 거래 관행

북미 기업 CDS의 표준화로 100~500bp의 고정 쿠폰이 도입되었다. 10년이 넘는 기간 동안 처음으로 대부분의 단일 명의 CDS 계약이 모든 유형의 쿠폰으로 거래되었는데, 보호 판매자에게 프리미엄(또는 스프레드)을 지급함으로써 보호 매입자가 보호에 대하여 지급한다는 의미를 가진 런닝 스프레드(running spread) 또는 액면스프레드(par spread) 베이시스 대해 거래된 단일 명의 CDS이다. 예를 들어, $10(단위 백만) 달러의 명목상의 5년 CDS를 고려하자. 런닝스프레드(running spread)가 200bp였다고 가정하면 보호 구매자는 연간 20만 달러를 지불했다(일반적으로 분기 별 분할로).

스프레드 관행이 이용되는 경우 CDS 포지션이 암묵적으로 레버리지되어 있다는 것을 암시하는 어떠한 현금도 먼저 교환되지 않았다. CDS 시장에서 2009년 4월 "빅뱅" 이후, 시장은 포인트 선취(point upfront) 기반으로 옮겨갔다. 현재 계약은 100bp 또는 500bp의 고정 쿠폰을 가지고 있다. 선취 지급은 개시 시점에 이루어지며 현재 시장 신용 스프레드와 고정 쿠폰 간의 현재 가치와 동일하다. 예를 들어, 고정 100bp의 쿠폰을 가진 계약이 200bp로 거래되고 있다면 보호 구매자는 200 bp와 100 bp의 차이의 현재 가치와 동일한 선금을 지불해야 한다. 시장 스프레드의 반대 방향으로 이루어진 지불액은 쿠폰 아래에 있다. CDX와 iTraxx와 같은 가장 유동성이 높은 지수는 오랫동안 그러한 포인트 선취 기준에 따라 거래되었다. 이러한 시장 관행은 CDS 가격결정 접근법의 주요 수정을 요구하지는 않는다. 왜냐하면 런닝 스프레드 계약은 선취가 0이고 고정 쿠폰이 액면가 스프레드와 동일한 선취 및 고정 쿠폰 계약의 특별한 경우로 볼 수 있기 때문이다.

고정 쿠폰은 CDS 지수로 어떻게 설정되는가? 새로운 지수 시리즈가 출시될 때 스프레드로 알려져 있는 고정 쿠폰이 스프레드로 표현되기 때문에 결정된다.

단일-이름의 CDS에 대한 포인트 선취(upfront) 기반으로의 이동은 3가지 이점을 갖는다. 첫째, 단일 이름과 지수 포지션 간의 상쇄를 보다 더 쉽게 만들 것이다. 지수 차익 거래 거래의 관계에서 볼 수 있듯이 그러한 포지션은 일반적이다. 둘째, 편리한 네팅은 CDS 계약을 중앙 청산으로 이동을 용이하게 한다. 셋째, 갑작스런 움직임이나 점프위험(jump risk)에 대한 시장참여자의 노출을 또한 줄이는데 이것은 나중에 CDS가 분해 관계에서 보다 자세히 논의한다.

6.4.1.3 중앙 청산(Central clearing)

위의 변경으로 인하여 CDS에 대한 중앙 청산 도입이 용이 해졌다. CDS의 분해와 관련하여 아래에 설명된 바와 같이, 중앙 청산은 CDS 시장에서 거래 상대방 위험을 감소시키는데 도움이 된다. 미국과 유럽에서 CDS에 대한 중앙 청산은 2009년에 시작되었다.

6.4.2 구조화(restructuring)

다른 실생활의 복잡성으로 디폴트 자체를 정의한다. 신용 사건은 일반적으로 지불 실패와 파산이다. 이자 또는 원금의 미 지불금은 전과 같이 계산되며 공식 파산의 유형은 후자로 계산한다. 이론적인 금융공학에서는 이 두 번째 디폴트 정의를 사용했다. 그러나 실제로 대부분의 단일 이름 CDS는 구조 조정을 추가적인 디폴트사건으로 구조화를 고려한다. 그림을 더욱 복잡하게 만드는 것은 전형적인 구조화 이며 아래에 요약되어 있다.

CDS 계약에는 4가지 유형의 구조화 조항이 있다.[20] 첫 번째는 단순한 구조화가 아닌 것으로 No R이다. 이 경우 구조화는 신용 사건을 구성하지 않는다. 신용은 시장에서 정의된 관행을 기초로 한 거래되었다는 점이 중요하다. 일반적으로 고수익 CDS는 일반적으로 No R을 거래한다. 이는 미국의 CDX 지수에서 특히 그렇다. Markit iTraxx 지수는 구조화로 거래되는 하부-파이낸스(sub-financials)을 제외하고 수정-수정 구조화를 가지고 거래한다.

두 번째 유형은 수정된 구조화인 Mod R이다. 이는 신용사건에 새로운 조건을 만든다.[21] 북미 투자 등급은 "수정된" 구조화를 가지고 거래한다. Mod R 조항은 은행 대출 채권 포트폴리오의 헤저(hedger)의 필요성 때문에 이러한 북미 투자 등급 신용에 대해 역사적으

20) 인도가능한 의무의 만기와 인도 가능한 의무의 이전성 등과 관련된 조항간의 차이. 세부적인 것은 ISDA 신용정의를 참조하라.

21) 여기서 구조화 사건에 대하여, 비록 예외가 존재할지라도, 인도된 채권의 최대 만기가 사건 후 30개월이상이 아니라는 조건이 있다.

로 발생했다.

세 번째는 수정-수정 구조화인 Mod Mod R이다. 이 경우 인도가능한 채권 또는 대출에 대한 만기 제한은 다소 다르다. 30개월 이상이지만 60개월 이하의 만기를 가진 채권(대출)이 인도될 수 있다는 예외가 있다. 유럽의 CDS 계약은 일반적으로 Mod-Mod R 관행으로 거래된다. 유럽의 Mod-Mod R 관행은 유럽에서 파산법이 많은 관할권에서 차입이 등록하는데 어렵게 만든다는 사실에서 기인한다.

네 번째 유형은 Old R 또는 Old 구조화(Restructuring)이다. Old R 조항은 인도가능한 의무의 만기에 한계가 없으며 경매 후-신용 사건에서 인도 의무의 성숙도에 제한이 없고 구조화(tranching)가 없음을 의미한다. 서유럽의 국가 CDS는 전형적으로 Old R이라는 조항을 포함한다.

분명히 구조화를 가진 CDS 계약은 구조화 없이 동일한 이름의 계약보다 더 높은 CDS 스프레드를 가질 것이다. 주요 차이점에 주목하라. 파산 또는 지급 불능 유형 신용사건에서 인도할 채권의 가격 차이는 상대적으로 작다. 구조화에서 인도 물은 만기에 따라 매우 다른 가치를 가질 수 있다. 보호 구매자는 가장 저렴한 채권을 제공할 수 있는 옵션을 가지므로 이 옵션은 매우 비싸다.

6.4.3 고정 회수 CDS(Fixed recovery CDS)

고정 회수율을 갖는 CDS는 고정회수(Fixed Recovery) CDS라고하며, 또한 디지털(Digital) CDS 또는 이항(Binary) CDS라고도한다. 신용사건(디폴트)과 같은 평가를 필요로 하는 표준 CDS와 달리, 디지털 CDS는 단순히 고정 달러 성과의 지급을 설정한다. CDS 개시 시점에, 성과금액은 디폴트사건의 심각성을 기초로 협약이 이루어진다. 표준 CDS에서 성과는 CDS의 명목 금액에서 부보된 자산(insured asset)의 후-디폴트 값을 차감한 것과 동일하다는 것을 기억하라.

디지털 CDS는 몇 가지 이점을 가지고 있다. 이들 상품의 비용이 낮을수록, 보다 더 정확하게 신용위험과 보다 큰 투명성에 초점을 맞춘다. 디폴트 사건 이후 이들은 경매과정과 관련된 어려움에 종속되지 않는다.

본질적으로, 디지털 CDS는 기존의 CDS와 관련된 무작위 회수율을 제거한다. 실제로 최근의 사건은 CDS 및 합성 CDO가 회수율이 기업채권 디폴트와 관련될 가능성을 제시하고 있다. 이로 인해 신용파생상품 제휴사는 이러한 변동성을 줄이기 위해 다양한 구조적 특징을 제공하게 되었다. 하나의 접근법은 디지털 CDS에서와 같이 모든 신용사건에 적용되는 고정회수율이다.

그러나 CDS에는 불리한 점도 있다. 디지털 CDS에서 딜러는 ISD에서 정의된 디폴트 사건이지만 신용등급 기관 범위를 벗어나 있는 사건으로서 이것은 종종 소프트 신용사건으로 불리어지는데 이것에 인센티브를 가질 수 있기 때문에 디지털 CDS와 관련된 잠재적인 도덕적 해이(moral hazard)와 관련이 있다.

6.4.4 차익거래 등호에 대한 메모

초기에 도출된 단순한 계약 방정식은 이상적인 조건하에서 다음을 가져야만 한다는 것을 제시하고 있다.

$$\mathrm{cds}_{t_0} - s_{t_0} = \mathrm{cds}_{t_0} \tag{6.17}$$

그러나 실제로, 심지어 채권이 액면가로 팔리고 있는 경우에도, 일반적으로 다음의 관계를 관측한다.

$$c_{t_0} - s_{t_0} < \mathrm{cds}_{t_0} \tag{6.18}$$

발행자에 대한 신용 보호를 구매하는 대신 이러한 조건 하에서 고객은 채권을 매도하고 리시버 스압을 얻는다. 이것은 디폴트에 대한 동일한 보호를 제공할 것이고, 동시에 비용도 적게 소요된다. 그렇다면 고객들은 왜 CDS를 대신 구입하는가? 사실, 이러한 부등호는 아래에 간략하게 나열된 여러 가지 요인에 의해 야기될 수 있다.

1. CDS 보호는 구입하기가 “쉽다”. 반면에 채권을 매도하는데 “비용”이 많이 든다. 그런 채권을 찾기 위해 먼저 Repo 시장에 가야하고, Repo는 일일정산(mark-to-market) 속성을 가지고 있다. CDS 보호를 사용하면 이러한 불편함이 없다.
2. 채권 매도(shorting)는 단기·긴축 가능성 때문에 위험성을 가지고 있다. 너무 많은 시장 플레이들이 채권을 매도한다면 포지션은 훨씬 높은 가격으로 보상 되어야 한다.
3. 갑작스런 보호의 필요성이 생길 때 일부 채권을 찾기가 매우 어려울 수 있다.
4. 또한 앞에서 설명한 바와 같이 인도 옵션 프리미엄은 CDS요율에 포함되어 있다.

이러한 요소는 이론적 헤지가 고객에게 판매된 CDS로부터 차이가 발생하게 한다. 마지막으로, 채무 불이행 확률이 커지면 CDS 딜러가 갑자기 가격을 내지 않고 거래를 중단할 수 있다는 것에 주목해야 한다. 보다 정확한 용어로, 시장은 디폴트의 거래로부터 회수거래로 이동한다. 이것은 스프레드 대신 내재 업 프론트 (UPF)을 이용함으로써 이루어진다.

6.5 CDS 분석

3년 단일 이름의 CDS을 사용하여 CDS 가격결정 및 헤지에 사용 된 주요 정량적 수단을 논의할 것이다. 이 아이디어는 채무 불이행 확률이 구해지는 방법을 설명하는 것이다. 또한 소위 위험 *DV01*과 위험 연금 요소를 결정하기를 원한다. 이러한 요소들은 CDS 가격 결정 과정에서 헤지 비율을 산출할 때 사용된다.

cds_t는 시간 t에서 단일 이름 CDS의 율로 놓자. R은 고정 회수율을 나타내고, N은 명목상의 금액을 나타낸다. 보통과 같이 $t_0 < t_i$을 가진 $B(t_0, t_i)$는 시간 t_0,에서 채무불이행 위험이 없는 순수할인채권가격을 나타낸다. 채권은 시간 t_i에 만기가 되며 $1의 액면가를 가진다. 먼저, 시간 t에서 디폴트 확률 p_t의 개념을 개발한다.

6.6 디폴트확률 계산

디폴트 사건의 발생 및 시점을 모형화 하는 것은 상당히 복잡할 수 있다. 그러나 시장은 이전에 옵션과 내재변동성을 가지고 보았던 것처럼 단순하고 거래 가능한 개념으로 전환한다. 이 절에서는 디폴트 확률 거래 뒤에 계산 방법을 논의한다.

어떤 시간 t_0부터 시작하는 임의의 시간 τ에서 일어나는 사건으로서 디폴트를 상상하자. 어떻게 그러한 사건과 관련된 확률을 모형화 해야 하는가?

사건 간 대기시간(waiting time)을 설명하는 확률 분포로서 기술될 수 있는 지수분포(exponential distribution)를 고려하자. 이 경우 사건은 디폴트이고 대기시간은 디폴트 이전까지 시간이다. 따라서 어떤 사건이 발생할 때까지 임의의 시간을 모형화 하는 것을 다루고 있다.

τ를 디폴트의 발생 시간이라고 하자. 지수적으로 분포된 확률 변수 $f(\tau)$의 밀도 함수는 다음과 같이 주어진다.

$$d(\tau)=\lambda e^{-\lambda\tau} \tag{6.19}$$

이는 디폴트 발생 및 시점을 모형화 하기 위한 한 가지 방법이다.

매개 변수 λ가 커질수록 이벤트가 초기에 발생할 확률이 높아진다는 것을 알 수 있다. 따라서 이 매개 변수는 매개 변수는 디폴트 사건이 발생할 가능성이 있는 시점을 제어한다. 무작위 사건과 연관된 밀도로 불리어진다.

시장은 지수 분포를 사용하지 않는다. 점 $\tau_{t_0}=0$ 근처에서 $f(\tau)$에 대한 2차 테일러 급수 근사를 취하면 다음을 얻는다.

$$f(\tau)\cong\lambda-\lambda^2\tau+\frac{\lambda^2\tau^2}{2}+o(\tau)^3 \tag{6.20}$$

따라서, 디폴트가 다음의 τ_{t_0} 바로 뒤에 작은 간격 Δ에서 발생할 확률은 대략 다음과 같이 주어진다.

$$f(\tau_{t_0})\Delta\cong\lambda\Delta \tag{6.21}$$

0에서 T까지 밀도함수 $f(\tau)$을 적분하면 상응하는 확률밀도함수 PDF을 얻는다.

$$\begin{aligned} P(\tau<T)&=\int_0^T \lambda e^{-\lambda\tau}d\tau \\ &=1-e^{-\lambda T} \end{aligned} \tag{6.22}$$

PDF의 1차 테일러 급수 근사값은 다음과 같이 주어진다.

$$1-e^{-\lambda\tau}\cong\lambda\tau \tag{6.23}$$

이것에 따르면, 기간 Δ 동안 디폴트가 발생할 확률은 대략 λ에 비례한다. 사건이 1년

이내에 발생할 확률은 PDF의 T를 1로 대체함으로써 얻게 된다.

$$P(\tau \leq 1) \cong \lambda \tag{6.24}$$

따라서 매개 변수 λ는 디폴트 확률의 근사 일정률(constant rate)로 볼 수 있다. 시장은 연간 디폴트 확률을 거래하기를 좋아하며, 이것은 상응하는 확률이 다양한 거래만기에 따라 고정되어 있다고 가정한다.

분명한 것은 시간이 지나고 시장 보고가 변경되면 해당 디폴트 확률도 변경된다. 따라서 하부첨자 t_0를 사용하여 시간 t_0에서 금융상품수단이 쓰여지는 확률을 나타내며 $p_{t_0}D\lambda_{t_0}$을 초기 시간 t_0에서 계약에 기록된 디폴트 확률로서 $p_{t_0} \cong \lambda_{t_0}$사용하는 것이 가장 좋다.

다른 방식으로 이것을 보자. 0이라고 가정하면, $0<\Delta$는 작은 시간 간격이다. 디폴트 사건은 $[t,\ t_1+\Delta]$ 동안 신용 디폴트인지 아닌지에 따라 0 또는 1의 값을 가정하는 확률변수 d_t로 표현된다.

$$d_t = \begin{cases} 0 & \text{무 디폴트} \\ 1 & \text{디폴트} \end{cases} \tag{6.25}$$

이제 디폴트 확률이 방정식을 따른다는 가정을 한다.

$$\text{확률}(d_t = 1) \cong p_t \Delta \tag{6.26}$$

이 방정식은 작은 간격 Δ 동안 신용이 디폴트가 될 확률은 구간의 길이와 "강도"라고 하는 매개 변수 p_t에 달려 있다고 말한다. 이에 따라 디폴트가 시간 t까지 발생할 확률은 다음과 같다.

$$\text{확률}(\tau < t) = 1 - e^{-\int_0^t p_s\, ds} \tag{6.27}$$

p_s가 일정하다고 가정하면 다음의 결과를 준다.

$$\text{확률}(\tau < \Delta) = 1 - e^{-p\Delta} \tag{6.28}$$

$t=0$ 근처에서 테일러 급수 근사치를 가진다.

$$e^{-p\Delta} = 1 - p\Delta + \frac{1}{2}p^2\Delta^2 \ldots \tag{6.29}$$

또는,

$$1-e^{-p\Delta} \cong p\Delta \tag{6.30}$$

이것에 따르면, 1년 동안 신용이 디폴트가 될 확률은 p와 같을 것이다.

6.6.1 DVO1

만기 $T=3$년의 CDS를 가지고 설명하면 만기 3년의 CDS 계약과 관련된 위험 조정 디폴트 확률을 p_{t_0}로 놓자. 하부첨자 t_0를 무시하고 이 매개 변수를 p로 간단히 사용한다. CDS율은 cds_{t_0}이며 시장에서 관측된다. δ_i는 두 번의 연속 정산일 사이의 연도 비율로 나타낸 시간이다.

이를 이용하여 다음과 같이 초기 시간 t_0에 CDS의 초기 값을 쓸 수 있다. 첫째, 3년 동안 그 이름이 디폴트가 아니라면, PV_{ND}에 의해 표시된 현금흐름의 현재가치는 다음과 같이 될 것이다.

$$\text{PV}_{\text{ND}}=[B(t_0, t_1)(1-p)\delta_1\text{cds}_{t_0}+B(t_0, t_2)(1-p)^2\delta_2\text{cds}_{t_0}+B(t_0, t_3)(1-p)^3\delta_3\text{cds}_{t_0}]N \tag{6.31}$$

다른 한편으로, 이름은 1, 2 또는 3년 동안 디폴트가 될 수 있다. 디폴트 사건이 발생할 경우 PV_{AP}에 의해 표시된 발생된 프리미엄의 기대현재가치는 다음과 같이 될 것이다.

$$\begin{aligned}\text{PV}_{\text{AP}}=[&B(t_0, t_0+\Delta_1)\Delta_1 p\times\text{cds}_{t_0}+B(t_0, t_1+\Delta_2)\Delta_2(1-p)p\times\text{cds}_{t_0}\\&+B(t_0, t_2+\Delta_3)\Delta_3(1-p)^2 p\times\text{cds}_{t_0}]N\end{aligned} \tag{6.32}$$

세 가지 평가가 도움이 될 수 있다. 첫째, Δ_i는 받게 될 비례 스프레드를 결정하는 매개변수이다. 결산일 직후에 바로 이름이 디폴트라면 특정 Δ_i는 0에 가까울 것이다. 기대 디폴트 시점이 정산기간 중간이라고 가정하는 것은 다음과 관계를 제시한다.

다음 결산일 이전에 기본값이 맞으면 Δ_i는 δ_i에 가까울 것이다.[22] 기대디폴트 시간이 정산기간의 중간이라고 가정하면 다음을 얻는다.

$$\text{PV}_{\text{AP}}=\frac{1}{2}[B(t_0, t_0+\Delta_1)\delta_1 p\times\text{cds}_{t_0}+B(t_0, t_1+\Delta_2)\delta_2(1-p)p\times\text{cds}_{t_0} \tag{6.33}$$

22) 예를 들어, CDS가 분기별로 정산된다면 1/4이다.

$$+B(t_0,\ t_2+\Delta_3)\delta_3(1-p)^2 p\times \text{cds}_{t_0}]N$$

$\frac{1}{2}$는 간격 [0,1]에대한 일양분포(uniform distribution)와 일양밀도의 높이 dt로 주어진 것과 같이 기간 $[t_i,\ t_i+1]$ 동안 1/2는 기대 디폴트 시간으로부터 온다. 디폴트 동안에 현금 지급액에 대한 보상의 기대가치는 다음과 같이 주어질 것이다.

$$\begin{aligned} PV_D=&B(t_0,\ t_0\Delta_1)p(1-R)N+B(t_0,\ t_1+\Delta_2)(1-p)p(1-R)N \\ &+B(t_0,\ t_2+\Delta_3)(1-p)^2(1-R)N \end{aligned} \tag{6.34}$$

기대 지급액과 정산액은 위험 조정 확률 하에서 동일해야 하고 CDS율 cds_{t_0}는 방정식을 만족해야 한다.

$$\text{PV}_{\text{ND}}=\text{PV}_{\text{D}}-\text{PV}_{\text{AP}} \tag{6.35}$$

3년 만기에서 결재일로 일반화하면 다음과 같이 쓸 수 있다.

$$\begin{aligned} &\left[\sum_{i=1}^{n} B(t_0,\ t_i)(1-p)^i\delta_i \text{cds}_{t_0}\right]N+\left[\frac{1}{2}\sum_{i=1}^{n} B\left(t_0,\ t_{i-1}+\frac{1}{2}\delta_i\right)(1-p)^{i-1}p\delta_i \text{cds}_{t_0}\right]N \\ &=\sum_{i=1}^{n} B\left(t_0,\ t_{i-1}+\frac{1}{2}\delta_i\right)(1-p)^{i-1}p(1-R)N \end{aligned} \tag{6.36}$$

방정식 (6.36)을 사용하여 이제 두 가지 중요한 개념을 정의한다. 첫 번째는 위험 연금 요소이다. 투자자가 모든 t_i에서 1 달러를 받는다고 가정 하자. 지급은 디폴트와 함께 중지된다. 그 기간 동안 투자자는 비례적으로 배분된 프리미엄만 받는다. $\tilde{A}$로 표시된 위험 연금 요소는 이 채무 불이행 가능한 연금의 가치이다. 이것은 방정식 (6.36)식의 우변에 있는 $\text{cds}_{t_0}N=1$을 놓음으로써 구하게 된다.

$$\tilde{A}=\left[\sum_{i=1}^{n} B(t_0,\ t_i)(1-p)^i\delta_i\right]+\left[\frac{1}{2}\sum_{i=1}^{n} B\left(t_0,\ t_{i-1}+\frac{1}{2}\delta_i\right)(1-p)^{i-1}p\delta_i\right] \tag{6.37}$$

두 번째 개념은 위험 DV01이다. 이것은 cds_{t_0}을 1기점으로 변화시킴으로써 주어진다.[23)]

23) DV01에 대한 서론의 경우 3장을 보라. 신용델타는 신용곡선에서 각 베이시스 포인트 이동에 대한 달러 현재가치 변동을 측정한다. DV01은 마치 1 베이시스 포인트 변화가 $d\text{cds}t_0$=1에 의해 주어지는 것처럼 고시된다. 현실에서 베이시스 포인트 변화는 0.0001이 될 것이지만, 그러나 시장은 이것을 10,000을 곱한 후 고시한다. 일반적으로 소수점은 거래과정 동안 거래자들이 좋아하지 않으며 모두 고시에서 제거된다.

CDS DV01은 또한 신용 델타(credit delta) 또는 스프레드 델타(spread delta)라고도 한다. 종종 거래자들은 $\tilde{A}$를 위험 DV01로 사용한다. 그러나 두 개념 간에는 차이점이 있다. 위험 DV01은 cds_{t_0}을 0.0001 씩 증가 시키면 CDS의 값이 변경되는 정도이다. 일반적으로 곡선의 형태와 확산의 변화에 따라 가까울지라도 $\tilde{A}$와 같지는 않다. 그 이유는 채무 불이행 확률과 CDS 스프레드 cds_{t_0} 간의 다음의 관계이다.[24)]

$$(1-R)p_{t_0}=\text{cds}_{t_0}. \tag{6.38}$$

만약 DV01이 $d\text{cds}_{t_0}=1$에 대한 지불 흐름의 가치라면, 다음의 식을 가지고 있다는 것을 주목하라.

$$dp=\frac{1}{(1-R)} \tag{6.39}$$

다른 말로 하면, 위험 연금요소 $\tilde{A}$는 두 가지 요인으로 인해 바뀔 것이다. cds_{t_0}과 p_{t_0} 모두 변할 것이다. 이것은 위험 DV01이 cds_{t_0}의 비선형 함수이고 볼록성(convexity) 효과가 있음을 의미한다. 대부분의 시장 참가자는 이 효과를 무시하고 DV01의 훌륭한 근사치 인 연금요소 $\tilde{A}$를 고려한다. 그러나 CDS 스프레드가 변동이 심한 환경에서 움직이는 경우 두 민감도 측정치가 다를 수 있다.

6.6.2 CDS 분해

CDS 거래를 분해하는 세 가지 본질적인 방법이 있다. 처음 두 가지는 선물 시장에서 일상적으로 볼 수 있는 거래와 유사하다. 세 번째는 조금 다르다.

CDS 위치를 푸는 가장 일반적인 방법은 다른 CDS로 위치를 오프셋하거나 기본 자산에서 오프셋 위치에 놓는 것이다. 또한 다른 CDS을 가지고 포지션을 상쇄하거나 또는 기초자산의 포지션을 상쇄함으로써 얻게 된다.

CDS 포지션을 분해하는 두 번째 방법은 계약을 종료하여 나머지 CDS현금흐름의 현재가치를 거래상대방에게 지급(또는 상대방으로부터 받는)하는 것이다. 여기서 트릭(trick)은 신용사건에서 현금흐름이 초기에 종료할 것이며, 그래서 PV계산은 이것을 고려해야

24) 이런 관계는 또한 신용 트라이앵글(credit triangle)로 알려져 있다. 방정식은 정산일에서만 디폴트가 발생한다고 가정한다. 그렇지 않으며 오직 근사적이다. Hull et al. (2005)을 보라. 22장에서 약간 다른 관계에서 이러한 관계를 얻을 수 있을 것이다.

한다는 것을 기억하는 것이다. 이것은 위험 연금 및 위험 DV01 사용에 대한 좋은 예이다.

마지막으로 계약을 다른 딜러에게 할당하는 것이 계약을 종료하는 세 번째 방법이다. 아래에서는 만기 이전에 계약을 종료함으로써 DV01 사용에 대한 예를 토의한다. 선불 현금 지급 또는 수령을 계산한다.

예제

이론적으로, 포지션을 상쇄하거나 또는 계약의 PV를 수령하거나 지불함으로써 CDS 포지션을 분해할 수 있다. 그러나 실질적으로 만약 물음에서 CDS가 실질적으로 ITM이라면 선불 현금 지급 없이 얻을 수 있는 포지션에 대해 상당한 선불 비용을 기꺼이 지불할 상대방을 찾는 것이 어려울 수 있다. 이것은 계약의 원 소유자가 거래 상대방이 포지션을 인수하도록 유도하기 위해 상당히 낮은 PV을 받아 들여야 할 수도 있음을 의미한다. 다른 말로 하면, 이발(haircut) 문제가 될 것이다. 예제: 한 투자자가 2007년 10월 29일 $100에 122 bps로 3년 ABC 보호를 구입했다. 3일 후인 11월 1일에 스프레드는 140 bps이다. 이것은 원 CDS가 금액으로 ITM이 될 것이라는 것을 의미한다.

신용 사건이 없다면 이것은 시간 t_1, t_2, t_3에 매년 지급되는 다음의 연금을 의미한다.

$$\frac{(140-122)}{10{,}000}100m=\$180{,}000 \tag{6.40}$$

다른 한편으로, 신용 사건이 있을 수 있으며 쿠폰 지급이 중단될 수 있다. 이 신용 사건이 연말에만 발생할 수 있다고 가정 할 때 세 가지 가능한 현금흐름 경로가 있다.

$$\{180,\ 180,\ 180\},\ \{180,\ 180\},\ \{180\} \tag{6.41}$$

디폴트 사건 동안 지급은 동일한 가장 저렴한 인도채권에 관련되어 있다는 가정에서 상호 대략적으로 상쇄할 것이다.

회수율이 40%라고 가정하자. 이러한 현금흐름의 현재 가치(PV)를 결정하기 위해, 시간 t_0에서의 CDS 스프레드에서 얻은 디폴트 p의 위험 조정 확률을 사용한다.

$$p=\frac{142}{10{,}000(1-0.4)}=0.023 \tag{6.42}$$

분명하게 이에 상응하는 위험이 없는 채권 가격 $\tilde{B}(t_0,\ t_1)$이 필요하다. 이것은 다음과 같이 주어진다고 가정하자.

$$\tilde{B}(t_0,\ t_1)=0.92 \tag{6.43}$$

$$\tilde{B}(t_0, t_2) = 0.86 \tag{6.44}$$

$$\tilde{B}(t_0, t_3) = 0.79 \tag{6.45}$$

그래서 채무 불이행이 발생하지 않으면 쿠폰 지급의 현재 가치를 나타낼 수 있다.

$$\begin{aligned} \text{DV01} = [((\tilde{B}(t_0, t_1) + (\tilde{B}(t_0, t_2) + (\tilde{B}(t_0, t_3))(1-p)^3 \\ + (\tilde{B}(t_0, t_1) + (\tilde{B}(t_0, t_2))(1-p)^2 + (\tilde{B}(t_0, t_1))(1-p))] \times 0.18 \times (100) \end{aligned} \tag{6.46}$$

여기서 p^i, $i=1, 2, 3$은 각각 연금경로와 연관된 확률들이다. 숫자에 넣으면 다음을 얻는다.

$$\text{DV01} = 87.4775 \tag{6.47}$$

디폴트가 현금흐름의 타이밍을 변경하기 때문에 디폴트 위험할인과 해당 DV01을 사용할 필요가 있다.

6.6.3 선지급과 CDS 분해

앞에서 논의했듯이 2009년에는 단일 이름 CDS도 선불금으로 이전했다.

6.7 단일 이름 CDS 가격결정

CDS 가격결정에 대한 기본 접근방식은 비교적 간단하지만 실무에서 고려해야 할 실제 시장관행이 있다. 먼저 시장관행과 가격결정 방법을 검토하기 전에 단순화된 CDS 가격결정 예를 제시한다.

6.7.1 간단한 CDS 평가 예제

위에서 검토한 금융상품수단 중 일부를 사용하여 CDS를 평가할 수 있다. 본질적으로 접근법은 보호 구매자(프리미엄 레그)가 지불한 PV에 보호 판매자(보호 레그)가 기대하는 지불의 PV를 설정하는 방식으로 CDS 스프레드 cds를 선택하는 것이다. 이것은 방정식

(6.35)에 의해 파악된다. 이 계산의 두 가지 주요 입력은 생존 확률과 할인율이다. 생존 확률은 위험 중립 확률이어야 하며 6.3절에서 논의된 채권 가격 또는 자산 스왑으로부터 얻을 수 있다. 물론 시장 가격이나 CDS 스프레드가 주어지면 CDS 시장에서 생존 확률을 배제할 수 있다. 이는 내재 변동성이 옵션 가격에서 어떻게 뒷받침되는지와 유사하다.

명목금액 $N=\$1$을 가진 5년 CDS의 다음 예제를 고려해 보자. 채무 불이행이 매년 중반에 발생할 수 있다고 가정한다. 무위험 이자율은 4%로 가정하고 이자율 곡선은 평평하다. 위험(해이)율이 $\lambda=5\%$ 인 6.6절에 요약된 디폴트강도(default intensity) 접근법을 사용하면 각 연도의 생존 확률을 방정식 (6.22)로부터 계산할 수 있다. 디폴트 강도 접근 방식은 디폴트를 모형화에 대한 축소된 형태의 접근법으로도 언급된다. 5장에서 논의 된 디폴트 모형화에 대한 구조적 접근 방식과 구별된다.

첫 번째 연도 말, 방정식은 디폴트 확률(PD) $P(\tau<T)=1-e^{-\lambda T}=1-e^{-5\%\times 1}=0.0488$을 유도한다. 따라서 생존확률은 $1-0.0488=0.9512$이다. 1, 2, 3, 4, 5년이 끝날 때까지 생존확률(PS)을 유사하게 계산할 수 있다. 이는 〈표 6.1〉의 두 번째 열에 표시된다. 두 번째 열은 기대프리미엄(보험료)지급액 곱하기 CDS 스프레드 cds를 보여주고 있다. 이것은 $PS\times cds\times$명목금액으로 계산된다.

이 예제의 할인요소는 연속 할인을 기준으로 한다. 1차년도의 할인요소는 $e^{-0.04\times 1}=0.9608$이다. 〈표 6.1〉의 첫 년도 말 기대 프리미엄(보험료) 지불액의 현재 가치는 $0.9512\times 0.9608\times \mathrm{cds}\times 1=0.9139\times \mathrm{cds}$이다. 이 현재 가치는 발생액 지급(식 (6.32))을 고려하지 않음을 유의하라.

채무불이행시 발생된 보험료를 추가할 필요가 있다. 〈표 6.2〉는 처음 다섯번째 열의 계산을 보여준다. $T+1$ 연도 동안 채무 불이행 확률은 연말 $T+1$ 연말까지 생존 확률을 뺀 금액까지 생존 확률로 계산된다. 예를 들어, $T=1.5$ 일 경우 $T=1.5$까지의 생존 확률을 $0.9512-0.9048=0.0464$로 계산된다. $T=1.5$ 날짜에 CDS 프리미엄 cds를 받을 것으로 기대하기 때문에 기대발생지급액은 $0.464\times 0.5\times cds$이다. 만약 기대발생 지급액 곱하기 할인계수를 하면 $0.1006\times cds$의 모든 기대발생지급액의 현재가치를 얻는다.

만약 기대발생지급액과 기대프리미엄(보험)지급액을 더하면 $3.8479\times cds+0.1006\times cds=3.9585\times cds$의 값을 얻는다.

마지막으로 보호기간지불(protection leg payment)을 고려하자. 〈표 6.2〉의 마지막 세 번째 열은 계산이 제시된다. 표준 회수율 $R=40\%$라고 가정한다. 날짜 $T=0.5$ 동안 기대

[표 6.1] 단순화된 CDS 평가 예제(프리미엄 레그의 PV)

시간(연도)	생존확률(PS)	거래지급액	할인 요소	기대지급액의 PV
1	0.9512	0.9512×cds	0.9608	0.9139×cds
2	0.9048	0.9048×cds	0.9231	0.8353×cds
3	0.8607	0.8607×cds	0.8869	0.7634×cds
4	0.8187	0.8187×cds	0.8521	0.6977×cds
5	0.7788	0.7788×cds	0.8187	0.6376×cds
전체				3.8479×cds

[표 6.2] 단순화된 CDS 평가 예제(보호레그와 경과 지급액의 PV)

시간 (연도)	디폴트 확률 (PD)	기대 경과 지급액	할인 요소	기대 발생 지급액의 PV	R	기대성과	기대성과의 PV
0.5	0.0488	0.0244×**cds**	0.9802	0.0239×**cds**	0.4	0.0293	0.0287
1.5	0.0464	0.0232×**cds**	0.9418	0.0218×**cds**	0.4	0.0278	0.0262
2.5	0.0441	0.0221×**cds**	0.9048	0.0200×**cds**	0.4	0.0265	0.0240
3.5	0.0420	0.0210×**cds**	0.8694	0.0182×**cds**	0.4	0.0252	0.0219
4.5	0.0399	0.0200×**cds**	0.8353	0.0167×**cds**	0.4	0.0240	0.0200
				0.1006×**cds**			0.1208

성과, 즉 $(1-R)\times N\times 0.0488=0.6\times 1\times 0.0488\times 0.9082=0.0287$. 프리미엄 기간(leg)의 현재가치와 보호기간(leg)의 현재가치 $3.9585\times cds=0.1208$로 서로 동일하게 설정하는 스프레드 cds를 계산하기 위하여 Matlab 또는 VBA같은 프로그램을 사용할 수 있다. 그렇게 하면 $cds=0.0306$ 또는 306 베이시스 포인트의 가치를 발견할 수 있다. 다시 말해, 이 예에서 매개 변수가 주어지면 306 bp의 CDS 스프레드는 프리미엄 기간 지불액의 현재 가치를 보호 기간 지불액과 동일하게 설정한다.

6.7.2 현실 세계 복잡성

위의 예는 CDS 평가의 단순하고 비현실적인 처리방법이다. 쿠폰, 날짜계산 규칙, 금리 곡선 및 선불 결제와 같은 많은 현실적인 복잡성을 무시하고 있다.

CDS 보험료(프리미엄)는 일반적으로 분기별로 지급되며 "CDS 빅뱅" 이후 CDS에는 선 지급이 포함된다. 벤치 마크 수익률 곡선과 무위험 이자율의 선택은 실제로 중요하다. 스왑 수익률 곡선 또는 LIBOR 곡선을 할인계수의 기초로 사용할 수 있지만, 12장에서 논의 할 바와 같이 LIBOR 곡선은 거래 상대방 위험으로 인해 일부 문제가 있다. White(2013)는 ISDA 모델 및 실제 협약을 고려한 상세한 CDS 가격결정 공식을 제공한다.[25] CDS 시장은 단일 이름 계약에 대한 스프레드 관행에서 고정 쿠폰 및 선불금으로 이동했기 때문에 표준화에 따라 시장 참여자가 선불금 금액을 일치시키고 표준 인용 방식으로 선행견적을 전이시킬 수 있고 표준 방식에서 반대의 경우에도 중요하다. 따라서 ISDA는 CDS 표준 모델을 만들었으며 http://www.cdsmodel.com/cdsmodel/에서 자유롭게 CDS 계산을 위한 소스 코드를 만들었다.

6.7.3 CDS 가격결정에 대한 GFC로부터의 교훈

역사적으로 금융혁신은 경제 성장과 경제 활동 및 위험 공유에 중요한 역할을 했지만 때로는 힘든 경우가 있다. 파생상품은 금융혁신의 한 예이며 파생상품 붕괴는 혼란스럽도록 매우 높은 빈도를 가지고 발생한다.[26] 이러한 붕괴로 인해 기업, 지자체 또는 은행과 같은 단순한 또는 잘못 알려진 거래 상대방에 예상치 못한 손실이 발생하지만 때로는 시스템 위험을 초래할 수 있다. 보험 회사 AIG는 GFC 동안 CDS 포지션의 손실로 인하여 발생했다. AIG는 AAA 신용 등급을 보유하고 있었기 때문에 CDS 보호를 판매하는 안전한 거래 상대방으로 간주되었다. 그러나 AIG는 2008년 9월에 유명세를 탔던 Lehman Brothers의 채무 불이행에 대한 보험을 제공했다. AIG의 실수 중 하나는, 그것은 전통적인 보험 사업을 위해 보유한 준비금과는 달리 판매하는 CDS를 정확하게 준비금이 준비되지 않았다. 아이러니컬하게도 CDS는 1987년에 시작된 AIG Financial Products의 부서에서 처음 개발되었다.

25) 관련 서류는 다음의 웹사이트에서 이용 가능하다. http://developers.opengamma.com/quantitative-research/Pricing-and-Risk-Management-of-Credit-Default-Swaps-OpenGamma.pdf

26) 포괄적인 사항에 대하여는 Jacque (2010)을 참조하고 이러한 장애는 매우 읽을 만한 역사임을 참조하라.

6.8 CDS를 TRS 및 EDS와 비교

CDS의 뉘앙스를 이해하려면 서로 다른 제품과 비교해 보는 것이 도움이 된다.

6.8.1 총 수익 스왑 대 신용 디폴트 스왑

기존 교재의 4장에서 총수익 스왑(total return swap, TRS)의 응용에 활용되었고 TRS 원리의 한 예로서 주식 스왑을 논의했다. TRS는 채무 불이행, 신용 저하 및 시장 위험을 동시에 거래한다. 따라서 CDS와 달리 TRS는 순수 신용파생상품이 아니다.

그것들을 CDS와 비교하는 것은 유익하다. CDS의 경우, 보호 구매자는 신용으로 발행된 채권을 소유하고 있으며 채무 불이행에 대비하여 보험을 사고 싶어한다. 이는 보호 판매자와의 계약 만기 동안 일정한 정기적인 지불을 함으로써 이루어진다. 화재 보험과 비슷하다. 일정한 금액을 지불하고 계약 기간 동안 채권 발행자가 채무 불이행을 하면 보호 판매자는 보호 구매자에게 손실과 계약을 보상한다. 보상은 보호 구매자에게 예를 들어, 100의 액면가를 지불한 다음 대가로 신용장에 의해 발행된 인도 가능 채권의 인도를 수락함으로써 수행된다. 요약하면 CDS는 채무[27] 불이행만을 위한 수단이다.

TRS는 다른 구조를 가지고 있다. 채권 또는 신용에 의해 발행된 임의의 위험증권을 고려하자. 이 증권은 두 가지 유형의 지불을 한다. 첫째, 쿠폰이자를 지불한다. 둘째, 극단적인 경우 디폴트를 포함하는 자본 이득(자산 가격 상승)과 자본 손실 (자산 가격의 감가상각)이 연관될 것이다. TRS에서 보호 판매자는 주기적인 기간 동안 자산가격의 감가상각을 보호 구매자에게 지불한다. 디폴트는 이들 지급액이 포함되어 있지만, 그러나 이것만이 구성요소가 아니다. 일반적으로 자산은 여러 가지 이유로 가치를 얻거나 잃게 되는데 이는 발행자가 채무 불이행을 했거나 또는 채무 불이행을 할 것이라는 것을 의미하지는 않는다. 그럼에도 불구하고 보호 판매자는 보호 구매자에게 이러한 손실을 보상할 것이다.

그러나 TRS에서는 보호 판매자의 지불액이 그곳에서 멈추지 않는다. 보호 판매자는 LIBOR에 연계된 추가 지불과 스프레드를 추가로 지급한다.

한편, 보호 구매자는 기초자산의 절상 및 쿠폰과 관련된 정기적인 지불을 할 것이

27) 만기는 대부분의 기업신용의 경우에 전형적으로 5년이다.

다. 일반적으로 자산가격은 절상되고, 하락보다 더 자주 많이 쿠폰을 지급하지만, 이것은 LIBOR와 수령된 스프레드에 의해 보상된다.

TRS 구조는 다음 연산과 동일하다. 시장 참여자는 자산 S_t를 구입하고 LIBOR 기반 대출로 이 구매에 자금을 지원한다. 이 대출은 이자율 L_{t_i}를 가지고 있으며 매 t_i마다 롤오버(만기연장) 되어야 한다. 시장 참여자는 A등급이며 시간 t_0에 알려진 신용 스프레드 d_{t_0}를 지불해야 한다. S_t는 c와 동일한 정기적인 (쿠폰) 지불금을 가지고 있다. 시간 t_i+1에 시장 참여자의 순 수령액은 다음과 같다.

$$(\Delta S_{t_{i+1}}+c)-(L_{t_i}+d_{t_0})S_{t_0}\Delta \tag{6.48}$$

여기서 $\Delta S_{t_{i+1}}$은 해당 기간 동안의 자산 가격의 상승 또는 하락이며, $\Delta=[t_i,\ t_{i+1}]$이다. c는 Δ동안 지급된다. 지불은 나중에 나타난다(in−arrear).

TRS 스왑은 LIBOR 자금으로 위험 자산을 구매하는 것과 같다. 단, 이 특별한 경우를 제외하고는 이 거래를 진행하는 대신 시장 참여자는 적절한 거래 상대방과 TRS에 서명할 수 있다. 이것은 그들의 보호 판매자가 될 것이다. 은행은 시장참가자에게 대출하기 위해 이러한 유형의 TRS 계약을 선호할 수 있다.

6.8.2 EDS 대 CDS

주식 디폴트 스왑(EDS)은 엄밀히 말하면 주식 파생상품이지만 CDS와는 유사하다. EDS는 지금까지 많은 성공을 거둔 딜러에 의해 판매되었다.[28] EDS는 CDS를 모방한다. CDS에서 준거자산(reference asset)은 채권이며, 다른 신용 이벤트의 디폴트에 대해 보호가 제공된다. EDS에서 준거 자산은 회사의 주식이며 회사의 주가가 급격히 하락하는 것을 막기 위해 보호가 제공된다.

EDS는 회사의 주가 S_t가 미리 지정된 장벽 H 아래로 떨어지면 "행사"된다. 일반적으로 이 장벽은 현재 주가 수준보다 30~40% 낮다. 만약 $S_t<H$가 발생하면 신용 사건과 유사한 "자기자본 사건"이 발생한다.

신용 사건이 발생하면 EDS가 종료하고 보호 판매자가 보호 구매자에게 지정된 금액을 지불한다. 지불액은 다음과 같이 계산된다.

$$\text{명목금액}(1-\text{회수율}) \tag{6.49}$$

28) JP Morgan은 2003에서 첫 번째 EDS을 개척했다.

그러나 자기자본 장벽 H부디치는 것이 얼마나 멀리 떨어져 있느냐와는 상관없이 신용 이벤트보다 더 가능성이 높다는 것을 주목하라. 결국 회사가 파산하지 않으면 주가가 크게 떨어질 수 있다. EDS는 CDS 및 옵션과 유사하다. EDS는 깊은 OTM, 장기 어메리칸 디지털 풋과 비슷하다. 그러나 옵션 프리미엄이 할부로 지급되고 옵션이 행사되는 시점에 옵션 프리미엄이 중지된다는 점에서 차이가 있다. 더 나은 비유는 EDS와 CDS 사이에 있다. 그 이유는 일반적으로 CDS가 실행될 때 주가는 기본적으로 극적으로 붕괴되고 준거자산, 즉 채권의 가치가 하락하면서 동시에 0으로 떨어질 수 있다. CDS에 비해 EDS의 장점 중 하나는 트리거 이벤트(trigger event)가 덜 모호하다는 것이다. 주가가 특정 기준치를 밑돌았는지 여부는 일반적으로 분명하지만 CDS에서는 신용 이벤트 또는 채무 불이행에 대한 모호성이 있다. 예를 들어 아래의 국가CDS에 대한 논의에서 볼 수 있다.

다시, CDS와 유사하게 딜러는 EDS의 CDO를 조립할 수 있고 시도하려고 시도했다. 그러한 CDO는 등급을 매길 수 있다. 그러나 일반적으로 딜러가 A보다 높은 CDO 등급을 충분히 확보하기는 어렵다.[29]

> EDS 구조가 주식을 기초로 발행된 깊은 OTM 풋옵션과 매우 유사하다는 점을 덧붙일만한 가치가 있다. 두 경우 모두 장벽, 즉 옵션의 경우 행사 가격이 있어 옵션 구매자가 현금 지불을 받는다. 가장 큰 차이점은 아마도 EDS의 유효 기한이 훨씬 길어질 수 있다는 것이다.

6.9 국가 CDS

6.3절에서 합성 CDS를 생성하기 위해 사용한 현금흐름 공학적 접근법은 모든 준거자산에 적용된다. 기업 CDS에서 준거자산은 회사 채권이다. 국가CDS에서 준거자산은 국채이다. 강조하고자 하는 국가CDS와 관련된 몇 가지 특별한 고려 사항이 있으므로 이 절에

29) 신용등급 기관은 시나리오를 통한 이들을 부가 함으로써 정상적으로 스트레스 검증 금융상품도구이다. 3가지 기초 시나리오가 있다: 정상, 스트레스 및 붕괴. 이것은 주식시장 붕괴 시나리오 동안 CDE의 CDO가 약간 높은 등급을 유지하기는 매우 어렵다.

서 국가CDS에 대해 논의한다. 경제적 측면에서도 국가CDS가 더욱 중요 해지고 있다. 총 명목 금액으로 볼 때 2012년 국가CDS 시장은 전체 CDS 시장의 11%이지만 국가CDS 시장은 성장 중이며 GFC 이후 단일 CDS 시장이 감소하고 있다. 9장과 10장에서 단일 이름 CDS 시장이 하락한 이유에 대해 논의한다.

국가CDS는 원칙적으로 국가가 부채를 구조 조정하거나 부도를 면제하면 국가부채에 대한 손실로부터 투자자를 보호할 수 있다. 국가CDS는 헤징(hedging), 방향성투자(speculation), 베이시스거래(basis trading), 신용 리스크 관리(credit risk management)의 네 가지 주요 용도를 가지고 있다.

첫째, 국가CDS는 금융 및 비금융 회사 채권과 같은 여타 유형의 신용 위험에 대한 대리 헤지로 사용된다. 이탈리아 정부 채권을 보유한 투자자는 이탈리아 정부 채권의 신용위험을 헤지하기 위해 이탈리아의 국가CDS를 매입할 수 있다.

둘째, 국가CDS가 방향성투자(또는 투기자)에 사용될 수 있다. 시장 참여자는 네키드 베이시스(naked basis), 즉 기초 준거자산에서 포지션 상계 없이 국가CDS를 매입 또는 매도할 수 있다. 예를 들어, 일본의 국채 신용 등급이 개선 될 것이라는 견해를 가진 헤지 펀드는 일본 정부 부채에 대한 국가CDS를 살 수 있다. CDS는 원칙적으로 CDS 구매시 준거자산을 소유할 필요가 없다는 점에서 기존 보험과 다르다. 현금채권 시장이나 금리 선물과 같은 다른 금융 시장을 사용하여 국가 신용 등급의 진화에 대한 전망을 나타낼 수는 있지만 이러한 대안은 국가신용 위험 이외에 다른 유형의 위험을 반영한다.

네키드(naked)CDS 포지션은 몇몇 시장에서 금지되어 있다. 국가CDS 시장의 영향력이 높아지면서 국가CDS의 방향성투자 사용이 불안정해질 수 있다는 우려가 제기되었다. 2012년 이래 유럽 연합(EU) 규정 "신용 디폴트 스왑의 공매도 및 특정 측면"의 일환으로 유럽 경제 지역 국가의 채무에 대한 네키드 CDS가 금지되었다. 국가CDS 시장의 유동성은 금지 이전에 감소하기 시작했으나 유동성 감소를 초래한 금지가 동일 시점에 다른 여러 사건들과 정책발표로 인해 입증이 어렵다. 일부 시장 참여자는 규제에 따른 헤지 규칙의 모호성 때문에 금지에 따라 심지어 커버드(covered) CDS 포지션을 정산했다. 일부 기업 CDS 계약 및 채권 선물과 같이 국가위험을 헤지하기 위해 사용할 수 있는 대체 수단이 있지만 이러한 대리헤지(proxy hedge)는 더 비싸고 정확하지 않을 수 있다.

셋째, 6.3절에서 보았듯이 IRS 및 FRN과 함께 CDS는 기초자산의 현금흐름을 복제하는데 사용될 수 있다. 따라서 국가CDS는 국가CDS와 기초 자산인 정부 채권 간의 잘못된 가격결정을 이용하여 베이시스 거래에 사용될 수 있다. 국가CDS 스프레드가 기초부채의 신용 스프레드보다 좁은 경우, 즉 베이시스가 부의 값을 가질 경우 차익거래자는 수익성 있게 부채를 매입하고 그리고 CDS 보호를 매입할 수 있다.

넷째, 국가CDS는 중요한 신용 위험 관리 수단이며 국가CDS 프리미엄은 신용 위험의 시장 지표로 널리 사용된다. 〈그림 6.6〉은 CDS 스프레드를 위험 및 디폴트확률 지표로 사용하는 방법의 예를 보여준다. 이 수치는 Bloomberg의 스크린 샷으로 2014년 7월 2일에 준비금 통화 및 비준비금 통화 국가 신용의 범위에 대한 내재 1년 만기 확률을 백분율로 나타낸 것이다. 디폴트확률은 CDS 스프레드에서 파생된 것으로 오른쪽에 열에서 보고된다. 그리스에 대한 5년 CDS 스프레드는 455 bps 또는 4.55%이며 그날 그리스에 대한 내재적 연간 디폴트 확률은 9.5%이다. 그러나 이 확률은 스크린 샷에 따르면 약 27%였던 역

그림 6.6 국가CDS와 내재 디폴트 확률

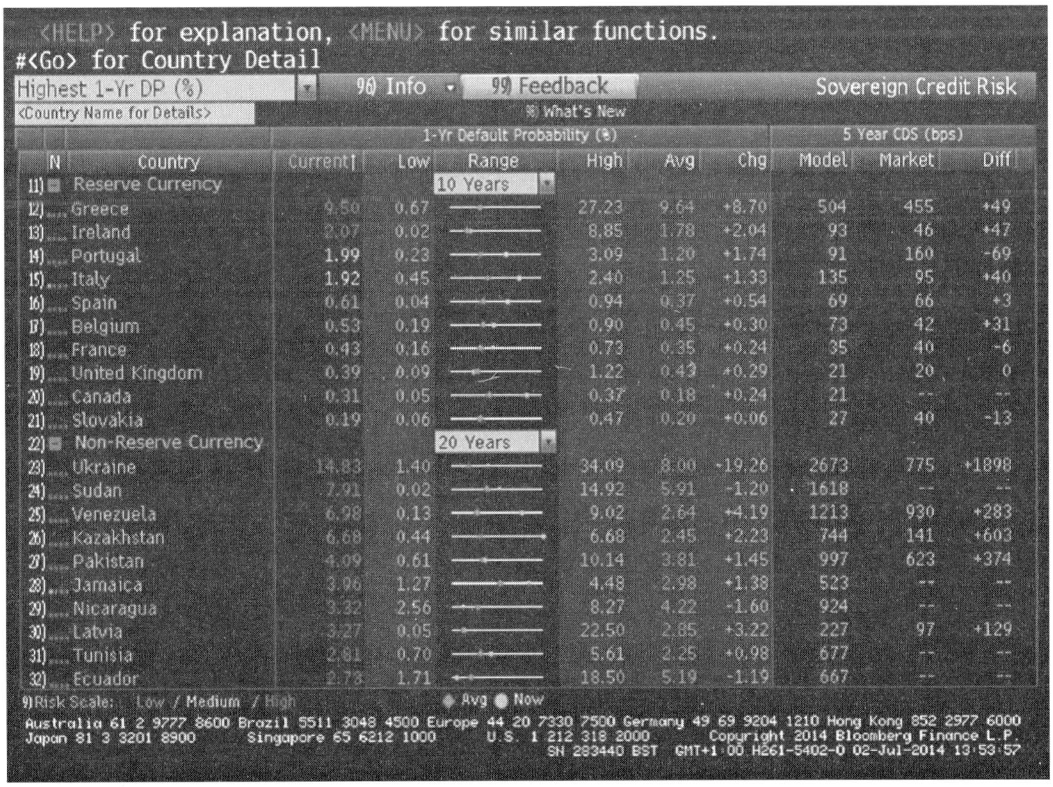
<HELP> for explanation, <MENU> for similar functions.
#<Go> for Country Detail

Highest 1-Yr DP (%) | 96) Info | 99) Feedback | Sovereign Credit Risk

<Country Name for Details> | 98) What's New

N	Country	1-Yr Default Probability (%) Current	Low	Range	High	Avg	Chg	5 Year CDS (bps) Model	Market	Diff
11)	Reserve Currency			10 Years						
12)	Greece	9.50	0.67		27.23	9.64	+8.70	504	455	+49
13)	Ireland	2.07	0.02		8.85	1.78	+2.04	93	46	+47
14)	Portugal	1.99	0.23		3.09	1.20	+1.74	91	160	-69
15)	Italy	1.92	0.45		2.40	1.25	+1.33	135	95	+40
16)	Spain	0.61	0.04		0.94	0.37	+0.54	69	66	+3
17)	Belgium	0.53	0.19		0.90	0.45	+0.30	73	42	+31
18)	France	0.43	0.16		0.73	0.35	+0.24	35	40	-6
19)	United Kingdom	0.39	0.09		1.22	0.43	+0.29	21	20	0
20)	Canada	0.31	0.05		0.37	0.18	+0.24	21	--	--
21)	Slovakia	0.19	0.06		0.47	0.20	+0.06	27	40	-13
22)	Non-Reserve Currency			20 Years						
23)	Ukraine	14.83	1.40		34.09	8.00	-19.26	2673	775	+1898
24)	Sudan	7.91	0.02		14.92	5.91	-1.20	1618	--	--
25)	Venezuela	6.98	0.13		9.02	2.64	+4.19	1213	930	+283
26)	Kazakhstan	6.68	0.44		6.68	2.45	+2.23	744	141	+603
27)	Pakistan	4.09	0.61		10.14	3.81	+1.45	997	623	+374
28)	Jamaica	3.96	1.27		4.48	2.98	+1.38	523	--	--
29)	Nicaragua	3.32	2.56		8.27	4.22	-1.60	924	--	--
30)	Latvia	3.27	0.05		22.50	2.85	+3.22	227	97	+129
31)	Tunisia	2.81	0.70		5.61	2.25	+0.98	677	--	--
32)	Ecuador	2.73	1.71		18.50	5.19	-1.19	667	--	--

9) Risk Scale: Low / Medium / High ◆ Avg ● Now

Australia 61 2 9777 8600 Brazil 5511 3048 4500 Europe 44 20 7330 7500 Germany 49 69 9204 1210 Hong Kong 852 2977 6000
Japan 81 3 3201 8900 Singapore 65 6212 1000 U.S. 1 212 318 2000 Copyright 2014 Bloomberg Finance L.P.
SN 283440 BST GMT+1:00 H261-5402-0 02-Jul-2014 13:53:57

사적으로 도달한 가장 높은 확률보다 낮다.

딜러 은행은 시장 매수자로서 행동하고 구매 및 매도 측면에서 국가CDS 시장을 지배한다. 은행이 국가위험에 노출되는 것은 국가채권의 직접적인 보유에서 발생할뿐만 아니라 국가와의 파생상품 거래와 관련된 거래 상대방 신용 위험에서 비롯된다. 역사적으로 국가는 예를 들어, 금리와 교차통화 파생상품의 장외 파생상품 포지션과 관련된 일일정산 기준(mark-to-market basis)에 대해 담보를 제공하지 않았다.

결과적으로 딜러 은행은 국가가 거래 상대방인이 OTC 계약에 대해 거래 상대방 위험에 노출되며 거래 상대방 위험을 회피하기 위해 국가CDS를 사용할 수 있다.

아르헨티나는 큰 디폴트규모와 아르헨티나의 부채와 관련되어 있는 진행되고 있는 법적 절차로 인하여 CDS시장과 연관된 흥미로운 국가이다. 아르헨티나와의 거래는 CDS요율이 디폴트기간을 기준으로 1년 동안 약 40%였다.

예제

국가의 가장 높은 거래가 주초에 2,350 bp로 1년 계약으로 생각되었지만, 1년 아르헨티나 신용 디폴트 스왑 중간 수준은 지난주에 4,000 bp를 기록했다.

파생상품 시장조성자(Derivatives Market-maker)는 극단적으로 폭이 넓은 매수/매도 스프레드(2년짜리 아르헨티나 중간은 약 3,900 bp로 상승)에 대해 디폴트 스왑 가격을 조심스럽게 보고 했으며, 그러나 현금시장 헤지의 균형에 대해 대부분 집중하였는데 이것은 쉽게 증명할 수 없었다.

보호를 매도한 딜러는 아르헨티나가 디폴트 되거나 또는 부채를 재조정하는 사건에 대해 전술적으로 변호사와 상의했다. 아르헨티나에 대한 미화 10억 달러 이상의 신용디폴트 보호가 지난 몇 년 동안 거래되었으므로 디폴트를 깨끗하게 정리하거나 부채 재조정이 있다면 가장 큰 디폴트 스왑 지급이 발생할 수 있다. 그러나 부채 재조정이 아르헨티나 당국에 의해 어떻게 처리되는지에 따라 스왑의 지급 조건이 충족되었는지 여부에 대한 의견 차이가 많다.

지불금 방아쇠가 수 시간 밖에 걸리지 않을 때의 디폴트스왑은 예술이 아니라 과학이다. 지난 마지막 주 딜러들은 목요일 아르헨티나 FRB 63.5 파운드의 종가에서 LIBOR이상의 3,060 bp와 동일하였는데, 디폴트 스왑 발행의 이론적 위험에 대해 30~40%를 추가 했다는 채권거래의 자산스왑가치와 반대이다. 올해 많은 사람들은 라틴 아메리카 국가에서 거래의 총 스프레드의 약 10%에 해당하는 자산 스왑베이시스에 대한 디폴트를 사용하고 있다.

(Thomson Reuters IFR, 2001년 7월)

위의 예제에서 설명한 사건에 따르면 아르헨티나는 2001년 12월 26일에 총 930억 달러의 대외 채무를 이행하지 못했다. 다음 기사는 2014년까지의 장기간의 법적 절차와 CDS 시장에 미치는 영향을 요약하고 가치 있는 교훈을 제공한다.

예제

아르헨티나 부채 스왑에 이벤트 조항이 촉발되면 ISDA에 질문하였다.

국제 스왑 및 파생상품 협회(ISDA)는 아르헨티나에 대한 신용 디폴트 스왑의 조항이 정부가 채권이자를 지급하지 않겠다고 말한 후에 촉발되었는지 여부를 결정하도록 요청 받았다고 발표했다. . .]

아르헨티나는 지난주 미 연방 대법원 판결에 따라 2001년 채무 불이행 이후 구조 조정 부채를 수령하기를 거부 한 채권단과 협상을 벌이고 있다. 이 판결은 채권단이 상환될 때까지 구조조정 채권에 대한 이자 지급을 차단한다. 크리스티나 페르난데즈 데 키르 치 네르 대통령 정부는 모든 청구권을 지불할 수 없다고 말했다. . .]

정부는 2005년과 2010년에 구조 조정의 일부로 발행된 채권에 대해 6월 30일에 9억 달러의 이자를 빚지고 있다. 뉴욕 판사의 명령에는 이자지급이 허용되기 전에 채무 불이행된 부채에 대하여 아르헨티나는 억만 장자 Paul Singer의 Elliott Management Corp. 기업을 포함한 채권자들에게 아르헨티나에 지급하도록 요구하고 있다.

페르난데스 장관은 이 같은 조건으로 모든 채권국에 대한 지불을 강요 당하면 외화 보유고의 절반 이상이 고갈될 것이라고 말하면서 150억 달러를 빚질 수 있다고 말했다. . .]

정부는 2001년에 95억 달러의 부채를 채무 불이행 하였는데 2건의 구조조정에서 할인된 새로운 채권으로 채무불이행된 채권을 대체했다. 지불중지(Holdouts)가 채무 불이행에 대한 전액 지불을 하지 않기 위해 이루어 졌다. 아르헨티나는 자신들을 "독수리"라고 부르며 미국 법원에 판결을 내리기를 거부하면서 유혈 진압비를 지불하지 않겠다고 다짐했다.

아르헨티나의 부채는 블룸버그에 의해 제공된 데이터에 따르면 보험을 계약하는데 세계에서 가장 비싼 보험료가 소요된다는 것이다. CMA에 따르면 아르헨티나 부채의 5년간 1000만 달러를 5년 동안 보호하기 위해 연간 340만 달러의 초기 비용과 50만 달러의 비용이 소요됐으며 그 기간 내에 64%의 채무 불이행 가능성을 시사했다.

기탁금 신탁 및 청산 회사에 따르면 6월 13일 현재 아르헨티나의 부채 총액 9억6천만 달러를 커버하는 2,602개의 신용 디폴트 스왑 계약이 있었다.

(블룸버그, 2014년 6월 23일)

2013~2014년에 아르헨티나에 의한 채권자 지불과 관련한 법적 논쟁으로 CDS 스프레드와 내재 디폴트확률 문제로 나타났다. 〈그림 6.7〉은 40% 회수율을 가정한 상태에서 5년 CDS 스프레드에 의해 내재된 아르헨티나의 연간 디폴트 확률을 보여주고 있다.

그림에서 오른쪽의 점선과 y축은 디폴트확률을 나타내며 왼쪽의 실선과 y축은 CDS 스프레드를 나타낸다. 2014년 8월, ISDA는 아르헨티나의 국채 매입 실패가 신용이벤트였고 신용 디폴트 스왑 보유자에게 지급을 촉구했다.

GFC에 이어 유로 지역의 국가 채무 스트레스는 국가CDS의 신뢰성과 유용성에 대한 우려를 다시 불러 일으켰다. 2005년 6월과 2013년 4월 사이에 103건의 CDS 신용 사건이 있었지만 정산결제가 공개적으로 문서화된 것은 2건의 국가CDS 신용 사건만 있었다. 2012년 3월 그리스의 채무 교환은 국가CDS 신용 사건의 유발 및 해결의 잠재적 복잡성을 강조한 사례였다. 그리스 국채 (GGBs)에서 약 2억2천만 달러가 새로운 GGB와 교환되어 역사상 최대의 국가 구조조정 사건이 되었다. 유럽 정부는 그리스 은행의 채무 불이행이 유럽 은행에 미치는 영향에 대해 우려했다. 따라서 정부는 관련 신용 사건의 촉발을 지연 시키려 시도했다. 이러한 조치로 CDS 시장에 대한 신뢰가 훼손되고 국가CDS의 효과

그림 6.7 아르헨티나의 디폴트확률과 CDS스프레드

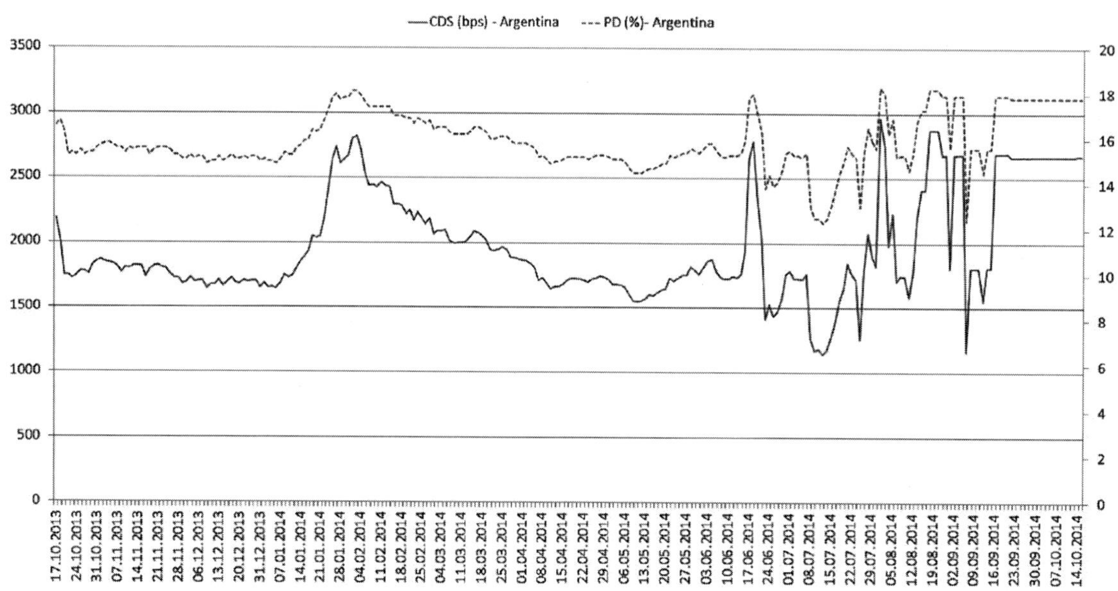

에 대한 질문이 제기되었다. CDS 보호의 효과는 두 가지 주요 사항에 달려 있다. 첫 번째는 손실 책임이 있는 사건이 CDS 지불을 발생시키는 것이다. 두 번째는 CDS가 발생하면 지급액이 손실을 상쇄시키는지에 대한 여부이다. 2013년 4월 IMF 세계 금융 안정 보고서는 새로운 GGB가 CDS 정산으로 가는 액면가의 약 22%를 거래하고 있다는 행운의 우연인데 이는 이전 GGB가 교환전과 동일한 가격이었다는 것을 주시한다. 이는 정산으로 인하여 부채교환에서 발생된 손실액에서 대략적으로 국가CDS 지급액만큼 발생한다는 것을 의미한다. 이것은 부채 및 CDS보유자의 행운의 일치의 결과로 인하여 관련된 불확실성으로 인해 교체되는 금융상품도구에 비례하여 새로운 금융상품 페키지을 인도하는 것과 같은 대안적인 정산 메카니즘을 다시 한번 생각하게 한다.

6.10 결론

이 장은 신용파생상품의 주요한 군(class)에 대한 간략한 소개일 뿐이다. CDS가 금융공학의 방법론을 완성하는데 중요한 역할을 한다는 것을 알았다. CDS에 대한 계약 방정식을 개빌하어 이를 부의 베이시스 기래에 적용했다. 회수조항과 관련된 현실적인 복잡성을 논의하고 최근의 국가 지급불능(디폴트)과 국가CDS 유발에 따른 신용사건 유발 및 결제의 중요성에 대한 교훈을 이끌어 냈다.

추천 도서

몇 권의 최근 저서가 이 새로운 부문을 다루고 있다. 좋은 이론적 배경과 경험적 연구를 위해 Duffie and Singleton(2003)은 매우 유용하다. Bielecki와 Rutkowski(2001)는 수학적으로 관련되어 있지만 우수하다. Barclays Capital Standard Corporate CDS 핸드북2010은 GFC 이후 CDS 시장의 주요 변화에 대한 좋은 요약을 제공한다. 월간 리스크(Risk) 발행물인 신용(Credit)은 시장 활동에 대한 좋은 책이다. 이 장에서는 CDS가격결정의 간단한 예를 다루었다. 실제 시장 관행에 따른 CDS 가격결정에 대한 자세한 설명은

White(2013)를 참조하라. Hull(2014)과 O'kane(2008) 역시 좋은 참고 자료이다. 여기에 있는 고전적인 독서는 Merton(1974)이다. Giesecke(2002)는 가격결정에 대한 좋은 설문조사이다. 독자는 또한 아주 좋은 출처 인 Schönbucher(2003)를 참고 해야 한다. 2013년 4월 IMF 세계 금융 안정성 보고서는 국가CDS 시장의 최근 쟁점을 검토한다.

연습문제 Exercise

1. 본 연습문제는 신용 포트폴리오의 VaR(Value–at–risk) 계산문제를 다룬다. 기업 재무제표의 데이터를 사용하여 다음 질문에 답하시오.
   a. 디폴트확률을 어떻게 계산 하는가?
   b. 신용에 대한 전이행렬(migration matrix)를 어떻게 얻을 수 있나?
   c. 은행의 포트폴리오에서 관련된 신용 결합전이확률(joint migration probabilities)을 어떻게 얻을 수 있는가?

2. 다음과 같이 설정된 2개의 위험 채권이 제시되어 있다.

   채권 A

   a. 액면가: 100
   b. 통화: USD
   c. 쿠폰: 10
   d. 만기: 4년
   e. 3년 후 수의상환 (callable)
   f. 신용등급: AA–

   채권 B

   a. 액면가: 100
   b. 통화: EUR
   c. 쿠폰: LIBOR+78 bp
   d. 만기: 5년

e. 신용등급: AAA

적절한 파생 계약을 체결하여 채권 A를 채권 B로 전환에 대해 요청 받을 것이다. 현금 흐름도표를 사용하여 정확하게 답하라.

① 올바른 통화로 전환하기 위해 통화스왑(currency swap)을 어떻게 사용하는지를 보여라.

② IRS를 사용하여 필요한 이자율로 전환하는 방법을 보여라.

③ 스왑션(swaption) 계약을 할 필요가 존재하는가? 선도 캡(caps) 및 플로어(floors)를 사용하여 동일하게 달성될 수 있는가?

④ 마지막으로, 신용파생 상품을 사용하여 원하는 신용수준의 질로 전환하는 두 가지 방법을 제시하라.

3. 6.7절의 CDS 가격결정의 예를 고려하자. 위험율(hazard rate)은 5% 대신 3%이지만 다른 모든 입력 매개 변수는 동일하게 유지한다고 가정하자. 보호 기간(leg) 지불의 기대 현재 가치를 교재에서처럼 프리미엄 기간(premium leg) 지불의 기대 현재 가치와 동일하게 설정하는 CDS 스프레드 cds를 발견함으로써 CDS의 가치를 계산하라.

4. 교재에서 CDS 가격결정의 경우 CDS 스프레드를 유도하고 계약가격을 결정하기 위해 위험비율을(hazard rate) 가정했다. 이제 위험비율은 알려져 있지 않다고 가정하며 이 신용시장에서 200bp의 CDS 스프레드를 관측할 수 있다고 가정한다. 회수율은 여전히 40%이며, 만기는 5년이고 무위험 이자율은 4%이며 수익률 곡선은 평평하다. 디폴트 발생시점과 발생된 프리미엄에 대한 가정은 변경되지 않는다. 내재위태율(implied hazard rate)을 계산하라.

5. 로이터 통신의 다음 인용문을 고려하자.

스웨덴 유틸리티 Attentat(VTT.XE)기업의 CDS와 현금 간의 약한 상관 관계는 비정상적이며 투자자는 부의 베이시스 거래를 설정함으로써 이익을 얻을 수 있다고 ING는 말한다. 예를 들어, 5년 CDS는 Attentat 2010이 실제로 약 5월 중순 이후 5bp까지 좁혀졌다. 1bp가 동일 시점에 걸쳐 더 넓다. 2010년 채권 및 CDS 보호을 약 midas +27bp에 매입하라. (MO)

① 현금 흐름이 정확하게 표시된 그래프에 이 포지션을 표시하라.

② 이 포지션의 논리를 설명하라.

③ 관련된 숫자를 설명하라. 특히, 당신이 그러한 입장에 100을 투자했다고 가정 할 때, 비용과 기대 수익은 무엇인가?

④ 그와 같은 불일치를 일으킨 다른 매개 변수는 무엇이었나?

6. 로이터 통신으로부터 다음의 뉴스를 고려하자.

1407 GMT [다우 존스] 런던 – 대규모 투자 은행에 따르면 투자자들은 다음 전략을 사용하여 수익률을 높일 수 있다.

a. 전략에서 34bp에 대하여 그리스(9bp), 이탈리아(8.5bp), 일본(4bp), 폴란드(12bp), 헝가리(16bp) 에 대한 5년 CDS를 매도하라. 헤지를 위해 38bp의 iTraxx Europe에서 5년짜리 보호를 매입하라.

거래에서 4bp를 포기하지만, 공공 부채가 신용보다 우월한 성과를 낸다면 이익을 얻는다.

b. 중립 또는 정의 결과를 달성하기 위해, 명목금액(notional amounts)을 조정하는데 – 예를 들어 첫 번째 거래에서는 스프레드 중립 포지션에 대하여 20%까지 OECD 바스켓 명목금액을 상향 조정한다.

c. 신흥시장 바스켓은 2005년 iTraxx와 65%의 상관 관계가 있었기 때문에 후자를 헤지로 사용한다

① 항목 (a)을 합리적으로 설명하라. 특히, iTraxx Xover가 헤지로 사용되는지 이유를 설명하라.

② (b)에서 정의 결과를 얻을 수 있는 방법을 설명하라.

③ 문장 (c)에서 주어진 정보의 사용은 무엇인가?

7. 로이터 통신으로부터 다음 뉴스를 고려하자.

HVB는 커버드 본드 전화를 제안한다

0843 GMT [다우 존스] LONDON– 스왑에서 6.5bp로 DG Hyp 4.25% 2008s을 매도하고 스오스왑–4.2bp로 Landesbank Baden–Wuerttemberg (LBBW) 3.5% 2009s를 매입하라고 HVB는 말한다. LBBW 딜은 국가의 보증을 계속 누릴 것이다. HVB는 가까운 미래에 스프레드가 더욱 강화 될 것으로 기대한다.

a. 독일 Landesbank란 무엇인가? 등급은 무엇인가?

b. 이 신용 전략의 배후 논리는 무엇인가?

c. CDS를 사용하여 동일한 포지션을 취할 수 있는가? 방법을 기술하라.

8. 현금 흐름 도표를 사용하여 다음의 두 전략 뒤에 있는 논리를 설명하라.

a. WestLB 모기지 Pfandbriefe가 빈틈없이 거래되고 있다. Swap에서 5.4bp로 WestLB 3% 2009s를 매도하고 위험도 가중치 Land Berlin 2.75% 2010s를 2.7bp로 매입하라. (TMA)

b. 다음의 인용문은 신용 부문에서의 순매도를 다루고 있다. 적절한 다이어그램을 사용하면 거래가 무엇인지 설명 할 수 있다.

내재 선도 CDS 수준은 단기 CDS가 5년까지는 현재 너무 저렴하므로 높게 나타났다고 BNP Paribas는 말한다. 준거로서 iTraxx Main 곡선을 사용하면 6개월 및 1년 CDS를 모두 60bp로 표시 하고 있는 이론적인 3년 선도곡선을 제시하고 있다. "3년간 6개월 및 1년 CDS가 60bp이상 거래될 가능성이 매우 낮다."

EUR20M에 대하여 iTraxx 3년을 20.75 bp로 매입하고 EUR25M에 대하여 iTraxx 5년을 38bp로 매도하고, EUR7M에 대하여 iTraxx 5년을 61.25 bp로 매입하는 3–5–10 바벨(barbell)을 이용하라.

단기 명목상의 노출 2백만 유로에 대해 거래를 통하여 연간 32,000EUR의 결과를 가진다.

7 자기자본 금융상품공학과 디폴트의 구조 모형

CHAPTER

7.1 서론

고정소득증권은 일반적으로 알려져 있으며 "고정된" 정(+)의 성과와 관련이 있다. 또한 만기일도 정했져 있다. 금융상품 신용의 질을 제외하고, 고정소득자산은 알려진 작은 집합의 변수 및 위험요소에 의존하는 상대적으로 간단한 현금흐름을 가지고 있다. 또한 관련 기간구조를 계산할 수 있는 확실하고 정확한 방법이 있다. 마지막으로, 스왑, FRA(Forward Rate Agreement) 및 선물과 같은 몇 가지 유동성이 있고 효율적인 고정소득 파생상품시장이 존재하는데 이 분야에서 복제 및 가격 문제를 단순화한다.

자기자본 분석에는 정교한 기법이 필요하다. 보통주식 또는 주식지수와 같은 기초 자산에는 만기가 없다. 이는 불투명하고 특이한 위험 집합에 달려 있으며 결과적으로 현금흐름은 복잡하다. 미래 현금흐름의 시점과 크기는 알려지지 않을 수도 있다. 또한 자기자본 상품의 복제 및 가격결정을 더욱 복잡하게 만드는 성장, 투자 및 경영 결정에 대한 복잡한 문제가 있다. 마지막으로 상대적으로 적게 관련된 파생상품시장은 유동적이며 복제 활동에 유용하다.

그러나 옵션 가격결정 및 복제의 일반 원칙을 자기자본의 가치 평가에 적용할 수 있다. 이 장에서는 이전에 도입된 방법을 자기자본 및 자기자본 연계 상품으로 확장한다. 또한 이 분야를 대표하는 일부 금융상품의 공학 적용에 대해서도 논의한다.

첫째, 기업의 자기자본이 현재 부채의 현재가치와 동일하게 행사가격을 가진 회사 자산에 대한 옵션으로 간주될 수 있거나 가격결정이 될 수 있는 방법을 보여준다. 이 접근법은 소위 머튼(Merton, 1974)의 기본 구조 모형을 기반으로 한다. 이것은 금융공학 원칙을 우아하고 유용하게 응용하며, 중요한 것은 신용 및 자기자본상품의 가격결정을 연결하는 것이다. 주어진 투입 매개변수를 기초로 한 옵션 가격을 결정하거나 관측된 옵션시장 가격을 기초로 내재된 변동성을 도출하기 위해 초기에 이 장에서 사용된 블랙-숄즈 모형과 유사하게 Merton(1974)모형이 3가지 주요 다른 방법에서 응용될 수 있다. 첫째, 회사의 자산, 자본구조 및 부채 가치에 대한 정보가 주어지면 모형의 내재 가치를 결정할 수 있다. 둘째, 신용에 대한 자기자본 접근법(equity-to-credit approach)에서 내재 신용 스프레드와 부채의 채무불이행 확률을 도출하기 위해 관측된 자기자본의 시장 가격을 모형에 넣을 수 있다. 세 번째 응용은 자기자본의 관측된 시장가격을 이용하고 내재변동성을 도출하기 위해 관측된 신용스프레드(채권 또는 CDS시장으로부터)을 이용한다.

이러한 광범위한 사용은 중요한 실용적인 용도로 사용된다. 다음 예는 오늘날의 시장에서의 구조적 모형의 실제적 관련성을 강조한다.

예제

[. . .] 선도 투자자들은 Merton 모형이 현재 너무 자주 사용되어 실제로 신용시장을 주도하고 있다고 말한다. 샌프란시스코에 있는 Barclays Global Investors(BGI)에 7,800억 달러를 투자하여 관리하라. BGI는 Merton 모형을 사용하고 있는가? 자체 모형은 물론 시장에서 이용가능한 모형도 있다. 그러나 수년 동안 미국의 고정소득증권의 책임자인 피터 윌슨(Peter Wilson)은 이 모형이 이제는 그렇게 되고 있다고 말한다. 다른 투자자들에게 널리 퍼져있어 신용시장이 어느 방향으로 움직일 것인지를 지시하기 시작했다.

출처 : Risk Magazine, 2003년 11월 1일, 'Barra는 혼란에 빠져 든다. Merton 모형 시장, www.risk.net/1497515/

개발된 신용파생상품시장과 신용 스프레드의 시장 가격이 보다 널리 이용 가능하게 됨에 따라 Merton 모형이 금융 부문에서보다 보다 더 널리 사용되었고 많은 은행들이 자기자본 및 고정소득 부문을 더 큰 범위로 통합하여 동일한 거래 현장에 배치했다. 이전에는 자기자본 및 고정소득 부문이 다른 거래 층에서 종종 발견되었다. 이 재구성을 위한 근본적인 지적인 기반은 디폴트 구조 모형에 있다. 또한, 이러한 모형은 소위 자본구조 차익거래 전략에 사용될 수 있다. 이러한 전략은 Merton 모형을 사용하여 신용시장과 자기자본시장 간의 잘못된 가격결정을 확인하고 이를 활용하기 위해 자기자본, 채권 또는 CDS 시장에서의 포지션을 취한다.

자기자본시장의 복잡성과 위험이 주어진 경우, 우리가 볼 수 있듯이 Merton의 기본 모형 및 그 적용과 관련된 한계도 있다.

이전 장에서 신용위험, 위험 채권의 채무 불이행 확률 및 신용디폴트 스왑에 대해 논의했다. 신용 스프레드를 파악하였고, 채무 불이행 내재 확률은 회사채 스프레드뿐만 아니라 디폴트확률로부터 유도될 수 있다. Merton 모형은 만약 자기자본의 시장가치와 다른 자본구조의 매개변수가 관측된다면 이것을 계산하기 위해 모형이 사용될 수 있기 때문에 디폴트 확률에 대한 세 번째 정보원천을 제공한다.

단순한 Merton 모형은 지난 40년 동안 크게 확장되었으며 KMV 또는 CreditGrades 모형과 같은 업계 버전이 널리 사용된다. 헤지 펀드가 채무 불이행의 구조 모형을 기반으로 하는 소위 자본구조 차익거래 전략을 어떻게 추구하는지에 대해 논의한다.

이 장의 두 번째 목적은 전환사채 및 하이브리드(hybrid) 자기자본 상품과 같은 인기 있는 자기자본 상품의 공학에 대해 논의할 것이다.

이 절의 계획은 다음과 같다. 첫째, 금융 공학 및 옵션 가격결정 원칙을 적용하여 회사의 자산 가치를 평가하는 방법에 대해 논의한다. 그리고 모형의 응용과 한계를 논의한다. 둘째, 전환사채 및 이들의 사촌인 워런트 연계 채권을 고려한다. 전환사채는 내재된 옵션을 가진 또다른 채권의 예이다. 본 교재의 5장에서 수의상환채권(callable bonds)의 형태로 내재된 옵션을 가진 채권의 첫 번째 예를 보았다. 다음 장에서 자기자본 구조화 상품과 소위 역 전환사채를 포함하고 있는 구조화 상품에 대해 논의할 것이다.

옵션복제를 응용하고 금융공학 원리를 기업의 자산에 적용함으로써 시작한다.

7.2 자기자본(또는 지분)이란 무엇인가?

지분 소유자는 채권자에게 지급한 후에 회사의 잔여 가치에 대한 청구권을 가지고 있다. 지분 평가에 대한 전통적인 접근 방식은 지분가치를 미래 현금흐름의 현재 할인 가치로 보는 것이다. 이 접근법은 대부분의 표준 기업재무 교과서에서 다루고 있으므로 더 자세히 논의하지 않고 간략하게 요약할 것이다.[1] 그러나 현실적인 확률측도 하에서 현금흐름을 할인하고 위험 할인율을 사용하는 이 접근법은 어떠한 금융공학적 지식이 요구되지 않는다. 지분을 기업 자산에 대한 옵션으로서 간주하고 위험중립측도에서 가치를 계산하기 위해 사용될 수 있는 두 번째 대안적 견해가 존재한다는 것이 판명되고 있다. 두 번째 해석은 이전 장에서 논의한 옵션복제 및 가격결정과 같은 금융공학 원칙의 우아한 적용을 나타내는 것이며 따라서 이 장에서 이것에 초점을 맞춘다. 실무자 관점에서 지분을 옵

1) Damadoran (2012)는 배당할인모형과 다중 평가를 포함하고 있는 다른 지분 평가접근법에 대한 가장 포괄적인 전체 중 하나를 제공하고 있다.

션복제접근법이 왜 유용한 틀인지에 대한 다른 중요한 이유가 있다. 그 이유는 자기자본과 채권 가치간, 그리고 자기자본시장과 채권시장간 연계성을 창출하기 때문이다. 사실, 유동성 신용파생상품시장의 존재와 함께, 그것은 심지어 지분, 채권 및 CDS시장을 연결하는데 사용될 수 있다. 이러한 연계의 이유는 지분이 행사가격을 가진 기업의 자산에 대한 옵션이 부채의 현재가치와 동일하게 간주될 수 있다는 것이다. 이것은 지분과 채권가격 뿐만 아니라 지분가격과 신용스프레드를 연계시키는 폐쇄형 표현방법으로 유도한다는 것이다. 이 지분 대 신용 접근법에서 지분시장 가치는 부채의 채무 불이행 확률을 유도하는데 사용될 수 있다.

채권은 알려진 날짜에 알려진 현금흐름의 인도를 약속하는 계약이다. 때때로 이러한 현금흐름은 변동적이지만 날짜는 거의 항상 알려져 있으며 변동하는 이자율 상품으로 가격결정 및 위험관리는 문제가 되지 않는다. 마지막으로, 채권의 소유자는 채권을 발행하는 기관의 대부자이다. 이것은 특정 계약이 존재함을 의미한다.

반면에 주식은 금융상품을 발행하는 회사의 소유권을 소유자에게 부여한다.[2)] 따라서 주식 보유자의 포지션은 회사 파트너의 포지션과 유사하며 이익의 증가로 혜택을 받으며 손실에 의해서도 상처를 받는다. 그러나 파트너쉽과 비교할 때 차이점 중 하나는 공개회사의 주주는 유한책임을 진다는 것이다.

7.3 미래 현금흐름의 할인 가치로서의 지분(자기자본)

옵션가격결정 모형이 개발되기 이전의 전통적인 접근 방식은 지분을 현재 지분 보유자에게 현금흐름 할인 값으로 간주하는 것이었다. 주식 또는 지분 가격은 주당 주식 가치에 상응한다. 이러한 접근법은 적절하게 할인된 기대 미래 현금흐름이 현재 가격 S_t와 동

2) 모든 주식들이 이것과 같지 않다. 자산이 증권의 익명자(bearer)에게 포함되고 등록되지 않는 유로-자기자본이 있다. 이와 같은 경우 소유주는 익명이며, 그래서 소유주의 입장을 대변하기는 어렵다. 그러나 비록 투표권은 없을 지라도 소유주는 아직까지 기업에 의해 창출된 현금흐름에 대한 접근성을 가지고 있으며 그래서 기업이 어떻게 운영되고 있어야 하는지에 영향을 줄 수 없다. 이것은 유로-주식 소유권이 기업의 "실질"소유권자가 아니라는 주장을 뒷받침한다.

일해야 한다고 가정한다. 여기에서 현금흐름을 할인하는데 사용되는 할인율은 위험이며 실제 확률측도에서 사용된다는 점에 유의하는 것이 중요하다. 이 접근법의 한 가지 변형은 예를 들어, 주식 배당이 주식 보유로 받는 현금흐름이 되도록 하는 배당금 할인 모형이다.

회사는 DPS_t로 표시된 주당 미래 배당금을 가진다. 미래의 배당금에 대한 타이틀을 얻기 위해 S_t의 한 단위를 매입할 수 있다. 그런 다음 실제 세계의 확률 P을 사용하고 쿠폰 채권 가격에 대한 표현과 유사한 방정식을 나타내기 위해 이 회사에 의해 지불된 배당금에 적용되는 실제 할인율 k_t를 사용한다.[3)]

$$S_t = E_t^P\left[\sum_{i=1}^{\infty} \frac{DPS_{t+i}}{\prod_{j=1}^{i}(1+k_{t+j})}\right] \tag{7.1}$$

이 표현에서 여기서 실제 확률을 사용하고 있음을 다시 강조할 필요가 있다. 따라서 관련 할인율은 무위험 이자율과 다를 수 있다.

$$k_t \neq r \tag{7.2}$$

실제로 k_t는 어떻게 얻게 되나? CAPM(Capital Asset Pricing Model), APT(Arbitrage Pricing Theory) 등과 같은 다양한 모형이 제안되었다. 이들 모형들은 평가에 대한 이론적 토대를 형성하며 실무자는 실제로 기대수익률과 할인율을 계산하기 위해 다양한 단일 또는 다중 요인 모형을 사용한다.

7.4 기업의 자산에 대한 옵션으로서의 자기자본(지분)

7.4.1 MERTON의 디폴트 구조 모형

기존 교재 9장에서는 주식에 대한 옵션 가격을 결정하기 위한 블랙-숄즈 옵션가격결정 모형을 소개했다. 옵션가격결정 접근법이 또한 지분의 가격을 결정하는데 사용될 수

3) 다음 공식에서 t는 연도이다.

있는가? 대답은 긍정적인 것으로 판명된다. 머튼(Merton, 1974)은 기업의 지분이 부채의 (액면) 가치와 동일한 행사가격을 가진 기업의 옵션으로 간주된다는 디폴트 구조모형을 제안했다. 이름에서 알 수 있듯이 모형의 일반적인 적용은 지분 가격에 있지 않고 오히려 지분에 대한 관측된 시장 가격에서 부채에 대한 정보(디폴트 확률 포함)를 유도하는데 있다. 그 결과 디폴트의 구조 모형은 모형화, 가격결정 및 디폴트 위험의 예측을 포함하여 다양한 범위의 중요한 실무적 응용을 포함한다.[4] 다음 예는 구조적 접근 방식의 실제적인 관련성을 보여준다.

예제

데킬라 위기(Tequila crisis), 아시아 금융 위기, 브라질, 러시아, 엔론 . . 이것은 신용등급기관의 유효성에 대해 중요한 사후표본에 의해 발생되는 가장 큰 신용사건인 것 같다. 신용등급 애널리스트에 의해 생성된 것보다 나은 디폴트 지표을 찾고 있는 투자자들은 원천의 다양성으로 전환하고 있으며 그 중 가장 잘 알려진 것으로 Merton 모형 수단만이 아닌 가장 유명한 것이 KMV이다.

(Risk Magazine, 2002년 2월 1일, '슈퍼 모델 전투', www.risk.net/1506552)

GFC는 신용등급 기관에 의해 등급이 하향 조정된 기업 채무 불이행 사례를 최근에 제공했다. Merton유형 모형은 물론 오류가 없으며 모든 모형과 마찬가지로 강점과 약점이 있다. 채무 불이행의 구조적 모형을 응용하는 일은 소위 자본구조차익거래(capital structure arbitrage)의 형태이다. 자본구조차익거래는 부채와 특정 회사에 의해 발행된 주식 간의 잠재적인 잘못된 평가를 이용하여 이루어진다.

Merton(1974) 모형은 이전 장에서 논의한 금융공학 및 옵션평가 개념의 훌륭한 예이다. 이전 장에서는 신용위험, 위험 채권의 채무 불이행 확률 및 신용 디폴트 스왑에 대해 논의했다. 신용 스프레드를 파악했고, 따라서 채무 불이행 확률은 CDS 스프레드와 회사채 스프레드 모두에서 제외될 수 있음을 알았다. Merton 모형은 디폴트정보의 세 번째 확률원천 제공한다. 세 가지 디폴트확률 원천은 시장가격을 사용하고 따라서 위험중립 디폴트 확률을 제공한다. 이들 확률은 신용 위험이 있는 위험 중립적인 세계에서 기대 현금흐

4) 구조모형은 후자 모형에서 디폴트 과정이 기업의 자본구조 모형 없이 직접적으로 모형화된다는 점에서 축약형 모형과 다르다.

름을 계산하는데 사용될 수 있다. 기존교재의 12장에서 자산 가격결정의 기본 정리에 따라 파생상품 가격은 위험중립 측도 하에서 미래 성과의 할인 기대치이다. 디폴트의 구조적 모형이 채권가치와 지분시장이 같이 연결되어 있기 때문에 금융 엔지니어 및 시장참여자는 지분, 채권 및 CDS 시장 간의 잠재적인 차익거래 및 상대가치 기회를 활용할 수 있다. 아래에서 그러한 차익거래 전략의 예를 논의할 것이다.

Merton 모형은 기초 모형을 다양한 방향으로 확장한 많은 연구가 나타나게 했다.[5] 먼저 기초 모형을 설명하고 최근 확장에 대해 언급하기 전에 응용에 대해 논의할 것이다. 가장 단순한 사례이기 때문에 위험이 있는 제로 쿠폰 채권의 평가와 관련하여 Merton 모형을 검토하지만 Merton(1974)은 쿠폰내재 및 수의상환부채 경우에도 고려했다.

7.4.2 채권자와 지분보유자에 대한 성과

표준적인 기업의 재무상태표는 주어진 시점에서 회사의 재무상태를 요약한 것으로 자산, 부채 및 자본이라는 세 가지 주요 부분으로 구성된다. 따라서 지분 소유자는 채권자가 지불된 후에 회사에 대한 잔여 청구를 가진다. 〈그림 7.1a〉는 전형적인 재무상태표를 보여준다. 주식 시장은 우리가 지분의 시장가치를 관찰할 수 있게 한다. 따라서 그림의 재무상태표는 자산, 부채 및 지분의 장부 가액과는 대조적으로 시장가치를 반영하고 있는 것으로 해석될 수 있다. 공개적으로 채권을 발행하는 (중대형)기업의 경우 채권가격의 형태로 부채의 시장가치를 관측할 수 있다.[6]

7.4.2.1 다른 시나리오 하에서 부채(채권자) 및 지분보유자에 대한 지급

지분과 부채인 무이표채 두 종류의 증권만 발행 한 기업을 고려하자. 액면가 F을 가진 무이표채 형태로 한 가지 유형의 부채만을 발행하는 회사의 지분에 옵션평가기법을 어떻게 적용할 수 있는가? 날짜 t에서 기업의 가치는 기업자산의 (시장)가치와 동일하므로 A_t로 표시한다. A_t로 표시한 기업의 가치와 E_t로 표시된 지분가치 및 D_t로 표시된 부채가치의 사이의 관계를 먼저 고려해 보자. 부채보유자, 즉 채권자는 만기일 T에 F를 지불하겠다고 약속한다. 이제 두 가지 가능한 시나리오를 고려하자.

---

5) Merton (1974)모형을 언급하며 이 장에서는 Merton모형으로서 관련 구조모형을 언급한다.

6) 거래된 채권이 실무에서 이용 가능하지 않다면, 부채의 장부가치는 시장가치의 불완전한 근사치로서 사용될 수 있다.

그림 7.1 기업자산에 대한 옵션으로서의 지분(자기자본)

(a) 기업의 제무상태표(시장가치)

자산	부채(Liabilities) 및 자기자본
	부채(Debt)
	자기자본(Equity)

가능하다면 거래된 채권과 자기자본가치를 이용

(b) 다른 시나리오하에서 부채 및 지분보유자에 대한 지급

	시나리오 1: $A_T > F$	시나리오 2: $A_T < F$
부채보유자	F	A_T
지분보유자	$A_T - F$	0

(c) 부채 및 지분 포지션의 성과 프로파일

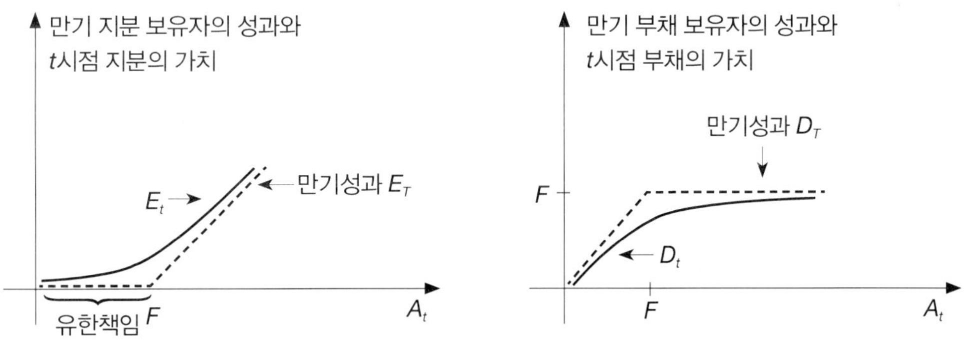

(d) 부채 보유자에 대한 성과를 숏 풋옵션 포지션으로 분해

		시나리오 1: $A_T > F$	시나리오 2: $A_T < F$
	부채보유자	F	A_T
이들의 포트폴리오	무위험부채	F	F
	풋옵션	0	$(A_T - F)$

1. $A_T > F$: 만기 T에 대한 회사의 자산이 채권자 F에 대한 지불 약속의 가치를 초과하면 주식 보유자에게 $A_T - F$의 잔여금액이 지급되고 자본가치는 $E_T = A_T - F$가 된다. 이 시나리오에서는 디폴트 가능성이 없다.
2. $A_T < F$: 만기 T에서 기업의 자산이 부채 보유자에게 약속한 금액보다 적으면 회사는 채무 불이행을 한다. 이 경우 지분보유자에게는 남아 있는 잔여금액이 없고 지분가치는 0이다. 지분보유자는 유한책임을 가지고 있으며 그 결과적으로 지분보유자의 청구권은 0보다 작은 가치가 있을 수 없다. 이 두 시나리오는 〈그림 7.1b〉에 나와 있다.

만기 T시점 기업자산의 가치 A_T에 대하여 지분 E_T의 성과와 채권 보유자 D_T의 성과를 그림으로 나타낼 수 있다. 이것은 〈그림 7.1c〉의 점선으로 표시된다. 우리가 관측 할 수 있듯이 지분의 성과 프로파일은 기업의 자산 A_T에 대한 콜 옵션과 유사하다는 것이다. 그림은 또한 유한책임형태를 나타낸다. 그것은 지분 보유자가 0의 성과에 대한 교환으로서 기업의 부채에서 벗어날 수 있음을 의미한다. 행사가격은 무이표채 부채의 액면가이다. 반대로 채권 또는 부채보유자의 성과 프로파일은 숏 풋 포지션(short put position)의 형태이다. $t < T$시점에서 만기 이전, 옵션은 또한 시간가치를 가지며, 곡선의 검은 선은 만기 전 시점에서 지분과 부채의 가치를 그리고 있다. 지분과 부채의 가치는 만기 전에 약간의 시간 가치를 가진다. 검은 선은 만기 전의 지분가치 E_t와 부채가치 D_t의 가치를 나타낸다.

〈그림 7.1c〉는 왜 Merton 모형에서 지분이 기업자산의 유럽형 콜 옵션으로 가격으로 결정되고 반면 채권보유자의 청구권이 무위험부채와 동일한데 추가적으로 숏 풋 포지션과 동일한가에 대한 기초적인 직감을 보여주고 있다. T 날짜의 채권자의 성과는 다음과 같이 쓸 수 있다.

$$D(A_T, T) = \min(A_T, F) = F - (F - A_T)^+. \tag{7.3}$$

이것은 〈그림 7.1d〉에서 제시되고 있다. 채권 보유자에 대한 성과의 분해는 채권 보유자가 부채의 액면가 F와 동일한 행사가격을 가진 차입 기업의 자산가치에 대해 발행된 숏 풋 옵션이다. 채권자 성과에 내제된 풋 옵션은 때로는 디폴트 또는 신용 풋으로 언급된다.

기본교재의 11장에서 소개 된 풋-콜 패리티 관계를 적용하여 기업의 가치와 위험한 부채의 가치를 도출할 수 있다. 풋-콜(Put-call) 패리티 관계는 콜에서 풋을 뺀 포트폴리오가 기초자산에서 무위험채권을 차감한 포트폴리오의 가치와 동일하다는 것을 언급하고

그림 7.2 Merton 모형의 기업가치 분포

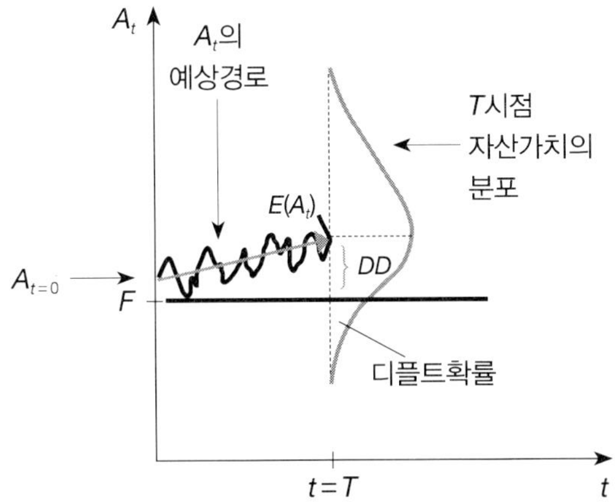

있다는 것을 기억하라.

$$C_t - P_t = S_t - e^{-r(T-t)}K \tag{7.4}$$

Merton 모형의 관계에서 기초자산(S_t)은 기업의 자산, 즉 $S_t = A_t$이다. 채권의 액면가는 F, 즉 $K=F$이므로 풋–콜 패리티 관계는 다음과 같다.

$$C_t - P_t = S_t - e^{-r(T-t)}K = A_t - \text{무위험채권}(t) \tag{7.5}$$

방정식 (7.5)은 다음과 같이 기업 자산 A_t 관련하여 재작성 될 수 있다.

$$A_t = \text{무위험채권}(t) + C_t - P_t \tag{7.6}$$

자산의 가치가 (위험한) 부채와 지분을 합한 것임을 알고 있다.

$$A_t = E_t + D_t \tag{7.7}$$

방정식 (7.6)에서 기초자산이 기업의 자산이기 때문에 방정식 (7.6) 및 (7.7)은 서로 동등하여 다음과 같이 설정할 수 있다.

$$\text{무위험채권}(t) + C_t - 2P_t = E_t + D_t \tag{7.8}$$

이제 Merton모형에서 지분은 기업의 자산에 대한 콜 옵션 ($C_t = E_t$) 이므로 방정식 (7.8)을 다음과 같이 나타낼 수 있다.

$$\text{무위험채권}(t) + E_t - P_t = E_t + D_t \tag{7.9}$$

따라서 양 변에서 $C_t(=E_t)$을 차감하여 다음을 얻는다.

$$\text{무위험채권}(t) - P_t = D_t \tag{7.10}$$

이것은 다음과 같은 계약 방정식으로 이어진다.

무위험부채의 가치	=	무위험채권	+	기업자산에 대한 풋옵션의 가치	(7.11)

7.4.2.2 Merton 모형에서 채권 및 자기자본 가치

Merton 모형과 이 방법론을 사용하는 후속 논문의 보편적인 결과 중 하나는 부채와 지분의 가치에 대한 폐쇄형 해를 얻을 수 있다는 것이다. 이렇게 하기 위해서는 시간이 지남에 따라 기업 자산의 진화와 기업의 부채와의 관계에 대한 가정을 해야 한다. 〈그림 7.2〉는 시간이 지남에 따라 기업의 자산 A_t에 의한 하나의 가능한 경로를 보여준다. 굵은 점선은 시간에 따른 기업의 기대자산의 경로를 나타낸다. 시간 T에서의 곡선은 시간 T에서의 A_t의 확률분포를 나타낸다. 분포는 A_t의 진화에 대한 불확실성이 있음을 보여준다. Merton 모형은 시간이 지남에 따라 자산의 진화에 대한 구체적인 분포가정을 만든다.[7)] 부채의 액면가는 F로 표시된다. 디폴트는 만약 시간 T에서 자산 A_t가 부채 F의 액면가보다 낮으면 발생한다. $E(A_T)$와 F는 디폴트의 거리(DD)로 불리어진다. 여기서 기업 자산가치 A_t가 기하적 브라운(Brown) 운동을 따른다고 가정한다.

$$dA_t = A_t(\mu dt + \sigma dW_t) \tag{7.12}$$

여기서 σ는 자산 변동성이고, μ는 A_t에 대한 기대 연속 복리 수익률이며, W_t는 기하적 브라운 운동을 나타낸다. 기초 모형은 나중에 논의하고 후속 연구에 의해 완화된 몇 가지

7) 원래의 Merton(1974) 논문에서는 기업의 가치를 표시하기 위해 A_t 대신 V_t을 사용하고 있으며 V_t는 확산과정을 따른다는 가정을 하고 있다.

제한적인 가정을 만든다. 여기서 위의 논의에서 내재되어 있는 가정 중 하나를 강조하는데, 즉 디폴트는 날짜 T에서만 발생하며 디폴트와 관련된 곤경비용은 없으며 이는 채권보유자가 디폴트의 경우 A_T를 받는다는 것을 의미한다. 이 가정을 통해 만기 T일을 가진 유럽옵션으로서 옵션 형태를 모형화할 수 있다.

〈그림 7.1c〉에서 보았듯이, T일에 기업의 지분가치는 다음과 같이 주어진다.

$$E_T = \max(A_t - F, 0) \tag{7.13}$$

t일에 기업의 지분가치를 유도하기 위하여 블랙-숄즈 유럽 콜옵션 가격결정 공식[8]을 적용할 수 있다. 만약 기업의 자산 A_t을 거래할 수 있다고 가정한다면, 기존교재의 12장에서 $e^{-rt}A_t$가 위험 중립적 측도 $\tilde{P}$ 하에서 마팅게일이 다음의 결과를 유도한다는 것을 안다.

$$E_t = E^{\tilde{P}}[e^{-r(T-t)}(A_t - F)^+] = BSCall(A_t, F, r, \sigma, T-t) \tag{7.14}$$

유럽피언 콜에 대한 블랙-숄즈 공식은 다음과 같다.

$$E_t = A_t N(d_1) - Fe^{-r(T-t)} N(d_2) \tag{7.15}$$

여기서,

$$d_1 = \frac{In(A_t/F) + (r + (1/2)\sigma^2)(T-t)}{\sigma\sqrt{T-1}}$$

$$d_2 = d_1 - \sigma\sqrt{T-t}$$

t일에서 부채의 가치는 다음과 같다.

$$D_t = A_t N(-d_1) + e^{-r(T-t)} FN(d_2) \tag{7.16}$$

Merton 모형의 중요한 시사점은 위험 부채와 위험이 없는 부채 사이의 스프레드가 풋옵션의 가치라는 것이다. 그러므로 신용 스프레드는 부채의 만기, 레버리지, 풋의 행사가격, 기업의 영업위험 등과 같은 모형의 입력 매개 변수의 함수이다.

위험이 없는 채권의 수익률을 r로 놓자. 더욱이 만약 위험 무 이표채의 수익률을 R로

8) 블랙-숄즈 공식은 또한 Fisher Black, Robert Merton 및 Myron Scholes등이 1973년에 개발했기 때문에 블랙-숄즈-머튼(Black-Scholes-Merton)공식으로 알려져 있다.

놓는다면 수익률의 함수로서 t일의 위험채권가격과 액면가는 다음과 같다.

$$D_t = e^{-R(T-t)}F \tag{7.17}$$

로그를 취하여 R에 대하여 풀면 수익률 R은 다음과 같이 쓸 수 있다.

$$R = -\left(\frac{1}{T-t}\right) ln\left(\frac{D_t}{F}\right) \tag{7.18}$$

방정식 (7.16)에서 D_t에 대한 표현을 위험채권의 수익률 R을 얻기 위해 방정식 (7.18)에 대입할 수 있다.

$$R = -\frac{1}{T-t} ln\left[\frac{A_t N(-d_1) + e^{-r(T-t)} F N(d_2)}{F}\right] \tag{7.19}$$

$$= -\frac{1}{T-t} ln\left[e^{-r(T-t)}\left(\frac{A_t}{e^{-r(T-t)}F} N(-d_1) + N(d_2)\right)\right] \tag{7.20}$$

그림 7.3 Goldman Sachs CDS 대 주당 가격 (2007-2014)

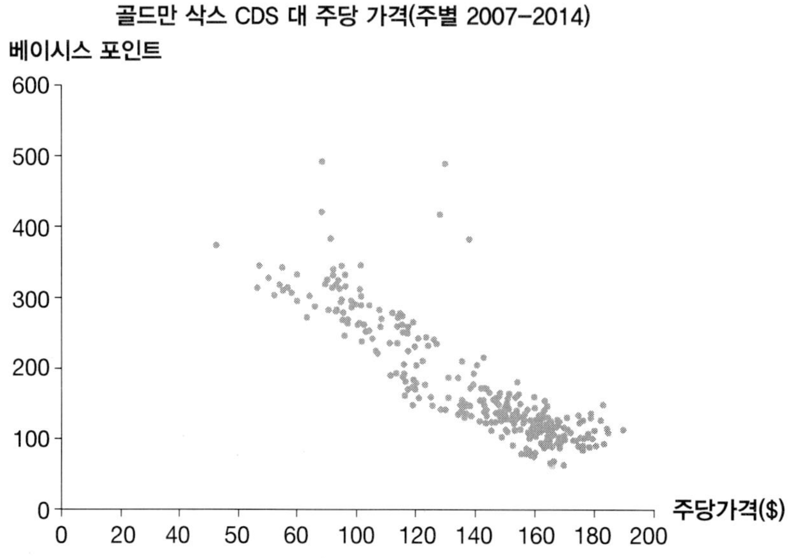

$$=-\frac{1}{T-t}\left\{-r(T-t)+ln\left[\left(\frac{1}{L}N(-d_1)+N(d_2)\right)\right]\right\} \tag{7.21}$$

$$=r-\frac{1}{T-t}\left(ln\left[\left(\frac{1}{L}N(-d_1)+N(d_2)\right)\right]\right) \tag{7.22}$$

여기서 $L=e^{-r(T-t)}F/A_t$는 레버리지 측도이다. 신용스프레드 $R-r$과 관련하여 방정식 (7.22)을 다시 쓸 수 있다.

$$R-r=-\frac{1}{T-t}\left(ln\left[\left(\frac{1}{L}N(-d_1)+N(d_2)\right)\right]\right) \tag{7.23}$$

방정식 (7.23)의 표시방법은 Merton 모형으로부터 내재 신용 스프레드를 계산할 수 있는 입력 매개 변수에 기초한 방법을 보여주기 때문에 중요하고 유용하다. 이 지분 내재 신용 스프레드는 채권 또는 CDS 가격의 신용 스프레드와 비교될 수 있다. Merton 모형은 주가가 올라감에 따라 신용 스프레드가 감소함을 의미한다. 실무에서 이러한 부의 관계를 관측할 수 있나? 〈그림 7.3〉은 예제를 제공한다. 2007~2014년 기간에 걸쳐 주별 기초로 Goldman Sachs 주가에 대한 Goldman Sachs의 신용 디폴트 스프레드를 그리고 있다. Merton 모형에 의해 예측된 것처럼 관계가 부(−)인 것은 분명하다. 이 예는 물론 신용 스프레드를 설명할 때 Merton 모형의 실질적인 유용성에 대한 증명을 나타내는 것은 아니다. 최근 포괄적인 학문 연구는 Merton 모형과 신용스프레드를 설명할 수 있는 투입 매개변수에 대해 몇몇 지지를 발견하는데, 그러나 이들 연구는 또한 Merton 모형 외부 요인이 신용스프레드 결정요인에 중요하다는 것을 제시하고 있다.

금융시장이 신용 리스크를 정확하게 평가해야 하는지에 대해서는 선험적으로 분명하지 않지만, 시장 참여자는 지분, 채권 또는 CDS 시장이 신용위험을 정확히 가격을 결정하는지를 파악할 수 있으며 이때 잠재적으로 상대적인 잘못된 가격결정을 탐색을 시도하기 위하여 이들 두 개 시장에서 롱 및 숏 포지션을 취한다. 이후 제시되는 절 중 하나에서 세부적으로 이러한 거래의 기본적인 합리성과 예를 기술할 것이다.

7.4.3 디폴트 확률

실제로 Merton 모형의 사용 중 하나는 디폴트위험을 나타내는 지표이다. Merton 모형은 옵션의 내재 위험중립 확률, 즉 위험중립 확률 인 $A_T<F$를 계산하는데 사용될 수 있다.

디폴트의 위험중립확률은 풋 옵션이 ITM으로 끝나는 확률이다. 디폴트 확률은 다음과 같이 계산될 수 있다.

$$\text{디폴트 확률} = P(A_T < F) = N(-d_2) \tag{7.24}$$

위험 중립 세계에서 기업가치 과정의 드리프트(drift)는 무위험 이자율 r이다. 방정식 (7.12)의 확률 과정에서, A_t에 대한 현실세계 디폴트 확률은 A_T가 드리프트 μ와 변동성 σ를 가질 경우 $A_t < T$ 될 확률이다. 드리프트(drift) μ와 r은 다를 수 있다. 그러므로 방정식 (7.24)에서 디폴트의 위험−중립확률은 디폴트의 실제확률과 다를 수 있다. 한편, 만약 $\mu > r$이라면 현실 세계의 기업가치는 위험중립적인 세계보다 더 빨리 상승하는데, 이는 현실 세계의 부도 확률이 위험 중립 확률보다 낮다는 것을 의미한다. 반면, $\mu < r$이라면 현실 세계 디폴트 확률은 위험 중립 확률보다 높을 것이다. 위험 중립 확률로부터 채무 불이행 확률에 대한 폐쇄형의 해를 도출할 수 있다. 일반적으로 $\mu > r$이고 실제 확률은 위험중립 확률보다 낮다. 보다 높은 위험중립 확률은 실제 확률과 디폴트의 시점과 크기와 관련된 불확실성에 대한 위험 프리미엄 합으로 구성되고 있다는 것으로 해석할 수 있다. 기초 Merton 모형에서 현실적이지 않은 시점을 고려하는 불확실성은 없다.

다음 예제는 Merton 모형의 적용을 보여준다.

예제

자산의 가치와 변동성이 주어지고, 주 목적이 지분 및 부채의 현재 시장가치 계산뿐만 아니라 내재 신용 스프레드와 채무불이행 확률 등을 계산하는 것이라고 가정한다. 〈표 7.1〉은 입력 매개 변수를 보여준다.

[표 7.1] **Merto 모형예제에서 투입모수**

모수	값
자산/기업가치 (A_t)	100
부채의 액면가 (F)	75
만기 (T)	1
(무위험) 이자율 (r)	2%
자산 변동성 (σ)	20%

만약 $t=0$시점에서 지분가격 E_0을 계산하는데 방정식 (7.15)을 적용하면 $E_0=26.84$의 값을 얻는다. 비슷하게, 방정식 (7.16)에 따르면 부채의 시장 가치는 73.16이다. 방정식 (7.18)을 기초로 한 위험부채의 만기 내재수익률은 2.49%이고 결과적으로 신용 스프레드는 49이다. 무위험 부채의 가치는 73.51이며 무위험 부채와 위험 부채의 차이는 풋의 가치이며 이것은 0.36이다. 디폴트 확률은 방정식 (7.24)에 주어져 있으며 이 예에서 디폴트 확률은 3.46%와 같다.[9)]

7.4.4 Merton 모형의 응용과 자기자본-신용 접근법

방정식 (7.15)에서 보여 주듯이 Merton 모형과 같은 구조 모형은 관측되지 않은 변수 A_t에 기반을 두고 있다. 상장기업의 경우 주당 가격과 지분가치가 시장에서 관측된다. 기업자산의 가치와 그 변동성을 추정하기 위한 일반적인 접근법은 지분의 가치와 변동성을 자산의 가치와 변동성에 연계시키는 다른 방정식과 함께 방정식 (7.13)를 사용하는 것이다. 만약 이토(Ito)의 공식을 방정식 (7.15)에 적용하면 다음을 얻는다.

$$E_t\sigma_E = A_t\sigma_A\frac{\partial E}{\partial A} = N(d_1)\sigma_V V_t \tag{7.25}$$

방정식 (7.15)와 (7.25)는 A_t와 σ_A에 대해 풀 수 있는 한 쌍의 연립 방정식을 나타낸다. A_t와 σ_A를 계산하면 방정식 (7.24)를 기초로 디폴트의 확률 $N(-d_2)$의 확률을 계산할 수도 있다. 또한 A_t-E_t와 동일한 부채의 시장 가치를 얻을 수 있다. 현재 모형의 내재 시장가치를 약정된 부채 지급액의 현재 가치와 비교함으로써 기대손실(EL)을 계산할 수 있다. 이 장의 끝 부분에서는 이 접근법의 적용에 대한 수치 예제를 제공한다.

실제로 Merton 유형 모형을 사용하여 채권 발행자의 채무 불이행 확률을 추정하고 기업의 자본 구조 데이터는 1980년대 KMV(현재 Moody's KMV)였다. 이 접근 방식은 때로는 신용에 대한 지분(equity-to-credit)으로 언급되며, 신용등급에 대한 이점은 유동성시장으로부터 실시간 데이터를 기반으로 한다는 것이다. 따라서 디폴트를 예측하는데 특히 유용하다. 반면에 신용평가기관이 발행한 신용등급에서 파생된 디폴트확률은 상대적으로 드물게 갱신되며 대기업의 상장 회사가 파산신청과 부채에 대한 디폴트 후 신용등급평가기관에 의해 등급이 낮아졌다는 많은 예가 존재한다. 디폴트확률은 다른 원천에서도 얻을

9) 장의 끝에 있는 연습문제는 보다 더 많은 예제를 제공한다.

수도 있다. 그러한 정보의 4가지 잠재적인 출처는 (i) 신용 등급, (ii) 과거 채무 불이행율, (iii) 공개 매매 채권에 의해 내재된 신용 스프레드, (iv) CDS에 의한 내재 신용스프레드 등이다. 그러므로 Merton 유형 모형은 투자 결정이 내려질 때 다른 모형 및 접근법을 대체하는 것이 아니라 보완하는 것으로 간주되어야 한다. Merton 유형 모형은 신용시장에서 널리 사용되지만 시장 참여자는 구조 모형의 산출물에 순전히 의존하지 않고 다른 근본적이고 정량적인 수단을 계속 사용한다. 때로는 구조 모형이 위험의 원천을 이해하는데 유용하다고 여겨지는 반면 다른 모형의 클래스는 채권 및 지분의 시장 가치를 예측하는데 유용할 수 있다. Merton 유형 모형은 많은 기관의 자산 관리자가 다양한 자산 변동성 시나리오에서 기업채권 등의 형태를 이해하는데 사용된다. 그러나 궁극적으로 모든 모형의 정보를 고려하여 결정된다.

7.4.5 Merton 모형의 가정과 확장

위에서 검토한 기초 Merton 모형은 지난 40년 동안 실무자와 학자 모두에 의해 크게 확장되었다. 실제로 구현된 보다 최신의 고급 구조 모형은 독점적이며 기본가정에 대한 공개 정보가 없다. 그러나 출판된 학술 연구는 기초 모형보다 정형화된 실증적 사실에 더 적합한 복잡한 디폴트 구조모형을 개발했다.

7.4.5.1 발표 된 학술 연구의 확장

기본 Merton 모형 도입의 일부로서, 기존 모형이 기초로 하는 가정의 단순화 범위에 대해 언급했다. 공간의 이유로, 위에 언급된 가정들은 불완전하다. Sundaresan(2013)은 기초 Merton 모형과 그 가정에 대한 포괄적인 검토를 제공하고, 이후의 기본 구조 모형이 정형화된 실증적 사실에 더 잘 부합하도록 이러한 가정을 완화한 방법을 제공한다. 이 문헌의 거의 모든 논문에서 사용된 가정 중 하나는 자산 거래가 연속적으로 발생한다는 것이다. 분명히 이것은 모든 기업과 모든 자산에 대한 비현실적인 가정이다. 매우 유동성이 높은 상장지수 자산(exchange traded asset)은 연속적 거래를 나타냄으로써 일계근사(first-order approximation)로 간주될 수 있지만, 많은 기업의 물적 자산은 매우 유동성이 높은데 일부 시장은 존재할 수 없다. 사실, 기업자산 가치와 그 매개 변수 심지어 직접 관측할 수도 없다. 보다 많이 보다 복잡한 디폴트 구조모형에 내재시키는 확장은 다음의 사항을 포함하고 있다. (a) 대리비용, (b) 도덕적 해이, (c) 파산코드, (d) 재협상, (e) 투자, (f) 세금, (g) 기업가치에 따르는 확률과정의 점프(jump), (h) 경기 변동에 대한 디폴트확률의 의존성.

7.4.5.2 산업 내 디폴트 구조모형의 진화

실무자들이 사용하는 모형의 세부 사항을 알 수는 없지만 일부 발표된 모형에서는 이전 절에서 언급한 (a) ~ (h)와 같은 일부 확대가 이러한 모형에 내재되었음을 나타내고 있다. 1980년대에 개발된 원래의 KMV 모형조차도 기초 Merton 모형에 비해 몇 가지 중요한 차이가 있었다. 왜냐하면 가지고 있는 디폴트 데이터베이스를 사용하여 기초 Merton모형에서 계산된 디폴트와 실제 디폴트확률 간의 차이를 측정했기 때문이다.[10] 많은 소프트웨어 공급 업체, 은행 및 기타 민간 부문 기관이 자체 Merton 유형 모형을 개발했다. KMV모형의 초기 버전이 디폴트확률에 중점을 두었지만 1990년대의 신용파생상품 시장의 발달은 채권 및 CDS 스프레드를 추정하기 위해 채무 불이행의 구조 모형을 개발하게 되었다. 그러한 예가 CreditGrades는 2002년에 Riskmetrics 그룹(현재는 MSCI의 일부)에 의해 시작되었다. 원래의 CreditGrades 모형은 블랙-콕스(Black-Cox) 모형을 기반으로 했다는데 이 모형은 기초적인 Merton 모형의 가정 중 일부를 완화하여 만약 기업 자산의 가치가 사전적으로 결정된 디폴트 장벽(barrier)을 치면, 디폴트가 시간 T 이전에 발생할 수 있게 한다. CreditGrades와 같은 모형은 이론적(내재된 모형) CDS 스프레드와 다양한 그릭(Greek)를 생성할 수 있나. 실세로 현실적인 신용 스프레드와 디폴드 확률을 산출하기 위해 현대 모형은 전환사채, 우선주 등의 변수를 포함하도록 확장되었다. 표준 Merton 유형 모형을 적용할 때의 과제 중 하나는 기업의 자본구조가 갑자기 변할 수 있다는 것이다. 모형을 사용하여 지분이 현재 자본 구조에 대한 신용 대비 상대적으로 가격이 매겨 졌는지 여부를 밝힐 수는 있지만 미래에 자본 구조가 어떻게 변할지를 신뢰성 있게 예측하는 것은 거의 불가능하다. 예를들어, 자본구조가 경영의사결정에 의해 변경될 때를 예측하는 것은 매우 어렵다. 기업에 대하여 롱 신용 포지션과 숏 지분포지션을 가진 자본구조 차익거래 상황을 고려하자. 만약 기업이 예기치 않게 LBO(차입매입)을 한다면 무슨 일이 일어나는가? 일어날 것 같은 결과는 포지션이 결과적으로 돈을 잃을 것이라는 것이다. 일부 차익거래자는 기업의 자본구조에서 예상되는 미래 변화에 대한 견해를 표현하기 위해 지분 및 신용을 거래한다.

10) 보다 더 세부적인 사항은http://www.moodysanalytics.com/About-Us/History/KMV-History을참조하라.

위의 문장은 자본구조 차익거래 전략을 위한 Merton 유형 모형의 유용성을 논의하고 있다. 다음 절에서는 이러한 전략을 소개한다.

7.5 자본구조 차익거래

7.5.1 자본구조 차익거래의 예제

자본구조 차익거래는 신용 헤지 펀드 및 특정 은행과 같은 시장참여자가 사용하는 전략의 일종이다. 이 전략의 기초적인 아이디어는 기업 자본구조에서 하나의 증권을 롱 하는 동시에 동일한 기업의 자본구조에서 또 다른 증권을 숏 하는 것이다. 자본구조 차익거래 예는 다음과 같다.

1. "ABC 기업의 주식을 롱하고 ABC 회사의 채권을 숏 하라."
2. "ABC 기업의 지분을 롱하고 ABC가 발행 한 부채에 대한 CDS를 숏 하라".
3. "후순위(subordinated debt) 부채를 롱하고 선순위(senior) 채권을 숏 하라".

디폴트 구조모형이 (1)에서 거래 이행을 위한 의사결정 규칙을 제공하기 위해 어떻게 사용되는가? Merton 유형의 모형을 사용하여 기업 ABC 주가를 기반으로 한 내재 신용 스프레드와 디폴트확률을 계산할 수 있다. 이 스프레드를 $s_{Merton,\ implied}$로 부르자. 기업 ABC가 공개적으로 거래된 채권을 가지고 있다면, 채권 내재 신용 스프레드 $s_{Bond,\ implied}$ 를 계산하기 위해 채권가격을 사용할 수 있다.

$s_{Merton,\ implied} < s_{Bond,\ implied}$이라면 이때 $\varepsilon = s_{Bond,\ implied} - s_{Merton,\ implied} > 0$이다. 채권시장이 위험을 과대 추정하는 동안 지분시장이 디폴트 위험을 정확하게 가격을 결정한다는 견해를 가지고 있다고 가정해 보자. 또한, 두 시장에서 채무 불이행 위험 평가에서 수렴해야 한다고 생각하면 장기 채권에 롱을 취하고 주식 포지션에 숏을 취할 수 있다. 이 접근법에 함축되어있는 것은 가격결정 오류 ε이 시간이 지남에 따라 (0으로) 감소한다는 견해이다.

그러한 거래에 대한 신호는 지분가격에서 파생된 Merton 모형 내재 채권 스프레드와 CDS 스프레드 사이의 불일치 일 수 있다.

위의 (2)의 예는 (1)의 예에서처럼 지분 및 CDS 내재 정보의 비교를 기준으로 하며 지분 및 채권 내재 정보는 아니다. 이전 장에서 설명한 것처럼 CDS시장은 기업 ABC에 대한 CDS 내재 신용 스프레드 $s_{CDS,\ implied}$를 계산 하는데 사용될 수 있다. $s_{Merton,\ implied} > s_{CDS,\ implied}$의 경우의 시나리오를 고려하자. 이제 시장참여자가 CDS시장이 지분시장이 아닌 동안 신용위험에 대해 정확하게 가격을 결정한다고 믿는 경우를 생각해보자. 이 견해를 표현하는 한 가지 방법은 기업 ABC의 CDS를 구입하는 동안 ABC의 주식의 롱 포지션을 통해서 볼 수 있다. 시간이 지남에 따라 지분과 CDS 시장이 신용위험 평가에 수렴한다면, 이러한 포지션은 이익을 창출할 것이다.

다음의 예제(reading)는 그러한 전략이 개별 기업뿐만 아니라 지수에도 적용될 수 있음을 보여준다. 이 예에서 CDS시장은 거시경제 환경을 지분시장과 다르게 해석한 것으로 보인다.

예제

JP Morgan Chase와 Morgan Stanley의 CDS지수인 Trac-x Europe은 2002년 10월의 140bp에서 전쟁 기간의 105bp로 좁혀졌으며 2002년 10월초의 2,275bp였던 Dow Jones Eurostoxx 50지수는 저점 3월 1,928에 도달했다. 명백한 불일치는 대부분의 유럽 기업들이 현재 부채 수준을 줄이고 있다는 사실에 기인한다[. . .]. 신용시장은 기업 부채 감소가 재고 수준을 떨어지게 하는 부정적인 거시 경제 지표보다 기업실적에 더 강한 지표라는 견해를 가지고 있었다.

(Risk Magazine, 2003년 11월 1일, 'Barra는 Merton 모형에 대한 혼잡 한 시장에 결합한다 ', www.risk.net/1497515)

위의 예제는 140에서 105bp로 CDS스프레드가 좁혀지고 있는 것은 신용위험이 유럽기업들이 부채수준을 줄인 것과 같이 줄어들었다는 CDS시장에서의 견해를 반영했다는 일례를 제시하고 있다. 지분보유자는 기업자산에 대한 잔여 청구권자이기 때문에 이러한 해석은 만약 지분시장이 CDS시장에 동의한다면 지분가격의 상승과 일치해야 한다. 그러나 예제가 일례를 보여주는 것처럼 두 시장은 이 경우 동의하지 않으며 지분시장은 실제로 2275에서 1928로 하락한다.

7.5.2 자본구조차익거래에 대한 신호를 보내기 위해 Merton 모형 사용

위의 예는 자본구조 차익거래 배면에 있는 기초적인 아이디어를 예시하고 있다.

Merton 모형을 사용하여 그러한 거래에 대한 신호(signal)를 제공하는 방법에 대해 보다 자세히 살펴보고자 한다. 위의 방정식 (7.23)은 어떻게 관측된 주가로부터 내재 신용 스프레드를 축출 할 수 있는가를 보여준다. XYZ라고 부르는 특정 회사의 경우, 다른 주가 범위에 대하여 Merton 모형 내재 신용 스프레드를 그림으로 나타낼 수 있다. 〈그림 7.4a〉는 이러한 관계를 보여준다.[11] 그림의 축은 기본 Merton 모형의 결과와 일치한다. 약 \$30의 주가는 XYZ에 대한 신용 스프레드가 5%임을 의미한다. 이 관계는 주가가 상승하면 채무불이행 확률이 낮아지고 신용 스프레드가 낮아짐을 의미하므로 아래쪽으로 기울어져있다. 반대로 주가가 하락하면 채무 불이행 확률이 증가한다.

이제 기업 XYZ에 대해 CDS 시장의 채권 가격에서 신용 스프레드를 모으는 것을 상상해보자. 단순화를 위해 채권시장의 데이터라고 가정하지만 데이터가 CDS 시장의 것이라면 비슷한 주장을 할 수 있다. CDS 시장 데이터를 사용한다면, 잘못 결정된 가격을 탐색하기 위한 잠재적 포지션은 CDS를 거래하는 것이고, 아래에서는 잘못 결정된 가격을 탐색하기 위해 채권을 롱 또는 숏 할 수 있는 방법을 설명한다.

이러한 관측 된 스프레드를 〈그림 7.4a〉의 관계에 덧붙인다. 결과는 〈그림 7.4b〉에 나와 있다. 원은 다른 가상의 시장 관측을 나타낸다. 그림에서 알 수 있듯이 적합도는 꽤 좋은 편이다. 주어진 거래일에 시장참여자가 그림을 그려 약 25달러 근처의 주가, P점으로 표시되어 있는 것 처럼 10% 근처의 신용스프레드, 그리고 P을 통과하고 있는 수평선을 관측한다고 가정하자. 25달러의 주가에 대한 Merton 모형에 의해 내재된 이론적 신용 스프레드는 무엇인가? 〈그림 7.4b〉는 Merton 모형이 만약 주가가 \$25이라면 5%(500bp)에 가까운 신용 스프레드를 암시하는 것이다. 이것은 점 P'와 점선으로 표시된다. 이는 부채가 지분에 비해 고평가 되었거나 저평가되었음을 의미하는가? 잠재적으로 잘못된 가격결정(mispricing)을 어떻게 탐색하는가?

〈그림 7.4b〉에 따르면, 점 P는 이론적인 관계를 나타내는 선 위에 있는 관측에 해당한다. 이것은 1000bp(P 점)의 실제 스프레드가 이론적인 500bp(P 점)의 스프레드보다 높음을 의미한다. 실제 스프레드는 너무 높게 해석될 수 있다. 실제 스프레드가 채권 데이터에서 파생된 것이라면 이는 채권이 너무 싸다는 것을 의미한다. 스프레드가 CDS 가격에서 나온 것이라면 CDS 스프레드가 모형에 비해 너무 높다는 의미이다. 지분가치의 관점에서

11) 그림은 단지 예시에 대한 것이며 실제 시장자료를 기초로 하고 있지 않다. 장의 끝에 있는 연습문제에서 실제세계의 주당 가격과 재무상태표 자료를 이용하여 비슷한 관계를 유도할 것이다.

볼 때, 실제 주가는 $25인데 반면에 Merton 모형은 만약 흐린 실선으로 표시되어 있는 신용스프레드가 1000bp였다면 주가가 $14와 가까워져야만 된다는 것을 예측하고 있다. 이러한 관점에서 보면 지분이 과대 평가된다. 이 예제는 Merton 모형을 사용하여 상대적으로 잘못된 가격을 식별할 수 있음을 보여준다. 상대적으로 잘못된 가격결정을 이용하려면 채권, CDS 또는 주식 중 하나의 포지션만을 취하는 것만으로는 충분하지 않다. 채권의 롱 포지션과 주식의 숏 포지션은 XYZ기업의 채권과 주식의 상대적인 잘못된 가격결정에 대한 잠재적인 수정을 탐색 할 수 있다. 그러므로 관측된 가격 조정을 이용하기 위해 XYZ 지분을 숏 하고 Merton 모형에 의해 예측된 대로 주가가 하락할 것이고 채권 수익률이 하락할 것이라는 희망으로 XYZ 채권을 롱 한다. 다음 예제는 장기/단기 포지션을 기반으로 하더라도 자본구조 차익거래는 또한 손실을 가져올 수 있다는 것을 예를 통하여 보여준다.

예제

이라크 전쟁에 따른 주식 가격 급락으로 자본구조의 차익기래지들이 많이 할동하였다. Dow Jones Eurostoxx50은 2002년 10월 초 2,275에서 3월 1,928포인트까지 내려 갔다. 그러나 신용 디폴트 스왑(CDS) 스프레드는 Merton 모형 기반 신용 시스템이 예측할 때 보다 상대적으로 좁게 유지되었다. Trac−x Europe CDS 지수는 10월의 140베이시스 포인트에서 전쟁 기간의 105bp로 좁혀졌다.

(Risk Magazine, 2003 년 11월 1일, 'Barra는 혼잡에 빠져 는다. Merton 모넬 시상, www.risk.net/1497515/)

위의 예는 주식 포지션과 함께 하고 있는 채권 포지션 대신 CDS 사용의 예제를 보여준다. 차익거래자는 지분에 롱 포지션을 가지고 있었고, 지수가 2275에서 1928로 떨어짐에 따라 지속적인 손실을 보였다. 그들은 신용을 숏 하고 있는 것으로 언급되는데 이것은 전형적으로 CDS을 롱 하거나 또는 보호를 매입한다는 것을 의미한다. 따라서 신용 스프레드가 강화됨에 따라 CDS포지션에 대해 일일 손실을 겪는다. 이러한 시장 움직임의 이유는 신용시장이 진행중인 기업의 디레버리징(deleveraging)이 전쟁과 관련된 거시경제요인들 보다 기업성과의 가장 중요한 결정요인이였다는 것을 믿었기 때문이다. 결론은 신용을 숏하고 지분을 롱 한 차익거래자들은 손실의 고통을 겪었다는 것이다.

위의 결론을 일반화할 수 있으며 자본구조차익거래 전략과 어떤 증권을 롱 또는 숏 하는지에 대한 의사결정은 실제 신용 스프레드와 주가 관측 사이의 이론적 관계를 나타내는

그림 7.4 신용스프레드 대 주당가격

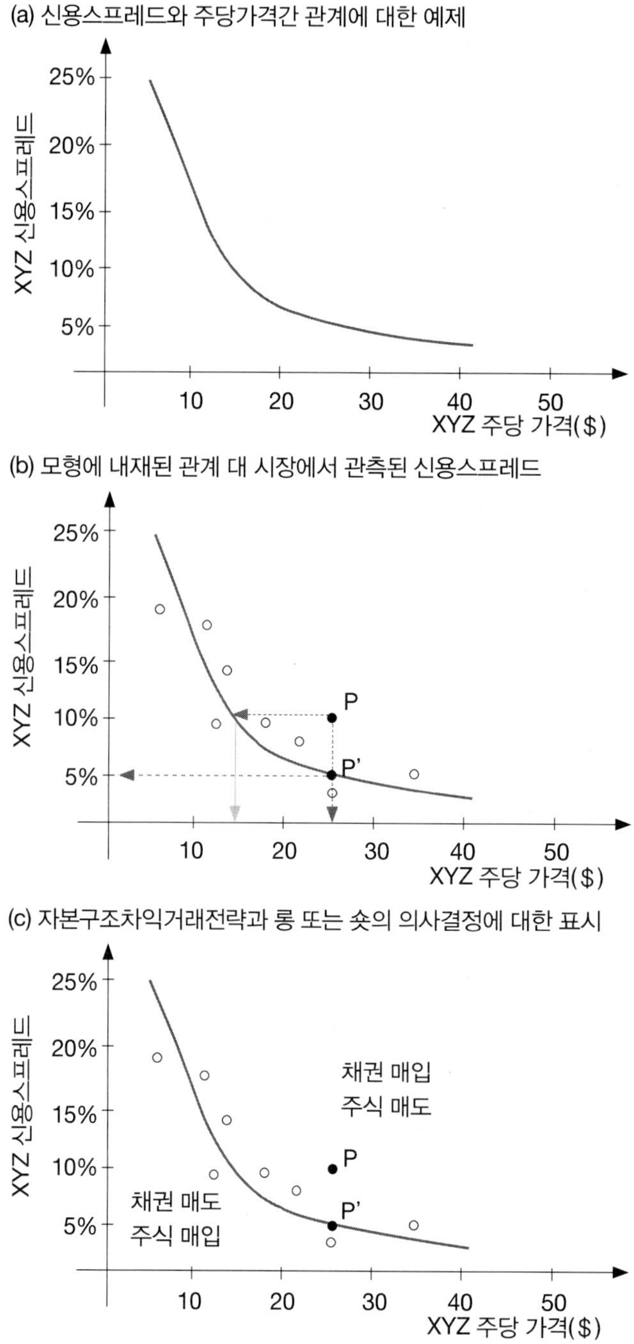

라인의 어느 쪽이 하락하는지에 달려 있다고 말한다. 이것은 〈그림 7.4c〉에 나와 있다.

어떻게 차익 거래 전략의 적절한 헤지 비율을 계산할 수 있는가? 기업의 자산가치 A_t와 관련된 지분 델타로부터 이론적으로 델타를 유도 할 수 있다. 방정식 (7.15)로부터 다음을 알고 있다.

$$\frac{dE_t}{dA_t} = N(d_1) \tag{7.26}$$

$$\frac{dD_t}{dE_t} = \frac{d(A_t - E_t)}{dE_t} = \frac{dA_t}{dE_t} - 1 = \frac{1}{N(d_1)} - 1. \tag{7.27}$$

헤지비율 dD_t/dE_t는 매수(또는 매도) 채권 각각에 대하여 얼마나 많은 주식이 숏 (또는 롱)을 해야 하는지 계산하도록 해 준다. 지금까지의 논의는 지분과 채권의 상대적 가격결정과 관련된 틀을 만들었다. 만약 채권가격 대신 실제 신용 스프레드가 CDS가격에서 파생된 것이라면, 잘못된 가격결정을 탐색하기 위해, (채권가격이 상승하고 스프레드가 강화하게 되는 희망에서) 채권을 롱 하는 대신 CDS를 판매할 것이다.

7.5.3 자본으로부터 이익의 원천

〈그림 7.4〉는 채권(또는 CDS)과 지분 간의 잠재적인 잘못된 가격결정을 이용하기 위해 사용될 수있는 Merton 모형을 기초로 한 의사결정 규칙을 보여주고 있다. 이제 위에 논의된 자본 차익 전략에 대한 주요 원천을 조사하기를 원한다.

이익은 (a) 채권/CDS 및 지분가격 수정의 관점 또는 (b) 변동성 차익 거래의 보다 진보된 관점에서 볼 수 있음이 판명된다.

7.5.3.1 채권(또는 CDS)과 자기자본(지분)의 잘못된 가격 결정으로서의 자본구조 차익 거래

먼저 (a)를 조사하자. 포인트 P에 의해 나타나는 명백한 차익거래를 이용하기 위해 주식을 숏 하고 채권포지션을 롱 하는 것은 최적이라고 언급했다. 이러한 포지션은 만약 주가가 상승하거나 또는 채권가격이 상승하거나(즉, 신용 스프레드가 강화되는 경우) 또는 둘 다 동시에 발생하면 이익을 얻을 수 있다. 그러나 전략적으로 수익성이 있는 다른 시나리오도 있는데, 예를 들어, 주가가 상승하는 경우와 같이 신용 스프레드가 충분한 정도까지 타이트(tight) 해지면 채권의 롱 포지션에 의한 이득은 주식의 숏 포지션으로부터 손실을 상회한다.

전략이 (i) 돈을 만들 것인지, (ii) 돈을 잃을 것인지, (iii) 동일할 것인지에 대해 토의하기 위해 신용스프레드 대 주가 공간에서 3가지 잠재적인 영역을 구별할 수 있다. 〈그림 7.5〉는 세 영역을 보여준다. 시작점은 지점 *P*에서의 델타 헷지 포지션이다. 이 포지션은 채권에 롱 포지션과 주식에 숏 포지션으로 구성된다. 남서 방향을 가리키는 화살표는 점 *P*에서 이론적 신용 스프레드로의 이동을 나타내는가? – 주가 관계는 점 *P*에서의 잘못된 가격결정의 수정을 나타내며 전략에 이익을 창출할 것이다. 반면 북동쪽으로의 주가/스프레드 움직임은 손실로 이어진다. 그러나 지점 *P*를 통과하는 선으로 표시되는 세 번째 영역이 있다. 이 선은 손익분기영역으로 해석될 수 있다. 포인트 *P*는 델타 헷지 위치를 나타내며 신용의 모든 이동은 라인을 따라 퍼진다. Merton 모형이 점 *P*에서 현재 주가/스프레드 관측치가 정확했는지, 즉 잘못된 가격이 없는지를 나타내는 것처럼 움직임에 해당한다.

7.5.3.2 잘못 가격결정된 변동성 관점에서 자본구조차익 거래

앞서 언급했듯이, 잘못된 가격결정은 스프레드와 주가보다는 변동성의 잘못된 가격 결정으로서 잘못된 가격을 해석하는데 두 번째 관점 (b)이 있다. 7.4.4절에서 Merton 모형의 적용에 대한 논의에서 관측된 주식가격과 변동성으로부터 어떻게 신용스프레드를 축출할 수 있는지를 보여 주었다. 이 접근법은 다음과 같은 관계로 나타낼 수 있는데, 이는 주식가치와 변동성과 같은 변수를 사용하여 Merton 모형의 내재신용스프레드를 얻을 수 있다.

$$E_t,\ \sigma E,\ F,\ r,\ \sigma_A,\ T-t \xrightarrow[\text{Merton-Model}]{} R-r_{\text{Merton}} \tag{7.28}$$

대안경로는 실제 신용 스프레드을 가지고 시작한 다음 내재지분변동성을 축출하는 것이다.

$$(R-r)_{\text{actual}},\ E_t,\ F,\ r,\ \sigma_A,\ T-t \xrightarrow[\text{Merton-Model}]{} \sigma_E^{\text{actual}} \qquad \text{E (7.29)}$$

방정식 (7.28)에서 이론적 Merton 모형 스프레드의 사용을 예시해 주고 있다. 〈그림 7.5b〉는 다른 변동성에 대한 이론적인 스프레드와 주가 관계를 나타내는 선을 보여준다.

그림 7.5 자본구조 차익거래이익

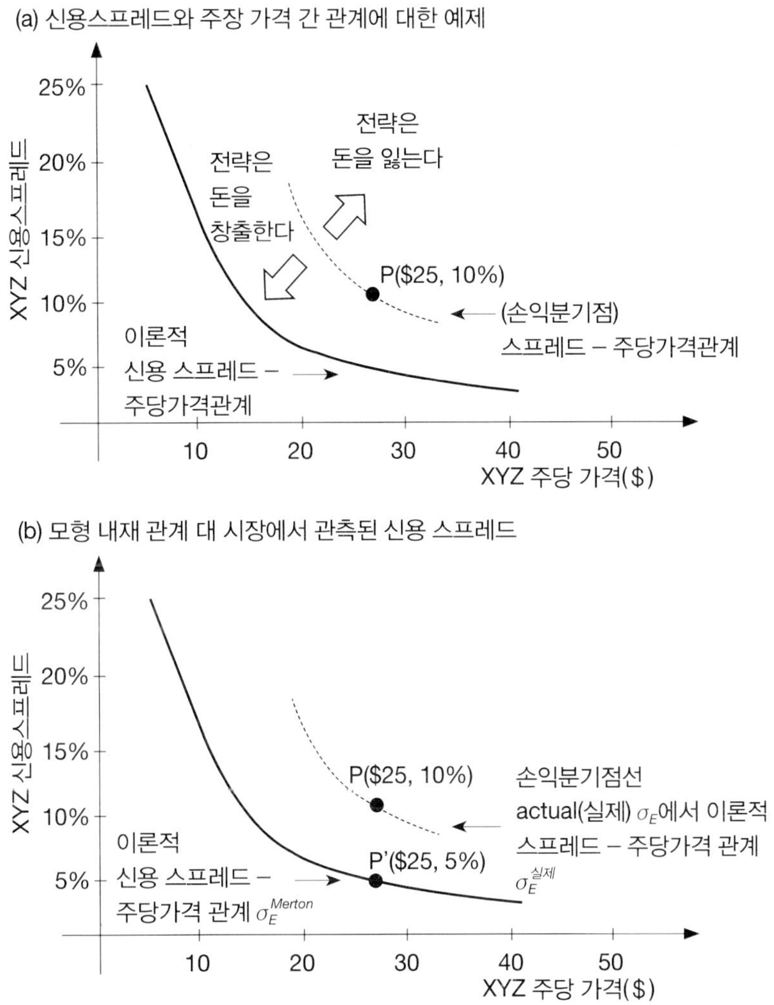

예를 들어, 지점 P'에서 만약 약 25달러의 주가를 연결하면 내재지분변동성 σ_E^{Merton}을 사용할 경우 5%의 신용 스프레드를 얻을 수 있다.

방정식 (7.29)의 절차를 사용한다면, 그리고 다른 변수와 함께, 내재지분변동성을 얻기 위해 25달러의 주가와 포인트 P에 해당하는 10%의 관측된 신용 스프레드를 Merton 공식에 넣을 경우 무슨 일이 발생하는가? 이 경우, 지분변동성 $\sigma_E^{\text{실제}}$을 구할 수 있다.

Merton 모형이 블랙–숄즈 공식을 기반으로 하고 있기 때문에 25 달러의 동일한 주가 수준에서 보다 높은 신용 스프레드를 얻으려면 더 높은 내재 변동성을 사용해야 할 것임이 분명하다. 따라서 25 달러의 주가와 5%의 신용 스프레드의 조합을 사용하여 축출된 변동성은 25 달러의 주가와 10%의 신용 스프레드를 사용하여 얻은 변동성보다 낮아야 한다. $\sigma_E^{\text{Merton}} < \sigma_E^{\text{실제}}$. 다시 말해서, 실제 채권(또는 CDS) 스프레드가 너무 높다는 것은(동일한 주가에서 내재된 Merton 모형과 비교할 때), 채권(또는 CDS) 스프레드가 진정한 변동성(true volatility)으로 언급되는 것에 비하여 상대적으로 높다는 것으로 또한 해석될 수 있다. 결과적으로 XYZ채권에 롱하고 XYZ주식에 숏 하는 전전략으부터 얻는 이익이라고 결과적으로 재해석될 수 있다. 이 전략은 만약 내재 지분 변동성이 정확하다면(즉, 하락의 경우), 이론적 신용 스프레드로 이동함으로써 – 변동성 σ_E^{Merton}을 기초로 한 주식 관계– 이익을 창출할 것이다.

위의 비교에서 "진정한" 주식시장 변동성의 원천으로 무엇이 될 수 있는가? 입력 매개 변수 σ_E의 추정치를 어떻게 얻을 수 있는가? 하나의 잠재적인 원천은 주식옵션의 내재 변동성이다. 다음의 예제(reading)는 실습에서 자본구조 차익거래에 대한 내재 지분 변동성 관점의 사용 예를 제시하고 있다. 예제는 CDS가격을 취하여 지분옵션시장의 내재변동성과 비교되는 내재지분변동성으로부터 축출하는 자산운영자를 언급한다. 지분 변동성은 또한 델타 헤징(delta hedging)에 대한 민감도를 제공한다.

예제

9월 10일, Sun기업에 대한 CDS 스프레드는 LIBOR보다 약 70bp 높았다. "이것은 자본구조 모형을 사용할 때 45~50 변동성 [기준]과 같은 종류의 내재지분변동성을 준다. . .]

Axa팀은 이 가치를 지분옵션시장에서 Sun기업의 내재변동성과 비교했다. 그날 Sun의 3개월 ATM의 내재변동성은 약 65bp였다. 15~20bp의 차이가 차익거래 기회였다. 이 돈을 벌기 위해 Axa는 Sun의 CDS보호상품을 매입하였는데 델타헤지 포지션을 위해 Sun주식도 매입하고 있다.

내재 지분 변동성을 사용하기 위해 [. . Axa는 Merton 이론에 기초한 독점적 지분기반기업가치 모형에 의존한다. . .]

(Risk Magazine, 2003년 10월 1일, '자본구조는 다음을 세운다', www.risk.net/1526277)

예제에서 Merton 모형을 사용하여 방정식 (7.29)에서 처럼, σ_E^{Merton}도출하기 위해 예제에서 사용되었다. 시장에서 관측된 CDS 스프레드는 45~50bp의 지분변동성을 암시하였으며, 이는 지분 옵션 시장의 내재변동성 65bp보다 낮았다. 거래자들은 주식옵션의 변동성이 더 옳았다는 견해를 가진 것으로 보인다. 이 견해는 CDS보호를 매입함으로써, 그리고 주식을 매입함으로써 헤징되는 것으로 나타낼 수 있다. 만약 CDS시장에서 신용 스프레드가 보호를 확대하면 매입자는 일일정산(market-to-market)이득을 얻을 수 있다. 만일 스프레드가 작으며(tight), 주식에 롱 포지션을 취하는 것은 두 사이의 부의 실적적 관계하에서 다행스럽게도 헤지를 제공할 수 있다.

7.6 자기자본(지본)상품 공학

7.6.1 목적

기업은 부채 또는 지분을 발행하여 자본을 증가시킨다.[12] 기업이나 은행이 지분을 발행하여 자금을 증가시키기로 결정했다고 가정하자. 이와 같이 동일한 효과를 낼 수 있는 보다 더 좋은 방법이 있는가? 금융공학은 기업의 특정 요구를 해결할 수 있는 몇 가지 대인을 제공힌디.

1. 일부 전략은 자기자본 자금 조달 비용을 줄일 수 있다.
2. 다른 전략은 재무상대표의 구성을 수정할 수 있다.
3. 금리, 주식 시장 및 통화의 방향에 따라 증권 발행의 보다 나은 타이밍 방향의 단계가 있다.
4. 마지막으로, 투자자 기반 확대를 위한 전략이 있다.

이러한 전략을 논의하면서 독자가 이미 알고 있는 두 가지 기초 금융상품도구를 고려한다. 첫째, 기업에 의해 발행된 일반고정쿠폰채권(straight coupon bond)이 필요하다. 두 번째 금융상품수단은 주식에 대해 발행된 옵션이다. 주식의 (콜) 옵션은 유럽스타일이며, 만기일 T와 행사가격 K를 가진다. 이 콜은 프리미엄 $C(t_0)$로 판매된다. 시간 T에서의 성과

12) "메자닌 금융"으로 불리어지는 것이며, 이것은 이들 2개의 결합과 가깝다.

그림 7.6 전환사채, 전환 및 고정금리채권가치

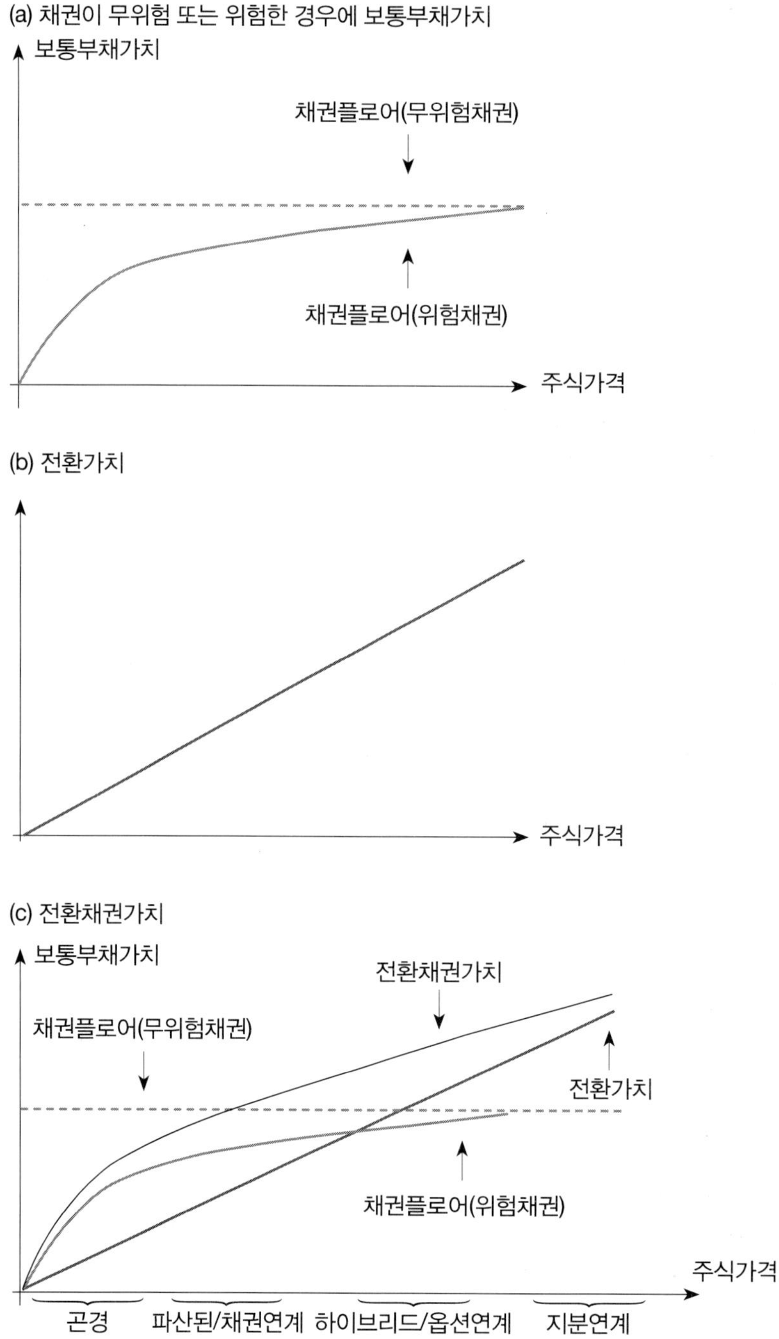

는 다음과 같다.

$$C(T) = \max[S_T - K, 0] \quad (7.30)$$

이러한 금융상품수단 세트는 두 가지 추가 금융상품으로 보완 될 수 있다. 일부 지분연계상품에서는 채권에 대한 콜 옵션을 사용할 수도 있다. 옵션은 유럽식이다. 다른 특별한 경우에는 분석에 신용디폴트 스왑을 추가할 수 있다. 이러한 빌딩블락(building block)에서 많은 유용한 합성상품을 만들 수 있다. 단순화된 환경에서 전환사채(convertible bond)의 공학을 가지고 시작한다.

7.6.2 전환가능성

5장에서는 초기 채권발행 의무를 이행하기 위해 채권 발행자에게 옵션을 부여하고 있는 수의상환채권(callable bond)을 논의하였다. 전환사채 및 전환우선주는 옵션이 내재된 증권의 또 다른 예이다. 수의상환채권과 달리 이들 상품들은 발행기업보다는 증권 보유자에게 옵션을 제공한다. 전환사채는 원금을 주식으로 전환할 수 있는 옵션이 포함된 채권이다. 원금은 발행기업이 미리 정해진 수의 주식으로 전환될 수 있다. 그렇지 않으면, 액면가가 수령된다. 전환사채는 기초자산인 지분이 유의적으로 상승할 경우 회사 지분에 대한 채권보유자의 노출위험을 주는 하이브리드 상품(hybrid product)이라는 것이 분명하다.

전환비율이 20이고 액면가가 $1000인 전환사채의 예를 고려하자. 이를 통해 전환사채 보유자는 액면가 $1000의 채권을 보통주 20주로 전환할 수 있다. 전환가격은 액면가를 전환비율 또는 $1000/20으로 나눈 값, 즉 이 예제에서는 $50로 정의된다. 채권보유자는 액면가가 주당 $1000 또는 $50인 채권의 가치가 있는지 여부를 평가한다. 보유자가 채권을 전환하는 최적의 시점은 언제인가? 이것은 채권 약정 지급액의 현재 가치가 주식 1주 가치의 20배 이하인 경우이다. 채권보유자가 각 채권에 대해 받게 될 20주 가치가 $900보다 높기 때문에 만약 주식이 $45 이상으로 매도되면 전환사채가 $900이고 전환율이 20인 전환사채에는 전환가치가 있을 수 있다. 채권의 전환가치는 보유자가 주식으로 전환한 경우의 가치로 정의된다.

전환사채의 가격에 대하여 어떤 것을 말할 수 있는가? 전환가치와 고정금리채권(straight bond, 또는 보통채권)의 가치에 비례하여 얼마나 높은지를 말할 수 있는가? 한편으로, 전환사채는 적어도 전환가치만큼 높은 가격으로 거래되어야 한다. 그렇지 않으면 하나는 전환사채를 매입하고, 그것을 전환하여 바로 이익을 낼 수 있다. 이러한 차익거래 전략은 실제로 가격을 전환가치 또는 그 이상으로 올릴 것으로 기대된다.

다른 한편, 전환사채는 최소한 고정금리채권만큼 가치가 있다. 전환사채는 고정금리채권과 콜 옵션으로 구성되어 있기 때문이다. 고정금리채권은 채권 하단(floor)을 제공한다. 〈그림 7.6a〉는 고정금리채권을 보여준다. 강한 재무상태표를 가진 채권발행자의 경우, 디폴트 위험은 무시할 수 있기 때문에 고정금리부채가치는 주식 가치와 주로 독립적이어야 한다.

이것은 수평 채권 하단(floor)으로 표시된다. 만약 채권이 위험하다면 주식가격이 하락하는 것처럼 채권가치는 하락할 것으로 기대될 수 있으며 심지어 재무곤경이 됨에 따라 0에 가까운 가치가 된다. 〈그림 7.6b〉는 변환 값을 보여준다. 〈그림 7.6c〉는 주가가 전환하도록 만들 가능성이 낮을 때 전환사채 가치는 고정금리채권 (위험한) 만큼 아래에서 제한된다는 것을 보여준다. 이 경우, 전환성은 또한 되지 않는 것으로 언급된다. 주식가격이 전환가능하게 충분이 높을 때 전환가치까지 아래에서부터 제한된다. 주가가 전환가격 위에 상당히 높을 때, 주식으로 전환된다. 전환사채 가치와 전환가치의 차이를 전환 프리미엄이라고 한다. 일부 전환사채는 필요한 전환 또는 상환기능이 있으며, 이 경우 강제전환가능이라고 불리어진다.

단순한 가정하에 그러한 전환사채의 공학에 대해 논의한다. 첫 번째 경우에는 디폴트 위험이 없는 채권을 논의할 것이다. 이것은 예시적이지만 비현실적이다. 모든 회사채에는 약간의 디폴트위험이 있다. 때때로 이 위험은 중요하다. 따라서 두 번째 예제에서 디폴트 위험을 추가한 후 공학을 다시 시도한다.

7.6.3 합성 전환사채와 현금흐름 공학

위의 논의에서 볼 수 있듯이, 전환사채는 고정금리채권 더하기 콜옵션의 포트폴리오로 간주될 수있다. 이것은 다음과 같은 계약 방정식이 유도된다.

전환사채	=	고정금리 채권	+	콜 옵션	(7.31)

〈그림 7.7〉은 전환사채의 현금흐름이 디폴트가능한 채권과 콜 옵션으로 구성되어 있

그림 7.7 전화사채 분해

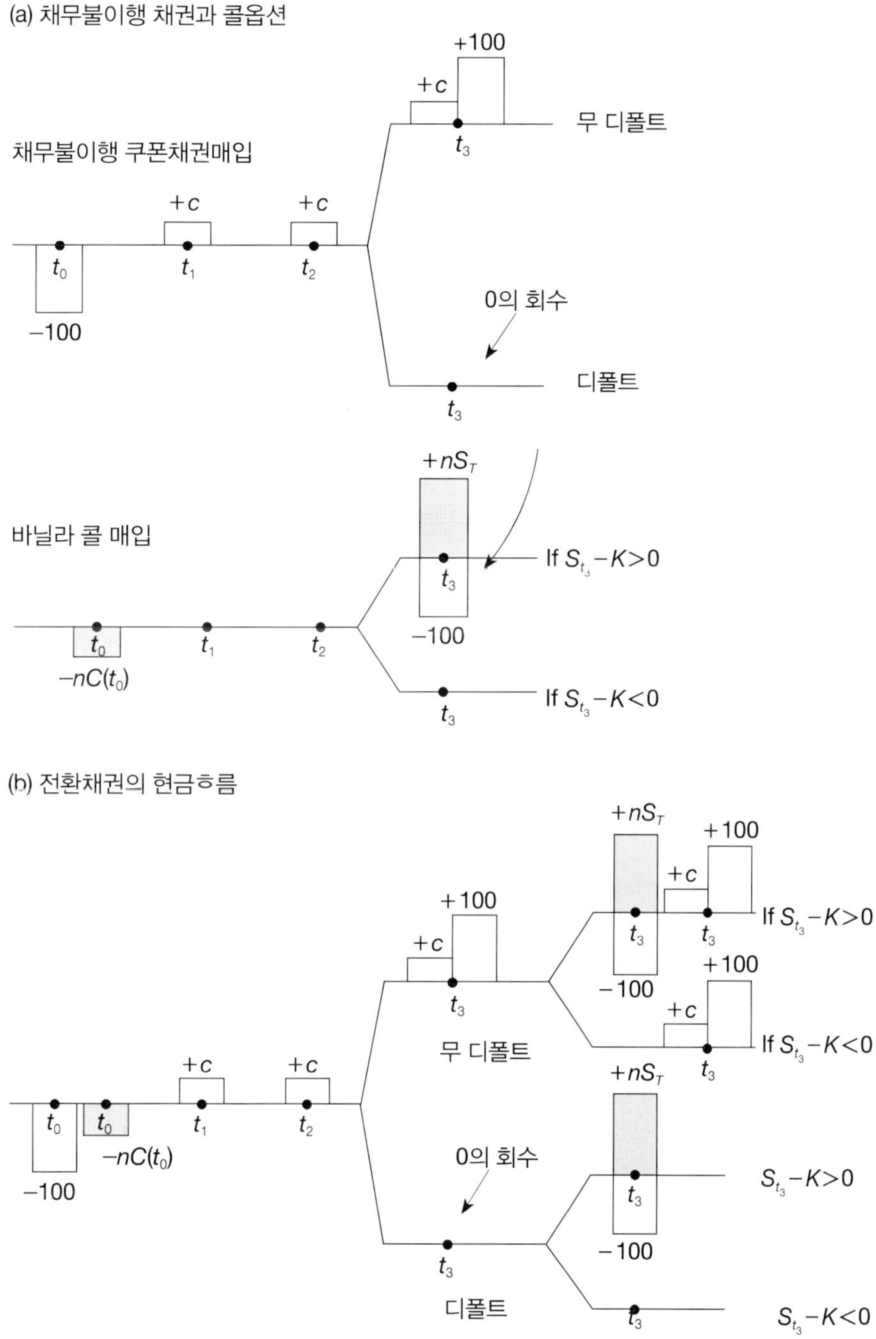
(a) 채무불이행 채권과 콜옵션
채무불이행 쿠폰채권매입
+100
+c
무 디폴트
0의 회수
디폴트
−100
바닐라 콜 매입
$+nS_T$
If $S_{t_3}-K>0$
If $S_{t_3}-K<0$
$-nC(t_0)$
(b) 전환채권의 현금흐름
무 디폴트
디폴트
$S_{t_3}-K>0$
$S_{t_3}-K<0$

[표 7.2] **2035년만기 Intel기업의 2.95%전환채권**

발행자	INTEL 기업
지급액	$1000
전환비율	34.9501
전환가격	28.6122
전환가치	1000
쿠폰(고정)	2.95%
(전환) 패리티	110.547
전환프리미엄(전환가치 이상)	15.703
Intel 주당 가격	31.63
단기 수익률	1.51
쿠폰 빈도	반년
전환채권의 가격	126.25
콜 근향	None
내지변동성	62.194
(Delta)델타	0.560
(Vega)베가	0.268
(Theta)세타	0.004
(Psi)사이	−2.092
채권민감도	−3.539
발행된 총금액	1,600,000 (M)
발표일	03/30/2006
첫 번째 쿠폰일	06/14/2035
전환가능 일자	12/14/2035
만기일	12/15/2035
인수기관	JPM

Source: Bloomberg, July 15, 2014.

음을 보여준다.[13] 채권이 디폴트가 나든지 안 나든지 그리고 옵션이 행사되든지 안 되든지에 달려 있는 4가지 잠재적인 시나리오가 있다.

발행자가 주식을 전환하기 위해 내재된 옵션(embedded option)을 매도함으로써 발행자는 낮은 수수료 또는 쿠폰을 지불할 것으로 기대한다. 전환가능한 구매자는 기업 최고 가치로 얻을 수 있는 잠재력을 통하여 보상받는다.

13) 단순화의 경우 채권은 액면가로 판매된다고 가정한다.

위험 채권의 경우, 리시버금리스왑(receiver interest rate swap), 디폴트없는 예금 및 CDS 매도율 등을 구성하는 포트폴리오에 의해 채무 불이행 가능성이 복제될 수 있다는 것을 보여준 CDS에 대해 이전 장에서 논의된 사항을 만들 수 있다. 만약 방정식 (7.31)의 고정금리채권을 포트폴리오로 대체한다면, 다음의 계약방정식을 얻는다.

전환채권	=	리시버 금리스왑	+	무 디폴트 예금	+	CDS 매도	+	콜옵션 매입	(7.32)

이 계약 방정식은 CDS를 구입함으로써 위험회피 대상이 되는 디폴트 위험을 포함하고 있음을 보여주기 때문에 흥미로운 통찰력을 제공한다.

7.6.4 실제 예제

실제 예제를 살펴 보는 것이 도움이 된다. 〈표 7.2〉는 인텔이 발행한 전환사채에 대한 정보를 제공한다. 채권은 2035년에 만기가 된다. 채권은 2.95% 반기 쿠폰을 지불한다. 보고된 전환율은 34.9501이고 전환가격은 26.6122이다. 전환가격에 전환율을 곱하면 전환가치는 1000이되며 인텔의 주가는 31.63이다. 전환사채는 현재 $100당 126.25에 그리고 액면가 $1000당 1262.5로 매도되고 있다. 변환 페러티(parity)는 주가에 전환율 34.9501 ×31.63=1105.47을 곱한 값으로 정의된다. 전환 프리미엄은 선환가격에서 선환패리티(conversion parity)를 뺀 것을 $1000 당 $1262.5−1105.47= 5157.03 또는 $100당 $15.703으로 정의한다. 내재변동성은 62.194이며 그 날 인텔 주식에 대한 지분 옵션의 내재 변동성과 비교할 수 있다. 델타는 주가 변동에 대한 전환사채의 민감도이며 테이블에 따르면 0.56이다.

7.6.5 전환사채 가격결정

7.6.5.1 채권 혼합 지분 옵션 접근법

방정식 (7.31)에서 분해하기가 복잡하고 이러한 것을 기초로 한 어떠한 평가도 복잡한 몇 가지 문제가 있다. 이들 복잡성은 주식배당 지급, 시간에 따라 증가하는 전환가격 및 발행자에게 채권을 조기에 환매하게 하는 어떤 잠재적 콜 옵션이 포함하고 있다. 더욱이, 전환사채는 채권가격과 동일한 확률적 행사가격을 가진 옵션 구성 요소를 포함하고 있다.

7.6.5.2 다중 요인 모형

더 복잡한 요인은 디폴트위험과 관련이 있다. 〈그림 7.6〉에서 보았듯이 주가수준은 전환사채 가치의 주요 결정 요인이다. 원칙적으로 이것은 주가를 나타내는 상태 변수를 가진 전환성의 가격을 평가하기 위하여 블랙-숄즈 접근법을 이용하거나 내재된 옵션(embedded option)에 대한 가치를 평가하기 위해 동태적 헤지 전략을 사용할 수 있다는 것을 의미한다. 그러나 〈그림 7.6c〉에서 보듯이 채권의 신용위험은 주가에 달려있다. 가장 최근의 정교한 전환사채 가격결정 모형은 이자율 및 신용 스프레드의 확률적 성격을 통합하고 있다. 전환사채 가격에 대한 최근의 논문에 대한 언급은 이 장의 마지막 부분에서 제공된다. 블룸버그의 전환사채가격 결정 기능은 예를 들어, 시간에 따라 변동하는 이자율, 배당금 및 변동성을 포함할 뿐만 아니라 CDS 데이터로 조정할 수 있는 주가의 상승을 허용하고 있다.

7.6.6 전환사채 차익거래

역사적으로 가장 활발한 전환사채 구매자 중 일부는 헤지 펀드(hedge funds)였다.[14)] 그러나 최근의 추정에 따르면 전환사채 구매자인 헤지 펀드의 비율은 2008년 75%에서 2013년에는 40% 미만으로 떨어졌다.

전환형 차익거래 전략은 위험조정 성과를 창출하기 위해 헤지 펀드가 사용되어 진다. 다음 예제를 고려하라.

예제

미국의 Convertible Arb 헤지 펀드는 신용 디폴트 스왑 시장에 주목하고 있다. 미국자산스왑 시장의 유동성 부족과 전환사채 참여자 포트폴리오의 신용민감도 증가와 함께 지난 달 투자등급 전환사채 발행 물량이 증가한데 대한 반응으로 수요가 증가하고 있다는 것을 뉴욕과 코네티컷의 시장 공무원이 말했다.

Arb 헤지 펀드는 신용디폴트 스왑을 사용하여 내재 지분파생상품과 이자율 위험만 있는 전환사채에서 신용위험을 제거한다. 후자는 종종 선물이나 국채로 헤지한다. 투자등급의 전환사채의 가격에 따라 이 전략이 지분파생상품 옵션을 바로 매입하는 것보다 종종 저렴하다고 거래자들은 말했다.

---

14) 예제로, 이것에 대한 실증적 증거에 대하여 Choi et al. (2010)을 참조하라.

> 전환조항으로부터 지분파생상품을 도출하는 것과 관련이 있는 자산스왑핑(asset swapping)은 이들 펀드에 대해 최적이라거 거래자는 말했는데 이것은 저렴하게 포지션에 대한 자금을 조달할 수 있고, 이자율 위험과 신용 위험을 한꺼번에 없앨 수 있게 하는 것과 같다. 그러나 지난 12개월에서 18개월 동안의 미국의 발행자의 신용의 질이 하락하면서 자산스왑의 다른 측면을 취하려고 하는 상대방을 찾는 것이 더욱 어려워졌다. . .
>
> (Derivatives Week (현재 GlobalCapital의 일부)에있는 기사를 기반으로 함)

전환사채는 일반적으로 이론적가치에 할인된 가격으로 발행된다. 이것은 헤지 펀드 매니저가 적절한 기술을 사용하여 전환가능성에서 저평가된 구성 요소를 추출할 수 있음을 의미한다. 가장 기본적인 전환사채 차익거래 전략 중 하나는 값싼 변동성을 매수하는 것이다. 전환사채는 이전에 보았듯이 채권과 옵션으로 구성된다. 헤지 펀드 매니저는 내재된 옵션의 가격 또는 전환가능 현재 가격이 암시하는 지분 변동성을 계산할 수 있다. 임베디드 옵션의 내재 변동성을 역사 변동성 또는 동일한 주식에 상장된 옵션의 내재 변동성과 비교함으로써 전환사채의 내재된 옵션이 저평가되어 있는지 여부를 계산할 수 있다. 내재된 주식 변동성은 관측된 전환사채 가격을 생성하기 위해 다른 입력 변수와 함께 전환사채 가격결정 모형에 입력해야 하는 변동성이다. 예를 들어, 인텔이 발행 한 전환사채의 내재 변동성은 〈표 7.2〉의 블룸버그 데이터에 따르면 62.194이다.

전환가능성이 내재된 옵션이 동일한 주식의 순수(바닐라) 콜 옵션보다 저렴하다면 펀드는 저평가된 내재된 옵션이 가치 있게 평가되기를 희망하면서 전환사채를 오래 사용할 수 있다. 원하지 않는 위험을 헤징하고 증권에 포함된 원하는 주식, 신용, 사건 또는 통화 노출을 격리시키기 위해 다양한 기법을 사용할 수 있다.

기본적인 전환사채 차익거래 전략은 장기 변동성이다. 즉, 전략은 기초주식의 변동성으로 이익을 얻는다. 변동성 노출은 두 가지 다른 원천에서 발생한다. 첫째, 내재된 주식 옵션은 전환사채의 매입자가 주가에 대한 델타의 변화율인 감마가 길다는 것을 의미한다. 둘째, 내재 변동성이 높아지면 콜 옵션 가격이 상승하기 때문에 전략은 베가를 롱 하는 것이다. 위에서 설명한 인텔 전환성의 경우 베가는 0.268이었다. 내재 변동성이 정정되고 상승하면 전환사채 보유자가 이익을 얻게 된다. 또한 전환사채는 신용위험을 포함하여보다 복잡한 위험에 노출되어 있다. 한편으로는 발행자의 신용도가 악화되면 기초주식의 변동성이 증가하여 내재된 콜 옵션의 가치에 영향을 미칠 수 있다. 신용도가 좋아지면 그 반대가 발생할 수 있다. 반면에, 발행자의 신용 질 악화는 그 위험한 채권에 직접적으로 영향을 미친다. 신용 스프레드가 좁아지면, 전환 사채의 가치가 증가할 것이다. 신용 스프레드가 넓어짐에 따라 그 가치는 감소한다.

식 (7.32)는 전환사채가 CDS 포지션을 포함한 여러 구성 요소로 분해될 수 있음을 보여 주었다. 따라서 CDS는 롱 전환사채 포지션에 포함된 신용 위험을 헤지하기 위해 사용될 수 있다. 그 이유는 발행사의 신용위험이 변화함에 따라 기존 CDS 포지션의 시장 가격이 변경되기 때문이다. 올바른 헤지비율를 설정하기 위해 CDS가 신용스프레드의 민감도와 비교하여 얼마나 민감한지를 검토한다. Omnicron은 신용스프레드의 증가로 인한 가격 영향을 측정한다. 전형적으로 신용스프레드의 수준에서 1 베이시스 포인트 증가에 대하여 이러한 측정이 재설정된다. 실무자들은 또한이러한 민감성을 신용 DV01이라고 부른다.

지분시장위험은 숏 주식포지션 또는 풋 포지션을 사용하여 헤지될 수 있다. 신용시장위험 노출은 원칙적으로 CDS를 사용하여 최고로 헤지 된다. 그러나 때로는 주식 시장이 CDS보다 싼 헤징 대안이 될 수 있다. Merton 모형이 설명한 것처럼 주식 시장과 신용시장이 연결된다. 풋 옵션과 CDS의 신용 리스크에 대한 민감도를 계산할 수 있으며, 이 민감도를 헤지 펀드로 사용하고 CDS 또는 주식 옵션 헷지 중 어느 것이 더 싼지에 따라 선택한다.

7.6.7 전환사채 차익거래와 자본구조 자익거래에서 변동성 역할 비교

7.5절에서 보았듯이, 자본구조 차익거래에서 채권과 지분의 이론적 관계가 있기 때문에 직접 채권을 지분파생 상품으로 해석할 수 있다. Merton 유형의 모형을 사용하여 주가 및 신용 스프레드에 의해 내재된 지분변동성을 계산할 수 있다. 이 내재 지분 변동성이 올바른 변동성으로 간주되는 것과 다르면 시장참여자는 채권(또는 CDS)을 매매할 수 있고 델타 헤지 포지션을 헤지할 수 있다. 거기에 자본구조 차익거래 전략과 전환사채 차익거래 전략의 중요한 차이점은 전환사채는 지분으로 전환할 수 있고 고정금리채권은 전환할 수 없기 때문이다. 이것은 전환성 대한 이론적인 차익거래 범위가 있지만 Merton 유형 모형을 기반으로 하는 고정금리부채에 대해서는 그러한 경계가 존재하지 않는다는 것을 의미한다. Merton 모형의 제한적인 가정 이외에 이것은 디폴트의 단순한 구조 모형에 기초한 차익거래 전략이 지분 및 신용시장의 실제 움직임을 잘 예측하지 못할 수도 있다.

7.6.8 보다 복잡한 구조에 통합

이 절에서는 기본 변환 구조의 두 가지 변동을 고려한다. 우선, 기초 전환성은 구매자가 두 가지 다른 통화로 운영할 수 있는 방법으로 수정될 수 있다. 사실, 달러 표시 채권은 팔릴 수 있지만 기본자산인 주식은 유로화로 표시된 프랑스 주식일 수 있다. 이 금액은 외환에 콜을 넣거나 옵션을 넣는 것에 해당한다.

두 번째 대안도 중요하다. 기본 전환성은 수의상환(callable) 가능하도록 만들 수 있다. 이는 기초 부채를 만들기 위해 이 금액을 이용하여 수의상환채권을 발행한다. 채권에 콜옵션을 추가한다. 이들이 어떻게 사용되는지 보기 전에, 각각의 경우에서 금융공학 문제 중 일부를 고려하자.

7.6.8.1 환율 노출

전환사채가 두 통화로 구성된다고 가정해 보자. 태국회사는 유로달러(Eurodollar) 시장에서 유로화를 팔아 자금을 확보하고 부채구조구성을 달러로 표기한다. 그래서 채권의 액면가는 $100이다. 방콕에 있는 회사의 주식으로 전환된다. 주식은 바트(baht)화되어 있다. 비현실적으로 디폴트위험이 없다고 가정한다.

태국주식거래소에서 타이주식거래는 타이 바트(baht)화로 표시되기 때문에 전환사채에 포함될 전환가격은 잠재적 전환 중에 사용될 환율의 가치에 대해 명시해야 한다. 그렇지 않으면 변환 규칙이 완료되지 않는다. 다시 말하면, 주식수 n과 전환가격 K만 등식 (7.33)을 사용하여 설정하는 대신 변환 조건 (7.34)이 이제는 필요하다.

$$100\$ = Kn \tag{7.33}$$

$$e_t 100\$ = Kn \tag{7.34}$$

여기서 e_t는 날짜 t에서의 태국 바트로 USD1의 가격을 나타내는 환율이다. 이는 원래의 전환가격 (K)이 태국 바트가 될 것이기 때문에 필요하다. 그러나 채권의 액면가는 미화로 계산된다. 채권 구조는 e_t에 대한 값을 설정하고 이를 계약의 매개 변수로 포함할 수 있다. 종종 이 환율이 현재 환율이 된다.

이제 태국의 발행자가 유로 환율을 e_t의 현재 환율로 매도했다고 가정해 보자. 만약 태국 주식이 상승하고 환율이 안정되면 전환이 발생한다. 여기에 중요한 요점이 있다. 이러한 구조로 인해 태국 회사는 만기가 되었을 때 원래의 100달러를 채권 보유자에게 반환하

그림 7.8 통화전환을 가진 전환가능성

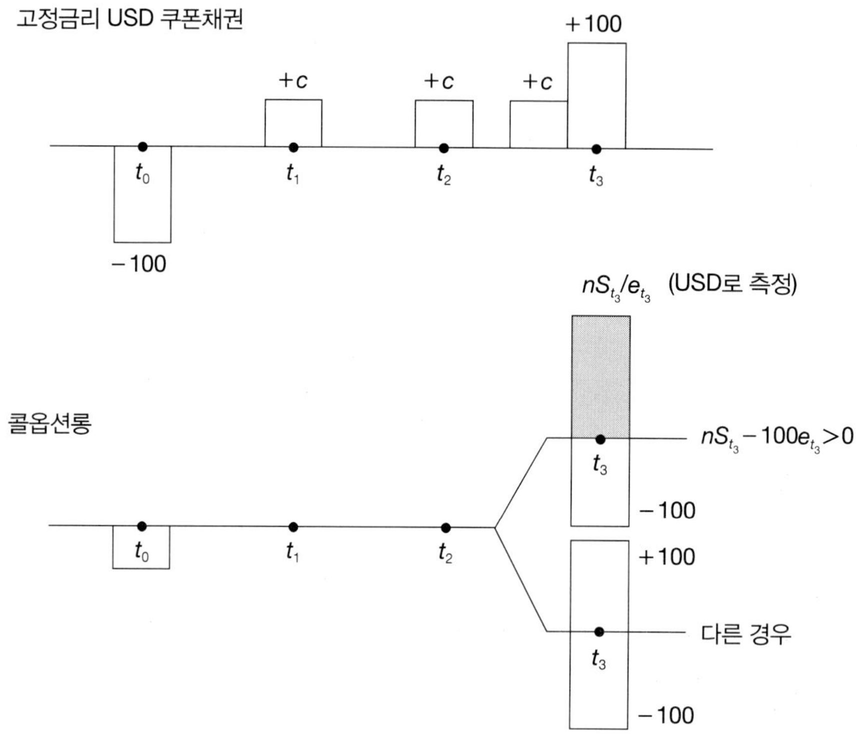

는 대신 자체 주식을 사용하여 채무를 이행하게 된다. 그러나 더 높은 주가[15]에도 불구하고 원래의 원금 \$100 (태국 바트로 측정)이 여전히 nS_T보다 높을 수 있으며 전환이 발생하지 않을 수도 있다. 결과적으로 태국 기업은 상당한 달러 현금 유출에 직면할 수 있다.[16]

이것은 주요 통화로 발행되었지만 국내 주식으로 발행된 전환 사채는 외환 위험을 부담 함을 나타낸다. 이 점은 이 유형의 전환가능성을 재구성하고 그 합성물을 만들면 더욱 분명하게 볼 수 있다. 이것은 〈그림 7.8〉에서 수행된다.

〈그림 7.8〉의 상단 부분은 〈그림 7.7〉과 유사하다. 쿠폰 C를 가진 고정금리채권은 시간 t_3에서 만기가 되며 원금 100 달러를 지불한다. 차이점은 그림의 두 번째 부분이다. 여

15) 예를 들어 태국 바트(Thai baht)가 평가절하 된다면, 그렇게 말하는 것이다.

16) 이것은 통화가 평가절하 된다면 국제시장은 태국기업의 달러부채에 대한 만기연장을 받아들이지 않을 것이기 때문에 좋지 않은 시점에서 발생하는 어떤 것이다.

기서 우리는 평소와 같이 주식 S_t의 콜 옵션을 가지고 있다. 하지만 S_t는 바트로 표기되고 콜은 ITM이다. 즉, 만약 다음과 같은 조건일 때에만 전환이 발생할것이다.

$$nS_{t_3} > 100e_{t_3} \tag{7.35}$$

〈그림 7.8〉의 아이디어는 다음과 같다. 달러 채권으로 시작한 다음 새로운 콜 옵션을 이전의 경우처럼 옵션으로 변환하고 싶다. 그러나 태국 바트가 무너지면[17] 만기시 원금으로 받은 100 달러는 $S_{t_3}n/e_{t_0}$보다 훨씬 가치가 있을 것이다.

7.6.8.2 전환 수의상환 만들기

하나는 기초 변환 구조를 두 번째 방식으로 확장하고 기초 전환사채에 통화 옵션을 추가 할 수 있다. 예를 들어, 채권 만기가 T인 경우 발행자에게 시간 U에서 가격 $U<T$로 채권을 다시 살 권리를 부여하는 내재옵션을 추가 할 수 있다.

$$\max[\$100,\ nS_U] \tag{7.36}$$

이 방법은 회사가 전환을 강제하고 시간 U에 새로운 유가 증권을 발행 할 권리가 있다. 일부 기업은 이것이 유용한 전략이라고 생각할 수 있다.

이 유형의 전환을 사용하면 전환을 강제하는 것이 주목적이다. 다음의 두 가지 조건이 만족된다고 가정해 보자.

1. 주식은 전환가격 (즉, 파업 K)보다 높은 가격으로 거래되고 있다.
2. 주식에 지급될 미래 기대 배당금은 현재의 전환 가능한 쿠폰보다 낮다.

그래서, 만약 전환이 수의상환일 경우, 발행사는 채권을 수의상환 함으로써 전환을 강제할 수 있다. 이것은 발행기업의 재무상태표에 있는 부채 발행을 지분으로 변환하고 관련이 있는 경우 몇 가지 중요한 비율에 영향을 미친다. 둘째, 기업의 즉각적인 현금흐름이 개선될 것이다.

7.6.8.3 교환가능 채권

기초적인 전환가능 워런티(warrant) 구조는 보다 더 금융공학 요구에 부합되도록 수정

17) 이것은 태국 주식시장이 또한 하락한다는 것을 의미한다.

될 수 있다. 다른 예를 생각해 보자. 전환사채가 변환되면 다른 회사의 증권으로 전환한다고 가정한다. 예를 들어, A사가 B사에 대한 지분을 취득한 경우, B사의 지분으로 전환할 수 있는 전환 사채를 매각할 수 있다.

금융공학의 관점에서 이 "교환 가능한" 구조는 동일하다. 그러나 채권가격에 영향을 미치는 두 가지 신용이 있기 때문에 가격결정이나 위험관리는 다르다. 채권을 발행하는 기업의 신용과 이러한 채권이 전환할 수 있는 기업의 신용.

또 다른 차이점은 대상기업의 주식 희석과 관련이 있다. 전환이 발행되어 나중에 전환될 때 주식의 희석이 있을 수 있지만 교환 가능한 주식은 일반적으로 변동에서 비롯된다.

7.6.9 전환사용

전환사채는 최종 투자자의 관점에서 매력적이다. 예를 들어, 전환사채를 사는 투자자는 주가에 약간의 노출이 있을 것이다. S_t가 크게 증가하면 채권은 주식 포트폴리오가 된다. 반면에 채권이 전환되지 않으면 투자자는 소득으로 간주할 수 있는 최소한의 최소 현금흐름을 가지며 원금이 회수된다(채무 불이행이 없는 경우). 반면에 채권이 전환되지 않으면 투자자는 소득으로 간주할 수 있는 적어도 최소 현금흐름을 가지며 원금이 회수된다(채무 불이행이 없는 경우).

그러나 본 교재에서 관점은 투자자가 아니라 발행인의 관점에서 본 금융상품의 장점에 있다. 전환사채를 사용할 수 있는 목적은 무엇인가?

- 고정금리채권 보다 전환채권 발행의 첫 번째 결과는 전환채권이 낮은 쿠폰을 가진다는 것이다. 따라서 자금이 저렴한 비용으로 보호되는 것처럼 보인다.
- 금융공학의 경우, 보다 주목할 만한 전환은 재무상태표 관리에 유의한 의미를 가지고 있다. 지분연계자본이 지분으로 간주되는 경우, 지분에 대한 부채비율에 덜 영향을 줄 수 있다. 그러나 일반적으로 신용평가 기관은 직접 전환사채를 주식이 아닌 부채로 간주한다.
- 전환성을 가진 경우 전환이 발생하면 해당 주식은 발행 시점의 원래 주가보다 높은 가격으로 판매될 것이다.
- 마지막으로, 전환성은 채권이며 유로 시장에서 유로화로 팔릴 수 있다. 이렇게 하면 새로운 투자자 베이스가 도달될 수 있다

다른 금융상품과 결합될 때 전환성은 유의적이며 미묘한 세금 혜택이 있을 수 있음을 지적해야한다. 이를 보여주는 가장 좋은 방법은 시장의 사례를 살펴 보는 것이다.

예제

(ABC Capital)는 Sprint PCS 주식으로 교환 가능한 콕스 커뮤니케이션스 우선주 154,000주에 대한 총 수익 스왑(total return swap) 및 Sprint PCS 225,000 주에 대한 총 수익 스왑을 체결했다. 콕스 스왑에서 헤지 펀드는 3개월 LIBOR+50베이시스 포인트를 지불하고 교환가능한 우선주에 대한 수익을 받는다. 스프린트 스왑에서 ABC는 주식에 대한 수익을 지불하고 LIBOR보다 작은 25bps를 받는다. 두 가지 모두 총 수익 스왑은 약 13개월에 만기가 된다.

총 수익 스왑은 세금의 이유로 도입되었다. ABC의 포지션은 케이맨 제도 유한책임회사에서 보유한다. 케이맨 제도에는 미국과의 조세 조약이 없으므로 이 증권의 수입은 30 %의 비 조약 비율로 원천 징수된다. 총 수익 스왑을 도입하면 ABC가 증권을 물리적으로 보유하지 않으므로 미국의 원천 징수 대상이 되지 않는다.

기초자산 포지션은 전환가능한 arb 플레이의 일부로 사용되었다. ABC는 교환 가능한 우선주를 매입하고 내재 지분 옵션을 헤지하기 위해 현금 자산을 사용하고 있다. 거래자에 따르면 시장은 교환 가능 우선주를 저평가하고 있다. 이 주식들이 최근 76.50 달러에 거래되었지만 펀드모형은 USD87 주변에 가격이 책정 되어져야 한다고 지적했다. 회사의 모형은 기초 주식의 변동성, 발행자의 신용도 및 전환가능성의 특징을 부분적으로 기반으로 한다. 이 경우 시장은 복잡한 우선 순위의 모는 기능에 가격을 결성하지 않으며 통신 부문의 전반적인 불쾌감으로 인해 증권을 과소 평가할 수 있다.

(파생 상품 주 (현재 GlobalCapital의 일부), 2000년 11월)

이 예제는 내재된 옵션이 차익거래 포트폴리오를 형성하는데 어떻게 사용될 수 있는지에 대한 예이기도 하다. 그러나 앞에서 설명한 것처럼 이 작업을 수행하는데 있어 많은 중요한 요소가 있다.

7.6.10 워런트(Warrants)

워런트는 채권과 관련된 분리 가능한 옵션이다. 이러한 의미에서, 그들은 전환성과 유사하다. 그러나 금융공학의 관점에서 중요한 차이점이 있다.

1. 워런트는 분리 가능하며 채권과 별도로 판매될 수 있다. 물론 금융공학은 항상 전환사채에서 내재된 옵션을 분리할 수 있지만 차이점은 있다. 워런트가 분리될 수 있다는 사실은 원금이 항상 만기에서 돈을 지불해야 한다는 것을 의미한다.
   워런트의 개수는 반드시 원금의 지불로 인한 현금 유출액과 동일한 현금 유입을 행사할 수 있도록 반드시 선택되지는 않는다. 따라서, 원칙적으로 투자자는 동일한 문제로 인해 발생하는 부채와 지분으로 끝날 수 있다.
2. 전환에서 사용된 교환비율은 고정되어 있다. 그러나 워런트에는 그러한 요건이 없으며 후자가 분리 가능하기 때문에 이것은 일반적으로 워런트의 경우가 아니다. 따라서, 워런트의 경우 교환율에 대한 내재된 옵션은 없다. 이러한 의미에서 워런트는 강한 통화 차용자에게는 상대적으로 매력적이지만, 전환은 약한 통화 차용자에게는 더 매력적이라고 한다.
3. 마지막으로, 워런트가 분리될 수 있기 때문에, 워런트는 강제로 변환될 수 없다. 채권은 수의상환될 수 있지만 변환은 필요하지 않다.

이제 다른 주제로 이동하여 현금흐름을 유동화시키는 것을 보자. 이것은 새로운 금융상품 구조화의 한 예라고 볼 수 있다.

7.7 결론

이 장에서는 금융공학 및 옵션 가격결정 원리를 지분의 가치를 평가하는데 어떻게 적용할 수 있는지 살펴 보았다. 지분은 부채 가격과 동일한 행사가격을 가진 기업의 자산에 대한 옵션으로 볼 수 있다. 따라서 채무 불이행의 구조 모형은 주식시장과 채권 또는 CDS 시장 간의 연계성을 설정한다. 신용파생상품 시장의 발전으로 채무 불이행의 구조적 모형의 사용이 가속화되었다. 실제로 그들의 응용 범위는 디폴트 예측에서 자본구조 차익 거래까지 다양하다. 전환사채는 부채에서 지분으로 전환될 수 있는 하이브리드 금융상품이다. 전환사채 차익거래 전략은 델타가 포지션을 헤징하는 동안 값싼 변동성을 이용하는 것을 기반으로 한다. 다음 장에서는 역전환을 포함한 다양한 구조화 상품에 대해 살펴 볼 것이다. 전환 사채와 달리, 역전환에서 전환옵션은 구매자가 아닌 금융상품 발행자에게 전달된다. 따라서 두 가지 유형의 금융상품 모두 내재 변동성에 따라 그 가치가 달라질 수 있는 옵션이 포함되어 있다.

추천 도서

이 장에서는 디폴트 및 하이브리드 지분형 금융상품의 구조 모형에 대한 간단한 소개를 제공하였다. 독자는 두 가지 방법으로 토론에 후속 조치를 원할 수 있다. Das and Sundaram(2010)은 Merton(1974) 모형의 접근 가능한 요약과 적용을 제공한다. Sundaresan(2013)은 채무 불이행의 구조적 모형에 관한 최근 연구 결과를 검토한다. Tepla(2004)는 KBC Investment Management를 기반으로 한 전환 및 자본구조 차익거래 전략에 대한 사례 연구의 좋은 예를 제공한다. 이 장에서의 자본차익거래이익에 대한 논의는 사례 연구를 기반으로 한다. Ayache et al.(2003)은 신용 위험이 있는 전환사채의 평가를 재검토한다. 몇몇 책은 하이브리드지분 금융상품의 현재 상태를 다루고 있다. Das(2000)는 하나의 예이다. Duffie와 Singleton(2003)도 좋은 참고 자료이다. 독자는 가격결정, 헤지 및 하이브리드 지분상품의 위험관리와 관련된 기술적 문제에 대해 더 많이 알고 싶어할 수도 있다. Kat(2001)은 관련된 일부 문제를 다룬다. Damadoran(2012)은 이 징에시 논의하지 않은 실제 확률측도에 따라 할인된 현금흐름 및 기타 지분 평가 방법에 대한 좋은 참고 자료이다.

연습문제 Exercise

1. 왜 Merton(1974) 모형의 부채가 옵션으로 간주되는지 설명하라.
2. A 회사의 자산 변동성은 20%라고 가정한다. 자산의 현재 가치는 1억 달러이며 1년 만기 무이표채 부채의 액면가는 5천만 달러이다. 무위험 이자율은 2%이다. Merton (1974) 모형을 사용하여 기업의 지분가치를 계산하라. 부채의 가치는 무엇인가?

3. 1년 만기의 주식 및 무이자 채권 발행 회사 B를 고려하자. 회사의 가치가 100 달러이고 주식의 가치가 5천만 달러라고 가정한다. 무위험 이자율은 2%이다. 주식 변동성은 30%이다.
   a. 부채의 시장 가치와 내재적 신용 스프레드는 얼마인가?
   b. 회사는 100만주의 뛰어난 주식을 보유하고 있다고 가정한다. 다양한 주가 값의 범위에 대한 주가에 대한 신용 스프레드를 그림으로 나타내어라.
   c. 주가의 다른 가치에 대한 헤지 비율을 그림으로 나타내어라.
4. 실제로 어떤 변수와 실제 세계의 복잡성이 중요하며 기본적인 Merton 모형에서 무시되는가?
5. 단순화를 위해 위험이 없다고 가정되는 두 개의 전환사채 X와 Y를 고려하자. 다음 표는 두 채권에 대한 정보를 제공한다. 전환가치를 계산하라. 실제 채권가에 기초한 전환사채의 만기 수익은 얼마인가?

	X 전환사채	Y 전환사채
연간 쿠폰	50	50
만기시간	5년	5년
전환률	30	40
주가	$25	$30
전환가치	?	?
5년 재무성 증권 수익율	5%	5%
보통 부채의 가치	913.41	913.41
실제 전환 가능 채권가격	920	1207
전환의 만기수익률	?	?

본문에서 〈표 7.2〉에 주어진 정보를 검토하라. 내재 변동성을 싼 것으로 간주하고 채권의 내재 변동성을 바로 잡을 것으로 기대하기 때문에 전환 사채를 매입하는 딜러를 고려하자. 만약 딜러가 롱 전환사채 포지션을 헤지 하기로 결정했다면 델타 중립화를 위해 얼마만큼의 지분을 보유해야 하는가?

8 구조화 상품 공학의 본질

CHAPTER

8.1 서론

구조화 상품은 주식, 채권 및 통화와 같은 기초자산을 일부 파생상품과 함께 포장하는 것으로 구성되어 있다. 이 방법으로 얻은 최종 금융상품은 상품에 따라 (i) 증대된 수익률 또는 향상된 신용품질, (ii) 기업의 자산-부채관리 비용 감소, (iii) 고객이 가지고 있는 견해를 세우고, (iv) 종종 보호된 원금을 가질 것이다.[1)]

가계는 자동차, 컴퓨터 또는 냉장고를 직접 만드는 것을 좋아하지 않는다. 그들은 제품을 제조하고 조립하는 생산자로부터 제품을 구매하는 것을 선호한다. 모든 복잡한 제품에는 자체 전문가가 있으므로 이러한 전문가가 제조한 제품을 구입하는 것이 비용면에서 효율적이다. 금융상품에 대해서도 마찬가지이다. 투자자, 기업 및 기관은 자신의 삶에서 직면하는 문제에 대한 해결책을 필요로 한다. 투자자 및 기관을 위한 해법을 포장하는 것을 구조화 상품이라고 불리어진다. "제조업체"(즉, "구조 회사")는 이를 함께 묶어 고객에게 판매한다. 고객은 투자자금, 연기금, 보험회사 및 개인으로 구성되어 있다. 고객은 주식가격, 금리 또는 금융상품의 근기(near) 또는 중기(medium-term) 행태에 대한 견해를 가질 수 있다. 구조화 상품은 그러한 고객이 편리한 방법으로 자신의 견해에 따라 포지션을 취할 수 있도록 설계될 수 있다.

휴대폰 및 자동차와 같은 산업재는 지속적으로 업데이트되고 개선된다. 구조화 상품에 대해서도 마찬가지이다. 고객의 견해, 니즈(needs) 또는 단순히 위험 취향 변화에서 구조계획자는 이러한 새로운 견해에 맞는 새로운 구조화 상품을 지속적으로 제공해야 한다. 이 장에서는 금융공학이 소매 고객의 특정 요구에 대해 서비스를 제공하는 방법에 대해 토의한다.

금융공학은 투자자가 원하는 성과구조를 구축할 수 있는 방법을 제공한다. 그러나 이러한 성과는 종종 복잡한 옵션 포지션과 관련이 있으며 고객은 그러한 위험을 처리하기 위한 지식이나 단순한 수단을 보유하지 못할 수도 있다. 시장실무자는 이것을 더 잘 할 수 있다. 예를 들어, 많은 구조화 상품은 투자자에게 원금 보전 또는 신용 보강을 제공한다. 일반적으로 규정상의 이유로 인해 그러한 포지션에 투자할 수 없는 기관은 원금 보호

1) 이것에 따라 투자자(또는 기업)는 기대가 틀렸다고 판정되는 경우 원금을 잃지 않을 것이다. 소위 일정 비율 포트폴리오 보험(CPPI)과 보다 최근 버전인 23장에서 논의될 동태적 비율 포트폴리오 보험(DPPI)을 사용한다.

가 추가되면 구조화 상품 자체를 보유할 자격이 있다. 고객의 다른 견해, 위험 취향 또는 규제조건 등으로 인해 고객맞춤형 상품을 제공하는 것은 구조화 상품을 해석하는 한 가지 방법이며 일반적으로 이러한 방식으로 간주된다. 주식이나 채권 혼합 파생상품과 같은 여러 금융상품으로 구성된 하이브리드(hybrid) 증권은 구조화 채권이라고도 한다.

그러나 본 교재에서 주요 관심사는 제조업자의 관점에서 금융현상을 연구하는 것이다. 이 견해는 구조화 상품의 두 번째 해석을 제공한다. 투자은행은 고객, 기업 및 다른 회사와 거래한다. 이러한 활동을 위해서는 재고보유, 소싱(sourcing) 및 아웃소싱(outsourcing), 그리고 장부유지가 필요하다. 그러나 시장상황으로 인해 은행이 그들의 장부를 보관하고 있는 금융상품은 때때로 너무 비싸거나 위험할 수 있으며 때로는 더 나은 대안이 등장할 수도 있다. 자연적으로 해야 할 일은 이러한 노출을 "다른 사람들"에 판매하는 것이다. 구조화 상품은 이를 수행하는 편리한 방법 중 하나 일 수 있다. 다음 예제를 고려하자. 은행은 합리적인 가격으로 변동성을 사고 싶지만, 은행간 시장에서 그러한 변동성의 판매자가 충분하지 않다고 가정한다. 그런 다음 은행이 소매 투자자로부터 합리적인 가격으로 변동성을 살 수 있도록 구조화 상품을 설계할 수 있다.

이 해석에서 구조화된 상품은 제조업체의 각도에서 볼 수 있으며 재고 또는 재무상태표 관리의 수단처럼 보인다. 구조화 상품은 고객에게 기존 위험을 판매하는 간접적 인 방법이거나 소매 고객으로부터 원하는 위험을 구매하는 간접적인 방법이다. 은행의 재무상태표와 장부에 많은 금리 및 신용 위험 관련 익스포지가 포함되어 있기 때문에 구조화 상품의 최근 활동의 상당 부분이 그러한 익스포저 관리와 관련이 있는 것은 당연하다.

이 장에서는 구조화 상품의 두 가지 주요 군(class)를 고려한다. 첫 번째 그룹은 새로운 지분, 상품 및 FX 기반 구조화 상품이며, 두 번째 그룹은 LIBOR 기반 고정소득상품이다. 후자는 수익률 곡선에서 기대되는 미래의 움직임으로부터 이익을 얻을 수 있도록 설계되었다. 구조화 상품 뒤의 일반적인 논리가 LIBOR 기반 또는 지분연계형 이건 관계없이 동일하다고 주장할 것이다. 따라서 구조화 접근방식에 대해 통일된 접근방식을 제공하려고 노력한다. 이후 장에서는 사건의 발생을 기반으로 세 번째로 중요한 구조화 상품 클래스를 살펴 보겠다. 이 사건은 모기지 선불 또는 신용 불이행일 수 있다. 이들은 구조화 신용상품을 통해 논의될 것이다. 신용은 다른 장에서 별도로 고려되기 때문에, 뒤 따르는 논의 중에 신용위험이 없다고 가정하는 것이 가장 좋다.

8.2 구조화 상품의 목적

구조화 상품에는 적어도 네 가지 구체적인 목표가 있을 수 있다.

첫 번째 목표는 수익률 고양–고객에게 정상적으로 제공되는 것보다 높은 수익률을 제공하는 것이다. 이것은 당연히 고객이 다른 상황에서 추가적인 위험을 감수하거나 어떤 이득을 얻을 것이라는 것을 의미한다. 예를 들어, 주가가 12%까지 상승하면 고객은 향상된 수익률을 얻는다. 그러나 추가적인 이득은 사라지고 수익은 12%의 상한선(cap)이 될 것이다. 이 캡의 가치는 향상된 수익률을 제공하는 데 사용된다.

두 번째는 신용강화가 될 수 있다. 이 경우 고객은 부채증권의 등급이 보증하는 것보다 낮은 채무 불이행으로 사전 설정된 부채증권을 구매하게 된다. 예를 들어, 고객은 평균 등급 BBB인 100개의 채권 포트폴리오에 투자한다. 동시에 고객은 포트폴리오의 첫 번째 채무 불이행에 대해 보험에 매입한다. 첫 번째 채무자 채무 불이행의 비용은 다른 당사자에 의해 부합될 것이다. 이것은 BBB+와 같은 포트폴리오의 신용도를 높인다.

세 번째 목표는 고객의 견해에 따라 고객에게 바람직한 성과 프로파일을 제공하는 것이 될 것이다. 예를 들어, 고객은 수익률 곡선이 가파르게 될 것이라고 생각할 수 있다. 구조계획자는 이러한 기대가 실현되면 가치를 얻는 수단을 제공할 것이다.

마지막으로 네 번째 목표는 고객의 자산/부채 관리 요구를 촉진하는 것이다. 예를 들어, 미래에 자금비용이 증가할 것으로 생각하는 기업재무는 지급자 이자율 스왑을 체결하기로 결정할 수 있다. 구조계획자는 작은 비용으로 이 사건을 방지할 수 있는 수정된 스왑 구조를 제공한다. 다음에서는 금융시장의 다른 부문을 사용하여 이러한 일반성에 대해 논의한다.

8.2.1 지분 구조화 상품

먼저 지분 구조화 상품의 역사를 간략하게 살펴 본다. 이것은 이 부문에서 사용된 가장 일반적인 방법론에 대한 관점을 제공한다. 구조화 상품의 첫 번째 예제는 1970년대 후반에 나타났다. 그 중 하나는 손절매(stop–loss)전략이었다. 이들에 따르면, 위험자산 보유는 목표가 허용 수준을 넘어서면 자동으로 청산된다. 이들은 11장에서 나중에 볼 수있는 CPPI 기법의 선구자였다. 이들은 또한 베리어 옵션(barrier options)의 선구자로 간주 될 수 있다.

그런 다음 1980년대 후반 동안에 시장참가자는 원금이 보호된 상품으로 이동하기 시작했다. 여기서 원래의 접근법은 "무이표채권과 혼합한 콜" 구조를 제공하는 것이었다. 예를 들어, r_t로 5년 만기 국채수익률과 $N=100$의 초기 투자액을 가지고 금융상품은 5년 만기 할인채권으로 투자할 것이다.

$$\frac{1}{(1-r_t)^5} \tag{8.1}$$

원금의 나머지는 적절하게 선택된 콜 또는 풋 옵션에 투자될 것이다. 이러한 단순 상품은 〈그림 8.1〉에 보여주고 있다.

가장 간단한 수준에서 보증된 상품은 무이표채와 하나 이상의 옵션으로 구성된다.[2] S_t는 기초증권의 가치를 나타낸다. 이 증권은 기본적으로 주식에서 신용지수변동 또는 헤지펀드 투자가치에 이르기까지 다양하다. 그러면 다음과 같은 계약 방정식을 쓸 수 있다.

노출S_t을 가진 보증상품	=	제로−쿠폰 채권	+	S_t노출을 가진 롱 옵션	(8.2)

투자자가 T−년도 만기 동안 옵션 바스켓에 직접 N=100을 투자했다고 가정하자. 그런 다음 위험투자가 있는 옵션과 제한된 위험관리능력을 가진 투자자 및 원금의 일부분은 만약 이들 옵션이 OTM으로 만기되면 손실이 발생한다. 다른 한편, 만약 T−만기 무이표채 수익률이 r%이고 동일한 투자자가 시간 t_0에 이 채권의 조심스럽게 선택한 금액 PV_{t_0}를 투자하면 증권은 5년 후에 100의 가치가 있다.

$$PV_{t_0}(1+r_{t_0})^T = N \tag{8.3}$$

무이표채의 성과는 옵션의 기초가 되는 주식의 함수로서 〈그림 8.1a〉에 나와 있다. 따라서 투자자는 PV_{t_0}를 채권을 매입하는데 할당 할 수 있으며 옵션의 바스켓에 투자하기 위해 아직도 $N-PV_{t_0}$을 가지고 있다.

변동성 수준, r의 수준 및 고려한 수준에서 만기 시점에 달려 있는 이 잔여액은 익스포

2) 그래서 이러한 부문의 규정은 옵션 관련 상품이 소매투자자들에게 판매되기 전에 원금보호의 요구로서 가시화 될 수 있다.

그림 8.1 무이표채와 롱 콜 포지션

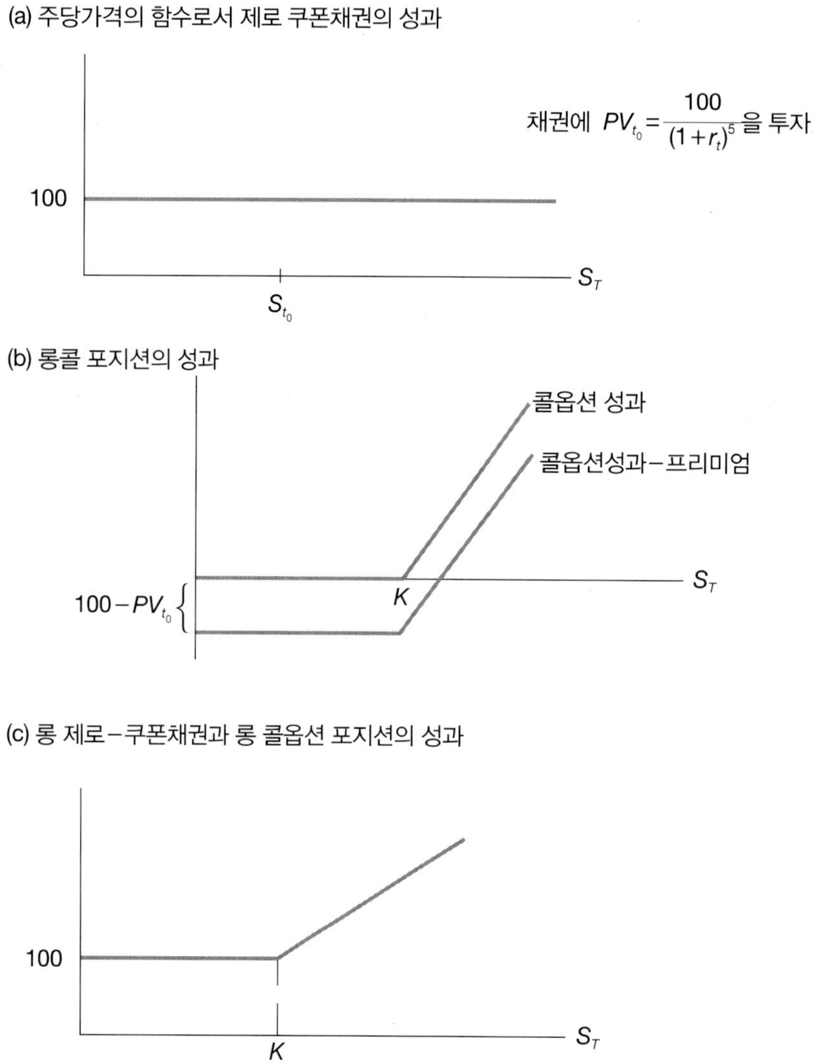

즈−S_t의 증가−을 제공할 것이다. 사실, g_{t_i}는 시간 간격 $[t_i, t_{i-1}]$ 동안 S_t의 변화율로 놓자.

$$g_{t_i}=\frac{S_{t_i}+S_{t_{i-1}}}{S_{t_{i-1}}} \tag{8.4}$$

그러면 투자자의 익스포즈는 $\lambda g_{t_i} S_{t_0}$이 될 것이다. 여기서 λ는 익숙한 참여율이다. 구조화 상품의 경우, 이러한 모든 계산을 수행하고, 높은 참여율을 가진 구조를 선택하고, 원금 보호된 증권을 패키지로 투자자에게 판매하는 것은 은행이다.

이것에 따르면, 가장 간단한 경우 은행은 모든 투자된 100에 대해 PV_{t_0} 금액의 무이표채을 가지고 구매할 것이고 옵션은 원금의 나머지를 가지고 구매될 것이며 이것은 $100-PV_{t_0}$ 또는 $100(1-\frac{1}{(1+r_t)^5})$이다.

예제

투자자는 원금 N=100을 보유하고 있다. 5년 무이표채 재무성증권에 대해 관측된 수익률은 4.50%이다. 투자자가 이 채권에 80.2451을 투자하면 증권은 5년 내에 100의 가치를 가질 것이다.

$$80.2451(1+.045)^5=100 \tag{8.5}$$

따라서 투자자는 채권을 매입하기 위해 80.2451을 할당 할 수 있으며 아직도 옵션에 투자할 수 있는 19.7549를 여전히 가질 것이다.[3)]

위의 예에서 투자자는 S&P500 옵션에 투자한다고 가정하자. 무이표채를 구입한 후 구조계획자는 S&P500 옵션에 19.7549달러를 투자하고 관리, 비용 및 수수료를 지불할 수 있다. 5년 S&P500 콜 옵션비용은 22.19 달러라고 가정한다. 또한 행정비용과 마진 비용으로 2 달러를 추가한다. 따라서 투자자는 80%의 참여율로 이익을 얻는다. 참여율은 (19.7549−2)/22.19로 계산된다. 두 가지 시나리오를 고려하자. 낙관적 시나리오에서는 S&P500 지수가 5년 동안 20% 상승한다고 가정한다. 이 경우 투자자는 16%(=80%×20%)를 달성할 것이다. 구조화 상품은 원금의 116%로 만기에 상환될 것이다(무이표채에서 100%, 옵션에서 16%의 이익). 비관적인 시나리오에서는 S&P500이 40% 하락할 것으로 가정한다. 이 경우 콜 옵션은 무용지물이 되고 투자자는 자기자본의 100%를 회수하게 된다.

일반적인 아이디어는 간단하다. 문제는 실행과 이를 행하는 보다 세련된 방법을 개발

3) 실제 생활에서, 이 금액에서 나올 필요가 있는 구조자의 수수료가 존재한다. 이들 수수료는 수집된 선불 수수료(up front)이다. 구조상품의 역사적인 평균 수수료 추정은 2007년 3월 12일, Thomson Reuters에 의해 제공된다. 이러한 원천에 따라, 평균 수수료는 유럽에서 30과 100bps간 그리고 미국에서 60과 150bps간 범위를 가진다.

할 때 발생한다. 실제로는 몇 가지 문제가 발생할 수 있다.

첫째, T의 만기에 대한 무이표채 금리가 너무 낮을 수 있다. 그러면 무이표채가 너무 비싸고 옵션에 투자하기에 충분한 "초과"가 남아 있지 않을 수 있다. 예를 들어, 2011~2013년 동안 5년 만기 미 국채 금리는 1.25%였다. 이러한 것은 옵션 바스켓에 투자로 남는다:

$$100-\frac{100}{(1+0.02)^5}=6.02 \tag{8.6}$$

해당 상품에 대해 지불한 수수료를 몇 % 포인트로 계산하면 옵션에 투자할 수 있는 금액이 더 많이 줄어 든다.[4] 변동성의 수준에 의존하고 있는 이러한 투자는 어떠한 의미있는 참여율을 보호할 수는 없다.

둘째, 노출이 바람직한 기초자산과 관련된 옵션이 존재하지 않을 수도 있다. 예를 들어, 헤지펀드를 고려할 때 이러한 위험에 대해 거래되는 옵션은 거의 없다. 그러나 투자자는 헤지펀드 활동에 노출되거나, 자신의 원금을 위험에 빠뜨리지 않고 신용거래를 원할 수 있다.

셋째, 기초자산의 위험에 대한 옵션이 존재하더라도, 이용 가능한 만기 집합이 제한적이며 장기만기는 종종 비유동적이다. 이를 해결하기 위해 헤저(hedger)는 롤링 전략의 비용이 변화하는 시장 상황에 따라 달라지기 때문에 경로 의존성이 높은 전략을 수립 할 수 있는 일련의 단기 만기 옵션을 사용해야 한다.

넷째, 금리수준에 관계없이 옵션은 변동성의 수준에 따라 너무 비싸다. 이것은 의미 있는 참여율을 확보하지 못할 수도 있다.

다음의 예제는 변동성을 사고 파는 다양한 시장참여자의 행동이 내재 변동성 수준 및 옵션 비용에 어떻게 영향을 미치는지 보여준다.

예제

1998년의 첫 5개월 동안 장기 내재변동성의 급격한 상승으로 인하여 마감활동 재개가 촉발되었다. 작년 11월과 12월에 크게 감소 했으면서 3년 지수변동성 수준은 1월 이후 꾸준히 상

4)

승했다.

추세는 지난 해 경험한 내재 변동성의 변화를 가깝게 반영하고 있다. 내재 변동성 수준은 먼저 보증된 지분형 펀드 시장의 급등에 힘 입어 1997년에 시작되었다. 펀드의 조정자는 소매상품에 내재된 보증을 헤지하기 위해 은행에서 더 장기 옵션을 구입했다. 장기 변동성이 있는 자연스러운 매도자는 없었으며, 변동성의 단기적인 압박이 빠르게 발생하여 금리가 상승했다.

지난주 시장전문가들은 짧은 압박이 악순환의 결과라고 주장했다. 은행들은 그들의 숏 옵션 포지션을 마감함으로써 변동성을 더욱 높였으며, 이는 결국 다른 하우스(house)가 그들의 포지션을 마감하게 만들었다. "그것은 어떤 연쇄 반응이다. 나는 대부분의 전문가들이 상당히 우려하고 있다고 생각한다 "고 말했다.

변동성 압박의 심각성에 동의하면서 시장전문가들은 원인이나 해결책으로 나뉘었다. 일부 전문가들은 은행 리스크 관리 담당자가 위험 한계를 너무 엄격하게 설정함으로써 변동성을 악화시켰다고 주장한다. "이것은 어떤 일이 발생해도 본업에 충실한 회계사의 전형적인 예이다. 그것은 지속되지 않을 특별한 상황이며, 그것도 고려해야 한다 "고 말했다.

역사는 벙크(bunk)?

전문가들은 또한 궁극적으로 수요/공급 불균형을 완화할 것으로 생각하는 요인을 지적했다. 몇몇 시장참가자들은 높은 변동성이 일시적인 현상이라고 생각한다고 말했다. 그들은 변동성이 평균 회귀이고, 내재 변동성율이 곧 (훨씬 더 낮은) 역사적 수준으로 내려갈 것이라고 주장했다.

변동성에 대한 두 견해 간의 불일치는 시장 발전에 대한 상충되는 견해의 핵심에 놓여 있다. 내재 변동성 비율은 현재의 옵션 가격을 옵션 모형에 공급함으로써 계산되며, 따라서 변동성의 공급과 수요의 함수이다. 대조적으로 역사적 변동성 비율은 이전 지분시장움직임에서 계산된다. 3년 FTSE 100 역사적 변동성 수준은 약 11%이다.

역사적 변동성과 내재 변동성 간의 격차가 벌어짐에 따라 비 전통적인 변동성 공급자에게는 이미 거래기회가 형성되었다. 딜러는 자연스럽게 숏 변동성으로 유지하지만 다른 트레이딩 회사는 변동성 비율 보다 유연한 접근 방식을 사용한다. 헤지 펀드는 이미 내재변동성 수준이 역사적 비율로 내려갈 것이라는 견해로 장기 변동성을 매도하려고 했다.

지분파생상품 전문가들은 낮은 참여율이 내재 변동성의 직접적인 결과라고 주장했다. 보증상품은 보통 하나 이상의 선물계약을 통해 얻은 지분의 롱 포지션과 가능한 손실에 대한 하한을 제공하기 위해 사용된 옵션을 혼합한 것이다. 만약 보다 더 비싸지 만 보증된 제품의 구매자에게 제공되는 위쪽은 제품의 전체 비용을 낮추기 위해 감소 될 것이다.

몇몇 시장전문가에 따르면, 새로운 낮은 참여율은 변동성 압박의 함수이며 따라서 여기 머물러 있다. "참여율이 감소하고 변동성에 대한 수요가 감소 할 것이라고 나는 생각한다. 그것은 단순히 시장이 균형을 찾는 것이다"라고 한 지분 파생 상품 마케팅 담당자는 말한다.

(Thomson Reuters IFR, 1998년 6월)

예제는 높은 내재 변동성 수준이 자본보증상품의 기본 요소 중 하나인 콜 옵션의 가격을 인상한다는 것을 보여준다. 비용이 높다는 것은 이러한 상품이 제공하는 참여율이 반드시 감소한다는 것을 의미한다.

위에서 기술된 자본보증상품은 1990년대 초반에 롱 옵션포지션을 복잡하게 만드는 구조로 따라갔다. 일부 상품은 위쪽을 '캡(cap)'하기 시작했다. 구조는 할인채권, K_L의 행사가격을 가진 롱 콜, 그리고 행사가격 K_U와 $K_L < K_U$을 가진 숏 콜 등을 구성하고 있다. 이 방법으로, 두 번째 콜을 매도함으로써 얻은 프리미엄은 롱 옵션에 더 많이 투자될 수 있으므로 참여율을 높이는데 사용된다. 이것은 〈그림 8.2〉에 나와 있다. 〈그림 8.2a〉는 무 이표채 지불을 보여준다. 〈그림 8.2b〉와 c는 롱 콜 포지션의 행사가격을 K_L로 나타내며, 숏 콜 포지션은 행사가격 K_U이다. 〈그림 8.2d〉는 무 이표채와 두 가지 콜 옵션으로 구성된 포트폴리오의 결과를 보여준다. 다른 상품은 아시안(Asian) 옵션을 사용하기 시작했다. 투자자에게 지급되는 지수의 이득은 계약 기간 동안의 이익의 평균으로 계산된다.

1990년대 후반에 상관성 상품을 보기 시작했다. 예를 들어, 최악의 구조는 초기 투자의 170%와 10개 주식 또는 상품(commodity)의 바스켓에 최악의 성과를 내는 자산의 수익률의 만기에 지급될 수 있다. 이 성과는 부(−)의 값을 가질 것이며 그래서 투자자는 170%보다 낮은 수익률을 얻을 수 있다는 것을 주목하라. 그러나 이러한 상품도 원금보장 이였으며 투자자는 최악의 경우 투자된 금액을 100% 회수할 수 있다.

가장 좋은 경우, 투자자는 주식 또는 상품(commodity)의 바스켓이 주어진 경우 최상의 성과를 나타내는 주식 또는 상품의 수익률을 얻는다. 관측기간은 전체 만기에 이루어지며 연간일 수도 있다. 후자의 경우, 상품은 매년 실적이 가장 좋은 주식의 연간 수익을 고정시킬 것이며, 이것은 매년 다를 수 있다. 2000년대 중반에 보다 더 세부적으로 아래에서 토의하는 역전환 상품을 포함한 지분-연계 구조화 금융상품의 여러 가지 새로운 버전이 선보였는데, 먼저 기초 상품을 주요 도구로 고려한다.

8.2.2 금융수단

지분 구조화 상품은 이 절에서 검토할 비교적 작은 금융수단 세트를 사용하여 만들어진다. 기본적으로 다섯 가지 주요 유형의 금융상품수단과 주식 구조화 상품을 다루는데 반복될 주요 개념적 문제에 대해 집중적으로 다룰 것이다.

먼저 바닐라(vanilla) 콜 또는 풋 옵션이 있다. 이것들은 9장과 11장에서 논의되었으며 여기서 다루지 않는다. 두 번째 도구는 이후 장에서 설명할 터치 또는 디지털 옵션이지만 아래에서는 간단한 요약을 제공한다.

터치 또는 디지털 옵션은 본질적으로 일정 수준을 넘는 경우 (현금 또는 자산) 성과를 제공하는 데 사용된다. 대부분의 지분 구조화 상품은 이러한 수준을 통합한다. 세 번째 도구는 역 전환성(reversible convertibles)으로, 이것은 발행자에게 전달되지만 옵션의 보유자에게 전달되지 않는 옵션이 내재되어 있다는 중요한 차이점을 가진 전환사채와 개념적

그림 8.2 무 이표채, 롱 콜 그리고 숏 콜

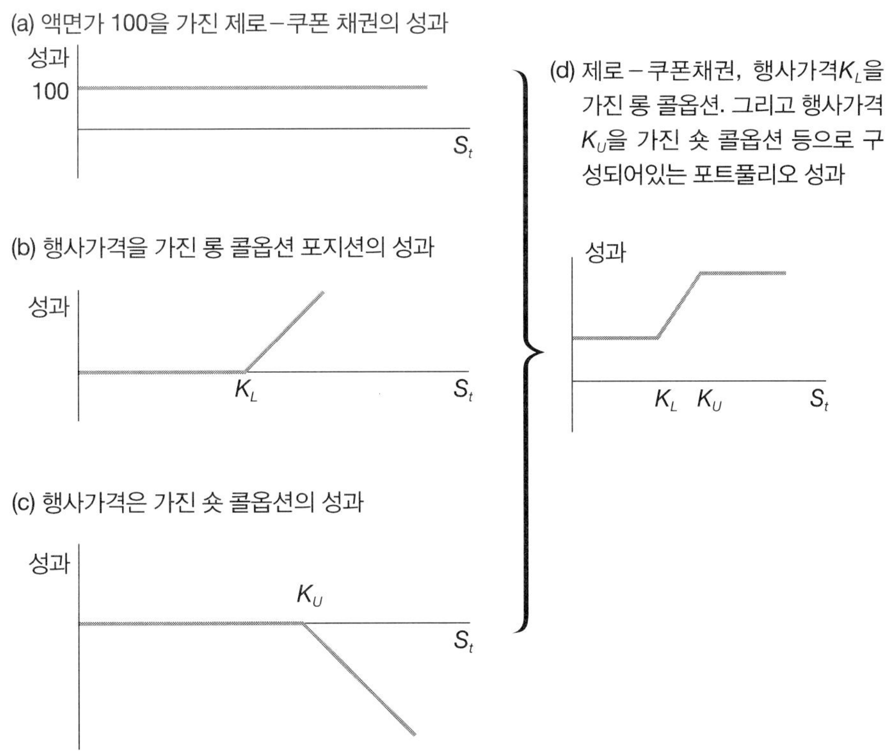

그림 8.3 **원-터치 옵션의 성과**

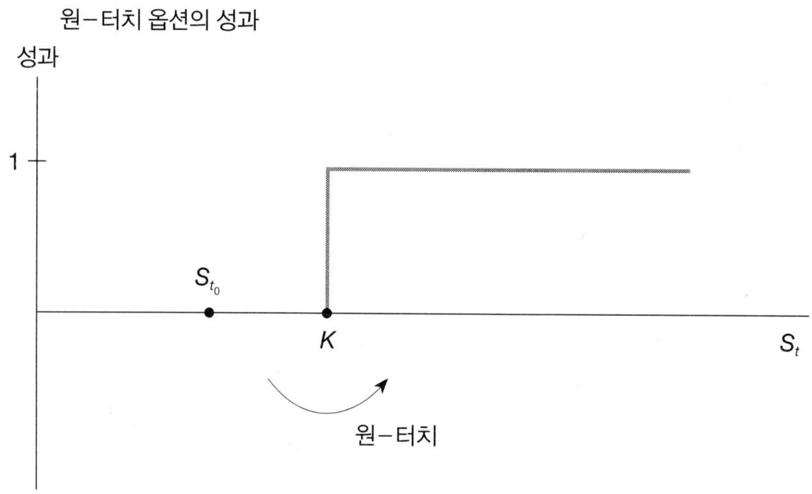

으로 관련이 있다.

네 번째 수단은 새로운 것이며 이것을 소위 레인보우 옵션(rainbow option)이라 부른다. 이것들은 주식 바스켓의 최대 또는 최소에 대해 발행된 옵션이다. 거의 모든 주식 구조화 상품에는 하나 이상의 주식에 의존하는 성과가 포함되기 때문에 유용하다. 다섯 번째 도구는 클리킷(cliquet)이다. 이 옵션은 중요한 프로토 타입이며 앞으로 선도 시작 옵션(forward starting option)을 매입하고 매도하는 데 사용된다. 지분 구조화 상품은 자연스럽게 수년에 걸쳐 넣어졌다는 것을 주목하라. 종종 투자자는 미래 년 동안 지수의 수익률을 제공 받지만, 미래 년 동안 초기 지수 가치는 알려지지 않을 것이다.

따라서 그러한 옵션은 선도-설정 행사가격을 가질 것이며 선도 변동성에 의존할 것이다. 선도 변동성은 지분 및 고정 소득 부문 모두에서 구조화 상품의 가격 결정 및 헤지에 중요한 역할을 한다.[5]

5) 지분구조화 상품은 종종 원금이 보호된다. 여기서 관련이 있는 CPPI유형 포트폴리오 보험에 대한 논의는 나중에 고려할 것이다. 이 장에서 CPPI기법은 포함하지 않는다.

8.2.2.1 터치 및 디지털 옵션

터치 옵션은 기존교재의 11장에서 소개한 디지털 옵션과 유사하다. 유럽형 디지털 옵션에는 단계함수의 성과를 가진다. 디지털 또는 이항(binary) 옵션은 기초자산의 정산가격에 따라 고정 금액을 지불하거나 만기시 아무것도 지불하지 않는 계약이다. 만기일에 롱 디지털 옵션이 ITM으로 종결된 경우 옵션 보유자는 미리 정해진 금액의 현금 또는 미리 결정된 자산을 받는다. 기존교재의 11장에서 논의된 바와 같이 표준 블랙-숄즈 가정하에서 디지털 옵션 값은 옵션이 ITM으로 종료될 위험 조정 확률에 의해 주어진다. 특히, 디지털이 기초자산 S_t에 발행되고 만기 T와 행사가격 K를 가진 유럽형이라고 가정하자. 〈그림 8.3〉에서 보듯이 성과는 $\$R$이고 무위험 금리는 r로 일정하다. 그러면 디지털 콜 가격은 다음과 같이 주어진다.

$$C_t = e^{-r(T-t)}\tilde{P}(ST > K)R \tag{8.7}$$

$\tilde{P}$는 적절한 위험 조정 확률을 나타낸다. 디지털 옵션은 구조화 지분 상품의 표 구성요소이며 아래에서 사용될 것이다.

원터치 옵션(one-touch option)은 바닐라 디지털의 약간 수정된 버전이다. 원터치 콜은 〈그림 8.3〉에 제시되어 있다. (i) 만기 시간 T에서 기초자산 가격이 행사가격 $(K < S_T)$보다 높고 (ii) 레벨 K가 한 번만 위반 된 경우 원래 가격 $S_{t_0} <$K을 가진 기초자산이 수익 $R=$ $\$1$을 준다.

그렇지 않으면 성과는 0이 된다. 이전 장에서는 외환시장(FX)에 대한 웨딩 케이크(wedding cake) 구조를 구조화하기 위해 자주 사용되는 더블-노-터치(double-no-touch: DNT) 옵션을 토의 했다.[6)]

매도자 관점에서 디지털 옵션의 한 가지 장점은 가능한 최대 다운사이드(downside)가 미리 알려져 있다는 것이다. 은행이나 구조의 관점에서 볼 때, 이는 디지털 옵션 매도가 일반적인 숏 변동성 포지션보다 전략으로서 보다 더 많이 통제된 위험과 낮은 부의 값을 가진 왜도라는 것을 의미한다. 반면에 터치와 디지털 옵션은 시장플레이어가 만기 전 행사가격 근처에서 디지털 옵션을 헤지 하기가 더 어렵기 때문에 바닐라 옵션보다 덜 유동적이다. 일부 디지털 옵션은 현재 상장되어 거래되고 있는데 이들은 이전에 OTC 금융상품수단이었다. 2008년에 아메리칸 증권 거래소(AMEX)와 CBOE는 상장지수 유럽형 캐

6) 웨딩케이크는 다른 베이스를 가진 DNT옵션의 포트폴리오이다.

시-또는-나팅(nothing) 옵션을 발표했다. 보다 복잡한 도구는 레인보우 옵션(rainbow option)과 선도 변동성(forward volatility)의 개념이다. 최근의 지분 구조화 상품에 대한 논의를 시작하기 전에 순서대로 논의할 것이다.

8.2.2.2 레인보우 옵션(Rainbow Options)

레인보우 옵션이라는 용어는 성과가 하나 이상의 자산 가격의 궤적에 의존하는 옵션에 대하여 설정된 것이다. 분명히, 그들은 기초자산으로서 주식의 바스켓을 가진 지분형 상품과 매우 관련이 있다. 그러한 옵션의 주요 부류는 n 기초자산의 최악 또는 최고를 지불하는 옵션이다. 두 가지 예가 있다.

$$\mathrm{Min}[0,\ S_T^1 - K^1,\ S_T^2 - K^2] \tag{8.8}$$

여기서 옵션은 두 개의 주식에 대한 두 개 가격변화 중 작은 금액을 지급한다.

$$\mathrm{Max}[0,\ S_T^1 - K^1,\ S_T^2 - K^2] \tag{8.9}$$

여기서 성과는 큰 것이고 0에서 하한을 가진다. 말할 필요도 없이 비록 보정 및 수치적 부담으로 인해 매우 큰 n을 비현실적으로 만들지라도, 기초자산의 수 n은 2보다 클 수 있다.

8.2.2.3 역 전환(reverse convertibles)

이전 장에서, 전환사채가 고정금리부채와 혼합된 콜 옵션의 포트폴리오로 간주 될 수 있다는 것을 보았다. 이것은 전형적으로 발행자가 고정금리부채만을 가진 경우보다 낮은 쿠폰으로 부채를 발행할 수 있음을 의미한다. 기초지분의 상승에 참여 하기를 추구하고 있거나 또는 잠재적으로 저평가된 변동성을 찾고 있는 채권투자자의 경우 전환사채는 올바른 투자가 될 수 있다. 그러나 높은 수익률을 추구하고 있고 상승에 관심이 없는 투자자의 경우 전환사채는 고정금리부채권보다 덜 매력적이다. 금융공학자가 고정금리부채권보다 높은 쿠폰을 지불하는 금융상품을 어떻게 만들 수 있는가? 그 대답은 만약 상품이 롱 콜 포지션 대신 숏 풋 위치를 혼합한다면, 금융상품수단의 발행자는 상품의 구매자로부터 롱 풋 옵션을 받게 되고, 발행자는 보다 높은 쿠폰을 가진 금융상품의 구매자에게 수익률로 보상할 수 있다. 다른 말로 하면, 내재된(embedded) 풋은 더 높은 쿠폰에 자금조달을 하고 있다. 이러한 증권은 역전환(reverse convertibles)라고 부른다. 풋 옵션은 기초주식(또는 주식의 바스켓) S_t에대해 발행되고 전환은 선택 사항이 아니지만 S_t가 특정 레벨 K 이하로 떨어지면 자동으로 발생하지만 이것은 풋 옵션의 가격으로 볼 수 있다. 기초 주식 또는 주식의 바스켓은 준거주식(reference shares)으로 언급 된다.

역전환(reverse convertibles)은 주로 소매 투자자에게 구조화 상품으로 주로 판매되었다. 역전환 사채는 전환사채의 내재된 콜 옵션이 내재 변동성에 의존하는 것과 유사한 방법으로 기초주식 변동성에 의존하는 풋 옵션이 내재되었다. 그러나 전환사채와 역전환 사채의 근본적인 차이는 전환사채가 기초자산의 상승에 참여 기회를 제공하는 반면 역전환은 기초자산의 하락에 참여할 수 있도록 하는 것이다. 또한, 전환옵션은 발행자에게 전달되지만 역전환사채 보유자에게는 전달되지 않는데 보유자가 암묵적으로 기초자산에 대한 풋 옵션을 발행자에게 발행하기 때문이다. 역전환사채에서 쿠폰 지급이 채권시장에서 이용 가능한 수익률보다 상당히 높을 수 있지만, 원금의 상환이 보장되지 않기 때문에 역전환사채는 채권보다 위험이 더 크다.

만기시 기초 역전환사채의 성과는 두 가지 시나리오에 달려 있다:

- 시나리오 1: $S_T > K$. 만기시 기초주식은 행사가격 이상이다. 이 경우 보유자는 쿠폰을 받고 원래 투자액의 100%를 받는다.
- 시나리오 2: $S_T < K$. 만기시 기초주식은 행사가격 이하이다. 보유자는 미리 결정된 수의 주식을 받는다.

예를 들어, ABC의 주가와 연계된 역전환 사채의 매입자를 고려하자. 만약 ABC의 주가가 초기 £100였고 1년 후에 주가가 £120였다면 시나리오 1이 얻어진다. £1000 채권(note) 보유자는 10% 쿠폰에 대해 £100을 받고 £1000 원금을 받는다. 시나리오 2는 1년이 끝날 때 주식가격이 £80인 경우 발생한다. 그러면 채권(note) 보유자는 쿠폰을 £100 받으며 주식은 £800을 수령한다. 다른 말로, 이것은 자본 손실로 이어질 것이다. 〈그림 8.4〉는 전형적인 역전환의 성과 프로파일을 보여준다. 〈그림 8.4a〉는 무이표채의 결과를 보여준다. 〈그림 8.4b〉는 행사가격 K을 가진 숏 풋 옵션 포지션으로부터 이익과 손실을 보여주고 있다. 풋 옵션의 발행은 만약 기초자산 S_t가 행사가격 K 이상으로 유지되면 풋 옵션 프리미엄을 받는다. 만약 숏 풋 포지션을 가진 무이표채를 매매 포지션과 결합하면 풋 옵션 프리미엄이 쿠폰의 가치를 높여주기 때문에 무이표채의 경우 보다 이득이

그림 8.4 역 전환

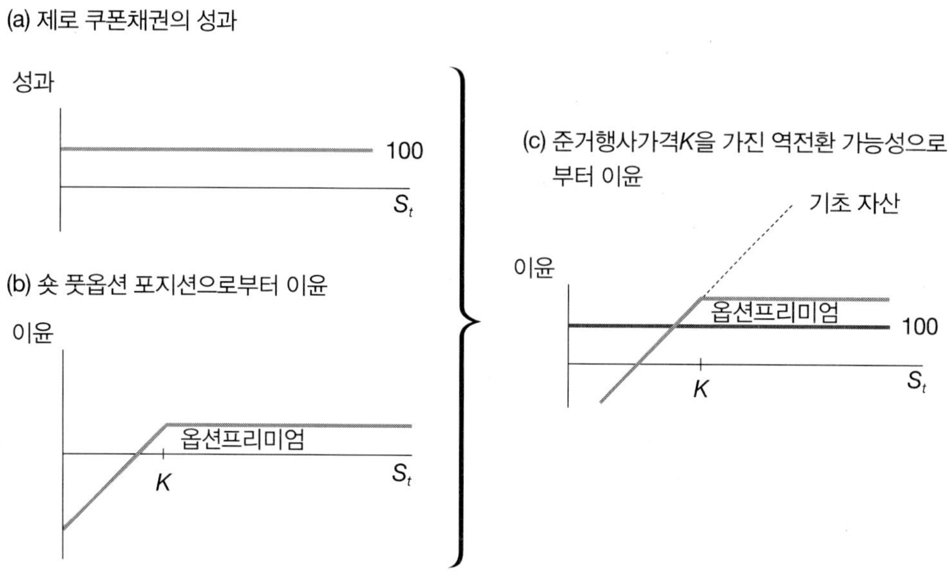

보다 높다는 것을 보여주는 역전환사채의 이익과 손실 도표를 얻을 수 있다.

종종 내재된 옵션은 간단한 옵션이 아니라 녹-인(knock-in) 옵션이다. 이는 위의 시나리오에서 주가 S_t가 만기까지 어느 시점에서 행사가격 이상으로 유지된다는 조건에서 달라진다는 것을 의미한다. 녹-인 수준은 종종 초기 준거가격(reference price)의 70~80%로 설정된다.

전형적으로 역전화사채는 투자자에 의해 언제 구매되는가? 저금리 및 높은 시장 변동성 환경에서 역전환(reverse convertibles)는 투자자가 향상된 수익률을 얻을 수 있는 방법을 제공하기 때문에 인기가 있다. 그러나 상품의 인기는 상품발행자에게 발행하고 있는 인벤디드(embedded) 풋 옵션의 가격을 완전히 이해하고 있음을 의미하지는 않는다. 시장의 변동성이 크다면 내재된 풋은 매우 가치 있고 구조는 쿠폰 형태로 모든 가치를 구매자에게 전가하지 못할 가능성이 있다. 이 경우 구매자는 큰 하락 위험을 감수해야 하며 주식시장 침체 시 상품이 손실로 이어질 수 있다. 따라서, 투자자는 역전환에 의해 제공된 수익률을 머니마켓 수익률과 조심스럽게 비교해야 한다. 왜냐하면 만약 2개가 크게 다른 경우 이것은 역전환이 상당한 위험을 내포 하고 있다는 것을 의미하기 때문이다.

1990년대에, 역전환은 종종 내재된 숏 ATM풋 옵션을 가지고 발행되었다. 그러한 상품의 하락은 투자자들이 만약 기초자산이 초기 수준보다 낮으면 손실을 입을 것이라는 것이었다. 테크(tech) 버블 붕괴로 인한 시장 침체에 대한 응답으로 투자자 수요가 줄어들면서 숏 ATM 하락(short at-the-momey) 및 풋 옵션(in put option)에 내재시킨 새로운 세대의 금융상품이 개발되었다. 베리어 특성은 풋 옵션이 (다운) 베리어가 도달 하지 않았다면 투자자들에게 추가적인 보호를 제공했다. 이러한 베리어 역전환은 유럽 및 미국에서 널리 사용되는 구조화 상품이다. 구조설계자의 경우 구조가 장기 지분 베리어 위험(만기 3년과 5년 사이)과 위에서 디지털 옵션의 관계에서 토의된 것처럼 불안정하게 되는 경향이 있는 베리어 근처 상품의 그릭(Greek)에 헤징이 필요하기 때문에 베리어 특성은 실무에서 새로운 도전을 가지고 있다. 더욱이 많은 수의 구조화 상품과 기초 지분 시장의 상대적 비유동성으로 인해 FX 상품의 경우보다 그러한 상품의 헤지가 어려워졌다.

역전환을 포함한 일부 구조화 상품에는 콜 기능이 내장되어 있다. 따라서 이러한 상품에는 콜 및 전환 특성이 있다. 구조화 상품을 발행하는 은행은 자동 수의상환성(auto callable)으로서 콜 특성을 가진 이들 상품을 참조한다. 이 특성은 보다 긴 만기를 가진 구조화 상품에서 종종 발견된다. 준거자산(reference asset)이 특정 관측 일의 초기 수준 또는 그 이상 이라면 이러한 상품은 발행자에 의해 수의상환 될 수 있다. 이는 발행자가 상품을 조기에 회수할 수 있는 효과적인 방법이다. 이 경우, 투자자는 투자의 원금과 일정 프리미엄을 받는다. 수의상환채권(callable bond)과 마찬가지로, 발행자에게 전달되는 이 콜 옵션은 이 상품을 보유자에게 덜 매력적으로 만들며 따라서 이 특성이 없는 대안에 비해 자동수의상환의 수익률이 높을 수 있다. 자동수의상환 특성은 자본보증 중기채 및 베리어 역전환에서 종종 볼 수 있다.

구조화 상품은 상품설계자 또는 발행자의 관점에서 헤징위험을 포함하고 있을 뿐만 아니라 법적위험(legal risk)도 포함한다. 미국, 유럽 및 아시아/태평양 지역에는 구조화 상품 구매자가 손실을 입은 후 상품 발행자를 상대로 법원에 출두한 사례가 많다. 그러므로 이것은 구매자의 이익에 있을 뿐만 아니라 상품의 내재된 하락(downside)의 결과를 이해하기 위한 구조자의 이익에 있다. 경우에 따라, 상품이 적절하게 시장에서 형성되고 매도될 지라도 은행은 미래 고객관계를 위태롭게 하지 않게 법적 소송을 해결한다. 2013년 IOSCO(국제 증권위원회)는 소매 구조화 상품의 규제에 대한 보고서를 발표했다. 이 보고서의 목적은 투자자 보호를 강화하는 것이다. 증권감독 당국이 소매 구조화 상품을 규제하는 데 사용할 수 있는 다양한 규제 옵션에 대해 설명한다. 다음 예제는 구조화 상품과 관련된 규제문제와 위험의 한 예를 제공한다. 이 예제는 이 절에서 논의된 역전환을 기반으로 한다.

예제 LIMBO에서 역 전환

리라(lira)−단위화폐의 역전환(denominated reverse convertibles)의 발행은 이탈리아 법률에 기초하여 세금 상태에 대한 불확실성이 증가함에 따라 중단될 수 있다. 이탈리아 당국은 투자자들이 실제로 자본 위험에 노출될 때 자본으로 보호되는 채권 상품이라는 믿음으로 이 금융상품수단를 구입할 수 있다고 우려하고 있다.

워런트(warrant) 시장참가자들에 따르면 약 1개월 전 이탈리아 은행(Bank of Italy)은 리라(lira)로 명명된 역전환 잠재적 발행자들에게 "비정상적인 유가 증권"으로 분류될 수 있다고 경고했다. 이런 것과 같이 분류되었다면, 증권에 대한 쿠폰이 12.5%대신 27%로 과세될 수 있다−일반적인 고정소득율과 파생상품. 그 이후로 리라 전환사채 발행은 구조자가 상태에 대해 의사결정을 기다리는 것처럼 줄어들었다.

시장 평론가들은 이탈리아 은행(Italy of Bank)이 구조에서 원금 보장이 없다는 점에 우려하고 있다고 말했다. 역전환은 숏 지분 풋 옵션을 구현함으로써 바닐라 채권보다 상당히 높은 수익률을 생성한다.

투자자는 특정 주식 가격이 만기시 특정 수준을 초과하는 한 높은 쿠폰과 일반 채권상환을 받는다. 그러나 지분이 지정된 표시보다 낮으면 투자자는 보통 채권원금 대신 물리적 지분을 받게 된다.

결과적으로, 역전환의 구매자는 낮은 수준에서 롱 주식 포지션으로 끝날 수 있는데 이는 초기 원금의 침식을 의미한다. 대조적으로, 바닐라 채권의 구매자는 최초의 원금을 되찾을 것을 확신한다.

(Thomson Reuters IFR, 1998년 5월)

위의 예제는 역전환 상품의 내재된 하향 위험을 예시하고 있다. 주가가 행사 가격보다 낮으면 상품 발행자는 전형적으로 풋 옵션을 행사할 것이다. 결과적으로 역 전환의 채권 소지자 또는 구매자는 불리한 조건 하에서 주식을 받게 받는다. 문제는 심지어 발행자가 디폴트가 되지 않을 지라도 보유자가 상당한 손실을 입을 수 있다는 것을 모든 투자자가 이해하지 않는다는 점이다.

8.2.2.4 클리킷(Cliquets)

클리킷(Cliquet) 옵션은 지분 및 FX 구조화 상품 공학에 종종 사용된다. 또한 구조화 상품의 더 복잡한 점을 이해하는 데 매우 유용하다. 클리킷(Cliquets)는 구조상 행사가격을 재설정하기 때문에 래칫(ratchet) 옵션으로도 알려져 있다.

클리킷(cliquet)은 선도 설정 행사가격을 가진 사전 구입된 옵션의 연속이다. 첫 번째 옵션의 행사가격은 알려져 있지만 다음 옵션은 알려져 있지 않은 행사가격을 가지고 있다. 미래 옵션의 행사가격은 기초자산이 개별 미래 하부기간 말에서 마감하는 경우에 따라 설정될 것이다. 가장 쉬운 경우는 ATM 옵션이다. 각 관측 기간의 시작 시점에 행사가격은 S_{t_i}에서 관측된 가격이 될 것이다. 재설정 기간의 수는 미리 구매자에 의해 결정된다. 각 옵션에 대한 지급은 일반적으로 각 재설정 기간 종료 시점에 이루어진다.

재설정 날짜에 옵션은 구 및 신 행사가격간의 차이를 가지며 이익으로 지급한다. 만약 주식이 이러한 방법으로 움직인다면, 구성옵션 중 하나가 OTM으로 만기가 되는 선 기간 동안 이익은 존재하지 않을 것이고 투자자는 그 기간에 해당하는 프리미엄을 잃을 것이다.

예제

연간 재설정을 가진 S&P에 대한 5년 클리킷(Cliquets) 콜은 〈그림 8.5〉에서 보여지고 있다. 본질적으로 클리킷(Cliquets)은 5개의 연간 ATM 현물 콜의 바스켓이다.

초기 행사가격은 예를 들어 1419에 설정되며, 구매 날짜에서 관측된 기초자산가치이다. 첫 해가 말에 S&P가 1450로 마감된다면, 첫 번째 콜은 현금으로 ITM으로 만기가 되며, 지급은 구매자에게 이루어진다. 다음으로, 2차 년도에 대한 콜 행사가격은 1450로 재설정되고, 등등 계속된다.

그림 8.5 클리킷(Cliquets)

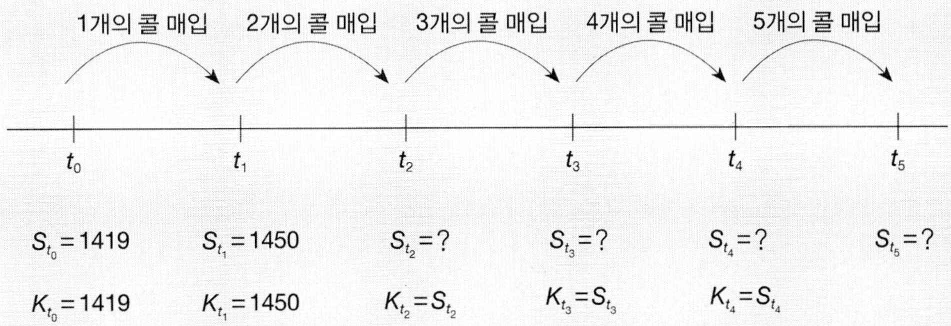

5년 클리킷(Cliquets) 옵션의 중요성을 보기 위해 두 가지 대안을 고려하자. 첫 번째 경우에는 1년 ATM콜을 구입한 다음 미래 연 4번의 초기에 새로운 ATM콜을 계속적으로 구입한다. 두 번째 경우에는 한 명은 5년의 클리킷(Cliquets)을 구입한다. 이들 간의 차이점은 클리킷(Cliquets)의 비용이 미리 알려질 것이고 미래 콜의 프미리엄은 t_0에서 알려지지 않을 것이라는 것이다. 따라서 구조설계자는 만약 클리킷(Cliquets)을 사용한다면, 구조화 상품의 비용을 t_0에서 알게 될 것이다.

다시 5년 만기를 고려하자. 5년 연속 동안 시장은 보다 낮게 마감할 것이라는 기회는 일반적으로 시장이 5년 후 하락할 확률보다 낮다. 5년 후에 시장이 떨어지면, 이 5년 중 적어도 하나에서(적어도) 더 높은 마감 가능성이 있다. 따라서 클리킷(Cliquets) 콜은 동일 마지막 만기를 가진 바닐라 ATM(at-the-money) 콜보다 더 비싸다는 것이 명백하다.

클리킷(Cliquets) 옵션의 판매자가 지적하는 판매 포인트 중 하나는 변동성이 상승 할 것으로 기대될 때 투자자들이 축적된 이익의 손실 위험보다 주기적으로 이익을 가질 수 있다. 기초 위험자산이 시간이 지남에 따라 위 또는 아래로 갈 것이라는 견해를 갖고 정확한 타이밍에 대한 시각을 갖고 있지 않은 투자자는 수익을 가지는 더 나은 방법으로 클리킷(Cliquets)의 구조를 볼 수 있다. 클리킷(Cliquets) 구조의 최근 사례는 미국의 구조화 상품시장에서 시장연계 양도성예금증서(CD)이다.

중요한 점은 클리킷(Cliquets)는 내재 선도변동성 표면를 사용하여 가격이 결정될 필요 하다는 것이다. 일단 이것이 완료되면 클리킷(Cliquets) 프리미엄은 미래 옵션에 대한 프리미엄의 현재 가치와 같다.

8.2.3 선도변동성(forward volatility)

선도변동성은 구조화 상품 가격결정 및 헤징(hedging)에서 중요한 개념이다. 이것은 복잡한 기법의 주제이며 여기서 간단히 다룰 수 있다. 시간 t_0에 발행된 바닐라 유럽 콜을 생각해보자. 콜은 T, $t_0 < T$에서 만기가 되고 행사가격이 K이다. 이 콜의 가치를 계산하기 위해 내재변동성을 찾아 블랙-숄즈 공식에 연결한다. 이것은 블랙-숄즈의 내재 변동성이라고 한다.

나중에 t_1, $t_0 < t_1$에서 시작할 바닐라 콜을 고려하자. 그러나 시간 t_0에 옵션 가격을 결정해야 한다. 만기는 t_2이다. 더 중요하게, K_{t_1}로 표기된 옵션의 행사가격은 t_0에서 알 수 없으며 다음과 같이 주어진다.

$$K_{t_1} = \alpha S_{t_1} \tag{8.10}$$

여기서 $0 < \alpha \leq 1$은 매개 매개이다. 이는 선도 시작 콜(forward starting call)의 머니니스(moneyness)을 나타내며, 옵션비용의 중요한 결정요인이다. 만약 $\alpha = 1$ 인 경우 선도콜은 t_1에서 ATM(at-the-money)옵션이 될 것이다. 결정론적인 단기 금리 r을 가정 할 때, t_0에 선도시작옵션(forward start option) 가치를 다음과 같이 쓸 수 있다.

$$C(S_{t_0}, K_{t_1}, \sigma(t_0, t_1, t_2)) = e^{r(t_2 - t_0)} E_{t_0}^{\tilde{P}}[(S_{t_2} - \alpha S_{t_1})^+] \tag{8.11}$$

여기서 $C(.)$는 블랙-숄즈 공식을 나타내고 $\sigma(t_0, t_1, t_2)$는 선도 블랙-숄즈 변동성을 나타낸다. 변동성은 t_0에서 계산되고 기간 $[t_1, t_2]$에 적용된다. (알려지지 않은) K_{t_1}을 방정식 (8.10)을 사용하여 대체하고, 클리킷(Cliquets)옵션 가격은 현재 S_{t_0}과 선도변동성에만 의존 할 것이라는 것을 알아야 한다.

따라서 가격결정 문제는 기초자산 S_t에 대한 주어진 유동성 바닐라 옵션시장에서 선도변동성의 가치를 계산하는 것으로 감소한다. 이 일은 상당히 복잡할 것으로 판명되며 기초자산 과정의 순간적인 변동성에 대한 매우 단순한 특성 이상이다. 이 절과 관련된 주요 아이디어를 나타내는 두 가지 특수한 경우를 고려한다. 포괄적으로 다루기 위해 독자가 Gatheral(2006)과 상담할 것을 권고한다.

예제 결정적인 순간적 변동성

S_t과정을 움직이는 변동성 모수가 시간 의존형이라고 가정하지만 순간 변동성 σ_t을 동인하는 유일한 요인이 시간 t라는 점에서 결정론적이다. 다른 말로, 위험중립적인 동태성을 가지고 있다.

$$dS_t = rS_t + \sigma_t S_t dW_t \tag{8.12}$$

그런 다음 기간 $[t_0, T_1]$에 대한 내재 블랙-숄즈 변동성은 다음과 같이 정의된다.

$$\sigma_{BS}^{T_1} = \sqrt{\frac{1}{T_1 - t_0} \int_{t_0}^{T_1} \sigma_t^2 dt} \tag{8.13}$$

다른 말로, $\sigma_{BS}^{T_1}$는 기간 $[t_0, T_1]$ 동안의 평균 변동성이다. 이러한 조건에서 이 기간 동안의 S_t의 변동은 다음이 될 것임을 주목하라.

$$(\sigma_{BS}^{T_1})^2 (T_1 - t_0) \tag{8.14}$$

이제 $[t_0, T_2]$, $T_1 < T_2$로 정의된 보다 긴 시간 기간과 상응하는 내재변동성을 고려하자.

$$\sigma_{BS}^{T_2} = \sqrt{\frac{1}{T_2 - t_0} \int_{t_0}^{T_2} \sigma_t^2 dt} \tag{8.15}$$

그런 다음 이때 블랙-숄즈 분산을 다음과 같이 정의할 수 있다.

$$(\sigma_{BS}^{T_2})^2 (T_2 - t_0) - (\sigma_{BS}^{T_1})^2 (T_1 - t_0) \tag{8.16}$$

적분을 넣고 제곱근을 취하여 시간 T_1에서 시간 T_2까지의 선도 내재 블랙-숄즈 변동성 얻는다.

$$\sigma_{BS}^{f}(T_1, T_2) = \sqrt{\frac{1}{T_2 - T_1} \int_{T_1}^{T_2} \sigma_t^2 dt} \tag{8.17}$$

이 예제의 중요한 점은 다음과 같다. 변동성이 시간 t의 함수로서 결정론적으로 변하는 경우, 선도 블랙-숄즈의 변동성은 단순한 선도 변동성이다. 따라서 (결정론적인) 변동성 지표가 주어지면 직접 계산할 수 있다. 이 경우 무엇을 의미하는지 직감적으로 알 수 있다. 이제 블랙-숄즈의 변동성과 선도변동성 사이의 직접적인 관계가 사라지는 확률론적 변동성을 가진 보다 현실적인 사례를 본다.

예제 확률적 변동성

S_t가 다음의 과정을 따른다고 가정하자.

$$dS_t = rS_t + \sigma I_t S_t dW_t \tag{8.18}$$

여기서 I_t는 다음과 같은 0과 1을 가지는 과정이다.

$$I_t = \begin{cases} 0.30, & 0.5 \text{ 확률} \\ 0.1, & 0.5 \text{ 확률} \end{cases} \tag{8.19}$$

그래서, 높은 변동성과 낮은 변동성기간 사이에 무작위로(S_t와 독립적인) 변동하는 확률적 변동성을 가진다. 이때, 기간 $[t_0, T_1]$ 및 $[t_0, T_2]$에 대한 평균분산은 각각 다음과 같이 주어진다.

$$\begin{aligned}(\sigma^{T_1})^2 (T_1 - t_0) &= \int_{t_0}^{T_1} E[(\sigma(I_t) dW_t)^2] \\ &= (T_1 - t_0)(0.3)^2\end{aligned} \tag{8.20}$$

> 이것은 선도변동성이 0.2가 될 것이라는 것을 의미한다.
> 그러나 블랙-숄즈의 변동성은 0.2와 같지 않을 것이다.

이에 따르면 순간 변동성이 확률적일 때마다 블랙-숄즈의 변동성을 계산하는 것이 쉽지는 않다. 본질적으로, 이 확률적 변동성을 모형화 한 다음 몬테칼로(Monte Carlo)를 사용하여 바닐라 옵션의 가격을 결정한다. 거기에서 내재 블랙-숄즈 선도변동성을 도출한다. 다음 절에서는 선도변동성이 중요한 역할을 하는 지분형 구조화 상품의 첫 번째 사례를 다룬다.

8.2.4 프로토타입(Prototypes)

아래의 주요 지분 구조화 상품의 사례를 선택하여 이 분야에서 사용된 주요 방법을 보여줄 수 있다. 분명히 이들 예제는 포괄적일 수는 없다.

그림 8.6 T-채권과 iTraxx에 대한 클리킷을 구성하고 있는 구조화 상품

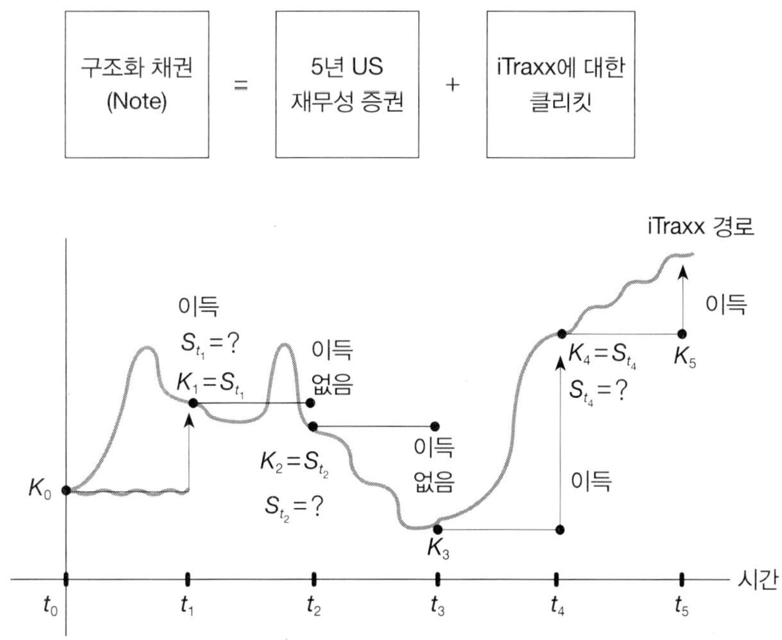

우리는 먼저 클리킷(Cliquets)이 내재되어 있는 구조를 가지고 시작하자. 여기서 아이디어는 선도지분가격 변동으로부터 혜택을 얻는 것이다. 선도변동성이 주요 쟁점이 된다. 다음으로 레인보우 옵션이 포함된 구조로 이동한다. 여기서 문제는 바스켓에 있는 주식의 최대치(maxima) 또는 최소치(minima)로부터 혜택을 얻는다는 것이다. 구조는 이들 주식 간의 상관 관계에 노출될 것이며 투자자는 장기 또는 단기 상관관계가 될 것이다. 셋째, 주요 이슈가 선도변동성 움직임을 헤지하게 되는 나폴레옹 유형 상품을 고려한다. 이러한 구조에서 변동성 노출은 볼록하고 변동성 감마가 될 것이다. 만약 변동성 구매 및 판매와 관련된 이러한 동적 헤징 비용이 개시 시점에 고려되지 않는다면, 구조가 잘못 계산될 것이다. 변동성 익스포저와 관련된 이러한 동적 헤지 비용은 지분 구조화 상품의 또 다른 중요한 차원이다.

8.2.4.1 사례 I : 클리킷(cliquet)이 내재 된 구조

클리킷은 상품을 구성하는데 편리한 수단이다. S_t는 주가지수 또는 상품(commodities) 또는 FX와 같은 기초자산으로 놓자. g_{t_i}는 연말에 계산된 이 기초자산의 연간 변화율이라고 하자.

$$g_{t_i}=\frac{S_{t_i}-S_{t_{i-1}}}{S_{t_{i-1}}} \tag{8.21}$$

여기서 t_i, $i=1, 2, \ldots, n$은 정산일이다. t_i가 년으로 표시된다고 가정 할 때 일반성의 상실은 없다.

고객에게 다음과 같이 약속하기를 원한다고 가정하자. 5년 채권(Note)를 구입하면 고객은 매년 연말에 미래의 연간 수익 $\lambda g_{t_i} N$을 받게 된다. $0<\lambda$는 구조자에 의해 결정되는 매개 변수이다. 연간 수익은 0에서 하한선이다. 다른 말로, 연간 성과는 다음과 같다.

$$P_{t_i}=\mathrm{Max}[\lambda g_{t_i} N, 0] \tag{8.22}$$

λ는 참여율이라고 불린다.

이 구조는 처음에 나타나는 것보다 덜 직선적임이 판명된다. 상품설계자(structurer)가 시간 t_0에서 알려진 계수 λ와 함께 알려지지 않은 연간 수익률을 약속하고 있다는 것을 주의하라. 사실, 이것은 하나의 바닐라 옵션과 4개 선도시작옵션(forward starting option)으로 만들어진 클리킷이다. 선도시작옵션은 선도변동성에 달려 있다. 가격결정은 구간 $t_i - t_i - 1$의 선도변동성을 계산한 후 초기 시점 t_0에서 이루어져야 된다. 〈그림 8.6〉은 이 상품을 만드는 데 클리킷(cliquets)을 어떻게 사용할 수 있는지 보여준다. 이 구조화 재무성증권(note)에서는 상품설계자(structurer)는 5년 재무성채권(Treasury note)에 원금 N을 입금하고 나머지는 5년 클리킷을 구매한다. 이 예제에서 위험한 기초자산은 iTraxx 지수로 가정되지만 S&P500이나 MSCI World와 같은 지분지수일 수도 있다. 그림에서 알 수 있듯이, 클리킷은 5개의 선도시작옵션으로 구성하고 있다. 첫 번째 옵션의 행사가격은 K_0이며, 기초자산의 가격이 날짜 t_1에서 $S_{t_1} > K_0$이기 때문에 첫 번째 옵션이 행사되어 지급한다. 두 번째 옵션은 행사가격 $K_1 = S_{t_1}$을 가지고 날짜가 t_2 일 때 OTM(out-of-the-money)이 된다. 세 번째 옵션은 비용을 지불하지 않는다. 네 번째와 다섯 번째 옵션은 비용을 지급한다. 이 구조에 대해 더 자세히 논의하기를 원한다.

먼저 간단한 원금보장 특성을 부가한다. 5년 무위험 이자율을 r%로 가정한다. 5년 만기 디폴트가 없는 국채(Treasury bond)의 t_0 시점의 가치는 다음과 같이 주어진다.

$$PV_{t_0} = \frac{100}{(1+r)^5} \tag{8.23}$$

분명히 이것은 100보다 작다. 그런 다음 쿠션(cushion) Cu_{t_0}을 정의하자.

$$Cu_{t_0} = 100 - PV_{t_0} \tag{8.24}$$

다음의 관계를 주목하라.

$$0 < Cu_{t_0} \tag{8.25}$$

그리고 이들 펀드는 옵션을 매입하는데 사용될 수 있다. 그러나 어떤 옵션도 구입할 수 없다는 점에 유의하라. 대신 λ배의 알려져 있지 않은 연간 수익률이 투자자에게 약속되기 때문에 클리킷을 구입한다. 문제는 시간 t_0에서 미지의 선도수익률에 대한 옵션 가격을 결정하는 방법이다. 이를 위해서는 선도변동성을 보정하고 대체로 옵션가격결정공식으로 대체해야 한다. 옵션공식은 일반적으로 블랙-숄즈이다.

이 상품을 사용하면 연간 수익률이 정(+)의 값이면 투자자는 이러한 수익률을 λ배 받을 것이다. 수익률이 부(−)의 값이면 투자자는 아무 것도 받지 못한다. 장기추세가 하락하는 시장에서조차 몇 년 동안 투자자는 결국 정(+)의 수익을 얻을 수 있다.

8.2.4.2 사례 II: 마운틴 옵션을 가진 구조

주식 바스켓의 최대치와 최소치에 의존하는 성과를 가진 상품구조는 일반적으로 마운틴옵션(mountain option)으로 표시된다. 이 유형의 이색옵션(exotic option)은 바스켓옵션(basket option)과 범위옵션(range option)의 기능을 결합하고 있으며 소시에더 제너리엘(Soci'et'e G'en'erale)은 1990년대 후반에 그러한 옵션의 첫 번째 판매자 중 하나였다. 몇 가지 예가 있다. 각 중요한 카테고리에 대한 간단한 사례를 고려한다.

8.2.4.2.1 알티플래노(Altiplano)

가격을 가진 주식의 바스켓 $\{S_t^1, \ldots, S_t^n\}$을 고려하자. 레벨 K가 설정된다. 예를 들어, 초기 가격의 70%. 가장 단순한 버전의 Altiplano 구조는 일정 기간 $[t_i, t_{i-1}]$ 동안 레벨이 K에 도달하지 않으면 투자자에게 "큰" 쿠폰을 제공한다. 그렇지 않으면 투자자는 더 많은 주식이 베리어(barrier)에 히팅되는 것처럼 보다 낮은 쿠폰을 받게 된다. 일반적으로 3~4개 주식이 쿠폰이 0이되는 베리어을 맞춘다. 다음은 그 예제이다.

예제 ALTIPLANO

통화: 유료(Eur); 자본보증: 100%; 발행가격: 100

발행일: 2014년 1월 1일; 만기일: 2019년 1월 1일

기초 바스켓: {펩시코, JP모건체이스, 제너럴 모터스, 타임-워너, 세븐-일레븐}

연간쿠폰:

쿠폰=15%, 쿠폰지급일에 준거가격의 70%이하 주식 내려가지 않을 경우.

쿠폰=7%, 한 주식이 70% 한도 이하일 경우

쿠폰=0.5%, 하나 이상의 주식이 한도 이하 일 경우

〈그림 8.7〉은 그러한 상품을 어떻게 공학적으로 설계 할 수 있는지 보여준다. 본질적으로, 투자자는 무이표채를 구입 한 다음 5개의 디지털 풋을 판매했다. 쿠폰은 디지털에 대한 프리미엄의 기능이다. 〈그림 8.7a〉는 무이표채를 보여 주며 〈그림 8.7b〉는 숏 디지털 풋 포지션의 성과와 이익을 보여준다. 풋 옵션 프리미엄은 쿠폰을 증가시키는 데 사용될 수 있다. 분명히 이 상품은 준거 포트폴리오의 구성 요소가 보다 높은 변동성을 가진다면 더 높은 쿠폰을 제공

할 수 있다.

그림 8.7 Altiplano의 구성

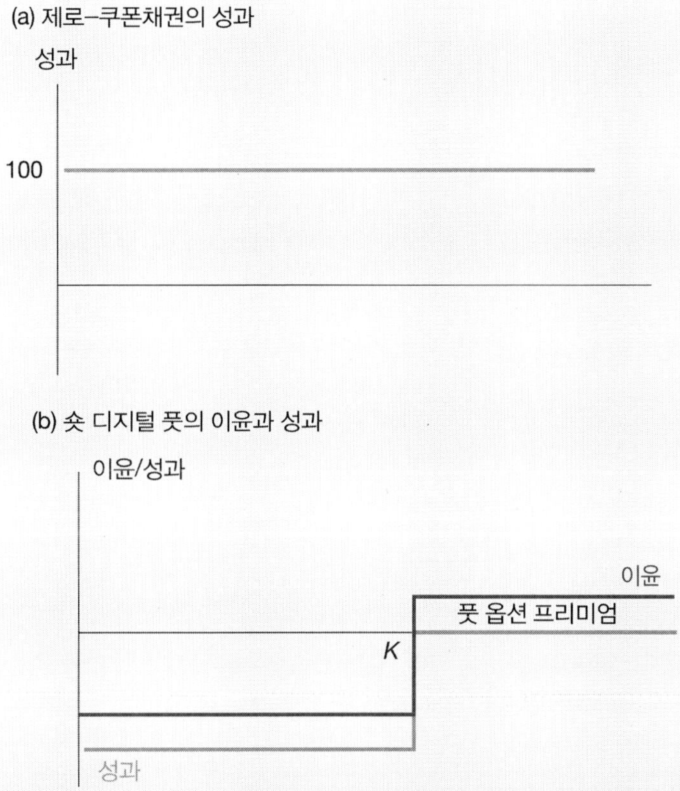

이 상품은 처음부터 보이지 않을 수도 있는 중요한 속성을 가지고 있다. 실제로, Altiplano 투자자는 롱 지분 상관관계가 될 것이지만 발행자는 숏 될 것이다. 이 속성은 CDO 지분 분할 가격결정과 유사하며 나중에 자세히 논의될 것이다. 여기서 극단적 인 두 가지 경우를 고려한다.

k 주식의 바스켓를 S_t^i, $i=1, 2, \ldots, k$가지고 있다고 가정하자. 단순화를 위해 모든 변동성이 σ와 같다고 가정한다. 고려중인 모든 주식의 경우 모든 i와 $t\in[t_0, T]$에 대해 수준 $K S_{t_0}$를 넘지 않는 연간 확률을 정의한다.

$$P(S_t^i, t\in[t_0, t_1] > KS_{t_0}^i) = (1-p^i) \tag{8.26}$$

여기서 $(1-p^i)$는 i 번째 주식이 레벨 $K\,S_{t_0}$ 아래로 떨어지지 않을 확률을 측정한다. 간단히 하기 위해 모든 p^i를 p로 똑같이 놓자. 그런 다음 만약 S^i_{t}, $i=1, 2, \ldots$가 독립적이면, $(1-p)k$로 첫 해 말에 높은 쿠폰을 받을 확률을 계산할 수 있다. k가 증가하면 이 확률은 낮아진다는 점에 유의하라.

이제 다른 극단적인 경우로 가서 S^i_t간 상관관계가 1이 된다는 것을 가정하자. 이것은 모든 주식이 동일하다는 것을 의미한다. 높은 쿠폰을 받을 확률은 단지 $1-p$가 된다. 이 모든 주식이 동일하게 작용하기 때문에 이런 경우가 있다. 만약 한도를 초과하지 않으면 아무 것도 안될 것이다. $K>1$을 가진 $0<p<1$이기 때문에 다음의 관계를 가진다.

$$(1-p)^k=(1-p) \tag{8.27}$$

따라서 만약 상관관계가 증가한다면, 투자자들의 보다 높은 쿠폰을 받을 확률이 증가하기 때문에 이 상품의 투자자들은 혜택을 받을 것이다.

8.2.4.2.2 히말라야(Himalaya)

히말라야는 바스켓에 최상의 주식의 평균 성과에 대한 콜이다. 하나의 버전에서, 옵션의 수명기간, 바스켓의 최고의 성과자가 순차적으로 제거되고 제거된 주식의 실현 수익이 기록되는 t_1, t_2, ..., t_n과 같은 미리 설정된 관측 날짜가 있다. 만기시의 성과는 상품수명기간 동안의 모든 최상의 수익을 합한 것이다.

예제 히말라야

통화: 유로(Eur); 발행가격: 100

발행일: 2013년 1월 1일; 만기일: 2019년 1월 1일

기초 바스켓: 미국과 유럽의 20개 주식.

만기시의 상환(redemption):

바스켓이 상승하면, 투자자는 평가 일자 중 하나에서 관측된 잔여 유가증권의 최대 바스켓을 받는다.

바스켓이 하락하면, 투자자는 마지막 평가 일에 관측된 잔여 유가증권 바스켓을 반납한다.

이 경우 수익률은 특정 평가기간 동안 특정 바스켓의 최대 또는 최소와 관련된다. 분명

히, 레인보우 옵션을 구조에 포함시킨 다음 투자자에게 판매하는 옵션이 필요하다.

8.2.4.3 사례 Ⅲ : 나폴레옹(Napoleon)과 베가(Vega) 헤징 비용

나폴레옹은 투자자에게 해마다 높은 고정 쿠폰을 얻을 수 있는 기회를 제공하는 자본보장 구조화 상품인데, 즉 c_{t_0}=10%와 기초 주식 S_t^i 종목의 기초바스켓의 최악의 월간 실적을 더한 것이다. k가 크면 최악의 성과가 부(−)일 확률이 높을 것이다. 이 경우 실제수익률은 잠재적으로 쿠폰 c_{t_0}보다 훨씬 적을 수 있다.

우리에게 있어서 나폴레옹의 중요성은 이러한 상품을 동반해야 하는 동태적 헤징의 의미이다. 중요한 문제는 나폴레옹(Napoleon) 유형 상품을 정적으로 헷지 할 수 없고 동적헤징이 필요하다는 것이다. 그러나 요점은 여기에 있는 동적헤징이 단순한 바닐라 옵션의 경우와 다르다는 것이다. 평범한 바닐라 옵션의 경우, 참가자들은 옵션 가격의 방향성 움직임을 헤지하기 기초 S_t^i를 매입하고 매도한다. 이 동적헤징은 감마이득(손실)을 초래한다. 나폴레옹 유형 상품에서 헤지 대상이 되는 것은 변동성 노출이다. 시장참가자들은 변동성을 동적으로 사고 팔아야 한다.

이 상품들은 소위 변동성 감마(volatility gamma)에 노출되어 있다. 구조설계자는 변동성이 커지면 옵션변동성을 매입하여 변동성이 감소할 때 매각해야 한다. 이는 9장에서 논의된 바닐라 옵션의 감마이득과 유사하지만, 현재 기초가격보다는 변동성 자체에 적용되고 있다는 것은 예외사항이며 그래서 용어 변동성 감마이다. 볼(vol)이 비쌀 때 변동성을 매입하고 쌀 때 변동성을 매도함으로써 구조설계자들은 헤징비용으로 고통을 받는다. 이들 비용의 기대가치는 초기 판매가격에 포함될 필요가 있으며 그렇지 않으면 상품은 잘못 가격이 산정될 것이다.

예제 나폴레옹 헤징비용(NAPLELEON HEDGING COSTS)〉

가격이 월별로 모니터링 되는 10개 주식 $\{S_t^1, \ldots, S_t^{10}\}$의 바스켓이 있다고 가정하자. 투자자는 10%의 수익과 이들 주식 중 최악의 월간 수익을 받게 된다.

예를 들어 변동성의 월별 움직임이, 즉 50%로서 매우 높다고 가정하자. 그러면 변동성의 1% 포인트 변동은 매도인에게 별로 중요하지 않다. 왜냐하면 주식 중 하나가 지급된 쿠폰을 보다 더 낮추는 부(−)의 월별 수익률의 기회이기 때문이다. 따라서 판매자는 변동성이 큰 기간에는 변동성이 상대적으로 적다.

> 반면에 변동성이 매우 낮다면 (예: 9%), 상황이 변한다. 1% 변동성의 이동이 중요하여 변동성이 매우 높다.
>
> 이는 낮은 변동성을 가진 매도자는 롱 변동성이고 높은 변동성의 경우 변동성 노출이 0의 값을 갖는 경향이 있다는 것을 의미한다. 따라서 구조 설계자는 변동성이 감소할 때 변동성을 매각하고 변동성이 증가할 때 이를 매입하여 포지션의 변동성(vol)를 중립화해야 한다.

이것은 미래 헤징 비용을 주의 깊게 계산할 필요성을 보여주는 중요한 예이다. 변동성이 변동한다면, 나폴레옹 유형 구조화 상품은 초기 가격에 내재되어야 하는 비용을 헤지하는데 변동성 감마(volatility gamma)를 갖게 된다.

8.2.5 유사 외환시장(FX) 구조

클리킷(cliquets)옵션, 마운틴옵션, 나폴레옹 옵션, 또는 기타 구조화 지분 금융상품들은 주식 대신 상품(commodity)의 통화(currency) 바스켓을 고려함으로써 FX 또는 상품(commodity)부문 모두에 적용할 수 있는 것으로 밝혀졌다. 이러한 밀접한 유사성으로 인하여 FX(외환) 및 상품(commodity) 구조에 대해 자세히 논의하지 않을 것이다. Wystub(2006)은 이것을 위한 아주 좋은 원천이다.

8.3 구조화 고정소득 상품

구조화 고정소득 상품은 주식 또는 상품(commodity) 가격에 기초한 것과 유사한 원칙을 따른다. 그러나 고정소득상품의 원리 분석은 여러 가지 이유로 매우 복잡하다.

첫째, 고정소득 구조화 상품의 주요 동인은 k차원 확률과정인 수익률곡선이다. 주식 또는 상품(commodity) 지수는 스칼라(scalar)값을 가진 확률과정이며, 이를 기초로 한 기본 구조화 상품은 가격을 결정하거나 헤지가 쉽다. 바스켓을 기반으로 하는 주식(상품(commodity)) 금융상품은 k 차원의 기반을 가지지만 이 벡터와 연관된 차이 조건은 여전히 더 간단하다. 둘째, 고정소득 금융상품의 기반은 LIBOR 준거 시스템인데, 이것은 LIBOR 시장모형 또는 스왑모형을 유도한다. 벡터 프로세스를 다룰 때에도 지분 금융상품에서 유사한 모델을 사용할 필요가 없다. 셋째, 고정소득 시장은 주식과 상품시장(commodity market)을 합친 것보다 크다. 고정소득 금융상품의 만기와 신용 등이 가지고 있는 매우 넓은 속성은 고정소득의 일부 만기가 보다 더 유동적으로 만들 수 있다는 것이다. 마지막으로, 고정소득 구조화 상품은 장기 만기가 있지만, 반면 주식 또는 상품(commodity) 연계 파생상품은 상대적으로 짧다.

8.3.1 수익률곡선 전략

대부분의 고정소득 구조화 상품이 수익률 곡선 전략을 다룰 것임이 분명하다. 너무 많은 수익률 곡선 움직임은 없다.

1. 수익률 곡선은 자체의 상승 또는 하락에 평행으로 이동한다– 이것을 레벨효과라 함.
2. 수익률 곡선 기울기는 변할 수 있다. 이는 통화정책 변화 또는 인플레이션 기대치의 변화로 인한 것일 수 있다. 중앙은행이 단기금리를 보다 더 내리면 수익률곡선은 보다 더 수직적(steepen)이 될 수 있고 만약 중앙은행이 단기금리를 올리면 수익률곡선은 수평적이 될 수 있다. 이것을 기울기효과(slope effect)라고 한다.
3. 곡선의 "배"가 위아래로 움직일 수 있다. 이는 일반적으로 볼록성효과(convexity effect)로 해석되며 이자율 변동성의 변화와 관련된다.

다음 요점은 이러한 수익률 곡선 움직임 중 많은 부분이 적어도 부분적으로 예측 가능하다는 것이다. 결국 중앙은행은 시장에 알리기 위해 미래의 정책을 명확하게 발표한다. 상품 설계자는 이 정보를 사용하여 기대 수익률 곡선 이동의 혜택을 받는 일정만기 연계금융상품(CMS)을 함께 사용할 수 있다. 또한 수익률을 높이기 위해 수의상환 조항을 추가할 수 있다.[7)]

아래 예제의 내용은 구조 조정자가 수익률 곡선 전략을 어떻게 보는지 보여주는 한 예이다.

---

7) 투자자들이 수익률 고양에 보다 더 많은 관심을 가지며 기꺼이 약간의 듀레이션 불확실성을 용인할 약간의 가능성이 있다. 따라서 상품이 만기 전에 요청된다면, 투자자들은 너무 실망스럽지 않을 수 있다. 사실 많은 구조화상품의 경우 많은 소매 투자자들은 상품이 요청되고 첫 년도의 높은 쿠폰을 받는 것을 선호한다.

예제

CMS와 연계 구조화 채권(note)의 인기는 역 스털링 수익률 곡선(inverse steling yield curve)의 이점을 취하기 위하여 최종 사용자의 요구에서 비롯되는데 이것은 장기 말 안정화되는 것 같다.

전형적인 구조화 채권(note)는 20년 만기가 되어 5~50백만 유로가 될 것이다. 처음 5년 동안 8%의 쿠폰을 지불한 다음 나머지 10%의 스털링 스왑율을 기준으로 연간 쿠폰을 지불할 수 있다. 수의상환 될 수 없다. 10년 스털링 스왑율은 지난주 약 6.77%였다.

1980년대에 판매된 보장된 수익률을 가진 연금금융상품을 헷징하고 있는 영국의 생명보험회사가 장기 우량증권 매입을 중지 했기 때문에 장기 말의 스털링 수익률곡선 하락이 중지된 것 같다. 그들은 더 이상 헤지를 필요로하지 않기 때문에, 또는 그들이 그렇게 경제적인 방법을 찾았기 때문에 그렇게 했다. 만약 장기 말 보다 더 떨어지지 않는다면, 투자자들이 CMS의 장기이자율을 받는데 대해 보다 더 안전하다는 것을 딜러는 말했다.

약 3년간 평편하고 반전이 되는 스털링 수익률 곡선이 딜러에 따르면 수익률 곡선이 미래 특정 포인트에서 뒤집힐 것이라는 것을 믿는 투자자들에게 이들 상품을 보다 더 매력적으로 만든다.

(Thomson Reuters IFR, 2000년 1월 31일)

따라서 고정소득 구조화 상품은 LIBOR, 스왑션(swaption), 콜/플로어 변동성 및 그들의 동학과 관여되어 있다는 측면에서 이해하기 힘들 수 있는 것은 분명하다. 본질적으로 구조자를 다루려면 선도 LIBOR 및 스왑 모형에 대한 아주 좋은 조언을 가질 필요가 있다.

8.3.2 수단(Tools)

구조화 금융상품을 설계하고 위험을 관리하는 데 관련된 수단 중 일부는 이전에 논의되었다. 디지털 및 레인보우 옵션과 선도변동성이 이 중 하나이다. 고정소득 구조화 금융상품은 추가 수단을 사용한다. 두 가지 익숙한 수단은 캡/플로어 및 스왑션의 수정된 버전이며 세 번째 주요 수단은 CMS이다. 이 절에서는 이 내용을 간략히 검토한다.

디지털 캡렛(digital caplet)은 바닐라 캡렛과 유사하다. 만약 준거 LIBOR율이 상한수준을 초과 한다면 지급이 이루어진다. 차이점은 성과에 있다. LIBOR가 레벨을 얼마나 초과하는지에 따라 바닐라 캡렛 지불금이 달라질 수 있지만 LIBOR율이 캡 레벨보다 높으면 디지털 캡렛이 초과와 상관없이 일정하게 지불한다.

버뮤다 스왑션(Bermudan swaption)은 스왑율 s_t에 대한 옵션으로 정의될 수 있다. 이 옵션은 특정 날짜 t_1, t_2, ...에만 행사될 수 있다. 옵션 행사 되었을 때 옵션구매자는 미리 정한 스왑율 κ로 지급자(수령자) 스왑을 받을 권리가 있다. 옵션 판매자는 거래의 상대방을 취할 의무가 있다. 이 금융상품을 사용하면 옵션 구매자는 행사 날짜가 바뀌면 다른 만기의 스왑을 받게 된다.

CMS는 고정소득 구조화 상품의 기본 요소이다. 따라서 그것들을 개별적으로 검토한다.

8.3.3 CMS

일정 만기 스왑(constant maturity swap: CMS)은 변동금리의 정의를 제외하고는 일반 바닐라 스왑과 유사하다. 그들은 제14장에서 논의되었다. 고정 지급자나 수취인이 있지만 변동지급은 더 이상 LIBOR 준거가 되지 않는다. LIBOR는 1, 2, 3, 6, 9 또는 12 개월의 기간(tenor)이 있는 단기금리이다. 단기금리 인상 또는 하락에 관한 견해만 포착할 수 있다.

CMS에서 변동율은 바닐라 스왑 비율이 된다. 이 스왑율은 2년, 3년 또는 심지어 30년의 만기를 가질 수 있다. 이렇게 하면 장기이자율이 상승 또는 하락으로부터 혜택을 받게 되는 금융상품이 함께 사용될 수 있다. 2년의 만기를 가진 10년 CMS가 〈그림 14.5〉에 제시되어 있다. CMS에는 여러 변형이 있으며 CMS에서 한 당시지기 일정한 기간의 스왑율(또는 다른 특정 기간의 스왑 율 사이의 스프레드)을 주기적으로 지불할 수도 있는데, 이것은 CMS율로 알려져 있으며, 교환에서 상대방으로부터 설정된 고정 또는 변동이자율을 받는다.

이러한 점에서 CMS의 특별한 속성은 반복되어야 한다. 매 재설정 일에 계약에서는 말하자면, 몇 가지 정상적인 고정과정에서 10년 스왑율을 얻을 것을 요구하게 된다. 이 10년 스왑율은 정상적으로 향후 10년간 타당하다. 그러나 반년마다 결제되는 CMS에서 이율은 향후 6개월 동안만 사용된다. 다음 재설정 날짜에 새로운 고정이 사용될 것이다. 따라서 우리가 사용하는 변동이자율은 지급기간 동안 "자연적인 율"이 아니다. 즉, 10년간의 변동 스왑율을 $s_{t_i}^{10}$로 표시되며 심지어 두 이율이 변동하고 있더라도 다음을 가진다.

$$\frac{(1+s_{t_i}^{10}\delta)}{(1+L_{t_i}\delta)} \neq 1 \tag{8.28}$$

수익률 곡선이 위상향이기만 하면 비율은 실제로 1보다 커질 것이다. 그러나 바닐라 스왑의 경우 각 변동 이자율 L_{t_i}는 지불기간의 경우 자연 이자율이며 다음과 같다.

$$\frac{(1+L_{t_i}\delta)}{(1+L_{t_i}\delta)}=1 \tag{8.29}$$

L_{t_i}를 관측 한지와 관계없이 이는 사실이다. 이러한 이유로 CMS에는 볼록 조정이 요구된다. 이것은 경험적으로 말하면, 미래에 알려지지 않은 변동금리는 선도 동등성에 의해 단순히 대체될 수 없다는 것을 의미한다. 예를 들어, 만약 3년내에 10년의 변동 스왑 스왑율 S_t을 받는다면, 가격결정 중에 해당 선도스왑율 S_t^f로 대체 될 수 없다. 대신 볼록성(convexity)에 맞게 조정된 선도스왑율(forward swap rate)을 가지고 대체한다.

8.3.4 고정 소득상품 수익률 고양

투자자가 향상된 수익을 원하거나 기업이 보다 저렴한 비용으로 헤지 솔루션을 원한다고 가정해 보자. 이러한 구조화 금융상품을 구성하는 일반적인 원칙은 지분 금융상품과 유사하며 다음 계약 공식에 설명되어 있다.

표준자산매입	=	하나 이상의 옵션 매도	+	향상된 수익률을 가진 자산	(8.30)

지분 구조화 금융상품의 경우와 마찬가지로 고정이자 채권에 의해 제공된 수익보다 높은 수익을 제공하기 위해서는 고객이 하나 이상의 옵션을 판매하도록 하자. 사실, 고객이 위험을 제대로 이해하고 기꺼이 그것을 견딜 수 있는 한 옵션이 더 비싸고 많을수록 수익률이 높다. 고객이 법인이고 저렴한 헷지를 찾고 있다면 옵션을 매도하는 것은 관련 비용을 보다 더 낮아지게 만든다.

구조화 고정소득 금융상품에는 수익률을 향상시킬 수 있는 최소한 두 가지 표준 방법이 있다.

그림 8.8 디지털 캡렛(digital caplet)

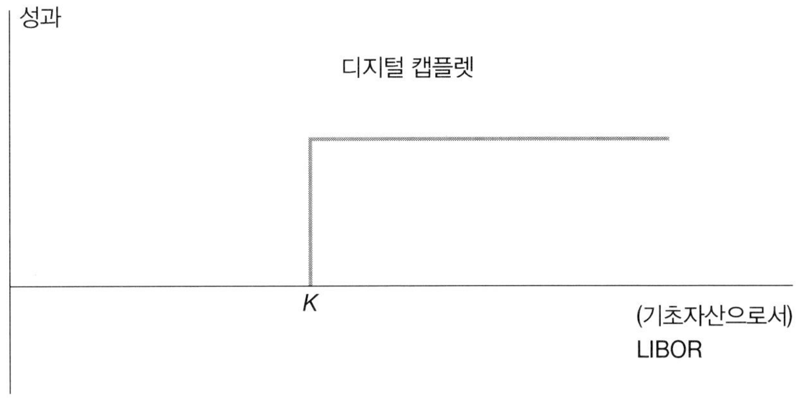

8.3.4.1 방법 1: 캡 변동성 매도

수익률을 높이는 첫 번째 방법은 고객이 캡/플로이 변동성을 판매할 수 있도록 하기 위한 것이다. 5장에서 캡렛(플로렛)은 관측된 LIBOR율이 캡레벨(플로어 레벨)을 초과하면(밑이면) 구매자에게 지불한 특정 LIBOR율로 발행된 보험이라고 보았다. 구조자는 만약 이 금융상품이 내재적으로 투자자가 구조자에게 콜 옵션을 발행하는 것과 관련을 가지면 동일한 신용위험과 만기를 가지고 이용 가능한 것 보다 높은 쿠폰을 지급하는 상품을 투자자에게 구조자가 제공한다. 만약 이자율이 낮고 수익률 곡선이 가파르다면 투자자는 시장에 대한 베팅으로 시장수익률 이상을 달성할 수 있다. 가파른 수익률 곡선은 일반적으로 이자율이 상승할 것으로 기대됨을 의미한다. 투자자가 시장이 예측하고 투자자가 옳았다는 사실이 확인되는 한 금리가 오르지 않을 것이라고 믿는다면 투자자가 수익을 얻거나 향상시킬 수 있다. 물론 이러한 견해에 대해서는 시장에 가격이 존재하며 구조자는 시장에서의 숏 캡슐의 비용과 수익시장의 합을 기초로 금융상품의 가격결정을 할 수 있다. 금리의 정확한 범위를 구체화 하고 옵션과 연관된 지급 옵션과 관련된 정확한 지불 범위를 지정하기 위해, 구조자는 디지털 캡플렛 유형 프리미엄(caplet-type premium)을 사용할 수 있다. 〈그림 8.8〉은 디지털 캡렛에서 롱 포지션의 성과를 보여준다.

이 구조는 LIBOR의 일일 고정을 고려하고 하루의 관측치가 범위 즉 [0, 7%]) 내에 있을 때 쿠폰 지급(내재 디지털 캡렛 유형 프리미엄으로 강화)을 한다. 관측된 LIBOR가 해당 일의 해당 범위를 초과하면 쿠폰을 받지 못한다.

이렇게 하면 고객은 숏 디지털 캡렛이며 디지털 캡렛 변동성을 판매하고 있으며 이러한 위험을 감안한 수익률을 높일 수 있다. 이러한 금융상품을 RAN(Range Accrual Notes)이라고 한다.[8] 고객은 이 범위 내에 있는 하루의 LIBOR 관측 비율에 대해 이자를 지급한다. 이 기능은 LIBOR율이 만기 기간 동안 크게 변동하지 않을 것으로 예상하는 고객에게 적합하다.

$F_t^{t_i}$은 LIBOR율 L_{t_i}와 연관된 시간$-t$의 6개월간의 선도이자율로 놓자. 현물LIBOR의 관련 결제는 시간 t_i+1에서 후 지급으로 계속해서 수행되고 일 수 조정 매개 변수는 평소와 같이 δ이다.

인덱스 $j=1, 2, ...$를 1일로 설정하자. 전형적인 캡렛은 $t_i+(j-1)$일부터 시작하여 1일 후 t_i+j에서 만기가 된다. 각 캡렛의 성과는 매일 발생하는 선택된 준거율에 따라 달라진다. 종종 이것은 시간 t_i+j, $L_{t_i}+j$에서 LIBOR율이 될 것이다. 이 일일 관측에 따라 캐렛은 ITM 또는 OTM에서 만기가 될 것이다. 다른 말로, 판매자는 LIBOR율에 대해 일일 고정을 수집하고 만약 해당 일의 범위(range) 내에 요율이 존재했다면 파악한다. 그러면 해당 날에 대한 디지털 성과가 존재할 것이다(즉, 이자가 발생). 그렇지 않으면 특정 날짜에 이자가 발생하지 않는다.

다른 한편, 실제 지불 금액은 다른 미리 결정된 LIBOR율에 달려있다. 성과에 적용된 요율은 $L_{t_i}+$스프레드이며, t_{i+1}에 정산된다.[9] 구조화 금융상품의 수익률에 따라 수익률은 m 디지털 옵션의 성과 함수이며 여기서 m은 지불 기간의 달력 일 수이다. 따라서 이자를 얻게 되는지 또는 그렇지 않는지 그리고 성과 등의 문제는 각 결제 기간 동안 다른 LIBOR율에 달려 있는지 여부에 대한 문제이다.

상징적으로, 지불된 이자가 R에서 일정하다고 가정하면 캡렛의 j 번째 일 성과는 다음과 같이 쓸 수 있다.

$$\text{Pay}_{t_{i+j}} = \begin{cases} L_{t_i}\dfrac{1}{360}N & \text{if } L_{t_{i+j}} \geq L^{\max} \\ 0 & \text{if } L_{t_{i+j}} \leq L^{\max} \end{cases} \tag{8.31}$$

8) 다른 구조화 상품을 가지고 한 것처럼, 다른 은행은 이들을 기술하기 위해 다른 용어를 사용한다. RAN은 또한 코리도어 채권(corridor bond) 또는 중기채(note), 범위 포괄적 보험증권(range floater), 어크리얼구조화 채권(accrual note), LIBOR 범위 채권(range note), 범위 누적 채권(range accumulation note), 조건부 이자지급형 채권(fairway bond) 또는 퇴직채권지수범위 채권(accretion bond index range note) 등으로 또한 알려져 있다.

9) 또는 대안적으로 단순하게 고정율 R이 될 것이다.

여기에서 $L^{\max}$는 "범위"의 상한이고, N은 명목금액이고, Pay_{t_i+j}는 관측된 LIBOR율 L_{t_i+j}에 따라 달라지는 일일 성과이다. 투자자는 이 캡렛을 숏 할 것이다. 이것은 수익률 어떻게 높이겠는가?

이자 지급 기간 동안 m일이 있다고 가정하고 고객이 m개의 디지털 캡렛을 판매하고 있다고 가정한다.[10] 관측 일 동안 이 캡렛들은 우리가 L_{t_i+j}로 나타낸 그 날의 LIBOR율로 발행된다. 주말에는 이전 관측 일의 LIBOR가 사용된다. 따라서 이러한 디지털 캡렛은 해당 날짜 말에 정산된다면 일일 프리미엄 c_{t_i+j}을 가진 캡렛으로 만든 m 기간 디지털 캡으로 간주할 수 있다. 투자자는 일일 프리미엄을 받고 계약계획 시점 t_0에서 모든 캡 프리미엄을 모으는 대신 모두 매 시점 t_i+j에 해당 일의 성과를 지급한다. 지불 시간 t_{i+1}에서의 이들 디지털 캡렛의 총 가치는 다음과 같이 주어진다.

$$C_{t_0} = \sum_{j=1}^{m} B(t_0, t_1+j)c_{t_i+j} \tag{8.32}$$

여기서 c_{t_i+j}는 시간 t_1+j에서 시작하는 옵션에 대한 캡렛(caplet) 프리미엄이다. 분명히 이러한 양은 시간 t_0에 알려져 있다.[11] 이 양은 시간 t_{i+j} 달러로 측정된다. 그러면 시간 t_{i+j}에서 결제된 RAN의 향상된 수익률은 다음과 같이 주어진다.

$$L_{t_i} + c_{t_{i+j}} \tag{8.33}$$

채권(note)의 시작 시점 t_0에서 관련 LIBOR는 $\{L_{t_i}\}$이 될 것이고 이들은 조기 시점에 관측된 스왑률 S_{t_0}와 동등할 것이다. 따라서 향상된 수익률은 실제로 상수 R_{t_0}로 표현될 수 있다.

$$R_{t_0} = S_{t_0} + c_{t_{i+j}} \tag{8.34}$$

만약 상품설계자가 시간 t_0에서 (i) 스왑율 s_{t_0}, (ii) 각 디지털 캡 c_j의 선도변동성 (iii) 할인요소 $B\ (t_0,\ t_{i+1})$를 관측하면 R_{t_0}을 계산할 수 있다. 따라서 투자자는 $R_{t_0}N$을 받게 되며, ITM으로 만기되는 일일 캡렛의 성과를 지불할 것이다. 당연히 이 모든 것은 디지털 캡 프리미엄 c_j의 올바른 계산을 가정한다. 여기에는 약간의 기술적인 복잡성이 있다. 그러나

10) 예를 들어, 30/360일 기준 및 반년 지급기간을 기초로 m=180을 가질 것이다.

11) 그래서 보다 복잡한 표시가 유용할 수 있다. 캡렛프리마를 $c(t_0, t_i+(j-1), t_i+j)$로 표시하며 이것은 $t_i+(j-1)$에서 시작하고 t_i+j에서 만기가 되는 캡렛(caplet)의 경우 t_0시점에서 계산된 프리미엄이라는 것을 의미한다.

이것들에 도달하기 전에 예제를 살펴본다.

예제 금리범위 발생/구조화 예금

[2011년 5월 23일 시점의 가격]

고객관점: 미국 달러 3개월 LIBOR는 향후 1년 내에 0.25~0.60%(범위포함)의 범위 내에서 유지될 것이다.

예금 통화: 인민폐(CNY)

입금 기간: 1년

보증금: CNY1,000,000

이자율: 미국 달러 3개월 LIBOR (3M LIBOR)

준거 지수

발생 범위 내율: 0.70% p.a.

발생 범위 외율: 0.00% p.a.

이자율: 발생 내율×(발생범위에서 또는 내에서 머무는 3M LIBOR의 수)/총 일수 + 발생 범위 외율×(3M LIBOR는 발생 범위를 벗어나는 일 수)/총 일수

발생범위: 0.25~0.60% p.a.

이자기간: 분기 별

이자지급: 각 기간별이자 기간별(원금×이자율/4)

만기 시: 고객이 받는 원금의 100%

(HSBC, https://www.hsbc.com.hk/1/2/hk/investments/sp/range-acc#example)

위의 예에서, 예금통화 (CNY)가 통화 기초 이자율 준거 지수와 다르기 때문에 몇 가지 흥미로운 변형이 있다. 이것은 CNY를 예금하는 고객에게 편리할 수 있지만 관련 미국의 이자율을 재검토 한다. 범위는 0에서 아래로 한정되지 않고 대신 $L^{\min}=0.25\%$와 $L^{\max}=0.60\%$로 제한된다. 범위 밖 발생률은 만약 이자율이 범위를 벗어나서 떨어진다면 받게되는 이자율이다. 이것은 투자자가 단지 디지털 캡 아니라 디지털 플로어(floor)란 것을 의미한다.

디지털 캡렛의 결과를 결정하기 위해 사용하는 위의 예에서 기초 준거율은 3일 또는 6개월의 LIBOR율로, 1일 성과에 대한 "자연적율"이 아니다. 따라서 이러한 디지털 캡렛의 가격결정에는 CMS와 마찬가지로 LIBOR율에 볼록 조정을 적용해야 한다.

8.3.4.2 방법 2 : 스왑션 변동성 매도.

고정이자채권 수의상환 조항을 만드는 것은 수익률을 강화하는 두 번째 방법이다. 이로 인해 투자자는 숏 스왑션 변동성을 가질 것이다.

차이가 중요하다. 첫 번째 경우에는 하나의 현금흐름에 대한 일련의 옵션을 발행하는데 즉 캡렛 성과이다. 그러나 수의상환 채권의 경우, 투자자는 모든 현금흐름에 대한 옵션을 동시에 작성하고 채권을 요청하면 그의 원금 100을 받게 된다. 따라서 스왑션에는 현금흐름 바스켓이 포함된다. 이러한 현금흐름은 다른 LIBOR율에 따라 다르다. 스왑션(swaption)이 버뮤다(Bermudan)인 경우 여러 가지 옵션을 판매하는 것과 유사하다(비록 상호 의존적일 지라도). 따라서 버뮤다 스왑션은 더 비싸고 더 많은 수익률 향상이 있을 것이다.

수의상환 LIBOR 이색옵션을 사는 투자자는 특정 콜 일에 액면가의 100%로 국채(note)를 상환하기 위하여 발행자에게 권리(의무는 아님)를 매도하였다. 단지 한번(유럽피언)을 수의상환하는 국채는 다중 콜을 가진(버뮤다) 비교가능한 국채보다도 낮은 수익률을 가질 것이다. 수의상환국채(callable note)가 콜 될 것인지 아닌지에 대한 물음은 초기 가정된 선도LIBOR율의 동태성 대 이들 선도율의 행태 및 미래 변동성에 달려 있다.

8.4 일부 프로토 타입

이 절에서는 앞서 소개한 금융상품을 사용하여 일반적인 고정소득 구조화 금융상품과 해당 엔지니어링에 대해 자세히 설명한다. 대표적인 세 가지 구조화 금융상품을 고려한다.

8.4.1 구성 요소

고정소득 구조화 금융상품을 공학적으로 설계하기 위해서는 시장의 실무자는 적은 수의 구성 요소가 필요할 것이다. 이것들은

1. 특정 통화의 관련 할인 곡선 $B(t_0, t_i)$: 이것은 미래의 "기대" 현금흐름을 할인하기 위해 사용될 것이다.[12)]
2. 동일한 통화로 관련 선도곡선: 이것은 선도 LIBOR 곡선 또는 선도스왑곡선이다. 분명히, 이것은 다음과 같은 관계를 사용하여 할인곡선에서 얻게 될 수 있다.[13)]

$$(1+F(t_0, t_i, t_k)\delta)=\frac{B(t_0, t_i)}{B(t_0, t_k)} \quad i \leq k \tag{8.35}$$

이는 바닐라 스왑 시장, 즉 거래가능한 스왑 곡선을 필요로 하는 것과 동일하다.
3. CMS에 대한 시장: 왜냐하면 구조자가 수익률 곡선의 임의의 지점이 될 수 있는 변동 이자율을 받거나 지불하기를 원할 수 있기 때문이다. 이에 대해 고정 CMS율이 지급된다.[14)]
4. 구조가 수의상환 유형인 경우 (버뮤다) 스왑션에 대한 시장.
5. 구조가 범위 발생 유형인 경우 캡/플로어에 대한 시장.

이제 고정소득 구조화 금융상품에 대한 프로토 타입이 이러한 구성 요소를 사용하여 만들어 질 수 있는 방법을 보여준다. 프로토 타입은 구조자가 일부 도매 시장에서 채권(note)를 살 수 없고 그리고 그때 팔 수도 없다는 의미에서 이색적(exotics)이다. 구조자는 국채(note) 상품을 만들어야 한다. 다른 말로, 시장의 한 측면이 존재하지 않고 구조자가 하우스(in−house)에서 금융상품을 어떻게 가격을 결정하고 헤지하는 방법을 알아야 하기 때문에 이들은 이색적(exotics)이다.

8.4.2 CMS연계 구조

적어도 두 종류의 CMS 기반 금융상품이 있다. 일부는 쿠폰을 CMS율에 연계 시킨다. 이것은 변동금리 채권(note)과 유사하지만, 변동 금리는 이번에는 장기 금리가 될 것이다. 두 번째 종류는 CMS 스프레드와 연계될 것이다. CMS 스프레드−연계 구조를 구매하는 투자자는 수익률 곡선의 평행 이동에 영향을 받지 않는다. 오히려 구매자는 수익률 곡선의 기울기에 영향을 받을 것이다. 수익률곡선이 평평해 지거나 가파른지 여부에 따라 스프레

12) 기대치는 몇몇 작동이 되는 확률측도 관련을 가진다.

13) 이것을 재 검토하기 위해 FRA율을 얻기 위해 사용된 차익거래 주장으로 돌아가라. 이러한 경우 FRA율은 보다 더 일반적으로 정의된다.

14) CMS율은 순수 바닐라 스왑율 또는 관련 LIBOR율에 대한 스프레드로서 고시된다는 것을 기억하라:

드 국채의 구매자가 혜택을 가진다.

CMS 금리와 연계 된 채권(note)는 투자자가 장기간에 걸쳐 수익률 곡선의 장단기 또는 단기 변동을 통해 이익을 얻을 수 있게 한다. 이 채권(note)는 고정 쿠폰을 지급한다. 이 쿠폰은 금융상품의 수명주기 동안 수익률 곡선의 숏 끝이 위쪽으로 이동함에 따라 상승한다.[15] 만약 수의상환(callable)을 만들었다면 투자자는 또한 향상된 수익률을 받는다. 이것은 구조화 고정소득 금융상품 가장 일반적인 유형 중 하나이다. 간단한 예가 아래에 나와 있다.

예제 CMS 연결 참고

발행자: ABC 은행

기간(Tenor): 5년

원금: 100% 만기 보증

쿠폰:

1년: 4.00%

2년: CMS 10 + 2.5%

3년: CMS 10 + 2.5%

4년: CMS 10 + 2.5%

5년: CMS 10 ı 2.5%

CMS 10은 10년 일정 만기 스왑율을 나타낸다.

콜: 각 쿠폰 일에 대한 수의상환

기관 투자자가 다음 5년 동안 10년 금리가 연속적으로 상승할 것으로 기대한다고 가정하자. 이는 수익률 곡선의 장기 말에서 5번의 연속적인 이동과 동일하다. 그런 다음 이 채권(note)는 위험에 노출될 수 있는 방법을 제공한다. 이제 고정소득 시장에서 표준 도구를 사용하여 CMS 연계 금융상품을 설계할 수 있는 방법을 논의한다.

15) 이러한 이동이 사전적으로 결정되고 계약초기에 계약에 기록된다면, 금융상품수단은 단계상승채권(step-up note)이 된다.

8.4.3 CMS-연계 채권(NOTE) 공학

이 절에서는 직선선도 CMS 연계 국채를 공학적으로 설계한다. 투자자가 수익률 곡선에 관한 "전망(view)"을 가지고 있다고 가정하자. 예를 들어, 그들은 다음 5년 동안 수익률곡선의 장기 끝에서 점차적으로 이동할 것으로 예상한다. 그러한 투자자의 경우, 상품설계자는 만기가 T=5년인 관련 CMS 연계 국채의 약정 위험-수익 특성을 생성하는 기본자산의 포트폴리오를 구성하고자 한다. 위에서 설명한 예제는 좋은 프레임 워크를 제공한다. 단순화를 위해 연간이자 지급일을 가정한다. 위에서 보여준 CMS-연계 채권을 어떻게 금융공학적 설계를 하는가?

1. 먼저 CMS 요율을 선택한다. 예를 들어, CMS 금리를 모든 t_i(선불)에 관측되고 t_{i+1}(연체)에서 지급되는 m 기간 스왑의 변동 금리로 놓자. m=10년으로 생각하는 데는 문제가 없다.
2. 다음으로 알려진 최고 1년 쿠폰 c_{t_0}을 만든다. 위의 경우와 같이 c_{t_0}=5%의 사고에는 문제가 없다. 물음은 물론 그러한 높은 쿠폰을 어떻게 만들 것인가 이다. 이 가치는 가격결정 동안 결정될 것이다.
3. 다음 형태의 다음 4년에 대해 "변동"쿠폰을 제공하라.

$$c_{t_i} = \text{cms}_{t_i}^{m} + \alpha_{t_0}^{t_i} \tag{8.36}$$

   여기서 $\text{cms}_{t_i}^{m}$는 기간 t_i의 CMS율이다.
4. $\alpha_{t_i}^{t_i}$는 시간 t_0에 알려진 상수이며 가격결정 중에 결정되어야 한다. 아래에서는 이 용어에 대해 두 가지 다른 공식을 고려한다.
5. t_1, t_2, t_3 및 t_4의 수의상환 일에 국채를 수의상환 하도록 한다.

첫째, 몇 가지 일반적인 관측이다. 변동금리 금융상품을 가진 1년차 쿠폰은 항상 알려져 있기 때문에 1-년차 쿠폰은 일정해야 한다. 투자자는 "변동 이자율"에 대한 포지션을 취하고 있지만, 구매 일에 첫 번째 변동 이자율이 관측될 것이다. 둘째, 채권은 수의상환 가능하다. 구조자는 투자자가 옵션을 판매하도록 하고 있으므로 이 옵션의 프리미엄을 통해 수익을 높일 수 있다. 셋째, 옵션은 버뮤다 스타일이므로 4가지 미래 날짜 중 4번 행사될 것이다. 이 옵션은 자연스럽게 바닐라 스왑보다 비용이 많이 들며 따라서 투자자가 더 잘 보상받을 수 있다.

8.4.3.1 계약 방정식

이제 복제 포트폴리오를 만들 수 있다. 즉, 이 국채에 대한 계약 방정식을 얻을 수 있다. 먼저 변동 CMS 쿠폰 $cms_{t_i}^{m}$로 시작하자. 상품설계자는 어떻게 그러한 쿠폰을 투자자에게 지불할 수 있는가?[16] 여기서 답은 간단하다. 상품설계자는 시간 t_0에 5년 수신자(receiver)CMS을 얻는다. 이 CMS에서 변동 CMS율은 변동 LIBOR율과 교환되는 것으로 가정한다. 이 스왑에서 첫 년도 쿠폰은 고정되어 있지만 모든 t_i, $i=1, 2, 3, 4$에서 CMS율 $cms_{t_i}^{m}$는 구조자에 의해 받게 될 것이며, 기간의 LIBOR L_{t_i}가 지급될 것이다. 구조자가 $cms_{t_i}^{m}$를 투자자에게 전달한다. 그래서 쿠폰의 일부가 만들어졌다. 이 상황은 〈그림 8.9〉에 나와 있다. LIBOR 지급금의 출처는 나중에 논의될 것이다. 그렇다면 α_{t_i}는 무엇을 나타내는가? 5년 버뮤다 스왑션의 프리미엄(C_{t_0}라고 함)을 계산하라. 이 스왑션은 CMS율에 대한

그림 8.9 CMS–연계 채권(note)

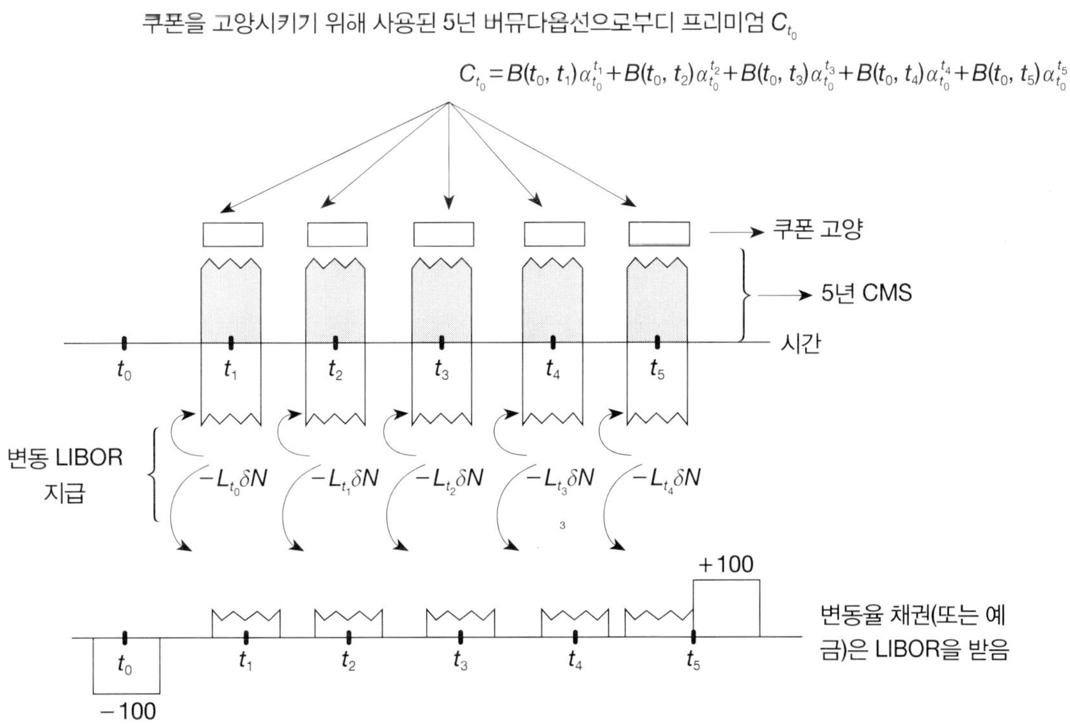

16) 다른 말로, 이러한 지급은 어떻게 헤지되는가?

것이며 각 t_i, $i=1, 2, 3, 4, 5$에서 매년 $[t_0, T]$기간 동안 4번 행사될 수 있다.

다음과 같이 $\alpha_{t_0}^{t_i}$를 선택함으로써 이 프리미엄을 미래의 4번의 미래 연도에 할당하라.

$$c_{t_0}=B(t_0, t_1)\ \alpha_{t_0}^{t_1}+B(t_0, t_2)\ \alpha_{t_0}^{t_2}+B(t_0, t_3)\ \alpha_{t_0}^{t_3}+B(t_0, t_4)\ \alpha_{t_0}^{t_4}+B(t_0, t_5)\ \alpha_{t_0}^{t_5} \qquad (8.36)$$

이것은 $\alpha_{t_0}^{t_i}$을 준다.

마지막으로, 상품설계자가 LIBOR CMS 시장조성자에게 지급할 것임을 주목하라. 이 지급액은 원금 $N=100$에서 나온다. 구조자는 원금을 예금계좌에 넣고 변동 LIBOR받는다.

복제가 완성된다. 구조자는 10년 CMS율로 수신자(receiver) 5년 CMS를 구매하고 연간 행사될수 있는 CMS율에 대한 5년 버뮤다 스왑을 매도한다. 원금으로 받은 원금 N은 예금계좌에 보관된다.

이 포트폴리오의 현금흐름은 〈그림 8.9〉와 같다. 이러한 현금흐름은 국채에 의해 약정된 것과 동일하다. 구조자는 본질적으로 포트폴리오를 구입하고 있으며, 그것을 다시 패키징(repacking)하고 이때 이것을 구조화 CMS-연계 채권으로 고객에게 판매하고 있다. 이러한 CMS 연계 구조는 계약 방정식을 사용하여 요약할 수 있다. 이 특정 CMS 연계 국채의 경우 다음의 가진다.

수의상환 CMS-연계 채권	=	LIBOR 예금	+	10-년 CMS 수령	+	숏 버뮤다 스왑션	(8.37)

복제 포트폴리오는 구조자에게 더 많은 기회를 제공한다는 것을 주목하라. 구조자는 다른 고객에게 스왑션 변동성을 판매할 필요가 있을 수 있다. 이 CMS 연계 채권(note)을 통해 구조자는 소매 고객으로부터 스왑션 변동성을 구매하고 있다. 따라서 이 채권은 소매 고객으로부터 구입한 암묵적으로 스왑션의 가격보다 높은(공급) 가격으로 자연스럽게 스왑션을 매도할 것이다.

비슷한 논평은 CMS에도 유효하다. 구조자는 실제로 CMS 시장조성자 일 수 있으며 고정 CMS율을 받고 다른 거래에서 변동금리를 지불할 수 있다. 마케팅을 통하여 CMS 연계 국채를 투자자에게 구조자는 고정 CMS율을 지불한다. 이는 매도 CMS율을 받고 그리고 이때 매수 CMS율을 지불하는 것과 같다.

다른 말로, 시장에서 구매될 필요가 있는 금융상품수단은 실제로 이미 구조자의 장부에 있을 수 있다. 구조화 금융상품은 이러한 위험을 감수하고 재패케징하며 소매 고객에게 판매하는 좋은 방법이다.

8.4.4 CMS 스프레드 국채 공학

투자자는 수익률 곡선이 가파르게 될 것으로 기대한다고 가정 해 보자. 이 경우 CMS-스프레드 구조가 적합하다. 먼저 금융상품 자체를 고려한다.

이 LIBOR 이색(exotic) 금융상품은 세 가지 추가 속성이 있다. 첫째, 변동연간쿠폰이 하나 이상의 CMS율에 의존하므로 그래서 금융상품은 보다 더 복잡한 "스프레드"이다. 둘째, 이 스프레드는 소매 투자자에게 참여율(participation rate)을 곱한 후에 제공된다. 참여율은 만약 기대가 정확하다는 것이 판명되고 금융상품이 수의상환 되지 않는다면 수익률을 현저히 향상시킬 잠재력이 있다. 물음에서 스프레드는 부(−)의 값이 될 수 있다. 투자자가 부(−)의 값을 가진 쿠폰을 내지 못하도록 하기 위해서 그러한 스프레드 관련 쿠폰이 종종 0의 하한(floored)이 된다. 셋째, 금융상품이 하나 이상의 CMS율로 발행되기 때문에 구조의 가치는 이들 요율 간의 상관관계에 명시 적으로 의존할 것이다.

아래 예는 전형적인 CMS 스프레드 국채이다.

예제 CMS 스프레드 채권

발행기관 : ABC 은행 ; 기간(테너): 5년

원금: 100% 만기보증

쿠폰:

1년 : 4.00 %

2년 – 5년: $173 \times (CMS^{10} - CMS^{20})$, 최대22%, 최소 0%

수의상환: 각 쿠폰 날짜 t_i에 수의상환 가능.

왜 투자자는 그러한 국채에 관심을 가질 수 있는가? 기관투자가는 수익률 곡선이 더 가파르게 갈 것으로 예상한다고 가정하자. 이것은 최소한 두 가지 방법에서 발생할 수 있다.

첫째, 만약 일정 인플레이션과 일정 장기 이자율 하에 있다면 단기 말 이자율이 하락한다. 약간 취약한 실물경제로 인하여 중앙은행에 의한 통화정책 완화는 하나의 예일 수 있다. 둘째, 단기 금리와 중앙은행 통화정책이 동일하게 유지 될 수 있지만, 인플레이션 압력이나 경제활동 강화로 인해 정가 금리가 상승할 수 있다. 이 두 경우는 두 가지 가능한 관점을 나타내며 스프레드 국채는 이러한 이벤트에 대한 노출을 취할 수 있는 한 가지 방법을 제공한다.

이 금융상품은 만약 수익률곡선이 점진적으로 가파르게 유지되면 쿠폰이 이자율 간 차이에 달려 있는 것처럼 보다 높은 이자율을 제공할 것이다. 밑에서 보다 기초적인 금융상품수단을 가지고 시작하는 CMS 스프레드 국채를 합성적으로 창출한다.

8.4.5 공학

CMS 스프레드 금융상품은 적어도 두 가지의 놀라운 새로운 금융공학 특성을 가지고 있다. 금융상품은 참여율의 활용과 스프레드를 하한으로 해야 하는 방식을 보여준다. 추가적으로, 가격결정 측면에서는 상관관계가 명시적으로 추가적인 위험이 된다는 사실을 알게 될 것이다.[17] 이제 위에서 언급한 CMS 스프레드 국채를 금융공학 설계한다. 첫 번째 년도의 쿠폰은 이미 논의된다. 그것은 알려진 최초 1년 LIBOR이자와 투자자에 의해 매도된 옵션 프리미엄의 합의 일부로부터 발생한다. 구조의 실질적인 참신함은 $i=1,2,3,4,5$년 동안 쿠폰에 있다. 사실 쿠폰은 다음의 형태이다.

$$c_{t_i}=\max[\lambda(\mathrm{cms}^m_{t_i}-\mathrm{cms}^b_{t_i})+\alpha_{t_i},\ 0] \tag{8.38}$$

여기서 $\mathrm{cms}^m_{t_i}$와 $\mathrm{cms}^b_{t_i}$는 m의 CMS 만기와 b연도를 가진 두 개의 변동 CMS율이다. 예제에서 볼 수 있듯이 $m=10$과 $b=2$년을 생각하는데 어려움이 없다. 이에 따르면 쿠폰은 미래 t_i에서 10년 및 2년 스왑율의 차이에 따라 더 크거나 작아진다. 때때로 t_i에서 스왑곡선의 스냅샷을 찍고 고객에게 곡선의 기울기에 비례 한 쿠폰을 지불한다. 이 특별한 경우 스왑곡선이 향후 5년 동안 가파르고 그리고 가파르게 증가하면 고객은 점차 높은 쿠폰을 받게 된다. 이 채권이 수의상환 되지 않는다면, 점진적 가파른 상태에서 이점을 얻을 수 있다.

쿠폰을 금융공학적 설계를 하기 위해서, 먼저 하한(floor)을 무시하고 이전과 같이 5개

---

17) 내재적으로 모든 CMS상품이 수익률 곡선에 걸쳐 LIBOR율 상관성을 가지고 취급해야 한다고 주장할 수 있기 때문에 명확하게 말한다.

의 정산일에 할당된 스왑션 프리미엄을 α로 표시하자. 이제 구성요소들을 금융공학적 관점을 고려해보자.

$$\lambda(\mathrm{cms}_{t_i}^{m}-\mathrm{cms}_{t_i}^{b}) \tag{8.39}$$

이 쿠폰은 다음 포지션을 이용하여 복제될 수 있다: t_1, t_2, t_3, t_4 기간 동안 2년 CMS율을 지급하고 5년간 10년 CMS율을 받는다. 이것은 2개의 CMS을 얻음으로써 완성될 수 있다. 상품 설계자는 10년 CMS의 λ단위를 구입하고 2년 CMS의 λ단위를 판매한다. 단순화를 위해 처음 2년 동안의 현금흐름은 〈그림 8.10〉에 나와 있다.

이 그림은 CMS 시장이 CMS를 인용하는 방식을 내재시키고 있다. 시장은 이것을 단순한 바닐라 스왑율에 대한 스프레드로서 한다는 것이 판명되고 있다. 그러므로, 다음의 관계를 알 수 있다.

$$\mathrm{cms}_{t_i}^{10}=s_{t_0,t_i}^{5}+sp_{t_i}^{10,5} \tag{8.40}$$

$$\mathrm{cms}_{t_i}^{2}=s_{t_0,t_i}^{5}+sp_{t_0}^{2,5} \tag{8.41}$$

여기서 s_{t_0,t_i}^{5}는 시간 t_i에서 시작하는 스왑의 경우 시간 t_0에서 알려진 5년 바닐라(선도) 스왑율이다. $sp_{t_0}^{10,5}$는 5년 만기의 금융상품에 대한 10년 CMS 스프레드이다. 상품설계자(structurer)는 이것을 수령할 것이다. 다른 한편으로는, $sp_{t_0}^{2,5}$은 5년 만기의 금융상품에 대한 2년 CMS 스프레드이다. 구조자는 이것을 지불할 것이다. 시간 t_0에서 누 스프레드는 모든 t_i에서 알려져 있다는 것을 주목하라.

구성요소들을 같이 추가 함으로써 다음의 관계를 가진다.

$$\begin{aligned} c_{t_i}&=\max[\lambda(\mathrm{cms}_{t_i}^{10}-\mathrm{cms}_{t_i}^{2})+\alpha_{t_i},\ 0]\\ &=\max[\lambda((s_{t_0,t_i}^{5}+sp_{t_i}^{10,5})-(s_{t_0,t_i}^{5}+sp_{t_i}^{2,5})+\alpha_{t_i},\ 0]\\ &=\max[\lambda(sp_{t_i}^{10,5}-sp_{t_i}^{2,5})+\alpha_{t_0},\ 0] \end{aligned} \tag{8.42}$$

이것은 쿠폰이다. 금융공학의 시점에서 변동 금리는 하락했으며 우변의 유일한 미지수는 참여율 λ인 것을 주목하라. 다음으로 λ가 어떻게 결정되는지를 보여준다.

우선 원금 N은 투자자로부터 받게 된다는 것을 기억하라. 이것은 미래에 LIBOR금리 L_{t_i}를 지불하는 예금계정에 있다. 시간 t_0에서 5년간 스왑을 사용하여 이 변동현금흐름을 알려진 이자율 $s_{t_0}^{5}$로 알려진 스왑율 현금흐름의 스트립으로 변환할 수 있다. 이것은 모든 t_i

그림 8.10 CMS스프레드 금융상품과 2개의 CMS

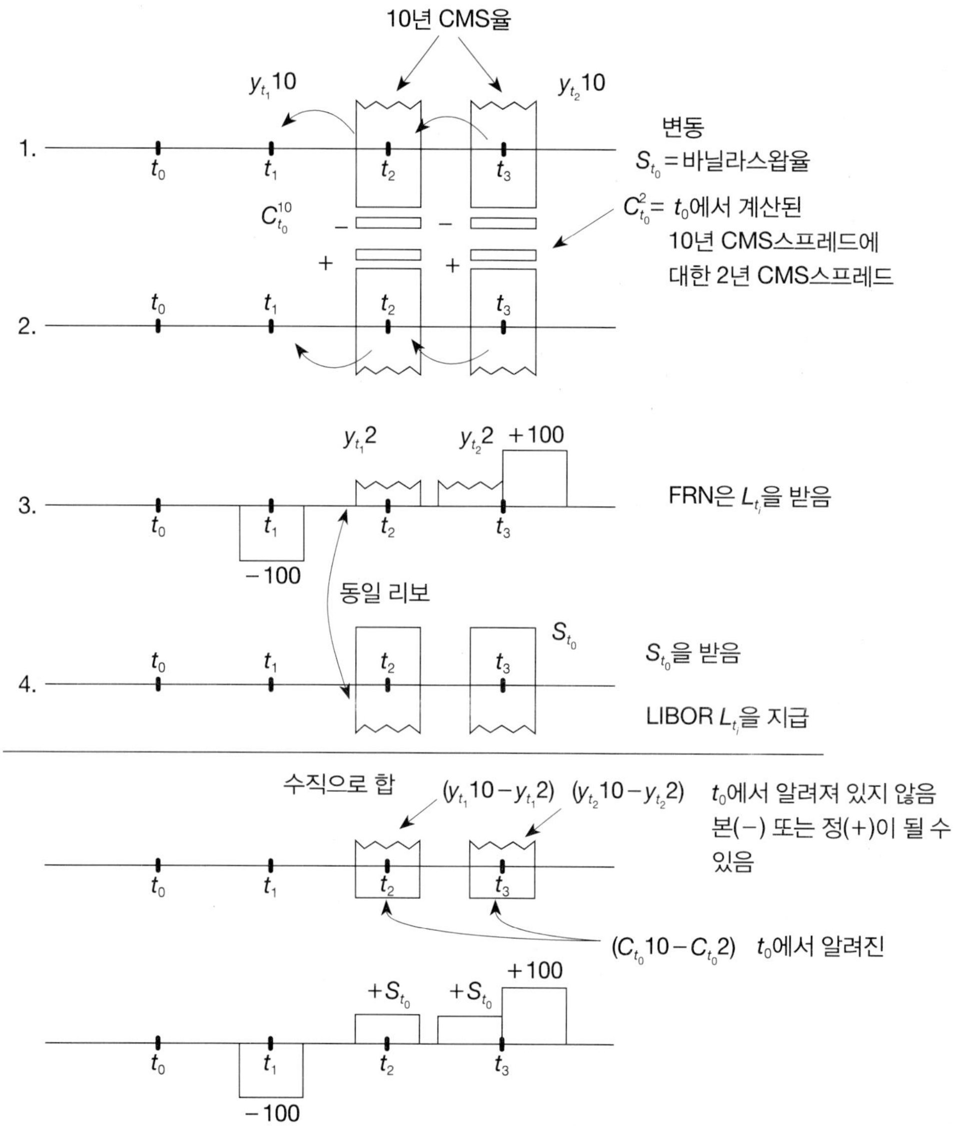

에서 상품설계자(structurer)가 알려진 양 $s^5_{t_0}$를 받을 것이라는 것을 의미한다. 이는 5년 만기 상품의 2년 만기 버전을 단순화 한 〈그림 8.11〉에 나와 있다. 다음 사항을 고려하자.

$$\lambda(sp_{t_0}^{10,5} - sp_{t_0}^{2,5}) = s_{t_0}^{5} \tag{8.43}$$

이것은 λ를 제외하고 모든 양(quantities)을 t_0에서 알 수 있는 방정식이다. λ를 풀고 이 수를 원래의 쿠폰율에 넣어라.

$$c_{t_i} = \max[\lambda(\text{cms}_{t_i}^{m} - \text{cms}_{t_i}^{b}) + \alpha_{t_i}, 0] \tag{8.44}$$

이 식에서 미지수는 CMS율이며 이는 고객이 가정하고 있는 위험이다. 그러나 상품설계자에게 스프레드 $\text{cms}_{t_i}^{m} - \text{cms}_{t_i}^{b}$는 $sp_{t_0}^{10,5} - sp_{t_0}^{2,5}$의 비용으로 헤지 될 수 있으므로 위험을 나타내지 않는다. 아래의 예제는 간단한 계산을 보여준다.

예제

다음의 스프레드로 2년과 10년 CMS 거래를 가정하자.

$$sp^{10,5} = 50 \text{ bps} \tag{8.45}$$

$$sp^{2,5} = 20 \text{ bps} \tag{8.46}$$

차이는 30 bps이다. 5년 스왑율이 4.5%라고 가정하자. 그러면 λ는 다음과 같이 주어질 것이다.

$$\frac{450}{30} = 15 \tag{8.47}$$

이것은 높은 참여율을 설명한다. 심지어 30bp까지 수익률곡선이 작아 질지라도, 투자자는 10% 이상의 쿠폰을 받을 수 있다: α_{t_i} + 450bp.

상품설계자는 미지의 매개 변수를 결정했다. 본질적으로 상품설계자는 다른 준거율을 가진 2개의 CMS를 사고 팔며, 5년 CMS 국채의 합성을 만들기 위해 CMS율에 대해 플로어를 매입해서 스왑션을 매도할 것이다. 그런 다음 구조자는 이것들을 구조화 국채(note)로 재패캐지하여 이것을 고객에게 판매할 것이다.

8.4.5.1 계약 방정식

이 특성화는 아래의 계약방정식에 보여지고 있다.

그림 8.11 참여율을 가진 CMS 스프레드 금융상품

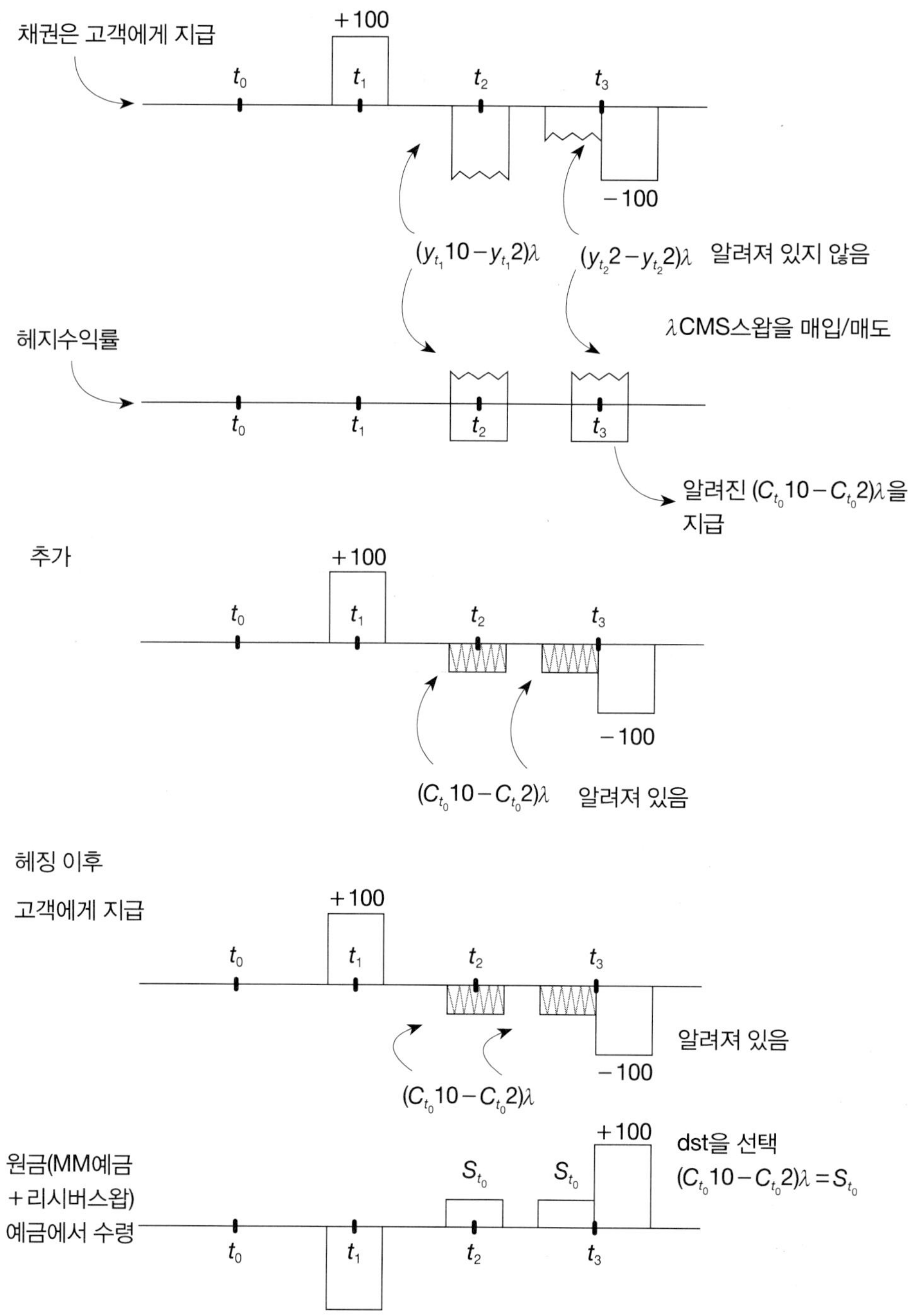

수의상환 CMS−스프레드 채권	=	6−개월 LIBOR 예금	+	리시버 스왑율	+	λ × 10−년 수령
+ 2−년 CMS ×λ 지급	+	숏 버뮤다 스왑션	+	롱 CMS 스프레드 플로어		

(8.48)

앞의 경우에서처럼, 합성구조는 상품설계자에 대해 여러 가지 가능성을 열 수 있다. 상품설계자는 스왑션(swaption) 변동성을 매입하고, 소매 고객으로부터 유리한 율로 캡/플로어 변동성을 매도할 수 있으며, 은행간 시장이나 다른 고객들에게 더 나은 금리로 시장에 내놓을 수 있다. 다시 전과 같이, 상품설계자는 실제로 그의 장부에 합성물의 구성 요소를 가지고 있고 CMS 스프레드 채권은 다른 고객에게 전달하여 재무상태표에서 제거하는 좋은 방법이 될 것이다.

또는 상품설계자는 노출 자체를 취할 수 있다. 상품설계자는 스왑션을 제외하고 계약 방정식의 우변에있는 모든 구성 요소를 거래(매입 및 매도)할 수 있다. 기대가 정확하다면, 합성구조는 정(+)의 값을 가질 것임을 주목하라. 그러나 채권은 수의상환 가능하다. 상품설계자는 국채를 수의상환하고 헤지 측면에서 좋은 수익을 올려서 종결할 것이다. 수의상환 채권이 매우 높은 쿠폰을 지불할 가능성이 높을 때 실제로 수의상환 되는 것은 이러한 이유 때문이다. 투자자는 기초적으로 초기 쿠폰을 받는다.

8.4.6 기타 다른 구조

구조화 고정소득 상품의 특별한 경우를 목표상환채권(Target Redemption Note: TARN)라고 한다. 이 증권은 목표 수준(target level)에 도달할 때까지 쿠폰의 합계를 제공한다. 국채는 일찍 종료한다. TARN은 금리가 낮거나 더 낮을 때 투자자들에게 상당히 인기가 있을 수 있다. TARN의 추가 위험은 종료일의 불확실성이다. 이것은 수의상환 가능한 국채와 같지만 차이점이 있다. 종료 조건은 명시적으로 TARN에 명시되어 있으며 LIBOR 시장 모형을 사용하여 쉽게 가격을 매길 수 있다. 다른 한편으로 수의상환 가능한 금융상품에는 인벤디드 버뮤다 스왑션을 포함하고 있다. 옵션이 행사될 때을 결정하기가 더 어렵다(즉, 수의상환). 일부 투자자는 TARN이 조기에 상환되는 보다 투명한 방법을 선호 할 수 있다. 다른 것들과 마찬가지로, 금융상품수단는 경로의존적(path dependent)이다.

또 다른 예는 역 플로터(inverse floater)이다. 그러한 구조화 금융상품에서 전형적으로, 첫 번째 쿠폰은 고정되어있다. 후속 쿠폰은 LIBOR에 따라 반비례로 설정된다. LIBOR 요금이 하락하면 쿠폰이 자동으로 증가한다. 종종 그러한 쿠폰이 누적된다. 만약 누적된 쿠폰이 목표 수준에 도달하면, 채권은 일찍 상환된다. 고객은 액면가를 지급받는다.

자산-부채 관리에 유용한 구조화 금융상품의 예를 제시할 수도 있다. 현재 비슷한 시장 가격보다 낮은 수준에서 *T*년간 차입 비용을 고정하는 방아쇠 스왑(trigger swap)을 고려하자. 이러한 의미에서 자산부채 관리 도구이다. 우리는 간단한 변형을 논의한다. 이 간단한 프로토 타입을 복잡하게 만드는 것은 쉽다. 방아쇠 스왑(trigger swap)과 같은 금융상품은 비록 투자자에게 판매되지 않지만 고정 소득 구조화 금융상품 범주에 속한다. 고객은 기업이며 금융상품은 자산과 부채 관리에 유용하다. 여전히, 주요 아이디어는 동일하다. 기업은 수익률 곡선 움직임에 대한 견해를 갖고 있거나 단순히 헤징비용을 보다 더 낮추기를 원하는데 이것은 수익률향상과 동일하다.

8.5 결론

구조화 금융상품의 모형화에 대한 의견을 가지고 이 장을 마무리한다. 어떤 모형이 사용되며 선택된 모형을 어떻게 보정하는지는 구조화 금융상품 거래의 분명하게 중요한 구성요소이다. 상품설계자는 도매시장에서 이들 금융상품을 구입할 수 없다. 금융상품은 하우스에서 만들어질 필요가 있다. 이를 위해선 대대적인 가격결정 및 헤징(hedging) 노력이 필요하다.

자기자본 구조화 금융상품에서 확률변동성 모형의 버전은 매우 효과적이며 널리 사용된다. 일부 변동성을 통합한 선도 LIBOR 모형의 고정소득 버전의 경우 스마일(smile)이 사용될 필요가 있다.

추천 도서

LIBOR 이색 금융상품의 경우 Piterbarg(2005)와 Andersen and Piterbarg(2010)를 고려하라. FX 구조화 금융상품에는 Wystup(2006)이 권장된다. 새로운 주식 구조화 금융상품의 경우 Gatheral(2010)이 필수이다.

연습문제 Exercise

1. 사례연구: 역전환 및 변동성 거래

   이 사례 연구는 변동성 거래 및 역전환의 또 다른 예를 보여준다.

   아래의 사례 연구를 읽고 다음 질문에 답하라.

   a. 역전환채권이란 무엇인가? 어떻게 이 금융상품을 분해할 수 있나? 기업재무담당자는 역전환사채를 어떻게 사용는가?

   b. 시장전문가들은 역전환사채를 어떻게 사용하는가? 왜 "홍수(flood)"가 존재하는가?

   c. 합성 전환상품이란 무엇인가?

   d. 본 교재에서 언급된 다른 해결책은 무엇인가? 이 솔루션에 내재되어 있는 잠재적 위험은 무엇인가?

   e. 마지막으로 규제기관. 프랑스 규제 기관 및 역전환사채(reverse-convertible bonds)의 경우를 생각해보자. 왜 규제 당국은 이들 금융상품에 문제가 있는가? 이것이 정당화된다고 생각하는가? 간단히 토론하라.

> 지난 주 유럽 및 주식 시장 불안감에 대한 높은 주가 지수 변동성 수준에 힘 입어 역전환 활동이 지난 주 최고치를 경신했다. 워런트 전문가는 부문에 관여되어 있는 은행 구조조정 수 증가와 발행 통화의 확대 범위를 강조했다.
>
> 이러한 요소는 업계 전반에 걸쳐 금융상품이 널리 받아 들여지고 있음을 보여주

는 증거였다. 유럽 전역의 주가 지수 변동성은 연초 이후 지속적으로 20%대의 높은 기록을 보였다.

자기자본파생 상품 전문가들은 급격한 수요 급증에 대해 설명하면서 역의 전환 상품은 현재 유럽 전역의 현재 높은 변동성을 이용하기 위한 이상적인 수단이라고 말했다.

다른 이들은 금융상품에 대한 관심이 이전에 스위스와 독일에만 국한되어 있었지만 유럽 전역으로 확산되고 있다고 말했다. "홍수가 났다. 이 곳 곳곳에 있다"고 말했다.

역전환은 특정 인용된 회사 주식을 참조하는 내재된 풋 옵션 신용 금융상품이다. 채권의 액면가는 옵션 프리미엄의 상응하는 가치로 할인되다. 주가가 특정 최소 한계 값을 초과하면 채권 투자자는 현금 지급 대신 자기자본을 받는다.

신용(Credit) Lyonnais 자기자본파생상품(Equity Derivatives)은 3가지 거래를 구성하면서 강하게 행동을 취하였다. 폭스바겐은 10%쿠폰을 지불하는 문제의 기초로서 선택되었다. Telecom Italia는 11% 쿠폰을 지불하는 문제의 준거 자료로서 선정되었다. ABN AMRO는 3분의 1에 대한 준거되었다.

최종 날짜의 주가가 초기 가격의 95% 이상 또는 동일인 경우 투자자는 100% 현금 환급을 받는다. 그러나 가격이 아래에 있다면, 투자자는 하나의 실물을 받는다.

Thomson Reuters IFR, 1998년 6월

2. 로이터 또는 블룸버그에서 사용 가능한 스왑 및 LIBOR 곡선을 고려하라.

a. 3개월 할인 및 선도곡선을 구하라

b. 2년 선도곡선(forward curve)을 구하라.

c. 다음의 국채에 대한 구성 요소를 구하라라.

만기일: 3년

수의상환: 각 쿠폰 지급 날짜

지급: 연간

쿠폰:

1년: R_1

2년: $\alpha_1 \times$(2년 CMS)+이전 쿠폰

3년: $\alpha_2 \times$(2년 CMS)+이전 쿠폰

미지의 R_1, α_1, α_2를 결정하라.

d. 다음 국채의 구성 요소를 구하라.

만기: 3년

수의상환: 각 쿠폰 지급 날짜

지급: 연간

쿠폰:

1년: R_1

2년: $\alpha_3 \times$[(3년 CMS)−(2년 CMS)]+β_1

3년: $\alpha_3 \times$[(3년 CMS)−(2년 CMS)]+β_2

미지의 R_1, α, β_i를 결정하라.

e. 후자의 경우, $\beta_1=\beta_2$는 언제인가?

3. 다음은 은행에 의해 구조화된 보다 복잡한 스왑에 대한 설명이다. 이 구조는 부채관리 목적으로 판매되며 이색옵션(디지털 캡)과 CMS 구성 요소와 관련 있다.

시간 0일 때 은행과 고객은 다음 규칙에 따라 현금흐름을 5년간 반년에 한 번씩 교환할 것에 동의한다.

- 은행은 명목금액에 대해 6개월 LIBOR을 반기마다 지급한다. 이것은 바닐라 스왑이다.
- 고객은 다음 공식에 따라 쿠폰 c_t를 지급한다.

$$c_t = c_{1t} - c_{2t} \tag{8.49}$$

여기서

$$c_{1t} = \begin{cases} \text{LIBOR} + 47\text{ bp\%} & \text{if} \quad \text{LIBOR} < 4.85\% \\ 5.23\% & \text{if} \quad 4.85\% < \text{LIBOR} < 6.13\% \\ 2.98\% & \text{if} \quad \text{LIBOR} > 6.13\% \end{cases}$$

c_{2t}={cms (30Y)−(cms (10Y)+198 bp)}

이것은 첫 2년에 대한 것이다.

그리고 다음은 마지막 3년에 대한 것이다.

c_{2t}=8{cms (30Y)−(cms (10Y)+198 bp)}

a. 이 LIBOR 이색옵션을 최상의 바닐라 금융상품으로 분해하라.

b. 왜 투자자가 이 금융상품을 요구할 것인가? 그들의 기대는 무엇인가?

4. 다음과 같은 스노볼 채권(Snowball Note)을 금융공학 설계하는 방법을 보여라.

발행기관: ABC 은행

명목금액: $10 mio

기간(테너): 10년; 원금: 만기 보증

쿠폰 : Yr 1; Q1 : 9.00 %

Q2: 이전 쿠폰+CMS10 4.65%

Q3: 이전 쿠폰+CMS10 4.85%

Q4: 이전 쿠폰+CMS10 5.25%

Yr 2 Q1: 이전 쿠폰+CMS10 5.45%

Yr 2 Q2−Q4: 이전 쿠폰+CMS10 5.65%

Yr 3: 이전 쿠폰+CMS10 5.75%

Yr 4−10: 이전 쿠폰

쿠폰 최소 0% 제약

수의상환: 각 쿠폰에서 수의상환 가능

a. 투자자의 견해는 무엇인가?

b. 위험은 무엇인가?

c. 이제 콜 조항에 대하여 잊고 LIBOR금리의 2개의 다음 실현과정 하에서 지급된 쿠폰을 계산하라.

실현 1=5.0, 6.0, 6.5, 7.0, 8.0, 9.0, 10.0

실현 2=LIBOR는 3.5에 머물러 있다.

d. 스왑을 사용하여 쿠폰을 어떻게 특성화 할 수 있는가? 이것은 어떤 유형의 스왑인가?

e. 당신에게 보고된 8개의 연례 FRA가 있다고 가정해 보자. 어떻게 쿠폰 지급액에 가격을 결정할 수가 있나?

f. 첫해 쿠폰을 어떻게 생성하는가?

g. 쿠폰은 0에서 하한(floor)이 되는가?

h. 이 금융상품을 나타내는 계약방정식을 작성하라.

5. 다음 CMS 스프레드 국채를 금융공학 설계를 어떻게 하는지 방법을 보여라.

발행자: ABC

명목금액: $10mio

기간(테너): 10년

원금: 만기 보증

쿠폰:

Yr 1: 11.50 %

Yr 2– 10: 16 × (CMS30 – CMS10), 최대30%, 최소0%

수의상환: 발급자에 의해 각 쿠폰 날짜에 수의상환.

a. 투자자의 견해는 무엇인가?

b. 위험은 무엇인가?

9 증권화, ABS, CDO 및 신용구조화 상품

CHAPTER

9.1 서론

본 장에서는 유동화, 자산 유동화 증권(ABS) 및 담보부 부채(CDO) 모형화 및 기타 신용 구조화 상품을 소개한다. 증권화의 경제제 동인과 불일치 이익에 대한 잠재성 그리고 GFC에 대한 유동화의 역할에 대해 설명한다. 최근 몇 년 동안 증권화 및 CDO 시장이 반등되었으며 최근의 규제 발전을 기초로 이 시장에 대한 전망을 제시한다. 본 장에서는 또한 신용지수, 트렌치 증권의 창출 의미를 다룬다.

신용 위험이 높은 금융상품수단의 바스켓을 트렌칭 하는 것은 신용상관관계의 거래 및 가격결정을 가능하게 한다. 가격을 결정할 수 있고 거래할 수 있는 트렌치 금융상품으로부터 상관관계를 분리하는 방법을 학습한다. 이 문제는 신용 디폴트 관계 내에서 논의되지만 기법 자체는 매우 일반적이며 상관관계를 구매 및 판매하는 것은 이전 장에서 본 것처럼 자기자본 및 FX기반 구조화 금융상품을 창출하는 데 일상적으로 응용된다. 그러나 본 장에서는 디폴트상관관계에 초점을 맞추고 iTraxx 또는 대안적으로 CDX지수에 포함된 신용 명칭을 사용하여 문제를 논의한다.

본 장에서는 최근의 신용지수인 ABX와 LCDX 및 신용 구조화 상품에 대해서도 논의한다. 마지막으로, 조건부 전환사채(CoCos)의 형태로 하나의 GFC 이후 금융혁신을 논의한다. CoCos는 하이브리드(hybrid) 금융상품이며 이전 장의 평가 접근법이 CoCos의 평가에 어떻게 응용될 수 있는지 설명한다.

9.2 증권화의 금융공학

모든 비즈니스 또는 금융 기관은 “신용” 또는 보다 정확하게 신용 등급과 관련이 있다. 만약 이 기관이 자금의 보장를 위해 부채 금융상품수단을 발행하면, 발행된 채권은 일반적으로 기업과 동일한 신용등급을 가진다. 그러나 회사는 신용 등급이 다른 미래 현금 흐름의 수령자로 해석될 수도 있다. 기업의 가치와 신용등급은 이러한 미래 현금 흐름의 함수가 될 것이다. 모든 미수금이 동일한 등급을 갖는 것은 아니다. 예를 들어, 일부 현금 흐름은 의심스러운 신용기록을 가진 기관에 의해 빚을 질 수 있으며, 이러한 현금 흐름은 채무 불이행이나 연체의 경우에는 받지 못할 수 있다. 다른 현금 흐름은 평판 좋은 기업의 부채일 수 있으며 채무 불이행 가능성이 낮을 수 있고 매우 높은 확률로 실제로 수령할 수 있다.

부채 문제는 채권이 만기에 상환될 확률을 결정하는 평균 미수금 현금 흐름이기 때문에 이들 신용의 평균에 의해 담보될 수 있다. 기업의 채권이 대부분 채무 불이행 확률이 상대적으로 높은 경우, 회사는 장래에 어려움을 겪을 수 있으며, 따라서 채무 불이행을 초래할 수 있다. 또는 채권의 신용 스프레드가 증가하고 투자자가 일일평가 손실을 받게 된다. 이러한 모든 가능성은이 회사가 발행한 부채에 반영하며 적절한 자금 조달 비용의 결정 요인이다.

다른 한편, 미래에 받을 평균 현금 흐름의 담보로 부채를 발행하는 대신, 기업은 미수금의 높은 등급 부분만 담보하는 특수 유형의 채권을 발행할 수 있다. 분명히 그러한 미수금은 채무 불이행 확률이 상대적으로 낮기 때문에 채권의 채무 불이행 가능성이 낮다. 자금 조달 비용이 현저히 줄어 든다. 따라서 기업은 장래에 받을 현금 흐름의 일부를 증권화하였다. 즉, 증권화는 부채를 발행하고 기업보다 높은 등급의 자금을 모으는 방법으로 간주될 수 있다. 또한 다양한 현금 흐름을 재 포장하는 방법이기도 하다.

그린 금융공학의 중요한 측면은 무엇인가? 기본적으로 다양한 현금 흐름을 분석하고 최적의 바스켓을 얻도록 적절한 선택이 이루어진다. 이것은 특별한 유형의 채권을 통해 투자자에게 판매된다.

그러나 금융공학 측면 외에도 증권화에는 (i) 법적문제, (ii) 재무상태표 고려 사항, (iii) 세금 고려 사항 등이 관련되어 있다. 증권화는 운영자금 조달 방법이다. 채권을 팔거나 은행계좌를 확보하는 대신 기업은 ABS를 발행한다. 증권화의 옵션을 통해 기업과 은행은 다양한 자금 조달 대안을 결정할 수 있다.

9.2.1 현금흐름의 선택

〈그림 9.1〉을 고려하자. 여기에서는 미래에 세 개의 (무작위) 현금 흐름을 기대하는 은행을 보여준다. 이러한 현금 흐름을 지불해야 하는 기관은 다른 신용등급을 가지고 있다. 예를 들어, BBB 등급의 첫 번째 연속 현금 흐름은 신용카드 지불을 나타낼 수 있다. 세 번

째는 과거에 만들어진 모기지로 인한 무작위 현금 흐름을 나타낼 수 있다. 논란의 여지가 있지만, 보장되지 않는 신용카드 수익의 적기 지급을 하는 것 보다 모기지의 적기 지급에 보다 더 관심을 가진다. 신용 카드 불이행은 모기지 연체보다 훨씬 더 일반적이며 그럴 듯 하다. 따라서 모기지 현금 흐름은 그림과 같이 A 등급을 가진 보다 높은 등급으로 평가될 것이다.

현재 만약 기업이 이러한 세 가지 현금 흐름 만 받는 것으로 설정되면, 유사한 부채를 가정하고서 기업의 평균등급은 아마도 BBB+ 정도가 될 것이다. 기업이 발행 한 회사채에는 BBB+ 신용 스프레드가 있다.

동일한 현금 흐름을 포장하는 두 가지 다른 방법을 고려하자. 만약 기업이 현금 흐름 3을 "판매"하고 이 현금 흐름으로 만 채권 발행을 뒷받침하는 경우, 채무 불이행 확률이 훨씬 낮아지고 자금조달은 보다 낮은 율로 보장될 수 있다.

현금 흐름 1과 2로 뒷받침되는 채권은 현금 흐름 3에 기초한 채권보다 낮은 신용 등급을 갖지만, 다른 현금 흐름을 결합하는 다각화 이익과 이 두 번째 옵션에서 더 큰 미수금 풀을 제공의 매력에 따라, 기업이 이들을 기초로 한 개별 채권을 판매 하는 대신 현금 흐름 1과 2를 결합하는 것이 합리적일 수 있다.

증권화의 초기 예제는 18세기까지 거슬러 올라갈 수 있지만 최초의 현대적인 거주 담

그림 9.1 3개의 위험현금흐름들의 현금흐름 특성

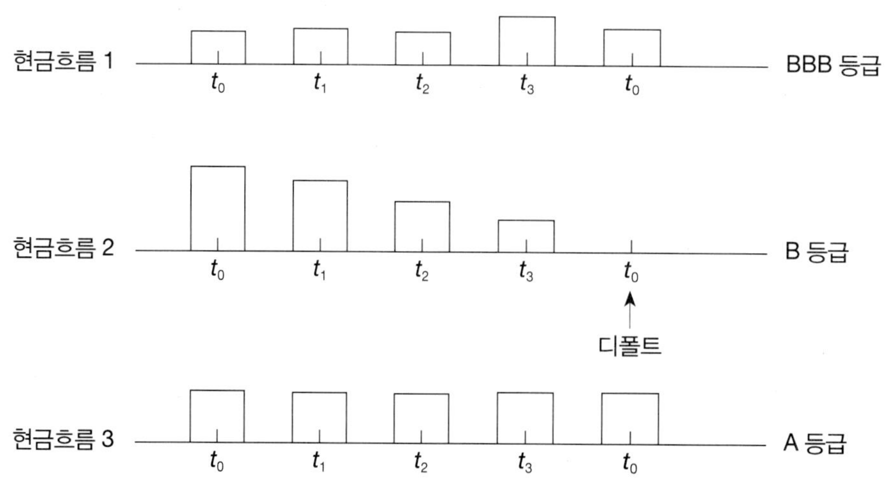

보 대출 증권(MBS)은 1970년 미국 주택도시 개발부(Housing and Urban Development)에서 창안되었다. 1990년대에 은행은 보다 광범위한 자산과 보다 복잡한 구조의 증권화로 전환했다. 신용카드, 담보대출, 주식 및 자동차 대출 등으로 포장되어 투자자에게 판매되었다. 전형적인 전략은 (i) 원 소유자로부터 대출을 구매하고, (ii) 안정된 현금흐름과 신용품질이 설정되는 동안 은행에 그것을 보관하고, (iii) 이 보관 기간 동안 신용 익스포저를 헤지하며, 그리고 (iv) 결국 ABS의 형태로 투자자에게 대출을 판매한다.

9.2.2 중요한 단계: 현금 흐름 보장

증권화 아이디어는 아주 간단하다. 기업의 미수금 평균 품질에 비해 차입하는 대신 기업이 고정이자채권을 판매하는 경우 발생하는 것인데, 기업은 채권의 고품질 부분집합에 대해 차입하기로 결정한다. 채무 불이행의 경우, 이들 미수금은 들어오게 (회수) 될 높은 기회를 가지며, 그래서 이들 자금의 비용은 낮을 수 있다.

그러나 중요한 단계가 있다. ABS의 매입자는 증권을 다시 받게 될 예정의 미수금이 다른 목적으로 기업에 의해 사용되지 않고, 그리고 파산의 경우 이들 미수금이 거기서 손실을 보전하기 위해 존재할 수 있는지를 어떻게 확신할 수 있는가?

ABC증권의 발행 후, 새로운 미수금(즉 새로운 모기지 증권 발행)을 처리하는 업무뿐만 아니라 이러한 현금흐름에 의해 생성된 현금 영수증 업무 처리의 원 기업이기 때문에 물음과 관련이 있고 이때 기업의 일상 업무에서 사용한다. 분명하게, 적어도 부분적으로는 이러한 현금 흐름이 부도 발생시 존재할 것이라는 것을 보증하는 추가 메커니즘이 있음이 틀림없다.

파산 원격 SPV(특수 목적 회사)는 이러한 문제를 실제로 해결하기 위해 자주 사용되는 메커니즘 중 하나이다. 아이디어는 다음과 같다. (i) 발행 기업은 모회사인 SPV를 구성하는데, 이것은 형식적인 기업으로서 종종 모 기업과 독립적이며, ABS를 구성하는 수단으로 사용되는 것이 유일한 목적이다. (ii) SPV 파산을 원격으로 하기 위한 단계가 취해진다. 즉, SPV 자체가 디폴트 될 확률은 0이다(종이를 발행하는 것 보다 어떠한 의미 있는 경제적 활동에 관여되어 있지 않기 때문에), 모 기업이 파산하는 경우 기초 현금 흐름은 SPV의 손에 남아 있다. (iii) 발행기업은 최소한 합법적인 관점에서 현금 흐름을 SPV에 판매할 수 있도록 필요한 모든 서류를 작성한다. 이것은 법으로 진정한 판매이다.

이 아이디어는 이러한 현금흐름에 대한 권리를 이전하고 가능한 많이 ABS하에서 보증하는 것이다.[1] 사실 다른 목적을 가진 여러 SPV는 ABS가 바람직한 특성을 가지고 있다는 것을 확신하기 위해 만들어지게 될 것이다.

1. 세무 상 이유로 SPV가 필요할 수 있다.
2. 재무상태표의 이유로 다른 SPV가 필요할 수 있다.
3. 다른 규제를 준수하기 위해서는 또 다른 SPV가 필요할 수 있다.

그래서 하나의 가능한 구조는 〈그림 9.2〉에서 부여 주는 것처럼 나타날 것이다. 여기에서 첫 번째 SPV는 기업의 자회사이므로 기업은 현금 흐름을 "살 수" 있으며 이것은 그 존재 이유이다. 그러나 SPV가 현금 흐름을 유지한다면 이들은 여전히 원래 기업의 재무상태표에 있다.

마지막으로, 투자 은행이 수행하는 역할에 주목하라. 첫 세 개의 층은 ABS 구조를 구성하고 투자은행은 여전히 ABS의 원래 판매를 처리해야 한다. 구조는 ABS가 3개의 중요한 목적, 즉 자금 조달 비용을 낮추고, 재무상태표를 관리하며, 세금 및 회계제약을 처리하는 것임을 분명하게 보여주고 있다.

9.2.3 몇 가지 비교

이미 논의된 바와 같이, 증권화의 첫 번째 사용은 자금 조달과 관련된다. 증권화는 자금조달의 한 형태이다. 그러나 또한 자금 조달에서 제약 받지 않으며, 중소기업을 위한 유동성의 부외(off-balance sheet) 형태라고 추가해야 한다. 마지막으로, 그것은 다각화된 자금 원천이다. 이렇게 하면 레버리지를 낮출 수 있다. 또한 증권화는 공공의 공개가 적다는 것을 의미한다.

증권화는 기업의 안전한 자금 조달이나 자산 매각이 아니다. 그것은 이미 존재하는 잘 수용된 법률, 규제, 세금 그리고 회계개념을 사용하는 두 개념(안전한 기업자금조달과 자산매각)의 결합, 즉 혼합(hybrid)이다.

9.2.3.1 대출 판매

또한 도매 대출 매출과 증권화를 비교해야 한다. 증권화는 서비스 기반을 기초로 하고

---

1) 그러나 파산이 원격 SPV가 존재하기 때문에 현금 흐름이 거기에 사용할 수 있다는 완전한 보증을 서기에는 불충분하다. 파산은 때로는 어려운 법률 문제와 관련된 혼란스러운 사건이다.

그림 9.2 증권화 구조

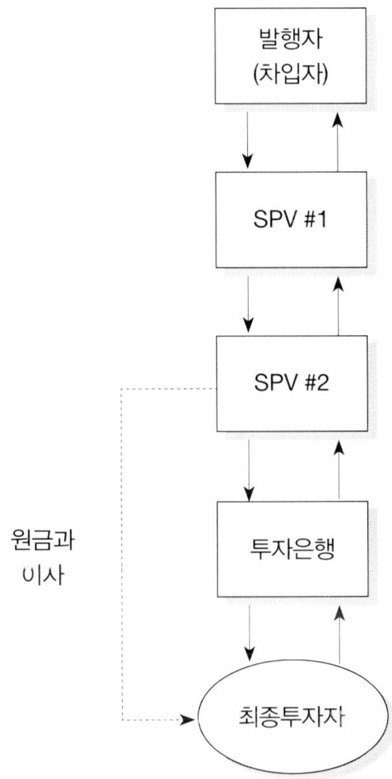

있는 반면,대출 판매는 제공된 서비스이다. 대출의 구매자는 대부 자체를 서비스하기를 원한다. 다른 요점은 신용유지와 선급금 위험이다. 대출 판매에서 이들 위험의 100%는 이전된다. 증권화를 통해 이러한 위험 요소 중 일부가 유지될 수 있다. 대출 판매는 종종 프리미엄으로 이행되며, 반면 증권화 문제는 종종 대략 액면가 근처에 있다.

추가적으로 시점(timing) 문제가 있다. 증권화에서 자산으로부터 발생한 현금흐름은 종종 단기투자에 투자되며 이때 채권보유자에게 이전된다. 따라서 투자자는 서비스 제공자보다 나중에 지불금을 받는다. 마지막으로 증권화는 때때로 신용보강을 사용하며, 이는 서류를 다소 유동화시킨다.

9.2.3.2 담보 대부(Secured lending)

증권화는 담보된 자금 조달과 비슷하지만 중요한 차이점이 있다. ABS에서 발행기업은 ABS에 대해 책임을지지 않는다. 마치 기업이 실제로 자금을 "빌려"사용하지 않은 것과 같다. 차입을 위해 개별 법인체가 설립될 필요가 있다. 증권화는 이 실체가 자산의 법적 소유자가 되도록 만들어 진다. 기업이 채무를 불이행한다면, 현금 흐름은 기업에 속하지 않고 SPV에 귀속된다. 이렇게 하면 채권 소유자는 증권화의 경우 소유권에 관심을 가지는 반면, 담보대부의 경우 안전이 보장된 이자만을 가진다.

9.3 ABSs 대 CDO(부채 담보부 증권)

본 장에서는 ABS 및 증권화와 관련된 금융 공학 응용을 소개한다. 증권화 및 하이브리드 자산 창출은 다른 목적을 가진 유사한 절차라는 것이 판명된다. 발행자의 관점에서 볼 때, 하나는 재무상태표 문제에 대한 해결법이며, 자금 조달 비용을 줄이는 데 도움이 된다. 투자자의 관점에서 보았을 때, 증권화는 투자자가 이전에 접근할 수 없었던 성과에 대한 접근을 제공하고 보다 나은 다각화를 위한 기회를 제공한다. 한편, 하이브리드 자산은 복잡하고 이미 만들어진 포트폴리오로 간주될 수 있다.

금융공학자는 ABS 구축 방법을 알 필요가 있다. 실제로 금융공학은 이 자산 군에 함축되어 있다. 가격결정 및 위험관리의 나머지 작업은 간단하다. 하이브리드 자산에 대해서도 유사하게 말할 수 있다.

본 교재는 ABS와 CDO(부채 담보부 증권)에 관한 기술적인 문제를 다룰 수 없다. 그럼에도 불구하고 신용지수는 ABS와 CDO와 비교될 수 있도록 상황에 맞게 부여되어야 한다. 이것은 또한 ABS 및 CDO 유형 증권 간의 기초적인 정의 및 차이점을 소개할 수 있는 좋은 기회이다. CDO는 기초고정소득 자산의 풀(pool)에 의해 가치가 담보되거나 담보로 제공되는 증권이다. CDO는이 자산 풀의 성과에 따른 지급액을 기초로 한 수익을 지급한다.

세 가지 종류의 채무불이행 증권을 상상해보자. 첫 번째 군은 채무 불이행 채권이다.

미국 재무성 채권을 제외한, 모든 현존 채권은 채무를 불이행 하며 이 범주에 속한다. 두 번째 군은 "대출"로 정의될 수 있다. 여러 유형의 대출이 있지만 여기서는 목적을 위해 비즈니스로 확장된 담보 대출을 고려한다. 마지막으로, 가계에 확장된 대출이 존재하며 가장 중요한 것은 모기지이다.

ABS 증권은 대출, 채권 또는 모기지 또는 신용카드 또는 학생 또는 자기자본 대출과 같은 다양한 자산에 의해 생성된 연속적인 현금흐름을 사용하는 보다 일반적인 것과 같은 다른 자산에 의해서 정의될 수 있다. 본 절에서는 첫 번째 종류를 고려한다. 〈그림 9.3〉은 ABS증권을 구조화하는 방법을 보여준다. 부채증권의 바스켓은 다른 등급을 가진 하위 군으로 나누어지고, 이때 하위 군은 ABS 증권의 다른 군의 "뒤에" 배치된다. 이것은 원래의 부채 금융상품으로부터 어떤 현금 흐름이나 그에 상응하는 부족액(shortfall)이 특정 종류의 ABS 증권을 구매하는 투자자에게 이전 될 수 있음을 의미한다. 대조적으로, 채무 불이행이 있는 경우, 투자자는 그에 따라 보다 낮은 쿠폰을 받거나 원금을 잃을 수도 있다. 〈그림 9.3〉에 따르면, ABS 증권의 군은 다른 부채 금융수단에 의해 담보되기 때문에 등급이 다르다. 종종 ABS에서 신용 대출은 신용 카드, 자동차 대출, 주택 담보 대출 및 기타 유사한 소비자 관련 대출과 같은 대출로 이루어진다. 기초 자산이 모기지인 경우 ABS는 MBS라고하며, 5장에서 자세히 검토했다. 각각의 경우 ABS의 등급은 해당 대출의 등급에 따라 결정된다.[2)]

〈그림 9.4〉는 자금(funded) CDO라고도하는 "현금"CDO를 보여주고 있다. 다시 신용금융상품 수단의 풀이 선택된다. 그러나 그들은 매우 다른 방식으로 분류된다. 트렌치(tranches)라고 불리는 CDO 군은 기초 증권을 분류하는 것이 아니라 위험을 분류함으로써 형성된다. 실제로 모든 CDO 트렌치는 동일한 증권 풀을 통해 담보된다. 트렌치를 구별하는 것은 디폴트 위험의 후순위(subordination)이다. ABS는 증권 자체를 범주화한다. CDO는 채무 불이행 동안에 지급 우선순위를 분류한다. 처음 몇 몇 디폴트가 첫 번째 트렌치가 될 것이며, 만약 디폴트가 계속되면 다음 트렌치가 영향을 받으며, 이러한 식으로 계속 될 것이다.

2) ABS증권의 군을 정의할 수 있는 다른 방법들이 있다.

그림 9.3 ABC 구조

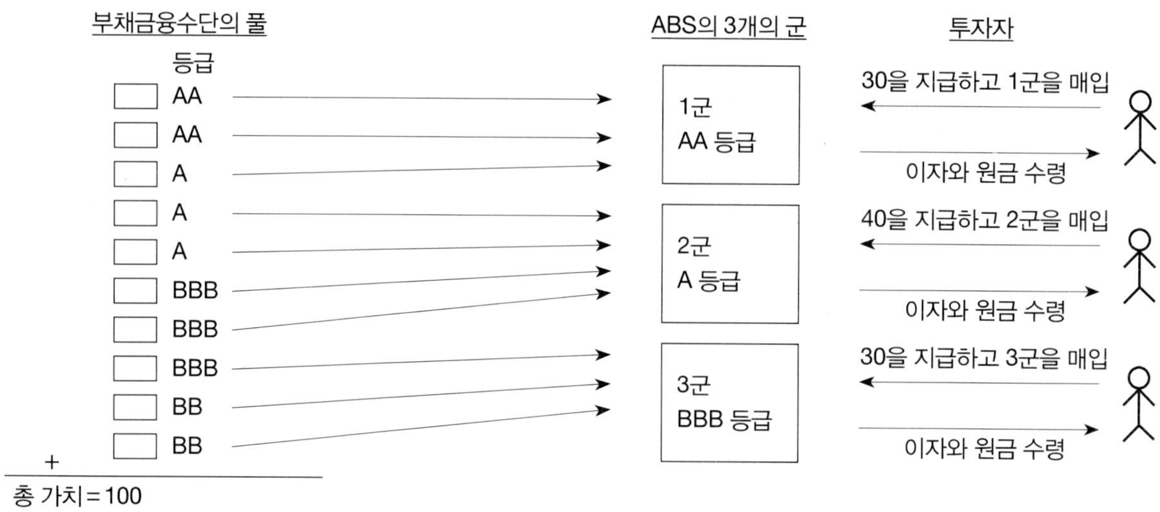

그림 9.4 현금 CDO

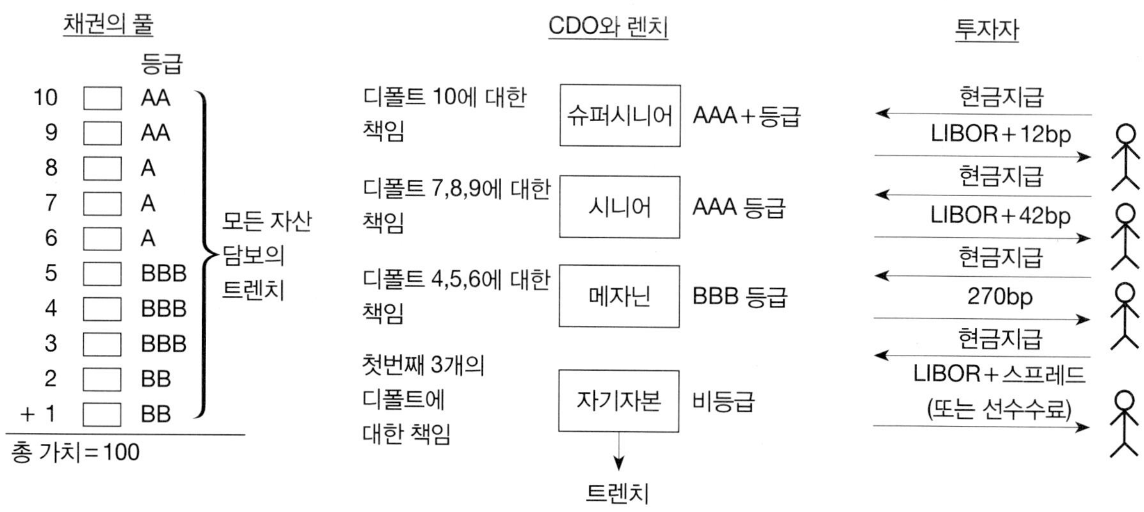

이들은 CDO을 담보로한 현금채권

9.3.1 트렌치(tranches) 및 일부 증권화 역사

1990년대, ABS로 시작된 증권화 과정이 부채담보부증권(CDO), 대출채권담보부증권(CLO: Collateralized loan obligations) 및 그 변형으로 확대되었다. 채권, 모기지, 대출 및 ABS 증권을 CDO 유형 금융상품 수단으로 포장 할 때 은행들은 다음과 같은 관행을 밟았다. 은행은 자기자본 트렌치로 불리어지는 첫 번째 손실 부분을 유지하기로 결정했다. 예를 들어, 은행은 CDO 만기 중 첫 번째, 즉 3%의 채무 불이행에 대한 책임을 져야 한다. 이것은 판매된 증권에 대해 약간의 후순위를 도입했다. 다음 트렌치에 대한 책임하에 메자닌(mezzanine)은 기초 포트폴리오 부도율의 3%에서 6% 사이의 디폴트 위험을 감수했다. 이것은 자기자본 트렌치보다 위험이 적었고, 이 보고서의 등급은 BBB라고 할 수 있다. 심지어 기초부채가 투기등급 일지라도 투기등급 증권에 투자하는 것이 법으로 금지되어 있는 기관투자자는 메자민 트렌치와 간접적으로 기초 대출을 매입할 수 있다. 다음의 예를 보자. B등급 100인 채권을 모두 선택하라. 이는 상당히 투기 등급이며 법에 의해 많은 금융기관이 그러한 채권을 보유할 수 없다. 그러나 일부 헤지 펀드에 채무 불이행 중 처음 10%의 위험을 판매한다고 가정할 때 나머지 채권에 대한 채무 불이행 사실이 실제로 A가 될 수 있다. 기관 투자가는 이 위험을 매입할 수 있다. 따라서 신용강화를 통해 원래는 매우 위험한 금융상품을 판매할 수 있었다.

그런 다음, 시니어 그리고 수퍼 시니어라고 불리는 고품질의 트렌치는 내재수익이 많은 투사사들에게 너무 작았기 때문에 은행의 장부에 보관되있다. 결과직으로, 은행들은 롱 자기자본 트렌치와 롱 시니어(senior) 및 수퍼 시니어(super senior) 트렌치를 발견했다. 그들은 좋은 수익을 지급하고 투자등급(IG)으로 평가된 숏 메자민 트렌치였다. 본 장에서 볼 수 있듯이 자기자본 트렌치 가치는 디폴트 상관관계에 의해 정(+)의 영향을 받으며, 슈퍼 시니어 트렌치는 부(−)의 영향을 받는다는 것이 판명된다. 이들 포지션의 합은 은행의 상관관계 장부를 형성했다. 은행들은 상관 관계거래, 헤징 및 가격결정을 결과적으로 배워야 했다.

아래에 설명 한 것처럼, 맞춤형 트렌치는 이후에 신용지수의 표준 트렌치로 진화했다. 지분 트렌치(equity tranches)가 첫 손실 부분이였다. 지분 트렌치에 대한 보호 판매자는 표준 트렌치에서 첫 0~3%의 위험을 가지고 있다. 메자닌 트렌치는 두 번째로 높은 위험을 가지고 있다. 트렌치에 대한 보호 판매자는 관행에 따라 채무 불이행의 3~6%를 책임진다. 6~9% 트렌치는 시니어(senior) 메자닌이라고 불리어 진다. 시너어 및 슈퍼 시니어

iTraxx 트렌치는 각각 이름의 9~12% 및 12~22 %의 디폴트위험을 가지고 있다. 본 장에서는 이러한 트렌치의 가격결정 및 금융공학에 대해 학습한다.

만약 디폴트위험이 채권 풀에서 나온다면, CDO는 담보부채권증권(CBO)이라고 한다. 용어 CDO는 보다 일반적이며 이것이 대표하는 증권은 이 모든 것의 혼합일 수 있다. 실제로 이러한 기초 증권에는 MBS 또는 기타 ABS 증권이 포함될 수 있다. 심지어 다른 CDO의 트렌치 조차도 GFC 이전에 CDO에 포함되기도 했다.

9.3.2 ABS와 CDO의 비교

투자자가 〈그림 9.3〉과 〈그림 9.4〉에 보여주고 있는 ABS와 CDO 구조를 구매하기 위해 현금으로 100을 지불한다고 생각해보자. ABS 또는 CDO를 구입함으로써 투자자는 어떤 의미에서 기초 증권을 풀로 구매할 수 있다. 투자자가 다른 등급의 ABS 증권 종류 중에서 선택할 수 있도록 기초 풀(pool)이 배열될 수 있다. CDO에서는 이자와 원금지급의 우선순위에 따라 트렌치의 등급을 결정한다. 따라서 ABS 증권의 다른 군(적어도 여기서 정의된 것처럼)은 신용등급에 따라 그룹화된 다른 기초자산을 나타낸지만, 반면에 CDO의 트렌치는 실제로 동일한 기초 자산에 의해 담보되는 반면, 연속 부도 발생시 얼마나 신속하게 타격을 받게 되는지에 따라 다른 평가를 받는다. 〈그림 9.4〉는 CDO의 현금흐름이 금융상품 군간에 계단식 효과가 있음을 보여준다. 따라서 이 패턴은 종종 현금 흐름 폭포(cash flow waterfall)라고 한다.

9.3.2.1 신용지수

시장은 표준화되고 투명한 신용 지수를 통해 신용 위험을 거래하는 것을 선호한다. 6장에서 단일 이름 신용디폴트스왑(CDS) 계약의 2009년 표준화를 논의했다. 신용지수는 준거명(reference name) 포트폴리오 또는 단일명 CDS 계약을 기반으로 하는 유동성 벤치마크이다. 상응하는 디폴트 위험은 다른 위험 및 수익 특성을 지닌 다양한 표준 트렌치로 포트폴리오를 분할함으로써 재 포장된다.[3]

지수를 통해 투자자는 단일 거래로 광범위한 기업신용시장에서의 포지션을 취할 수 있으며 복잡한 신용익스포저를 헤지하기 위해 기관에 유동성이 높은 헤징 금융수단을 제

3) 고객지향트렌치는 맞춤형 트렌치로 알려져 있다. 대출의 바스켓을 헤지하려는 은행이나 기업은 일반적으로 맞춤형 트렌치를 필요하거나 매도한다는 것을 주목하라.

공 한다. IG 기업 신용 명에는 CDX와 iTraxx라는 두 가지 주요 CDS지수 범주가 있다. 본 장에서 논의하는 동안 주로 iTraxx 지수에 중점을 둔다. 신용지수는 Markit의 자회사인 International Index Company (IIC)가 딜러 유동성 조사를 통해 작성한 것이다. 시장조성자는 다음 기준에 따라 IIC에 이름 목록을 제출한다.

1. 실체는 이전 6개월 동안 측정 되는 것처럼 유럽에 통합되어야 하며 CDS 거래량이 가장 높아야 한다. 동일한 시세 표시기에 있지만, 그러나 CDO 시장에서 개별적으로 거래되는 실체의 거래된 양은 각 시세표기의 전체 수량에 도달한다. 증권 시세표에서 가장 유동성이 있는 실체는 지수 멤버십 자격을 가진다.
2. 지수의 실체 목록은 거래량에 따라 순위가 매겨진다. IIC는 BBB(S&P 기준)보다 낮은 등급의 기관과 부정적인 전망의 기관을 제거한다.
3. 최종 포트폴리오는 125개의 이름을 사용하여 만들어 진다. 그것은 10개의 자동차, 30개의 소비재, 20개의 에너지, 20개의 산업체, 20개의 TMT 및 25개의 금융에 따라 만들어진다. 각 명칭은 전체 및 하위 지수에서 동일 가중된다.[4)]

시장은 대부분 유럽의 iTraxx Crossover (XO) 및 미국의 CDX High Yield (HY)라는 하위 투자 등급 지수를 거래하는 것을 선호한다. 이 지수는 거래의 대다수를 볼 수 있으며 명칭이 적고 스프레드가 현저히 높다.[5)]

9.3.2.2 합성 CDO

신용지수 및 관련 트렌츠는 CDO의 합성 버전이다. 기초자산은 준거 포트폴리오 이름의 채권과 관련되어 있지만 구매되지 않는다! 따라서 그들은 자금조달이 되지 않는다. 따라서 지수와 대부분의 트렌치에는 초기 현금 지불이나 영수증이 포함되지 않는다.[6)] 현금 CDO가 LIBOR에 약간의 스프레드를 더한 금액을 지불하는 반면, 합성(비-자금 조달된) CDO는 최초 현금 지불을 포함하지 않기 때문에 스프레드만 지불한다. 이러한 의미에서 지수(비 자금 조달된 CDO)와 자금지원 CDO 간의 관계는 그 명칭으로 발행된 현금채권

4) 2014년 7월 24일 Markit는 iTraxx유럽지수가 125개의 명칭에서 130개의 명칭으로 2015년 3월부로 확장할 것이라고 발표했다.
5) 지수에 대한 보다 많은 정보의 경우, 거래자는 지수에 대한 고시를 실제로 모집하거나 과정을 제시하고 있는 www.markit.com을 방문해야 한다.
6) 대부분의 위험 트렌치만이 선불로 거래된다. 많은 CDS계약은 선불지급을 요구하지 않는다.

그림 9.5 **신용지수와 내재 합성 CDO**

신용지수와 내재합성 CDO. 초기 현금투자는 없음

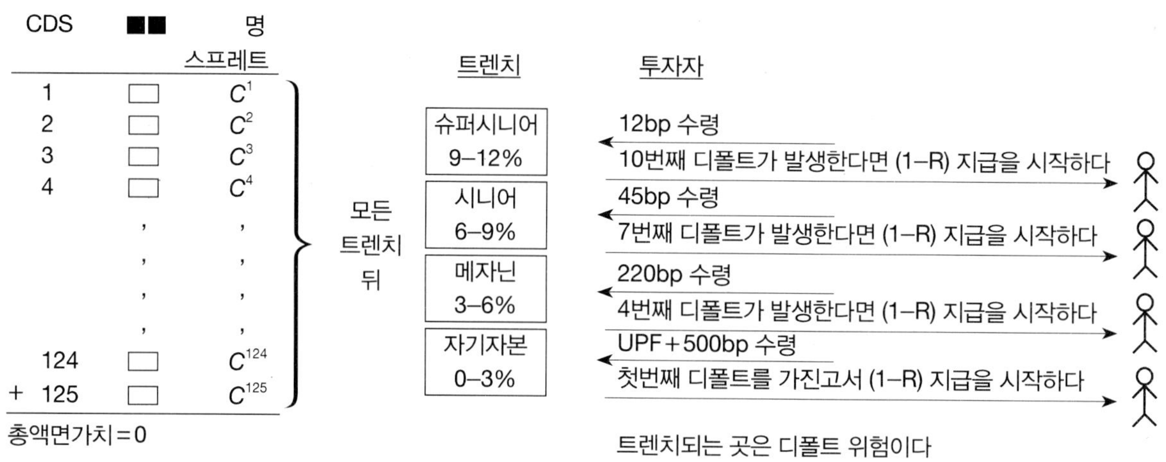

대 CDS 간의 관계와 비슷하다.

〈그림 9.5〉는 지수가 합성 비–자금조달된 CDO로 해석 될 수 있는 방법을 보여준다. 이 그림에서 표준 트렌치는 표준 iTraxx 트렌치를 따르도록 선택된다. 합성 CDO는 모기지로부터 대부분 창출된 것을 보는 것처럼, 전통적인 CDO보다 만드는데 보다 싸고 쉽기 때문에 GFC에 런–업(run–up)하는데 인기가 있었다. 다음의 예는 CDS와 CDO시장에서 최근의 개발에 대한 예시를 보여주고 있다.

예제

GFC는 2007년 12월에 시작하여 2009년 6월에 끝난 경기 침체를 초래했다. 경기 침체 이후의 기본 금리는 2010년 S&P에 따라 정점을 찍었지만 이후에는 역사적 최저치로 떨어졌다. 부도율 하락으로 인해 채무 불이행 위험이 감소하고 현저한 단일 이름의 CDS가 감소했다. BIS의 데이터에 따르면 2012년 말 단일명목 CDS의 명목금액은 14.3조 달러로 2008년 상반기의 33.4조 달러 피크보다 57% 감소한 것으로 나타났다. 하락 부분은 스왑 포트폴리오를 압축하거나 청산하는 투자자에게 기인 될 수 있지만, 이는 하락의 대부분을 설명하지는 않다는 것을

그림 9.6 글로벌 합성 CDO발행

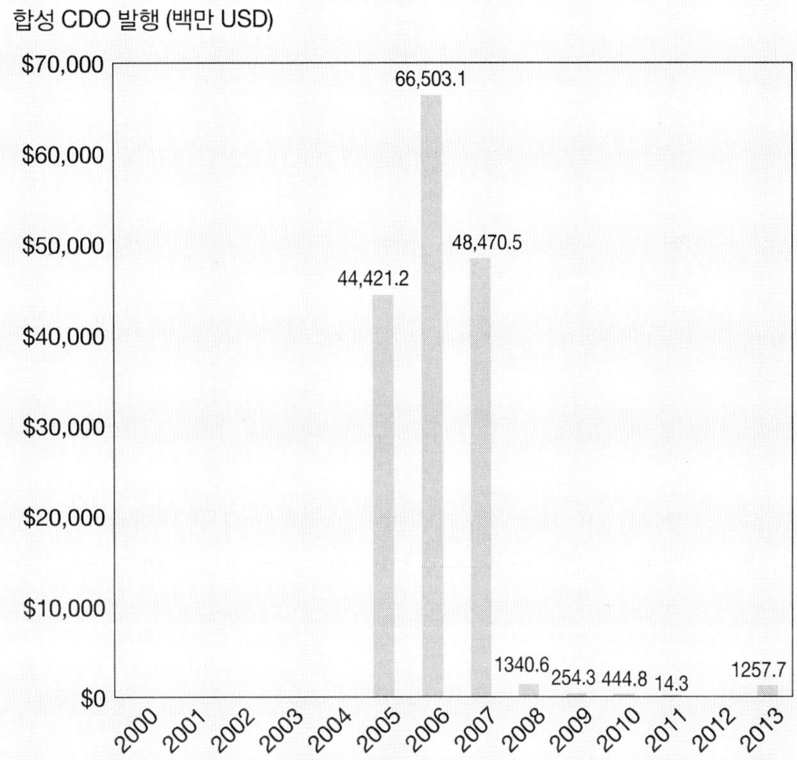

원전: 증권산입과 금융시장 협회(SIFMA)

마음속에 가지고 있는 것은 중요하다.

단일 명칭 CDS 시장의 축소는 일부 규제당국과 정치인들로부터 환영을 받았을지 모르나 은행과 다른 시장참여자들이 이용할 수 있는 헤지 수단이 거의 없다는 것을 의미한다. 〈그림 9.5〉에서 볼 수 있듯이 합성 CDO의 생성은 단일 명칭 CDS 시장의 성장에 기여했으며, CDO는 GFC가 신용 보호를 파동으로 몰아 갔다. CDS 보호에 대한 수요는 대출 노출을 상쇄하기 위해 스왑을 사용한 은행에서 비롯되었다. 동시에 헤지 펀드는 CDS 또는 다른 CDO 트렌치의 가격차이를 조정하면서 적극적인 시장 참여자이자 "상관 관계 거래자"였다. 〈그림 9.6〉에서 볼 수 있듯이 합성 CDO 시장은 서서히 회복하고 있지만 새로운 엄격한 자본규제 하에서는 CDS로 대출금을 헤지 함으로써 더 이상 이익을 얻지 못한다. 나머지 많은 상관관계 거래자들은 현재 전설적인 합성CDO를 관리하고 있다. 상관관계 거래자는 단일 명칭 CDS의 가장 활발한 사용자 중 일부였고 CDS 단일 시장의 상관거래 거래 유동성 하락을 가지고서 또한 축소되었다. 단일 명칭 CDS 활동을 침체시킨 또 다른 요인은 순수(naked)의 국가 CDS 보호를 구입하는 것을 금지하려는 EU의 2012년 결정이었다. 몇몇 시장참여자가 거래 및 헤징을 위해 그들을 사용하는 것 처럼 능동적으로 견고한 하나의 영역은 지수에 대한 CDS의 영역에 있었다. 지수 CDS는 거시 경제의 불확실성에 대한 헤지로 사용되거나 기업의 특정 신용 위험에 대한 불완전한 헤지로 사용되었다.

위의 예에서처럼 단일 명칭 CDS 및 합성 CDO 시장은 GFC 이전 수준과 비교해 축소되었지만 금융상품은 계속 거래된다. 〈그림 9.6〉은 합성 CDO 시장에서의 글로벌 발행이 2013년에 약간 반등했지만 GFC 이전 발급 수준의 2%를 유지하고 있음을 보여준다. CDO 시장은 물론 증권화가 계속 존재할 것으로 믿을만한 이유가 있다. 그 이유는 정부가 규제에 따라 GFC에서 이러한 시장의 역할을 비판적으로 평가한 후에 정부는 증권화 및 CDO가 경제에 자금을 제공하는 데 중요한 역할을 한다는 것을 인식한다. 더 엄격한 규제와 자본 요구로 인해 은행이 대출을 줄이는 것처럼 증권화는 비즈니스에 대부를 증가시키고 경제에 자극을 주기 위해 방안 중 하나를 제공할 수 있다. 위의 예제는 또한 CDO를 기반으로 한 상관 관계 거래의 역할을 강조하며, 다음 장에서 더 자세히 살펴볼 것이다.

9.4 신용지수 설정

6장에서 단일 명칭 CDS는 단일 발행자 또는 준거명(reference name) 부분의 디폴트 사건에 대한 보호를 제공하는 계약이다. 보호 판매자는 0을 지불하고 디폴트 사건이 발생하지 않으면 일정한 프리미엄을 받는다. CDS 프리미엄은 cds_{t_0}이다. 디폴트 사건이 발생하면 보호 판매자는 기초자산 발행(100)의 약정(액면) 가치와 채무불이행 된 채권의 시장가치 간 차이를 지불한다. 회수율은 R로 표시된다. 〈그림 9.7〉의 단일 명칭 CDS를 고려하자. 만기 T는 단순화를 위해 1년으로 가정하고 명목금액 N은 100이다. 디폴트의 경우 보호 판매자의 순 지불액은 $(1-R)$ 100이다.

신용지수 $j=1, \ldots, n$에 의해 지수화된 n 개의 준거실체(reference entity)를 선택하여 얻어진다. 이 풀은 참조 포트폴리오라고 불리어 진다. $\{cds_t^i\}$로 표시된 시간 t에서의 관련 CDS율은 차익거래가 없는 것으로 가정한다. 거래 가능한 CDS 지수는 단일 계약에 이름들을 붙여서 만들어지는데, 여기서 N 달러 보험이 지수를 기초로 팔리면 이것은 $\frac{1}{n}N$ 만큼 각각의 명칭에 대해 상응하는 보험 판매액이 될 것이다.

사전 선택된 n 명의 신용지수에 대한의 스프레드를 I_t로 놓자. "지수"는 기초 단일 이름 CDS로부터 증권을 분리함으로써 거래를 한다. 알려진 만기, 쿠폰 및 표준화된 서류를 가진 독립된 증권으로 간주되어야 한다. 지수거래는 동일 가중치를 가진 준거 포트폴리오 이름에 대한 보호 를 매입하거나 매도하는 것과 동일하다.[7] 이 포트폴리오의 스프레드 즉, I_t은 기초 CDS와 별도로 인용된다.[8]

처음에는 I_t가 기초 CDS의 단순 평균과 같다고 생각할 수 있다. 모든 CDS율과 이들 변

그림 9.7 단일–이름 CDS

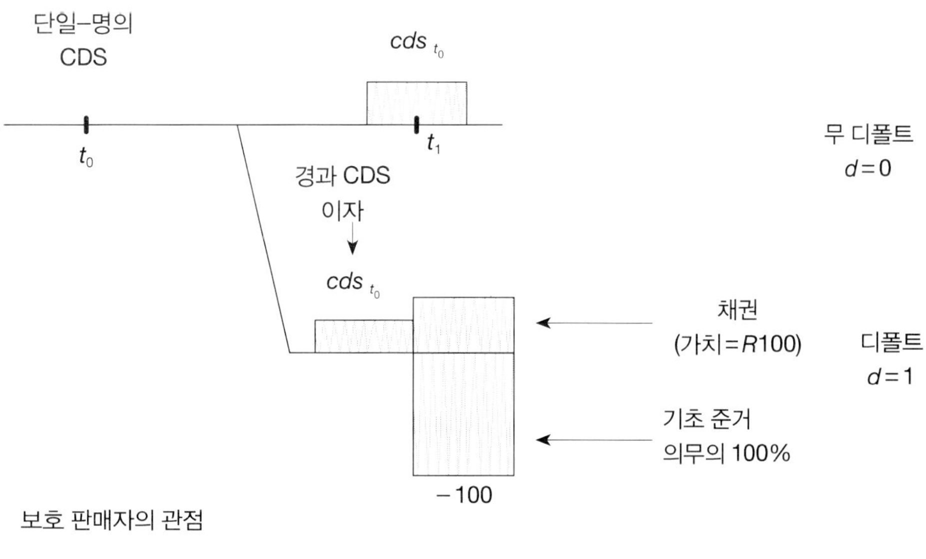

7) 시리즈 21 *iTraxx* 유럽지수를 거래하는 것은 고정쿠폰 100bps을 기초로 선불 지급액을 요구하고 있다. 시리즈의 5–년만기 버전은 2014년에 출시 되었고 2019년 만기가 되었다. 시리즈에서 포지션은 분기별 결제를 가진 5년에 대한 고정 쿠폰을 지급하는 증권을 사거나 파는 것과 상응한다. 채무불이행이 발생할 때, 보호판매자는 $n=125$을 가진 $\frac{1}{n}N$과 동일한 양으로 보호 매입자를 보상한다.

8) 실제 지수는 기초 CDS보다 약간 다르게 거래한다. 예를 들어, 단일–이름 CDS는 첫 단기 쿠폰에서 거래하는 반면, 지수는 결과된 상태에서 거래한다. 회수율, 재구축, 결제 그리고 다른 측면과 관련된 다른 차이점이 있는데 이들 중 하나는 지수에서 일정 계약 스프레드(쿠폰)이다. www.markit.com을 보라.

동성이 동일할 때, 예외적 인 경우 이는 사실이 아니다. 일반적으로, 다음을 가진 것이다.

$$I_t \le \frac{1}{n}\sum_{j=1}\mathrm{cds}_t^j \tag{9.1}$$

실제로, 모든 신용이 균등하게 가중되는 것처럼 상장된 신용 지수는 왜 거래되어야 하는가? 준거 포트폴리오 가격결정이 생존 확률 뿐만 아니라 상응하는 CDS율의 수준을 사용하여 기초 이름을 가중하는 것이 더 합리적이다. 다른 말로, 지수의 구성이 균등하게 가중될지라도 지수 스프레드는 DV01 가중치가 된다.

예제

지수는 두 개의 이름이 있다.

$$\mathrm{cds}^1 = 20 \text{ bp} \tag{9.2}$$

$$\mathrm{cds}^2 = 4500 \text{ bp} \tag{9.3}$$

신용위기 동안 스프레드의 연상이다. 평균 스프레드는 다음이 될 것이다.

$$\frac{4500+20}{2} = 2260 \tag{9.4}$$

이 스프레드에 따르면 첫 번째 이름은 두 번째 이름과 비교하여 가까운 미래에 디폴트가 일어날 가능성이 많이 적다. 이것은 만약 투자자가 각각의 개별 CDS에 대해 명목금액 N=50을 가지고 보호를 판매 했다면, 향후 5년 동안의 평균 영수증은 2,260이 되지 않는다. 이는 두 번째 이름의 디폴트가 임박한 것으로 보이는 경우이다. 거래가 발생한 직후에 디폴트가 발생한다고 가정하면 첫 번째 신용에 투자한 나머지 50명의 평균 수익률은 향후 5년 동안 20 bp가 될 것이다.

다른 한편, 지수가 2,260 bp로 거래되면 지수 보호 판매자는 나머지 50 달러에서 계속 이 스프레드를 받게 된다.

이에 따르면 지수 스프레드는 기초 CDS 스프레드의 단순 평균보다 더 많이 분산될 것이며 후자가 보다 더 많이 분산되어 있다. 이것은 위에서 언급한 DV01 가중치이기 때문이다. 따라서 신용지수는 S&P500이나 Dow와 같이 잘 알려진 자기자본지수와 근본적으로 다르다. 후자는 기초 주식 가격의 평균과 같아야 한다. 그렇지 않으면 (지수) 차익거래 기회가 생긴다. 신용 부문에서는 이 차이는 0에서 멀리 떨어져 있으며 거래자는 계산된 공정 가치에서 벗어나 있으며 이 차이를 거래한다

표기 방법에서 I_t를 나타내는 것처럼, iTraxx IG 지수를 사용하여 계속 논의할 것이다. 다음 예는 그러한 지수의 현금 흐름 구조를 이해하는 데 도움이 된다.

예제

n=3이라고 가정하자. 기초 이름은 A, B 및 C이다. 연말에 결제가 연체되어 있는 1년 만기를 고려하자.

N=3은 이 지수에 투자된다고 가정하자. 모든 이름은 동일 가중치이고 디폴트 p^i의 모든 확

그림 9.8 3 개의 이름을 가진 지수

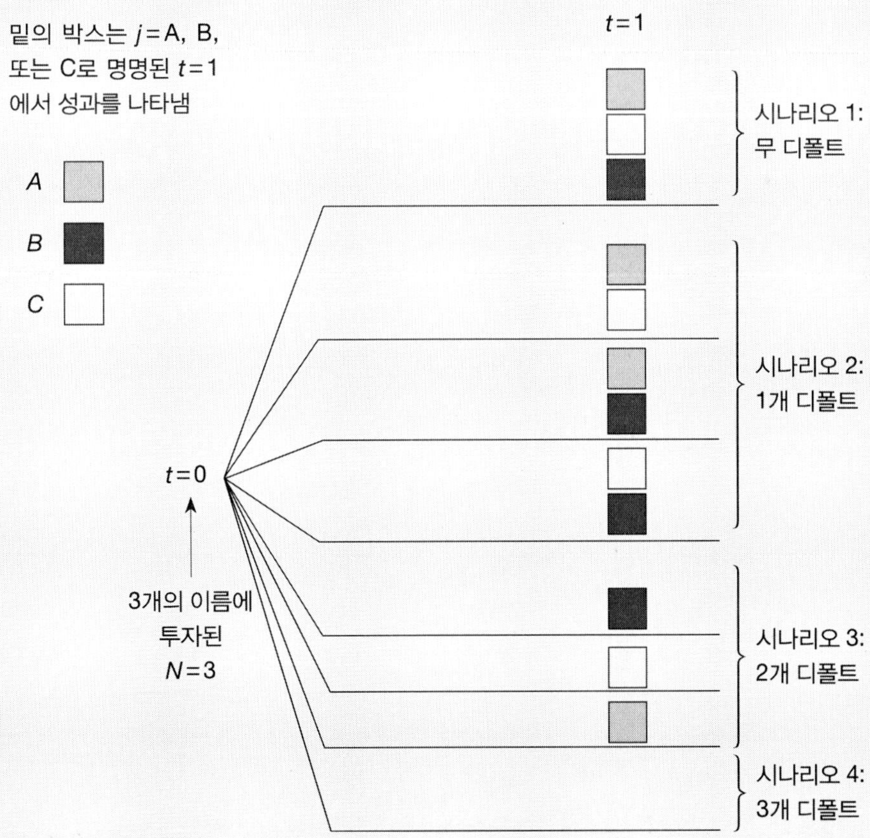

률은 같다고 가정한다. 이것은 세 개의 단일 이름 CDS로 구성된 준거 포트폴리오의 각 이름에 $1을 올리는 것과 비슷한 위치를 만든다. 그러나 위에서 언급했듯이 전체 포트폴리오의 스프레드는 세 개의 독립적인 단일 이름 CDS의 평균과 크게 다를 수 있다.

본질적으로 연도 말에는 네 가지 가능성이나 시나리오가 있을 것이다. 시간 t_1에는 디폴트가 없거나 하나의 디폴트, 두 개의 디폴트 또는 세 개의 디폴트가 있을 수 있다. 구조는 〈그림 9.8〉과 같다.

다른 한편으로는, 만약 포지션이 1년 이상 이였다면, 디폴트 가능성은 2년차에 보다 더 복잡해진다. 이에 대해서는 본 장의 뒷부분에서 설명된다.

기초 준거 이름에 속한 실체가 디폴트의 이름을 가질 때 어떤 일이 발생는가? $n=125$ 이름을 가진 iTraxx 지수의 경우를 고려하자. 이 디폴트에 대한 프로세스의 결과는 단일 이름 CDS의 프로세스와 유사하다. 보호 판매자는 보호 구매자에게 $\frac{1}{125}N$과 동일한 보상을 지급한다. 이번에는, 보호 구매자는 동일한 액면 가격을 가진 인도가능 채권을 인도한다.

채무 불이행 후에도 명목금액이 $\frac{1}{n}N$만큼 감소하더라도 신용 거래의 경우 거래는 계속될 것이다. 그러면 지수는 $n-1$ 명의 이름을 가지게 되고 마치 명목금액이 다음과 같이 되는 것처럼 이것에 대해 발행된 계약은 계속될 것이다:

$$N-\frac{1}{n}N=\frac{n-1}{n}N \qquad (9.5)$$

더 많은 디폴트가 비슷한 방식으로 이 명목금액을 보다 더 낮출 것이다.

9.5 지수 차익거래

지수 차익거래는 자기자본 시장에서 잘 알려져 있다. 주가 지수는 주어진 주식수로 구성된다. 지수 자체는 선물 시장에서 거래될 수 있다. 보유전략(carry strategy)이 적용되고,

기초주식을 매입(숏 매도)함으로써, 주식지수에 대한 차이 포지션을 취하기 위해 사용될 수 있는 합성 선물계약을 창출할 수 있다.[9]

비유하자면, 지수자체 대 단일 이름 CDS를 사용하고 있는 기초 준거이름(reference name)에서 포지셔닝(positioning)과 같이 신용의 지수차익을 정의할 수 있다. 자기자본 시장(equity market)에서 이 전략은 합리적이다. 신용시장에서는 이론적으로는 비슷한 것처럼 보이지만 몇 가지 복잡성에 직면한다. 하나의 이슈는 단일 이름 CDS의 유동성이다. 125개의 이름으로 구성된 지수에서 모든 기초 CDS가 유동성이 있는 것은 아니다. 이러한 개별 CDS에 대한 스프레드는 많은 경우에 너무 광범위할 수 있으며 지수에 대한 기초자산을 거래하는 것은 비용이 너무 많이들 수도 있다.

9.5.1 현실세계 복잡성

지수 대 이것의 구성 요소에서 다른 평가를 만드는 두 가지 주요 이슈가 있다. 첫 번째는 재 구조화의 다른 처리 방법이다. 두 번째는 기술적인 문제이며 지수 대 기초 CDS의 볼록성(convexity)을 다룬다. 신용지수 차익 거래는 가능하지만, 그런 이산(divergences)을 명시적으로 설명한 이후이다.

첫째, 6장에서 언급했듯이 CDX 지수는 재구조화 없이 거래된다는 것을 주목하라. 그러나 대부분의 IG 신용에 대한 CDS는 재구조화를 신용 사건으로 처리한다.[10] 이러한 평가 차이를 수징 하기 위해 위험의 재구조화 가치는 개별 CDS에서 차감해야 한다. 그러나 이 값은 개별적으로 관측되지 않고 "추정"되어야 한다.

볼록성 문제는 보다 기술적이다. 고정소득금융 상품수단은 이전에 논의된 바와 같이 볼록성을 가지나 자기자본은 그렇지 않다. 이는 또한 자기자본의 지수차익으로부터 신용의 지수차익거래를 차별화 할 수 있다. 준거 포트폴리오의 j 번째 이름에 대한 CDS 비율 cds_i^j bps을 가진 5년 CDS를 고려하자. 기초 CDS율이 변함으로써, 미래 CDS쿠폰 지급액의 시장가치는 고정 쿠폰은 생존확률의 함수가 될 할인요소를 사용하여 할인될 것이기 때문에 비선형적으로 변할 것이다.[11] 이것에 따라, 기초 CDS가치가 cds_i^j의 비선형 함수,

---

9) 구체적으로 이것은 만약 지수가 참고 포트폴리오보다 상대적으로 너무 높거나 또는 반대인 경우 만기시점까지 보관하기 위해 지수를 매도함으로써 그리고 기초자산을 매입함으로써 이루어진다.

10) 사건을 재구조화하는 것은 개별 CDS에 대한 신용 이름과 연관된 지급을 할 수 있게 하지만, 그러나 이것은 상응하는 지수에 영향을 주지 않을 것이다.

11) 디폴트 사건은 보호 판매자 기대한 쿠폰 지급이 중지된다는 것을 의미한다는 것을 기억하라. 그래서 CDS의 현금흐름 특징은 디폴트 사건과 함께 변하며 할인은 이것을 설명해야 한다.

CDS율이 될 것이며, 이것은 볼록성 이득을 유도한다.

다른 한편으로는, 신용지수 투자자는 하나의 쿠폰을 받는다. 이 현금 흐름의 볼록성은 기초 CDS 포트폴리오의 볼록성과 다른데, 왜냐하면 평균의 볼록성이 볼록성의 단순 평균과 다르기 때문이다. 볼록성과 재구조화의 효과는 지수의 공정 가치를 산출하기 위해 명시적으로 파악되어야 한다.

9.5.2 신용왜도 거래(credit skew trade)

이전에 GFC 이후 단일 이름 CDS 거래량이 감소한 것을 보았다. 다음의 예제에서는 은행의 요구자본, 지수차익거래 활동 및 단일 이름 CDS 시장의 유동성과 관련된 규제 간의 상호 작용을 예시하고 있다. GFC에 이어 은행 요구자본이 증가하였고, 그리고 이것은 특정 거래의 자금조달 비용이 증가시켰다. 신용시장의 지수 왜도는 이론적 가치 대 지수의 공정 가치 또는 시장 가치를 나타낸다. 왜도는 모든 기초 신용 이름을 사용하는 지수의 가치와 지수가 실제 거래되고 있는 장소 간의 차이다. 일반적으로 정(+)의 왜도란 의미는 왜도가 공정가치보다 더 넓게 거래되고 있음을 의미한다.

예제

위협 하에서의 신용 지수 차익거래(arb trade).

딜러들은 레버리지 규칙 도입에 앞서 기존의 회계장부를 매도한다.

딜러들은 은행에 대한 레버리지 비율 제약이 도입되고, 더욱이 단일 이름 CDS시장에서 유동성이 고갈될 뿐만 아니라 많은 기존 회계장부를 가진 은행을 처벌 함으로서 신용지수 차익거래 활동이 대규모로 위축되는데 대하여 걱정을 하고 있다.

CDS 지수와 기초 단일이름 구성요소 간의 차이를 차익거래 하는 것은 – 종종 “왜도”로 언급되는데 – 시장조성자와 헤지펀드들이 선호하는 거래이다.

그러나 이 활동은 현재 제안된 레버리지 비율 규칙에 따라 엄청난 처벌을 받게 된다. 딜러는 동일한 거래 상대방과 거래할 때 정확하게 거래상대방을 찾을 수 있거나 청산소에 직면한다면 왜도거래을 효과적으로 제거하는데 있어서 롱과 숏 포지션을 상쇄하여 순 결제를 할 수 있을 것이다.

“왜도는 은행들에게 큰 문제이며, 유동성에 큰 문제가 될 수 있다. 투자등급 CDS의 유동성 중 약 1/3이 왜도(skew) 활동에 기인한다. 주요 은행의 유럽 신용 거래 책임자는 자금이 단일 이름에 대한 유동성이 어디에서 유래되는지에 대해 우려하고 있다.

단일 이름 CDS는 지수에 대한 신용스프레드 움직임에 대한 시차를 늦추는 경향이 있는데, 이것은 거시 위험노출을 헤지 하기 위한 투자자의 첫 번째 콜의 포트(port)이다. iTraxx Main에서 모든 단일 이름 CDS 구성요소 대 지수자체들을 일렬로 정렬함으로써 거래자는 불일치를 제거할 수 있는 베이시스 포인트(bp)를 선택할 수 있다.

이것은 정교한 헤지 펀드를 위한 정규거래지만, 딜러는 왜도 패키지(package) 뿐만 아니라 자신의 장부를 거래 포지션으로 유지하면서 동시에 시장에 유동성을 제공한다. 이러한 유형의 활동은 금융 위기 이후 단일 이름 CDS의 유동성이 줄어들어 이미 실시하기가 더 어려워졌다. 오늘날 은행의 재무상태표(B/S) 대한 압력이 가중되고 있어 거래자가 충분한 크기의 iTraxx Main에있는 125개의 단일 이름 CDS를 모두 정리하기 위해서는 일반적으로 패키지에 여러 딜러를 포함시켜야 한다.

기존 문제(Legacy issues)

많은 딜러들은 재무상태표상에 기록되어 있는 큰 기존 왜도(legacy skew) 장부를 가지고 있는데, 이는 레버리지 비율에 의해 차별화 될 것으로 보인다. 현재의 제안은 총 명목상 파생 상품 익스포저에 초점을 두고 있으며, 포지셔닝에 대한 엄격한 규칙을 가지고 있다. 왜도(skew) 패키지가 시장 위험에 중립적인데도 불구하고 단일 명칭을 매매하는 것과는 달리 지수를 팔지는 않는다.

(Thomson Reuters IFR, 2014년 1월 10일, "위협하의 신용 지수 차익거래", Christopher Whittall)

위의 예제는 단일 이름 CDS 유동성에 대한 지수차익 거래 또는 왜도 거래의 중요성을 예시하고 있다. 단일 이름 CDS의 유동성은 CDS 시장과 관련된 규제 및 요구자본뿐만 아니라 CDO 및 증권화된 제품에 의해 결정된다. 이 예는 금융공학 원리와 실제적인 차익거래 전략의 적용에서 규제가 수행하는 중요한 역할을 보여준다.

9.6 트렌치: 표준(standard)과 주문형(bespoke)

지수의 인기는 대부분 다른 하위 수준에서 신용위험을 거래하도록 허용하는 표준지수 트렌치의 존재 때문이다. 현재 디폴트 상관관계는 지수 트렌치 (index tranches)를 사용하여야 만 거래가 될 수 있다. 지수 자체는 디폴트의 확률 변화에 대한 트렌치의 민감도를 헤지하기 위해 사용된다. 다음 장에서 디폴트 상관관계 가격결정의 공식적인 측면에 대해 논의한다.[12] 본 절에서는 표준 지수 트렌치를 소개 한 다음 디폴트 상관관계에 대한 그들의 관계를 도입한다.

지분 트렌치(Equity tranche)는 첫 손실 부분이다. 관습에 따라 지분 트렌치는 가장 높은 디폴트 위험을 가지고 있다.[13] 표준지분 트레치에 대한 보호 판매자는 준거 포트폴리오의 디폴트 중 처음 0~3%의 위험을 내포하고 있다. 지분 트렌트 스프레드는 두 가지 구성 요소로 보고된다. 첫 번째는 시장조성자에 의해 보고 되는데 선불로 지급된다. 투자자가 "유지하기" 위한 것이다. 두 번째는 관련 사건 간 시간 경과에 따라 지급되는 500 bps 운영비(running fee)이다.[14]

메자닌 트렌치(mezzanine tranche)는 두 번째로 높은 위험을 지닌다. 트렌치에 대한 보호 판매자는 관습에 의해 채무 불이행의 3~6%를 책임진다.[15] 이 트랜치는 또한 500bps 스프레드를 가진 선불이다. 시너어(Senior) 및 슈퍼시니어(Super Senior) iTraxx 트렌치는 각각 6~9%와 9~12%의 디폴트 위험을 내포하고 있다. 6~9% 트렌치에는 300bps 고정 스프레드가 있다.

0~3%와 같은 숫자를 하위 및 상위 부착 점(attachment points)이라고 한다. 위에 소개된 것들은 표준 트랜치에 대한 부착 점이다. 부착 점이 그것들과 다르거나 시장조성자와 개별적으로 협상을 하면 그들은 맞춤형 트렌치가 된다.[16] 맞춤형 트랜스는 자연스럽게 표

---

12) 그래서 상관관계거래가 보다 더 인기가 있으면 지수의 유동성이 높아질 것이다.

13) 또한 지분 트렌치의 델타(delta)는 기초 지수와 관련하여 가장 높다. 이것은 지수 스프레드 변화에 대해 보다 높은 민감도를 가진다. 이것은 다른 위험이다.

14) 예를 들어, 디폴트의 모든 3%가 정확하게 6개월에 발생한다고 가정하자. 운영비(running fee)는 6개월 동안 보호 매입자에 의해 지급될 것이다. 선불수수료(upfront fee)은 이러한 시점 이슈에 의해 영향을 받지 않을 것이다.

15) CDX 지수의 경우, 메자닌 트렌치의 추가 사항은 다르며 그들은 3-7%와 동일하다.

16) 그러나 대부분의 맞춤형 트렌치 보다 중요한 특징은 참조 포트폴리오의 선택이 거래가능한 신용 지수에 사용된 참조 포트폴리오 보다 다를 수 있다는 점이다.

준 트렌치와 동일한 유동성을 가지지 않는다.

트렌치의 가치는 두 가지 중요한 요소에 달려 있다. 첫 번째는 디폴트의 평균 확률의 변화 위험이다. 두 번째는 디폴트 상관관계(default correlation)의 변경이다. 이것은 복잡하고 중요한 아이디어이며 상관관계 거래로 알려진 시장을 유도하게 된다. 전형적인 은행의 관점에서 볼 때, 파산으로 이어질 수 있는 가장 큰 위험 중 하나는 동일 시점에서 고객의 채무 불이행 사건이다. 은행은 일반적으로 "기대" 디폴트에 대한 조항을 만든다. 그것은 비즈니스의 부분이다. 개별 디폴트가 지금 발생하면 매우 위험하지 않을 것이다. 그러나 차입자의 결합 디폴트는 치명적일 수 있다. 이것은 은행 부문에 대한 디폴트 상관관계의 중요성을 설명한다. 비록 대부분의 금융 위기가 대부분의 참가자들에게 위험 자산 하락과 관련된 상관관계의 놀라운 증가로 특징화 되지만, ABS 및 CDO의 많은 기초자산에서 상관 관계가 전례 없이 증가하여 GFC 기간 동안 이 분야에서 큰 손실을 입었다. 투자자와 상품설계자(structurers)는 역사적으로 보이지 않는 상관관계를 가진 시나리오를 고려하지 않았다.

실제로 신용지수의 준거 이름은 경제(섹터)에서 널려 퍼져 있는 동일한 거시 경제 및 금융 조건의 영향을 받으며, 따라서 시간에 따라 상당히 높은 상관관계가 있을 가능성이 높으며 상관관계의 수준은 널리 만연하는 조건에 따라 변할 것이다. 신용조건이 양호하고 유동성이 충분한 환경에서 디폴트 상관관계는 낮을 가능성이 있으며, 어떠한 디폴트도 대부분 비체계적 위험(고유위험)의 이유가 대부분인데, 이것은 전체 부정적인 경제 및 금융 조건 보다는 오직 기업을 디폴트 시키는 요인과 관련된 효과이다.

따라서 디폴트 상관 관계는 확률론적 과정 자체이다. 지난 몇 년 동안 시장전문가들은 디폴트 상관관계를 제거하고, 가격을 결정하고, 헤지하며, 거래하는 방법을 배웠다. 다음 장에서 더 공식적으로 이것을 공부할 것이다. 여기서 지분 트렌치의 가치가 디폴트 상관관계 수준에 정(+)의 관계에 달려 있음을 주목한다. 준거 포트폴리오의 디폴트 상관관계가 높을수록 지분 트렌치에 대한 투자 가치가 높아지므로 해당 스프레드와 관련된 스프레드가 낮아질 것이다.[17] 다른 한편, 시니어(senior)와 슈퍼 시니어(super senior) 트렌치의 가치는 디폴트 상관관계에 대해 부(−)의 관계에 달려 있다. 디폴트 상관 관계가 증가함에 따라 수퍼 시니어 트렌치에 대한 투자는 덜 가치있게 되고 스프레드는 증가할 것이다. 이를 상관관계 스마일(correlation smile)이라고하며 다음 장에서 설명한다.

17) 이것은 채권의 가치와 수익 간에 관계와 비슷하다.

9.7 트렌치 모형화 및 가격결정

시장은 지수와 지수 트렌치를 적극적으로 거래한다. 결과적으로 이러한 금융상품수단과 관련된 스프레드는 차익 거래가 없는 것으로 간주되어야 한다. 아직까지 가격 형성을 이해하기를 원하며 이것은 모형화 노력이 필요하다. 시장은 지난 몇 년 동안이 목적을 위한 시장 표준을 개발했다. 이 시장 표준 모형의 세부 사항은 다음 장에서 논의된다. 여기에서는 CDO 트렌치 평가에 대한 휴리스틱 방법을 논의한다.

트렌치 가치를 결정하는 것은 당연히 스프레드로 인한 수령금액과 디폴트로 인한 잠재적인 성과이다. 일반적인 아이디어는 모든 스왑에서와 같다. 적절하게 할인된 현금 유입의 기대 가치는 적절히 할인된 현금 유출의 기대 가치와 같아야 한다. 차익 거래 없는 스프레드는 두 현금흐름의 기대 값을 같게 만드는 숫자이다. 분명히 이를 달성하기 위해서는 적절한 확률 분포를 찾아야 한다. 트렌치 가격결정을 사용하여 이 문제에 대해 논의한다. 트렌치 값은 트렌치 보호 판매자가 지불해야 하는 성과와 관련된 확률에 따라 다르다. 이 확률은 특정 기간 동안의 채무 불이행 기업의 수와 그 상관 관계와 관련된 것이다.

$n=3$ 명의 이름을 갖는 지수에 대해 한 기간의 트렌치 계약에 한정한다.

9.7.1 트렌치의 기계적(mechanical) 관점

$n=3$ 이름의 참조 포트폴리오를 고려하자. 그것들을 각각 A, B, C라고 부르자. 기간을 1년 만기로 제한한다. D는 평소대로 1년 동안의 디폴트의 총 수를 나타낸다. 트렌치 평가에 대한 첫 번째 단계는 D의 분포를 구하는 것이다. D가 가질 수 있는 가능한 값의 수는 얼마인가? $n=3$의 경우 〈그림 9.9〉와 같이 네 가지 시나리오만 존재한다.

이 순간에 그러한 확률이 어떻게 얻어질 수 있는지를 무시하고 주어진 대로 그것을 취하라. 디폴트 확률이 각 이름에 대해 동일하고 회수율이 R이라고 가정하자. 따라서 다음을 가진다.

$$p^A=p^B=p^C=p \tag{9.6}$$

이제 트렌치 값이 이 확률과 세 이름의 기본값 간의 상관 관계에 의존하는 방법을 보여준다. 이제 p는 5%라고 가정한다. 이 그림에 따르면, $D=0$과 같은 디폴트가 전혀 없을 확률이 매우 높다. 더 많은 디폴트 D와 관련된 확률은 그 다음 작아진다.

이제 지분 트렌치를 고려해보자. 3개의 이름을 가지고 있으며, 지분 트렌치는 어떤 이름의 채무 불이행에 대한 위험을 안고 있다. 메자닌은 두 번째 이름에 대한 보호이며, 시니어 트렌치는 세 번째 이름에 대한 보호를 판매한다. 그러므로 시니어 트렌치 보호 판매자가 지불해야 하는 세 가지 이름은 모두 채무불이행에 필요하다. 시장조성자는 현재 지분 트렌치에 대한 보호를 판매한다고 가정 해보자. 즉, A, B 또는 C 중 하나가 채무 불이행되는 즉시 시장조성자가 상대방에게 보상한다. 이 사건의 확률은 얼마인가? D는 디폴트의 수를 나타내는 확률 변수로 놓자. 그때 적어도 하나의 한 개의 디폴트가 존재할 확률은 다음과 같이 주어진다.

$$P(D=1)+P(D=2)+P(D=3)=1-P(D=0) \tag{9.7}$$

〈그림 9.9〉로 돌아가서 이 확률은 특정 상황의 경우 $1-0.857375=14.2625\%$이다. 이것은 어떤이름이 개별적으로 디폴트 된다고 가정된 5%확률보다 훨씬 높다. 따라서 첫 번째 디폴트 계약에 대한 보험에 가입하는 것은 준거 포트폴리오의 특정 이름에 대한 보험 가입보다 훨씬 위험하다.[18] 이는 채무 불이행 시 첫 번째 타격을 받을 지분 트렌치와 관련된 위험이다.

투자자는 그러한 위험을 기꺼이 감내하지 않을 수 있이다. 두 번째 채무 불이행 시에만 보험에 가입힐 수 있다. 이것은 메자닌 트렌치에서 투자이다. 트렌치는 디폴트와 보호판매자 손실 간의 완충이 존재 한다는 의미에서 후 순위(subordination)를 가진다. 첫 번째 채무 불이행은 지분 트렌치에 충격을 줄 것이다.

메자닌 트렌치가 다음과 같이 돈을 잃을 확률을 계산할 수 있다.

$$P(D=2)+P(D=3)=0.007125+0.000125=0.725\% \tag{9.8}$$

세 번째 디폴트에 대한 보호를 만들 수도 있다. 여기서 훨씬 더 후 순위(subordination)가 존재한다. 보험 회사가 손실을 입기 전에 세 개의 이름이 채무 불이행해야 한다. 이 경우, 투자는 시니어 트렌치를 나타낼 것이다. 성과를 낼 확률은 간단하다.

18) 이것은 이해할 수 있다. 비유를 고려하자. 학교에 가고 50명의 급우가 있다. 이것은 겨울이다. 추위로 내일 올 확률은 작다. 그러나 학급에서 누군가가 감기에 걸릴 확률은 훨씬 높다. 사실 전형적인 겨울 동안에 이 확률은 1과 상당히 가깝다.

그림 9.9 3 개의 이름을 가진 디폴트 확률

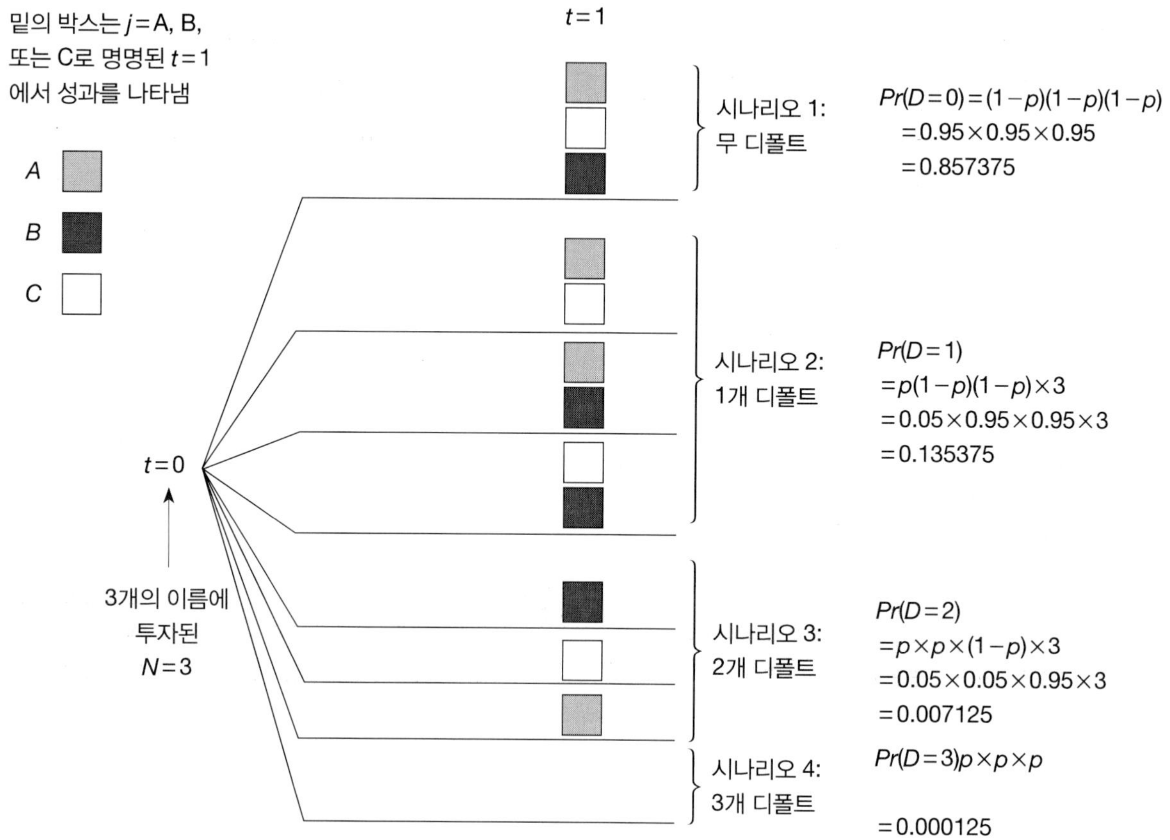

$$P(D=3)=p\times p\times p=0.05^3=0.000125=0.0125\% \tag{9.9}$$

이 간단한 경우는 iTraxx 지수로 쉽게 일반화 될 수 있다.

9.7.2 트렌치 가치와 디폴트 분포

손실밀도함수 아래 영역과 트렌치 가치 간의 중요한 관계를 토의하기 위해 〈그림 9.10〉을 사용한다. 먼저, iTraxx 부착 점은 D의 분포를 5개의 분리된 조각으로 분할한다. 각 트렌치는 밀도 아래 다른 영역과 연관된다.

예로서 3~6% 메자닌 트란치를 고려하자. 트렌치에는 2개의 부착 점이 있고, 낮은 부

그림 9.10 손실분포

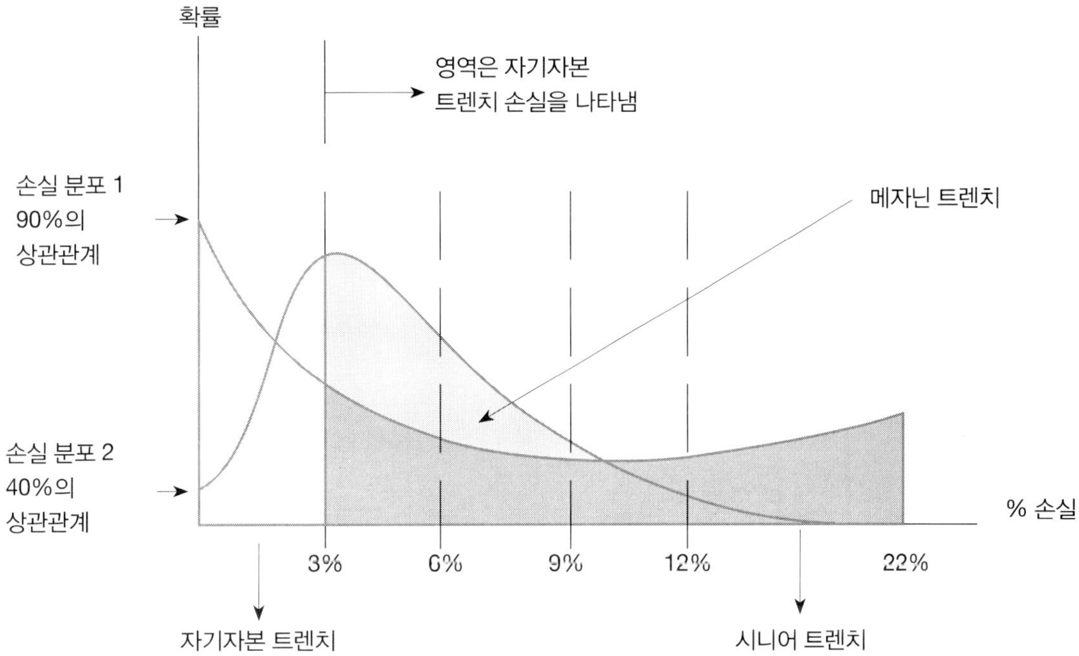

차 점은 3%이고, 더 높은 부착 점은 6%이다. 휴리스틱 용어에서, 더 낮은 부착 점은 후 순위(subordination)를 나타내는데, 즉 투자자가 가지고 있는 쿠션이다. 이 지점까지의 디폴트는 디폴트 보험금의 지급을 초래하지 않는다.[19] 상위 연결 지점은 메자닌 보호 판매자가 투자된 모든 명목금액을 모두 소진한 후의 채무 불이행 임계 값을 나타낸다. 이 지점을 초과하는 모든 디폴트는 투자가 더 이상 존재하지 않기 때문에 메자닌 투자자에게 해를 끼치지 않는다. 따라서 상위 연결 지점 우측의 영역은 특정 트렌치에 대한 모든 투자를 잃을 확률이다.

부착 점에 대한 이 점을 이해하면 이제 디폴트 상관관계와 트렌치 가치 간의 관계를 보여줄 수 있다.

*D*의 분포와 총 디폴트 수가 주어진 〈그림 9.11〉을 고려하자. 〈그림 9.11〉과 〈그림 9.10〉의 차이점에 유의하라. 〈그림 9.11〉은 디폴트 밀도 함수를 보여주고, 〈그림 9.10〉은

19) 완충이 보다 더 작게 되기 때문에 메자닌 트렌치에 대한 스프레드는 증가한다.

포트폴리오의 손실 분포를 보여준다. 두 분포는 디폴트 p의 디폴트의 평균 확률과 디폴트 상관관계 ρ에 달려 있다. 〈그림 9.11〉에서 원래 $\rho=0.1$에서 상관 관계가 낮다고 가정한다. 그러면 디폴트 분포 1이 된다. 그런 다음 p를 동일하게 유지하고 상관관계를 $\rho=90\%$까지 이동하자. 이는 손실 분포 2로 유도한다. 분포는 〈그림 9.11〉과 같이 1에서 2로 변경된다. 그 의미를 고려하자.

첫 번째 의미는 상관관계가 올라감에 따라 분포가 중간에서 아래쪽으로 가중되고 있다는 것이다. 그러나 영역은 1과 같아야 한다. 따라서 중간이 압축 되는 것처럼 가중치는 두 끝점으로 이동한다. 그림은 중간에 분포의 일부를 그려 내지 않으며 예시를 위해 우측 꼬리를 다소 확대한다.

둘째, 디폴트와 관련하여 이것은 상관관계가 높아질수록 디폴트가 일어나지 않을 확률은 낮은 상관관계의 경우와 비교하여 증가한다는 것을 의미한다. 이것은 신용이 함께 생존할 확률이 높아지기 때문이다.

둘째, 매우 많은 수의 디폴트 확률은 낮은 상관관계에 비해 증가한다. 극단적인 $\rho\to1$에서, 거의 벨 모양의 분포는 이항 분포와 유사하게 보이기 시작한다. 상관 관계가 1로 감에 따라, 다른 자산의 디폴트 확률은 보다 더 유사한 형태로 움직이며, 마지막에서 동일

그림 9.11 디폴트 분포

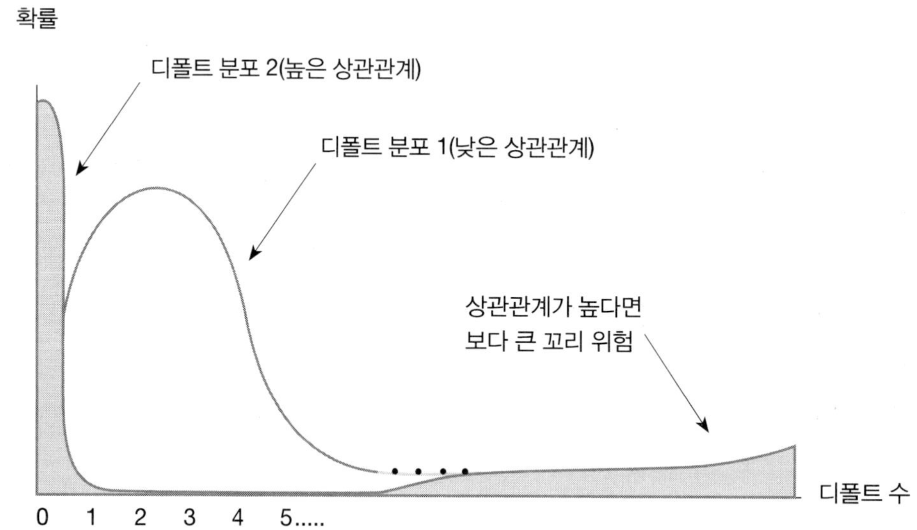

확률 변수가 된다. 따라서 무작위 변수 D에 의해 가정 된 값은 n 또는 0 일 수 있다. 즉, 모든 이름이 디폴트가 되거나 이름이 디폴트가 되지 않는다.

포트폴리오 손실과 트렌치 가치에 대하여 〈그림 9.11〉의 의미를 어떻게 해석 하는가? 먼저 다른 분포, 즉 디폴트 손실 분포를 고려하자. n명의 다른 채무자가 발행하는 디폴트 자산 포트폴리오를 고려하자. 단순화를 위해 회수율은 동일하고 R로 알려져 있다고 가정하자. 또한 각 이름에 대한 노출은 \$1이며 포트폴리오의 총 투자는 \$$n$이다. 그런 다음 한 명의 이름이 디폴트되면 투자자는 $(1-R)$ 달러를 잃는다. 길이 T의 지평선 기간 동안의 총 디폴트 손실은 이 시간 간격 동안 얼마나 많은 이름이 디폴트가 되는지에 달려 있다. 즉, 디폴트 손실은 이전에 정의된 확률 변수 D의 분포에 의존한다. 〈그림 9.11〉은 디폴트의 분포를 보여주고 있다.

여기서는 방법에 대해 설명하지 않을 것이지만 포트폴리오 손실에 대해 해당 분포를 선택하고 〈그림 9.10〉에서와 같이 손실의 가능성을 그릴 수 있다고 가정하자. 〈그림 9.10〉에서 손실 분포 1은 디폴트 상관관계 $\rho=40$에 해당하는 반면 〈그림 9.10〉의 손실분포 2는 디폴트 상관관계 $\rho=90\%$에 해당한다고 가정 하자. 따라서 〈그림 9.11〉에서와 같이 낮고 높은 상관 관계의 시나리오를 다시 갖지만 분포의 대략적인 모양을 반영하는 약간 다른 값을 갖는다. 디폴트 상관관계 증가의 효과는 트렌치 평가에 대한 중요한 시사점을 가지고 있다는 것이 판명된다. 첫째, 0~3% 근처의 영역의 확률은 올라간다. 다른 꼬리와 관련된 확률에 대해서도 마찬가지이다. 12~22% 트렌치 근처 영역도 올라간다.

그러나 이것은 두 번째 함의를 가지고 있다. 지분 상단 연결 지점의 우측 영역이 작아진다. 지분 투자자가 자신의 모든 투자를 잃을 확률의 의미는 낮아졌다. 지분 트렌치 투자자는 분포함수 변화로부터 혜택을 받는다. 지분 트렌치 스프레드는 하락할 것이며, 더 빠른 속도로 보호 장치를 판매한 투자자는 일일 이득을 가질 것이다. 따라서 지분 트랜치 보호 판매자는 롱 디폴트 상관관계이다. 즉, 상관관계가 증가하면 지분 트렌치 투자자가 혜택을 볼 수 있다.

셋째, 슈퍼 시니어 트렌치(super senior tranche)의 쿠션(cushion)과 관련된 확률도 점점 낮아지고 있다. 이것은 확률이 높고 수퍼 시니어 보호 발행자가 약간의 손실을 입을 것임을 의미한다. 슈퍼 주니어 트렌치에 대한 스프레드가 올라가고 낮은 스프레드로 보호를 판매한 투자자는 일일 손실을 보게 된다. 따라서 슈퍼 시니어 보호 판매자는 숏 디폴트 상관관계이다. 즉, 디폴트 상관관계가 낮아지면 수퍼 시니어 트렌치 투자자는 손실을 볼 것

이다.

마지막으로, 이러한 움직임의 효과는 메자닌 트렌치에 대해 혼합되어 있다. 상단 연결 지점의 우측 영역은 그렇게 많이 변경되지 않았다. 따라서 메자닌 트렌치 손실과 관련된 확률은 거의 동일하며 메자닌 투자자는 상관관계 변화에 대해 중립적이다. 다음 장에서는 디폴트 상관관계에 대한 트렌치 가치의 민감도에 대해 자세히 설명하고 디폴트 상관관계를 어떻게 거래될 수 있는지를 설명할 것이다.

9.8 만기연장(roll)과 의미

매 6개월마다, 3월과 9월 20일째에 iTraxx와 CDX 지수가 만기 연장되고 새로운 시리즈가 거래를 시작한다. 일부 신용 이름이 디폴트가 될 수 있고, 섹터를 변경시킬 수 있으며, 합병 또는 등급이 하향될 수 있다. 다른 CDS는 유동성이 낮아 질 수 있다. 이들은 더 이상 지수의 일부가 될 자격이 없는 것으로 간주된다. 그러한 모든 이름은 금융상품 군에서 이용 가능한 다음의 가장 유동성 있는 이름으로 대체된다. "이전 시리즈"는 오픈 포지션이 있는 한 계속 거래를 하지만, 이들은 운영하지 않는다. 새로운 만기연장은 유동성 지수가 될 것이다.

만기연장(roll)은 금융 공학의 관점에서 볼 때 지수의 중요한 특성으로, 금융공학자가 알아야 하는 몇 가지 전략과 복잡성을 유발한다. 분명한 전략은 지수를 떠나게 될 이름과 들어올 이름을 추측하는 것이다. 하지만 이것은 지분 부문에서 지수수정에서 일어난다. 신용 만기연장는 몇 가지 새로운 전략이 추가되었다. 낮은 등급의 발행사를 지수에서 제외하고 높은 등급의 발행사로 대체하는 것은 일반적으로 새로운 지수가 이전 지수보다 좁은 스프레드에서 거래를 시작해야 함을 의미한다. 그러나 놀랍게도, 아래에서 보게 될 것처럼 이것은 일어나지 않을 수도 있다.

보호의 구매자가[20] 유동성으로 인해 새로운 종목 지수를 유지하기를 원하기 때문에 새

20) 보호의 구매자는 디폴트에 대비하여 보험을 원하는 사람은 필수적이지 않다. 지수는 대부분 취한 트렌치 포지션에서 디폴트 위험을 헤지 하기 위한 참가자들에 의해 사용된다. 그래서 역사적으로 헤지펀드는 종종 이러한

로운 시리즈 직전에 그들은 자신의 포지션을 마감할 것이라는 경험적 증거가 있다. 이것은 그들이 보호를 판매할 것이라는 것을 의미하며 이는 스프레드를 낮출 것이다. 물론 새로운 지수가 거래를 시작하면 동일 이름은 보호를 매입할 것이고 이것은 스프레드를 보다 넓게 한다.

지수가 6개월마다 만기연장 된다는 사실을 부분적으로 기초로 한 구조화 신용상품이 또한 있다. 일정 비율의 부채 담보부 증권(CPDO)는 좋은 예이다. 6개월 동안 다른 모든 것들이 동일하면 5년 만기 iTraxx 지수는 4.5년 만기 지수가 된다. 이것은 지수가 곡선을 만기 감소 시키고, 곡선이 위쪽으로 기울어진 경우, 스프레드는 자동적으로 좁아질 것이다. 이것은 짧은 만기이며 다른 것 때문은 아니다.

또 다른 고전적인 기술의 만기연장은 베이시스(basis)에서 변화이다. 이것은 지수 스프레드와 지수에서 참조된 이름의 기초 CDS 내재 가치 간의 차이다. 베이시스는 정상적으로 판매하는 것보다 보호를 구입하는 고객이 더 많기 때문에 존재한다.[21] 과거의 연장(roll)에서는 기초 CDS와 지수 간의 베이시스가 크게 좁혀졌다. 이것은 더 많은 투자자들이 더 새로운 유동성 지수로 이동하기 위해 보호를 구입하는 것 보다 보호를 판매하기 때문에 발생한다. 아래의 예는 연장(roll)의 메커니즘을 요약한 것이다.

예제

뉴욕(Dow Jones) – 여름이 끝나갈 무렵, 신용 파생 상품 투자자들은 기회 거래를 위한 신용 디폴트 스왑 지수의 9월 전환에 주목하고 있다. 그러나 이번에는 지수의 구성 변화를 둘러싼 거래 패턴은 이전보다 더 많은 발행자 – 총 8개 – 투자등급 지수 상품 군에서 탈락 시키게 되는 것처럼 과거의 지수와 다를 수 있다.

신용 디폴트 스왑은 발행자가 채무를 이행하지 않을 경우 투자자가 자기 지분을 보호 할 수 있게 한다. 신용 디폴트 스왑 지수(기초자산을 매입하거나 매도하는 것 없이 투자자가 기업의 부채 발행자에 대한 포지션을 차지할 수 있는 유동성 벤치 마크, 종종 비유동성 현금 금융상품)가 시작된 이래로, 매 6개월 마다 발생하는 [2008년 3월까지 9차례의 연장] 이루어졌다.

각 연장 일에 Moody's Investors Service 또는 Standard & Poor's의 등급에 의해 투자 등급

보호 구매자였다.

21) 시장 조성자는 기초 CDS을 사용하여 장부상 이러한 편차를 헤지 할 것이다.

등급을 잃은 발행자는 다우 존스 CDX 투자 신용 디폴트 스왑 지수에서 제외되고 다른 발행사로 대체된다. 지수 컨소시엄에 속하는 첫 번째 지수 연장에서는 6개의 발행사가 교체되었으며, 두 번째 5개 및 2006년 3월의 마지막 연장에서 3개의 발행사가 삭제되었다.

각 연장에서 새롭게 도입된 시리즈는 새로운 쿠폰을 가지며 초기에 액면가와 근접하게 거래될 것임을 이해하는 것이 중요하다. 지수 보호를 사고 파는 상인들은 사실 새로 도입된 이 표준화된 계약을 사고 파는 것이다.

9.8.1 연장과 디폴트위험

지수에서 디폴트 위험은 연장(roll)의 존재로 인해 처음에 보이는 것보다 약간 다르다. 사실, 각 연장(roll)에서 지수의 신용 품질이 증가한다. 일반적으로 기업이 디폴트가 되기 전에 신용의 질이 악화된다. 기업이 채무 불이행을 할 무렵에는 이전 연장(roll)동안 지수로부터 제외될 가능성이 크다. 이것은 중요한 특성을 가진다. 동일한 지수로 유지되는 5년 포지션은 기초 참조 이름의 디폴트 위험에 직면하게 되며 이 이름은 5년 동안 동일하게 유지된다. 이러한 이름 중 일부는 악화되고 일부는 디폴트가 될 수 있다. 이것은 디폴트 위험이 의미하는 바이다.

새로운 지수로 연장되는 포지션은 약간 다른 채무 불이행에 직면한다. 그러한 포지션에 직면하는 주요 디폴트는 갑자기 아무런 징후도 없이 디폴트가 발생할 때이다. 이 경우 우수한 기업은 신용 평가 기관이 등급을 낮추는 일 없이 연장 일이 되기 전에 AA 등급에서 디폴트로 갈 수 있다. 이를 디폴트 위험으로 점프(jump to default)라고 한다. 그 확률은 5년 동안 동일한 이름으로 있는 것 보다 유의적으로 낮으며 이때 그 중 일부가 디폴트로 보인다는 것을 주목하라.

9.9 규제, 신용위험 관리 및 트렌치 가격결정

본 절에서는 트렌치 가격결정과 신용 위험 관리 간의 관계에 대해 설명한다. 바젤(Basel) III는 현재의 신용위험 관리 관행과 관련된 분석 틀이며 간접적으로 그것은 트렌치 가격결정과 밀접한 관계가 있다.[22)]

9.9.1 신용위험관리, 디폴트 손실 및 일일 손실(market-to-market losses)

신용 위험이 있는 포트폴리오에 대해 VaR (Value at Risk)-유형 (또는 ES: Expected Shortfall) 위험 관리 접근법을 적용하고자 한다고 가정하자.[23)] 시간의 $0<\alpha\%$만큼의 손실을 충당하기에 충분한 자본을 설정하고자 함을 의미한다. 가능한 손실의 계산을 결정하는 두 개의 매우 다른 경험적 손실 분포가 있음이 밝혀졌다.

이 설정에서 디폴트로 인한 손실 가능성을 계산하려면 먼저 이 확률 변수 L_α에 대한 분포를 구해야 한다. 이는 디폴트 손실 분포(default loss distribution)이며 〈그림 9.10〉에 다시 예시되어 있다. 이 분포를 사용하여 기대 디폴트 손실(expected default loss)과 길이(length)가 T 인 구간에서 (최대) α의 확률로 발생하는 극단적인 손실을 결정하는 임계치 L_α를 계산할 수 있다.

은행은 L_α 지점까지 채무 불이행을 충당하기에 충분한 자본을 쌓아 놓는다. 이들은 발생 확률이 $1-\alpha$이다. 디폴트 손실은 시간의 α 퍼센트에서만 L_α보다 클 수 있다. 은행은 이러한 극단적인 손실을 추가 자본으로 충당할 의무가 없다.

그러나 이것은 신용 위험을 보는 유일한 방법일뿐이다. 이것은 디폴트 사건과 관련된 위험만 관련이 있다. 고려중인 금융상품수단이 만기까지 보유되고 일일정산(mart-to-market)이 적절하지 않은 경우 위험을 관리하는 이 방법이 적합할 수 있다.

다른 한편으로는, 만약 고려중인 포트폴리오가 일일정산이 중요한 포트폴리오를 거래하고 있거나 또는 금융상품수단이 만기까지 보유하지 않는다면 이때 은행 또는 헤지펀드는 다른 위험에 직면한다.[24)] 이러한 위험은 신용의 질 변화로부터 오는데 이것은 부수적

22) 이 절에서 시장위험을 무시하며 디폴트 사건의 존재로 인하여 나타난 새로운 위험관리 측면에 집중한다.

23) 3장에서 논의한 것처럼, 가장 최근 바젤 III 제안서는 VaR-유형 위험 측도 보다 ES(Expected Shortfall)을 사용할 것을 추천하고 있다.

24) 헤지펀드 포지션은 신용금융상품수단이며 일반적으로 차입된 펀드로 자금조달이 된다. 이것은 repo와 비슷할

으로 디폴트와 관련이 있다. 신용이 악화하고 매각되거나 일일정산이 될 필요가 있다면, 디폴트가 발생하지 않았지만 은행이나 헤지 펀드는 여전히 신용 손실을 겪을 것이다. 이것은 디폴트 손실로 인한 손실을 측정하는 쪽으로만 방향이 설정되고 있기 때문에 디폴트 손실 분포는 이러한 잠재적 손실을 설명할 수 없다. 신용의 질 변화에 기인된 손실은 추가적인 노력이 요구된다. 신용의 질 변화로 인한 포트폴리오의 시장 가치의 변화는 시장위험과 비슷한 방식으로 계산될 수 있다.

디폴트 손실 분포의 계산에는 각 이름에 대한 디폴트 확률과 디폴트 상관관계가 필요하다. 한편, 신용수익 분포 계산에는 포트폴리오의 각 이름의 등급 전이(migration)를 고려하고 있는 조건부 전환 확률 및 해당 상관관계가 필요하다. 따라서 이 두 번째 분포의 계산은 훨씬 더 많이 관련되어 있다. 디폴트는 신용이 전이할 수 있는 상태 중 하나 일뿐이다. 따라서 디폴트 위험은 신용악화로 인한 신용손실 분포에 포함된다.

9.9.2 요구자본과 CDO 활동

본 장의 시작 부분에서 보았듯이, GFC 수준 이전이래 증권화 활동이 크게 감소했다. GFC이전에 증권화 및 CDO 활동이 매우 높은 이유 중 하나는 은행이 규제 자본을 줄일 수 있는 방안을 제시했기 때문이다. 이전의 많은 호황과 마찬가지로, 이것은 과도하고 오용을 유도했다. 그러나 증권화 활동은 계속되고 현재의 보다 엄격한 요구자본 하에서도 은행은 요구자본 사항을 줄일 수 있음을 발견한다.

예제

일례로 Chenavari는 투자자에게 10억 달러 규모의 중소기업 대출 포트폴리오에 바젤(Basel) III의 표준화된 접근법에 따라 75%의 위험 가중치를 부여하여 총 7억5,000만 달러의 위험 가중 자산 (RWA)을 창출했다. 이는 은행이 이를 지원하기 위해 약 7천5백만 달러의 자기 자본을 필요로 한다는 것을 의미한다. 풀을 유동화하고 1.5~8%의 2차 손실 트렌치 – 위험 노출의 6천5백만 달러를 나타내고 있는 – 를 제3자에게 이전하는 것은 첫 손실과 시니어 트렌치를 유지하면서 은행의 요구자본을 약 3,000만 달러로 낮추도록 할 수 있는데 이것은 60%절약이다.

것이며 헤지펀드는 금융상품수단을 매입하고 이것을 지불할 자금을 보증할 목적으로 이것을 되사는 경우이다. Repo딜러는 이때 이 금융상품수단을 시장에 일일정산 할 수 있다. 심지어 여기에 디폴트가 없더라도 신용스프레드는 변할 수 있으며 헤지펀드에 대한 손실을 초래할 수 있다.

또한 은행은 재무상태표 상 대출을 유지하고 고객 관계를 유지한다.

Fery는 거래 상대방의 이름을 언급하는 것을 거절하지만 그러나 약간의 딜(deal)을 기술하는데, 펀드가 관여되어 있는 사업을 대표한다고 말하면서 독일 중소기업(DME)에 약 1,500여 개의 포트폴리오를 제공한다. 이 풀의 가중 평균 신용 등급은 BB1이고 평균 듀레이션은 2년 반이다. 대출의 절반 이상이 투자 등급이었다. Chenavari는 독일의 Mittelstand 부문에 대해 긍정적인 견해를 보였는데 – 국가의 수출 기계에 힘을 주는 가족 소유의 중소기업 군단 – 대출 포트폴리오의 1.5~8% 트렌치를 참조하고 연간 3개월 Euribor에 대해 13.5%을 지급하는 €6500만 재무성증권을 통하여 풀의 두 번째 손실을 흡수하기로 합의했다. 은행은 첫 번째 손실 노출과 전체 시니어 트렌치를 유지했다.

기업은 주택담보대출의 £10억에 대한 규제자본 구제를 추구하고 있었던 영국 은행과 비슷한 계약을 끝냈다. 이 풀은 2007년 이전 원래 약 8,000건의 대출이 이루어졌으며 오직 많은 부분의 이자만을 포함하고 그리고 buy-to-let 모기지를 포함하였다. 이번에 Chenavari는 3개월 LIBOR에 대해 12.5%의 쿠폰을 지불하면서 2~8.5% 2차 손실 트렌치를 참조하는 8년 재무성증권(note)를 획득했다.

Fery와 그의 팀은 기초자산의 다른 유형과 관련 있는 비슷한 딜의 호스트를 구조화했다 – 신흥시장 기업대출 및 유럽 모기지로부터 ABS(자산담보부증권), 무역금융자산 및 파생상품 거래 상대방 위험에 이르기까지. 평균 딜 규모는 약 8천만 달러이며 추정 수익은 10~20% 범위에 있다고 그는 말했다.

전략을 복제하기 위하여 라이벌들이 당면한 어려움 중 하나는 거래가 드물게 발생하고 종종 수개월의 노력이 필요하다는 것이다. 이는 수많은 은행과의 관계를 구축하고 신용 분석 및 구조화에 대한 확실한 이해를 바탕으로 Fery가 Calyon에서 글로벌 신용 거래 사업을 운영하는 데 도움이 된다는 것을 의미한다.

(위험 관리 잡지, 2014년 1월 13일, "올해의 헤지 펀드 : Chenavari Investment Manager", www.risk.net/2317763)

9.9.3 GFC, GFC 이후 자본규제 및 증권화 시장 등으로부터 교훈

CDO의 증권화 및 발행이 은행으로 하여금 재무상태표에서 대출을 제거하게 하고 자본비율을 개선할 수 있게 해 주기 때문에 은행들이 적극적으로 이러한 것을 추구했다. 상업은행은 잠재적 예금자의 인출을 충당하기에 충분한 자본을 가져야 한다. 대출능력은 요구자본에 의해 영향을 받으며 은행이 충분한 자본을 가지고 있지 않는다면, 재무상태표에서 자산을 제거할 방법을 찾지 못한다면 추가 대출을 할 수 없다. 알고 있는 바와 같아, CDO는 증권화의 한 형태이다. 은행에 의해 발행된 많은 주니어(junior) CDO 트렌치는 위험한 (서브 프라임) 대출로 보증 되었다. GFC 이후 발생한 조사는 차용인의 적절한 견제 및 적절한 절차의 위반 없이 승인된 대출을 보았던 대출 시작 프로세스에서 배임(malpractice)을 나타냈다. 결과적으로 투자자들에게 매도된 CDO의 상당수는 매우 위험했지만 2006년 미국 주택 시장의 호황이 둔화될 때까지는 대부분의 투자자들에게 명백하게 드러나지 않았다. 그 시점에서 미화 5천억 달러 상당의 CDO가 남아있는 것으로 추산된다. 약 50%는 MBS를 기반으로 했으며 이들의 약 75%는 서브 프라임 대출을 포함했다. 수수료 전망에 의해 동인된 위험한 대출 개시 및 CDO 발행이 그럼에도 불구하고 계속되었다. 이렇게 점점 위험한 자산을 매각하는 것이 어려워 짐에 따라 거래자들은 판매를 촉진하고 증권에 대한 유리한 신용 등급을 획득하며 거래 수수료를 지불하기 위해 은행이 CDO의 위험한 트렌치를 잡을 수 있는 방법을 찾았다. GFC를 악화시킨 요소 중 하나는 CDO를 창출하기 위해 낮은 등급의 트렌치의 풀링(pooling)과 관련된 등급 차익거래가 만연했다. 은행이 긴급 구제되거나, 상처를 받았으며, 또는 재자본화 되기 전에 은행 자체는 많은 손실에 직면했고 금융시스템은 무능력 상태였든 것처럼 이들 모든 요소들은 영구적으로 너무 과도하였고 뿐만 아니라 궁극적으로 많은 수정은 보다 더 많은 고통을 낳았다. 주택 거품은 전 세계에서 정기적으로 발생하지만 GFC이전의 것은 증권화의 악용과 불일치 이자에 의해 악화되었다.

2013년 12월, 바젤 은행 감독위원회(Bankel Committee on Banking Committee)는 결함이 있는 것으로 판명 된 현존의 증권화 분석의 틀의 개정과 관련되어 있는 두 번째 협의 문서를 발표했다. 바젤위원회(Basle Committee)에 따르면 GFC는 최근의 변화로 해결하고자 하는 현재의 증권화 프레임 워크에서 여러 가지 단점을 밝혀 냈다. 첫째, GFC 실행에 대한 관행은 외부 신용 등급에 거의 기계론적 의존을 보였다. 둘째, 높은 등급의 증권화 익스포저에 대해 너무 낮은 위험 가중치를 부여하는 경향이 있었다. 그 이유는 일반적으로 사용된 캘리브레이션(calibration) 가정이 의문의 여지가 있고 위험 가중치를 결정할 때 접근 방식에 간 충분한 위험동인이 작았다. 셋째, 낮은 등급의 시니어(senior) 증권화 포지션의 위험 가중치가 너무 높았다. 넷째, 증권화의 틀은 바람직하지 않게 선순환적(procyclical)인 경제 역동성 또는 벼랑효과(cliff effect)을 유도한다. 위원회에 의한 초기의 GFC 후 제안과 관련하여 이 문서는 보다 낮은 요구자본을 제시하지만 그러나 이들은 아직 현재 요구자본보다 여전히 엄격하다. 따라서 미래 바젤위원회 증권화 프레임 워크이 가장 최근의 제안에 기초로 하였다면, 이것은 증권화 및 CDO 시장이 계속적으로 금융 시장의 중요한 부분이 될 것이라는 가능성을 남긴다.

9.9.4 증권화가 암을 치료할 수 있나?

본 장에서 증권화에 대한 경제적 합리성을 논의했다. 증권화 및 금융 공학이 올바르게 시행된다면 유용한 경제적 역할을 수행할 수 있음을 확인했다. 경제 활동의 모든 분야와 마찬가지로 규제가 존재하며 모든 시장 참가자가 합법적으로 책임감 있게 행동해야 한다. 그러나 금융공학 개념은 금융 이외의 분야에서도 응용될 수 있으며 경제적 이익뿐만 아니라 다른 사회복지 향상을 제공할 수도 있다. 최근 연구에서, Fagnan et al.(2013)은 금융 산업이 많은 선진국에서 주요 사망 원인인 암을 치료할 수 있는지 여부에 대한 의문을 제기한다. 저자들은 제약 업계에 대한 투자가 최근 몇 년 간 줄어들었음을 확인하고 중요한 암 연구를 포함하여 증권화가 투자를 늘리는 데 어떻게 도움이 되는지에 대한 제안을 한다. 저자들은 낮은 민간 부문 투자의 이유 중 하나가 약품 시험의 왜도 분포라고 가설을 제시하고 있다. 저자는 현재가치 개념으로 2억 달러의 개발 비용이 요구되는 가상의 신약 개발 프로그램과, 10년의 개발 기간 동안 수익이 발생하지 않으며 10년 말 시점에서 성공적인 약품의 승인기회가 5%인 전형적인 예를 제공한다. 이러한 프로그램이 향후 10년(즉, 11년에서 20년) 동안 연간 수익이 20억 달러가 된다고 가정하면 많은 투자자가 423%의 수익율 표준 편차로 인해 겁 먹을 것으로 기대 될 수 있다.

이 문제에 대한 하나의 제안된 해결책은 다양한 약품 개발 프로그램을 모으고 결과적인 수익흐름을 증권화하는 자금을 창출하는 것이다. 실험약품 화합물에 소유권을 부여하는 구조화 증권의 제안 된 이름은 연구담보부 부채(research backed obligation) 또는 RBO이다. Fagnan et al.(2013)은 CDO 및 ABS의 창출에 사용된 기법을 사용하여 투자자들에게 매력적인 투자기회를 나타내는 방법으로서 이러한 증권의 자본 구조를 보증하고 변경하는 방법을 제시하고 있다. 현재까지 그런 RBO는 발행되지 않았지만 연구 결과에 따르면 금융공학 기법이 적절하게 적용된다면 좁게 정의된 금융시장 영역을 넘어 광범위한 잠재적 영향과 사회적 이점을 가질 수 있다.

9.10 새로운 지수 시장

신용부문은 여러 가지 이유로 금융 시장에서 중요한 역할을 한다. 그 중 하나는 새로운 분야가 주요 시장참여자에 의해 도입된 체계적인 방법이다. 시장은 일반적으로 수천 명의 거래자, 시장조성자 및 위험관리자의 상호 작용을 통해 내생 적으로 생성된다. 신용부문에서 이러한 노력은 브로커-딜러에 의해 의식적으로 설정되며 새로운 파생 상품 시장 및 거래 전략에 대한 수년 간의 경험을 통해 이루어졌다. 그 결과 브로커-딜러들은 새로운 위험을 거래하고 광범위한 신용위험 익스포저를 헤징하기 위한 다양한 수단을 제공 할 수 있는 플랫폼을 만드는 데있어 성공적이었다. Markit 웹 사이트는 iTraxx, CDX, ABX 및 LCDX와 같은 광범위한 지수에 대한 개요를 제공한다.

ABX 및 LCDX 지수는 새로운 위험 거래를 허용하는 새로운 거래 가능 지수 중 가장 두드러진 지수이다. ABX지수는 모기지 부채 익스포저의 거래 및 헤징를 허용하는 조심스럽게 구성된 지수이다. 단기 모기지 부채가 있는 참여자는 ABX 지수를 매수함으로써 이 포지션을 헤지 할 것이다. LCDX는 기초 증권이 채권이 아닌 대출임을 제외하고는 iTraxx 또는 CDX와 유사하다. 따라서 이 지수는 대출 노출을 헤지하는 데 도움이 된다. Levx도 비슷하다. 레버리지 대출의 지수이다.

롱의 참여자는 지수를 매도 함으로써 포지션을 헤지 할 것이다. 이 지수는 시리즈의 형태로 거래되며 각 롤(roll) 마다 고정 쿠폰을 제공한다.

9.10.1 ABX 지수

ABX 지수는 주택 MBS의 20명의 발행 기관에 의해 발행 된 의무로 구성된다. 전체적으로 다섯 개의 하위지수가 있다. 이러한 하위지수 각각이 각 발행자의 각각의 하나로부터 증권 중 하나로 구성된다. 이들 증권 및 그에 따른 하위지수의 등급은 AAA에서 BBB2까지이다. iTraxx 및 CDX 지수의 롤(roll)과 비슷하게 ABX 지수의 새로운 시리즈는 1월 19일과 7월 19일에 연장된다. 각 시리즈에는 뒤에는 새로운 일련의 모기지 대출을 가지고 있다. 따라서 iTraxx 및 CDX 지수와 달리, ABX 지수에는 "빈티지(vintage)"을 가지고 있다.

지수에 포함된 증권은 본질적으로 1대 4 가족 주택의 주택 담보 대출에 의존하는 현금

흐름을 투자자에게 부여하는 채무 증권이다. 따라서 이러한 현금흐름의 변동, 디폴트 및 불능(delinquencies)는 ABX 지수의 가치에 영향을 미친다. ABX 지수의 투자자는 연장(roll) 일에 고정 쿠폰 세트를 수령(지불)하고 만약 현금흐름에 이자 또는 원금 부족이 있는 경우 변동지급(영수증)을 할 것이다.

9.10.2 LCDS, LCDX

소위 LCDS (Loan Credit Default Swaps) 계약 및 해당 지수 LCDX는 신용부문에서 비교적 새로운 금융상품도구이다. 중요한 금융상품도구 이외에도, 약간 다른 각도에서 신용을 지수화 하는 기술을 요약하는데 훌륭한 기회를 제공한다. LCDS는 6장에서 본 단일 이름 CDS와 비슷하다. CDS에서 인도 가능 채무는 채권이다. LCDS를 통해 인도가능성은 신디케이트에 의해 원래 발행되었던 미국에서의 신디케이트 보증부채(secured debt)이다. LCDX는 해당 거래가능한 지수이며, 이것은 iTraxx 및 CDX 지수와 비슷하다. LCDX의 기초는 $n=100$의 동일 가중 단일 이름 LCDS이다. 문제의 대출은 레버리지 대출의 유통 시장에서 거래된다. 지수는 분기별로 지불된 고정 쿠폰으로 시작된다. 지수는 명확한 가격 기준으로 거래된다. 가격이 내려 가면 해당 스프레드가 올라간다.

보호 판매자는 연장 일(roll date)에 고정 쿠폰을 받게 되며 신용 사건 동안 보상금을 지불하게된다. 또한 신용사건 동안 보호 판매자는 명목금액 N을 지불하고 대출의 소유를 얻는다. 현금 길제도 허용된다. 이 현금 결제 금액은 경매에서 결정될 것이다.

9.10.2.1 취소 가능성(Cancelability)

발행자는 채무를 상환 할 수 있으며 이후에 새로운 채무를 발행 할 수 없다. 인도 의무가 없는 경우 LCDS를 계속할 수 없다. 따라서 LCDS 계약은 표준 CDS와는 달리 취소가 가능하다. 발급자가 업그레이드 될 것이다. 이 경우 발행자는 원래의 채무를 상환하고 이자비용이 낮은 새로운 채무를 발행할 수 있다.

대출 상환은 영업일 기준 30일 기간에 시작되며 기업은 새로운 대출을 시작할 수 있다. 30일이 지난 후에 새로운 대출이 없으면 딜러 투표 후에 이름이 지수에서 제외된다.

이 취소 가능성은 평가에 영향을 준다. LCDS가 부채의 상환을 취소 될 수 있다면, 주어진 LCDS의 최종 만기는 알려지지 않을 것이다. 현재가치의 계산은 대출이 조기에 상환될 확률을 고려해야 한다. 이것은 신용위험이 있는 DV01의 사용과 유사하다.

9.10.2.2 인용관습

iTraxx와 CDS지수 패밀리는 앞에서 보고되는 지분 트렌치를 제외하고는 스프레드 기준으로 인용된다.[25)]

반면에 LCDX와 ABX 지수는 가격을 기준으로 산정되며 이는 또 다른 차이점을 만든다.

9.11 구조화 신용 상품

CDS는 신용 부문의 기초 구성요소(building block)이다. CDS 엔지니어링을 사용하면 위험이 없는 고정 소득 상품의 신용시장 동등성을 즉시 창출할 수 있다. 이러한 수단 중 일부는 본 절에서 설명한다.

9.11.1 신용 옵션(credit option)

옵션이 신용지수에 발행되는 첫 번째 파생상품인 것은 자연스러운 일이다. 결국 유동성 지수가 있으며, 이는 신용변동성을 헤지 하고자 하는 사람들이나 그들 내에서 포지션을 취하고자 하는 투자자에게 매력적인 지수가 될 수 있다. 그러나 이러한 옵션은 처음부터 시각화된 것보다 구조화되고 시장에 훨씬 더 복잡하다. 비록 시장에는 적정한 유동성이 있지만, iTraxx와 CDX 내재변동성에 대한 일일 참고를 통하여 약간의 어려움이 남아 있다.

신용지수에 대한 옵션과 관련된 세 가지 근본적인 문제가 있다. 첫째, 신용부문은 통화정책의 영향을 많이 받으며 신용주기가 길다. 참여자들은 롱-기간 옵션이 필요하다. 둘째, 비록 주식은 유동성이 있지만, 대부분의 회사채는 유동성이 거의 없다. 그러나 세 번째 및 주요 문제는 지수 연장(index roll)이다. 본질적으로 이러한 지수는 매 6개월마다 변하고 그러한 불안정한 벤치 마크에 대해 장기 옵션을 가격결정 할 수는 없다.

신용 옵션 거래자는 가장 짧은 만기로 운영되고 연장(roll) 날짜에 의해 통제되는 행사

25) 최근의 관행에 대해서 다음의 웹사이트를 보라. http://www.markit.com/product/indices.

날짜이다.[26] 구조화 신용 시장을 차익거래하기 위해 사용될 수 있기 때문에 실제로 5년 옵션이 필요하므로 이것은 거래자에게 충분하지 않다.[27]

신용 지수 옵션과 다른 시장의 옵션간에 또 다른 중요한 차이가 있다. 신용부문에서는 옵션의 일자가 길수록 상관관계 금융상품이 많아진다. 장기 옵션을 사용하면 기초자산의 위험은 참조된 신용이 결합적으로 움직이는 정도이다. 반면에, 단기 옵션은 변동성 금융상품과 비슷하다.

9.11.2 선도 시작(Forward Start) CDOs

선도시작 CDO를 사용하면 2015년부터 2020년까지 먼 미래의 신용 스프레드에 대한 전망에 레버리지 포지션을 취할 수 있다. 이러한 선도시작 금융상품은 신용주기 동안 자신의 포지션을 헤지하고 싶어하는 일부 투자자에게 유용할 수 있다.

금융상품은 예를 들어 10년 만기 CDS를 판매하고 5년 만기 CDS를 구매함으로써 구조화 될 수 있다. 이러한 선도 시작 금융상품도구는 iTraxx 또는 CDX 디폴트 스왑 지수에 대한 특정 거래로 판매된다. 가장 보편적인 참조는 신용 포트폴리오의 부도율의 3~6%에 대한 메자닌 트렌치 보험이다.

5년 보호 구입 및 10년 보호 판매에 대한 순 포지션은 지금으로부터 5년 후 5년 만기 보호를 판매하는 것이다. 이러한 포지션은 정(+)의 보관비용을 가진다. 이것 때문에 만약 iTraxx 곡선이 상대적으로 기파르면 이러한 거래는 인기가 있게 된다.

9.11.3 일정만기 디폴트스왑(CMDS)

CMDS(Constant maturity default swap)는 구조화 신용 부문의 중요한 구성 요소이다. CMDS는 다음과 같이 구성 될 수 있다.

CDS의 만기, 즉 5년을 고정하자. 시간 t, $t+1$, $t+2$, $t+3$, $t+4$, $t+5$에서 시작하는 일련의 T 만기CDS를 고려하자. 현재의 CDS의 스프레드는 시간 t에서 알려져 있지만 미래의 CDS 스프레드 c_{t+i}는 시간이 지남에 따라 미래에만 알려질 것이라는 점에 유의하라. 또한

26) 다음 두 달 전에 만기는 최대 2개월이 될 수 있다.

27) 장기 옵션에 대한 하나의 대용치는 구조화 신용부문을 차익거래하기를 원하는 시장참여자들에 의해 시장성이 만들어지는 범위 발생액이다. 이들 재무성채권(note)은 쿠폰 또는 경과이자를 지급하는 일 수에 달려 있으며 지수 I_t는 특정 범위 $[L^{min}, L^{max}]$내에서 유지된다. 연장(roll)문제는 각 연장시점에서 $[L^{min}, L^{max}]$범위를 재 설정함으로써 여기서 해결될 수 있다.

이 CDS는 모두 동일한 5년 일정 만기를 유지한다. 그들의 스프레드를 c_{t+i}로 표시하자. 그런 다음 CMDS는 유동 스프레드 c_{t+i}를 지불하는 5년 CDS가된다.

본질적으로 이것은 기초 위험이 디폴트 위험을 포함하는 경우에 CMS 스왑의 확장이다. 이 중요한 구성 요소를 여러 가지 용도로 사용한다. 시장 예가 다음과 같다.

예제

투자자들은 기대 미래 스프레드 확대의 이점을 취하기 위해 잠재력을 지닌 보호를 오늘 팔고 자한다. 이것이 바로 CMDS 금융상품이 제공하는 것이다. CMO(constant maturity CDO)에 대한 고객의 관심은 금융상품이 달성할 수 있는 것에 고객의 관심을 집중시킴으로써 CMDS시장을 구축하는데도 도움이 된다.

현재 파이프 라인에 있는 거의 모든 새로운 CDO는 이들에 내재되어 있는 일정한 만기기술의 옵션을 가지고 있다.

손익계산서를 통해 모든 파생상품이 일일정산되기를 요구하는 국제회계기준(International Accounting Standards, IAS) 39 때문에 수익과 손실 변동성이 합성 CDO에 주입 될 가능성에 대한 우려가 있다. 이러한 우려는 CM-CDO에 많은 관심을 불러 일으킨다. 시장가격 변동성을 완화하기 위해 CMDS를 사용하는 것이 합법적인 이유이다. 시장 참여자들은 트렌치된 신용지수 금융상품 또는 신용옵션에 대한 시장보다 우위의 CMDS을 기대하지 않는다. 그러나 표준화된 고정 계좌를 보유하는 것은 CDO 거래를 종결하고 현금 결제형 신용 스프레드 옵션 및 기타 구조화 신용 및 변동성 금융상품 시장을 개발하는 데 유용할 것이다.

CMDS는 일반적으로 다른 구조화 신용 상품을 위한 빌딩 블록으로 간주된다. 문제는 신용파생 상품에 대한 고정은 이자율 파생 상품만큼 쉽지 않다는 것이다. "필요한 정보의 양은 요율보다 훨씬 크다. 그리고 고정 장치로 어디에서 중지시킬 수 있나? 신용디폴트 스왑 시장에서 이름의 보편성은 매우 넓다. 얼마나 많이 고정시키고 각 이름에 대해 5년 또는 전체 곡선을 고정 시켜야 하는가? "라고 거래자는 물었다.

CDS가 지수를 기초로 발행되면, 이것은 대부분이며 독립적인 고정이 필요하기 때문에 신용지수에 대한 고정은 CMDS 계약과 관련이 있다. 다우존스 iTraxx와 같은 지수를 인용하면 쿠폰이 125개의 이름과 연결되어야 하기 때문에 쉽지 않지만 신용지수의 유동성은 기초 단일 이름보다 크다.

표준화된 고정장치. 약 18개 딜러는 전자상거래 중개인인 Credited와 OCT 파생 상품 평가 회사인 Mark-It Partners와 협력하여 신용지수의 고정을 표준화했다. 지금까지 매주 6회의 고정 테스트가 완료되었다(Thomson Reuters IFR 1552). 단일 이름 신용 디폴트 스왑에 대한 실

> 행은 아직 테스트되지 않았다.
>
> 딜러들에 따르면 현재 개발중인 표준 재설정은 현재 계약서에 문서화되어 있는 딜러 투표에 의존하지 않고 금융상품의 지속적인 성장에 필수적이다.
>
> "고정(fixings)은 CMDS뿐만 아닌 다른 2세대 및 3세대 신용파생상품의 모두에 대해 신용 파생 상품 시장에 대한 가치가 있다. 예를 들어, iTraxx 지수 트랜치에 대한 고정이 이루어지면 트랜치에서 더 많은 파생상품을 만들어 낼 수 있다. 그래서, 이런 식으로, 스왑 시장에 대해 매일 LIBOR 고정처럼 고정장치가 필수적이다"라고 한 딜러가 덧붙였다.
>
> 딜러들은 CMDS시장이 진화하기 위해서는 공통된 문서화가 이루어져야 한다고 주장한다. CMDS에서 극복해야 할 두 가지 문제는 쿠폰이 분기 별 또는 반기 단위인지 여부와 수정 사항이 $T+1$ 또는 $T+2$인지 여부이다.

CMDS는 신용곡선의 움직임에 대한 노출을 취하는 데 사용될 수 있다. 신용곡선이 가파르게 될 것으로 예상되면 예를 들어 10년 CDS을 참조하고 있는 CDMS에 대하여 5-년 보호를 매입하고 3-년 CDS을 참조하고 있는 5-년 CMDS에 대하여 보호를 판매할 수 있다. 신용 곡선이 평평해질 것으로 기대되면 반대가 될 수 있다. 예를 들어, 10년을 지불하고 3년 준거 스프레드를 받는 것과 같이 CDS의 교환도 함께 할 수 있다.

9.11.4 레버리지 슈퍼 시니어 채권(notes)

수퍼 시니어 트렌치(super senior tranches)의 스프레드는 약 10bps 정도로 매우 엄격하다. 이것은 투자자들에게 별로 매력적이지 않다. 따라서 수퍼 트렌드 트렌치에 대한 수요는 상대적으로 낮다. 그러나 은행들은 CDO에 많은 메자닌 트렌치를 발행했으며 슈퍼 시니어 및 지분 트렌치를 장부에 보유하고 있다. 그들은 이러한 트렌치에 대한 수요를 창출할 수 있는 방법이 필요하다. 레버리지 슈퍼 시니어 채권은 슈퍼 시니어 위험을 다른 사람들에게 판매하기 위해 고안된 방법 중 하나이다.

채권 투자자는 트렌치의 일일가치에 추가적인 노출을 가져오고 트리거(trigger)는 투자자의 신용 위험으로부터 은행을 보호한다. 레버리지를 감안할 때 슈퍼 시니어 투자자는 원래 투자보다 많은 금액을 잃을 수 있다. 트리거를 가지고 이 위험은 감소하게 된다.

이러한 의미에서, 레버리지 슈퍼 시니어 채권은 슈퍼 시니어 트렌치의 수정이라고 말할 수 있다. 이 수정은 레버리지에서 먼저 발생한다. N은 투자자로부터 수집되지만 $1<\lambda$

을 가진 λN은 는 슈퍼 시니어 트렌치에 투자되었다. 따라서 수익은 λ에 의해 곱해진다. 둘째, 채권의 시장가치에 대한 트리거(trigger) 있다. 이 트리거에 도달하면, 채권 발행는 포지션을 해체하고 투자자에게 채권의 일일가치(mark–to–market value)를 되돌려 줄 수 있다.

예제

10억 달러 규모의 포트폴리오를 고려하자. 시니어 트렌치의 부착점은 12%와 30%이다. 이것은 1억8천만 달러의 한장을 준다.

10의 레버리지 비율을 선택한다고 가정해 보겠다. 레버리지된 슈퍼 시니어 채권은 1천8백만 달러의 발행으로 구성된다. 이 금액은 10을 곱하고 슈퍼 트렌치에 1억8천달러의 명목 금액으로 투자된다. 이 트렌치의 공시 스프레드가 8bp라고 가정하면 채권은 LIBOR+100을 지불할 것이다.

시장 가치 트리거는 예를 들어, 1천8백만 달러 발행금액의 70%로 정의될 수 있다. 채권의 시가가 이 한도를 밑도는 경우, 예를 들어 12가 되면 원래 투자 18대신 투자자에게 12가 반환된다.

구조화 신용에는 두 가지 일반적인 경향이 있다. 첫 번째는 레버리지 거래를 도입하는 것이다. 두 번째는 디폴트 위험뿐만 아니라 시장 위험의 도입이다. 레버리지 슈퍼 시니어 채권은 첫 번째 경향의 예이다. 신용에 적용된 CPPI 기술은 두 번째 사례이며 11장에서 논의될 것이다.

위험은 레버리지 슈퍼 시니어 채권 어디에 있는가? 수퍼 시니어 구조에 내재된 상당한 신용 보호로 인해 디폴트 위험 자체는 매우 제한적이다. 투자자가 부담하는 위험은 주로 스프레드와 상관 관계에 의존하는 CDS 트렌치의 시장가치의 행동에 있다. 대부분의 거래는 실제로 시장가치 파라메트로서 상관관계 변동을 무시하도록 구조화되어 있는데, 대신 포트폴리오 평균 스프레드에 대한 트리거(trigger)를 소개한다.

이러한 거래에서 투자자는 장기 슈퍼 시니어 위험이며, 딜러는 단기 이러한 위험으로 간다. 이러한 투자 수익을 높이기 위해 딜러는 차입한 자금을 사용하여 고객을 위해 금융상품을 구성해 왔다.

2000년 동안 딜러들은 상당한 양의 메자닌 보호 장치를 구입했으며, 결과적으로 자본

구조의 시니어 및 지분구성 요소에 노출되어 있었다. 이것은 그들이 고객에게 메자닌 금융상품을 일일 정산하도록 하고 그들의 장부에 시니어 및 지분 트렌치를 보관했기 때문이다. 레버리지 슈퍼 시니어 거래는 시니어 및 슈퍼 시니어 트렌치에 대한 보호 구입의 한 방법이다. 따라서 구조화 금융상품은 실제로 고객과 딜러 모두에게 유용하다.

만약 딜러가 그런 롱 시니어 및 슈퍼 시니어 포지션를 가지고 있지 않은 경우, 레버리지 슈퍼 시니어 발행을 가진 고객으로부터 보호를 구입한 후에는 비록 두 위험간 유의적인 베이시스 위험이 존재할 지라도 iTraxx 지수 또는 기타 개별 CDS를 통해 헤지할 것이다.

9.11.5 CoCos

CoCos는 GFC 이후 금융 혁신의 한 예이다. CoCos의 구조화 및 평가는 신용 및 디폴트 사건을 모형화를 포함하여 본 교재에서 논의한 금융공학 원칙의 흥미로운 적용을 나타낸다. 이러한 이유로 CoCos는 상대적으로 최근에 시험된 제품이기 때문에 CoCos에 대해 자세히 논의한다. CoCo는 하이브리드 금융상품이다. 특정 트리거 사건이 발생하면 자동으로 지분으로 전환하거나 적어서 채무증서를 발행하는 부채 금융상품 도구이다. 따라서 CoCos는 7장에서 처음 접했던 전환 사채의 사례로 볼 수 있다. 그러나 CoCos를 지분으로 조건부 전환하면 전환사채보다 8장에서 논의한 역전환과 같은 구조화 상품과 더 공통점이 있다. CoCos가 역 전환과 공통점을 갖는 점은 보유자를 제한된 상승 여지에 노출시키지만 잠재적으로 큰 하락의 위험에 노출 시킨다는 것이다. 그러나 역(reverse) 전환과 달리 최근에 은행이 발행 한 CoCos의 트리거는 은행의 Tier 1 자본비율(일반적으로 위험가중 자산의 5~7%)과 같은 회계 트리거이며 주가가 아니다. 첫 번째 CoCo는 2009년 Lloyds 은행 그룹에서 발행되었으며 ECN(Enhanced Capital Note)로 표시되었다. 은행의 1단계 자본금이 5% 아래로 떨어지면 €7bn Lloyds ECN은 지분으로 전환한다. 은행이 유럽 스트레스 테스트를 통과하는 최소 수준은 5.5%이다.

전환사채 및 전환사채와 비교하여 또 다른 중요한 차이점이 존재하는데, 이는 2011년 2월에 Credit Suisse가 Buffer Capital Notes라는 이름으로 출시 한 CoCo의 경우처럼 규제가 개입해야 할 때가 있다. 스위스 규제 기관은 Credit Suisse CoCo 지분으로 전환에 개입하거나 강제할 권리가 있다. 물론 회사 외부의 이러한 개입은 트리거가 바로 주가와 관련이 있을 때 보다 위험을 유의적으로 보다 더 복잡한 모형으로 만든다.

9.11.5.1 CoCos 대 전환사채

〈그림 9.12〉는 CoCo와 전환사채 간 가격변동의 차이를 보여주고 있다. 단순화를 위해 여기서는 기초 부채가 위험이 없다고 가정한다. 이는 평평한 채권 층을 나타내는 수평선에 반영된다. 이는 낮은 주가 수준에 대한 전환사채 가치가 0으로 수렴되는 7장과는 대조적이다. 주가가 하락함에 따라, 전환사채 가치는 위에서 채권 플로어(floor)에 접근한다. CoCosms 다르게 행동한다. 주가 S가 시장 트리거 S^*보다 아래로 떨어질때 CoCo는 주식으로 전환된다고 가정한다. 주가가 떨어지면 CoCo를 나타내는 선이 아래에서 전환가치 선으로 접근한다. 주가가 올라감에 따라 CoCo는 아래에서부터 채권 선에 접근하는 반면, 전환사채는 위로부터 전환가치에 접근한다. 전환가치를 나타내는 선의 기울기는 7장에서 논의된 전환비율(CR)에 따라 다르다.

그림 9.12 조건부 전환 대 전환 채권

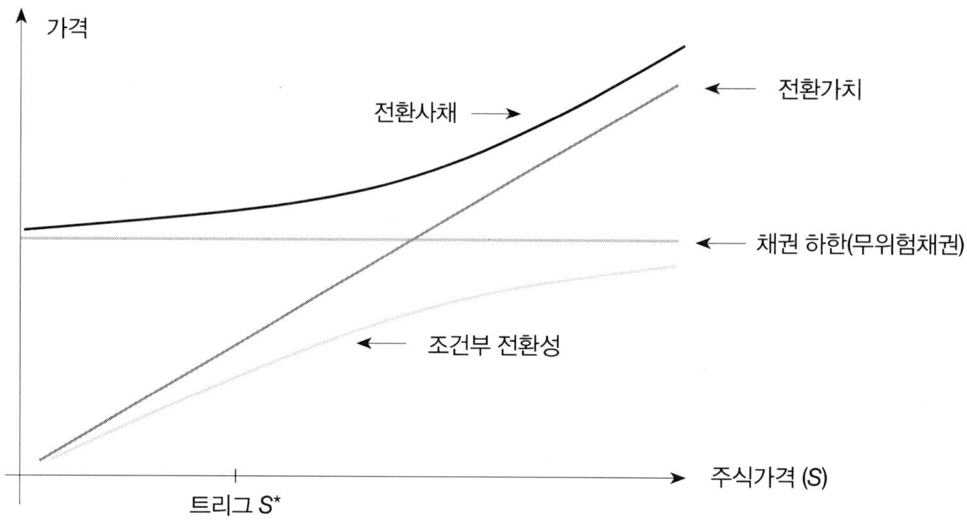

9.11.5.2 CoCos의 평가

CoCos는 본 교재에서 논의된 금융공학 원리에 대한 훌륭한 적용을 제공한다. CoCos는 하이브리드 증권이기 때문에 CoCo의 가격을 결정하는 데 사용될 수 있는 다양한 평가 방법이 있다는 것은 놀라운 일이 아니다. 사실 신용파생상품 접근법, 지분파생상품 접근법 및 구조신용 접근법이라는 세 가지 접근방식이 있다. 신용파생상품 관점 또는 축약된 형태의 접근방식을 통해 CoCo는 전환에 대한 잠재적 손실에 대한 보상으로 향상된 수익율을 가진 고정소득 상품으로 가격이 결정된다. 손실위험은 제6장에 요약된 디폴트 강도 또는 축약된 형태의 접근법을 사용하여 모형화 할 수 있다. CoCo를 주식으로 전환하도록 유도하는 트리거 사건을 모형화 할 수 있는데, 이 사건은 기업부채 평가 또는 CDS에서 통계적으로 디폴트가 모형화 되는 방법과 비슷하다. 이 접근법은 디폴트의 함수로서 또는 이 경우의 트리거에서 강도(λ), 그리고 회수율로서 CoCos의 신용스프레드를 표현하는 방정식을 유도할 수 있다. 식 (8.38)의 변동처럼, 다음의 관계를 얻을 수 있다.

$$\text{spread}_{\text{CoCo}} = (1 - R_{\text{CoCo}}) \times \lambda_{\text{CoCo}} \tag{9.10}$$

지분파생상품 관점에서, 제8장에서 설명된 원칙을 적용할 수 있으며 CoCo를 CR 주식의 롱 포지션으로 간주할 수 있다. CR은 전환비율이다. 녹-인(Knock-in) 형태는 트리거 사건에 따라 달라지며 배리어 옵션 평가 방법을 사용하여 가격을 결정할 수 있다. 셋째, 7장에서 채무 불이행과 채권 평가의 구조적 모형을 보았다. CoCos는 발행자의 자본구조의 한 요소일 뿐이므로 Merton 모형의 기본 원리와 CoCos의 가치를 결정하는 것으로 확장될 수 있다. 이를 위해 기업의 확률적 프로세스를 설정하고 CoCo 보유자를 포함한 다른 조건부 청구권의 가치를 자산가치 및 트리거 가격의 함수로서 모형화 한다. 지분 파생 상품에서 CoCo를 위험한 채권, 기초 주식에 대해 녹-인 (knock-in)선도와 디지털 다운-인 옵션의 숏 포지션으로 분해할 수 있는데, 이것은 채권의 쿠폰이 오직 트리거 사건이 일어나지 않는 한 받게 될 것이라는 사실을 반영하고 있다. 이것은 다음과 같은 계약 방정식으로 유도한다.

CoCo	=	기업채권	+	주식에 대한 녹-인 선도	+	숏 디지털 다운-인 옵션	(9.11)

본 장의 끝에 잇는 연습문제는 축약된 신용형태 접근법과 지분파생상품 접근법을 사용하여 CoCo 평가 사례를 제공한다. 자세한 내용은 본 장의 마지막에 나열된 추천 도서에서 확인할 수 있다.

9.11.5.3 CoCos 전망

CoCos의 이론적 근거는 보다 엄격한 요구자본을 유도하는 규제변화에 대응하여 자본 베이스를 상향 조정하고자 하는 은행의 욕망 때문이었다. 규제당국에 대한 암묵적인 희망은 CoCos가 다시 납세자들에 의한 구제로부터 큰 은행을 보호하는 데 도움이 된다는 것이다. 따라서 CoCos는 때로 베일인채권(bail-in bonds)이라고도 한다. 채권보유자는 납세자가 은행을 구제했기 때문에 GFC 중 은행 손실로 크게 영향을 받지 않았다. 베일인채권 뒷면에 있는 아이디어는 납세자가 은행을 구하기 위해 요청되기 전에 구제되지 않지만 그러나 보유자에게 베일인채권을 주는 것이다. 베일인(Bail-in) 조항은 엄격한 규칙과 법원 관리 절차가 있는 전통적인 파산 절차와 다르다. 〈그림 9.12〉에서 볼 수 있듯이 CoCos는 높은 수익률로 보상되어야 되는 상당한 하방위험 잠재성을 가지고 있다. 따라서 위험을 이해한다면 이러한 금융상품수단은 수익률이 높은 투자자가 관심을 가질 수 있다.

그러나 CoCos의 숨겨진 위험과 미래의 성과에 대한 우려는 다음의 예제에서 예시하고 있다.

예제

규제 기관과 투자자간 잠재적인 이해상충은 규제기관이 CoCos에 내재된 강제적인 전환 특성을 가지고 있다는 상당한 재량의 결과로 발생할 것이다. 투자자 입장에서 볼 때, CoCo는 불확실한 소득과 상당한 자본위험을 가진 매우 후 순위 투자인 하이브리드 금융상품이다. 2012년 파이낸셜 타임즈 기사 Satyajit Das는 전환이 신용 위험뿐만 아니라 규제결정에 대한 전환의 의존성 결과로 투자자가 전환확률을 계량하는 것이 다소 어렵다는 것을 경고했다. 이러한 위험 외에도 투자자들은 CoCos를 매입 할 때 유동성 위험에 직면하게 된다. 잠재적인 하방하락 위험은 "죽음의 나선"의 가능성에 의해 악화된다. 이러한 부정적인 피드백 고리(loop) 나선은 은행 주식 보유자가 강제적으로 전환에 직면하고 잠재적인 주식의 희석에 직면한 상태에서 보유 주식가치 하락 우려를 헤지하기 위해 주식을 팔려고 할 때 발생할 수 있다. 이것은 은행의 재무포지션을 잠재적으로 보다 더 악화시킬 것이며, 다른 은행, 거래 상대방, 투자자 및 예금자들 사이에 공포를 증가시킬 것이다. 이러한 나선(소용돌이)의 확률은 CoCos와 같은 하이브리드 금융상품이 하이브리드 증권 구매와 관련된 제약에 직면하고 있는 기관 투자자 대신 개인 투자자에게 판매된다는 사실로 증가하게 된다. 물론 투자자가 관대 한 쿠폰 형태로 투자자가 이들위험에 대해 보상받을 수는 있지만, Credit Suisse와 UBS가 발행한 CoCos의 최근 사례 즉 연간 약 8%를 지불한 경우는 그렇지 않을 가능성이 있다. 이중 디지(double-digit) 백분율 쿠폰은 곤경 시간에 높인 쿠폰 또는 강제전환에 대한 보상이 요구될 수 있다. 역사에는 신중한 실사(due diligence)없이 하이브리드 구입과 관련된 경고로 작용해야 하는 몇 가지 예를 포함하고 있다. 영구 변동 금리 채권은 1980년대 후반에 하이브리드 자본의 인기 있는 형태였지만 가격이 크게 떨어졌을 때 큰 자본손실로 투자자를 힘들게 했다. 또 다른 예는 호주에서 1990년대 후반 발행된 하이브리드 자본증권의 경우로 2012년에 발행 가격보다 훨씬 낮게 거래되었다. 최근 GFC에서 몇몇 은행은 투자자에게 손실을 가져 오는 하이브리드에 대한 쿠폰 지급을 연기했다.

위의 예에서 볼 수 있듯이 CoCos의 미래성과에 대한 심각한 우려가 있으며 현존 금융상품에는 몇 가지 디자인 결함이 있다.

개별 규제기관이 부채를 검토한 방식을 변경한 후 어떤 금융상품수단이 은행의 스트레스 테스트에서 자본으로 계산될 것인지 2009년에 발행된 CoCos을 Lloyds와 Credit Suisse가 되사(buy back) 주는 계획을 논의했던 2014년 2월에 다시 규제변경에 대한 금융공학 및 구조화 금융상품 혁신의 민감성에 관심이 집중 되었다. 2014년 2월의 에피소드는 CoCos와 관련된 중요한 불확실성, 트리거(trigger) 사건, 스트레스 테스트 목적에 대한 규제당국의 처리방법, 잠재적인 하향나선 및 채권 보유자와 경제의 법적 보호에 대한 더 광범위한 효과를 예시하고 있다.

9.12 결론

본 장에서는 증권화와 GFC 전후에 수행한 역할에 대해 설명했다. CDO형태와 이들의 트렌치의 증권화의 한 예를 논의했다. CDO 트렌치 가치는 상관관계 거래의 논의를 유도한 디폴트 상관관계에 달려있다는 것을 보았다. 다음 장에서는 트렌치 가격에 대한 상관관계의 효과를 보여주는 자세한 예제를 제공할 것이다. 이를 통해 CDO 트렌치에서 위험 포지션을 어떻게 관리하는지에 대한 논의를 할 것이며 상관관계를 높이거나 낮추는 방법에 대해 논의하게 된다.

또한 본 장에서는 이전 장에서 직면했던 옵션평가 및 축소된 양식 및 구조화 모형을 포함하고 있는 금융공학 원칙의 흥미로운 적용을 제공했다. 신용 구조화 금융상품은 CoCos와 같은 GFC 이후 개발을 포함하고 있다는 것을 언급했다.

추천 도서

Brigo et al.(2010)은 GFC 중 및 이후에 신용모형과 CDO에 대한 좋은 설명을 제공하고 Schonbucher(2004)와 Duffie and Singleton(2002)는 초기 학술적 접근 방법이다. 가장 유용한 참고 문헌 중 일부는 은행에서 발행한 핸드북에 있다. Merrill Lynch의 신용파생상품 핸드북 및 JP Morgan의 핸드북을 권장한다. 후자는 이 부문에서 시장표준에 가장 근접한 접근법이다. 신용지수에 대한 자세한 내용과 최근의 개발 정보는 www.markit.com을 참조하라. Francis et al.(2003)은 신용상관 관계 거래에 대한 좋은 참고 자료이다. De Spiegeleer와 Schoutens(2012)는 CoCos의 평가 및 구조화에 대한 심층 분석을 제공한다.

연습문제 Exercise

1. ABS와 CDO의 차이점은 무엇인가?
2. CDO 트렌치에 대한 디폴트 확률의 효과는 무엇인가? CDO 트렌치에 대한 디폴트 상관관계의 영향은 무엇인가? 설명하라.
3. 로이터(Reuters)로부터 다음 뉴스를 고려하자.

   1008 GMT [다우 존스] LONDON-SG는 7년 0~3% 트렌치 보호 대 5년 및 10년 0~3% 보호 구입을 권장한다. 대폭 강화된 7년 지분 상관관계 대 작년 5-년 및 10-년. SG의 바벨(barbell)은 7년물의 버켓(bucket)의 가파른 상승세를 보여줄 뿐만 아니라 정(+)의 롤 다운(roll down), 시간 감쇠(time decay) 및 디폴트로 가는데 역할을 한다.
   SG는 또한 Alstom (1022047.FR)의 3~5년 곡선이 너무 가파르다고 생각하고, 2010년 3월 6.25%의 채권 대 3년의 CDS를 매입하는 것을 추천한다.

a. 바벨이란 무엇인가? 정(+)의 롤 다운(roll down), 시간 감쇠(time decay)란 무엇인가?

b. 무엇이 디폴트로 건너 뛰는가?

c. SG의 전략에 대한 논리를 설명하라.

4. 다음 인용문을 고려하라.

포트폴리오가 트렌치되어 있는 경우에만 디폴트 상관관계의 상대적 가치는 의미 있게 된다. 따라서 후순위 트렌치의 경우 위험과 스프레드는 디폴트 간 상관관계가 증가함에 따라 감소하지만, 시니어 트렌치의 경우 위험과 스프레드는 디폴트 상관관계 증가함에 따라 증가한다.

a. 첫 번째 문장을 신중하게 설명하라.

b. 두 번째 단락을 설명하라.

c. 가까운 장래에 신용상관 관계가 감소할 수 있다는 생각을 가정하자. 어떤 종류의 거래를 할 것인가?

5. 다음 인용문을 고려하자.

작년까지, 이 단일 가격 CDO와 첫 번째 디폴트 바스켓의 상관관계 가격결정은 각 은행 또는 헤지펀드의 상관관계평가에 달려 있었다. 그러나 2003년에 iBoxx 및 Trac-x에 뒤 이은 은행은 지수의 변형 된 버전을 거래하기 시작했다. 트렌치의 이러한 표준화로 인해 은행데스크 및 헤지 펀드가 포트폴리오 단일 주문형 CDO 및 첫 번째 디폴트 바스켓보다는 동일한 금융상품에 가치를 평가하고 가격을 책정하는 시장을 창출했다. 모형에 기초로 한 상관관계 가격보다는 시장에 의해 현재 설정되고 있다.

a. iTraxx 지수란 무엇인가?

b. 표준 트렌치란 무엇인가?

c. 시장에서 발행 된 표준화 된 트렌치와 CDO의 거래 간의 차이점을 설명하라.

6. (CoCos 평가에 대한 양식 접근 감소). 교재는 CoCos가 세 가지 다른 관점에서 평가 될 수 있다고 언급했다. 접근법 중 하나는 18장에 요약된 축소 형 또는 디폴트 강도 접근 방식을 기반으로 한다. CoCo는 5년 만기를 가지고 있다고 가정한다. 기초 주식 가격(S)은 €100이며, 지분 변동성은 20%이고 배당금은 없다. 연속 복리 이자율은 4%이다.

트리거 이벤트가 발생하면 주가 (S)가 S^*=€50의 트리거 가격에 도달했다고 가정한다. 트리거 강도 모형을 사용하여 신용 스프레드를 계산하라. 트리거 히팅의 필요한 확률, 트리거 강도 및 회수율(recovery rate)의 유도에 대해서는 장의 끝 부분을 참조하라.

7. 부채담보부증권 (CDO)를 다루고 있는 다음의 독서자료를 고려하자.

부채담보부증권 (CDO) 시장의 엄청난 하락에도 불구하고, 은행은 차익현금흐름 CDO에 대한 이자율스왑의 효과에 집중하고 있지 않다는 것을 지난 주 발표 한 리포트에서 Fitch Rating은 말했다.
비효과적인 이자율 헤징 전략은 1997~1999년 동안 완료된 고수익 채권 CDO의 성과에 가장 큰 타격을 가했다고 보고서는 지적했다.
이와 같은 사건의 복합성으로 인해 일부 CDO는 동일시점에 스왑포지션에 지나치게 과도한 헤지와 OTM이 될 것이다. 그 보고서에서 Fitch는 최근에 다운 그레이드를 경험한 18건의 현금 흐름 거래의 무작위 표본을 사용했다. CDO의 절반이 금리 하락의 수혜를 입었으나 절반은 그렇지 못했다. 과도하게 헤지된 CDO 9개는 모두 1999년 이전에 종결된 고수익 채권 거래였다.
뒤늦게 깨달은 혜택으로 인하여 균형보장 또는 맞춤식 스왑은 과도하게 헤지된(over-hedged) CDO의 위험을 완화시켰다. 순수 바닐라 스왑은 1997~1999년 동안 경제적으로 이점을 가지고 있었는데 스왑의 명목상 균형은 딜의 종결 일에 설정되고 시간에 따라 변하지 않기 때문에 장기적으로 금전상 비용으로 끝난다고 보고서는 말했다. CDO는 가격이 저렴하기 때문에 고객화된 스왑 대신 순수 바닐라 스왑을 사용하는 경향이 있다. (Thomson Reuters IFR 1433 호, 2002년 5월)

a. 간단한 CDO에 의해 생성된 현금 흐름을 그래프에 표시하라. CDO을 숏 한다고 가정하자.
b. 당신의 위험은 무엇이며 어떻게 위험을 헤지 할 수 있는가?
c. 일반 바닐라 스왑을 사용하여 얻은 헤지을 가지고 CDO의 현금 흐름을 보여여라.
d. 시간이 지남에 따라 디폴트율이 증가하고 이자율이 하락하면 CDO와 헤지 펀드는 어떻게 되는가?
e. 맞춤 스왑을 구입할 때 참조 할 내용은 무엇인가?

MATLAB 연습문제

9. (CoCos의 가치 평가에 대한 지분 파생상품 접근법). 미국 달러로 표시된 CoCo를 만기 5년, 액면가 1,000 달러로 가정 하자. 현재 주식 가격 S가 100 달러이고 주식 변동성이 20%라고 가정한다. 위험이 없는 연속 복리 이자율은 4%이며 배당금은 없다. 트리거 순간에 액면가 (N)의 일정 부분 (α), 즉 αN이 전환을 위해 올라간다. 주가 S가 \$50 이하로 떨어지면 전환 ($\alpha=80$)이 발생한다고 가정한다. 전환가격은 CoCo가 발행 된 가격과 동일하다. 따라서 전환율 CR은 αx1000/100=8에 해당한다. 은행이 액면가로 CoCo를 발행하고자 하는 경우 CoCo의 초기 가격이 1,000 달러가 되려면 투자자에게 제공되는 쿠폰 요금은 얼마인가? CoCos의 가치 평가에 대한 주식 파생 상품 접근 방식에 대해 자세한 내용은 마지막 장을 참조하라.

사례 연구

신용 연계 채권

8. 다음 사례 연구를 읽고 아래 질문에 답하라. 전반적으로 이 사례 연구는 CDS, 합성 회사 채권 및 더 흥미롭게도 신용 연계 채권을 다루고 있다.

이 사례 연구에서는 두 가지 문제점을 강조한다.

a. 이들 금융상품수단과 연관되어 있는 현금 흐름과 위험 및 이러한 금융상품수단이 발행되는 이유.

b. 신용 연계 채권의 최근 발급 활동의 결과로 창출된 차익 거래 기회. 읽기에서 나타나는 물음에 답을 할 때 이들 측면에 집중하라.

읽기(Reading)

거대 합성 신용 연계 채권을 상쇄시키기 위해서 서두른 것은 유통시장에서 채권의 부족과 글로벌 신용 전망에 대한 정서 변화와 동시에 발생하는 것처럼 주요 기업의 디폴트 스왑지수는 붕괴되었다. 숏 파생 상품 포지션을 다루기 위한 출격으로 인해 평평한 기회를 얻은 딜러 및 선호 고객을 위한 뜻밖의 재정 거래 기회가 생겨났다.
지난 5월에 최소 50억, 그리고 심지어 150억에 달하는 신용-연계 채권 발행이 발생했다. 단기 신용 디폴트 스왑 포지션의 상계 결과는 디폴트 스왑과 채권유통시장의 기초 부채의 자산 스왑 가치 사이에 부(-)의 베이시스로 급격히 확대되었다.
회사채에 접근할 수 있는 딜러들은 부채의 자산스왑 가치에 따라 20bp 수준의 디폴트 스왑을 매입할 수 있었고, 사실상 유일한 위험은 스왑에 대한 거래상대방인 경우 고객들을 위해 합성 패키지(package)를 창출할 수 있었다. 평평한 기회를 가진 신용파생상품 딜러는 독점거래를 통해 엄청난 이윤을 얻었고 - 그리고 이들 패키지를 선호하는 보험회사 고객에게 판매하는 것으로 나타났다.

경쟁 업체의 딜러들에 따르면 도이체 방크, 메릴린치, 베어스턴, 씨티그룹은 최근 몇 주간 채무 불이행에 대한 가장 적극적인 매도자 중 하나였고, 매수(bid)/매도(ask) 스프레드의 교차는 부(-)의 디폴트-스왑 베이시스를 채권에 보다 더 넓게 유도했다.

Deutsche Bank가 발행한 신용 연계 채권(22.5억)은 이러한 움직임에 힘을 실어주고 있는 전형적인 거래이다. 딜은 Deutsche Bank Repon 2001-2014에서 150개의 별도 신용에 대해 노출시켰으며, 미국으로부터 51%, 유럽으로부터 49%였다. DB가 거래를 평가했기 때문에 이 문제는 런던과 뉴욕의 트레이딩 데스크를 통해 확산되었고 경쟁사는 관련 기업의 채무 불이행에 대한 입찰을 철회했다.

다른 은행들은 비슷한 신용 등급이 아닌 (즉, 사적) 신용 연계 채권을 동시에 판매했기 때문에 스왑 포지션을 상쇄하기 위한 혼란이 발생했다. 유통시장에서 채권부족과 일부 기업 발행에 대한 0%의 레포율(repo rate)에 직면한 딜러들은 디폴트 스왑 시장에서 이용 가능한 모든 입찰을 시도하여 많은 투자등급 5년 만기 디폴트 스왑에 대한 부(-)의 베이시스를 8bp-16bp 부(-)의 베이시스에서 12bp-20bp베이시스로 지난주에 밀어 붙였다.

이것으로 인하여 신용연계채권에 사용된 부채로 봤던 기업의 디폴트스왑과 이러한 것을 가지고 있지 않은 비슷한 기업간 많은 다양성이 발생했다. Lufthansa의 5년 만기 디폴트 스왑은 지난 주 29bp로 제공되었으며 영국항공은 같은 만기로 50bp보다 낮지 않았다.

많은 디폴트 스왑은 절대 베이시스에 대하여 매우 낮았다. 단일 A등급의 프랑스 제약사인 Aventis는 예를 들어 금요일 거래가 종결 시 5년 디폴트 스왑에 대해 16bp/20bp로 보고되었다. 다른 회사의 디폴트 스왑도 5년 27bp로 낮게 제공된 롤스-로이스,, 폭스바겐 26bp, BMW는 최소 26bp, 유니레버는 21bp를 제공하면서 극도로 타이트한 수준이었다

문을 위해 달려라(Run for the Door).

이 움직임은 유럽피언 신용에 한정되지 않았다. 디폴트 스왑의 상쇄는 시어스, 뱅크오브아메리카, 필립 모리스 등 미국 내 이름의 부(-)의 베이스 패키지 매각을 이끌었고, 뱅크 오브 아메리카는 5년 만에 40bp 이하로, 또는 미국은행 신용의 질에 대한 공포가 이번 년도 초 최고 시점인 거래 포인트의 절반 이하로 거래되었다.

현재 신용 악화의 최악의 상황이지나 갔다는 일반적인 시장 심리는 디폴트 스왑 매도의 효과를 증폭시켰다. 투자자들은 회사 채권을 보유하게 되어 기쁘며, 이로 인해 딜러들은 디폴트 스왑을 판매하는 대안으로 자신의 포지션을 커버하기 위해 기업어음(paper)를 사는 데 어려움을 겪고 있다.

"모든 사람들이 동시에 문을 위해 달리기를 시도했다"라고 한 헤드딜러가 최근 몇 주간의 거래를 설명했다. 그는 스왑과 채권 간의 광범위한 부(-)의 베이시스가 얼마 동안은 거래 특징이 될 것이라고 예측했다. 딜러들은

여전히 가장 디폴트 스왑을 공격적으로 팔고 있는 은행들이 더 많은 합성 신용 연계채권을 줄 지어 있기 때문에 그렇게 하고 있다고 우려하고 있다. 채권과 노출을 상쇄시킬 수 있는 수준 사이의 마진을 유지할 수 있는 한 스왑 입찰가를 유지한다.

디폴트 스왑-상쇄 필요성, 채권 부족 및 개선된 신용 분위기 등의 이와 같은 충돌은 기업재무에 호의적으로 작용한다. WorldCom은 지난 주 미국 기업으로부터 가장 큰 거래를 아직 하지 못했으며, 가격결정에 앞서 118.3억 달러 상당의 거래가 체결 된 것으로 밝혀졌다. 이 규모의 발행은 일반적으로 관련 기업에 대한 디폴트 스왑의 급격한 확대를 촉구하지만 WorldCom은 5년 중기 예상치가 2주 전 150bp에서 지난주 140bp 이하로 떨어지는 것을 보았다.

디폴트 스왑 지수의 하락과 베이시스 대 자산스왑 수준의 확대는 지금까지 유럽과 미국으로 제한되어왔다. 아시아 기업들의 신용 질에 대한 분위기가 좋아지면 채권발행과 스프레드 움직임이 있을 수 있다. 가정하게도 유동성이 있는 미국과 유럽의 채권 및 스왑 시장에서 자신의 포지션을 커버하기 위해 애를 쓰고 있는 딜러들은 아시아에서 동일한 접근법을 시도하는 것을 꺼려할지 모른다.

미국 및 유럽 기업에 대한 신용 연계 채권 발행 확대 및 광범위한 부(-)의 스왑 대 채권 베이시스의 유지로 독점적 포지션을 운영할 수 있는 딜러와 보험 회사 고객은 보다 더 많이 횡재하는 차익거래 이윤을 확보해야 한다. 그러나 구조화 채권 부서에 의해 발행된 거래를 상쇄해야 하는 거래자들은 불안한 헤지에 보다 더 직면하게 된다. (Thomson Reuters IFR, 2001년 5월 12 일)

질문(Questions)

a. 신용 연계 채권 (CLN)이란 무엇인가? 왜 투자자들은 회사채 대신 신용 연계 채권을 살 것인가? 이 두 가지 금융상품수단에 의해 생성된 위험과 현금 흐름을 분석하여 CLN이 어떤 면에서 바람직한지 알아 본다.

b. CLN을 발행한다고 가정하자. 포지션을 어떻게 헤지 할 수 있는가? 이것을 수행하는 데 최소한 두 가지 방법이 있음을 언급하라. 그런데 왜 포지션을 헤지 할 필요가 있는가? 구체적으로 말하라.

c. 이전 질문의 연속으로서, 왜 투자자가 이 상황에서 중요한 회사채를 판매하는지 여부는 무엇인가?

d. 이제 차익 거래 문제로 왔다. 이 읽기에서 언급된 차익 거래 주장의 베이시스는 무엇인가? 구체적으로 설명하라. 현금흐름 도표를 사용하여 추론을 보여라.

e. 일부 기업어음에 대한 0% repo 비율은 무엇을 의미하는가? 비율은 왜 0인가?

f. 마지막으로, 왜 이것이 기업 재무를 위한 기회를 창출하는가?

10 디폴트 상관관계 가격결정 및 거래

CHAPTER

10.1 서론

신용 부문에는 세 가지 주요 쟁점이 있다. 먼저 신용 위험 자체에 대한 이해와 금융공학이 있다. 다른 말로, 채권이나 대출의 위험 요소를 분리하여 개별적으로 거래하는 방법은 무엇인가? CDS의 공학은 이 목적을 수행하며 6장에서 이루어졌다.

신용 위험을 학습할 때 두 번째 차원은 모형화 측면이다. 모형화 없이는 가격결정, 헤징 및 위험 관리 문제를 구현할 수 없다. 모형화는 기술적 또는 그래픽적 토론에서 숫자로 이동하는 데 도움이 된다. 신용위험에서 모형화는 "참신한" 구성 요소를 가지고 있다. 문제에서 위험은 사건(event)으로서 디폴트이다. 그것들은 0−1 유형의 확률변수이며 연속적인 상태확률 과정에 의해 근사될 수 있는 금리 및 주가와 같은 위험 요소와는 다르다.[1)] 신용 위험은 0−1 사건이므로 모형화의 새로운 차원을 도입한다.

신용부문의 세 번째 주요 측면은 디폴트 위험의 트렌칭(Tranching)과 관련이 있다. 11장의 요점은 신용위험을 트렌칭하는 것은 궁극적으로 디폴트 상관관계를 분리할 수 있다는 것이다. 본 장에서는 디폴트 상관관계 분석을 모형화하고 디폴트 상관관계의 금융공학 결과에 대하여 설명한다. 그것을 분리하고(strip), 헤지하며 및 거래를 하는 방법을 배운다. 최근 상관관계 시장은 현실 세계 배경을 제공한다.

이전 장에서 논의한 바와 같이 은행은 증권화 과정을 CDO, CLO 및 기타 금융상품으로 확대했다. 중간 또는 메자닌 트렌치는 투자자에게 판매되었다. 시니어 및 슈퍼 시니어라고 불리는 매우 우수한 품질의 트랜치는 많은 투자자들에게 내재 수익률이 너무 작았기 때문에 은행의 장부에 기록되어 있었다. 결과적으로 은행들은 오랫동안 롱 지분 트렌치와 롱 시니어 및 주니어 트렌치를 스스로 찾았다. 그들은 좋은 수익을 냈고 투자 등급으로 평가된 중 숏 메자닌 트렌치였다. 본 장에서 볼 수 있듯이 주식거래 가치는 디폴트 상관관계에 의해 정(+)의 영향을 받으며 슈퍼 시니어 트렌드 가치에는 부(−)의 영향을 받는다는 것이 밝혀졌다. 이 포지션의 합계는 은행의 상관관계 장부를 형성했다. 은행들은 상관관계 거래, 헤징 및 가격결정을 결과적으로 배워야 했다.

1) 실 생활의 지표는 실제로 연속적 상태 확률변수가 아니다는 것을 기억하라. 대신 상태공간은 셀 수 있다. 시장은 소수점과 관련하여 관행을 가지고 있다. 예를 들면, EUR/USD율은 4개 소수점까지 표시된다. 그래서 최소 틱(tick)은 0.0001점(pips)이다. 전형적인 거래일에 그럴듯한 진정한 세계상태의 총 숫자는 200−300보다 많지는 않다.

디폴트 상관관계와 트렌치 가치 사이의 연결은 복잡한 관계이므로 단계별로 명확하게 설명해야 한다. 이 아이디어가 상관관계 거래를 설정하는 데 어떻게 활용될 수 있는지에 대한 시장의 예를 논의하고 새로운 구조화 상품을 개발할 때 활용될 수 있다. 도입해야 할 첫 번째 이슈는 디폴트 상관관계에 대한 트렌치 가격결정의 의존성이다.

10.2 두 가지 간단한 예제

먼저 디폴트 상관 움직임이 트렌치 가격에 미치는 영향에 대한 논리를 설명하기 위해 두 가지 간단한 사례를 논의한다. 이 논리를 통해 관측된 트렌치 거래를 사용하여 디폴트 상관관계를 도출하는데 사용될 수 있다. 이 양은 내재 상관관계라고 불리어 질 것이다.

10.2.1 3개의 신용이름을 가진 포트폴리오

포트폴리오에 신용 이름이 3개만 있도록 $n=3$으로 놓자. 이러한 포트폴리오를 통해 단지 3가지 트렌치를 고려할 수 있다. 지분, 메자닌 및 시니어. 이 단순한 예에서 주식형 트렌치는 첫 번째 디트(0~33%)의 위험을 가지고 있으며, 메자닌 트렌치는 두 번째 이름 디폴팅(33~66%)의 위험을 부담하고 시니어 트렌치 투자자는 디폴트 세 번째 채무 불이행 위험(66~100%)을 내포하고 있다.

일반적으로, 이전 장에서와 같은 표기법을 따른다. 새로운 모수(parameter) 변수로, 시간 t에서 포트폴리오의 i 번째와 j 번째 이름 사이의 디폴트 상관관계를 $\rho_t^{i,j}$ 라고 한다. p_t^i은 디폴트의 확률이고 cds_t^i는 각각 i 번째 이름에 대한 유동성 CDS 스프레드이다. 일반성을 잃지 않고 다음과 같은 가정을 한다. 기간 $[t_0, T]$ 동안 디폴트 확률은 모든 명칭에서 동일하며 상수이다.

$$p_t^1=p_t^2=p_t^3=p \quad \text{for all } t\in[t_0, T] \tag{10.1}$$

회수율(recovery rate)은 상수로 놓고 R로 나타내자.

두 가지 극단적인 설정을 고려하자. 첫째, 디폴트 상관관계는 0이다.

$$\rho^{ij}=0 \tag{10.2}$$

두 번째는 모든 $t\in[t_0, T]$, i, j 에 대해 완전한 상관관계이다.

$$\rho^{ij}=1 \tag{10.3}$$

이들 두 극단적인 경우는 상관성 거래와 관련된 기초 개념을 전달할 것이다. 이 두 가지 가정 하에서 중요한 개념의 수를 학습한다. 특히, (i) 디폴트 손실 분포, (ii) 디폴트 상관관계 및 (iii) 이러한 맥락에서의 트렌치 가격결정을 얻는다.

독립의 경우를 가지고 시작하자. 일반적으로 n의 신용 이름을 가지고 D의 확률 분포는 이항 확률 분포에 의해 주어질 것이다. p가 각 이름에 대한 디폴트의 일정 확률을 나타내고 디폴트가 독립적이라고 가정하면, 기간 $[t_0, T]$ 동안의 디폴트의 수는 다음과 같은 분포가 될 것이다.

$$p(D=k)=\frac{n!}{k!(n-k)!}p^k(1-p)^{n-k} \tag{10.4}$$

상관 관계가 0이므로 이 분포에는 ρ 모수 변수가 없다는 것에 주목하라. 이제 첫 번째 수치 예제를 생각해보자.

10.2.1.1 사례 1: 독립성

$n=3$ 인 경우 네 가지 가능성, $D=\{0, 1, 2, 3\}$가 있다. 디폴트가 0인 경우 $D=0$ 인 경우, 다음 식을 가진다.

$$p(D=0)=(1-p)^3 \tag{10.5}$$

나머지 확률의 경우 다음을 얻는다.

$$p(D=1)=p(1-p)^2+(1-p)p(1-p)+(1-p)^2p \tag{10.6}$$

$$p(D=2)=p^2(1-p)^2+p(1-p)p+(1-p)p^2$$

$$p(D=3)=p^3 \tag{10.7}$$

$p=0.05$라고 가정하자. 위의 공식을 연결하면 디폴트가 발생하지 않을 확률을 먼저 얻

는다.

$$P(D=0)=(1-0.05)^3=0.857375 \tag{10.8}$$

한 번의 디폴트는 세 가지 다른 방법으로 발생할 수 있다.

$$P(D=1)=(0.05)(1-0.05)(1-0.05)+(1-0.05)(0.05)(1-0.05)+(1-0.05)(1-0.05)(0.05)$$
$$=0.135375 \tag{10.9}$$

두 번의 디폴트는 3 가지 방법으로 다시 발생할 수 있다.

$$P(D=2)=(0.05)(0.05)(1-0.05)+(0.05)(1-0.05)(0.05)+(1-0.05)(0.05)(0.05) \tag{10.10}$$
$$=0.007125$$

세 번의 디폴트의 경우 오직 하나의 가능성만 있으며 확률은 다음과 같다.

$$P(D=3)=(0.05)(0.05)(0.05)=0.000125 \tag{10.11}$$

필요에 따라 이 확률의 합은 1이다.

각 트렌치와 관련된 스프레드는 이 숫자에서 쉽게 얻을 수 있다. 단순함을 위해 디폴트는 연말에만 발생한다고 가정한다. 트렌치 스프레드를 계산하기 위해서 적절히 작용하는 확률 하에서 각각의 트렌치에 대한 기대 손실을 먼저 계산한다. 그리고 기대 현금 유입이 기대 손실과 같아 지도록 스프레드가 설정된다. 3개의 트랜치에 대한 기대 손실은 다음과 같이 주어진다.

$$\text{자기자본 트렌치}=0[P(D=0)]+1[P(D=1)+P(D=2)+P(D=3)]=0.142625 \tag{10.12}$$

$$\text{메자닌 트렌치}=0[P(D=0)+P(D=1)]+1[P(D=2)+P(D=3)]=0.00725 \tag{10.13}$$

$$\text{시니어 트렌치}=0[P(D=0)+P(D=1)+P(D=2)]+1[P(D=3)]=0.000125 \tag{10.14}$$

1년 만기 계약의 경우 이러한 트렌치 스프레드 계산을 일반화하기 쉽다. 시간 T에서 받는 1 달러에 대한 적절한 시간-t 할인 요소를 $B(t, T)$로 놓자. 회수률은 R에 의해 주어진다. $N=1$과 그 디폴트가 날짜 T에서만 발생할 수 있다고 가정하면 트렌치는 시간 t_0시점에서 $\text{cds}_{t_0}^j$ $j=e, m, s$로 나타내는데 다음의 방정식에 의해 주어진다.

$$0=B(t_0,\ T)[\text{cds}^e_{t_0}P(D=0)-[(1-R)-\text{cds}^e_{t_0}]P(D\geq 1)] \tag{10.15}$$

지분 트렌치의 경우 첫 번째 디폴트로 나타난다. 이것은 다음과 같이 쓰여질 수 있다.

$$\text{cds}^e_{t_0}=(1-R)\times P(D\geq 1) \tag{10.16}$$

메자닌 트렌치의 경우 다음을 가진다.

$$0=B(t_0,\ T)[\text{cds}^e_{t_0}(P(D=0)+P(D=1))-[(1-R)-\text{cds}^m_{t_0}](P(D=2)+P(D=3))] \tag{10.17}$$

이것은 다음을 준다.

$$\text{cds}^m_{t_0}=(1-R)\times(P(D=2)+P(D=3)) \tag{10.18}$$

마지막으로 시니어 트렌치의 경우

$$0=B(t_0,\ T)[\text{cds}^m_{t_0}P(D=0)+P(D=1)+P(D=2))-[(1-R)-\text{cds}^m_{t_0}]\times P(D=2)] \tag{10.19a}$$

그리고 다음을 얻는다.

$$\text{cds}^s_{t_0}=(1-R)\times P(D=3) \tag{10.19b}$$

일반적으로, $n>3$ 및 트렌치 수가 n보다 작은 경우, R에 대해 가능한 하나 이상의 값이 존재할 것이라는 점에 유의해야 한다. $p=0.05$ 및 회수가치 $R=40\%$을 연결함으로써 이들 스프레드에 대한 수치 값을 얻을 수 있다.

위의 값을 연결하면 다른 트렌치에 대한 다음의 신용 스프레드를 얻는다: $\text{cds}^e_{t_0}=0.085575$, $\text{cds}^m_{t_0}=0.00435$, $\text{cds}^s_{t_0}=0.000075$. 기대해던 것처럼 트렌치 양은 가장 위험하며, 가장 높은 트렌치를 다른 트렌치에 대해 다음과 같은 신용 스프레드를 얻는다. 예상대로 지분 트렌치가 가장 위험하며 가장 높은 스프레드에 대하여 보상한다.

흥미로운 점은 각각의 트렌치에 대해 유동적인 지불을 하는 스프레드와 확률 사이의 관계가 6장에서 단일 이름 CDS에 대해 얻은 *cds*와 p 사이의 관계와 유사하다는 점이다.

$$\text{cds}=(1-R)\times p. \tag{10.20}$$

10.2.1.2 사례 2: 완벽한 상관 관계

디폴트 상관 관계가 증가하고 $\rho \to 1$이면 모든 신용 이름이 기본적으로 동일해 지므로 디폴트 확률이 동일하게 제한된다. 그래서 모든 이름과 모든 시간 $t \in [t_0, T]$에 대하여 다음과 같이 놓자.

$$p_t^i = 0.05 \tag{10.21}$$

이들 조건 하에서 D에 대한 확률분포는 다음의 분포에 의해 임의로 주어질 것이다.

$$P(D=0) = (1-0.05) = 0.95 \tag{10.22}$$

$$P(D=1) \to 0 \tag{10.23}$$

$$P(D=2) \to 0 \tag{10.24}$$

$$P(D=3) = 0.05 \tag{10.25}$$

각 트렌치에 해당하는 기대 손실은 임의로 계산될 수 있다. 손실은 모든 트렌치에서 동일하며 사례 1에서와 같이 p와 R에 대해 동일한 값을 가정하면 0.05와 농일하다. 지분트렌치의 경우 다음과 같은 신용 스프레드를 얻는다.

$$0 = c_{t_0}^e P(D=0) - [(1-R) - c_{t_0}^e](D \geq 1) \tag{10.26}$$
$$\text{cds}_{t_0}^e = (1-R) \times P(D \geq 1) = (1-0.4)(0.05) = 0.03$$

메자닌 트렌치 스프레드는 다음과 같이 될 것이다.

$$\text{cds}_{t_0}^m = (1-R) \times [(P(D=3)] = (1-0.4)(0.05) = 0.03 \tag{10.27}$$

마지막으로 시니어 트렌치의 경우 다음을 가질 것이다.

$$\text{cds}_{t_0}^s = (1-R) \times [(P(D=3)] = (1-0.4)(0.05) = 0.03 \tag{10.28}$$

위의 1과 2의 경우에서 몇 가지 일반적인 결론을 추출할 수 있다. 우선, $\rho \to 1$과 같이 세 개의 트렌치 스프레드가 모두 비슷하게 된다. 이 조건 하에서 모든 이름이 점점 더 비슷하게 보이기 때문에 이것이 예상된다. 극한 $\rho = 1$에 두 가지 가능성이 있는데 아무도 디폴트를 가지지 않거나 모두 디폴트를 가지는 것이다. "트렌치"와 판매에 대해 개별적으로 위험은 없다. 단 하나의 위험이 있다.

그림 10.1 디폴트 상관관계의 함수로서 트렌치 프리미엄

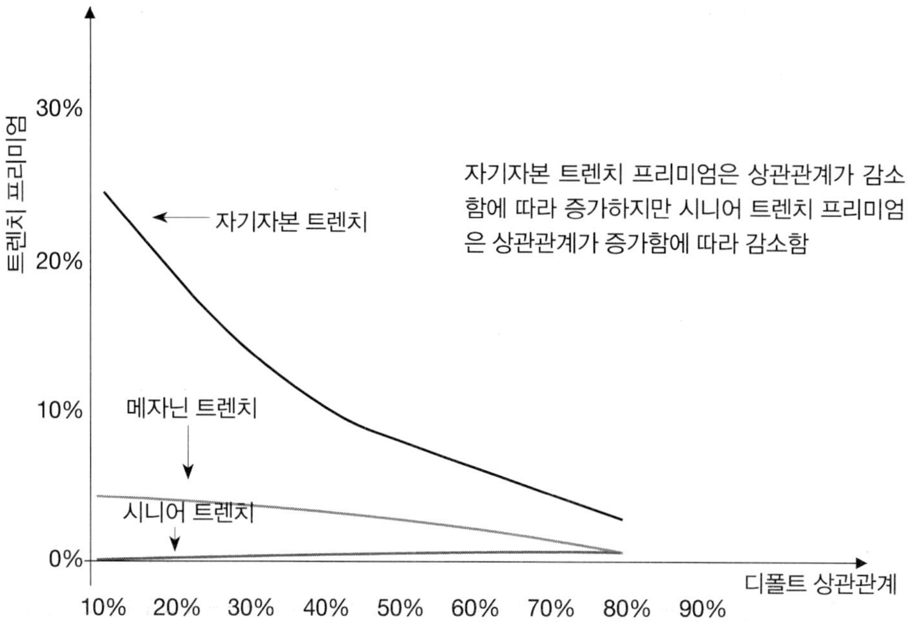

둘째, 상관 관계가 0에서 1로 갈수록 예상되는 자본 트렌치 손실은 감소하고 신용 스프레드는 감소한다는 것을 알 수 있다. 다른 한편으로는 시니어 트렌치의 기대 손실과 그에 따른 신용 스프레드는 증가한다. 메자닌 트렌치는 그 중간 지점에 있다. 기대 손실과 신용 스프레드는 상관 관계가 높아짐에 따라 올라 가게 되지만, 시니어 트렌치 만큼 많지는 않다. 일반적으로 메자닌 트렌치의 상관관계에 대한 민감도는 현재 신용 스프레드뿐만 아니라 부착 지점 및 크기에 달려있다.

넷째, 포트폴리오의 기대손실은 상관 관계와 독립적이다. 세 트렌치에서 손실을 합산하면 두 경우 모두 손실이 0.15이다. 그러나 상관관계는 기대 손실이 자본 구조의 다른 부분에 따라 어떻게 할당되지를 결정한다.

10.2.2 디폴트 상관관계에 대한 트렌치 스프레드와 바스켓 디폴트 스왑의 민감도

마지막으로 디폴트 상관관계가 올라감에 따라 분포는 양쪽 끝에서 "두" 꼬리가 더 무거워지면서 보다 더 왜도(skewed)가 된다. 9장에서는 디폴트 분포 및 포트폴리오 손실 분

포가 디폴트 상관관계에 어떻게 의존 하는지를 보았다. 〈그림 10.1〉은 가상의 포트폴리오를 기반으로 하며 트렌치 프리미엄이 상관관계와 트렌치 하위(subordination)의 함수임을 보여준다. 트렌치 프리미엄은 모든 수준의 상관관계에 대하여 지분 트렌치에서는 가장 높다. 이것은 지분 트렌치가 하위 관계가없고 손실을 가장 먼저 겪는다는 사실을 반영한다. 시니어 트렌치는 지분 및 메자닌 트렌치의 하위에 의해 보호되며 따라서 위험이 가장 낮다. 지분 트렌치를 나타내는 선은 디폴트 상관관계가 증가함에 따라 지분 트렌치 프리미엄이 하락한다는 것을 보여준다. 디폴트 상관관계가 증가하면 반대가 된다. 시니어 트렌치의 경우 디폴트 상관관계가 증가함에 따라 프리미엄이 증가한다. 메자닌 트렌치의 경우 디폴트 상관관계와 트렌치 프리미엄 간의 관계는 일반적으로 여러 매개 변수에 대한 민감도 이지만, 그러나 예제에서는 디폴트 상관관계에 따라 감소한다고 가정한다. 이것은 또한 위에서 제시된 수치 예제의 사례 1과 사례 2를 비교한 것이다.

위의 예는 트렌치 가격결정의 적용 대신 바스켓 디폴트 스왑으로 해석될 수도 있다. 바스켓 디폴트 스왑은 기초자산이 하나의 단일 실체이기보다 실체의 바스켓이라는 점에서 단일-이름 디폴트 스왑과 다르다. 인기 있는 바스켓 디폴스 스왑의 예는 디폴트에 대한 첫 번째(first-to-default), 디폴트에 대한 n번째(n-th-to-default), 디폴트에 대한 m 중 n(n-out-of-m-to-default) 및 디폴트에 대한 모든(all-to-default) 스왑이다. 단일 이름 신용 디폴트 스왑에서 신용 사건은 일반적으로 실체(entity)의 디폴트이다. 이 예에서는 3개의 자산 또는 이름이 있었고 디폴트에 대한 첫 번째, 디폴트에 대한 두 번째, 디폴트에 대한 세 번째 스왑 등의 스프레드를 계산 했다. 따라서 합성 CDO 트렌치의 가격은 바구니 디폴트 스왑과 유사한 방식으로 디폴트 상관관계에 달려있다. 합성 CDO에서 기초 자산은 CDS이고 현금 CDO에서는 기초 자산은 채권이다. CDO 시장이 진화하면서 단일 트렌치 거래가 개발되었다. 이것은 숏 CDS 포지션의 기초 포트폴리오가 만들어지지 않은 채 CDO 트렌치 거래를 언급한다.

10.2.3 CDO 트렌치에 대한 최근 인용관행과 트렌치 스프레드의 혁명

단순화된 예제는 다른 트렌치의 스프레드가 어떻게 디폴트 상관관계에 의존하는 달려있는지 방법을 보여주었다. 〈그림 10.1〉은 가상의 포트폴리오를 사용하여 이 요점을 설명했다. (iTraxx Europe) 트렌치 스프레드가 최근에 어떻게 움직였는지에 대한 실제 세계의 사례를 살펴보기 전에 2009년 CDS 빅뱅(big bang) 이후에 CDS 계약이 표준화되고 트렌치의 인용이 변경되었음을 알아 둘 필요가 있다. 2009년 4월까지 지분 트렌치를 제외한 모든 iTraxx 트렌치(0~3%)는 고정 운영 스프레드(fixed running spread)가 없는 베이시스 포인트로 인용되었다. 다시 말해, 어떤 돈도 사전에 교환되지 않았다는 것이다. 그러나 지분 트렌치는 고정 500bps 스프레드의 선행 수수료(upfont)로 구성되어 있으며 명목금액의 비율로 표시되었다. 2009년 4월 이후에 트렌치의 인용이 변경되었고 이후 지분(0~3%) 및 메자닌 트렌치(3~6%, 6~9%)는 고정 500bps 스프레드의 선불 수수료로 구성되며 명목금액의 백분율로 표시된다. 9~12%와 시니어 12~22% 트렌치는 고정 영업스프레드(fixed running spread)가 아닌 것을 가지고 베이시스 포인트로로 계속 표시된다.

따라서 〈그림 10.2c〉와 〈그림 10.2d〉에서 보고된 2010~2013년 연도에 대하여 논의하기 전에 〈그림 10.2a〉와 〈그림 10.2b〉에서 2007년부터 2009년까지의 연도를 조사할 것이다. 〈그림 10.2a〉 및 〈그림 10.2b〉에서 볼 수 있듯이 2007년부터 2009년까지 GFC 동안

그림 10.2 2007–2013년동안 트렌치 스프레드

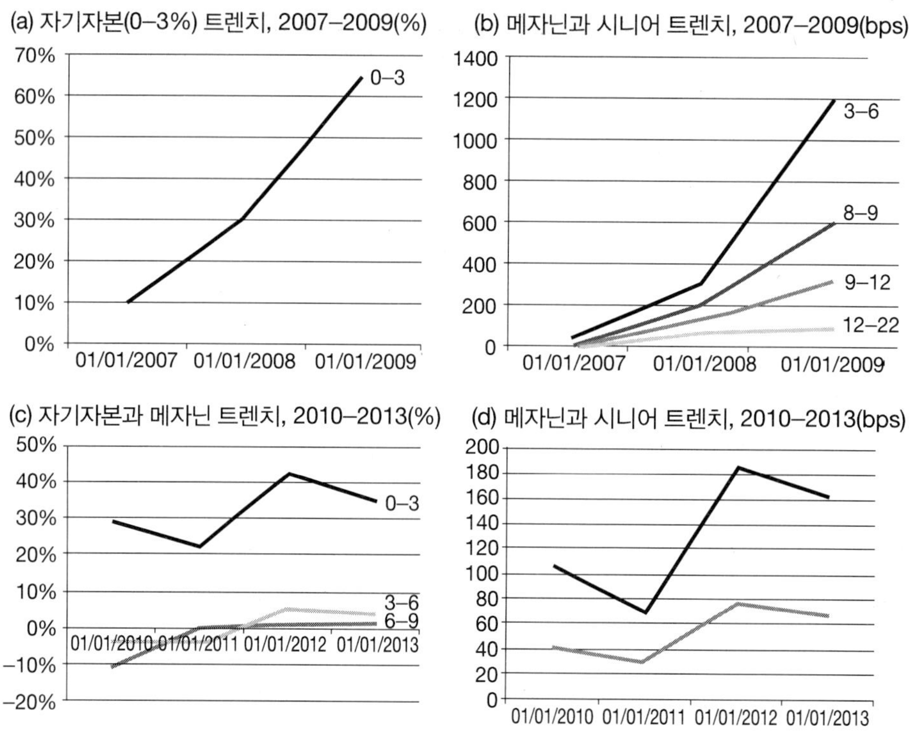

모든 트렌치 스프레드가 크게 증가했다. 메자닌 6~9% 트렌치 스프레드는 2007년 1월 31일 11.95bps에서 2009년 1월 30일 606.69bps로 증가했다. 이것은 60배 이상 증가를 보여주고 있다. 다른 모든 트렌치도 크게 증가했다. 이러한 변화를 설명할 수 있는 많은 요인이 있지만 그 중 두 가지는 디폴트 확률 및 디폴트 상관관계와 관련이 있다. 시장참여자가 디폴트 확률에 대한 그들의 견해를 상향 조정함에 따라 모든 트렌치 스프레드는 증가 할 것이다. 위기 시간에 상관관계도 증가하지만 이전 절의 예에서 보았듯이 서로 다른 트렌치에 다른 영향을 준다. 예상할 수 있는 것처럼, 메자닌 및 시니어 트렌치에 대한 비례적인 스프레드가 지분 트렌치에 대한 스프레드보다 많이 상승하는 몇몇 증거가 있다.

일부 평론가들은 MBS에 의해 담보된 CDO 가격결정에서 가우시안 커플라(Gaussian copula) 모형 사용에 GFC의 심각성에 대해 부분적으로 비판했다. 그러나 위기 이전에 실무자와 학자들이 모형의 한계점을 지적했음을 주목하는 것이 중요하다. 더욱이 트렌치 및 CDO의 가격 잘못 결정에 대한 비난은 내재변동성의 예상치 못한 증가로 인하여 놀라기 전에 옵션 가격을 결정하기 위해 역사적인 내재 변동성을 사용한 후 겪었던 옵션 손실에 대하여 거래자에게 책임을 묻는 것과 유사하다.

옵션 가격과 트렌치 가격은 시장 참여자가 그들의 기대치를 수정함에 따라 예기치 않게 움직일 수 있다. 손실의 원인은 모형 사용자에게 있다. 여기서 간단한 설명조차도 모형의 한계를 강조한다. 좀 더 세련된 모형이 계속 개발되고 있지만 본 책에서 반복적으로 지적했듯이 모형은 현실의 근사치이며 의사 소통 도구 또는 벤치 마크로 사용되기도 하지만 현실은 모형의 가정보다 훨씬 복잡하다. 파생 상품의 구매자와 판매자는 거래하는 금융상품을 이해해야 하며 상품구조는 고객에게 상품을 설명하고 상품이 고객에게 적합한 지 확인해야 한다. 이는 파생 상품이나 구조화 상품뿐만 아니라 모든 상품과 서비스에 적용된다.

〈그림 10.2c〉와 〈그림 10.2d〉는 2010~2013년에 트렌치 스프레드 변동성이 감소한 것을 보여준다. 〈그림 10.2c〉는 새로운 인용 관행을 보여주고 있다.[2] 0~3% 지분 트렌치의 경우 2010년 1월 29일의 인용은 28.81%(명목 비율의 관점에서)였다. 트렌치는 500bps의 고정 쿠폰을 가지고 있기 때문에 시작 시 선불금(upfront payment)이 있다. 지급된 선불금은 현재 시장 스프레드와 고정 쿠폰 간의 차이의 현재가치와 동일하다. 계약서에는 500bps의 고정 쿠폰이 있지만 2881bps(28.81%)로 거래되기 때문에 보호 구매자는 2881~500bps 차이의 현재 가치와 동일한 선금을 납부해야 한다. 그림은 일부 스프레드

2) 자료원천은 Creditex와 Markit이다. 보다 더 세부적인 것은 웹 사이트 www.creditfixings.com을 보라.

에 대해 시장 스프레드가 보호 판매자가 두 스프레드 선불금 간 차이를 지급해야 하는 경우의 고정 쿠폰보다 낮다는 것을 보여준다. 2010~2013년에 트렌치 스프레드가 다소 증가했지만 상대적인 규모의 증가는 지분 트렌치의 경우 가장 작았고 시니어 및 메자닌 9~12% 트렌치에서 가장 두드러졌다. 기술적 요인과 유동성의 변화를 무시한다면, 이 기간에 걸쳐 트렌치 가격의 움직임 디폴트확률 및 디폴트 상관관계 인식의 증가와 일치하는 것으로 해석할 수 있다. 다른 트렌치의 동조화(comovement)은 평균으로 약간의 회귀가 있음을 제시하고 있다. 만약 거래자가 트렌치 스프레드의 발산을 관측했다면, 보다 긴 시간에 걸쳐 관측된 트렌치의 동조화로 인하여 수렴에 확신하는 포지션을 설정할 수 있다.

여기서 〈그림 10.2〉와 관련된 토의는 휴리스틱하며 주된 목적이 디폴트 상관관계에 대한 트렌치의 종속성을 예시하는 것이기 때문에 트렌치 스프레드 동인의 엄격한 분석을 나타내지는 않는다.

10.3 표준 트렌치 평가모형

이제 D의 분포가 0 및 1과 다른 상관관계에서 어떻게 계산될 수 있는지 보여준다. n개의 이름 포트폴리오의 경우 표준 트렌치의 가격결정에 대한 표준 시장 모형을 논의한다.

10.3.1 가우시안 커플라 모형(Gaussian Copula Model)

이 모형은 한 요소 설정에서 소위 가우시안 커플라 모형과 동일하다.

연속적인 잠재변수를 다음과 같이 놓자.

$$\{S^j\},\ j=1,\ldots,n \tag{10.29}$$

그들의 역할은 통계적으로 종속적인 0−1 변수를 생성하는 것이다.[3] 폐쇄형 밀도 또는 분포함수를 가진 종속 0−1 확률변수를 생성할 수 있는 확률변수의 모형이 없다. {Sj}는 이

3) 이전 예제는 독립적인 디폴트의 경우를 다루었다. 디폴트는 0−1변수이며, 이것은 $[t_0, T]$동안 총 디폴트 수를 나타내는 확률 변수 D을 만들며 표준이상분포를 따른다.

를 수행하기 위해 몬테칼로(Monte Carlo) 접근법에서 사용된다.

S_j가 정규 분포를 따르고 i 번째 이름의 디폴트는 S_j가 $L\alpha$로 표시된 임계 값 아래로 떨어지는 첫 번째 시간에 발생한다고 가정하게 되는데, 여기서 a는 j번째 이름의 디폴트 확률이다. 중요한 단계는 S_j가 구조화되는 방식이다. 다음의 하나의 요인의 경우를 생각해보자.

$$S^j = \rho^j F + \sqrt{1-(\rho^j)^2}\,\epsilon^j \tag{10.30}$$

여기서 F는 ϵ^j의 독립적인 공통 잠재변수이데, ρ^j는 상수 매개 변수이고, ϵ^j는 비체계적 성분이다. 이 설정에서 확률변수에는 몇 가지 특별한 특성이 있다. F에는 위 첨자가 없으므로 모든 S_j, $j=1,\cdots,n$에 공통적이고 이것은 표준정규분포를 갖는다. ϵ^j는 각 i에 구체적이며 또한 표준정규로서 분포되어 있다.

$$\epsilon^j \sim N(0,\ 1) \tag{10.31}$$

$$F \sim N(0,\ 1) \tag{10.32}$$

마지막으로 공통 요소와 특이한 구성 요소는 상관관계가 되어 있지 않다.

$$E[\epsilon^j F] = 0 \tag{10.33}$$

ϵ^j와 F는 바람직한 분포를 가질 수 있다는 것이 판명된다.[4] 이 분포가 정규 분포라고 가정하면 기술된 모형은 가우시안(Gaussian) 커플라(copula) 모형과 유사해진다. 이 경우는 실제로 하나의 요소 잠재 변수 모형이다.

전형적인 S_j의 평균과 분산을 다음과 같이 구한다.

$$\begin{aligned} E[S^j] &= \rho E[F] + E\left[\sqrt{1-\rho^2}\,\epsilon^j\right] \\ &= 0 \end{aligned} \tag{10.34}$$

그리고

$$\begin{aligned} E[(S^j)^2] &= \rho^2 E[F^2] + E[1-\rho^2(\epsilon^j)^2] \\ &= 1+\rho^2-\rho^2 = 1 \end{aligned} \tag{10.35}$$

4) 하나의 단서(caveat)는 다음과 같다. 두 정규분포의 합은 정규분포이다. 그러나 두 임의의 분포의 합은 동일한 군에 속할 필요는 없다. 사실 합과 같은 모형에 대한 어떤 폐쇄형 분포는 존재할 수 없다. 하나의 예는 정규분포 변수의 합과 폐쇄형 분포 공식에 의해 나타낼 수 없는 스튜던트 t 분이다.

왜냐하면 우변의 두 무작위 변수는 가정에 의하면 0의 평균 및 1의 두 번째 적률를 갖기 때문이며 F는 ϵ^j와 상관관계가 없기 때문이다. 위의 모형은 디폴트 상관 관계를 제거하는 데 사용할 중요한 특성을 가지고 있다. 디폴트 간의 상관관계는 공통 요인 변수와 연관된 ρ^i를 사용하여 편리하게 모형화될 수 있음이 밝혀졌다. 상관관계를 계산하라.

$$\begin{aligned} E[S^jS^k] &= E\left[\rho F+\sqrt{1-\rho^2}\,\epsilon^j\right]\left[\rho F+\sqrt{1-\rho^2}\,\epsilon^k\right] \\ &= \rho^2 E[F^2]+E[2(1-\rho^2)\epsilon^j\epsilon^i]+E\left[\rho\sqrt{(1-\rho^2)}\,\epsilon^j F\right]+E\left[\rho\sqrt{(1-\rho^2)}\,\epsilon^i F\right] \end{aligned} \quad (10.36)$$

이것은 다음을 제시한다.

$$\text{Corr}[S^iS^j]=\rho^i\rho^j \quad (10.37)$$

모든 i, j에 대해 복리 상관관계라고 불리며 시장 관습의 경우이다.

$$\rho^i\rho^j \quad (10.38)$$

복리디폴트 상관관계 계수는 ρ^2로 주어진다. i번째 이름 디폴트 확률은 다음과 같이 정의된다.

$$\rho^i=P\left(\left(\rho F+\sqrt{(1-\rho^2)}\,\epsilon^i\right)\le L_\alpha\right) \quad (10.39)$$

확률은 S^i의 값이 레벨 L_α 아래로 떨어질 것이다. 7장에서 회사의 가치가 회사가 발행한 부채 아래로 떨어지면 디폴트가 발생하는 Merton(1974)의 디폴트 구조 모형을 소개했다는 것을 기억하라. 따라서 언뜻 보기에 시장관습이 Merton의 모형과 유사하다. 그러나 S^i는 여기에 구조 해석이 없으므로 다소 오해의 소지가 있다. 주로 상관된 이항 변수를 생성하는 데 사용된다.

위의 설정은 트렌치의 가격결정과 헤지거래를 수행할 수 있는 의제를 제공한다. 또한 시장에서 유동 트렌치 스프레드를 관측하는 내재 디폴트 상관관계를 도출하는 데 도움이 될 것이다.

의제는 다음과 같다. 첫째, 시장에서 각 이름에 대한 CDS율 cds_t^i을 관측하라. 이것을 사용하여 위험 중립적 디폴트 확률 p^i를 계산하라. 이것을 사용하여 해당 L_α^i를 찾는다. F와 ϵ^i에 대한 의사-난수(pseudo-random number)를 생성하라. 다음으로, ρ에 대한 값을 가정하고 내재 S^i를 계산하라. 이 방법으로 얻은 S^i의 값이 L_α^i보다 작은지 확인하라. 이렇게 하면 시뮬레이션된 디폴트 과정을 얻을 수 있다.

$$d^i = \begin{cases} 1 & \text{if } S^i < L_\alpha \\ 0 & \text{otherwise} \end{cases} \tag{10.40}$$

마지막으로 다음과 같이 시행(trial)에 대한 디폴트 수를 계산하라.

$$D = \sum_{i=1}^{n} d^i \tag{10.41}$$

이와 같은 절차를 m번 반복하는 것은 확률변수 D의 m개 복제를 산출할 수 있다. 만약 m이 클 경우 n개의 참조 이름에 대한 디폴트 손실 분포로서 나타난 히스토그램을 사용할 수 있으며 각 트렌치의 스프레드를 계산할 수 있다.

10.3.2 내재 상호관계

합성 CDO 트렌치의 가치평가는 6장에서 기술된 CDS의 가치평가와 유사한 원리를 따른다. 트렌치의 손익분기 스프레드는 지불의 현재가치를 설정하는 스프레드가 트렌치 성과의 현재 가치와 같다고 정의된다. 현재가치는 현금흐름, 현금흐름을 받을 확률 및 할인요소에 달려있다. 이것은 다시 단일 이름 CDS의 가치평가와 유사하다. CDO 트렌치 평가에서 다른 점은 현재 다중 기초 자산을 가지고 있고 현금흐름 확률은 현금흐름 간의 상관관계구조를 설명해야 한다는 것이다. 위에서 설명한 표준시장 모형은 가우시안 커플라(Gaussian copula) 모형 설정을 사용하여 이루어진다. 표준 가우시안 커플라(Gaussian copula) 시장 모형은 옵션시장에서 표준시장 모형 인 블랙-숄즈 모형과 비슷한 방식으로 사용할 수 있다. 블랙-숄즈 모형을 사용하여 주어진 입력 매개 변수를 기초로 이론적 옵션가격을 계산하거나 관측된 시장옵션가격을 고려한 내재 변동성을 축출한다. 표준 커플라(Gaussian copula)시장 모형에서 디폴트 확률을 입력 매개 변수로 사용하여 트렌치 스프레드를 결정할 수 있다. 또는 시장 관측 트렌치 스프레드을 가지고 시작하여 내재확률(implied probability)을 계산할 수 있다.[5] 표준 시장 모형을 사용하고 있으므로 디폴트 손실 분포는 ρ의 선택으로 인해 특정 수준의 디폴트 상관관계에 달려있다. 내재상관관계(implied correlation)는 시장에서 관측된 스프레드와 동일한 계산된 트렌치 스프레드를 산출하는 ρ의 수준이다. 트렌치 스프레드를 관측하면 상관계수 ρ만이 미지의 변수이다.

5) 만약 디폴트 확률이 투입 파라메트로서 사용된다면 이들은 예를 들어 채권수익률에 기초가 될 것이다.

시장참여자가 직접적으로 시장스프레드 대신 내재 상관관계를 인용하는 것을 선호하는 이유는 상관관계가 전체적인 기초자산 스프레드 수준과 독립적이라는 것이다. 이는 옵션가격 대신 내재 변동성이 인용되어 있는 옵션시장에서의 시장실무와 유사하다.

시장에서 트렌치에 대한 시장인용으로부터 상관관계를 의미하는 것은 일반적이다. 표준 모형에 연결된다면 시장에서 관측 된 스프레드의 결과로 나타나는 상관관계를 복합 상관관계(compound correlation) 또는 트렌치 상관관계(tranche correlation)라고 부른다. 다시 말해 복합 상관관계는 가우시안 커플라 모형을 CDO 트렌치의 가격으로 보정함으로써 발견된 상관관계이다. 내재 디폴트 상관관계 ρ는 관측된 시장 스프레드를 고려할 때 CDO 트렌치의 두 기간(legs)의 현재 가치를 0으로 설정하는 상관관계이다. 〈그림 10.3〉은 전형적인 복합 상관관계를 보여준다. 이것은 다른 트렌치에 대한 복합 상관관계를 보여준다. 블랙 숄즈 모형이 내재 변동성 왜곡, 스마일 또는 찌푸림을 유도하는 경우 주어진 트렌치에서 기대손실을 모형화하기 위한 가우시안 커플라 접근법은 다른 상관관계를 유도한다. 복합 상관관계는 전형적인 상관왜도(correlation skew) 또는 상관스마일(correlation smile)를 나타낸다. 트렌치 연공서열이 증가함에 따라 내재 상관관계가 먼저 감소하고 그리고 그때 증가한다.

메자닌 트렌치에 대한 내재 복합 상관관계가 시니어 및 지분 트렌치보다 낮다는 것

그림 10.3 복리 상관관계

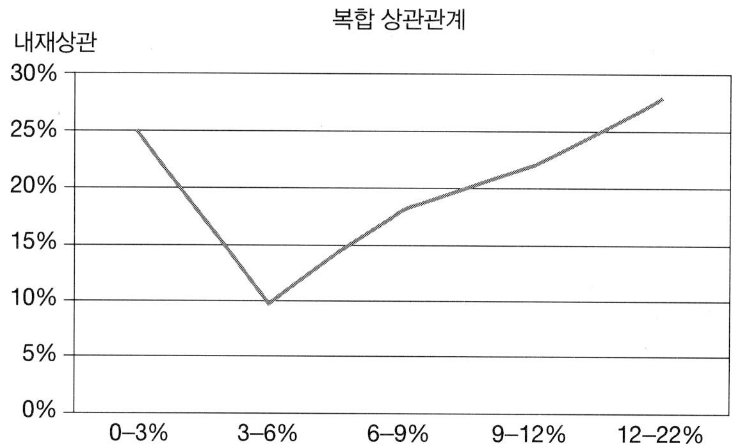

을 관측한다. 이 상관관계의 하락은 지분 트렌치와 비교하여 가우시안 커플라(Gaussian copula) 모형에 의해 예측된 것보다 시니어 트렌치에서 시장이 손실의 위험에 더 높은 가격을 할당한다는 사실을 반영한다. 다른 말로 하면 시장전망은 디폴트가 빈번 해짐에 따라 디폴트가 군집화 하는 경향이 있다는 것이다.

복합 상관관계의 한계 중 하나는 일부 (메자닌) 트렌치의 경우 트렌치 상관이 고유하게 정의되지 않고 존재하지 않을 수도 있다는 것이다. 이러한 계산 문제는 내재 상관관계가 내재 변동성과 개념적으로 다르다는 것을 암시한다. 10.6절에서 이른바 기초 상관관계가 이 문제를 다루는 방법을 살펴볼 것이다.

아래에는 이 과정을 보여주는 간단한 예제가 있다.

예제

$n=3$로 놓자. 디폴트 확률은 1%라고 가정하고, 디폴트 상관관계를 $\rho^2=0.36$로 놓자. 다음을 사용하여 각 $\{S^1, S^2, S^3\}$에 대해 10,000개의 복제를 생성한다.

$$S^1=0.25F+\sqrt{64}\,\epsilon^1 \tag{10.42}$$

$$S^2=0.25F+\sqrt{64}\,\epsilon^2 \tag{10.43}$$

$$S^3=0.25F+\sqrt{64}\,\epsilon^3 \tag{10.44}$$

예를 들어, 4개의 표준 유사-확률(pseudo-random)변수를 선택한다.

$$F=-1.12615 \tag{10.45}$$

$$\epsilon^1=-2.17236 \tag{10.46}$$

$$\epsilon^2=0.64374 \tag{10.47}$$

$$\epsilon^3=-0.326163 \tag{10.48}$$

이들을 사용하여 S^i를 다음과 같이 얻는다.

$$S^1=-2.41358 \tag{10.49}$$

$$S^2=-0.160698 \tag{10.50}$$

$$S^3=-0.936621 \tag{10.51}$$

그런 다음 해당하는 S^i를 계산하고 이들이 $L_{.01}=-2.32$보다 작은 지 확인하는데, 여기서 후자는 표준정규분포에서 1% 꼬리 확률을 제공하는 임계 값이다.

만약 $S^1 < -2.32$, $S^2 < -2.32$, $S^3 < -2.32$이면, 상응하는 $d^i = 1$로 놓는다. 그렇지 않으면, 그들은 0이다. 그런 다음 3개의 d^i를 추가하여 몬테칼로 실행을 위한 D를 얻는다.

이 특별한 경우에, $d^1 = 1$, $d^2 = 0$, $d^3 = 0$. 그래서 첫 번째 몬테칼로에서 $D = 1$을 준다.

다음으로 내재 상관관계 계산을 다루는 예제를 보자. 이 예제는 다시 D에서 몬테칼로 표본으로 시작하여 트렌치 스프레드를 얻은 다음 이를 트렌치 스프레드와 상관관계 간의 매핑(mapping)를 보여주는 수치적으로 계산된 세 가지 함수로 확장한다.

예제 **내재 상관관계**

준거 포트폴리오로부터 상관관계를 가진 디폴트의 몬테칼로(Monte Carlo) 표본을 받았다고 가정하자.

$$표본 = \{D_1, \cdots, D_m\} \tag{10.52}$$

이때, 디폴트 수에 대한 히스토그램을 얻을 수 있다.

$\rho = 0.3$, $n = 100$, $m = 1{,}000$이라고 가정하자. 위의 절차를 실행하면 1, 000개의 D_i복제를 얻는다. D의 분포를 가지고 적어도 두 가지 분석을 할 수 있다. 먼저 관심 있는 트렌치의 공정가치를 계산할 수 있다. 예를 들어, 회수율이 40%이고 이자율이 0일 때, 다음과 같은 경우 지분 트렌치의 가치를 계산할 수 있다.

$$cds^e = [0.05(0) + 0.12(33.33)0.6 + 0.15(66)0.6 + (1 - 0.05 - 0.12 - 0.15)]0.6 = 0.68 \tag{10.53}$$

이 1년 스프레드는 처음 세 디폴트의 경우 명목금액 $N = 100$으로 보호를 판매하는 당사자가 디폴트가 없으면 아무 것도 잃지 않으며, 한번의 디폴트 존재하면, 투자의 1/3을 잃고, 두 개의 디폴트가 존재하면 3/2를 읽으며, 세 번의 디폴트가 존재하면 투자의 2/3을 잃는데, 마지막으로 만약 세 번의 디폴트가 존재하면 투자 모두를 잃는다.

$\rho^2 \in [0, 1]$의 모든 값에 대해 이것을 반복하면 세 개의 표면을 얻을 수 있다. 이 그래프는 트렌치의 공정가치에 대한 지분의가치, 메자닌 및 시니어 트렌치의 가치를 도표화 한다.

상관관계가 상승함에 따라 지분 트렌치의 가치가 올라간다. 메자닌 트렌치의 가치는 U자 모양의 곡선이지만, 시니어 트렌치의 가치는 다시 단조적이다. 장의 끝 부분은 다른 수치 예제를 제공한다.

10.3.3 중심극한효과

상관관계의 함수로서 디폴트 손실 분포가 변화는 이유는 무엇인가? 이것은 중심극한 정리와 그것의 뒷면에 숨겨진 가정을 가지고 해야 되는 중요한 기술적인 문제이다. 이제 상관관계 0−1 확률과정 z_i를 정의하자.

$$z^j = \begin{cases} 1 & \text{if } S^j \leq L_\alpha \\ 0 & \text{otherwise} \end{cases} \tag{10.54}$$

다음으로 이들 확률변수의 합을 다음과 같이 계산하라.

$$z^n = \sum_{j=1}^{n} z^j \tag{10.55}$$

중심극한 정리에 따르면, 비록 z^j가 개별적으로 정규분포로부터 멀고 상관관계를 가지고 있을 지라도 기초과정이 $n \to \infty$인 경우처럼 유한 평균과 분산을 가진다면 합의 분포는 정규분포로 접근할 것이다.

$$\frac{\sum_i^n z_i - \sum_i^n \mu_i}{\sqrt{\sum_i^n \sigma_i^2}} \to N(\mu^d, \sigma^d) \tag{10.56}$$

따라서 준거 포트폴리오에 매우 높은 수의 이름을 가졌다면, D의 분포는 정규분포로 보인다. 다른 한편, 유한 n과 높은 상관 z^j의 경우, 이러한 수렴 효과는 느릴 것이다. "상관관계" ρ가 높을수록 수렴 속도가 느려진다. 특히 n이 100인 경우, D의 분포는 ρ의 크기에 크게 의존하며 정규와는 거리가 멀다. 여기서 지수 트렌치와 상관관계가 간의 관계가 발생한다. 극단적인 경우 상관관계가 완벽할 때 합은 동일한 z^j와 관련이 있다.

10.4 디폴트 상관관계와 거래

상관관계는 CDO 트렌치의 위험평가 및 가치평가에 영향을 미친다. 각 트렌치 값은 다른 방식으로 상관관계를 반영하고 있다. 가장 흥미로운 상관관계는 아마도 지분(0~3%) 트렌치에서 보여진다. 이것은 처음에는 반 직관적으로 보일 수 있다. 상관관계가 높을수록 지분 트렌치 위험이 낮아지고 트렌치 가치가 높아진다는 것이 밝혀졌다. 그 이유는 다음과 같다. 상관관계가 높을수록 극소수의 디폴트가 더 많이 발생할 수 있다. 그 밖의 모든 것이 동일한 상태에서, 상관관계가 높아질수록 투자자가 취하는 위험은 낮아지고 투자자는 트렌치의 생애에 걸쳐 받을 프리미엄이 낮아진다.[6)]

메자닌 트렌치에 대한 디폴트 상관관계의 영향은 명확하지 않다. 실제로 메자닌 트렌치의 가치는 디폴트 상관관계에 덜 민감하다. 시니어 트렌치의 경우, 채무불이행의 상관관계가 높아질수록 손실로 인해 지분 및 메자닌 트렌치가 사라지고 시니어 트렌치에 손실이 발생할 가능성이 높아진다. 따라서 디폴트 상관관계가 높아지면 시니어 트렌치의 가치가 떨어진다. 비슷한 추론이 수퍼 시니어 트렌치에도 적용된다.

상관성 거래(correlation trading)는 디폴트 상관관계에 대한 트렌치 스프레드의 이와 다른 의존성을 기초로 한다. 2004년과 2005년 상반기에 가장 인기 있는 거래 중 하나는 지분 트렌치를 매각하고 메자닌 지수를 롱 함으로써 디폴트 확률 변동(즉, 시장 위험)을 헤지하는 것이었다.

이것은 롱 상관성 거래(long correlation trade)이며 상당한 정의 보유(carry)를 가졌다.[7)] 거래는 또한 상당한 (정)의 볼록성(convexity) 노출을 가졌다. 사실, 포지션 보유자가 델타 헤지를 조정함에 따라 헤지 이득은 지수 변동성에 직접적으로 연계된 이득으로 이어질 것이다. 마지막으로 보유(carry)와 볼록성(convexity)이 높으면 상관 관계 변화에 대한 포지션의 노출이 커질 것이다.

롱 상관성 포지션은 실제로 관련된 두 가지 주요 위험이 있다. 첫째, 단일 이름 신용 이벤트가 발생하면 롱 상관성 포지션은 손실을 인식하게 된다. 이 손실은 위치가 구조화되

6) 보다 낮은 상관관계를 이야기 할 때, 디폴트확률을 동일하게 유지한다는 것을 주목하라. 상관관계에 대한 민감도는 이러한 가정의 조건에 있다. 그렇지 않으면 디폴트 확률이 증가할 때, 모든 트렌치는 가치를 잃을 것이다.

7) 2005~2007년 동안 평균적으로 대략 300bp이다.

는 방식에 따라 달라지며 약 5~15 % 정도 될 것이다. 디폴트 채권의 회수 가치 또한 이 수치에 영향을 미친다.

둘째, 상관 관계가 변경되면 일일 정산의 이득과 손실이 발생할 수 있다. 실제로, 상관 관계의 변화는 시장이 일어나는 기업고유위험 사건(idiosyncratic event)에 대한 그들의 견해를 바꾸는 것과 동일하다. 사용될 수 있는 주먹 구구식 기준은 상관관계의 100bp 하락이 델타로 헤지된 지분 트렌치의 가치가 1% 정도 변경시킬 수 있다는 것이다. 숏 지분 트렌치 보호의 경우, 롱 메자닌 트렌치 보호 포지션에서 이 손실은 더 커질 것이다. 이것은 기대 상관 관계가 하락하면 포지션에서는 유의적으로 일일 손실을 겪을 수 있다는 것을 의미한다. 때때로 이들 포지션은 청산될 필요가 있다.

시장 참여자는 다음과 같이 갈 수 있다.

- 롱 지분 트렌치 또는 숏 시니어 트렌치을 취함으로써 롱 상관성
- 숏 지분 트렌치 또는 롱 시니어 트렌치을 취함으로써 숏 상관성

상관 관계에 대한 민감도는 여러 변수, 기초차산의 스프레드, 디폴트 횟수 및 시간 감소 등에 달려 있기 때문에 시간에 따라 변할 수 있다.

10.5 델타 헤징과 상관성 거래

델타는 기초자산 지수 I_t의 움직임에 대한 개별 트렌치 스프레드의 민감도이다.[8]

시간 t에서 트렌치를 cds_t^j, $j=e, m, s, sup$로 나타내자. 위 첨자는 각각 지분, 메자닌, 시니어 및 슈퍼 시니어 트렌치를 나타낸다. 트렌치 스프레드에 영향을 미치는 두 가지 변수(적어도)가 존재할 것이다. 디폴트확률과 디폴트 상관관계. 디폴트의 평균확률을 p_t로 표시하고 복합 디폴트 상관성을 ρ_t로 나타내자. 이 두 변수의 함수로서 지수 스프레드를 표

8) 델타(Deltas)는 각각 다른 그리고 보고된 것과 관련하여 개별적으로 계산될 수 있다. 그러나 밑에서 대략적으로 제시된 절차는 동일하게 귀결된다. 2 가지 이유로 인하여 지수와 관련된 델타를 보고한다. 첫째, 이것은 시장이 보고하는 것이고 둘째 포지션이 지수와 관련된 텔타를 보고한다. 첫째, 이것은 시장이 보고하는 것이고 둘째 포지션이 지수와 관련하여 헤지되며 직접적인 헤징을 통하여 자기자본 또는 메자닌 트렌치를 매입하거나 매도함으로써 헤지되는 것은 아니다.

현할 수 있다.

$$\text{cds}^i = f^i(p_t, \rho_t) \tag{10.57}$$

p_t의 변동에 따른 민감도 부호(sign)는 모든 트렌치의 경우 동일하다는 것을 기억하는 것이 중요하다. 채무 불이행 확률이 높아짐으로서 트렌치 스프레드는 모두 다른 수준으로 상승할 것이다. 지수(또는 채무 불이행 확률)에 대한 민감도는 모든 i에 대하여 다음과 같이 주어질 것이다.

$$\Delta^i = \frac{\partial \text{cds}_t^i}{\partial I_t} > 0 \tag{10.58}$$

이것들은 지수 그 자체와 관련된 트렌치 델타를 구성한다. 더 높은 시니어 트렌치에서 후 순위수준이 주어지면 다음을 발견하는 것은 자연스럽다.

$$\Delta^e > \Delta^m > \Delta^s > \Delta^{\text{sup}} \tag{10.59}$$

그러나, 트렌치의 상관관계 민감도는 매우 다르다. 앞에서 논의한 바와 같이 부호도 변한다.

$$\frac{\partial \text{cds}^e}{\partial \rho} < 0 \tag{10.60}$$

$$\frac{\partial \text{cds}^m}{\partial \rho} \cong 0 \tag{10.61}$$

$$\frac{\partial \text{cds}^s}{\partial \rho} > 0 \tag{10.62}$$

$$\frac{\partial \text{cds}^{\text{sup}}}{\partial \rho} > 0 \tag{10.63}$$

이것에 따르면 만약 복합 디폴트 상관관계가 증가한다면 지분 보호 판매자는 혜택을 보게 될 것이다. 수퍼 시니어 보호 판매자는 이러한 상황에서 손실을 본다. 중간 트렌치는 다소 중립적이다.

시장 참여자가 ρ_t에 정의 포지션을 취하기를 원하지만 p_t의 변화에 다소 중립적인 입장을 취하기를 원한다고 가정하자. 이것은 분명히 이전에 논의된 롱 상관성 노출이다. 그러한 상관성을 실무에서 어떻게 거래할 것인가? 이를 위해 시장참가자는 지수와 관련하여 트렌치 델타를 사용할 것이다. 포지션은 두 가지 헤지 노력을 구성할 것이다. 첫째, 지분과 메자닌 트렌치의 적절한 양이 포트폴리오가 디폴트 상관성의 변화에 영향을 받지 않도록 구입되어져야 한다. 둘째, 시간이 지남에 따라 각 트렌치는 지수의 변화와 관련하여 개별적으로 헤지 되어야 한다.[9)]

N^e와 N^m을 두 개의 명목상의 금액으로 놓자. N^e는 지분에 대한 노출이며 N^m은 메자닌 트렌치에 대한 노출이다. 원하는 것은 이 2개의 트렌치에 대한 포지션의 총 가치가 면역화되도록 지수를 변경하는 것이다.

따라서 포트폴리오 P_t는 새로운 금액에 의해 디폴트 보호를 판매하는 것을 구성하고 있다.

$$p_t = N^e - N^m \tag{10.64}$$

다음과 같이 놓자

$$N^m = \lambda N^e \tag{10.65}$$

여기서 λ는 선택될 헤지 비율이다. 대체함으로써 다음을 얻는다.

$$P_t = N^e - \lambda_t N^e \tag{10.66}$$

λ_t는 다음과 같이 선택된 헤지 비율이다.

$$\lambda_t = \frac{\Delta_t^e}{\Delta_t^m} \tag{10.67}$$

이 선택으로, 포트폴리오 가치는 시간 t에서의 지수 값의 변화에 면역화 될 것이다:

$$\frac{\partial}{\partial I_t} P_t = \frac{\partial}{\partial I_t} N^e - \frac{\partial}{\partial I_t} N^m \tag{10.68}$$

방정식 (10.67)에서 대체하면 다음을 얻는다.

9) 델타(Deltas)는 다른 트렌치 스트레드의 변동과 관련하여 또한 계산될 수 있다. 그러나 트렌치 포지션이 지수와 관련되어 헤지되며 지분 또는 메자닌 트렌치을 매입하거나 매도 함으로써가 아닌 직접적인 헤징을 함으로써 헤지되기 때문에 시장은 주로 지수와 관련된 델타를 보고한다.

$$\frac{\partial}{\partial I_t} P_t = \Delta^e - \frac{\Delta^e}{\Delta^m} \Delta^m = 0. \tag{10.69}$$

따라서 지분 보호의 N^E 단위 판매와 동시에 메자닌 보호의 λN^E 단위를 구입하는 포트폴리오는 헤지된 델타이다. 기초자산의 지수가 움직이면 포트폴리오는 근사치의 1차에 대해 중립적일 것이다. 또한, 시장이 움직일 때, 헤지 비율 λ_t는 변화할 것이고 델타 헤지(hedge)가 조정될 필요가 있을 것이다. 이것은 감마 이득(손실)이 있음을 의미한다.

10.5.1 델타 계산 방법

블랙-숄즈 세계에서 델타 및 다른 민감도 요소는 적절한 함수의 미분을 취함으로서 계산된다. 이것은 종종 신용 분석에서 불가능하다. 트렌치 델타(tranche deltas)의 경우, 접근법은 민감도 요소의 수치적 계산 또는 근사치에 의한 폐쇄형 해를 얻는 것 중 하나이다.

한 가지 방법은 몬테칼로(Monte Carlo) 접근법과 표본 $\{S_i^j\}$을 생성시키기 위한 하나의 요인 잠재 변수 모형이며 이때 트렌치 스프레드를 결정한다. 이러한 결과는 초기 가정된 지수 스프레드 또는 디폴트 확률에 달려있을 것이다. 델타를 구하기 위해, 지수의 원래 가치를 ΔI의 양으로 나눈 다음 평가 연습을 반복한다. ΔI에 의해 나누어진 트렌치 스프레드 차이는 델타에 대한 수치적인 추정치를 제공할 것이다.

10.5.2 감마 민감도

스프레드 움직임의 변동성은 중요한 요소이다. 능동적으로 델타 포지션을 관리하는 것은 감마 이득이 존재할 수 있다는 것을 제시한다. 감마 효과는 지분 및 시니어 트렌치에서 가장 두드러질 것 같다. 특정 트렌치에 의존하는 감마 노출의 차이가 존재한다.

옵션과는 달리, 신용 부문에서 3가지 유형의 감마를 구별할 수 있다.

- 감마(Gamma)는 모든 기초자산 CDS 스프레드의 일정한 상대적인 이동에 해당하는 포트폴리오 볼록성으로 정의된다.
- *i*감마(iGamma)는 다른 감마 상수와는 독립적으로 움직이는 하나의 CDS 스프레드로 인한 포트폴리오 볼록성으로 정의되는 개별 감마이다. 즉, 하나의 스프레드가 이동하고 다른 스프레드는 일정하게 유지된다.
- *n*감마(nGamma)는 기초자산 CDS 스프레드의 일정한 상대적인 이동에 상응하는 포트폴리오 볼록성으로 정의된 부(−)의 감마인데, 신용의 절반이 넓어지고 신용의 절반은 균일한 금액으로 제약된다.

상관 관계가 증가하면 혜택을 받는 롱 상관성인 델타로 헤지된 투자자는 롱 감마가 될 것이지만 반면에 i감마(iGamma) 및 n감마(nGamma)가 숏이 된다.

10.5.3 상관성 거래와 감마 이득

복합 디폴트 상관관계가 상승할 것으로 기대한다고 가정하자. 이것은 지분 트렌치 보호 판매자에게 유리하며 메자닌 보호 판매자에 대해서는 중립적이다.[10) 따라서 N^m 단위의 메자닌 노출을 동시에 구매하면서 N^e 단위의 지분 보호를 판매하여 롱 상관관계 노출을 취할 수 있다. 후자의 명목 금액은 다음에 따라 결정된다.

$$N^m = \lambda N^e \tag{10.70}$$

그런 포지션에서 얻는 이득은 무엇인가? 무엇이 위험하게 될 것인가? 첫째, 이득을 고려하라.

그러한 롱 상관성 포지션은 정(+)의 보관(carry)을 가지는데, 이는 상관 관계의 예상되는 변화가 실현되지 않고 현상 유지가 계속 되더라도 포지션 보유자가 돈을 벌 수 있음을 의미한다. 실제로 역사적으로 이 정(+)의 보관 지수 I와 상관 관계 ρ_t의 지배적인 수준에 따라 약 200~350bp에서 유의미했다.

포지션은 또한 정(+)의 감마 이득이 가질 것이다. 델타 헤지가 조정되면, 헤지 조정은 롱 상관싱 포지션이 실제로 I_t와 관련된 정(+)의 볼록성을 가지기 때문에 변동성 I_t을 수익으로 창출할 것이다. 추가적으로 상관 관계가 기대한 것처럼 올라가면 포지션은 이득을 얻을 것이다.

위험은 i감마(iGamma) 효과와 관련되어 있으며 그리고 감소하는 상관 관계와 관련이 있다. 두 경우 모두 비록 전체수익을 부(−)로 만들기에 충분하지 않을 지라도, 포지션은 약간의 손실을 겪을 것이다.

아래에서 감마이득과 동적 델타 헤징의 예를 본다.

예제 델타 헤징과 감마 이득

iTraxx 인덱스 지수 (I_t)와 I의 다양한 수준에서의 지분 및 메자닌 트렌치의 델타에 관한 다음

10) 지수의 수준과 t_0시점 상관관계 수준에 달려있다.

정보가 제시된다. 예를 들어, 지수가 30bps이면 지수 트렌치 델타는 18.5이고 메자닌 트렌치 델타 8.9이다.

I_t	0–3 트렌치의 델타	0–6 트렌치의 델타
30 bps	18.5	8.9
35 bps	17.6	9.4
40 bps	15.1	10.1

이제 동적으로 조정된 일련의 델타 헷지를 생성하기 위해 이들을 사용한다. 3일간 다음의 지수 움직임을 관측한다고 가정하자.

$$I_1=30,\ I_2=40,\ I_3=30 \tag{10.71}$$

그리고 명목금액이 $N=100$이라고 가정하자. 그런 다음 롱 상관성 포지션은 100단위의 지분 보호를 판매하고 $18.5/8.9\times100=207.865$ 단위의 메자닌 보호를 가지고 헤지한다.

이러한 결과의 포지션은 I의 변화에 대해 델타 중립이 된다.

2일 동안 초기 포지션은 40bps로 움직였기 때문에 델타 중립이 아니다. 정확한 헤지 비율은 $15.1/10.1=4.6$으로서 작다. 투자자는 $[(18.5-8.9)-(15.1-10.1)]\times100$로 I_t의 롱 보호 포지션을 줄여야 한다.

3일 동안이 포지션은 지수의 원래 위치로 되돌아간다.

지수를 사용하여 트렌치 포트폴리오의 동적 델타 헤징 결과로 어떤 일이 있었는지 살펴보자. 투자자는 I_t가 확대될 때, 보호를 매도하였으며 I_t가 한정적일 때 그것을 다시 매입했다. 분명히 이들은 볼록성 이득을 유사하게 옵션이나 장기 채권의 경우로 유도 할 것이다.

10.6 현실세계의 복잡성

트렌치 스프레드를 모형화하고 가치를 평가하는 방법에 대한 논의는 매우 단순해졌다. 실제 거래에는 몇 가지 문제가 있으며 추가 모형화 작업이 필요하다. 몇 가지 추가 질문도 해결해야 한다. 아래에서 간략하게 논의한다.

10.6.1 베이스 상관성(Base correlations)

내재 복합 상관성(implied compound correlation)의 계산은 〈그림 10.3〉에서 상관관계 스마일(smile)로 이어진다. 이슈 중 하나는 내재 (복합) 상관성이 때로는 고유하지 않거나 메자닌 트렌치에 존재하지 않을 수도 있다는 것이다. 메자닌 트렌치의 비 단조성 문제를 언급하기 위해 복합 상관성 이외에 다른 상관관계인 베이스 상관성을 고시하는 것이 시장 관행이 되었다.

베이시스 상관관계에 내재된 직관은 비교적 간단하다. 접근법은 증가하고 있는 부가점(attachment point)을 가진 지분 트렌치에 대한 고시로 트렌치 고시를 변환하는 것을 구성하고 있다.[11] 이러한 방식으로 베이시스 상관성을 계산하는 절차는 붓트래핑(bootstrapping) 과정이라고하며 McGinty et al.(2004)에 의해 대략적으로 설명되고 있다. 베이스 상관성은 또한 왜도(skew)을 주지만, 그러나 이 왜도는 또한 존재하며 고유하다(그림 10.4 참조). 베이시스 상관성의 추가적인 장점 중 하나는 시장 트렌치가 존재하지

그림 10.4 베이스 상관관계

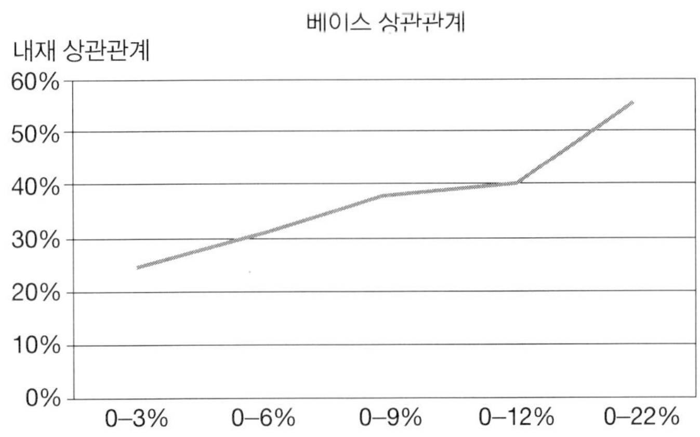

11) 베이시스 상관관계는 먼저 부가점, 즉 0~3%, 0~6%, 0~9%을 가진 연속적인 지분 트렌치에 대한 시장 내재 스프레드를 계산한다. 사실, 0~3%의 지분 트렌치와 3~6%의 메자닌 트렌치 스프레드를 사용하여 무차익 0~6% 지분 트렌치 스프레드를 계산할 수 있다.

않은 부가점에 상관관계를 삽입할 수 있다는 것이다. 이러한 이유로 블룸버그는 베이스 상관성과 트렌치 스프레드와 관련하여 iTraxx 트렌치를 고시하지만 복합 상관성을 고시하지는 않는다.

10.6.2 분산 효과(Dispersion Effect)

분산 효과는 개별 스프레드가 지수 스프레드와 얼마나 다른지를 나타낸다. 예를 들어, 개별 CDS 스프레드가 전반적인 지수 스프레드와 거의 비슷하다면 낮은 분산(low dispersion)이 있다고 한다.

포트폴리오 내의 개별 CDS 스프레드 대 포트폴리오 자체 스프레드의 분산은 트렌치 평가에 영향을 주는 중요한 요소이다. 효과는 개별 트렌치에 따라 다르다. 지분 트렌치의 경우 스프레드의 분산이 높을수록 베이시스 포인트 수가 높아진다. 이것은 트렌치의 위험이 증가했기 때문이다. 메자닌 트렌치에서는 분산이 낮을수록 증가된 위험을 나타내는 bps 수가 높아진다. 시니어 및 수퍼 시니어 트렌치의 결과는 메자닌과 비슷하다.

10.6.3 시간 효과

시간 또한 트렌치 스프레드에 영향을 미치는 변수이다. 만기까지의 시간이 보다 더 줄어들면, 트렌치 가치가 떨어지는 경향이 있다. 즉, 트렌치 스프레드 커브는 일반적으로 상향의 기울기이다

10.6.4 델타는 1에 부가하는가?

준거 포트폴리오(reference portfolio)에서 2개의 트렌치와 2개의 이름만 있다고 가정하자. 두 가지 트렌치를 정의할 수 있다: 지분 트렌치와 시니어 트렌치. 트렌치 크기에 의해 가중된 전체 준거 포트폴리오의 델타가 1에 합쳐 져야 한다고 말할 수 있을까?

하나의 디폴트가 발생한다고 가정하자. 지수 자체에 대한 보호 조치를 취한다면 미래에 받을 지수 스프레드는 그대로 유지될 것이다. 그러나 최초 디폴트 지분 보호를 가진 판매자가 추가 프리미엄을 받지 않기 때문에 트렌치 스프레드의 가중 평균이 유의적으로 영향을 받을 것이다. 그리고, 지분 트렌치 스프레드가 가장 높을 것으로 판명된다.

이 효과는 트렌치 스프레드가 불규칙적으로 분포되어 있는데 반면 지수는 단일 스프레드을 가지고 있다는 사실에 기인한다. 첫 번째 디폴트를 가진 높은 스프레드 트렌치가

발생하고 나머지 트렌치 포트폴리오의 평균 스프레드가 유의적으로 감소한다. 분명하게 만약 모든 트렌치와 지수가 선행 기준으로 거래되면 이 효과는 사라질 것이다.

10.7 디폴트 상관성 사례 연구: 2005년 5월

2005년 5월 동안 신용시장에서 퍼즐처럼 보이고 신용 시장의 표준 모델의 정확성에 관해 상당한 논의를 한 흥미로운 사건을 목격되었다. 사건은 현금 파생 상품 시장이 새로 개발된 신용 시장에서 서로 영향을 주는 방식의 좋은 예이기 때문에 간단히 검토할 필요가 있다.

본질적으로 2005년 5월 사건은 제너럴 모터스(General Motors)와 포드(Ford)가 평가기관에 의해 등급이 낮춰지면서 촉발되었다. 엄청난 부채를 가졌던 이들 신용은 투자 등급이었고 투기 등급으로 하향 등급 되었는데, 이러한 의미는 많은 기관투자자 선수들이 이들 포트폴리오에 보유하지 못하게 되었다. 이러한 결과에 따른 판매는 신용 시장에서 상당한 신용 변동성을 유도하였다.

가장 큰 변동성은 CDX 및 iTraxx 트렌치 시장에서 발생했는데 왜냐하면 이러한 사건을 예상하는 여러 플레이어(player)가 롱 상관성 거래를 했기 때문이다. 다음의 IFR보고서는 2005년 5월에 발생한 일련의 사건을 보여준다.

예제 2005년 5월 사건

헤지 펀드 산업의 손실에 대한 추측은 이달 초 신용 시장을 통해 엄청난 충격이 제시 되었다. 펀드 매니저는 합성 CDO의 지분 부분에 오랜 시간을 투자하여 잘못 되었지만, 반면에 스프레드가 상관성 가정에 의해 예측된 방법에서 움직일 것이라는 견해에 대해 메자닌 트렌치를 매도 함으로써 해당 포지션에 자금을 지원한다.

이러한 정(+)의 캐리 트레이드는 은행과 헤지 펀드에 인기가 있었는데 왜냐하면 만약 관련된 일정부분의 스프레드가 평행 형태로 움직이거나 또한 대규모 손실에 대한 헤지를 창출 한다면 거래를 통하여 돈을 번다.

위험은 포트폴리오에서 예기치 않은 채무 불이행에 대한 노출 이었지만, 채무 불이행 비율이 낮으면 투자자는 이 위험을 부담하게 된다.

GM과 Ford의 신용 등급 강등은 부채의 큰 발행자이기 때문에 종종 이러한 CDO 구조에 포함되어있어 은행이 채무 불이행에 대한 전망을 변경하고 엄청난 상관성 장부를 풀어 헤치는 것을 시작하게 했다.

지분 스프레드가 급격히 상승한 반면, 메자닌 트렌치의 스프레드는 다른 방향으로 나아가면서 이러한 거래에서 크게 성과가 낮았다. 그 결과, 투자자들은 거래의 양 기간에서 손실의 고통을 겪었다.

처음에 저조한 성과가 미국에서 가장 많이 느꼈다. 그러나 지난 몇 주 동안 유럽 시장은 iTraxx CDO 트렌치 거래의 헤지 펀드 해체에 의해 충격을 받았다. 20~30개의 헤지 펀드가 유럽에서 상관성 거래를 수행한 것으로 추정된다.

유럽 신용 전략가는 “판매는 최근 미국에서 이러한 유형의 거래가 발생시킨 부(−)의 수익률의 결과”다라는 것을 말했다.

iTraxx 스프레드는 상관성 포지션에서 매도의 영향을 받아서는 안된다. “근본적으로 상관관계의 변화에 의해 반영된 바와 같이, 서로 다른 트렌치 간의 리스크 재분포는 기초자산 시장에 매우 제한적인 효과를 가져야 한다”고 한 신용 전략가가 말했다. 그러나 감정적인 관점에서 충격은 훨씬 더 중요했으며 지난 주 DJ iTraxx 교차 지수에서 동일한 거래를 푸는 서두가 엄청난 변동성을 초래했다.

이 지수는 지난 주 330bp에서 5년 만에 475bp로 급상승했다.

그러나 미국 재무증권의 랠리(rally)와 함께 연계된 시장에서 대규모 숏을 한 헤지펀드는 지난 주말까지 지수가 380bp로 엄청난 하락을 일으켰다.

지난 주 은행 부문과 잠재적 손실 규모에 주목했다. 하락의 대부분은 국제은행의 대다수가 상관 관계 장부를 보관하고 있는 런던과 미국에서 느끼게 될 것이지만 반면에 아시아에서는 덜 노출된다.

그것은 부분적으로 순수하게 아시아 신용의 합성 트렌칭이 정말로 시작한 것이 아니기 때문이다. 유럽과 미국에서 구조화 신용 상품에 대한 관심을 촉진시키는 것은 신용 디폴트 스왑 지수의 개발과 유동성이었다. 이들 시장에서 내재 상관 관계에 투명성을 부여했다. 지역 지수가 큰 인기를 얻지 못했던 아시아에서는 그렇게 하지 않는 편이 지수 트렌치이 더 적었다.

6월 말에는 대부분의 펀드가 분기의 유동성을 가지며 엄청난 환매의 위협이 있기 때문에 고수익률 시장에서는 매우 중요하다. 고객이 그들의 현금을 상환할 것이라는 기대에서 포지션을 해체 하고 있다.

이러한 경우를 이제 더 자세히 연구할 수 있다. 일련의 사건에 따르면 변동성 이전의 현상은 다음과 같다.

몇몇 헤지 펀드와 은행 독점적 트레이딩(trading) 데스크는 롱 상관성이였는데, 이러한 의미는 명목금액의 N^E로 지분 트렌치에 대한 보호를 매도하였으며 명목금액 N^M로 메자닌 트렌치에 대한 보호를 매입했다는 것을 말한다. 이 두 명목금액은 다음에 따라면 서로 관련되어 있었다.

$$N_t^m = \lambda_t N^E \tag{10.72}$$

여기서 λ_t는 선택된 헤지비율로서 기초지수 또는 평균 디폴트 확률 P_t의 움직임에 대한 포트폴리오의 민감도가 대략적으로 0이다. V^E와 V^M을 각각 지분 및 트렌치에 투자 된 \$1의 가치로 놓고서 가치를 쓸 수 있다.

$$\frac{\partial}{\partial p_t}[N^E V_t^E - \lambda N^E V_t^M] = 0 \tag{10.73}$$

이러한 포지션은 ρ_t로 표시된 복합 기본 상관계수가 상승할 것이라는 관점에서 취해진 것이다. 다음의 조건을 가지고 있기 때문이다.

$$\frac{\partial}{\partial \rho_t} V_t^E > 0 \tag{10.74}$$

$$\frac{\partial}{\partial \rho_t} V_t^M \cong 0 \tag{10.75}$$

포지션은 상관관계가 증가함에 따라 혜택을 받게 된다.

$$\frac{\partial}{\partial \rho_t} V_t^E - \frac{\partial}{\partial \rho_t} V_t^M > 0 \tag{10.76}$$

실제로 위의 예제가 나타내는 것처럼, GM과 포드 신용등급 하향과 함께 역(reverse)은 일어났다. 2005년 5월 사건에 대한 한 가지 가능한 설명은 다음과 같다.[12] GM과 포드의 등급이 하향 조정되면 지분 스프레드가 증가하고 V_t^E가 감소하여 디폴트 상관관계가 갑자

12) 가우시안 코플러 모형(Gaussian copula model)은 이들 사건에 대한 진정한 설명을 제공하는 구조모형이 아니다는 것을 기억하라. 가격결정이나 헤징 동안 필요한 다양한 파라메트을 조정하는데 사용되는 수학적 구성이다.

기 붕괴되었다. 한편 메자닌 스프레드가 감소하고 V_t^M가 증가했다. 이것은 롱 상관성 거래의 심각한 일일정산 손실 의미했다.

$$\frac{\partial}{\partial \rho_t} V_t^E - \frac{\partial}{\partial \rho_t} V_t^M < 0 \tag{10.77}$$

왜냐하면 거래의 양 기간이 심각한 일일정산 손실을 가지기 시작했기 때문이다.

2005년 5월 동안에 관측된 트렌치 스프레드의 동태성은 이론적 모형이 내포한 것과 모순된다. 관측된 실제 세계의 관계는 시장 표준 모형이 내포하는 것과 반대의 신호를 보였다. 이러한 수수께끼 뒤에는 이유는 무엇인가?

하나의 설명은 물론 모형 자체이다. 만약 시장 관행이 "잘못된" 모형을 사용했다면 실제 세계 개발은 모형 예측과 모순되는 것은 당연하다. 이것은 가능하며 그러나 그때 시점에서 관측된 괴리를 설명할 수 있는 만족스러운 새로운 이론적 모형을 알 수 없다.

다른 한편으로는 수수께끼에 대한 그럴듯한 구조적 설명이 있으며 현금 CDO 시장과 관련이 있다. 지난 1990년대 중반부터 은행들은 메자닌 스프레드를 지불하는 현금 CDO를 판매했다. 이 포지션들 중 일부는 헤지 되지 않았을 수도 있다. GM과 Ford가 하향 조정됨에 따라 이들 이름이 현금 CDO에서 많이 사용됨에 따라 메자닌 트렌치을 숏 한 은행들은 지수 시장에서 이러한 포지션을 커버하려고 시도했다. 이것은 메자닌 지수 트렌치 대한 보호를 판매해야 한다는 것을 의미한다.[13] 이러한 동태성은 지수시장에서 메자닌 보호 기능을 판매하여 현금 메자닌 포지션을 헤지하려는 시도가 메자닌 스프레드를 더욱 강화하는 결과를 낳은 신용등급 하향의 소용돌이를 창출했다.

동시에 상관성 거래가 반대 방향으로 진행되었으므로 헤지 펀드는 지분 트렌치에서 자신의 포지션을 종결하기를 시도했다. 그들은 전에 지분 보호를 판매하고 있었지만, 그러나 포지션을 종결하는 것은 지분 보호를 구입하는 것을 의미했으며, 기관에 의한 그러한 급한 돌진은 그 당시 관측된 동태성의 유형을 정확하게 만들었다. 지분 스프레드가 증가하고 메자닌 스프레드가 감소했고, 결국 상관관계가 감소했다. GM과 포드의 신용하향은 반대의 효과를 창출했다.

13) 이것은 메자닌 스프레드를 지급하였던 은행이 지금은 메자닌 스프레드를 받고 있다는 것을 의미한다. 분명하게 메자닌 스프레드가 하락했음에 따라, 이것은 일일 정산 손실과 심지어 메자닌 트렌치를 숏 한 은행의 부(−)의 P&L을 창출할 것이다.

10.8 결론

본 장에서는 디폴트 상관관계에 대한 트렌드 스프레드의 종속성에 대해 자세히 설명하고 디폴트 상관관계를 교환할 수 있는 방법을 설명했다. 가우시안 커플라(Gaussian copula) 모형의 형태로 표준 시장 모형을 적용하고 현실 세계의 복잡성을 강조했다. 이전 장에서 논의한 다른 모형 기반 거래 전략과 마찬가지로 상관성 거래 포지션을 델타 헤지할 수 있는 방법과 그러한 전략에 대해 감마 이득이 발생하는 방법을 설명했다.

추천 도서

본 장에서 계속 논의할 최고의 지침은 브로커-딜러에 의해 스스로 준비된 핸드북 및 보고서이다. JP Morgan의 신용 파생 상품 핸드북(2007)으로서, 2006년에 발행된 두 권의 메릴린치 세트 및 신용 위험 모형화에 관한 Credit Suisse(2007) 핸드북을 추천한다. Francis et al.(2003)은 상관관계 거래에 대한 좋은 참고 자료이다. 2004 JP Morgan 신용 상관 가이드는 상관관계에 대한 좋은 소개이며, 복합과 베이스 상관 관계 간의 차이점과 그 상대적인 장점이다. Brigo et al.(2010)은 GFC 중 및 이후에 신용 모형과 CDO에 대한 좋은 설명을 제공하고 Schonbucher(2004)와 Duffie and Singleton(2002)는 초기 학술적 접근 방법이다.

부록 10.1 몇 가지 기초 통계 개념

교재에서 토의된 표를 다시 고려하고 밑에서 보여주는 것은 두 확률변수의 결합분포를 제시하고 있다.

이 간단한 표는 두 개의 확률변수 d^A, d^B와 연관된 한계 및 결합분포함수의 예로서 두 준거 이름 A, B 각각에 대한 디폴트 확률을 나타내고 있다.

작은 신용 포트폴리오를 가지고 토론을 시작한 다음 iTraxx 지수로 일반화하는 것이 가장 좋다. $j=A$, B로 표시되는 $n=2$ 이름의 동일가중 CDS 포트폴리오를 가지고 있다고 가정하자. 1년의 수평선(즉, 만기)에 관심이 있다. 이것에 따르면, 두 개의 확률 변수 d^A와 d^B가 있으며, 각각은 신용 $j=A$와 $j=B$를 나타낸다. j번째 이름이 디폴트이면 d^j는 1로 가정하고 그렇지 않으면 0과 같다. A와 B에 의한 채무 불이행 확률이 아래 표와 같이 주어진다고 가정하자.

	디폴트 ($d^A=1$)	생존 ($d^A=0$)	행의 합
B 디폴트 ($d^B=1$)	0.02	0.03	0.05
B 생존 ($d^B=0$)	0.01	0.94	0.95
Sum of columns	0.03	0.97	1

이제 이 표와 관련하여 가장 관련 있는 요점을 논의할 수 있다. 디폴트 관련 확률 변수 d^A와 d^B가 독립적이라면 다음의 관계를 가진다.

$$p^{11}=(1-p^A)(1-p^B) \tag{10.78}$$

$$p^{22}=(p^A)(p^B) \tag{10.79}$$

$$p^{12}=(1-p^A)(p^B) \tag{10.80}$$

$$p^{21}=(p^A)(1-p^B) \tag{10.81}$$

그렇지 않는다면 이러한 조건 중 하나라도 충족되지 않으면 디폴트 확률 변수들이 상관성을 가질 것이다. 이 특별한 경우, 빠른 계산은 이러한 조건 중 어느 것도 만족하지 않는다는 것을 나타낸다. 예를 들어 p^{11}의 경우,

$$p^{11}=0.02\neq p^Ap^B=0.0015 \tag{10.82}$$

사실과 같이, 디폴트의 결합 확률은 개별 디폴트 확률의 단순한 곱셈에 의한 단순한 (그리고 이 경우에는, 잘못된) 계산보다 10배 이상 크다.

두 개의 확률 변수 d^A와 d^B의 기대치, 분산 및 공분산을 계산해 보자. 기대치의 경우 다음을 가진다.

$$E[d^A] = 1p^A + 0(1-p^A) = p^A \\ = 0.03 \tag{10.83}$$

$$E[d^B] = 1p^B + 0(1-p^A) = p^B \\ = 0.05 \tag{10.84}$$

분산의 경우 다음을 가진다.

$$E[(d^A - E[d^A])^2] = (1-p^A)^2 p^A + (0-p^A)^2(1-p^A) = (1-p^A)p^A \\ = (0.03)(0.97) \tag{10.85}$$

$$E[(d^B - E[d^B])^2] = (1-p^B)^2 p^B + (0-p^B)^2(1-p^B) = (1-p^B)p^B \\ = (0.05)(0.95) \tag{10.86}$$

마지막으로, 더 중요한 순간, d^A와 d^B 간의 공분산은 다음과 같다.

$$E[(d^B - E[d^B](d^A - E[d^A])] = (1-p^B)(1-p^A)p^{11} + (0-p^D)(0-p^A)p^{22} \\ + (1-p^B)(1-p^A)p^{12} + (1-p^A)(0-p^B)p^{21} \tag{10.87}$$

여기서 p^{ik}는 해당 이벤트가 결합으로 발생하는 결합 확률이다. 다음을 가져야만 한다는 것을 기억하라.

$$p^{11} + p^{12} + p^{21} + p^{22} = 1 \tag{10.88}$$

이것을 상관 관계로 변환시키기 위해, 이것을 d^A와 d^B의 분산의 제곱근으로 나눌 필요가 있다.

연습문제 Exercise

1. 현금 CDO와 합성 CDO의 차이점을 설명하라.

2. 복합 상관관계와 디폴트 상관관계의 차이점은 무엇인가?

3. 다음의 1년 CDS율을 가진 세 가지 투자 등급 이름의 준거 포트폴리오(reference portfolio)를 고려하자.

$c(1)=116$

$c(2)=193$

$c(3)=140$

회수율은 $R=40$의 모든 이름에서 동일하다.

모든 CDO 트렌치에 투자된 명목금액은 1.50 달러이다. 다음 질문을 고려하자.

a. 해당 디폴트 확률은 무엇인가?

b. 실제 디폴트를 예측할 때 이 정보를 어떻게 사용하는가?

c. 디폴트가 상관관계를 가지지 않는다고 가정하자. 1년 동안의 디폴트 수의 분포는 무엇인가?

d. 이 조건 하에서 0~66 % 트렌치가 얼마나 손실을 발생시킬까?

e. 0~50%와 50~−100%의 두 가지 트렌치가 있다고 가정하자. 보호를 판매 한다면 각 트란치는 1년 이상을 지불하는가?

f. 모든 CDS율이 이제 같으며, $c(1)=c(2)=c(3)=100$을 가진다고 가정하자. 또한 모든 디폴트는 1의 상관관계를 가지고 있다. 손실 분포는 무엇인가? 0~50% 트렌치의 스프레드는 무엇인가?

4. 다음의 1년 CDS율을 가진 4개의 투자 등급 명칭의 준거 포트폴리오를 고려한다.

$c(1)=14$

$c(2)=7$

$c(3)=895$

$c(4)=33$

회수율은 $R=30\%$로 모든 이름에서 동일하다.

모든 CDO 트렌치에 투자된 명목 금액은 $1.00이다. 질문을 고려하라.

a. 연간 디폴트 확률은 무엇인가?

b. 디폴트간에 상관관계가 없다고 가정 할 때, 1년 동안의 디폴트 수의 분포는 무엇인가?

c. 세 가지 트렌치가 있다고 가정하자.

- 0 ~ −50 %

- 50 ~ 75 %
- 75 ~ 100 %

각 트렌치는 1년 동안 얼마를 지불하는가?

d. 디폴트 상관관계가 1이 되고 모든 CDS율이 60bp로 같다고 가정하면 질문 (a)~(c)에서 다시 물음에 답하라.

e. 디폴트의 확률이 지분 트렌치에서 올라갈 위험을 어떻게 헤지 하는가?

5. 다음의 1년 CDS율을 가진 세 가지 투자 등급 명칭의 기준 포트폴리오를 고려하라.

$c(1)=15$

$c(2)=11$

$c(3)=330$

회수율은 $R=40\%$로 모든 이름에서 동일하다.

모든 CDO 트렌치에 투자된 명목 금액은 1.50달러이다. 물음을 고려하라.

a. 해당 디폴트 확률은 무엇인가?

b. 실제 디폴트를 예측할 때 이 정보를 어떻게 사용 하는가?

c. 디폴트가 상관관계가 없다고 가정하자. 1년 동안의 디폴트 수의 분포는 무엇인가?

d. 이 조건 하에서 0~66 % 트렌치가 얼마나 손실을 발생시키는가?

e. 0~50 %와 50~100 %의 두 가지 트렌치가 있다고 가정하자. 보호를 판매할 경우 각 트렌치는 1년 이상을 어떻게 지불하는가?

f. 모든 CDS율이 이제 동일하고 $c(1)=c(2)=c(3)=100$을 가진다고 가정하자. 또한 모든 디폴트가 1의 상관관계를 가지고 있다. 손실 분포는 무엇인가? 0~50% 트렌치의 스프레드는 무엇인가?

6. 적절한 그래프를 사용하여 다음의 포지션을 설명하라. 특히 신용 분야에서 바벨(barbell)을 정의해야 한다. 마지막으로 이것은 어떤 의미에서 볼록 포지션인가?

1008 GMT [다우 존스] LONDON-SG는 7년 0%~3%의 트렌치 보호 대 5년 그리고 10년 0~3%보호를 판매할 것을 권고한다. 작년 5년과 10년에 비해 7년간의 지분 상관성이 강화되었다.

SG의 바벨(barbell)은 7년 버켓(bucket)을 가파르게 하는데 역할을 할 뿐만 아니라 정(+)의 롤다운(roll down), 시간 감퇴(time decay), 그리고 디폴트가 점프하도록 제공한다.

7. (2005년 5월 위기) GM(General Motors)와 Ford의 2005년 신용 등급 하락이 신용 시장에 미치는 영향은 무엇 이었는가? 디폴트 상관관계 및 상관관계 거래 포지션에 미치는 영향은 무엇인가?

MATLAB 연습

8. (디폴트손실분포: Default Loss Distribution) 교재에서 설명된 트렌치 평가 모형을 기반으로 디폴트 상관관계 (ρ)의 변화에 대한 100개의 이름/기초를 구성하고 있는 포트폴리오의 디폴트 손실 분포의 민감도를 모형화 하기 위한 MATLAB 프로그램을 만들어라. 각 포트폴리오 구성 요소의 디폴트 확률 (p)이 동일하고 5%와 같다고 가정하라. 시뮬레이션을 수행하기 위한 잠재변수 100개을 취하고 결과를 해석하라.

9. (상관성 스왑과 지분 옵션 내재 상관관계) 본 장에서는 트렌치 내재 디폴트 상관성과 내재 변동성 및 지분 옵션 시장에서의 내재 상관관계 간의 유사성을 도출했다. 지분 상관관계 거래는 4장에서 논의되었다. 거래 상관성에 대한 한 가지 접근법은 상관성 스왑이다.

   a. 예를 들어, S&P500 또는 S&P100의 합성 지분 상관성 스왑을 어떻게 만들 수 있는지 설명하라. 디폴트 상관관계를 거래하는 것과 지분 옵션 내재 상관성 간의 유사점과 차이점은 무엇인가?

   b. 주식 수익률과 옵션 데이터를 다운로드하고 2004~2013년 기간 동안의 지수에 대한 내재 및 실현된 상관관계를 계산하라.

   c. 내재 및 실현된 상관관계의 차이점인 소위 상관성 리스크 프리미엄의 진화에 대해 논평하라.

   d. 상관성 교환은 매력적인 투자인가? 판정기준은 무엇인가?

11 원금 보호 기법

CHAPTER

11.1 서론

원금이 보호되는 투자 상품은 항상 금융 시장에서 인기가 있었다. 그러나 최근까지 소위 보장성 금융상품 부문은 무위험 채권과 옵션 바스켓을 합한 정태적 포트폴리오을 구성하고 있는 정태적 원금보호에 주로 의존해 왔다. 이는 옵션 기반 포트폴리오 보험(OBPI)이라고도 한다. 그러나 최근의 금융 공학 기술 발전으로 보장된 금융상품을 만들고 다른 방법으로 보호 기능을 제공할 수 있게 되었다. 상품 설계자가 동태적 복제를 더 잘 이해함으로써 동태적 복제가 상장된 옵션이 존재하지 않는 위험에 대하여 합성적으로 옵션을 창출할 수 있음을 알게 되었다. 이로 인해 동태적 리벨런싱(rebalancing)기법이 탄생했는데 이것은 일정 비율 포트폴리오 보험(constant proportion portfolio insurance: CPPI)으로 알려져 있다. 자산의 다양성에 대한 CPPI 상품은 지분 지수 및 신용 디폴트 스왑 지수를 포함하여 은행에서 판매되어 왔다. 신용 시장의 발달과 더불어 CPPI는 신용 지수와 내재 트렌치에도 또한 적용되었다. 동태적 복제 기법에 대한 전문성이 높아짐에 따라, 시장 활동을 통하여 동태적 비율 포트폴리오 보험(DPPI)과 같은 새로운 혁신이 일어났다. CPPI 상품 개발 및 혁신의 절정기는 GFC 이전 수년 동안 이루어졌지만 CPPI 애플리케이션은 다양한 시장에서 계속 존재한다.

보증된 상품 부문의 인기에 대한 주된 이유는 규제행위이다. 상품이 약간의 원금보호 보증을 제공하지 않는다면 “이색(exotic)” 위험을 포함한 구조화 상품을 일부 국가에서 투자은행이 발행하지 못하도록 하고 있다. CPPI는 보호된 채권(note)이며, 이러한 제약에 종속되지 않는다. 추가적으로 많은 펀드는 투기등급의 유가 증권에 투자하는데 법에 의해 허용되지 않는다. 다른 동태적 비율 기법은 보호된 원금이 아니며, 그러나 원금과 쿠폰 둘 다 일반적이지 않게 높은 쿠폰을 제공할지라도 주요 등급 기관에 의해 AAA로 등급이 평가될 수 있다. 이것들은 또한 보수적인 펀드에 매력적으로 만든다.[1)]

본 장에서는 이와 같은 전통적인 방법론의 확장으로서 CPPI의 도입에 따른 전통적인 원금보호 방법론을 토의한다. 몇 가지 간단한 조건에서 이 기법을 적용하고 일부 시뮬레

1) 이들을 보증 상품이라 부른다. 이러한 보증은 초기에 시장위험에 지향되어 있으며 전통적인 보증 상품은 아직 신용위험을 케리(carry)할 수 있다는 것을 깨닫는 것은 중요하다. (기관)투자자는 디폴트가 발생하면 상상컨대 투자의 일부분을 잃을 수 있다.

이션의 결과를 제공하는 포트폴리오 가치의 동태성을 보여준다. 그런 다음 표준 신용지수 트렌치에 이 방법론을 적용하고 이것이 구현될 때 발생할 수 있는 복잡성을 논의한다. 마지막으로 몇 가지 모형화 측면을 소개하고 소위 갭 위험을 논의하며, DPPI을 가지고 간단히 다룬다.

11.2 전통적 사례

가장 간단한 수준에서 보증된 상품은 제로 쿠폰 채권(무위험채권)과 정태적 콜 옵션 포지션 또는 보호적 풋 옵션 포지션을 구성하고 있다. 전자는 8장에서 자세히 논의되었다.이 두 접근법은 모두 Leland (1980)로 거슬러 올라가며 요즘에는 옵션 기반 포트폴리오 보험(OBPI)으로 불린다. 보호적 풋 옵션 전략은 풋 옵션을 사용하여 시장의 하방하락 움직임으로부터 위험 투자를 보호하는 것으로 구성하고 있으며, 위험자산의 성장에서 참여를 허용하고 있다. 풋 옵션은 S&P500지수에 대한 옵션 또는 지수선물을 사용하여 동태적 복제를 기초로 한 합성 풋 옵션 등과 같은 상장지수옵션에 기초로 할 수 있다. 이러한 보증 상품의 복잡성 중 하나는 옵션이 너무 비싸며, 변동성 수준에 의존할 수 있다는 것이다. 예를 들어, OTM 풋 옵션은 전형적으로 매우 비싸다. 8장에서 제로-쿠폰 채권과 콜옵션의 조합을 기초로 한 보증 상품의 몇 가지 한계점을 토의했다.

이들 문제로 인해 전통적인 원금 보호 방법이 몇 가지 수정되었다. 동태적으로 조정된 원금 보호 방법(CPPI의 버전)과 AAA 상품을 이용하는 동태적으로 조정된 기법은 결과적으로 개발되었다. 먼저 CPPI 기법을 연구하고 표준 신용 트렌치에 적용하는 방법을 논의한다.

실무에서 구조 조정자와 포트폴리오 관리자는 위험 통제, 변동성 상한제(capping) 및 위험 예산과 같은 다른 원금 보호 기법을 사용하지만 그러나 OBPI와 CPPI와 같은 방식으로 금융 공학 원칙에 기반하지 않기 때문에 더 이상 본 교재에서 논의하지 않는다.[2)]

2) 위험통제 또는 변동성 상한제(capping)는 특정 변동성 목표를 설정하거나 관측된 역사적 변동성을 기초로 한 위험자산에 노출을 조정함으로써 위험자산의 변동성 수준을 통제한다.

11.3 CPPI

원금보호 기법으로서 CPPI의 주된 이점은 전통적인 자본 보호에서 얻을 수 있는 것보다 기초 자산에서 더 많이 참여를 하게 한다. 이것 또한 이자율이 너무 낮거나 또는 옵션이 일부 기초 위험에 대해 거래하지 않을 때도 적용할 수 있다. CPPI 알고리즘과 연관 위험에 대해 논의하기 전에 몇 가지 시장의 예를 고려한다.

예제

CPPI 투자는 표준 트렌치 상품에 대한 대안이며, 이것은 무제한적인 하방 하락위험(잠재적인 원금의 총 손실)에 대한 교환에서 제한된 상승(고정 프리미엄)을 제공한다. CPPI는 (원금 보호 때문에) 제한된 하방위험을 제공하고 무제한적인 상승을 제공하지만, 투자자는 쿠폰을 구성하는 기초 디폴트 스왑 계약의 시장 위험에 노출될 수 있다.

최근까지 수확량이 사상 최저치에 근접함에 따라 신용 투자자들은 점점 더 시장 노출의 일부 요소를 포함하는 구조로 이동하고 있다. 그것은 신용등급 기관에 문제가 야기 되었고, 이것은 디폴트 지향적이며, 몇몇 상품의 경우 보다 더 평가-기반 방식으로 즉각적으로 움직였다. 시장변동성에 달려 있는 레버지리된 슈퍼 시니어 트렌치는 지난 년도에 시장위험 상품선택 이였는데 그러나 최근 몇 개월 동안 CPPI에 보다 더 인가가 있었다.

바젤 II에서 등급 상품의 규제 자본 처리가 등급이 매겨지지 않은 경우보다 훨씬 친절하기 때문에 은행은 CPPI 쿠폰 등급에 따른 수익을 얻는다.

CPPI는 일정한 레버리지를 가진 구조이다. 동태적 PPI(비율 포트폴리오 보험)는 투자기간 동안 레버리지 비율이 변화는 전략의 이름이다. CPPI는 위험자산의 성과에 달려있고, 얼마나 많은 현금을 보유하고 있는지에 달려 있는 안전자산과 위험자산간 투자를 동태적으로 이동시킴으로써 작동한다. 이를 수행하는 주된 기준은 원금을 보호하는 동시에 가장 높은 참여율을 얻는 것이다.

CPPI의 개념은 전통적인 원금 보호 방법과 관련될 수 있으며 다음과 같이 요약된다. 전통적인 원금 보호에서 투자자는 제로 쿠폰 채권을 구입하고 나머지 금액을 옵션에 투자한다. CPPI는 현명한 수정을 통해 이를 완화한다. 만약 아이디어가 T에서 100이라는 가치를 갖는 채권을 롱 한다면, 투자기간 동안 제로-쿠폰 채권(무이표채)의 가치 이상으로 포트폴리오의 총 가치가 높다는 것을 확신하는 한, 주의 깊게 선택된 합계를 위험자산에 투자할 수 있다. 포트폴리오 가치가 제로 쿠폰 채권의 가치를 초과하면, 원하는 시간에 위험한 투자를 청산하고 채권을 매입할 수 있다. 이것은 여전히 원금 N의 보호를 보장할 것이다. 이 방법으로 구조자는 남은 펀드에만 투자하는 것에 국한되지 않는다. 대신, 절차는 위험 관리 및 위험 선호 제약 조건이 충족되는 한 모든 규모의 자금 투자를 가능하게 한다.

N의 초기 투자을 원금으로 놓자. 원금은 또한 포지션의 초기 순자산 가치이며 이것을 V_{t_0}이라고 부른다. 다음으로 T년 동안 수령되는 N의 현재 가치를 계산하라. 이것을 플로어(floor), F_{t_0}라고 부르자.[3)]

$$F_{t_0}=\frac{N}{(1+r_{t_0})^T} \tag{11.1}$$

증분 Cu_t을 큐션(cushion)으로 부르자:

$$Cu_{t_0}=V_{t_0}-F_{t_0} \tag{11.2}$$

그런 다음 일반적으로 $1<\lambda$를 만족하는 레버리지 비율 λ를 선택하라. 이 매개 변수에는 시간 하첨자가 없으며 구조화 채권(note)의 수명 동안 일정하다. λ를 사용하여 위험 자산 R_{t_0}에 투자할 금액을 다음과 같이 계산한다.

$$R_{t_0}=\lambda[V_{t_0}-F_{t_0}] \tag{11.3}$$

이것은 위험자산 S_t에 대한 초기 노출을 준다. 위험 자산에 R_{t_0}를 투자하고 나머지 $V_{t_0}-R_{t_0}$을 위험이 없는 예금계정에 예치한다.[4)]

$$D_{t_0}=V_{t_0}-R_{t_0} \tag{11.4}$$

현금 예금 D_{t_0}는 $B(t_0, T)N$으로 표시된 시간 T에서 만기가 되는 무위험 제로-쿠폰 채권의 시간 t_0 시점 가치보다 작다는 것을 주목하라. 여기서 $B(t_0, T)$는 $1의 액면가치를 가

3) 만약 수수료가 있다면, F_{t_0}로부터 이 지점에서 차감되어야 한다. 현실에서 항상 이러한 수수료가 존재하지만, 이 토의에서 설명을 단순화 하기 위해 0이라고 가정한다.

4) $R_{t_0}<V_{t_0}$일 경우, 위험자산 투자는 어떠한 추가적인 차입을 요구하지 않는다. 다른 한편으로, 만약 $R_{t_0}>V_{t_0}$ 이라면 위허자산에 R_{t_0}을 투자하고 나머지 $R_{t_0}-V_{t_0}$을 차입하라.

진 디폴트가 없는 할인채권의 시간 t_0 시점 가격이다. 따라서 S_t에서 갑작스럽고 상당한 하향 점프가 발생하면 채권(note)은 제로 쿠폰 채권으로 전환하기에 충분한 현금이 없을 것이다. S_t에서 점프가 품질 향상으로 이어지고 $B(t_i, T)$가 t_i의 미래의 어느 날에 증가하면 이것은 특히 사실이다. 이것은 구조자들에 의해 캡 위험(gap risk)이라고 불리고 이 장의 뒷부분에서 연구된다.

$F_{t_i} < V_{t_i}$이면은 모든 리밸런싱 날짜 t_i에 이 알고리즘을 적용하라.

$$t_i - t_{i-1} = \delta_i \tag{11.5}$$

이 알고리즘은 상황이 좋으면(즉, V_{t_i}가 증가하는 경우) 위험 자산 투자를 증가시키고 시장이 하락할 경우(즉, V_{t_i}가 감소 할 경우) 투자를 감소시킨다.

마지막으로, 어떤 시간 τ^*에서 V_{τ^*}가 하락하고 F_{τ^*}와 동일하게 된다면, 위험한 투자 포지션을 청산하고 모든 투자를 현금으로 전환하라. 플로어(floor) F_{t_i}는 T에서 수령되는 100의 t_i에서의 현재 가치이므로, 원금 N이 T에서 투자자에게 반환될 수 있음을 보증할 것이다.

11.4 CPPI 동태성의 모형화

이제 전형적인 CPPI 체계 하에서 V_t의 동태성을 주는 방정식을 얻는다. 방정식은 방법론의 중요한 측면을 강조하기 위해 비교적 간단한 설정에서 얻게 된다. 중점적으로 다루는 두 가지 점은 다음과 같다. 첫째, 단일 포트폴리오 관점에서 점프가 없다면, CPPI 알고리즘은 외부에서 나타나는 것보다 훨씬 안정적이라는 것을 알 수 있을 것이다. 그러나 실제로는 갭 위험(gap risk)을 초래하는 점프가 있다. 둘째, CPPI 방법론은 예상보다 높은 수익률 곡선 이동과 관련하여 보다 취약한 구조를 가질 수 있다. S_t의 급격한 하향 점프가 급격한 곡선의 급격한 변화와 상관 관계가 있다면－정확하게 과도한 시장 스트레스 기간 동안 발생하는 경우 특히 그렇다.[5)]

5) CPPI유형 보호 기법이 보다 더 인기가 있게 되면서, 학문적 관심이 증가했다. Cont와 Tankov(2009)의 연구에서 이 문제에 대하여 탁월한 학문적 접근방법의 관점을 제공하고 또한 상당히 접근가능하고 실천 가능하다.

일정한 이자율 r과 일정한 변동성 σ를 가진 블랙-숄즈 유형 환경에서 파악하자. 또한 S_t는 위너(Wiener)과정에 의해 동인된 SDE를 따른다.

$$dS_t = \mu S_t dt + \sigma S_t dW_t \tag{11.6}$$

위험자산 투자가 다음과 같다는 것을 기존 토의에서 알고 있다.

$$R_t = \lambda Cu_t \tag{11.7}$$

그리고 쿠션(cushion)의 변화는 다음과 같이 주어진다.

$$dCu_t = d(V_t - F_t) \tag{11.8}$$

이것은 다음을 의미한다.

$$dCu_t = (V_t - R_t)\frac{dB_t}{B_t} + R_t\frac{dS_t}{S_t} - dF_t \tag{11.9}$$

여기서 B_t는 시간 t에서 제로 - 쿠폰 채권의 가치이다.[6] 이 식에서, 다음을 얻기 위하여 각각의 가치를 가진 V_t, R_t를 대체할 수 있다.

$$dCu_t = (Cu_t + F_t - \lambda Cu_t)\frac{dB_t}{B_t} + \lambda Cu_t\frac{dS_t}{S_t} - dF_t \tag{11.10}$$

그러나 플로어(floor)의 가치는 다음의 경우에 따라 증가한다.

$$dF_t = F_t\frac{dB_t}{B_t} \tag{11.11}$$

이것은 다음을 의미한다.

$$dCu_t = (1-\lambda)Cu_t\frac{dB_t}{B_t} + \lambda Cu_t\frac{dS_t}{S_t} \tag{11.12}$$

보다 더 대체하면,

$$dCu_t = (\lambda(\mu - r) + r)Cu_t dt + \lambda\sigma c\, dW_t \tag{11.13}$$

6) 이러한 경우 이 가치는 일정 r에 기인된 단순한 공식 $B_t = B_{t_0}e^{r(t-t_0)}$에 의해 주어진다.

이것은 기하적인 확률 미분 방정식이며 그 해는 다음과 같이 주어진다.

$$Cu_t = Cu_{t_0} e^{(\lambda(\mu - r) + r - ((\lambda^2\sigma^2)/2))(t - t_0) + \lambda\sigma W_t} \tag{11.14}$$

모든 $t \in [t_0, T]$에 대한 포트폴리오 순 자산가치의 형태를 파악하기 위하여 F_{t_0}을 가지고 이것을 결합할 것이다.

$$V_t = F_{t_0} e^{r(t - t_0)} + Cu_t \tag{11.15}$$

확률론적 미적분학의 표준 결과를 사용하여 시간 t에서 다음과 같이 기대포트폴리오 가치를 계산할 수 있다.

$$E^P_{t_0}[V_t] = F_{t_0} + (100 - F_{t_0} e^{r(T - t_0)}) e^{r(t - t_0) + \lambda(\mu - r)(t - t_0)} \tag{11.16}$$

이 기대치에서 사용하는 확률측도는 실제 세계의 확률이며 위험조정 측도는 아니다는 것을 주목하라. 이것은 S_t 과정의 평균값(drift)이 μ로 취해지지만, 무위험율 r이 취해지지 않기 때문에 이러한 경우이다.

11.4.1 해석

바로 제시되는 위 유도과정에서 두 방정식이 있다. 첫 번째는 시간이 지남에 따라 쿠션의 동태성과 관련이 있다.

$$dCu_t = (\lambda(\mu - r) + r) Cu_t d_t + \lambda Cu_t \frac{dS_t}{S_t} \tag{11.17}$$

이러한 동태성을 가진 쿠션 자체가 시간이 지남에 따라 0 아래로 내려 가지 않을 수 있다. 사실, Cu_t이 시간 t에서 매우 작다고 가정하자. 방정식의 우변에 있는 첫째 항은 정(+)의 값을 갖는다. 또한 위너(Wiener) 과정에 동인된 시스템인 S_t는 점프를 표시할 수 없으며 순간적인 기간 동안 극소하게 변해야 한다. 우변의 둘째 항은 S_t의 변화가 λCu_t의 계수을 가진 쿠션에 영향을 주는데, 이것은 Cu_t가 0으로 접근함으로써 0으로 간다는 것을 보여준다. 이들 조건에서 쿠션 Cu_t이 0으로 갈수록 dCu_t도 0으로 갈 것이다.

이것은 흥미로운 결론을 이끌어 낸다. CPPI 방식은 시장이 투자자를 거스르는 것처럼 쿠션이 결코 부(−)의 값이 되지 않는다는 의미에서 항상 "효과가 있다". 최악의 경우 쿠션은 제로가 되어 위험한 투자가 청산됨을 의미한다. 이로 인해 투자자에게는 100의 가치로 만기가 되는 제로-쿠폰 채권으로 남는다. 따라서 원금은 "항상" 보호 받는다.

이 결과의 의미를 가지고 계속하기 전에 두 번째 흥미로운 방정식을 고려하자. 포트폴리오의 기대 가치는 다음과 같이 계산되었다.

$$E_{t_0}^{P}[V_t] = F_{t_0} + (100 - F_{t_0} e^{r(T-t_0)}) e^{r(t-t_0) + \lambda(\mu - r)(t-t_0)} \tag{11.18}$$

이는 또한 제안되었는데 왜냐하면 $r < \mu$의 조건이기만 하면, 이것은 위험자산기대수익률이 무위험 이자율보다 높다는 것을 의미하며 포트폴리오의 기대가치는 보다 높은 레버리지 계수 λ를 선택함으로써 무한하게 증가될 것이기 때문이다.

따라서 비현실적인 결과에 도달했다. CPPI 전략은 투자자의 초기 투자가 항상 보호받는 반면, 동일 시점에서 레버리지가 높을수록 기대 이득이 높다는 점에서 항상 효과가 있다. 이것은 상품설계자(structurer)에게 이용 가능한 가장 높은 가능성이 있는 레버리지 계수를 선택하는 것을 의미한다. 그러나 현실 세계에서 이것은 신중한 접근이 아니라는 것이 분명하다. 이것은 위에서 언급한 모형이 실제 투자의 중요한 특징을 놓치고 있음을 암시한다.

최소한 두 가지 가능성이 있다. 첫 번째는 차입의 한계이다. 신용 한도가 있으며 실제 세계에서 레버리지를 무기한 늘릴 수 없다. 두 번째 가능성은 더 흥미롭다.

현실 세계에서 S_t 과정은 기하적 과정을 따르지 않을 수 있으며 점프 요소를 포함할 수 있다. 이 경우 $Cu_t \to 0$과 같이 S_t에서 하향 점프로 인해 Cu_t가 부(-)의 값이 된다. 포트폴리오 가치는 플로어(floor) 아래로 떨어지고 투자자의 초기 투자는 손실이 된다.

$$V_t < F_t \tag{11.19}$$

이것은 갭 위험(gap risk)이다. S_t에 이러한 점프가 있다면, 레버리지 계수 $1 < \lambda$의 존재로 인해 점프를 확대시킬 것이다. λ가 높을수록 하향 점프의 효과가 더 높다.

11.4.2 λ 선택 방법

갭 위험(gap risk) 관련 논의는 임계 레버리지 매개 변수 λ에 대한 수치 값을 선택하기 위한 방법을 제시한다. 상품설계자(structurer)는 우선 투자자의 위험 선호도를 사용하여 갭 확률에 대한 허용 임계 값을 결정한다. 그런 다음 관측된 변동성 및 점프 매개 변수를 사용하여 상품설계자가 뒤로부터 작업하고 갭 확률을 원하는 금액과 같게 만드는 λ를 결정한다. 이것은 몬테칼로(Monte Carlo) 또는 Cont와 Tankov(2009)에서처럼 준-매개 변수 방법을 사용하여 수행될 수 있다.

분명히 λ의 결정은 모형 의존적이 될 것이다. 구조자는 이 갭 위험을 처리할 수 있는 여러 가지 다른 방법을 갖게 될 것이며 그 중 일부는 아래에서 논의된다.

11.5 응용: CPPI 및 지분 트렌치

구조화 신용을 CPPI 기법의 응용으로 사용할 것이다. 신용부문은 최근 몇 년간 상당한 성장과 혁신을 경험했다. GFC는 영향을 받지 않고 그대로 두지 않았지만 그 이후로 부문이 회복되었고 상품은 금융 환경의 일부로 남아있게 되었다. 구조화 신용 부문에서 두 가지 패러다임이 관측된다. 첫 번째는 일부 신용 파생 상품 지수를 추적하고 두 번째는 관리된 신용 파생 상품 펀드이다. CPPI 기법은 이러한 추세를 시장의 사례에서 보여 주듯이 두 가지 모두에서 유용할 수 있다.

예제

소매 신용 CPPI가 처음인 ABN AMRO와 AXA는 개인 투자자 대상의 첫 번째 원금 보호 신용 파생 상품 펀드를 폐쇄했다고 지난주 발표했다. AXA는 레버리지 펀드를 허용하기 위해 프랑스에서 주택 규제자를 설득했으며 비슷한 딜이 다른 정권에서도 시작될 것으로 기대된다.

펀드는 능동적으로 관리된 합성 부채 담보부 증권(합성 CDO)과 같이 구조화되어 있다. 최소 100개의 신용디폴트스왑(CDS) 준거를 가지며 120개 이하의 이름으로 시작하고 있다.

프랑스에서 개인 투자자들에게 판매에 대한 규제당국의 승인을 얻는 것이 필수적이였던 자본보호를 제공하기 위해 ABN AMRO의 CPPI를 사용한다. AXA에 의해 관리된 디폴트 스왑의 바스켓이 너무 성과가 저조하여 투자자 자본을 보장하기 위해 제로-쿠폰 채권을 매입해야 한다면 보험이 이항(binary) 기준으로 제공된다. 이때 효과적인 마무리가 될 것이다.

이 절에서는 CPPI 기법을 표준 신용지수 트렌치에 적용하는 방법에 대해 논의한다.

비록 실무에서 해결될 필요가 있는 약간의 실무적인 문제들이 존재할 지라도, CPPI와 iTraxx 트렌치를 결합하는 것은 금융 공학 측면에서 상당히 간단하다는 것이 밝혀졌다. 알고리즘이 여기 있다.

1. 투자자로부터 $N=100$ 현금을 수령하라.
2. 액면가와 제로쿠폰 채권 F_t의 비용 간 차이를 계산하고, 전과 같이 이 용어를 Cu_t으로 놓고 쿠션(cushion)을 계산하라.
3. 쿠션 Cu_t를 레버리지 계수 λ로 곱하라. 이것은 레버리지 금액이다.
4. 총 현금 100에서 차입 금액인 $Cu_t \times \lambda$를 차감하고 위험 자산 $Cu_t \times \lambda$를 투자. 이와 같은 경우 이것은 iTraxx 0~3% 지분 트렌치로 가정한다. 예금계좌 또는 담보로 나머지 현금 또는 예비 현금 $100-Cu_t \times \lambda$를 보유하라.[7)]
5. iTraxx 지분 트렌치의 가격이 오르고 내림에 따라 λ로 거래상수의 레버리지를 유지하기 위하여 위험 자산과 예비 현금 간의 배분을 조정하라.

지금까지 이것은 앞서 논의된 CPPI 알고리즘의 직접적인 응용이다. 유일한 주된 복잡성은 위험 자산의 정의에 있다. 표준 지분 트렌치는 선행 비율로 표시되며 이는 알고리즘 수정으로 이어질 것이다. 사실, 위험 자산에 투자할 금액을 R_t라고 가정하고, 또한 iTraxx 지분 트렌트는 q_t로 표시되는데, 여기서 후자가 선불금을 백분율로 나타내는 순수한 숫자리고 가정하지.[8)] 그런 다음 위험 자산에 배분된 금액과 지분 트렌치 N^{Eq}에 투자된 명목 금액 간의 관계는 다음과 같이 될 것이다.

$$N_{t_i}^{Eq}=\frac{R_{t_i}}{(1-q_t)} \tag{11.20}$$

위험 자산 R_{t_i}에 투자한 금액 측면에서 보면 다음과 같이 쓸 수 있다.

$$R_{t_i}=N_{t_i}^{Eq}\times(1-q_t)=N_{t_i}^{Eq}-\frac{R_{t_i}}{(1-q_t)}q_t \tag{11.21}$$

이 점에서 수치 예제를 논의하는 것이 도움이 될 수 있다.

7) iTraxx지수는 펀딩이 되지 않는다는 것을 기억하라.

8) 예를 들어, 시장 조성자가 $q_t=12\%/12.5\%$를 표시한다면, 이때 보호 판매자는 판매된 보험의 각 100달러에 대한 \$12의 선불금을 받을 것이다. 보호판매자의 경우, 이 돈은 유지하는 것이다.

11.5.1 수치 예제

다음 예는 CPPI가 ITraxx와 결합 될 수 있는 방법을 보여 주며 SPRING이라 불리우며 IXIS CDO 그룹이 개발한 실제 상품 CPPI 제품과 유사하다.

먼저 iTraxx 지수의 지분 트렌치는 분기별로 지급된 500bp의 운영 수수료(running-fee)에 대한 선행 비율로 표시된다. iTraxx 지분 트렌치의 선지급 수수료는 지분 트렌치 N^{Eq}에 투자된 명목 금액의 $q_t=20\%$이고 연간 LIBOR 비율은 $L_t=5\%$라고 가정한다. 단순화를 위해 스왑 곡선이 5.095%로 평평하다고 가정하자. CPPI는 t_i, $i=0, 1, \ldots, n$로 표시된 일일 조정기간을 가지고 응용된다. 레버리지 계수는 2로 가정한다. 〈그림 11.1〉은 레버리지 금액 $Cu_t \times \lambda$가 위험 자산에 어떻게 투자되는지를 보여준다. 또한 iTraxx 지수의 지분 트렌치가 선행 현금 금액으로 표시되었음을 보여준다.

5년 CPPI 채권(note)에 위의 단계를 직접적인 쿠션으로 적용하는데, 여기에서 기초자산은 지분 트렌치이다.

11.5.1.1 초기 포지션

초기에 CPPI는 다음과 같은 구조를 가진다.

1. $N=100$을 수령하라.
2. 플로어(floor)는 다음과 같다.

$$F_t = \frac{100}{(1+0.05095)^5} = 78 \tag{11.22}$$

그림 11.1 iTraxx CPPI 예제

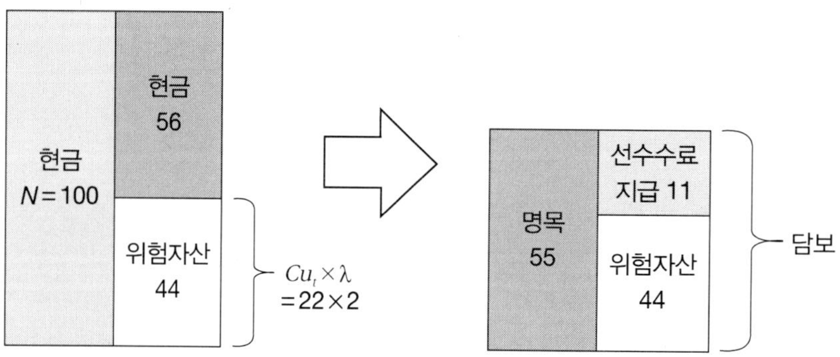

3. 쿠션은 다음과 같다.

$$\begin{aligned} Cu_t &= 100 - 78 \\ &= 22 \end{aligned} \tag{11.23}$$

4. 다음의 레버리지 계수을 가정하고서

$$\lambda = 2 \tag{11.24}$$

위험 자산에 투자 할 금액은 다음과 같다.

$$22 \times 2 = 44 \tag{11.25}$$

이것은 지분 트렌치에 할당되는 투자이다.

5. iTraxx 지분 트렌치는 $20\% \times N^{Eq}$의 선불 금액을 지불한다. 따라서 위험자산 노출이 $R_t = 44$이면 지분 트렌치 N^{Eq}에 투자된 명목 금액은 다음과 같이 되어야 한다.[9)]

$$N^{Eq} = \frac{44}{(1 - 0.20)} = 55 \tag{11.26}$$

따라서 55의 명목금액 N^{Eq}을 가지고 지분 트렌치 보호를 매도하라. 다른 말로, 55의 명목금액 N^{Eq}는 55에서 11만큼 작은 커버되지 않은 노출임을 의미하는데 $11(= q_t \times 55 = 20\% \times 55)$는 받은 선입금이며 44을 남긴다. 44는 예비 현금으로 투입된다.

6. iTraxx 지분 트렌치를 매입할 때 iTraxx 지분 트렌치에 대한 스왑을 체결한다. 이는 위험 자산에 할당된 현금과 수령한 선입 현금이 스왑의 담보로 보유됨을 의미한다. 이것은 〈그림 11.1〉에 예시되어 있는데, 여기서 지분 트렌치 상환 금액 N^{Eq}가 선지급(수수료) 11과 위험 자산으로 구성되는 방식을 볼 수 있다. 지분 보호 포지션에 대한 담보로서 보유할 총 현금 금액은 다음과 같다는 것을 주목하라.

$$q_t N^{Eq} + (100 - \lambda Cu_t) = 20\% \times 55 + 44 = 11 + 44 = 55 \tag{11.27}$$

위험자산 투자가 44이고 초기 투자된 현금이 $N = 100$이기 때문에 56의 잔액이 남아있다. 56의 잔액은 예비 현금으로 보관되며 LIBOR를 받는다.

---

9) 다른 말로, 지분트렌치에 55을 투자한다면, 위험자산에 대한 순 노출은 44가 될 것인데 선불로서 11을 얻었기 때문이다.

7. 실제로 거래는 원하는 만큼인 $\lambda=2$의 레버리지를 가질 필요가 있는가? 위험 자산에 44개를, 예비 현금으로 56개를 투자했다. 총 포트폴리오 가치 (PV)는 초기 투자된 100에 해당하는 100이다. 제로쿠폰 채권 F_t의 비용은 78이었다. 레버리지는 다음과 같이 계산할 수 있다.

$$\text{레버리지}=\frac{\text{위험자산}}{\text{포트폴리오 가치}-F_t}=\frac{44}{100-78}=2 \tag{11.28}$$

8. 지분 트렌치 표시가 리밸런싱 기간 t_1, t_2,. . .에 걸쳐 변함으로써, q_t가 증가함에 따라 위험 자산에 대한 노출을 줄이고 q_t가 감소함에 따라 노출을 증가시키면서 위치를 동태적으로 조정하라.

이 과정 동안 지분 트렌치 포지션은 실제로 펀딩이 되지 않은 투자로 취해진다는 것을 주목하라. 여전히 위험 자산에 할당된 현금과 선행 현금이 포지션의 담보로 보유된다.

11.5.1.2 동태적 조정

만약 위험 자산의 가치가 증가하거나 감소하면 레버리지가 변동할 것이라는 것을 방정식 (11.28)에서 알 수 있다. 예를 들어 $q_{t_1}=15\%$의 경우 이것은 인식된 위험 감소($q_{t_1}=15\%$의 원래 값과 비교)로, 지수 강화 및 보호 추락에 대한 인용 가격으로 해석할 수 있다. 이는 iTraxx 지분 트렌치의 가치 상승과 위험 자산 투자 가치에 해당한다. 결국, 15%의 보호를 구입할 수 있고 이익을 가진 포지션 종결할 수 있다. 그러나 구조화 채권(note)에서는 조정 후에 포지션이 계속된다. 아래에서 이 단계를 설명한다.

1. 위험 자산의 가치는 다음과 같다.

$$\begin{aligned} N(1-q_{t_1}) &= 44\times(1-15\%) \\ &= 46.75 \end{aligned} \tag{11.29}$$

미실현 이득으로 인해 위험 자산의 가치는 다음과 같이 증가한다.

$$R_{t_1}-R_{t_0}=2.75 \tag{11.30}$$

이는 15% 선불로 지분보호를 매입함으로써 포지션을 종결할 수 있기 때문이다. 그런 다음 지분 트렌치 투자에 대한 담보로서 예금된 44을 회수하며, 추가적으로 실현된 이득을 받는다.

$$55\times 0.05=2.75 \tag{11.31}$$

이 포지션을 잃지 않음으로써 이것은 마치 위험자산에 46.75을 투자하는 것과 같다.

2. 다음을 사용하여 V_{t_1}을 계산하라.

$$V_{t_1}=F_{t_0}(1+L_{t_0})+N_{t_0}(q_{t_1}-q_{t_0})+N_{t_0}(1+L_{t_0})+N(0.05) \tag{11.32}$$

이 경우 이것은 다음의 금액이다.

$$105.095+2.75+(11)(0.05)+55(0.05) \tag{11.33}$$

첫 번째 항은 현금 또는 담보로 보관된 100에 대한 이자이다. 두 번째 항은 q_t 이동에서 발생한 자본 이득이며, 세 번째 항은 선행 예금에서 얻은 LIBOR이다. 마지막으로 네벗째 항은 55에 대한 500 bp 운영 요금(running fee)이다.

3. 레버리지에 대한 효과는 무엇인가? 새로운 레버리지는 다음과 같이 계산할 수 있다.

$$\text{레버리지}=\frac{\text{위험자산}}{\text{포트폴리오 가치}-F_t}=\frac{46.75}{102.75-78}=1.8$$

레버리지를 2의 목표 레벨로 되돌리려면 포트폴리오의 균형을 다시 조정해야 한다. 위험 자산의 가치는 46.75이고 예비 현금은 56으로 유지된다. 2의 레버리지를 얻기 위해, 위험 자산이 49.5로 증가해야 한다. 이는 예비 현금에서 위험 자산으로 2.75를 재 할당함으로써 달성할 수 있다. 결과적으로 위험 자산은 49.5로 증가하고 예비 현금은 53.25로 하락한다. 위험 자산의 증가는 iTraxx 지분 트렌치의 더 많은 단위를 구매하는 데 사용된다. 현재의 새로운 선불 수수료 q_{t_1}이 15%이기 때문에, 다음의 지분 명목금액을 살 수 있다.

$$N^{\mathrm{Eq}}=\frac{2}{(1-0.15)}=2.353 \tag{11.34}$$

선불 수수료 q_{t_1}이 15%이므로 이는 다음과 같이 계산할 수 있는 선불금 또는 수수료를 받는다는 것을 의미한다.

$$\text{수수료}=2.353\times(1-q_t)=2.353\times(1-15\%)=0.353$$

그림 11.2 동태적 조정

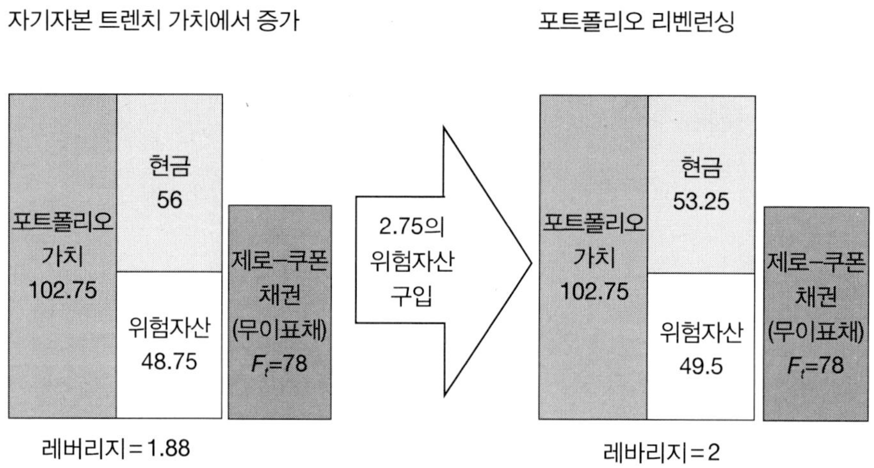

지분 트렌치의 명목금액 N^{Eq}에 해당하는 현금 담보를 확인할 수 있다.

〈그림 11.2〉는 위험 자산 가치 49.5와 위험 자산에 할당된 현금 46.75의 차이를 보여준다. 2.75의 차이는 실현되지 않은 자본 이득에 기인한다. 여기서 제로–쿠폰 채권 가치가 변하지 않을 것이라고 가정했지만 실제로는 제로–쿠폰 채권과 소득 흐름의 가치 변화가 레버리지에 영향을 줄 것이다.

q_{t_1}이 감소하면 반대의 조정이 실행될 것이다. 이와 같은 경우의 세부 사항을 장의 끝 연습문제에 남겨 두었다. 대신 디폴트의 경우를 고려할 것이다.

11.5.1.3 디폴트 및 CPPI에서 무이표채로로 전환

iTraxx 포트폴리오가 채무 불이행하는 경우 CPPI를 구성하는 은행의 부채는 무엇인가? 원래의 수치 예제에서, 투자자는 100을 받고 예비 현금에 56을, 위험 자산에 44를 배분했다. 지분 트렌치의 명목 금액은 55였고 11의 선행 수수료 외에 44의 담보로 보증되었다. iTraxx 지분법의 디폴트 시나리오에서 지분 트렌치 가치는 0으로 떨어진다. 구상하고 있는 은행은 CPPI 상품 구매에 대한 대가로 지급될 78에 대해 원금 보호 조치를 취했다. 원금 보호 비용은 은행 78이다. iTraxx 트렌치의 지분 명목금액이 55이므로, 은행은 거래 상대방에게 55를 지불해야 하며, 이는 총 부채가 133(=55+78)임을 의미한다. 담보 측면에서, 은행은 위험 자산과 관련된 현금 44, 예비 현금 56, 선불 수수료 11을 보유하고 있다. 따라서 총 현금 자산은 111이다. 만약 부채에서 자산을 뺀다면 손실, 22의 손실을 얻을 것이다. 그러한 손실을 피하기 위한 하나의 가능한 전략은 채무 불이행이 발생하기 전에 위험을 줄이는 것이다. 예를 들어, 신용 가격이 하락함에 따라 지분 트렌치의 가치가 악화되면, 무이표채 채권(제로-쿠폰채권)의 비용과 근접하게 하락하는 것처럼 가치가 특정 임계 값을 지날 때, 포트폴리오가 CPPI 구조에서 무이표채(제로 쿠폰 채권)로 전환될 수 있다.

11.6 CPDO와 CPPI의 차이점

때로는 CPPI와의 유사성을 공유하는 것으로 설명되는 최근의 구조화 상품 중 하나는 일정 비율 부채증권(CPDO: constant proportion debt obligation)으로 불리어진다. 그러나 두 가지 구조가 매우 다르며 여기서 CPDO와 CPPI를 간략히 비교하여 잠재적인 혼동을 해결한다. CPDO 접근법이 CPPI 상품과 몇 가지 공통된 기능을 공유하지만 CPDO가 실제로 원금 보호 상품의 예가 아니라는 중요한 차이점이 있다. CPPI 구조와 공통점이 있는 CPDO는 레버리지를 결정할 때 일정한 비율의 접근 방식을 사용하고 위험한 (신용) 자산과 안전한 자산간에 포트폴리오를 재조정한다는 것이다. 이름에서 알 수 있듯이 CPDO는 iTraxx 또는 CDX와 같은 신용 지수에 적용된다. CPDO와 CPPI 구조에는 두 가지 중요한 차이점이 있다. CPDO의 판매 포인트 중 하나는 투자자에게 높은 수익률을 달성하는 것이다. 이것은 비교적 높은 수준의 레버리지를 사용하여 시도한다. 그러나 CPPI와 달리 CPDO 구조의 레버리지는 포트폴리오의 순자산 가치가 감소하고 목표 수준 아래로 떨어지면 증가할 것이다. 포트폴리오의 순자산 가치가 상승하여 목표 금액에 가까워지면 레버리지가 감소한다. CPPI 상품이 원금 보호을 받는 방법은 CPP 판매자에게 손실을 초래하면서 무이표채(제로-쿠폰) 채권을 투자자에게 보증하는 것이다. 반면에 CPDO에서는 원칙적으로 보증된 보호가 없다. CPDO가 투자하는 위험 자산이 잘 수행되면 투자자는 약속된 쿠폰과 원금을 받는다. 그러나 자산의 성과가 좋지 않으면 남은 금액만 투자자에게 지급되며 이는 초기 투자 원금보다 적을 수 있다. CPPI와 CPDO 간의 또 다른 중요한 차이점은 의도된 성과를 실현하기 위해 다른 전략이 사용된다는 것이다. 개시 시점에 CPDO의 가치는 목표 포트폴리오 가치보다 낮으며 CPDO 구조는 매번 목표 가치에 도달하기 위해 CPDO 포트폴리오가 부족한 금액에 비례하여 위험 노출을 감수한다. 이것은 포트폴리오 가치가 플로어(floor) 가치와 관련하여 가지고 있는 잉여 금액에 따라 위험 노출 위치를 취할 CPPI 구조와 대조적이다. 위의 논의는 CPDO 구조가 CPPI 구조로서 동일한 보호를 제공하지 않는다는 것을 개념적으로 보여준다. GFC로 인하여 저 성과가 발생하고 많은 CPDO 구조가 종결로 이어진 것처럼 이것은 실제 세계에서 또한 예시 되었다.

11.7 변형: DPPI

DPPI(동태적 포트폴리오 보험: Dynamic proportion Portfolio Insurance) 방법론은 CPPI의 변형이다. 차이점은 레버리지는 일정하지 않지만 시간이 지나면 변할 수 있다는 것이다. 다음은 시장의 간단한 예이다.

예제

LONDON(런던), 6월 14일 로이터(Reuters) – 세계 최대 채권 펀드 중 하나인 PIMCO는 다양한 파생 상품을 출시하기 위해 골드만 삭스와 제휴했다. 투자에는 기관 투자가, 순자산 가치가 개인과 사적은행(private banks)에 초점을 맞춘 원금이 보호되고 레버리지된 구조를 포함하고 있다.

PIMCO에서 출시된 주요 상품은 Goldman의 변액 비율 포트폴리오 보호(Variable Proportion Portfolio Protection)에 기초한 원금 보호 투자이며, 이것은 잘 알려진 CPPI 기술과 유사하다.

CPPI 조정 동안 일정했던 레버리지 비율 λ_{t_i}는 가변적일 수 있고 결정될 미지의 하나가 될 수 있다. 구조자는 이를 수행하는 알고리즘을 제공해야 한다. 이 아이디어는 레버리지 비율이 어떤 최적의 방식으로 고려중인 문제와 관련이 있다고 생각하는 변수에 의존하도록 할 수 있다는 것이다. 특히, 위험 자산에 대한 노출은 다음에 의존할 수 있다.

1. 과거의 수익률의 형태
2. 수익률의 변동성
3. 방법론이 정확한 리벨런싱에 많은 기초를 하고 있기 때문에 기초자산에 대해 시장에서 관측된 유동성
4. 그리고 소위 갭 위험

마지막으로, 또 다른 관련 변수는 스왑 곡선 매개 변수에 대한 λ_{t_i}의 의존성일 수 있다이다. 위에 논의된 시나리오는 이것의 중요성을 설명했다. 이것은 신용 시장 CPPI 채권(note)와 더 관련이 있을 수 있다.

DPPI에서 위험 자산과 현금 간의 할당은 이러한 요소 중 하나 이상에 의존하는 가변 레버리지 비율로 동태적으로 관리된다. 아마도, 상황이 "좋을 때" 위험 자산에 대한 CPPI 노출은 증가하고, 상황이 "나빠지면" 감소할 것이다. 초기에는 가변 레버리지 비율이 고전적인 CPPI절차보다 수익률 곡선 환경의 변화를 더 잘 처리할 수 있는 것 같다. 예를 들어 레버리지 비율 λ_{t_i}는 변동성이 높은 기간에는 하락할 수 있고 변동성이 낮은 기간에는 상승할 수 있다. 시장 유동성의 변화에 대한 대응은 유사할 수 있다.

11.8 보험 부문에서의 CPPI 적용: ICPPI

CPPI 기법은 GFC 기간 동안에도 신용 연계 CPPI 상품과 관련된 혼란에도 불구하고 다양한 금융 부문에 계속 적용되고 있다. CPPI 기법 적용의 한 예가 보험 분야이다. GFC에 따른 어려운 경제 환경 또한 보험 분야에 영향을 미치고 많은 보험 회사 고객은 더욱 조심스럽게 되었다. 상승세에 있는 참여(upside participation)를 포함하는 보증된 상품에 대한 수요가 여전히 존재한다. 이익 또는 전통적 변액연금(VA: variable annuity) 상품을 취급하는 영국은 보호수준과 펀드선택에 대한 제한이 가하고 있다. 고객은 이제 상승에 참여하는 덜 제한적인 보증 상품을 요구하고 있다. 이에 대응하여 보험 회사는 CPPI

형 구조의 변형을 모색하고 있다. 보험 회사는 장기 저축 고객을 위해 은행과 같은 다른 금융 서비스와 경쟁하지만, 자신의 재무상태표에 위험을 추가하거나 파생 상품을 기반으로 비싼 헤지를 요구하는 상품을 제공하지 않는 것을 선호한다. CPPI 솔루션(solution)은 여러 국가의 보험 부문에 적용되었다. 일본에서는 보험 회사가 VA정책에 내재된 보증을 맞추기 위해 보험 회사를 고용한다. 독일에서는 국영 보조금 "리스터 (Riester)"연금 상품(pension product)을 제공하려고 시도한 보험 회사에 대한 제한적인 투자 규칙을 회피하는 것을 허용했기 때문에 2006~2007년에 인기가 있었다.

그러나 전통적인 CPPI 상품에는 몇 가지 단점이 있었다. 만약 기초 위험자산의 성과가 포트폴리오가 현금-잠김(cash-locked)상태가 발생하면, 투자자는 수익률이 보증 수준으로 되돌아 갔기 때문에 미래 성과를 놓치게 되었다. 이것은 GFC기간 동안 CPPI투자자들이 기대하고 있었던 수익률을 얻지 못했다는 것을 의미했던 많은 경우에 발생했다.

시장은 소위 개별 일정 비율 포트폴리오 보험(ICPPI: individual constant proportion portfolio insurance)을 혁신하고 창출함으로써 경로-의존적 전통적인 CPPI와 관련된 문제에 대응하였다. ICPPI 상품은 각 보험 계약자 별로 맞춤화되며 CPPI 구조 내에서 계정 플로어(account floor) 수준, 계약의 듀레이션 및 위험자산의 선택에 대한 재량권을 제공한다.

일부 ICPPI 상품에서 발견된 또 다른 혁신은 비용 재조정 문제를 언급하고 있다. 이전에 논의한 바와 같이, 전통적인 CPPI는 비용을 발생시키는 정기적인 재조정(물리적 지분 및 안전 자산과 같은 위험 자산 간)을 필요로 한다. 이 문제를 해결하기 위해 일부 ICPPI 제공 업체는 파생 상품을 사용하여 실물 지분을 구매할 필요 없이 지분 움직임을 복제하는 유사 합성 포트폴리오를 만든다. 그러나 이 혁신의 단점은 거래 상대방 위험 및 시장 위험을 ICPPI 상품에 도입하고 있다는 것이다. 이러한 ICPPI 구조를 사용하는 보험회사는 결과적으로 거래 상대방 위험과 관련된 시장위험관리 실무를 도입할 필요가 있는데 다음 장에서 이러한 주제는 논의될 것이다.

다음 CPPI 적용 사례는 보험 부문에서 나온 것이다.

예제

자산 관리 회사인 Allianz Global Investors는 이미 ICPPI 구조를 사용하고 있다. 프랑크푸르트에 본사를 둔 소매 및 생활/자산 솔루션 책임자인 Kai Wallbaum은 "개별 계정 기반의 특정 알고리즘 전략을 관리할 수 있는 운영 플랫폼을 설치했다. 고객이 자주 요구하는 접근 방식 중 하나는 이 개별 CPPI로, 각 고객에 대해 특정 동태적 위험 접근 방식을 관리하고 맞춤형 보증을 제공할 수 있다."

(Insurance Risk, 2013년 5월 9일, "보험 회사는 저축상품의 다음 세대를 위한 CPPI구조를 본다", www.risk.net/2266887.)

현금 락(cash−lock) 시나리오의 또 다른 솔루션은 부분적으로 핵심 보험 펀드에 투자하고 자체 보증 수준을 포함하고 있는 제3자 펀드에 부분적으로 투자한 ICPPI 상품을 창출하는 것이고, 배분(allocation)은 두 가지 상대적으로 빈번하지 않는 사이에서 예를 들어 일일 기준 대신 월별 기준으로, 배분을 변경하는 것이다. 제3자 펀드의 보증은 예를 들어 NAV가 80%까지 감소하는 것을 막을 수 있으며, 이로 인해 낮은 수익률로 잠금을 보호하고 운영 및 재조정 비용을 줄일 수 있다. 다음 예는 2012년에 출시된 상품 중 하나를 설명한다.

예제

이탈리아 은행 그룹인 Unicredit은 이러한 솔루션을 제공하는 공급 업체 중 하나이다. 이 그룹은 2012년 ICPPI 제품을 개척하여 자사의 개인 은행 고객을 겨냥한 Green을 창안했으며 다른 국가에서 기회를 모색하기 위해 보험 회사와 파트너가 되기 위해 노력하고 있다.

보험 회사들에 대한 또 다른 도전은 상품에 대한 인식을 높이고 장기 보장이 가격표의 가치가 없다는 개념을 파기하는 것이다. "많은 보험사들이 신상품 개발과 고객들이 ICPPI의 비용 이점을 이해할 수 있는 곳이 아직 없다는 개념 단계에 있다"[...]

(Insurance Risk, 2013년 5월 9일, "보험 회사는 다음세대의 저축상품에 대한 CPPI 구조를 본다", www.risk.net/2266887.)

예제는 보험 회사가 CPPI 기법을 사용하려는 동기 중의 하나가 OBPI 접근법에서 사용된 옵션과 같은 값 비싼 파생 상품의 비용을 피하는 것이라고 설명하고 있다. 이전 절에서 CPPI 구조를 검토한 결과 CPPI 알고리즘을 고객화될 수 있으며 투자자의 위험 회피에 의존할 수 있는데 쿠션은 특정 수준에서 설정될 수 있다. 일부 보험사는 맞춤형 CPPI 사양을 제공하는 시스템을 구현했다. CPPI의 일부 문제가 강조된다. 예를 들어, CPPI 구조의 위험 자산이 감소함에 따라, 펀드는 안전한 예금 또는 채권에 영구히 배치되며 이는 원금 보호를 제공할뿐만 아니라 연금 수령자가 향후 시장 회복으로부터 이익을 얻는 것을 방지한다. 또한 예제는 초기에 논의했던 동태적 재조정 메커니즘의 예시를 제공한다. 재조정은 거래 비용을 발생 시키며, 이러한 비용은 파생 상품보다 물리적 자산에 대해 더 높다. 반면에 파생 상품은 거래 상대방의 위험을 초래하는데, 이는 차후 장에서 자세히 다루고 있다.

11.9 현실 세계의 복잡성

CPPI 기법 뒤에 숨어있는 개념은 간단하다. 사실, 모델링조차도 매우 간단하다. 그러나 실제로는 몇 가지 어려움이 발생한다. 그들 중 일부만을 살펴볼 것이다.

11.9.1 갭 위험(Gap Risk)

만약 상품설계자(structurer)가 갭 위험에 노출되기를 원하지 않으면 다른 구조화 상품을 통해 다른 투자자에게 판매될 수 있다. 예를 들어 자동수의상환(autocallable)과 같은 구조화 상품의 경우 높은 쿠폰이 투자자에게 지급되지만 기초 가격이 미리 선택된 수준에 도달하면 상품설계자는 자동으로 수의상환 된다. 자동 수의상환 기능을 사용하면 투자자는 높은 쿠폰을 받지만 바스켓에 큰 하향 움직임의 위험이 있다고 가정한다. 투자자에 의하여 받게 되는 여분의 쿠폰은 갭 위험을 보험에 드는 비용으로 시각화될 수 있다.[10)]

실무에서 자주 사용되는 또 다른 가능성은 깊은 OTM풋을 사용하여 갭 위험을 관리하는 것이다. 기초자산이 유동성을 가지고 있다면 가능하다. 그러나 CPPI 전략의 경우, 그

10) 대안적으로 갭 위험은 재보험사에 의해 보장될 수 있다.

기초자산은 종종 비 유동적이어서 이것이 옵션 포지션의 델타 헤징을 어렵게 만든다. 그럼에도 불구하고 스트레스 기간 동안 상관관계는 하나의 방향으로 가고 유동성 지수는 비유동성을 가진 기초자산과 상관관계가 있을 수 있다고 주장할 수 있다. 따라서 유동성 지수에 대해 신중히 선택된 깊은 OTM옵션은 또한 갭 위험을 헤지할 수 있다. 은행은 일반적으로 명목적인 레버리지된 노출의 함수로서 일반적으로 갭 위험을 커버하기 위하여 작은 "보호" 또는 "갭" 수수료를 부가한다.

11.9.2 유동성 문제

기초자산의 유동성 문제는 몇 가지 이유로 CPPI 유형 전략에 중요하다. 첫째, 쿠션이 제로가 될 때 위험 자산 포지션을 종결할 필요가 있다. 만약 기초자산 시장이 유동성을 가지고 있지 않다면, 특히 시장이 급격한 속도로 떨어지는 경우에는 그렇게 하는 것은 매우 어려울 수 있다.[11)]

둘째, 기초자산이 유동성이 낮다면, 기초자산에 대한 옵션은 거래할 수 없고, OTM옵션을 통한 갭 위험을 헤징하는 것은 불가능할 수 있다.

세 번째 문제는 보다 기술적이다. 이전 절에서 언급했듯이 갭 위험은 S_t에 확률미분방정식이 추가된 점프과정을 사용하여 모형화 될 수 있다. 이러한 설정에서 점프 위험은 Cu_t이 부(−)가 될 확률이다. 이것은 λ 파라미터을 위해 선택된 수치 값을 결정한다. 그러나 기초자산이 유동성이 없을 경우, 이 기초자산에 대한 옵션도 유동성이 없게 될 것이다. 그러나 유동성이 있는 옵션가격은 점프과정의 매개 변수를 조정할 필요가 있다. 비 유동성 옵션 시장에서는 이것이 불가능할 수 있다. 본질적으로, λ의 선택은 임의적으로 만들어진 가정 또는 과거 데이터에 의존할 것이다.

11.9.3 실무에서 어떤 원금 보호 기법이 가장 좋은가?

본 장의 서론에서 OBPI, CPPI, DPPI 등 다른 원금 보호 기법이 존재한다는 점을 지적했다. 어떤 원금 보호 기법이 실제로 가장 잘 작동하는가? 이것은 경험적 질문이며 기법의 이론적 순위는 제공될 수 없음이 밝혀졌다. 옵션은 특정 시간에 매우 비싸므로 OBPI

11) CPPI전략은 시장 방향을 향상시킬 것임을 주목하라. 구조 조정자(structurer)는 시장이 하락(상승)할 때, 매도(매입)할 것이다. 그래서 위험자산 포지션이 청산될 필요가 있는 시점에 다른 CPPI 구조조정자는 또한 "매도"될 수 있다.

가 매력적이지 않다. 언뜻 보기에 CPPI는 표준 옵션 복제 전략과 유사하게 보일 수 있다. 그러나 표준 CPPI는 미래의 포트폴리오 변동성, 포트폴리오 수익률 분포 또는 투자자의 시간 범위에 대한 가정을 하지 않기 때문에 근본적인 차이점이 있다. 쿠션이 CPPI에서 조정되는 방식으로 인해 이 방법은 전환이 없는 인기 급상승 시장에서 잘 작동할 것이다. 왜냐하면 헤저(hedger)가 노출을 계속 증가시킬 것이기 때문이다. CPPI가 제대로 작동하지 않을 때의 시장 환경이 있다. 추세와 가격 변동성이 없는 시장에서 CPPI는 실적이 저조할 것으로 기대된다. 왜냐하면 헤지가 결과적으로 약화된 시장을 보기 위해 가격 상승에 대해 매입할 것이고, 시장 반등을 보기 위해 가격 하락 움직임에만 매도할 것이기 때문이다. 관심있는 기초 자산에 특정하고 향후 시장 환경에 대한 가정을 통합하는 몬테카를로 시뮬레이션 및 과거의 백 테스트(backtest)는 어떤 PPI 기법이 헤저(hedger) 또는 투자자에게 최상의 위험 조정 성과를 발생시키는지를 결정하는 데 필요하다. 예를 들어, S&P500의 경우 Lu(2010)는 OBPI, CPPI 및 DPPI를 포함한 다양한 포트폴리오 보험 접근 방식의 실적을 비교한다.

11.10 결론

다른 여러 가지 현실세계의 복잡성이 있을 수 있다. 예를 들어, 신용 부문에 대한 CPPI의 적용을 고려하라. 하나의 매우 중요한 질문은 롤(roll)에서 어떤 일이 일어나는가 하는 것이다. 분명히 상품설계자는 on–the–run 시리즈(series)에 머무르고 싶을 것이고 롤(roll) 동안 점프와 비슷하고 극소량일 수 있는 일일정산 조정이 있을 것이다.

두 번째 질문은 레버리지 계수를 최적의 쿠션에서 선택하는 방법이다. 그것은 이것은 몬테카를로 접근법과 관련이 있을 것이지만, 더 어려운 문제는 이를 최적화하는 방법이다는 것은 분명하다.

추천 도서

CPPI에 관한 첫 번째 학술 논문은 Perold(1986)가 고정 소득 상품을 CPPI, Black and Jones(1987)가 지분 금융상품 도구를 CPPI로 연구했다. Cont와 Tankov(2009)의 최근 논문도 추천한다. Joossens and Schoutens(2010)는 CPPI와 CPDO 구조를 논의하고 비교하고 있다. Jin and Whetten(2005)은 신용 연계 CPPI 변동의 진화를 요약하고 있다.

연습문제 Exercise

1. 이 장의 iTraxx CPPI 예제를 고려하라. q_{t_1}이 20%에서 15%로 떨어짐에 따라 iTraxx 트렌치의 가치가 증가한다고 가정했다. 이제 스프레드가 확대되고 신용도가 감소하여 q_{t_1}이 20%에서 25%로 증가한다고 가정하자. 결과 레버리지 변화를 계산하고 2의 목표 레버리지로 돌아 가기 위해 필요한 세부 조정을 설명하라.

2. iTraxx crossover 지수는 3개의 연속적인 기간 동안 아래 주어진 경로를 따랐다.

$$\{330, 360, 320\}$$

이 포트폴리오에는 30개의 준거 이름이 있다고 가정하라.

a. 2의 레버리지 비율을 선택하기로 결정하고 iTraxx crossover 지수에 5년 CPPI 채권(note)를 구성한다. LIBOR 비율은 5%이다. 일반적인 전략을 기술하고 더 중요한 것은 초기 포트폴리오 구성을 보여라.

b. 위의 경로를 감안할 때 3기간에 대한 포트폴리오 조정을 계산하라.

c. 기간 4에서 iTraxx는 370개가 되고 하나의 회사가 디폴트가 된다. 포트폴리오 조정을 보여라.(40%의 회수율을 가정하라. 알림: 포트폴리오에 30개의 이름이 있다는 것을 잊지 말라.)

12 거래 상대방위험, 다중곡선, CVA, DVA 및 FVA

CHAPTER

12.1 서론

본 장에서는 거래 상대방의 위험을 파생상품 가격에 더 잘 반영하려는 금융 공학의 최근 혁신을 검토한다. 본 장에서 다루는 주제는 금융 공학 실무 및 파생상품 연구의 선두에 있다. 이전 장에서는 스왑 현금 흐름 엔지니어링, 옵션 평가 및 동태적 복제와 같은 기초 원칙을 사용하여 보다 복잡한 상품을 만들고 평가하는 방법을 보여 줬다. 독자들은 이제 다른 자산군 및 금융 공학 문제에 대한 접근 방식의 공통점을 평가하기를 희망한다. 본 장에서는 이전에 연구 한 금융상품도구 중 일부를 상대방 위험을 보다 잘 설명하는 데 사용할 수 있는 방법을 알아 본다. 옵션 평가 및 CDS를 포함한 전에 직면했던 몇몇 금융 공학 상품도구를 적용하여 파생상품 거래에서 거래 상대방 위험을 모형화하고 통합시키는 것은 가능하다는 것을 알게 될 것이다. 특히 신용 평가 조정(CVA)은 거래 상대방의 디폴트 시간이 주어졌다면 무작위로 만기를 가진 포트폴리오의 잔여 가치에 대한 옵션과 유사하다는 것을 보여준다. 거래 상대방의 디폴트 확률 및 디폴트 강도는 CDS 스프레드에서 도출될 수 있다. 따라서 거래 상대방 위험에 대한 일부 접근법은 CDS 및 6장 및 7장에서 보았던 디폴트의 구조 모형과 같은 신용 위험 금융 공학 수단을 만든다. 일부 담보 계약은 담보물을 선택할 수 있도록 하며, 이러한 선택은 내재된(embedded) 옵션을 유도한다. 이러한 선택권은 최근 ISDA(국제 스왑 파생상품 협회)의 소위 SCSA(표준 신용 지원 별관)에서 언급되었다. 마지막으로, 거래 상대방 위험을 헤지 하려고 시도하는 일부 솔루션은 9장에서 언급한 CDO 구조화 아이디어를 기반으로 한다. 따라서 이전 장과 마찬가지로 거래 상대방 위험을 해결하기 위해 기초적인 금융 공학 원칙을 사용할 수 있다.

거래 상대방 위험과 관련된 조정을 통합하면 파생상품의 가격 결정 공식이 크게 변화되며 실무적으로 본 교재의 중심인 시장조성자의 평가 및 형태를 크게 변화시킨다. 각 장의 자산군 별 거래 상대방 위험을 다루지 않기로 결정한 이유는 거래 상대방 위험을 다루기 위해 적용하는 옵션 평가, CDS 및 CDO 도구(toolket)을 개발해야 한다는 것이다. 따라서 본 교재의 끝 부분에 있는 보다 발전된 거래 상대방 위험 문제를 다루는 것이 중요하기 때문에 독자는 이전 장에서 연구한 도구를 흡수할 시간을 가질 수 있다.

본 교재 전체에서 거래 상대방의 위험이 없는 세계에서 살았던 것처럼 파생상품 가격을 결정하는 금융 공학 도구를 사용했다. 거래 상대방 위험은 파생상품 가격을 포함하되

이에 국한하지 않고 금융 시장 및 금융의 여러 측면에 영향을 준다. 첫째, 거래 상대방 위험을 통합하는 것은 금융 파생상품 가격 결정 및 은행 조직에 영향을 준다. 많은 은행들이 현재 소위 CVA라고 불리어지는 거래상대방 디폴트 위험을 반영하는 디폴트가 없는 파생상품에 조정을 한다.[1] CVA의 원칙은 디폴트 위험이 있는 거래 상대방과 거래하는 동일 청구권의 가치는 항상 디폴트 위험 확률이 없는 상대방과 거래하는 동일한 청구권의 가치보다 작다는 의미에서 디폴트 위험 자산에 대한 가격 할인과 유사하다. CVA가 이자율 스왑 포트폴리오에 대해 어떻게 계산될 수 있는지 보여주는 사례 연구를 토의한다. 본 교재의 범위를 넘어 거래상대방위험이 모든 자산군의 파생상품 가격 결정을 변화시키는 방법을 보여 주지만 본 장의 끝에는 관심 있는 독자를 그러한 응용에 안내하는 참고 자료를 제공한다.

거래 상대방의 위험에 대한 관심이 커지면서 은행에서 CVA 데스크(몇 년 전에는 많은 은행에 없었던 기능적 단위)의 역할과 업무량이 확대되었다. 은행은 또한 부채 가치 조정(DVA) 형태로 은행의 자체 위험으로부터 나타나는 조정을 한다. 마지막으로 펀딩 비용은 파생상품 평가에 영향을 미치며 이것은 소위 펀딩 평가 조정(FVAs)에 반영된다. 따라서 거래 상대방 위험을 내재시키는 파생상품의 가격은 디폴트가 없는 가격에서 CVA, DVA 및 FVA와 관련된 조정을 더한 값으로 분해할 수 있다. CVA, DVA 및 FVA와 관련된 모형화 선택은 넓으며 은행 간의 적용 범위가 넓다는 것을 의미한다. 이전 장에서 자산의 가격이 자산의 위험에 의존하고 이 위험을 반영하는 할인율로 할인되어야 한다는 포괄적인 금융 원칙을 적용했다. 그러나 실제적으로 다른 차입자는 다른 펀딩 비용을 가지며 시장 실행은 기본 원칙(fundamental principle)을 따르지 않는 펀딩 비용의 차이를 반영하는 다른 할인율을 사용하는 쪽으로 가고 있다.

거래 상대방 위험 조정의 결과로 가치가 거래 상대방에 따라 달라지기 때문에 파생상품 거래에 대한 공정가치와 같은 것은 없다. 또한 거래 상대방 위험은 새로운 모형 위험 원천을 제공한다. 블랙-숄즈 Merton 옵션 가격 결정 방식, 디폴트의 Merton 구조 모형 및 표준 가우시안 커플라(Gaussian copula) 시장 모형의 유행을 보았다. 논의에서 그러한 표준 모형이 실제로 거래 상대방 위험 가치를 반영할 수 있는지 여부가 개념적으로 명확하지 않다는 것을 보여줄 것이다.

---

1) 아시아 위기 및 LTCM의 긴급구제(bail out)는 첫 번째 연관된 은행이 거래상대방 위험에 보다 더 많은 관심을 가지도록 했으며 1990년대 후반 대규모 은행들은 거래 상대방위험의 비용을 평가하기 위해 CVA을 사용하기 시작했다.

둘째, 거래 상대방 위험은 요구 자본에 영향을 미친다. Basel Ⅱ에는 거래 상대방 위험과 관련된 신용 VaR 수수료가 있다. 가장 최근의 바젤 Ⅲ 제안에서는 요구 자본 사항이 CVA와 관련된 일일정산 손실로 인해 발생하는 위험을 반영해야 한다고 요구하고 있다. 그러나 이러한 제안은 DVA를 허용하지 않으므로 자본 수수료 규제 관점에서 거래 상대방 위험을 다루는 것과 파생상품 가격 관점에서 차이가 날 수 있다.

셋째, IFRS와 US GAAP을 포함한 회계 기준은 신용 위험을 파생상품의 공정 가치 측정에 반영할 것을 요구한다. 이것은 금융 계좌에 DVA와 CVA의 영향을 보고 하면서 은행에 수십억 달러의 이익과 손실에 영향을 미쳤다.

마지막으로 본 장에서 이 논의에서 이론적이지만 모든 것임을 알게 될 것이다. 이 문제는 시장 관행을 변화 시켰고 지난 수십억 달러 규모의 은행 이익과 손실을 가져 왔으며 또한 CVA 데스크와 같은 금융 부문에서 새로운 전문 기회와 기능을 창출했다.

거래 상대방 위험의 문제는 위험 중립 측도 하에서 현금 흐름을 할인하는 데 사용되는 할인율의 선택에도 영향을 미친다. 전형적인 LIBOR는 무위험 이자율의 대용 변수로 사용되었지만 GFC 이후 시장 관행이 OIS 금리를 담보 거래의 할인율로 사용하는 것으로 옮겨 갔다. 이것은 부분적으로 LIBOR율이 LIBOR율로 가격이 결정된 거래 상대방 위험의 결과로 OIS율보다 상당히 높았기 때문이다. OIS율로의 이동은 본 장에서 논의할 파생상품 가격 결정에 대한 세 가지 근본적인 의미를 갖는다.

금융 공학에서 거래 상대방 위험에 관한 주제는 방대한 영역이며 본 장에서는 간략한 요약 만 제공할 수 있다. 그러나 본 교재 전반에 걸쳐 기존의 금융 공학 도구(toolket)을 사용하여 이러한 과제를 해결하고 가장 중요한 평가 및 위험 관리 문제를 파악하는 방법에 중점을 둔다.

12.2 거래상대방 위험

거래 상대방 위험은 거래에 진입한 거래 상대방이 불이행하고 지불 의무를 이행하지 않을 위험을 지칭한다. 기존 교재의 2장에서 중앙 청산소와 CCP가 상대방 위험의 효과를 완화할 수 있는 방법에 대해 논의했다. 따라서 항상 CCP에서 중앙집중적으로 청산되고 중앙 집중적으로 청산된 OTC인 상장지수 파생상품(exchange–traded derivatives)과 연관된 거래상대방 위험은 낮는데 이것은 청산소가 거래상대방에 대한 파생상품에 의해 약정된 현금흐름을 보증하기 때문이다.[2] 그러나 파생상품 거래의 대부분은 중앙에서 처리되지 않아 거래 상대방의 위험 조정이 광범위하고 경제적으로 중요하다. 거래 상대방 위험 조정이 필요한 비 중앙 파생상품 시장의 규모는 어느 정도인가? 최근 BIS 2013 연간 3번 발행되는(Triannual) 서베이(Survey)에 따르면, OTC 부문은 명목상의 미결제(outstanding) 잔고에서 750조 달러의 파생상품 시장 중 약 90%를 차지한다.[3] 또한 OTC 시장의 명목금액 중 약 1/3만이 CCP를 통해 청산된다. 위의 수치를 근거로 볼 때 약 440조 달러의 파생상품이 2013년 수치를 기준으로 중앙에서 청산되지 않은 것으로 추정된다.

실무자들은 GFC 이전에 거래 상대방의 위험을 인식하고 있었지만 시장 및 신용 위험과 같은 다른 위험과 비교하여 부차적 중요성으로 간주되었다. 그러나 거래 상대방의 위험이 최우선적으로 중요하다는 증거가 있다. 다음 두 가지 동기를 유발시키는 예제는 본 장에서 세부적으로 설명할 거래상대방 위험 관련 개념을 예시하고 있다. 첫째, 거래 상대방 위험으로 인한 일일청산 손실은 다음의 예제가 예시하는 바와 같이 시점에서 시장 또는 신용 위험으로 인한 일일청산 손실을 초과할 것이다.

예제

바젤 Ⅱ에서 거래 상대방 디폴트의 위험과 신용 전이 위험(credit migration risk)에 대한 대응은 이루어졌지만 신용 평가 조정(CVA)으로 인한 일일정산 손실은 해결되지 않았다. 그러나 금융 위기 동안 거래 상대방의 신용 위험에 기인한 손실의 약 2/3는 CVA 손실로 인한 것이었고 실제로 약 3분의 1만이 실제 채무 불이행으로 인한 것이었다.

(국제결재은행, 2011년)

2) CCP는 일반적으로 고도로 자본화되어 있으며 모든 청산 회원은 지난 수십년 동안 전 세계의 여러 CCP의 디폴트를 줄이긴 하지만 제거하지 않는 담보를 제공한다(즉, 1974년 Caisse de Liquidation des Affaires, Marchandises, Kuala Lumpur Commodity Clearing 1983년 청산소, 1987 년 홍콩 선물 거래소, 1987년 미국의 CME와 OCC, 1999년 브라질의 BM&F). CCP를 통한 거래량의 증가와 CCP의 수 증가 사이의 경쟁은 CCP가 미래에 더 위험해질 수 있는지에 대한 의문을 제기한다.

3) OTC 시장 규모는 시장 참가자 간의 양자 거래와 다자간 거래로 균등하게 나뉜다.

둘째, 주요 은행에 의해 보고된 최근 이익은 수십억 달러에 달하는 CVA와 DVA 조정을 반영하였다. 다음은 단지 하나의 최근의 예이다.

예제

골드만 삭스(Goldman Sachs)는 이번 어닝 시즌에 3분기 손실을 보고한 최초의 대형 미국 은행이었고, 그 손실은 잠재적으로 대규모 회계 이득을 헤지 하기 위한 부분적인 결정 때문이었다. [. . .]

회사는 다른 금융 상품 바스켓에 대한 신용 디폴트 스왑(credit default swaps)이라 불리어지는 보험 연계 계약을 통해 포지션을 상쇄함으로써 부채 평가 조정 또는 DVA에서 잠재적 이득을 헤지했다. [. . .]

골드만 삭스의 3분기 DVA 이익은 총 4억5천만 달러로 고정 소득, 통화 및 상품부문에서 기록되었던 3억 달러, 지분 거래로 1억5천만 달러를 기록했다.

이 금액은 J.P. Morgan Chase와 Citigroup이 3분기에 기록한 DVA 이익 19억 달러보다 비교적 적다. 뱅크 오브 아메리카(Bank of America)는 투자 은행에 17억 달러의 DVA 이익을 보고했다. 채권 스프레드의 방향을 고려할 때 3개 은행 모두 수익성이 있었고 DVA 이익에서 후속 분기에 반전 될 수 있는 회계 현상이 증폭되었다.

(Wall Street Journal, Deal Journal 블로그, 2011년 10월 18일,
"Goldman Sachs는 낮은 변동성 이익에 대한 방법을 헤지한다" by Liz Moyer와 Katy Burne)

이 두 예제 모두 실제로 CVA와 DVA가 얼마나 중요한지를 보여준다. 이러한 개념과 파생상품 업계가 거래 상대방 위험을 조정함에 있어 점진적으로 정교해지는 방법에 대해 아래에서 자세히 설명한다. 본 장에 제시된 공식은 무 담보화 파생상품 거래에 대한 것이지만, CVA가 더 작고 넓게 말하며, 옵션 용어는 불이행 시 잔여 NPV가 아니라 담보에 의해 커버되지 않는 잔여 NPV(있는 경우)이다. 이는 갑작스런 이익과 손실이 변화기 때문일 수 있는데 이는 거래 상대 디폴트 또는 갭 위험이 원인일 가능성도 있다.

12.3 신용 평가 조정

본 교재 전체에서 파생상품 거래는 디폴트 위험이 없다고 가정했다. 예를 들어, 블랙-숄즈 모형에서 각각의 거래 상대방이 의무를 이행할 것이라는 가정하에 채무 이행을 가정했다. 대형 금융 기관이 채무 이행이라는 가정은 현실적이지 않다. 예를 들어, 2008년에는 금융 기관에 대한 8건의 신용 사건이 1개월 만에 발생했다(Lehman Brothers, Fannie Mae, Freddie Mac, Washington Mutual, Landsbanki, Glitnir, Kaupthing 및 Merrill Lynch).

12.3.1 거래 상대방 위험의 예제와 CVA

거래 상대방의 위험이 제거된 것으로 가정했던 선도, 옵션 및 신용 디폴트 스왑의 평가에만 국한된 것이 아니다. 기존 교재의 3장의 금리 스왑(IRS)에 대한 논의에서 또한 상대방이 디폴트 할 수 있는 위험을 고려하지 않았다. 거래 상대방 위험은 간단한 IRS의 평가에 어떻게 영향을 미치는가? 은행 B와 기업 거래 상대방 C간 N의 명목금액과 만기 $T=t_4$을 가진 IRS을 가정하는데 여기서 B는 고정금액을 지급하고 C는 변동금액을 지급한다. 〈그림 12.1a〉은 B와 C가 디폴트를 하지 않는다고 가정할 경우의 현금흐름을 예시하고 있다. B가 지금 위험이 없다고 계속 가정 해 보고 그러나 알려지지 않은 시간 τ에 C에 의한 디폴트의 가능성을 허용하자. 이것은 〈그림 12.1b〉에 나와 있다. 예를 들어, 디폴트가 날짜 t_3과 t_4 사이의 어떤 지점에서 발생한다고 가정하자. 디폴트가 없는 임의의 시나리오를 제외하고 (즉, $\tau>T$), 두 가지 기초적인 시나리오를 구분할 수 있다.

- 시나리오 1 (디폴트와 B는 정(+)의 노출을 가진다): C는 $t_3<\tau<t_4$의 어떤 점 τ에서 디폴트가 발생하고 C에서 B까지의 나머지 지급금의 순 현재 가치 (NPV)가 정(+)이며, 즉 B가 정(+)의 노출을 가진다. 이 경우, B는 순 현재 가치 NPV의 회수율 REC만을 받는다.
- 시나리오 2 (디폴트와 B는 부(−)의 노출을 가진다): 만약 C가 $t_3<\tau<t_4$의 어떤 점에서 디폴트가 발생하고, C에서 B까지의 나머지 지급금의 NPV가 부(−)이면, 이때 B는 부(−)의 노출을 가진다. 이러한 경우 B는 C의 청산인에게 정(+)의 금액을 지급한다.

〈그림 12.1〉의 예제는 단지 확률 디폴트 시간뿐만 아니라 디폴트의 경우 나머지 지급액의 NPV 기호 및 크기도 중요하다는 중요한 시사점을 예시하고 있다. 이들은 거래 상대방 위험에 대한 어떠한 조정도 고려되어야 한다는 것이다. 거래 상대방 위험을 파생상품 가격에 포함시키는 방법에는 여러 가지가 있다. CVA는 이러한 조정 중 하나이며 간단하고 직관적이다. CVA의 기본 아이디어는 거래 상대방과 거래하는 포트폴리오 파생 거래를 체결할 경우 해당 거래 상대방이 디폴트할 수 있으며, 위험노출을 가진 시점에 디폴트가 될 수 있고, 사용에 대한 거래의 가치는 거래 상대방에게는 정(+)과 부(−)라는 것이다. 이것은 거래의 평가에 부가되어야 한다. 첫째, 거래 상대방이 모두 다 디폴트 하지 않는다는 가정에서 거래의 가치를 평가한다. 그런 다음 상대방이 불이행 할 가능성을 반영하여 CVA 또는 신용 평가 조정을 차감한다. CVA의 세부 사항에 들어가기 전에도 위의 논리는 상대방에 대한 지불 의무를 이행할 수 없다는 사실에 또 다른 조정이 필요할 수 있음을 의미한다. 이것을 DVA라고 부르며 이후 절에서 논의될 것이다.

예를 들어, 위의 예에서 거래 상대방 C는 2010년 ECB(European Central Bank) 또는 그리스 상업 은행이 될 수 있다는 것을 가정한다. 6장에서 보여준 국가 디폴트 스왑의 논의 처럼, 분명하게 ECB와 그리스 은행은 2010년에 매우 다른 거래 상대방 위험을 가졌다. 거래 상대방의 위험을 거래의 성과 평가에 반영하는 것은 은행의 거래 상대방에 의한 디폴트가 일어나든지 아니면 그렇지 안든지에 대한 조건을 필연적으로 의미할 수 있다. 직관적으로, 은행의 거래 상대방이 채무 불이행 위험을 포함하는 것은 은행의 관점에서 선택성(optionality)을 성과에 부가할 것이다.

CVA 조정은 정(+) 또는 부(−)가 될 수 있다. 은행 B와 그 거래 상대방, 즉 기업 고객 C를 예로 들어 보자. C가 디폴트가 되고 디폴트에서 포트폴리오의 현재 가치가 생존자(은행 B)의 관점에서 정(+)의 값을 갖는 경우 B는 C로부터 회수율과 동일한 포트폴리오의 일부만 얻는다. 포트폴리오의 현재 가치는 생존자 B의 관점에서 부(−) 일 가능성도 있다. 이 경우, B는 디폴트 기업 C의 청산인에게 지불해야 한다. 이 논리는 CVA라고 표시된 정(+)의 조정을 차감한 거래 상대방 위험이 없는($P_{\text{no CR}}$) 거래의 가치와 동일한 상대방 위험($P_{\text{with CR}}$)을 가진 파생상품 거래의 가격을 유도한다.

$$P_{\text{with CR}} = P_{\text{no CR}} - \text{CVA} \tag{12.1}$$

이러한 조정은 비교적 직관적으로 보이지만 실제로는 여러 가지 복잡성이 발생한다.

그림 12.1 거래 상대방 위험이 있는 경우와 없는 경우의 IRS 현금흐름

(a) 디폴트 위험이 없는 이자율스왑(IRS): 은행 B는 고정금리로 지급하고 거래 상대방 C는 변동금리로 지급

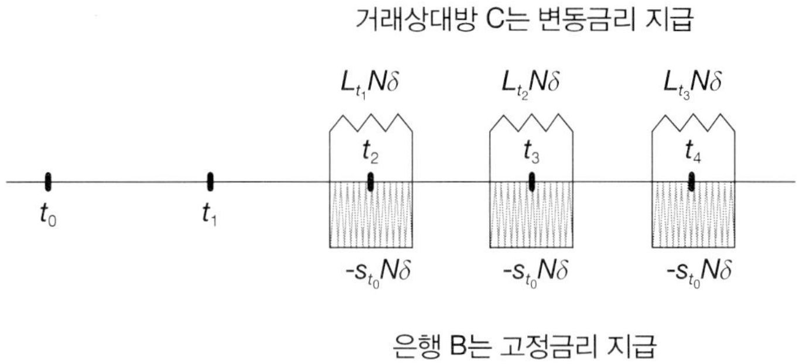

(b) 디폴트 위험을 가진 이자율 스왑: 무위험 은행 B는 고정이자를 지급하고 위험 거래 상대방 C는 변동금을 지급해서 확률 시간 τ에서 디폴트 위험에 달려 있다.

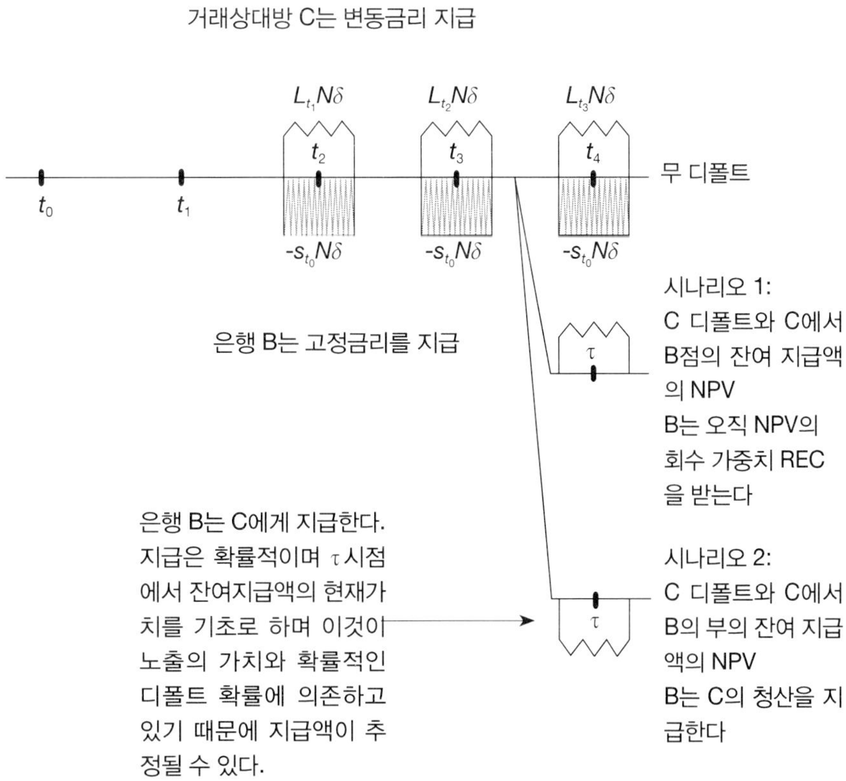

첫째, 만약 디폴트가 없는 가격결정에서 모형이 독립적이더라도 몇몇 단순 파생상품의 경우 거래상대방 위험 반영은 평가모형을 종속적으로 만든다. 살펴 본 가장 단순한 파생상품 중 하나 기존 교재의 4장에서 논의한 IRS이다. 거래 상대방 위험을 가진 IRS 평가는 포트폴리오의 잔여 가치에 대한 옵션을 포함할 필요가 있으며 그런 옵션에 대한 가격을 결정하려면 금리 옵션 가격 결정이 필요하다.

둘째, 거래 상대방 위험의 형태로 새로운 위험 원천을 도입함으로써, 이자율 위험과 거래 상대방 위험 간의 상관 관계도 고려해야 할 필요가 있다. 이로 인해 잘못된 방식 위험(WWR: wrong-way risk)이라는 개념으로 이어진다. WWR은 기초자산의 포트폴리오와 거래 상대방의 디폴트가 가장 최악의 방법에서 상관되어 있을 때, 즉 B 은행의 관점에서 볼 때의 포트폴리오 가치가 거래 상대방의 디폴트 확률과 정(+)의 상관 관계를 가질 때 발생하는 추가 위험을 언급한다. 이것은 거래 상대방 C가 은행 B에 가장 많이 빚이 있을 때 세계의 상태에서 디폴트가 발생할 때의 시나리오로 이어질 수 있다. 셋째, 변동성 및 상관 매개 변수를 얻기 위해서는 위험 중립 확률 하에서 그러한 값을 구해야 한다. 채권을 발행하지 않거나 CDS가 기재된 거래 상대방이 많다. 이로 인해 그들에 관한 디폴트 정보를 얻기가 어렵다. 실제로는 현실 세계 측도를 기반으로 한 디폴트와 기타 위험의 변동성 및 상관 관계를 가진 위험 중립 측도에서 디폴트 확률과 근사 할 수 있다.

12.3.2 옵션으로서 CVA

위의 논의는 경험적이었다. 이제 CVA가 옵션으로 해석 될 수 있음을 엄격하게 보여주기를 원한다. 이를 위해 먼저 몇 가지 가정을 한다. 먼저 상대방 위험 평가 문제는 상대방 B와 C에 대하여 대칭이라고 가정한다. 이것은 상대방 위험을 포함하여 특정 시점의 가치로서 B에 대한 포지션의 총 가치는 시점에서 C의 가치를 가진 포지션의 총 가치와 반대이다 라는 것을 의미한다. 둘째, 〈그림 12.1〉에서와 같이 비현실적인 일방적 디폴트 가정(UDA: unilateral default assumption)을 계속하고, 은행 B는 디폴트가 없다고 가정한다. 양자 디폴트를 허용하고 본 장의 뒷부분에 있는 UDA를 완화 할 것이다. 하나의 디폴트를 발생시킬 수 있는 거래 상대방만을 가진 예는 기본적인 금융공학 문제를 설명하기에는 이미 충분하다. 셋째, 현장에서 담보계약이나 기타 보증이 없다고 가정한다. 넷째, 기본 틀에서는 디폴트 위험이 상대방 C에게 미리 부과되며, 따라서 위험 중립적 평가 틀에 포함된다고 가정한다.

본 절에서는 일방적 거래 상대방 위험 가치 평가를 위한 일반적인 공식을 도출할 것이다. 거래 상대방 위험 존재시 가격은 디폴트가 없는 가격에서 부도시 손실률(LGD: Loss Given Default)로 곱해진 초기 디폴트 시나리오의 할인된 옵션 항을 차감한 형태로 표시될 수 있다. 여러 다른 거래 상대방의 다중 IRS를 가지고 있는 은행에 대해 CVA를 계산하기 위해 몬테칼로(Monte Carlo) 시뮬레이션을 제시할 것이다. 예제는 이자율과 신용 스프레드(기본 강도) 간의 독립성을 가정할 것이다. 이것은 간단히 말해서 WWR에서 벗어나려는 것임을 의미한다.[4)]

다음은 은행 B의 투자자 관점에서 계산을 제시한다. 위험 중립성 확률 측도법(Q) 하에서 기대치가 취해짐을 의미하는 위험 중립 가치 평가 체계를 계속 사용한다. Brigo (2013) 등을 따라서 은행 B의 관점에서 봄으로써 그리고 시간 u와 s사이에 거래 상대방 C와 거래된 것처럼 일반적인 청구권의 순 현금흐름을 나타내기 위해 $\Pi(u, s)$을 사용하며 시간 u로 다시 할인했다.[5)] $\mathrm{NPV}(t)=E_t[\boldsymbol{\Pi}(\boldsymbol{t},\ \boldsymbol{T})]$로서 시간 t에서 디폴트가 없는 NPV를 정의한다. 〈그림 12.1〉과 관련하여 노출이라는 용어를 사용했다. 보다 공식적으로, 최종 만기 T와 다음과 같은 현금 흐름 $\Pi(t, T)$을 가진 포지션에 대한 t시점 노출(exposure)을 정의할 수 있다.

$$\boldsymbol{Ex}(\boldsymbol{t})=(\boldsymbol{E}_t[\boldsymbol{\Pi}(\boldsymbol{t},\ \boldsymbol{T})])^+=(\mathbf{NPV}(\boldsymbol{t}))^+ \tag{12.2}$$

상대방 위험을 반영하기 위해, 디폴트가 있는 거래 상대방을 가진 성과를 $\bar{\boldsymbol{\Pi}}(\boldsymbol{t},\ \boldsymbol{T})$로 나타낼 수 있으며 이것을 다음과 같이 정의한다.

$$\bar{\boldsymbol{\Pi}}(\boldsymbol{t},\ \boldsymbol{T})=1_{\{\tau>T\}}\boldsymbol{\Pi}(\boldsymbol{t},\ \boldsymbol{T})+1_{\{t<\tau\le T\}}[\boldsymbol{\Pi}(\boldsymbol{t},\ \tau)+D(t,\ \tau)(\mathbf{REC}(\mathbf{NPV}(\tau))^+-(-\mathbf{NPV}(\tau))^+)] \tag{12.3}$$

방정식 (12.3)은 기본값이 없으면 $\tau>\boldsymbol{T}$이고, 지금까지 본 교재 전 과정에서 사용하였던 위험중립평가공식 $\Pi(t, T)$을 얻는다는 것을 보여주고 있다. 방정식 (12.3)의 우변의 나머지 구성은 디폴트가 발생하기 전에 만기 $\tau(\boldsymbol{D}(\boldsymbol{t},\ \tau))$대한 시점 t에서 디폴트가 없는 확률 할인요소$(\boldsymbol{\Pi}(\mathbf{t},\ \tau))$와 만약 순 현재가치 $\mathrm{NPV}(\tau)$가 정(+)이면 은행 B에 의해 받게 되는 정의 회수율가치의 형태 $(\mathbf{REC}(\mathbf{NPV}(\tau))^+)$로 내재된 옵션(embedded option)을 가진 2개의

4) 예제에서 예시된 틀은 또한 무이표채 스왑과 원금감소스왑(amortizing swap) 등과 같은 비표준화 스왑 계약에 대한 거래상대방 위험을 계산하기 위해 또한 사용될 수 있다.

5) Brigo et al.(2013)에 대한 대안적 설정은 Burgard와 Kjaer(2011)에서 제시된다. "기대치를 통한 가격결정" 대신, "헤징을 통한 가격결정" 접근법을 따른다- 그리고 CVA/DVA공식을 유도하기 위해 포트폴리오를 복제한다.

항, 그리고 NPV가 부(−)이면 B에서 C로 지급하기 때문에 지급액을 구성하는 것으로 해석될 수 있다.

12.3.2.1 종결 절차

거래 상대방 C가 채무 불이행일 때, 종결 절차가 시작한다. 이것들은 규정과 ISDA 규칙에 의해 규율 된다.[6] 종결 절차의 일부로 은행 B에 대한 계약의 잔여 가치가 결정된다.

만약 그것이 정(+)이라면, 은행은 회수율에 따라 지급액을 받을 것이며 만약 그것은 부(−)이라면, 은행은 지불을 할 것이다. 거래 상대방의 채무 불이행으로 인한 손실을 계산할 때 은행은 다른 거래 상대방과 유사한 계약을 체결하여 시장 포지션을 유지한다고 가정한다. 은행의 시장 포지션은 계약을 대체한 후 변경되지 않는다. 손실은 디폴트 시점에 계약의 대체 비용의 함수이다. 따라서 두 가지 시나리오가 있다.

- 시나리오 1 (계약 가치는 디폴트 시점에서 은행 B에 대하여 정(+)의 값을 가진다): 이 경우 B는 계약의 시장 가격을 지불함으로써 C와의 포지션을 종결한다. 동시에 B는 다른 상대방과 유사한 계약을 체결하고 계약의 시장가치를 받는데, 이것은 B에 대한 순 손실이 0임을 의미한다.
- 시나리오 2 (계약 가치는 디폴트 시점에서 은행 B에 대하여 정(+)의 값을 가진다): 이 경우 B는 C와 포지션을 종료하지만 채무 불이행 상대방 C로부터 지급을 받지 않는다. B는 다른 거래 상대방과 상응하는 계약을 체결하기 때문에 B는 계약의 시장 가치와 동등한 순 손실을 겪는다.

〈그림 12.2〉는 계약의 시장 가치가 하나의 가정된 경로에 대한 시간에 따라 어떻게 변동하는지를 보여준다. 시나리오 1과 2는 거래 상대방과 파생상품 거래를 하는 은행의 노출이 계약 i의 시장 가치의 최대 값 또는 0이며, 이것은 내재된 선택성(optionality)을 반영한다는 것을 의미한다.

위의 방정식은 포함 된 선택성을 강조하고 있다. Brigo et al. (2013)은 방정식 (12.3)의 위험 중립 측도 하에서 기대치를 취할 수 있으며 거래상대방 위험 하에서 만기 T을 가진 다음의 성과의 가격을 약간의 조정 후 얻는다는 것을 보여주고 있다:

$$\boldsymbol{E_t}(\overline{\boldsymbol{\Pi}}(\boldsymbol{t}, \boldsymbol{T})) = \boldsymbol{E_t}[\boldsymbol{\Pi}(\boldsymbol{t}, \boldsymbol{T})] - \boldsymbol{E_t}[\mathrm{LGD} \times \boldsymbol{1}_{\{t<\tau\le T\}} \boldsymbol{D}(\boldsymbol{t}, \tau)((\boldsymbol{NPV}(\tau))^{+})] \qquad (12.4)$$

6) 자세한 내용은 www.isda.org를 참조하라

그림12.2 거래 상대방 위험은 선택권(optionality)을 부가한다

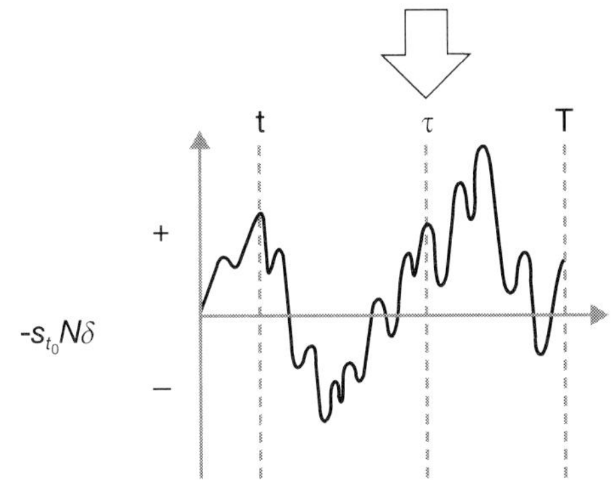

방정식 (12.4)의 우변 두 번째 항은 상대방 위험 조정으로 해석될 수 있다. 방정식 (12.4)를 디폴트가 없는 순 가치에서 일방적 CVA을 뺀 값으로 쓸 수 있다.

$$\boldsymbol{E}_t(\overline{\Pi}(\boldsymbol{t},\ \boldsymbol{T})) = \boldsymbol{E}_t[\Pi(\boldsymbol{t},\ \boldsymbol{T})] - \boldsymbol{U}_{\text{CVA}}(\boldsymbol{t},\ \boldsymbol{T}) \qquad (12.5)$$

부도 시 손실율(LGD)이 1에서 회수율을 뺀 것과 같기 때문에, 또한 t시점에서노출 Ex(τ)이와 관련된 일방적 CVA를 쓸 수 있다.

$$\boldsymbol{U}_{\text{CVA}}(\boldsymbol{t},\ \boldsymbol{T}) = \boldsymbol{E}_t[(1-\textbf{REC}) \times \boldsymbol{D}(\boldsymbol{t},\ \tau) \times \boldsymbol{1}_{\{t<\tau\le T\}} \times \textbf{Ex}(\tau) \qquad (12.6)$$

12.3.3 단일 IRS에서 거래상대방 위험과 일방적 CVA

CVA 개념 적용 사례를 설명하기 위해 간단한 IRS를 고려할 것이다. 〈그림 12.1〉에서와 같이, 은행 B가 고정 금리 s_{t_0}을 지불하고 상대방 C로부터 변동금리 L을받는 것으로 계속 가정한다. 또한 명목 금액 N이 1이라고 가정한다. 2장에서 논의된 것처럼, 거래 상대방 위험이 없는 t_0시점 공정(선도 스왑)율 s_{t_0}은 고정 기간 지급액과 변동기간 지급액의 현재 가치가 동일한 율로 정의된다. 〈그림 12.1〉의 3년간의 어음스왑(paper swap)의 경우, 할인된 성과 IRS(금리스왑)는 다음과 같다.

$$\sum_{i=2}^{4} \boldsymbol{D}(\boldsymbol{t_0},\ \boldsymbol{t_i})\delta \boldsymbol{N}(\boldsymbol{L}(\boldsymbol{t_{i-1}},\ \boldsymbol{t_i}) - \boldsymbol{S}_{t_0}) \qquad (12.7)$$

시간 t_1에서 시작하고 t_4의 만기인 디폴트 위험이 IRS의 t_0시점 NPV를 $\boldsymbol{\Pi}_{1R}(\boldsymbol{t}_0, \boldsymbol{t}_4)$로 표시할 수 있다. 은행 B는 고정으로 지급하고 거래상대방 C로부터 변동 지급액을 수취하고 있기 때문에 C가 디폴트가 발생할 가능성을 도입한다는 것은 거래 상대방 위험이 있는 고정기간의 일부로 지불되어야 할 정확한 스왑율이 상대방 위험이 없는 율보다 낮아야 함을 의미하는데, 고정율 지급자는 이러한 방식에서 추가 위험에 대해 보상을 받게 된다. 방정식 (12.4)을 IRS의 예제에 적용한다면, 거래 상대방 위험이 있는 B의 관점에서 순 현재 가치는 다음과 같이 된다.

$$\bar{\boldsymbol{\Pi}}_{IR}(\boldsymbol{t}_0, \boldsymbol{t}_4) = \boldsymbol{\Pi}_{1R}(\boldsymbol{t}_0, \boldsymbol{t}_4) - \boldsymbol{U}_{CVA}(\boldsymbol{t}_0, \boldsymbol{t}_4) \tag{12.8}$$

여기서 UCVA(t_0; t_4)는 디폴트로 인한 일방적 신용 평가 조정(UCVA)이다. 그것은 UCVA(t_0, t_4)가 다음과 같이 다시 쓰여질 수 있다는 것을 보여줄 수 있다.

$$\boldsymbol{U}_{CVA}(\boldsymbol{t}_0, \boldsymbol{t}_4) = \text{LGD} \times \boldsymbol{E}_{t_0}[\boldsymbol{1}_{\{t_0 < \tau \le t_4\}} \boldsymbol{D}(\boldsymbol{t}_0, \tau)((\boldsymbol{NPV}(\tau))^+)] \tag{12.9}$$

또는

$$\boldsymbol{U}_{CVA}(\boldsymbol{t}_0, \boldsymbol{t}_4) = \text{LGD} \times \int_{t_1}^{t_4} \boldsymbol{PS}(\boldsymbol{t}_0, \boldsymbol{u}, \boldsymbol{t}_4, \boldsymbol{s}_{t_0}, \sigma_{u,t_4}) \boldsymbol{d}_u \boldsymbol{P}^Q\{\tau \le \boldsymbol{u}\} \tag{12.10}$$

방정식 (12.10)에서, $\int_{t_1}^{t_4} \boldsymbol{PS}(\boldsymbol{t}_0, \boldsymbol{u}, \boldsymbol{t}_4, \boldsymbol{s}_{t_0}, \sigma_{u,t_4})$는 만기 u, 행사가격 K, 기초자산의 선도스왑율 s_{t_0} 변동성 σ_{u,t_4} 그리고 마지막 만기 t_4을 가진 기초스왑 등을 가진 스왑션(swaption)의 t_0시점 가격을 나타낸다.

방정식 (12.10)의 결과에 대한 직관은 간단하다. 주요 가정은 디폴트 시간 τ와 이자율은 독립적이라는 것이다. 또한 잔여 순 현재 가치는 시간 τ에서 시작하는 선도시작 IRS이다. 그러므로 잔여 NPV에 대한 옵션은 각 주변 시간 가치에서 디폴트가 발생하는 위험중립 확률 $\boldsymbol{P}^Q$와 동일한 가중치를 가진 가능한 디폴트 시간 범위에 걸친 만기를 가진 스왑션의 합으로 해석될 수 있다. 디폴트가 있는 위험자산의 가치 평가를 위해, 가격 결정 체계에 디폴트 시간과 디폴트 확률을 도입하는 것이 중요하다. CDS는 시장 위험 중립 디폴트 확률의 하나의 유동성 원천이다. 대안은 디폴트 확률을 조정하기 위해 기업채권가격에 의해 내재된 신용스프레드를 사용할 수 있다. 결과 추정치는 6장에서 논의된 CDS-채권 베이시스에 기인으로 인하여 달라질 수 있다. 6장과 7장에서 다른 모형들은 디폴트 확률을 축출하기 위해 CDS 데이터를 보정하는데 사용될 수 있다. 본 장에서는 축약형 생존 확률/

위해 함수 모형을 사용할 수 있는데, 그러나 장의 끝 부분에서는 구조적 모형을 사용하여 상대방 위험을 다루는 방법을 보여준다.

12.3.4 IRS 포트폴리오의 수치적 CVA 예제

사례 연구의 맥락에서 IRS에 대한 일방적(unilateral) CVA의 계산을 예시한다.[7)]

예제

5명의 거래 상대방과 바닐라(표준) 금리 스왑 포트폴리오를 보유하고 있는 은행 B를 고려하자. 시간 t_0는 2007년 12월 14일이라고 가정한다. 은행 B에 대한 CVA를 계산하기 위해 방정식 (12.5)에 있는 일방적인 CVA 공식을 적용한다. B 은행은 5개 거래 상대방을 가진 30개의 총 금리스왑을 체결한다. 거래 상대방 한 명 당 스왑 및 스왑 만기의 수는 다음과 같다.[8)]

- 거래 상대방 1: 2009년 6월 15일부터 2012년 6월 23일까지 만기를 가진 6개의 스왑
- 거래 상대방 2: 2012년 5월 12일에서 2014년 12월 4일까지 만기를 가진 2개의 스왑
- 거래 상대방 3: 2010년 7월 12일부터 2012년 2월 13일까지 만기를 가진 3개의 스왑
- 거래 상대방 4: 2009년 6월 2일부터 2014년 7월 20일까지 만기를 가진 7개의 스왑
- 거래 상대방 5: 2009년 1월 8일부터 2014년 6월 5일까지 만기를 가진 12개의 스왑

다음의 4 단계를 따라 일방적 CVA를 계산할 수 있다:

- 1 단계 (시나리오 생성): 스왑의 기초 위험요인들인 많은 미래 이자율 경로 또는 시나리오를 시뮬레이션 한다.
- 2 단계 (금융상품도구 평가): 1 단계의 각 경로에 대해 디폴트 스왑 포트폴리오를 평가하고 포트폴리오 내의 각 거래에 대한 미래 NPV(t) 분포를 유도한다.
- 3 단계 (포트폴리오 총합): 각 거래 상대방에 대해 순 결제 협정(Netting Agreement)에 따라 거래의 NPV(t) 분포를 모아 포트폴리오의 NPV(t) 분포를 유도한다.
- 4 단계 (노출 계산): 그러면 각 상대방에 대해 방정식 (12.2)를 사용하여 노출을 계산하고 t_0까지 (일관되게 시나리오를) 할인한다. 각 t마다 할인된 노출의 평균을 취함으로써 기대

---

7) 예제에서는 Matlab의 금융상품수단 도구박스의 다양한 함수를 사용하고 있다. 세부적으로, Matlab의 금융상품 도구 도구박스 거래상대방 신용위험 예제를 참고하라.

8) 대부분 변동성 및 고정성 기간율 가정에 대한 보다 더 세부적인 것은 Matlab의 "cva-swap-portfolio.xls"파일에서 확인할 수 있다.

할인된 노출을 계산한다.

- 5 단계 (확률 가중치): 기대확률에 디폴트 가중치를 가중한다. 디폴트 확률은 CDS 시세에서 축출된다.

〈표 12.1〉에서는 2007년 12월로서 각 거래 상대방(CP1, CP2, ..., CP5)에 대한 CDS 고시의 가정된 기간 구조를 보여준다. 〈표 12.1〉의 CDS 고시(quotes)에 기초하여 〈그림 12.3〉에서 보여주고 있는 디폴트 확률을 추출할 수 있다. 날짜 t_0에서 포트폴리오의 각 스왑은 0에 가까운

[표 12.1] **개별 거래 상대방에 대한 CDS 고시의 기간구조를 가정**

일자	CP 1	CP 2	CP 3	CP 4	CP 5
2008년 4월 20일	140	85	115	170	140
2009년 4월 20일	185	120	150	205	175
2010년 4월 20일	215	170	195	245	210
2011년 4월 20일	275	215	240	285	265
2012년 4월 20일	340	255	290	320	310

그림 12.3 **각 거래상대방에 대한 디폴트 확률 곡선**

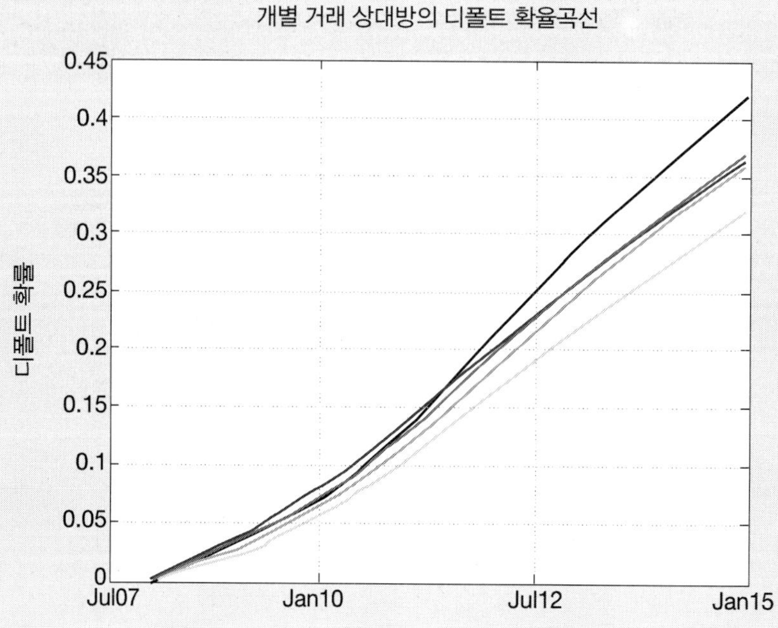

그림 12.4 정산 시점에서 수익률 곡선

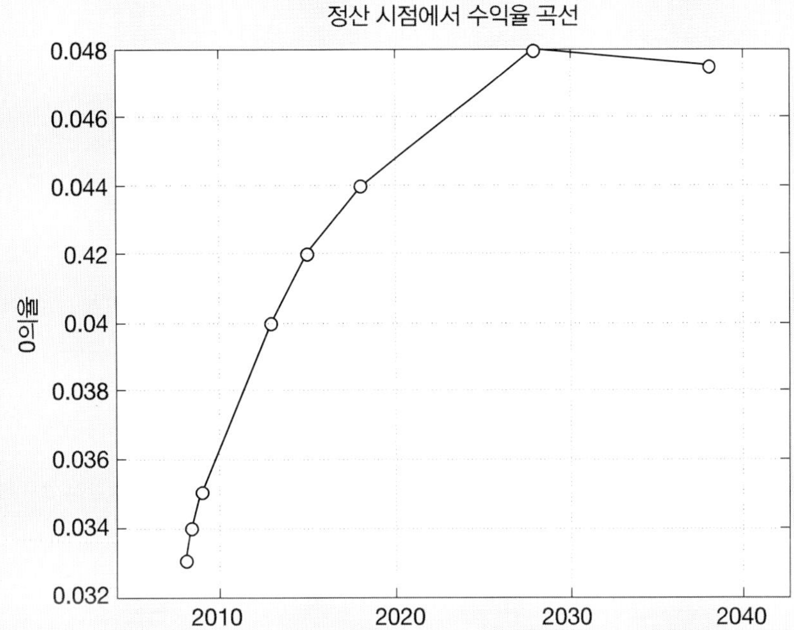

값을 진다. 〈그림 12.4〉에서는 만기 3개월, 6개월, 1년, 5년, 7년, 10년, 20년 및 30년에 대한 결재일 t_0 (2007년 12월 14일)에서의 가정된 수익률 곡선을 보여준다. 볼 수 있듯이, 수익률 곡선은 2027 년까지 모든 만기에 대해 상향 기울기이고 지난 10년간 곡선 형태(hump–shaped)가 되었다.

위에서 설명한 2단계를 이행하기 위해 이 예제에서는 Hull–White의 단일 요인 모형을 사용하여 스왑 계약의 가치를 시뮬레이션 한다. 〈그림 12.5〉는 2007년부터 2015년까지의 수익률 곡선 전개에 대한 시나리오를 보여준다.

3단계의 일부로, 미래의 각 시뮬레이션 일에 각 스왑 계약의 시장 가격을 계산한다. 〈그림 12.6〉은 하나의 시뮬레이션 시나리오에 대한 30가지 스왑 계약의 일일정산 가치를 보여준다. 시간 t_0에서 기대한 것처럼, 스왑 계약의 가치는 거의 0에 가깝다.

주어진 시뮬레이션 경로에 대해 각 시점에서 모든 30개스왑 계약 전체에 걸쳐 집계하면 전체 포트폴리오의 시뮬레이션 경로를 얻는다. 시간 t에서 특정 계약 i의 노출은 계약가치의 최대 값이며 0이다. 노출 프로파일을 보다 잘 시각화하기 위해 각 시뮬레이션 날짜에 노출 분포의 특정 통계치를 평가할 수 있다. 예를 들어 각 시뮬레이션 날짜에 각 노출의 기대치를 계산

그림 12.5 하나의 시나리오에 대한 수익률 곡선 전개

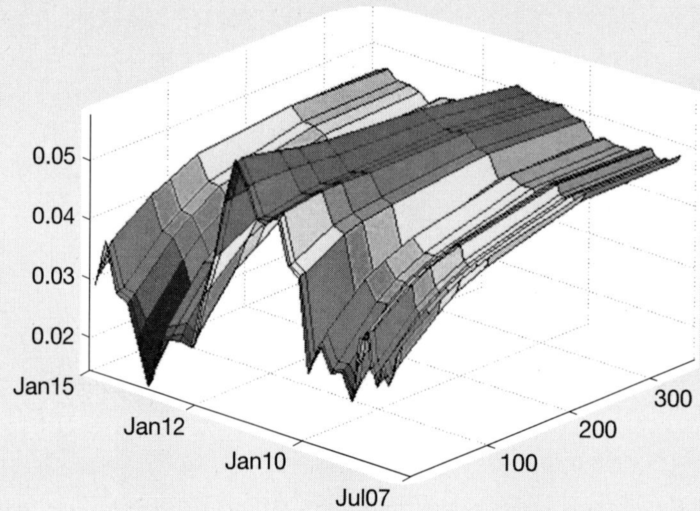

그림 12.6 하나의 시나리오에 대한 스왑 가격

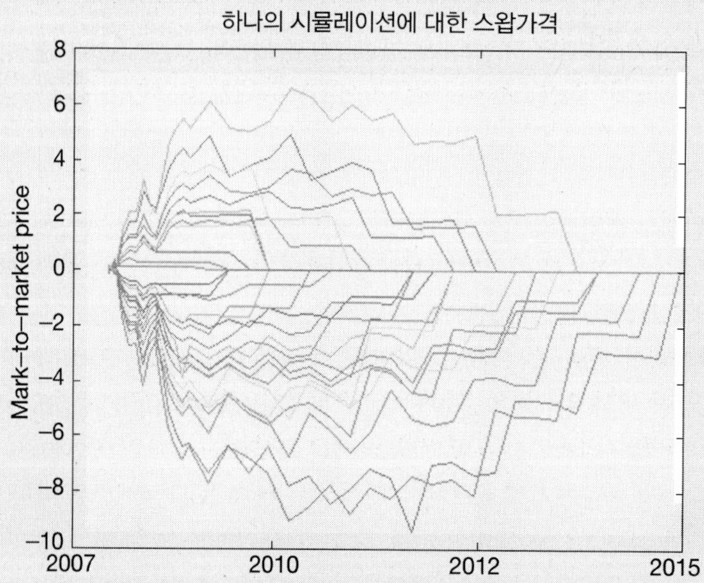

그림 12.7 각 거래 상대방에 대한 할인된 기대 노출

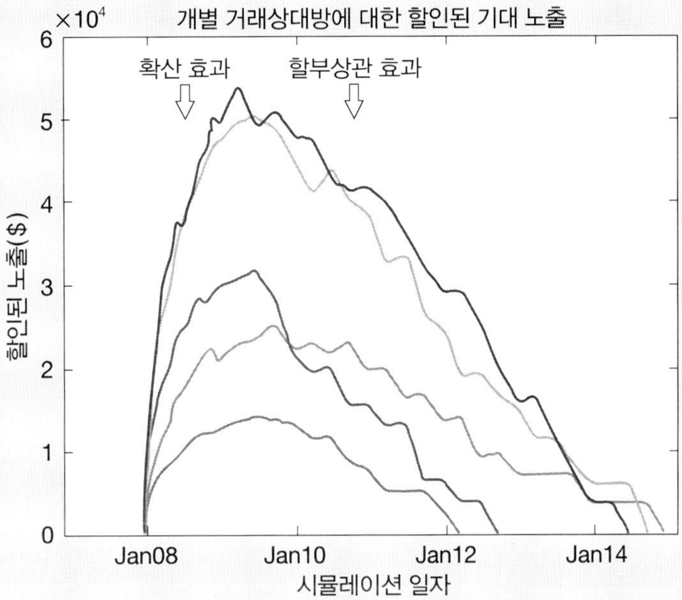

하여 기대노출 프로파일을 계산할 수 있다. 기대 노출을 또한 할인한다면, 〈그림 12.7〉에서 보고된 것처럼, 할인된 기대 노출을 계산할 수 있다.

(할인된) 기대 노출이 시간에 따라 변한다는 것을 〈그림 12.7〉에서는 분명하다. 시간이 지남에 따라 노출 프로필을 결정하는 두 가지 상계효과(offsetting effect)가 있다: 확산 효과 및 할부 상환 효과(amortization effect). 시뮬레이션 경로가 길면 길수록 위험 요인 (이자율처럼)의 변동성이 커지므로 현재 가치에서 미래 가치가 멀어진다. 시뮬레이션 경로가 계약의 만기로 이동하는 것과 동시에 디폴트에 노출되어 있는 잔여 현금흐름을 줄이기 때문에 가치는 시간에 따라 노출을 줄이는 경향이 있다. 확산 효과는 신용 노출을 증가시키고 원금감소 효과는 시간이 지남에 따라 감소하기 때문에 두 가지 효과가 상쇄되고 있다. 한편으로는 FX 선도 및 기타 하나의 현금 흐름 상품의 경우, 노출이 완전히 확산 효과에 의해 동인 되기 때문에 잠재적인 노출은 거래의 만기 시점에 최고조에 달한다. 다른 한편으로는 IRS와 같은 다중 현금 흐름을 가진 상품의 경우, 잠재적인 노출은 일반적으로 Pykthin and Zhu (2007)에 따르면 거래 수명의 3분의 1시점에서 절반에 최 정점에 이른다. 이것은 또한 〈그림 12.7〉은 30개의 IRS 포트폴리오를 가진 예에서도 마찬가지이다.

노출 프로파일은 자산 군 및 금융상품수단뿐만 아니라 기초자산 위험요인과 시장 사이클의 포인트에 달려 있다. 예를 들어, 수익률 곡선이 위로 향하는 기울기일 때, 초기 기간에 고정 지급액이 변동 지급액보다 크기 때문에, 노출은 상응하는 수령자에 대한 것 보다 지급자 스왑에서 보다 더 크다. 이로 인해 지급자 스왑에 정(+)의 선도가치가 생긴다. 수익률 곡선이 하향 기울기라면 반대가 맞다. 〈그림 12.4〉에서 볼 수 있듯이, 예에서는 수익률 곡선이 위쪽으로 기울어졌으며 노출 프로파일은 실제로 예측된 것이다. 노출 프로파일의 용도 중 하나는 경제 및 규제 자본을 계산하고 거래 상대방 위험에 대한 가격을 결정하고 헤징할 뿐만 아니라 신용 한도(credit limits)를 준수하는지 확인하기 위한 것이다.

마지막으로 〈그림 12.3〉의 디폴트 확률을 사용하여 각 거래 상대방과 관련하여 일방적인 CVA를 계산할 수 있다. 이것들은 〈표 12.2〉에 보고되어 있다.

[표 12.2] **개별 거래 상대방에 대한 CVA**

거래상대방	CP1	CP2	CP3	CP4	CP5
CVA	$2228.36	$2487.60	$920.39	$5478.50	$5859.30

공백 문제로 인하여 신용, 상품, 지분 또는 FX와 같은 다른 자산 군에 대한 CVA을 설명할 수 없지만 본 장의 끝에 있는 참고문헌에 이러한 예들을 포함하고 있다.

12.4 부채 평가 조정

논의한 위의 예를 고려하자. 은행 B의 관점에서 파생상품의 가격은 정(+)의 CVA 금액만큼 감소했다. 거래 상대방의 관점에서 볼 때 동일한 조정을 부채 평가 조정 (DVA)으로 불리어진다. 상대방 C의 디폴트가 C의 지급 의무에 대한 할인으로 이어지므로 이는 정의 값이 되며 이는 이득으로 해석될 수 있다. 이 경우, 은행 B 자체가 여전히 디폴트가 없다는 가정을 계속한다. DVA는 고객의 디폴트 위험만 포함되므로 일방적이다. 두 상대방이 동의하기 위해서는 위험이 없는 가격에 대한 조정은 동일하지만 거래 상대방 C에 의해 추가되고 은행 B에 의해서 차감되도록 요구한다. 다른 말로 다음을 요구한다.

$$\text{일방 CVA(은행 } B) = \text{일방 DVA(기업 } C) \tag{12.11}$$

비록 DVA의 개념은 단순해 보이지만 실제로는 여러 가지 복잡성이 있다. 첫째, 실제로 DVA로 수익을 창출하는 것은 어렵다. 이것을 하기 위해 필요한 것을 고려하자. DVA를 수익 창출하기 위해서는 거래 상대방에게 감소된 파생상품 지급 의무의 NPV이기 때문에 상대방과의 거래를 풀어야 한다. 디폴트 이전에 이것은 복잡한 파생상품 포트폴리오를 푸는 것이 관련되어 있다면 실무적으로 얻기는 불가능하다. 둘째, 파생상품 가격 결정을 위한 DVA의 처리는 회계 목적의 DVA와 다르다는 점을 주목하는 것이 중요하다. 12.2절의 두 번째 예에서 보여준 것과 같이 DVA는 재무보고의 주요 요소이며 Citibank와 같은 대형 은행이 은행의 신용 스프레드가 넓어짐에 따라 손실에서 이익으로 변경되는 분기별 손익 보고서를 파악할 때 발생한 최근 사례가 이었다. 비록 DVA는 새로운 OTC 파생상품의 가격을 결정하는 데 널리 사용되지만, 회계 처리가 더 모호하며 많은 기업이 별도의 라인으로 DVA를 보고하고 이를 실제 손익보다는 회계 계정으로서 파악한다. 셋째, 은행 자본 규제 전망에 따른 DVA 처리는 또한 가격 결정 및 회계 목적을 위한 관점과 구별된다. 회계 및 파생상품 가격 결정을 목적으로 사용함에도 불구하고 최근까지, BIS는 규제 자본 계산에서 DVA를 명시적으로 제외했다. 그러나 최근 은행 감독위원회 컨설팅 서류에 대한 Basel 위원회는 회계 및 규제와 DVA의 파생상품 가격결정 처리간 자본목적의 DVA을 인정하는 몇 가지 옵션에 대해 논의한다.[9]

12.5 양측 거래상대방 위험

그래서 일방적 관점을 채택했다. 두 거래 상대방이 서로를 위험한 것으로 본다면 무슨 일이 일어날 것인가? 예를 들어, 기업 C는 은행 B를 위험한 것으로 볼 수 있다. 2008년 Lehman Brothers가 사라지고, GFC 기간 동안 금융기관과 관련된 다중 신용 사건이 발생하는 것은 현실적인 시나리오이다. 이 상황을 처리하는 유일한 방법은 평가에서 거래 상

9) 세부적인 사항은 http://www.bis.org/publ/bcbs214.pdf을 참조하라.

대방의 채무 불이행 외에 자신의 채무 불이행을 포함시킨 양 거래 상대방을 고려 하는 것이다. 이는 각 거래 상대방이 정(+)의 CVA가치를 빼고 정(+)의 디폴트가 없는 거래가격에서 정(+)의 CVA가치를 차감하여 디폴트가 없는 거래가격에 정(+)의 DVA를 추가 함을 의미한다. 다른 말로 하면, 한 당사자의 CVA는 다른 당사자의 DVA가 되며 반대의 경우도 마찬가지이다. 위의 예제에서 은행 B의 관점에서 다음 방정식을 얻을 것이다.

$$P_{\text{with CR}}^{\text{to bank B}} = P_{\text{no CR}}^{\text{to bank B}} + \text{DVA}_{\text{Bank B}} - \text{CVA}_{\text{Bank B}} \tag{12.12}$$

기업 C의 관점에서 딜의 가치는 반대의 부호를 갖는다:

$$P_{\text{no CR}}^{\text{to bank B}} = -P_{\text{no CR}}^{\text{to corporate C}} \tag{12.13}$$

$$\text{DVA}_{\text{Bank B}} = \text{CVA}_{\text{Corporate C}} \tag{12.14}$$

$$\text{DVA}_{\text{Corporate C}} = -\text{CVA}_{\text{Bank C}} \tag{12.15}$$

방정식 (12.12)~(12.15)은 다음의 의미한다.

$$P_{\text{with CR}}^{\text{to bank B}} = -P_{\text{with CR}}^{\text{to corporate C}} \tag{12.16}$$

이는 양 거래 상대방이 가격에 동의한다는 것을 의미한다. 차이(DVA−CVA)를 양측 평가 조정(Bilateral Valuation Adjustment, BVA)이라고 부르는 것이 일반적이다. BVA에서 발생하는 복잡성 중 하나는 한 거래 상대방이 디폴트가 발생할 때 이것의 CVA가 발생되며 다른 당사자는 그렇지 않기 때문에 거래 상대방이 먼저 디폴트가 발생하는데 대해 합의를 요구한다는 것이다.

12.6 거래 상대방 위험 헤징

CVA와 DVA를 헤징하는 주된 목적은 세 가지다. 첫째, CVA와 DVA를 헤징 함으로써 거래 상대방의 신용 스프레드 변동이나 또는 은행 자신의 신용가치성 변화에 대한 은행 손익의 민감도를 줄일 수 있다. 둘째, 헤징으로 인하여 상대방과의 거래 기간 동안 CVA 포지선에 고정될 수 있다. 셋째, 헤징을 통해 CVA 노출을 줄일 수 있다. 실제로, 디폴트 위험으로 점프하는 것을 헤징하는 것은 어렵고 WWR이 거래상대방 위험을 다른 위험으로부터 분리하는 것을 불가능하게 만들 수 있기 때문에 CVA 헤징은 그렇게 단순하지 않다.

12.6.1 실무에서 CVA와 DVA 헤징

앞서 살펴본 바와 같이 DVA와 CVA 조정은 실제로 수십억 달러에 달할 수 있다. 다음 예제는 이러한 실정을 예시하고 있다.

예제

"애널리스트의 질문에 기업의 부채 스프레드가 또한 넓어졌고 이론적으로 대규모의 DVA 이득을 얻었어야만 했던 기간 동안에 기업의 DVA 이득이 왜 상대적으로 낮았는지를 설명하기 위해, 골드만삭스(Goldman Sachs) CFO David Viniar는 화요일에 회사가 다른 재무의 바스켓을 사용하여 헤지를 시도한다고 말했다. 골드만 대변인은 회사가 다양한 금융 회사의 신용 디폴트 스왑을 판매함으로써 이를 수행했음을 확인했다. CDS 커버리지(coverage) 판매할 때 회사는 위험 스프레드의 줄임으로써 입증된 것처럼 기초 부채의 신용의 질 개선을 통하여 이득을 얻기를 희망하고 있다. 골드만 삭스는 구체적인 재무 바스켓에 있었다는 것을 말하지 않았지만, 그러나 Viniar는 바스켓에 "동료 그룹"이 포함되어 있는지 질문을 함으로써 애널리스트에게 확인했다."

대부분은 골드만삭스의 동료그룹을 Morgan Stanley, J.P. Morgan Chase, Bank of America, Citigroup 및 다른 기관들을 포함하고 있는 대형 투자 은행 부서가 있는 다른 대규모 은행이 될 것으로 고려할 수 있다.

유럽에서는 기업은 Markit이 관리하는 iTraxx Europe Senior Financials라는 신용 디폴트 스왑 지수를 통해 한 번에 다양한 은행을 헤지할 수 있다. 그러나 미국에서는 금융에 CDS지수 계약의 거래가 인기가 없으며, 그래서 골드만 삭스는 다른 딜러와의 고객 바스켓을 만들 가능성이 높다."

(Wall Street Journal, Deal Journal 블로그, 2011년 10월 18일,
"Goldman Sachs는 이러한 방법을 낮은 변동성 이익에 헤지한다" by Liz Moyer, Katy Burne)

위의 예는 또한 신용파생상품의 역할을 DVA 이득에 대한 헤지로서 보여준다. 얼핏 볼 수 있는 반-직관적인 것은 은행의 신용 질이 악화되면 회계 이득이 발생할 수 있다는 것

이다. 비록 Goldman Sachs가 자체 이름으로 CDS사용을 거부 했음에도 불구하고 이것은 신용가치를 떨어뜨릴 수 있는 행동을 취함으로써 은행이 계정이익을 잠재적으로 증가시킬 수 있는지 여부에 대한 문제를 발생시켰다.

최근 19개 금융 기관의 응답을 바탕으로 한 Ernst and Young 설문 조사[10)]에 따르면 CVA와 관련된 시장 및 신용 위험을 관리하고 헤지 하기 위한 가장 인기 있는 금융상품 도구는 단일-명의 CDS(19명의 응답자 중 14명에 의해 사용된)와 CVA와 관련되어 있는 시장 및 신용위험을 관리하기 위한 이자율 및 FX상품(14명 사용자)이다. 다음으로 가장 인기 있는 헤지 금융상품도구는 지수연계 CDS(13명 사용자)와 변동성 헤지(10명 사용자)이며 반면에 채권 기반 헤징(8명 사용자)과 상관성 상품 (7명 사용자) 및 조건부 CDS(CCDS) (6명의 사용자) 상품 등은 덜 인기가 있다. 거래 상대방 위험을 다루는 최근의 고급 접근법에는 CVA-CDO와 증거금 대출과 관련이 있다.

비록 CDS가 CVA 헤징에 사용될 수 있지만 정태적 CDS 헤징과 관련된 몇 가지 문제가 있다. CDS의 지불금은 고정되어 있지만 준거 이름의 디폴트와 거래 상대방의 노출 금액이 아닌지 여부에 달려 있다. 이것은 동태적인 헤징(hedging)에 의해 부분적으로 해결 될 수 있는데 즉, 시간 경과에 따라 CVA 포지션을 조정하고 현재의 노출에 따라 달라질 수 있다. 또한 단일 명칭과 지수 CDS 헤지 사이에는 상충 관계가 있다. 단일 명칭 헤징은 광범위한 뉴스보다는 단일 회사에 영향을 주는 나쁜 뉴스의 경우보다 정확하지만 단일 명칭 CDS는 준거 이름으로 대부분의 상대방의 경우 이용 가능하지 않다. 지수 CDS 헤지 또는 다른 거시(macro) 헤지는 실무적인 대안이지만 단일 회사에 영향을 미치는 나쁜 소식에 대한 불완전한 헤지를 나타낸다.

12.6.2 조건부 CDS

바닐라 CDS 헷징과 관련된 위의 헤징 한계점으로 인하여 CCDS와 같은 신용 상품의 혁신이 일어났다. 반면에 단순한 CDS에서 신용 사건으로 인하여 CCDS에서 지불이 발생했는데, 이러한 동기는 특정 시장의 수준이나 또는 섹터 변수와 같은 신용 사건과 다른 특정 사건 양 부분이 요구된다. CCDS는 준거 거래의 디폴트에 대한 인벤디드(embedded) 넉-인 옵션(knock-in) 옵션을 포함하는 파생상품으로 간주될 수 있다. CCDS의 발전을 이끄는 경제적 합리성은 광범위한 경제 시장 세력의 악화의 결과로 거래 상대방의 신용

---

10) Earnst & Young (2012) 서베이 "공정 가치에서 신용을 반영하고 조정을 편징하는"을 참조하라.

노출의 변동으로 인해 발생하는 경제적 위험을 제거한다는 것이다. 그러나 CCDS와 관련된 주의 사항 중 하나는 현재 표준화되지 않으며, 이것은 바닐라 CDS에 비해 계약상의 위험이나 인도가능성 위험이 높아졌다는 것을 의미한다는 것이다. 더욱이 바닐라 CDS와 다르게, CCDS는 현재 거래 상대방 신용 위험에 대해 정태적 헤지를 창출하는 데만 사용되지 동태적 헤지는 아니다.

12.7 펀딩 평가 조정

고려해야 할 상대방 위험의 최종 측면은 펀딩과 관련이 있다. 거래자가 트레이딩 포지션을 관리할 때, (i) 포지션 헤징과 (ii) 담보물 게시 등을 포함하는 다른 업무를 수행하기 위해 현금을 확보해야 한다. 이러한 작업에는 비용이 소요되고 자금을 지원 받아야 한다. 이 펀딩 비용의 회계를 펀딩 평가 조정이라고 불리어진다. CVA, DVA 및 FVA를 거래 상대방 위험의 파생상품 평가에 포함 시키면 다음 방정식을 얻는다.

$$P_{\text{with CR}}^{\text{to bank B}} = P_{\text{no CR}}^{\text{to bank B}} + \text{DVA}_{\text{Bank B}} - \text{CVA}_{\text{Bank B}} - \text{FVA}_{\text{Bank B}} \tag{12.17}$$

FVA의 실무적 이행은 간단하지 않다. 그 이유는 펀딩 비용을 포함하면 역 확률 미분 방정식으로 표현될 수 있는 순환적 가격결정 문제가 생기기 때문이다.

펀딩과 관련된 GFC 이전 시장 관행은 트레딩(trading) 데스크의 이익과 손실을 평가할 때 담보 및 펀딩은 2차적인 관심사였다. 은행은 다양한 저비용 펀딩 옵션을 통해 담보물을 게시함으로써 자금을 차입하는데 이용되었다. 차입비용은 수령 당사자가 담보에 대해 지불한 이자로 대체로 상쇄되었다. GFC 이후, 펀딩 비용이 증가했기 때문에 파생상품 사업에서 펀딩의 역할에 근본적인 변화가 발생했다. 시장 관행을 변화시킨 이유는 회사가 채무 불이행 위험에 처한 상황으로 인식된다면 신용 공여(credit line)가 발생할 위험이 매우 현실적 이었기 때문이다. 펀딩 고려 사항의 관련성을 보여주는 한 가지 실례로 거래는 정(+)의 손익을 보일 수 있지만 미래의 잠재적인 노출 가능성이 높을 수도 있다. 신용지원 별첨(CSA)이 시행된다면 역의 시장(adverse market)은 추가 담보를 즉시 고시에 대한 요구 사항의 형태로 상당한 추가 펀딩 필요성을 초래할 수 있다.[11] CSA가 없다고 하더라도, 거래와 관련된 미래의 기대 손실은 은행에 대한 신뢰를 잃게 하고 회사에 신용공여를 받지 못하도록 한다. 실제로 FVA의 주된 역할은 트레이딩 데스크가 펀딩 사용을 줄이기 위해 금전적 인센티브를 제공하는 것이다. FVA는 현재 회계 규칙에 의해 지원되지 않는다.

12.8 CVA 데스크

거래 상대방 리스크 조정을 시장 관행에 도입하는 것은 은행이 CVA 데스크를 만든 것처럼 은행의 내부 조직에도 영향을 미쳤다.[12] 창조의 근거는 거래 상대방 위험 트레이딩 데스크을 창출함으로써 전통적인 자산 군 트레이딩 데스크와 다른 거래 상대방 위험관리로 이동 한다는 것이다. 원칙적으로 CVA데스크의 창출은 전통적인 거래자로 하여금 GFC 이전에 했던 것처럼 동일한 방법으로 거래 상대방 위험이 없는 세계에서 할 수 있도록 허용하는 것처럼 해석될 수 있다. 일부 최고급 은행들은 GFC 이전 수년간 동안 CVA 데스크를 보유하고 있었지만 이제는 그 중요성이 커지고 이제는 대부분의 대형 은행에서 CVA 데스크를 찾을 수 있다. CVA 데스크를 창출하기 위한 인센티브 중 하나는 거래자의 작업량과 기술 요구를 줄이는 것이다. 위의 CVA 연구에서 설명 된 것처럼 다양한 자산 군에 대한 전통적인 파생상품 거래 모형과 연결된 고급 신용 모형에 익숙해 질 필요는 없다. 더욱이 거래자들은 세세한 상쇄에 신경 쓸 필요가 없다. 마지막으로 CVA 데스크는 거래 전반에서 거래 상대방 위험을 모으기 때문에 은행은 파생상품 거래의 전체 포트폴리오에 대한 거래 상대방 위험 관련 옵션을 볼 수 있다.

은행의 CVA 데스크의 주된 업무는 은행의 모든 거래 상대방 위험을 관리하는 것이다. 이것은 몇 가지 기능을 의미한다. 첫째, CVA 데스크는 CVA/DVA 및 FVA 가격결정을 거래

11) CSA는 파생 거래에 대한 신용 지원(담보)을 규제하는 문서이다. 자세한 내용은 www.isda.org를 참조하라. 2014년에 ISDA는 거래 상대방이 CSA에 따라 선택권을 부여하는 자격 있는 담보를 선택할 수 있는 능력과 같은 일부 문제를 다루기 위해 도입된 소위 표준 CSA(SCAA)를 개정했다. 세 가지 다른 규제 변화로 인해 은행이 사용하기에는 너무 자본집약이 된 후 SCSA의 개정이 필요하게 되었다.

12) 때때로 CVA데스크는 다른 조정(CVA, FVA, DVA, KVA, 등)을 관리하고 있지만 오직 CVA는 아니기 때문에 문헌에서 XVA데스크로 또한 언급되고 있다.

상대방에게 제공한다. 둘째, CVA 데스크는 신용 위험을 최소화하기 위해 거래를 구조화하는 것과 관련하여 거래의 원천과 관여되어 있을 수 있다. 일반적으로 CVA/DVA가 포함된 거래에 대한 선불금이 있으며 CVA 데스크에 할당된다. 따라서 CVA 데스크는 원천/트레이딩 데스크를 보호한다. 셋째, CVA 데스크는 시장, 신용 및 교차 부분위험뿐만 아니라 디폴트 위험을 모니터링하고 동태적으로 헤지하는 데 도움을 준다. 넷째, 거래 상대방이 불이행하는 경우, (i) 원천 데스크에 노출 커버리지(coverage)를 지불하고, (ii) CDS 보호 제공자와 함께 워크아웃(workout)을 관리하며, (iii) 거래 종결 활동을 지원하고, (iv) 나머지 거래 가치의 회수율을 극대화한다.

원칙적으로 CVA 데스크는 거래 상대방 위험과 관련된 이슈 중 일부를 다룰 수 있지만, 거래 상대방 위험을 통합하는 의미 중 하나는 딜의 가치가 거래 상대방에 달려 있기 때문에 파생 거래의 공정 가치와 같은 것이 없다는 것이다. 또한 일일정산이 나머지 포트폴리오에 달려 있기 때문에 딜 수준에서 일일 정산과 같은 것은 없다는 것을 의미한다. 거래 상대방의 위험 조정은 위험 중립 평가 뒷면에 본질적인 가정은 어느 정도까지 무효화 하는데 이것은 무위험 포트폴리오을 창출하기 위한 시장완전성과 헤지 이용가능성이다.

실제로 CVA 데스크의 효율적인 기능에 영향을 미치는 제도적, 심리적 측면도 있다. 일부 거래자는은 CVA 데스크에 지불해야 하는 CVA 수수료에 의문을 가질 수 있으며 CVA 데스크와 같은 다른 단위에 대한 권한을 양도하는 것을 꺼려할 수 있다. 거래자가 거래 상대방의 위험을 CVA 데스크가 완벽하게 헤지할 수 있다고 잘못 가정하면 CVA 데스크는 보안에 대한 잘못된 인식을 줄 수도 있다. 이전 절에서 보았듯이 CVA 헤지는 실제로 불완전하다.

12.9 할인율과 다중 수익률곡선의 선택

본 교재의 전 과정을 통하여 위험 중립 측도와 무위험 할인율을 사용하여 파생상품가격의 전통적방법을 사용했다. 이는 위험이 없는 포트폴리오로 유도되는 복제 포트폴리오를 통해 파생상품을 가치 있게 평가할 수 있다는 근본적인 금융 공학 원칙을 기반으로 했다. 그러나 아래에서 볼 수 있듯이 GFC이전 무위험이자율에 대한 가장 일반적인 대용변수 중 하나는 무위험 이자율에 대한 불만족스러운 대용변수를 만드는 거래상대방 위험의 많은 양을 포함하고 있다. 3장에서 LIBOR와 OIS 비율을 소개했다. 〈그림 12.8〉은 블룸버그 데이터에 기초한 2003년 12월~2014년 7월 기간의 LIBOR 및 OIS 스프레드를 보여준다. 실선과 점선은 각각 1개월 및 3개월 LIBOR 및 OIS 스프레드를 나타낸다. 그림에서 알 수 있듯이 LIBOR 및 OIS 요금이 GFC기간을 포함하여 몇몇 백분율 포인트만큼 차이가 나는 몇 가지 에피소드가 있었다. 두 요율 간의 차이는 거래 상대방의 위험과 은행의 신용도에 대한 인식의 변화 및 상호간 대부에 대한 그들의 의지를 반영한다.

GFC 이전에는 LIBOR가 무위험 이자율에 가장 보편적으로 사용되었지만 GFC 이후에 시장 관행은 OIS 요율을 담보 거래의 할인율로 사용하기로 이동했다. 이는 부분적으로 LIBOR 요율로 가격 결정된 거래 상대방 위험의 결과로 LIBOR요율이 OIS 요율보다 상당히 높았던 사실에 기인한다.

다음 예는 OIS 할인으로의 이동이 수억 달러의 파생상품 거래에 영향을 미친다는 것을 보여준다.

예제

Libor보다 하루짜리 스왑지수(OIS)을 사용하여 가치가 결정되는 이자율스왑거래의 비율이 증가하고 있는데 LCH. Clearnet은 위험관리 목적으로 보다 정확한 평가를 파악하기 위해 US$218의 이자율 스왑 포트폴리오를 할인하기 위해 측도를 사용할 계획을 시작한다.

심지어 위기 이전에도, 많은 시장 참여자들은 스왑 기간에 걸쳐 연방기금이자율 기대치의 정확한 측도를 나타낸다면 OIS는 가장 적절한 측도였다는 것을 주장했다. 역사적으로 보았을 때 LIBOR의 OIS 스프레드가 약 10bp로 근처에서 갇혀 있어, 변화에 대한 자극은 거의 없었다. 그러나 2008년 말 300bp 이상을 정점으로 시장 참여자들은 그들의 평가 방법을 재검토하도록 강요 받았다. 거래자들은 OIS 할인을 향한 지속적인 이동은 이미 보다 긴 만기와 보다 더 이색적인 통화로 유동성을 증가 시켰으며 LCH.Clearnet의 변화가 유동성을 더욱 증가시켜야 한다고 믿는다.

(Thomson Reuters IFR 1838, 2010년 6월 19일~6월 25일, "LCH는 OIS 할인 적용")

OIS 요금으로의 이동은 파생상품 가격결정에 대해 세 가지 근본적인 함의를 지니고

그림 12.8 LIBOR-OIS 스프레드

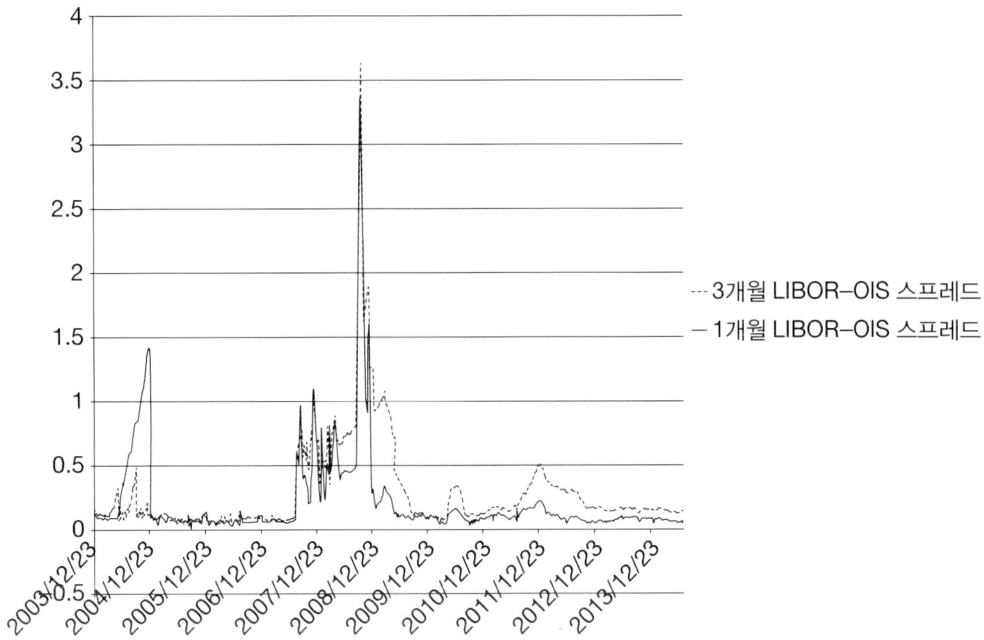

있다. 첫째, 4장에서 토의 했던 IRS와 같은 특정 파생상품의 가격을 결정하기 위해 동일한 LIBOR/스왑 0 곡선을 사용하는 것이 더 이상 가능하지 않다. 성과는 계속적으로 LIBOR율에 의존하지만 할인율은 OIS율에 기초가 될 것이다. 둘째, 이유는 OIS와 LIBOR율이 다르다는 사실에 기인될 뿐만 아니라, 참여자가 현재 다른 수준의 거래상대방 위험을 반영하고 있는 다중 LIBOR곡선을 사용하기 때문이다. 셋째, 은행이 LIBOR와 OIS 금리를 위험이 없이 빌려 빌려줄 수 있다고 가정하면 내재적 차익거래가 나타난다.

무위험 이자율로서 OIS율로 이동은 2장에서 토의한 고정소득 금융공학에 대한 의미를 가지고 있다. 보다 넓게 사용된 모형의 하나는 소위 선도 LIBOR 또는 BGM(Brace Gatarek Musiela) 모형이였다. 원칙적으로 이 모형은 OIS율을 가진 LIBOR율을 대체함으로써 쉽게 수정될 수 있는데, 이것은 선도 OIS모형을 유도할 수 있다. 일부 고정 소득 파생상품의 경우, LIBOR 및 OIS 곡선을 동시에 모형화 해야 한다. 실제로 많은 은행에서는 3요인 HJM 및 선도 LIBOR 모형과 같은 여러 모형을 계속 사용한다. 고정 소득 모형화에서 1차 효과 중 하나는 확률적 변동성이다. 확률적 변동성을 포함하는 것이 중요하지만 선도 LIBOR 모형은 대규모 트레이딩 장부가 관련되어있을 때 이것을 허용하는 대부분 몬테칼로 방법은 너무 많은 시간을 소비하는 경향이 있기 때문에 이러한 목적에 적합하지 않다. 이는 대부분의 몬테칼로 방법이 너무 많은 시간이 소요되는 경향이 있기 때문이다.

OIS 할인은 또한 다음과 같은 실례로 계산상의 어려움을 나타낸다.

예제

일부 구매 측 기업은 또한 CSA에 게시될 수 있는 자산을 제한하고 그러므로 담보 전환 옵션(collateral switch option)을 제거함으로써 담보 조정 평가의 문제를 완화시키기 위한 조치를 취했다.

"거래 가치를 평가하기 위한 적절한 할인 곡선은 명확한 CSA 하에서보다 분명하게 정의되며 초기와 미래 모두에 모호성과 추가 마진의 여분이 적다." 라고 LGIM의 Walsh는 말한다. "만약 고객이 명확한 CSAs로 이동하면 더 이상 Libor로 할인할 가치가 없으므로 OIS율을 사용하여 할인할 수 있어야 한다. . .

[. .] 구매 측 기업은 보다 단순한 방법을 사용하여 OIS 할인을 근사할 수 있지만, 딜러의 정확성을 맞추는 것은 상당히 도전적이다 – 관리 가능한 시간의 틀에서 계산을 이행할 수 있는 것처럼. 계산의 속도는 정확한 위험 관리를 하기를 원할 때 중요하다는 것"을 Douglas가 말하고 있다.

관리가 용이한 시간대에 계산을 수행하는 것과 같이 훨씬 더 어렵다. OIS 할인은 곡선 계산의 수로 인하여 Libor 할인 보다는 보다 계산적인 수용의 크기에 대한 오더(order)가 될 것이며, 보정이 수반된다고 말한다. 그리고 만약 기업이 딜에 대한 CVA, 부채평가조정과 펀딩평가조정을 또한 정확하게 계산하기를 원한다면, 이것은 보편적인 포지션 유지 시스템의 범위를 훨씬 벗어난다.

(Risk Magazine, 2013년 2월 22일, "구매 측면에 대한 OIS 할인 딜레마",
By Clive Davidson, www.risk.net/2244927)

마침내 실무자들 사이에서 그리고 학자들 사이에서 사용하기 위한 정확한 할인율에 관한 논의가 진행 중이고 이 토론은 FVA의 논리적 근거에 대한 논쟁과도 관련이 있다.

12.10 결론

본 장에서는 거래 상대방 위험과 관련된 금융 공학 및 파생상품 가격 결정에 대한 최근의 혁신을 검토했다. 토론은 이전 장에서 개발된 도구(toolkit)의 많은 금융도구가 기업의 상대방 위험에 적용될 수 있음을 보여주었다. CVA는 디폴트에 대한 포트폴리오의 잔여 가치의 옵션으로 볼 수 있다. CVA의 계산에 대한 디폴트 확률은 CDS 시장 고시에서 축출 될 수 있다. 마지막으로, 적법한 담보 유형을 선택하는 옵션도 있다. 동시에 이것이 매우 새롭고 복잡한 영역이라는 사실을 알았으며 실무자, 회계사, 규제기관 및 학계는 거래 상대방의 위험을 회계 재무제표, 가격결정 방법 및 은행 자본 비용에 통합하는 최선의 방법에 대해 수년 동안 앞으로 논의할 것이다.

추천 도서

본 장에서는 금융 공학 및 파생상품 가격 결정에서 거래 상대방 위험을 다루는 간단한 요약 만 제공할 수 있었다. Brigo et al.(2013)등은 각 주요 자산 군의 상세한 사례와 CVA-CDO에 대한 논의를 포함하여 거래 상대방 위험에 대한 최고의 검토 중 하나를 제공한다. 본 장의 내용은 부분적으로 이 교재를 기반으로 한다. 거래 상대방 위험 시장 관행 및 사고에 대한 최근의 발전을 이끌어 낼 수 있는 가장 좋은 원천은 리스크 메가진(Risk Magazine)의 기사 형식이다. 예를 들어, FVA의 장점뿐만 아니라 무위험 이자율 선택에 관한 최근 토론에 대한 자세한 내용은 독자를 리스크 메거지 및 Hull and White (2014)로 안내한다. 거래 상대방 위험 조정에 있어 모형 위험과 관련된 최근의 발전 사항은 Kenyon과 Stamm(2012) 및 Anfuso, Karyampas 및 Nawroth(2014)를 참조하라.

연습문제 Exercise

1. CVA, DVA 및 FVA의 용어는 무엇을 나타내는가?

2. 일방적 CVA와 양자 CVA의 차이점은 무엇인가?

3. 아래의 내용을 읽고 신용 스프레드의 확대가 회계 이익으로 이어질 수 있는 가능성을 설명하라. DVA의 회계 처리와 은행의 규제 자본 관점의 차이점은 무엇인가?

> JP Morgan의 회장이자 최고 경영자인 Jamie Dimon은 5월 10일 런던의 Chief Investment Office에서 행해진 "저조한 실행"과 "저조한 모니터링"으로 인해 파생상품 거래에서 수십억 달러의 손실을 기록 할 것이라고 발표했다.
>
> JP Morgan의 신용 스프레드는 거래 손실 소식이 끊어진 이후 꾸준히 악화되었다. Markit의 자료에 따르면 CDS 계약을 사용하는 5년 만기 부채에 대한 JP Morgan의 채무 불이행 비용은 5월 9일 110 베이시스 포인트에서 6월 5일 165bp로 증가했다.
>
> 즉, 연간 5년 동안의 보호 비용은 연초에 110,000 달러에서 10만 달러로 증가하여 165,000달러가되었다.
>
> Pugachevsky는 JP Morgan의 이전 분기 실적에서 약 10억 달러의 이익 예측치를 산출했다. 1 분기 말 JP모건은 부채 대한 스프레드를 강화하면서 900만 달러의 DVA 손실을 보고했다. 신용 스프레드는 12월 30일 144bps에서 3월 30일 93bps로 하락했다.
>
> 씨티 그룹의 은행 분석가 인 Kinner Lakhani는 스프레드 확대가 일반적으로 DVA 이익으로 전환되지만 이러한 이익은 "은행의 규제 자본을 증대시키는 데 도움이 되지 않는"소음을 고려하고 있다고 말했다.
>
> Efinancialnews, 2012년 6월 6일, "JP Morgan DVA 이익은 2분기에 10억 달러를 기록 할 것"

4. 거래 상대방 위험은 어떻게 헤지할 수 있는가?

MATLAB 연습

5. (이자율 포트폴리오에 대한 CVA) 교재에서 이자 스왑 포트폴리오에 대한 CVA 사례 연

구를 고려하라. 사례 연구는 Matlab 예제를 기반으로 한다. (i) 은행 B와 5개 거래 상대방 사이의 IRS 포트폴리오 (현재의 스왑 가치가 0에 가깝도록 변동 및 고정 기간 율을 선택하도록 함), (ii) 최근 수익률 곡선 데이터, 그리고 (iii) 거래 상대방을 위한 CDS 데이터. 축약형 위태 함수 모형(hazard function model)을 적용하여 CDS 스프레드에서 내재 된 확률의 디폴트를 축출하라. 이제 사례 연구 및 계획에서 1~4단계를 다시 실행하고 그림을 그려라.

a. 주어진 시나리오에 대한 수익률 곡선의 전개
b. 하나의 시뮬레이션에 대한 스왑 포트폴리오의 시장 가격
c. 모든 시뮬레이션에 대한 포트폴리오의 시장 가격
d. 모든 시뮬레이션을 위한 포트폴리오 노출
e. 기대 노출
f. 각 거래 상대방에 대한 할인 기대 노출

마지막으로 은행 B 관점에서 각 거래 상대방의 CVA를 계산하라.

참고문헌

Adrian, T., Begalle, B., Copeland, A., Martin, A., 2013. Repo and Securities Lending, Federal Reserve Bank of New York Staff Reports.

Aït–Sahalia, Y., 1996. Testing continuous–time models of the spot interest rate. Rev. Financ. Stud. 9 (2), 385–426.

Allen, P., Granger, N., 2005. Correlation Vehicles. JP Morgan, European Equity Derivatives Strategy, London.

Andersen, L., Andreasen, J., 2000. Volatility skews and extensions of the LIBOR market model. Appl. Math. Finance 7 (1), 132.

Andersen, L.B.G., Piterbarg, V.V., 2010. Interest Rate Modeling, vol. 3. Products and Risk Management. Atlantic Financial Press.

Anfuso, F.K., Nawroth, A., 2014. Credit Exposure Backtesting for Basel III, RISK, September.

Avellaneda, M., Buff, R., Friedman, C., Grandchamp, N., Kruk, L., Newman, J., 2001. Weighted Monte Carlo: a new technique for calibrating asset–pricing models. Int. J. Theor. Appl. Finance 4 (1), 91–119.

Ayache, E., Forsyth, P.A., Vetzal, K.R., 2003. The valuation of convertible bonds with credit risk. Wilmott Magazine.

Baba, N., Packer, F., Nagano, T., 2008. The spillover of money market turbulence to FX swap and crosscurrency swap markets. BIS Q. Rev. March.

Barkbu, B.B., Ong, L.L., 2012. FX Swaps: Implications for Financial and Economic Stability. IMF Working Paper.

Barone–Adesi, G., Whaley, R.E., 1987. Efficient analytic approximation of American option values. J. Finance 42 (2), 301–320.

Bielecki, T.R., Rutkowski, M., 2001. Credit Risk. Springer–Verlag, Berlin, Heidelberg, New York.

Black, F., Jones, R., 1987. Simplifying portfolio insurance. J. Portf. Manage 14 (1), 48–51.

Black, F., Derman, E., Toy, W., 1990. A one–factor model of interest rates and its application to treasury bond options. Financ. Anal. J. 46 (1), 33–39.

Blair, B.J., Poon, S.–H., Taylor, S.J., 2001. Forecasting S&P 100 volatility: the incremental information content of implied volatilities and high frequency index returns. J. Econ. 105 (1), 526.

Blanco, C., Pierce, M., 2013. OTC Commodity Swaps Valuation, Hedging and Trading, Risk.net/energy–risk.

Bodie, Z., Kane, A., Marcus, A.J., 2014. Investments, tenth ed. McGraw–Hill.

Bossu, S., Strasser, E., Guichard, R., 2005. Just What You Need to Know About Variance Swaps. JP Morgan.

Brace, A., Gatarek, D., Musiela, M., 1997. The market model of interest rate dynamics. Math. Finance 7, 127–154.

Brealey, R., Myers, S., 2013. Principles of Corporate Finance, eleventh ed. McGraw–Hill, New York, NY.

Brigo, D., Mercurio, F., 2006. Interest Rate Models—Theory and Practice: With Smile, Inflation and Credit (Springer Finance). Springer–Verlag, Berlin, Heidelberg, New York.

Brigo, D., Pallavicini, A., Torresetti, R., 2010. Credit Models and the Crisis: A Journey into CDOs, Copulas Correlations and Dynamic Models. The Wiley Finance Series.

Brigo, D., Morini, M., Pallavicini, A., 2013. Counterparty Credit Risk, Collateral and Funding: With Pricing Cases For All Asset Classes. Wiley Finance.

Buraschi, A., Kosowski, R.L., Trojani, F., 2014. When there is no place to hide—correlation risk and the cross–section of hedge fund. Rev. Financ. Stud. 27 (2), 581–616.

Burgard, C., Kjaer, M., 2011. Partial differential equation representations of derivatives with bilateral counterparty risk and funding costs. J. Credit Risk 7, 75–93.

Butler, K., 2012. Multinational Finance: Evaluating Opportunities, Costs, and Risks of Operations, fifth ed. John Wiley & Sons.

Cheng, I.–H., Xiong, W., 2013. The Financialization of Commodity Markets. NBER Working Paper No. 19642. National Bureau of Economic Research.

Choi, D., Getmansky Sherman, M., Hederson, B.J., Tookes, H., 2010. Convertible bond arbitrageurs as suppliers of capital. Rev. Financ. Stud. 23 (6), 2492–2522.

Choudhry, M., 2010. The Repo Handbook, second ed. Butterworth–Heinemann.

Clewlow, L., Strickland, C., 1998. Implementing Derivative Models. John Wiley & Sons, New Jersey.

Cloyle, B., Graham, A., 2000. Currency Swaps. Currency Risk Management Series. AMACOM.

Cont, R., Tankov, P., 2009. Constant proportion portfolio insurance in presence of jumps in asset prices. Math. Finance 19 (3), 379–401.

Copeland, A., Martin, A., Walker, M.W., 2010. The Tri–party Repo Market Before the 2010 Reforms, Federal Reserve Bank of New York Staff Report 477.

Copeland, A., Duffie, D., Martin, A., McLaughlin, S., 2012. Key mechanisms of the U.S. tri–party repo market. Econ. Policy Rev. 18, 3.

Cox, J.C., Ross, S.A., 1976a. The valuation of options for alternative stochastic processes. J. Financ. Econ. 3 (1), 145–166.

Cox, J.C., Ross, S.A., 1976b. A survey of some new results in financial option pricing theory. J. Finance 31 (2), 383–402.

Damadoran, A., 2012. Investment Valuation: Tools and Techniques for Determining the Value of Any Asset. Wiley.

Das, S., 1994. Swaps and Financial Derivatives: The Global Reference to Products, Pricing, Applications and Markets, second ed. Law Book Co., Sydney.

Das, S., 2000. Structured Products and Hybrid Securities, second ed. John Wiley & Sons, New Jersey.

Das, S., 2003. Swaps and Financial Derivatives: Products, Pricing, Applications and Risk Management, third ed. John Wiley & Sons, New Jersey.

Das, S., Sundaram, R., 2010. Derivatives. McGraw–Hill.

De Spiegeleer, J., Schoutens, W., 2012. Pricing contingent convertibles: a derivatives approach. J. Derivatives 20 (2), 27–36.

Demeterfi, K., Derman, E., Kamal, M., Zou, J., 1999. A guide to volatility and variance swaps. J. Derivatives 6 (4), 9–32.

Derman, E., Kani, I., 1994. The volatility smile and its implied tree. Quantitative Strategies Research Notes. Goldman Sachs.

Derman, E., Kani, I., Chriss, N., 1996. Implied trinomial trees of the volatility smile. Quantitative Strategies Research Notes. Goldman Sachs.

Duffie, D., 2001. Dynamic Asset Pricing Theory, third ed. Princeton University Press, Princeton, NJ.

Duffie, D., Singleton, K.J., 2002. Credit Risk: Pricing, Measurement, and Management. Princeton University Press, Princeton, NJ.

Duffie, D., Singleton, K.J., 2003. Credit Risk: Pricing, Measurement, and Management. Princeton University Press, Princeton, NJ.

Dupire, B., 1992. Arbitrage Pricing with Stochastic Volatility. Working Paper, Société Générale, Paris.

Edwards, D.W., 2010. Energy Trading and Investing. McGraw–Hill.

El Karoui, N., Jeanblanc–Picque, M., Shreve, S.E., 1998. Robustness of the Black and Scholes formula. Math. Finance.

FX week, April 16, 2014, article by Michael Watt, article title 'EU set to exempt FX swaps and forwards from initial margin requirements'. URL: ⟨http://www.fxweek.com/fx–week/news/2340006/esa–exempts–fxswaps–and–forwards–from–initial–margin–requirements⟩.

Fagnan, D.E., Fernandez, J.M., Lo, A.W., Stein, R.M., 2013. Can financial engineering cure cancer. Am. Econ. Rev. Pap. Proc. 103 (3), 406–411.

Fabozzi, F.J. (Ed.), 1998. Handbook of Structured Financial Products. John Wiley & Sons, New Jersey.

Flavell, R., 2009. Swaps and Other Derivatives, second ed. John Wiley & Sons, New Jersey.

Francis, C., Kakodkar, A., Martin, B., 2003. Credit Derivative Handbook. Merrill Lynch.

Gatheral, J., 2010. The Volatility Surface: A Practitioner's Guide. Wiley Finance.

Giesecke, K., 2002. Credit Risk Modeling and Valuation: An Introduction. Unpublished Manuscript.

Glasserman, P., Zhao, X., 2000. Arbitrage–free discretization of lognormal forward Libor and swap rate model. Finance Stoch. 4, 35–68.

Gorton, G., Metrick, A., 2012. Securitized banking and the run on repo. J. Financ. Econ. 104 (3), 425–451.

Gorton, G.B., Hayashi, F., Rouwenhorst, K.G., 2012. Review of Finance.

Gromb, D., Vayanos, D., 2010. Limits of arbitrage: the state of the theory. Annu. Rev. Financ. Econ. 2010 (2), 251–275.

Hirsa, A., Neftci, S.N., 2013. Introduction to the Mathematics of Financial Derivatives, third ed. Academic Press, New York, NY.

Hull, J., White, A., 2013. LIBOR vs. OIS: the derivatives discounting dilemma. J. Invest. Manage. 11 (3), 14–27.

Hull, J.C., 2014. Options, Futures and Other Derivatives, ninth ed. Prentice–Hall, New Jersey.

Hull, J.C., Predescu, M., White, A., 2005. Bond prices, default probabilities, and risk premiums. J. Credit Risk 1 (2), 53–60.

Jäckel, P., 2002. Monte Carlo Methods in Finance. Wiley.

Jacque, L., 2010. Global Derivatives Debacles—From Theory to Malpractice. World Scientific.

James, P., 2003. Option Theory. Wiley.

Jamshidian, F., 1997. LIBOR and swap market models and measures. Finance Stoch. 1, 293–330.

Jarrow, R.A., 2002. Modelling Fixed Income Securities and Interest Rate Options, second ed. Stanford University Press.

Jarrow, R.A., Turnbull, S., 1999. Derivative Securities: The Complete Investor's Guide, second ed. South–Western College Publishing.

Jegadeesh, N., Tuckman, B., 2000. Advanced Fixed–Income Valuation Tools. John Wiley & Sons, New Jersey.

Jin, W., Whetten, M., 2005. Anatomy of Credit CPPI. Nomura Fixed Income Research.

Joenväärä, J., Kosowski, R., 2013. An Analysis of the Convergence between Mainstream and Alternative Asset Management. EDHEC–Risk Institute Publication, February. Available at 〈http://www.edhec-risk.com/features/RISKArticle.2013-05-15.0924/attachments/EDHEC%20Publication%20An%20analysis%20of%20the%20convergence%20F.pdf〉.

Joenväärä, J., Kosowski, R., Tolonen, P., 2014. The Effect of Investment Constraints on Hedge Fund Investor Returns. June 10. Available at SSRN: 〈http://ssrn.com/abstract52362430〉.

Johnson, S., Lee, H., 2003. Capturing the smile. Risk, March, 8993.

Joossens, E., Schoutens, W., 2010. An Overview of Portfolio Insurances: CPPI and CPDO. JRC Scientific and Technical Reports.

Kat, H., 2001. Structured Equity Derivatives. Wiley.

Kenyon, C., Stamm, R., 2012. Discounting, Libor, CVA and Funding: Interest Rate and Credit Pricing. Palgrave Macmillan.

Kleinman, G., 2013. Trading Commodities and Financial Futures. Pearson Education, Inc., New Jersey.

Kloeden, P.E., Platen, E., 2011. Numerical Solution of Stochastic Differential Equations, third ed. Springer–Verlag, Berlin, Heidelberg, New York.

Kolb, R.W., 2007. Futures, Options, and Swaps, fifth ed. Blackwell Publishers.

Krishnamurthy, A., Nagel, S., Orlov, D., 2014. Sizing up repo. J. Finance, forthcoming.

Lea, M., 2010. International Comparison of Mortgage Product Offerings. Research Institute for Housing America.

Leland, H.E., 1980. Who should buy portfolio insurance? J. Finance 35, 2.

Lhabitant, F.–S., 2009. Handbook of Hedge Funds. Wiley.

Lipton, A., 2002. Assets with jumps. Risk September, 149–153.

Lu, J., 2010. Indexing Principal Protection. S&P Indices, Research Insights.

Mancini, L., Ranaldo, A., Wrampelmeyer, J., 2014. The Euro Interbank Repo Market. SSRN Working Paper. Available at SSRN: 〈http://ssrn.com/abstract5233135〉.

Mancini–Griffoli, T., Ranaldo, A., 2013. Limits to Arbitrage During the Crisis: Funding Liquidity

Constraints and Covered Interest Parity. SSRN Working Paper. Available at SSRN: 〈http://ssrn.com/abstract51569504〉.

McDougall, A., 1999. Mastering Swaps Markets: A Step–by–Step Guide to the Products, Applications and Risks. Financial Times Prentice–Hall.

McNeil, A.J., Frey, R., Embrechts, P., 2005. Quantitative Risk Management: Concepts, Techniques and Tools. Princeton University Press.

Merton, R.C., 1974. On the pricing of corporate debt: the risk structure of interest rates. J. Finance 29 (3), 449–470.

Merton, R.C., 1976. Option pricing when the underlying stock returns are discontinuous. J. Financ. Econ. 3 (1), 125–144.

Miltersen, K.R., Sandmann, K., Sondermann, D., 1997. Closed form solutions for term structure derivatives with log–normal interest rates. J. Finance 52 (1), 409–430.

Musiela, M., Rutkowski, M., 2007. Martingale Methods in Financial Modelling, second ed. Springer–Verlag, Berlin, Heidelberg, New York.

Natenberg, S., 2014. Option Volatility and Pricing: Advanced Trading Strategies and Techniques, second ed. McGraw–Hill Trade, New York.

Øksendal, B., 2010. Stochastic Differential Equations: An Introduction with Applications, sixth ed. Springer–Verlag, Berlin, Heidelberg, New York.

O'kane, D., 2008. Modelling Single–Name and Multi–Name Credit Derivatives. Wiley.

Pedersen, M., 1999. Bermudan Swaptions in the LIBOR Market Model. Manuscript.

Perold, A.F., 1986. Constant Proportion Portfolio Insurance. Harvard Business School.

Piros, C., 1998. Perfect hedge: to Quanto or not to Quanto. In: DeRosa, D.F. (Ed.), Currency Derivatives: Pricing Theory, Exotic Options, and Hedging Applications. John Wiley & Sons, New Jersey.

Piterbarg, V.V., 2005. Pricing and hedging callable libor exotics in forward Libor models. J. Comput. Finance 8 (2), 65–119 (Winter 2004/05).

Questa, G.S., 1999. Fixed Income Analysis for the Global Financial Market: Money Market, Foreign Exchange, Securities, and Derivatives. John Wiley & Sons, New Jersey.

Rebonato, R., 2000. Volatility and Correlation: In the Pricing of Equity, FX and Interest–Rate Options. John Wiley & Sons, New Jersey.

Rebonato, R., 2002. Modern Pricing of Interest–Rate Derivatives: The LIBOR Market Model and Beyond. Princeton University Press, Princeton, NJ.

Risknet/Asia Risk, April 2, 2014, Aaron Woolner and Xiao Wang "Dalian iron ore contract boosts overall market liquidity" 〈http://www.risk.net/asia–risk/feature/2337545/dalian–iron–ore–swaps–contract–boosts–overall–market–liquidity〉.

Ross, S.A., Westerfield, R.W., Jaffe, J., 2012. Corporate Finance, tenth ed. McGraw–Hill College Div., New York, NY.

Roth, P., 1996. Mastering Foreign Exchange and Money Markets. Financial Times Market Editions.

Schofield, N.C., 2007. Commodity Derivatives: Markets and Applications. The Wiley Finance Series (Book 543).

Schönbucher, P.J., 2003. Credit Derivatives Pricing Models: Models, Pricing and Implementation. The Wiley Finance Series.

Serrat, A., Tuckman, B., 2011. Fixed Income Securities: Tools for Today's Markets, third ed. John Wiley & Sons, New Jersey.

Shleifer, A., Vishny, R.W., 1997. The limits of arbitrage. J. Finance 52 (1), 35–55.

Stefanini, F., 2010. Investment Strategies of Hedge Funds. Wiley Finance Series.

Steiner, R., 2012. Mastering Financial Calculations: A Step–by–Step Guide to the Mathematics of Financial Market Instruments. Financial Times Prentice–Hall.

Stojanovic, S., 2003. Computational Financial Mathematics Using MATHEMATICA: Optimal Trading in Stocks and Options. Birkhauser, Boston.

Sundaresan, S., 2013. A review of Merton's model of the firm's capital structure with its wide applications. Annu. Rev. Financ. Econ. 5.

Taleb, N.N., 1996. Dynamic Hedging: Managing Vanilla and Exotic Options. John Wiley & Sons, New Jersey.

Tavakoli, J.M., 2001. Credit Derivatives and Synthetic Structures: A Guide to Instruments and Applications, second ed. John Wiley & Sons, New Jersey.

Tepla, L., 2004a. KBC Alternative Investment Management (A): Convertible Bond Arbitrage. Case Study.

Tepla, L., 2004b. KBC Alternative Investment Management (B): Capital Structure Arbitrage INSEAD. Case Study.

Vasicek, O., 1977. An equilibrium characterisation of the term structure. J. Financ. Econ. 5, 177–188.

Weithers, T., 2006. Foreign Exchange: A Practical Guide to the FX Markets, first ed. John Wiley & Sons.

White, R., 2013. The Pricing and Risk Management of Credit Default Swaps, With a Focus on the ISDA Model. OpenGamma Quantitative Research.

Wilmott, P., 2006. Paul Wilmott on Quantitative Finance, vol. 3, second ed. John Wiley & Sons, New Jersey.

Wystup, U., 2006. FX Options and Structured Products. The Wiley Finance Series.

색인

[기타]